Lorenz Hölscher

Access perfektionieren

250 Tipps für die optimale Access-Datenbank

© 2024 Lorenz Hölscher
Erste Auflage
Satz: Lorenz Hölscher
Unterstützung: Heike Hofert
Layout und Illustrationen: Lorenz Hölscher
Cover-Bild: freepik
Foto auf Seite 5: Bengtsson Bengt, Foto auf Seite 354: Lorenz Hölscher

Herstellung und Verlag: BoD – Books on Demand, Norderstedt
ISBN: 978-3-7597-0502-0

Die Inhalte dieses Buches habe ich sorgfältig geprüft und durchgespielt. Zum Zeitpunkt der Bucherstellung funktionierten alle Beispiele genauso wie hier im Buch vorgestellt. Ich übernehme keine Haftung für die Inhalte des Buches.

Bibliografische Information der Deutschen Nationalbibliothek: Die Deutsche Nationalbibliothek verzeichnet diese Publikation in der Deutschen Nationalbibliografie; detaillierte bibliografische Daten sind im Internet über http://dnb.dnb.de abrufbar.

Ich widerspreche hiermit ausdrücklich der Nutzung dieses Werks für Zwecke des Text- und Data-Minings nach § 44b UrhG.

Inhalt

Vorwort

Dies hier ist kein *So-erstellen-Sie-eine-Access-Datenbank*-Buch. Ich gehe davon aus, dass Sie schon mal eine Access-Datenbank erstellt haben, vielleicht auch schon zwei oder drei. Jedenfalls kennen Sie die Grundzüge von Access[1].

Was Sie jetzt aber lernen möchten, ist die Erstellung einer *richtig guten* Access-Datenbank, und dabei möchte ich Ihnen das Beste aus meiner über 30-jährigen Erfahrung liefern. Es ist also ein *So-erstellen-Sie-eine-richtig-gute-Access-Datenbank*-Buch.

Das war mir aber als Titel irgendwie doch ein wenig zu lang, deswegen habe ich dieses Projekt *easyLOAD* genannt. *LOAD* steht für *Lorenz' optimale Access-Datenbank* und *easy load* ist im Englischen eine leichte Beladung. Sie werden nämlich feststellen, dass die hier vorgestellten Datenbank-Konzepte keineswegs kompliziert, sondern im Gegenteil leichter werden. Wenn Sie die richtigen Instrumente benutzen, macht es einfach weniger Mühe.

Abbildung 1: Die Entwicklung des Logos folgt der Leichtigkeit des Konzepts

Was ich allerdings oft sehe, ist, dass mit sehr viel Aufwand und den falschen Bordmitteln *gegen* Access gearbeitet wird. Das ist dann so, als wollten Sie mit einem Stück Butter einen Nagel in die Wand schlagen. Das geht, aber nicht gut.

Oft fängt eine Access-Datenbank ja klein an und alles ist unkompliziert. Mit drei Tabellen und 72 Datensätzen klappt sowieso immer alles. Aber im Laufe der Zeit wird diese Datenbank größer und umfangreicher werden, das kann ich Ihnen versprechen. Plötzlich sind es 157 Tabellen mit 2 Millionen Datensätzen, es wird deutlich zäher in der Bearbeitung, niemand findet sich mehr zurecht und Sie als Entwickler:in schon gar nicht.

---

[1] Wenn Sie sich ausführlich mit den Möglichkeiten von Access-Datenbanken beschäftigen möchten, kann ich Ihnen natürlich meine Bücher und LinkedIn-Learning-Videos empfehlen. Da erkläre ich all die grundlegenden Techniken, die in diesem Buch nicht mehr vorkommen, weil das zwar wichtig, aber woanders nachzulesen ist.

Das ist der Punkt, um den es mir geht. Ich werde Ihnen beispielsweise nicht erzählen, wie Sie eine banale Auswahl-Abfrage erstellen. Sondern ich werde Ihnen lieber erklären, warum ich solche Abfragen in einer bestimmten Art und Weise benenne und welche standardisierten Feldnamen ich warum benutze.

Sie müssen keineswegs jeden einzelnen meiner Tipps befolgen, aber Sie sehen dann, welche Folgen bestimmte Entscheidungen haben und wie Sie es sich (und ihren Benutzer:innen) leichter machen können. Diese Entscheidungen fällen Sie nämlich bereits bei der kleinen Datenbank, aber deren Folgen spüren Sie oft erst in der großen Datenbank, wenn es meist zu spät für Korrekturen ist.

Ich werde Ihnen hier also zeigen, wie Sie gute Access-Datenbanken erstellen. Dieses Gute betrifft beide Seiten: Sie als Entwickler:in und die Benutzer:innen.

Dafür sollten wir wohl zuerst einmal darüber nachdenken, was genau denn eigentlich eine „gute" Datenbank ausmacht. Lassen Sie mich einmal auflisten, welche Punkte da zu berücksichtigen wären:

- **Anmeldung**: Die Datenbank muss mich als Benutzer:in erkennen, um beispielsweise nur Daten anzeigen zu können, die mich betreffen. Diese Anmeldung soll am liebsten automatisch erfolgen.
- **Ummeldung**: Wenigstens als Entwickler:in, aber auch als Urlaubs- oder Krankheitsvertretung ist es wichtig, dass ich mich unter einem anderen Namen anmelden kann. Möglicherweise darf ich mich allerdings nicht für jede andere Person anmelden, sondern beispielsweise nur für diejenigen meiner Abteilung.
- **Meine Daten**: Solche Datensätze mit Bezug zu mir (beispielsweise meine eigenen Bestellungen oder Aufgaben nur für mich) sollten sinnvollerweise gesammelt angezeigt werden. Es ist eine sehr wichtige Erleichterung, ob ich alle 2.379 Projekte sehen muss oder nur die 5 Projekte, für die ich selber verantwortlich bin.
- **Orientierung**: Viele Datenbanken haben auf den Formularen oft Buttons, die weitere Formularen anzeigen, von denen aus Sie sich zu anderen Formularen durchklicken können, auf denen ein Button zu einem vierten, fünften, sechsten Formular führt. So eine Bedienungsoberfläche verwirrt und ist anstrengend, weil die Benutzer:innen nie genau wissen, wo sie sind und wie sie dahin gekommen waren.
- **Favoriten**: Es ist sehr hilfreich, bestimmte Datensätze individuell markieren zu können, um sie schnell zu erreichen und immer wieder bearbeiten zu können.
- **Papierkorb**: Sie dürfen in einer relationalen Datenbank nicht einfach Datensätze löschen, weil wegen Referentieller Integrität dann deren abhängige Datensätze ebenfalls gelöscht werden müssen und plötzlich viele Informationen verschwunden wären. Aber auch wenn Datensätze technisch nicht gelöscht werden können, müssen Sie „verschwinden" dürfen.
- **Datenvergleich**: Zwei Datensätze (z.B. eine schon vorhandene und eine neu einzugebende Adresse) sollten jederzeit ohne Aufwand vergleichbar sein. Natürlich könnten Sie eine zweite Access-Instanz mit der gleichen Datenbank

starten, aber es geht anders besser.

- **Informationen**: Eine Datenbank enthält nicht nur Datensätze, sondern auch zusätzliche Informationen, die irgendwie dargestellt werden müssen (Versionsnummer, angemeldete Person, aktuelle Rechte, Name des BackEnds, etc.).
- **Dateien**: Oft gehören Dateien zu den Datensätzen (eingescannte Rechnungen, erzeugte PDFs, etc.), die sinnvollerweise nicht in den Datensätzen gespeichert, aber doch bei den jeweiligen Objekten angezeigt werden sollen.
- **Zentrale Filter**: Um die vielen Daten zu begrenzen, sind Filter wie „Aktuelles Jahr", „derzeit ausgewählte Firma" oder „nur offene Projekte" sinnvoll, die transparent und möglichst einheitlich aktiviert werden.
- **Rechte**: Je umfangreicher die Datenbank ist, desto sicherer darf nicht jede:r alles lesen oder gar schreiben, daher ist ein flexibles und trotzdem transparentes Rechtesystem notwendig.
- **Dashboard**: Nicht alle Fehleingaben lassen sich direkt beim Speichern eines Datensatzes verhindern, etwa zwei Datensätze mit gleichen Personennamen, bei denen unklar ist, ob es vielleicht ein Duplikat ist. Da hilft ein (hier als *Dashboard* bezeichneter) Überblick, der kritische Daten auflistet, damit sie manuell geprüft werden können.

Sind Sie überrascht, wie lang diese Liste ist? Keine Angst, nicht jede Datenbank muss alle diese Punkte erfüllen. Viele der Punkte sind ohnehin kein „Muss". Wenn Ihre Benutzer:innen jedoch erst einmal wüssten, was sich hinter den jeweiligen Themen verbirgt, würden sie die garantiert alle haben wollen!

Schauen Sie ruhig einmal an, welche von den Punkten Ihre eigenen Datenbanken schon erfüllen, und ob Sie mit deren (technischer oder optischer) Umsetzung zufrieden sind.

Und genau das ist es, was ich Ihnen in diesem Buch zeigen möchte: Mit dem passenden Werkzeug und der richtig eingesetzten Arbeitstechnik werden auch Ihre Datenbanken leichter und besser.[2]

Lorenz Hölscher

---

[2] Was den Nagel und die Butter betrifft: Auch tiefgefrorene Butter hilft nicht. Fetten Sie hingegen den Nagel mit Butter ein und benutzen dann einen Hammer, flutscht es wie von selber und verhindert sogar abplatzenden losen Putz.

Konventionen

Damit Sie dieses Buch leichter lesen können, gibt es verschiedene typografische und inhaltliche Konventionen. Diese machen deutlicher, worum es jeweils geht.

Schriftarten und -auszeichnungen

Anhand der Schriftart können Sie unterscheiden, worüber ich gerade schreibe. Ist etwas wichtig, so wird es wie in dieser **Hervorhebung** fett formatiert. Ist es ein Name wie in *tblFirmen*, dann steht es kursiv. Handelt es sich um eine konkreten Eingabe-Wert, um eine SQL-Anweisung oder um VBA-Code, dann ist dieser wie beispielsweise in `varX = "Test"` in der Schriftart *Courier*[3] formatiert.

Hinweise und Anmerkungen

Manchmal möchte ich Ihnen einen Aspekt verdeutlichen, ohne den Lesefluss zu unterbrechen. Dann folgt so etwas:

> **Hinweis**: Diesen Absatz müssen Sie nicht unbedingt lesen, aber er erläutert etwas oder weist auf Besonderheiten hin.

Danach geht es im normalen Text weiter.

Gendern

Sie werden es schon bemerkt haben: Ich bemühe mich, Männer und Frauen in diesem Buch gleichermaßen anzusprechen. Die meiner Meinung nach unauffälligste typografische Variante besteht im Binnen-Doppelpunkt wie bei „Leser:innen".

Es gibt allerdings noch keine wirklich gute Lösung für „den:die Vortragenden:r und seine:ihre Zuhörer:innen", weil dort auch die Possessivpronomen und die deklinierten Substantive angepasst werden müssen. Ich werde solche Formulierungen also möglichst vermeiden.

Dieses Gendern bezieht sich ausdrücklich nur auf die natürliche Sprache. Im technischen Zusammenhang, also etwa in der Benennung von Tabellen, benutze ich ausschließlich die männliche Form. Das ist kürzer und hat dann keine technisch verbotenen Sonderzeichen wie den Doppelpunkt im Namen.

Bezeichnungen

Ich werde meistens die englischen Bezeichnungen (also *Ribbon* statt *Menüband*

---

[3] Haben Sie bemerkt, dass *Courier* ein Eigenname ist und also kursiv?

oder *Button* statt *Schaltfläche*) verwenden, weil sie spätestens im VBA-Code sowieso unter ihren englischen Namen auftauchen. Außerdem ist es oft kürzer und auch die Präfixe orientieren sich typischerweise an den englischen Namen.

Manche Objektnamen finde ich im Deutschen auch uneindeutig. Ein *Textfeld* beispielsweise sagt nichts darüber aus, ob es eine unveränderliche Bezeichnung oder ein editierbarer Dateninhalt ist. Beim *Label* (unveränderlich, deutsch: *Etikett* oder *Aufkleber*) und *EditField* (veränderlich, nämlich editierbar) ist das direkt klar.

Trotzdem werde ich auch die englischen Bezeichnungen mit Großschreibung benutzen, weil sie inzwischen (jedenfalls in Programmierkreisen) einigermaßen eingedeutscht sind.

Datenmodell

Ein Datenmodell ist die Art und Weise, wie ihre Daten in Tabellen gespeichert werden. Wenn eine Datenbank kein geeignetes Datenmodell besitzt (und davon sehe ich leider erschreckend viele), lohnt es nicht wirklich, mit VBA-Code dagegen anzuarbeiten oder gar schon die Formulare aufzuhübschen.

Daher beginnt auch diese Datenbank mit einer wenigstens kurzen Diskussion der Tabellen und Felder, denn auch das gehört zu einer guten Datenbank.

Normalisierung

Für relationale Datenbanken gibt es sogenannte Normalformen, also Regeln, wie und warum Daten in welchen Tabellen und Feldern gespeichert werden sollen/müssen. Hier nur ganz kurz zur Wiederholung die ersten und wichtigsten drei Normalformen (NF) in vereinfachter Form:

- **Atomisierung (1. NF):** *In jedem Tabellen-Feld darf nur genau ein Wert stehen.* Vor- und Nachname müssen ebenso getrennt werden wie etwa Straße und Hausnummer. Auch mehrere Felder mit gleichen Inhalten sind tabu.
- **Redundanz (2. NF):** *Kein Wert darf von einem anderen Wert des gleichen Datensatzes abhängig sein.* PLZ und Ort dürfen also beispielsweise nicht gleichzeitig in der Adressen-Tabelle stehen, weil der Ort anhand der PLZ (in einer anderen Tabelle!) nachgeschlagen werden kann.
- **Historie (3. NF):** *Kein Wert darf von einem anderen implizit abhängig sein.* Das klingt wie die 2. NF, funktioniert aber anders. Wenn Sie in einer Artikel-Tabelle deren Preise speichern, sind diese im Grunde abhängig von einem Datum, falls Sie bei Preisveränderungen die neuen Werte hier einfach überschreiben würden. Das braucht stattdessen eine weitere Tabelle.

Auch wenn diese Normalformen gerne als „Grundgesetz" einer relationalen Datenbank betrachtet werden, sind sie doch nicht völlig in Stein gemeißelt. Wenn Sie also doch mal eine dieser Regeln verletzen, müssen Sie wenigstens wissen, warum und mit welchen Folgen.

Anmerkung: Ich schreibe (im Widerspruch zur 1. NF) Straße und Hausnummer in ein einziges Feld. Da in keiner meiner Datenbanken eine Aufteilung in deren einzelnen Datenteile notwendig ist, schadet es nicht. Aber sobald ausländische Adressen wie `1600 Pennsylvania Avenue` vorkommen, können diese direkt in der korrekten Reihenfolge geschrieben werden, anstatt sie später mühsam und fehleranfällig je nach Land per Funktion zusammenzusetzen.

Beispiel-Datenbank

Damit es in dieser Datenbank überhaupt etwas darzustellen gibt, braucht sie natürlich ein paar Tabellen. Es sind wenige Tabellen und sie haben nur wenige Daten, damit es nicht so mühsam ist, das Beispiel zu erstellen. Aber trotzdem kann ich Ihnen versprechen, dass das Konzept auch mit vielen Tabellen und vielen Daten funktionieren wird. Ich werde jeweils darauf hinweisen, an welchen Stellen so eine „Skalierung", wie das immer so schön heißt, greift.

Die Datenbank stellt eine Liste von Firmen mit den darin beschäftigten Personen sowie deren Kontakte und Adressen bereit. Außerdem gibt es Artikel, die bei diesen Firmen bestellt werden können, und in Bestellungen mit Details zusammengefasst werden.

Zusammengefasst wird es also eine Datenbank, die beispielsweise für die Bestellung von Büromaterial geeignet wäre. Da scheint nicht viel, reicht aber schon völlig aus, um alle Probleme zu sehen und zu lösen.

Sie können gerne schon mal einen Blick auf das Datenmodell werfen, aber natürlich erläutere ich alle wesentlichen Elemente gleich ausführlich:

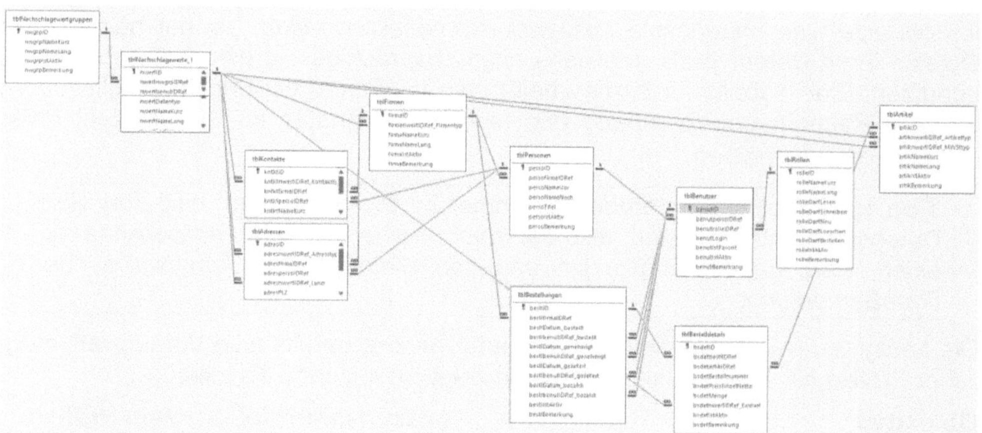

Abbildung 2: Das Datenmodell der Beispiel-Datenbank

Hinweis: Damit Sie alles detailliert nachsehen können und eventuelle Daten nicht selber eingeben müssen, können Sie die komplette Datenbank downloaden unter: www.Software-Dozent.de/Buch_easyLOAD/easy_LOAD_Datenbank.zip.
Außerdem finden Sie weitere aktuelle Informationen zum Buch auf meiner Website unter dieser URL: www.Software-Dozent.de/Buecher.php.

Tabellen

Tabellen speichern Daten. So banal das klingt, so oft sehe ich doch in anderen Datenbanken, dass in Tabellen auch schon sortiert, gefiltert und berechnet wird. Ich bin da eher puristisch: Eine Tabelle ist eine Tabelle ist eine Tabelle.

Das heißt aber nicht, dass ich zum Thema Tabellen nun keine spannenden Tipps und Hinweise aus meinen Erfahrungen bieten kann. Sie glauben gar nicht, wie leicht man sich da das Leben schwer machen kann!

Objekt-Namen

Normalerweise würde ich im Datenmodell bei der „obersten" Tabelle anfangen, also typischerweise einer Nachschlage-Tabelle ohne Eltern-Tabelle. Jene gibt es hier natürlich auch, aber zu der gibt es noch Diskussionen, also beginne ich mit der zweitobersten, der Firmen-Tabelle.

Damit sind wir direkt beim ersten Thema, nämlich der Benennung von Objekten. Ich benutze eine angepasste *Leszynski-Namenskonvention*, bei der nämlich alle Objekte ihren Datentyp als (meistens englischsprachiges) dreibuchstabiges Präfix benutzen. Eine Tabelle für Firmen heißt also *tblFirmen*, ein Bericht (engl.: *report*) für eine Rechnung *rptRechnung* und eine `Long`-Variable für eine Anzahl muss dann `lngAnzahl` heißen.

Tipp 1: Tabellen werden bei mir immer im Plural benannt, weil dort viele Datensätze enthalten sind, also *tblFirmen*. Felder hingegen enthalten ja nur einen Wert, daher benutze ich dort den Singular, also *firmaName* oder *firmaBemerkung*.

Die *Leszynski-Namenskonvention*[4] bietet für Access bereits eine Vorauswahl möglicher Präfixe an. Einen Ausschnitt davon zeigt die folgende Tabelle:

Objekttyp	Leszynski-Präfix	Mein Präfix
Tabelle/table	tbl	tbl
Abfrage/query (view[5])	qry	qry, viw
Löschabfrage/delete query	qdel	qry
Kreuztabellenabfrage/crosstab query	qxtb	qry
Formular/form	frm	frm
Dialog/dialog	fldg	dlg
Unterformular/subform	fsub	sfm

---

[4] Die komplette Liste finden Sie bei https://en.wikipedia.org/wiki/Leszynski_naming_convention.

[5] Ja, Sie haben Recht, in Access gibt es keine Ansichten (Views). Diese Unterscheidung stammt eigentlich aus dem SQL-Server, wo es tatsächlich technisch unterschiedliche Objekte sind. Sie erfahren auf Seite 55, was ich damit warum unterscheide.

Objekttyp	Leszynski-Präfix	Mein Präfix
Bericht/report	rpt	rpt
Unterbericht/subreport	rsub	srp
Makro/macro	mcr	mac
Modul/module	mod	mod
Klassenmodul/class module	cls	cls

Der Unterschied zwischen den Leszynski-Präfixen und meinen besteht vor allem darin, dass alle Präfixe bei mir dreibuchstabig sind. Ich muss also im Zweifelsfall, wenn ich beispielsweise in einer Liste die Namen bestimmter Abfragen „schön" anzeigen will, nicht erst herausbekommen, wie lang das Präfix ist.

Außerdem unterscheide ich namentlich nicht zwischen den verschiedenen Abfragetypen. Im Navigationsbereich ist der Typ sowieso am Symbol davor zu erkennen und in anderen Zusammenhängen beschreibt der Name, was die Abfrage ausführt. Da hatte ich bisher keinen Bedarf an unterscheidenden Präfixen. Falls aber irgendwann doch, werde ich darauf achten, dass es auch dann nur exakt drei Buchstaben sind.

Feldnamen

Ich weiche gegenüber der offiziellen Namenskonvention allerdings dadurch ab, dass ich Tabellen-Felder nicht nach diesem Schema benenne. Dann müssten sie nämlich alle das gleiche Präfix *fld* (für engl.: *field*) erhalten und das ist ziemlich unpraktisch.

Tipp 2: Nutzen Sie so eine Namenskonvention für wirklich alle Objekte bis hin zu den VBA-Variablen, damit Sie nicht lange überlegen müssen, wie etwas heißen soll. Das beschleunigt nicht nur die Namensvergabe, sondern erklärt im Namen auch direkt, welche Art Objekt Sie gerade ansprechen. Ein VBA-Befehl wie `DoCmd.OpenForm "rptXYZ"` ist dann sofort als fehlerhaft zu erkennen, weil *rptXYZ* mit diesem Präfix gar kein Formular, sondern ein Bericht sein sollte.

Stattdessen erhalten meine Feldnamen ein fünfbuchstabiges Präfix, welches die Tabelle beschreibt, in welcher sie enthalten sind. Es braucht fünf Buchstaben statt der sonst drei, weil Ihnen sonst bei so vielen Tabellen ganz schnell die einigermaßen sprechenden Kürzel ausgehen werden.

Mein Präfix besteht immer aus Kleinbuchstaben und der folgende Feldname beginnt immer mit einem Großbuchstaben. Das nennt sich *CamelCase* (Kamelschreibweise) wegen der „Höcker" aus Großbuchstaben mitten im Namen. Das ist kürzer, als wenn Sie die Lesbarkeit durch Unterstriche erhöhen.

Tipp 3: Verzichten Sie unbedingt auf Sonderzeichen in Namen, nicht nur in Feldnamen, sondern in allen Namen! Das gibt früher oder später garantiert

---

Ärger. Eine Access-Datenbank beispielsweise, die ich übernommen hatte, benutzte für die Makler-Nummern den englischen Feldnamen *Agent-No* mit Bindestrich (der in Wirklichkeit ja ein Minus-Zeichen ist). Jeder Abfrage-Entwurf hat daraus nicht etwa das korrekte

```
SELECT [Agent-No] FROM tblPersons
```

erzeugt, sondern erstens fälschlich unterstellt, dass zwei Felder *Agent* und *No* voneinander abgezogen werden sollen:

```
SELECT [Agent]-[No] FROM tblPersons
```

Und weil es ein deutsches Access war, hat es zweitens noch eins obendrauf gesetzt und die englische Bezeichnung *No* direkt ins Deutsche übersetzt:

```
SELECT [Agent]-[Nein] FROM tblPersons
```

Die erste Version würde funktionieren, aber wollen Sie wirklich jedes Mal mit Access um den richtigen SQL-Code kämpfen?

In der Tabelle *tblFirmen* beginnen daher alle Felder mit *firma*, in *tblBestellungen* mit *bestl* und in *tblPersonen* mit *perso*.

Tipp 4:   Dadurch, dass alle Feldnamen ein tabellenbezogenes und vor allem eindeutiges Präfix haben, gibt es in der gesamten Datenbank kein gleichnamiges Feld. Was so harmlos klingt, ist ein gewaltiger Vorteil. Sobald in einer Abfrage sonst zwei Tabellen vorkommen, müssten Sie nämlich schreiben:

```
SELECT tblFirmen.NameKurz, tblPersonen.NameKurz
FROM tblFirmen, tblPersonen …
```

So aber können Sie alle Tabellennamen vor den Feldnamen weglassen:

```
SELECT firmaNameKurz, persoNameKurz
FROM tblFirmen, tblPersonen …
```

(Den JOIN-Teil habe ich im Beispiel mal weggelassen)

Diese Regel führt fast automatisch zur Gegen-Regel: Felder, die beispielsweise erst in Abfragen berechnet werden, haben niemals ein Präfix. Dadurch kann ich jedem Feld nicht nur ansehen, ob es ein echtes gespeichertes Tabellenfeld ist, sondern immer auch, aus welcher Tabelle es stammt.

Berechnete Tabellen-Felder sind ein Sonderfall, sie sind zwar berechnet, ihre Daten sind aber trotzdem in einer Tabelle gespeichert. Daher erhalten sie bei mir ein Präfix.

Standard-Felder

Wenn ich Tabellen erstelle, gibt es einige standardisierte Felder bzw. Feldnamen. Zum einen werden Sie viele davon inhaltlich immer wieder benötigen und dann ist es eine gute Idee, sie auch möglichst einheitlich zu behandeln. Zum anderen erinnert diese Standardisierung Sie daran, diese Inhalte in Tabellen auch wirklich zu berücksichtigen.

ID

Es beginnt mit der ID-Feld, typischerweise einem AutoWert-Feld zur eindeutigen Identifikation jeden Datensatzes. In der Tabelle *tblFirmen* trägt dieses Feld den Namen *firmaID*. ID-Felder sind bei mir immer AutoWerte, das ist intern ja ein *Long*-Datentyp, der automatisch hochgezählt wird.

Tipp 5: Nehmen Sie als ID-Feld niemals eine Zeichenkette, also einen *KurzerText*-Datentyp! Das ist sogar fühlbar langsamer, sobald Sie für größere Datenmengen damit Verknüpfungen in Abfragen einsetzen. Eine *GUID* brauchen Sie nur, wenn Sie mal parallel neue Datensätze erzeugen und diese aus verschiedenen Datenquelle in die gleiche Tabelle importieren. Ansonsten ist auch diese langsamer als *Long*.

Mindestens zu Test- und Entwicklungszeiten erzeugen Sie neue Datensätze und löschen die auch mal wieder. AutoWerte zählen dabei immer weiter hoch und lassen dadurch Lücken übrig.

Wenn Sie beispielsweise in einer Tabelle die IDs 1, 2, 3, 5 und 20 haben und dann den Datensatz mit ID 20 löschen, welche ID erhält dann der nächste neue Datensatz? Genau: 21! Und das, obwohl jetzt ab ID 6 alles frei wäre. Jede Tabelle besitzt nämlich einen internen Zähler für die nächste ID. Wenn der Datensatz 20 im obigen Beispiel gelöscht wird, steht der Zähler immer noch auf 21.

Tipp 6: Am einfachsten setzen Sie alle Tabellenzähler wieder auf die oberste ID zurück, indem Sie die Datenbank komprimieren. In der genannten Beispiel-Tabelle steht der Zähler anschließend auf 6. Die ID 4-Lücke wird niemals geschlossen, es geht immer nur um den obersten Wert.

Sie können diese „oberste Lücke" nach dem Löschen von Test-Daten natürlich auch so belassen, denn bei AutoWerten geht es nicht um Schönheit oder Lückenfreiheit. Sie sind ein technischer Inhalt für die Funktionsfähigkeit der Relationen. Trotzdem gibt es oft den Wunsch, bei Auslieferung der Datenbank solche Felder wenigstens so aufzuräumen, dass der erste Datensatz einer nach den Tests nun geleerten Tabelle nicht schon mit der ID 95 anfängt.

Tipp 7: Es gibt eine alternative Möglichkeit, diesen Zähler gezielt für eine bestimmte Tabelle zurückzusetzen. Erstellen Sie dazu eine leere SQL-Abfrage, schalten in die SQL-Ansicht um und schreiben diese Anweisung mit Ihrem Tabellen- und Feldnamen hinein:

```
ALTER TABLE tblFirmen ALTER COLUMN firmaID COUNTER(1,1)[6]
```

Dann können Sie diese Abfrage mit dem [!]-Symbol im Ribbon ausführen lassen (und anschließend ungespeichert verlassen, wenn Sie dieses Zu-

---

[6] Diese Anweisung wäre auch auf https://www.donkarl.com/?FAQ3.2 zu finden, einer sehr hilfreichen Seite für Access-Interessierte von Karl Donaubauer. Und dort steht auch alles zur AEK, der jährlich stattfindenden Access-Entwickler:innen-Konferenz.

rücksetzen nicht häufiger benötigen).

Name

In den meisten Tabellen steht inhaltlich etwas, was einen bereits existierenden Namen hat. Im Falle der Firmen ist es der Name der Firma selber.

> **Tipp 8:** Nehmen Sie niemals einen Feldnamen *Name*! Das ist so schlimm, dass Access selber sogar schon warnt, wenn Sie das versuchen. *Name* ist eine Eigenschaft von praktisch allen Objekten und Sie haben überall die Verwechslungsgefahr zwischen Objekt-Eigenschaft und Feldname. Bei meinen Benennungsregeln kann das sowieso nie passieren, weil *Name* ja ohne Präfix stünde. Mit Präfix müsste es wenigstens *firmaName* heißen und das wäre unbedenklich.

Sehr oft existiert dabei eine Kurzbezeichnung wie hier *Testinghoff & Töchter* und eine ausführliche Langbezeichnung, etwa eine juristisch korrekte Benennung wie hier als *Großhandelsgesellschaft mbH Testinghoff & Töchter*. Das bilde ich daher auch in den Tabellenfeldern ab.

> **Tipp 9:** Diese Firmen werden später in Comboboxen aufgelistet, wenn sie als Fremdschlüssel (z.B. für Personen, Adressen oder Kontakte) ausgewählt werden können. In Comboboxen ist es sinnvoll, allein schon aus Lesbarkeitsgründen einen kurzen Namen zu nutzen, während beispielsweise in Verträgen die juristisch korrekte Bezeichnung stehen muss.

Dazu füge ich hier zwei *KurzerText*-Felder *firmaNameKurz* und *firmaNameLang* ein. Das jeweilige *...NameLang*-Feld hat 255 Zeichen Länge, beim *...NameKurz*-Feld ist dessen Länge ein bisschen von der Tabelle und den zu erwartenden Inhalten abhängig, es können sogar ebenfalls 255 Zeichen sein. Dann ist nur dessen Eingabefeld im Formular optisch kürzer, aber notfalls ließen sich sehr lange Texte hineinschreiben.

Die Hauptidee bei dieser Unterscheidung ist, dass das jeweilige *...NameKurz*-Feld überall zur Auswahl angezeigt wird und daher inhaltlich griffiger sein soll.

> **Tipp 10:** Es mag Sie überraschen, dass *firmaNameLang* kein *LangerText*-Feld ist, obwohl es doch sogar „lang" heißt. *LangerText*-Felder haben aber mehrere Nachteile: Sie können nicht sortiert werden, im *Textformat:* `Rich-Text` enthalten sie außer Daten auch noch Formatierungen und wegen ihrer Länge von bis zu 2 Milliarden Zeichen werden sie von manchen Abfragetypen wie Gruppierungsabfragen nicht korrekt verarbeitet.

Ganz, ganz selten heißen diese Felder bei mir mal nicht „kurz" und „lang", weil es beim besten Willen nicht passt. In *tblPersonen* werden Sie daher auf Seite 29 die Feldnamen *persoNameVor* und *persoNameNach* finden.

Eventuell hat bzw. braucht das Objekt auch keinen Namen. Das betrifft typischerweise alle m:n-Tabellen, in dieser Datenbank beispielsweise die Tabelle *tblBestelldetails*. Sie führt ja nur die beiden Fremdschlüssel für die Bestellung und den Artikel zusammen und benennt diese Datensätze inhaltlich nicht. Wenn deren Daten später etwa auf einem Bestellungs-Bericht angezeigt werden, steht dort einfach der nachgeschlagene Name des Artikels, aber kein eigener Wert.

Aktiv

Zu Testzwecken während der Entwicklung werden Sie sicherlich oft Datensätze einfügen und wieder löschen, also auch aus der Datenbank entfernen[7]. Das ist aber eigentlich die Ausnahme. Wenn Sie bei einer relationalen Datenbank mit eingeschalteter Referentieller Integrität einen Datensatz löschen, müssen ja zwingend seine Kind-, Enkel-, Urenkel- etc. -Datensätze mitgelöscht werden.

Tipp 11: Referentielle Integrität bedeutet, dass Access überwacht, ob die Verknüpfungen („Referenzen") zwischen Primär- und Fremdschlüsseln sauber („integer" im Sinne von „korrekt" oder „zuverlässig") sind. Das funktioniert in beiden Richtungen. Wenn *firmaID* in *tblFirmen* der Primärschlüssel ist und *persofirmaIDRef* in *tblPersonen* der Fremdschlüssel, dann können Sie einen Firmendatensatz nur dann löschen, wenn es keine Personen gibt, die damit verknüpft sind. In umgekehrter Richtung können Sie Personen auch nur mit Firmen verknüpfen, deren *firmaID* tatsächlich existiert.

Ich sehe immer wieder Datenbanken, die keine Referentielle Integrität benutzen. Da brauche ich normalerweise keine 10 Minuten, um Datenleichen zu finden. Das sind dann beispielsweise Personen, deren im Fremdschlüssel verknüpfte Firma gar nicht mehr existiert. Oder Rechnungen, deren Projekt zwischenzeitlich gelöscht wurde.

Das ist ja nicht schlimm, sagen Sie? Dann verknüpfen Sie doch mal in einer Abfrage Projekte und Rechnungen, um die Summe aller Einnahmen je Projekt zu ermitteln. Alle Rechnungen ohne gültiges Projekt sind dabei automatisch weggefiltert und Ihr Gesamtergebnis ist schlicht falsch, weil einige Rechnungen fehlen.

Tipp 12: Um in einem solchen Fall die fehlenden Rechnungen doch zu berücksichtigen, müssen Sie aus einem (`INNER`) `JOIN` einen `OUTER JOIN` machen, also die Verknüpfungslinie im Abfrage-Entwurf doppelklicken, um dann im erscheinenden Dialog die zweite oder dritte Option auszuwählen.

Daraus folgt, dass Sie in einer Datenbank eigentlich niemals Datensätze löschen dürfen, jedenfalls keine, die abhängige Kind-Datensätze besitzen. Trotzdem möchte ich natürlich unbedingt die Referentielle Integrität nutzen (weil ansonsten die Datenbank fehlerhaft sein wird) und gleichzeitig Datensätze „löschen" können.

---

[7] Tatsächlich sind die Datensätze immer noch intern in der Datenbank enthalten, wenn auch unwiederherstellbar verloren. Erst beim nächsten Komprimieren sind sie wirklich aus der Datenbank gelöscht und die Datei wird auch kleiner.

Daher gibt es bei mir in praktisch jeder Tabelle so ein Feld, um den Datensatz als aktiv oder eben als nicht aktiv kennzeichnen zu können. Es wird also kein Löschen im echten technischen Sinne sein, sondern nur eine Kennzeichnung, dass dieser Datensatz verschwinden soll.

> **Tipp 13:** Wie so ein inaktiver Datensatz dann wirklich ausgeblendet wird, sehen Sie bei der Erläuterung zu den gefilterten und ungefilterten Views auf Seite 55).

Es gibt also ein *Ja/Nein*-Feld *firmaIstAktiv*, welches als *Standardwert:* Ja eingestellt hat, damit neue Datensätze erst einmal aktiv sind. Damit ich später erkenne, dass es sich um ein *Ja/Nein*-Feld handelt und welche Entscheidung mit Ja verbunden ist, heißt es nicht einfach *firmaAktiv*, sondern ausdrücklich *firmaIstAktiv*.

> **Tipp 14:** So ein *Ja/Nein*-Feld könnte auch mal *projeHatProjektleitung* oder *auftrBrauchtPruefung* heißen, aber auf jeden Fall ist klar, was dort bestätigt wird. Schreiben Sie bloß nicht *firmaKundeOderLieferant*, wie ich es immer wieder finde, denn was bedeutet dann ein Ja? Die korrekte Lösung in diesem Fall wäre *firmaIstKunde*.

Bemerkung

Jede meiner Tabellen besitzt ein Bemerkungsfeld, hier also *firmaBemerkung*. Sie können sicher sein, dass Sie oder die Benutzer:innen zu irgendeinem Datensatz mal was notieren wollen, was ursprünglich nicht vorgesehen war.

Ohne ein explizites und ansonsten ungenutztes Bemerkungsfeld finden Sie diese Bemerkungen überall dort, wo gerade ein Textfeld leer ist: Im Firmennamen (dort als Hinweis darauf, dass diese Firma unzuverlässig ist), in der Projektgruppe (welche eigentlich mehrere Projekte mit gleicher Bezeichnung zusammenfasst und nun also krachend scheitert) oder in der Kontonummer (weil das Konto demnächst zu einer anderen Bank wechselt).

Das Bemerkungsfeld darf jeden Mist enthalten, weil es nirgends ausgewertet wird und es daher keine solchen Überraschungen gibt, wie wenn in andere, ungeeignete Felder hineingeschrieben wird.

> **Tipp 15:** Ja, Sie haben Recht, denn eigentlich ist es eine Platzverschwendung, ein weitestgehend leeres Feld in jeder Tabelle mitzuschleppen. Aber ich kann Ihnen versichern, wenn Sie erstmal solche unerwarteten Notizen in anderen Feldern entdeckt haben, werden Sie zugeben, dass es das wert ist. Außerdem benötigt ein *KurzerText*-Feld mit 255 Zeichen keineswegs den Platz von 255 Zeichen, sondern wirklich nur so viele, wie auch tatsächlich darin enthalten sind.

Wenn Sie mögen, können Sie das Bemerkungsfeld auch als *LangerText*-Datentyp anlegen und darin sogar mit *Textformat:* Rich-Text jedwede Formatierung erlauben. Es passiert ja nichts, weil dieses Feld niemals gefiltert, gruppiert oder sonstwie ausgewertet wird.

Tipp 16: Es gibt eine Eigenschaft *Nur anfügen:* Ja für *LangerText*-Felder, die relativ unbekannt ist. Sie sorgt dafür, dass dieses Feld sogar automatisch den Verlauf der nacheinander erfolgenden Eintragungen protokolliert. Das kann hier durchaus mal praktisch sein, wenn wirklich viel eingetragen wird.

Ich setze das Bemerkungsfeld immer als letztes Feld ein, es ist sozusagen der Abschluss einer Tabelle.

Firmen-Tabelle

Damit sind (fast) alle Felder der Tabelle *tblFirmen* beschrieben. Es fehlt nur noch der Fremdschlüssel, welcher den Firmentyp (z.B. *GmbH* oder *KG*) beschreibt. Um den kümmern wir uns gleich ausführlich, aber Sie können schon mal ein *Long*-Feld mit dem Namen *firmanwertIDRef_Firmentyp* anlegen:

Feldname	Felddatentyp
firmaID	AutoWert
firmanwertIDRef_Firmentyp	Zahl
firmaNameKurz	Kurzer Text
firmaNameLang	Kurzer Text
firmaIstAktiv	Ja/Nein
firmaBemerkung	Kurzer Text

Abbildung 3: Alle Felder der Tabelle tblFirmen

Damit es etwas zu sehen und zu testen gibt, können Sie diese oder ähnliche Werte schon mal eingeben (und den *firmanwertIDRef_Firmentyp* erst einmal ignorieren):

firmaID	firmanwertIDRef_Firmentyp	firmaNameKurz	firmaNameLang	firmaIstAktiv	firmaBemerkung
1	1	Testinghoff & Töchter	Großhandelsgesellschaft mbH Testinghoff & Töchter	☑	
2	1	Gutbau	Baugesellschaft Gutbau	☑	
3	2	Schöner leben	Schöner leben	☑	
4	30	L. Hölscher Soft-Doz	Lorenz Hölscher Software-Dozent	☑	
*		(Neu)		☑	

Abbildung 4: Alle Inhalte der Tabelle tblFirmen

Tipp 17: Ist Ihnen schon mal aufgefallen, dass als letzte Spalte in Tabellen oft diese Überschrift steht?

> Zum Hinzufügen klicken ▾

Das erlaubt, dass normale Benutzer:innen später einfach hier draufklicken könnten und eine neue Spalte anfügen dürfen. Wollen Sie das wirklich, dass irgendjemand einfach so Ihre Tabellenentwürfe verändert? Auf gar keinen Fall! Sie können dieses Ärgernis unter DATEI | OPTIONEN | AKTUELLE

DATENBANK mit der Checkbox *Entwurfsänderungen für Tabellen in der Datenblattansicht aktivieren* wegklicken. Was Access dann allerdings nicht verrät, ist die Tatsache, dass das erst nach einem Neustart der Datenbank greift.

Fremdschlüssel

Fremdschlüssel sind Felder, die eine Verknüpfung zum Primärschlüssel einer anderen Tabelle (diese werde ich auch schon mal als „Elterntabelle" bezeichnen) herstellen.

Sie haben vielleicht bemerkt, dass ich nur einfache Fremdschlüssel einsetze. Natürlich könnten Sie auch Tabellen mit Mehrfachschlüsseln erstellen, beispielsweise eine Bücher-Tabelle, bei welcher der Autor:in-Name und der Buchtitel gemeinsam erst eindeutig sind. Dann hätten Sie für die Umsatz-Tabelle einen Mehrfachschlüssel, weil Sie beide Fremdschlüssel auf Name und Titel setzen müssen.

Das ist nicht nur erheblich langsamer (weil beides Text-Verknüpfungen sind) und ressourcenverbrauchender (weil zwei *KurzerText*-Fremdschlüssel erheblich größer sind als ein *Long*-Fremdschlüssel), sondern vor allem mühsam. Sie müssen nämlich nicht nur doppelt so viele Verknüpfungen in Abfragen berücksichtigen, sondern werden feststellen, dass OUTER JOIN-Anweisungen plötzlich nicht mehr so einfach funktionieren.

Es kommt hinzu, dass „natürliche" Primärschlüssel, also solche, die aus einem konkreten Inhalt entstehen, immer gefährlich sind. Sie riskieren dabei, dass sich die Inhalte ändern. Im Falle von Firmen, bei denen der Firmenname als Primärschlüssel benutzt wird, wird sich dieser Name garantiert irgendwann mal ändern. Schon meine Baukredit-Bank hat im Laufe der letzten 25 Jahre drei Mal ihren Namen komplett geändert …

Tipp 18: Wenn Sie doch einmal einen natürlichen Primärschlüssel benutzen, so können Sie wenigstens dafür sorgen, dass eine Änderung im Primärschlüssel überhaupt noch möglich ist. Dazu müssen Sie nach Doppelklick auf die Verbindungslinie im *Beziehungen*-Fenster im *BeziehungenBearbeiten*-Dialog die Checkbox *Aktualisierungsweitergabe an verwandte Felder* anklicken.

Damit es diese Probleme nicht gibt, nutze ich nur „technische" Primärschlüssel, also vorrangig AutoWerte. Diese ändern sich niemals (und daher ist für diese die Checkbox *Aktualisierungsweitergabe an verwandte Felder* auch uninteressant), während Sie beispielsweise den zugehörigen Firmennamen so oft umschreiben dürfen, wie Sie mögen. Aus Datenbanksicht ist ja nur der AutoWert zur Verknüpfung relevant.

Es gibt bei mir also möglichst nur einfache Fremdschlüssel und diese sind mit AutoWert-Primärschlüsseln verknüpft. Das bilde ich im Namen ab, damit ich diesem Feld immer ansehen kann, wer da mit wem verknüpft ist. Die Namenskonstruktion folgt dem Schema *<Präfix><Primärschlüssel>Ref*. Wenn die Tabelle *tblPersonen* (Präfix: *perso*) mit *firmaID* in *tblFirmen* verknüpft ist, heißt der Fremdschlüssel also *persofirmaIDRef*.

> **Hinweis**: Der Zusatz *…Ref* stammt noch aus meiner Zeit als Seminardozent, wo ich bemerkt habe, dass viele Teilnehmer:innen den Fremd- und den Primärschlüssel verwechselt haben. Am schlimmsten ist das natürlich in Datenbanken, in denen beide Felder identisch benannt sind, was erstaunlich häufig so ist. Sowohl in *tblPersonen* als auch in *tblFirmen* würde das Feld also *firmaID* heißen. Das muss auf jeden Fall zu Verwirrung führen. Daher habe ich seitdem den Fremdschlüssel deutlich um *…Ref* ergänzt, damit klar ist, dass dies die Referenz auf den Primärschlüssel ist.

Im Falle der *tblFirmen* würde ein Fremdschlüssel auf die verknüpfte Tabelle *tblNachschlagewerte* mit deren Primärschlüssel *nwertID* daher *firmanwertIDRef* heißen. Aber Sie ahnen es vielleicht schon wegen des benutzten Konjunktivs: Da gibt es noch etwas zu diskutieren, warum dieser Fremdschlüssel doch nicht exakt so heißt.

Nachschlage-Tabellen

Datenbanktechnisch sauber und sinnvollerweise häufig auch so eingesetzt gibt es Nachschlagetabellen für jeden Fremdschlüssel. Wenn es Firmentypen nachzuschlagen gibt, würde *firmafrtypIDRef* auf die Nachschlagetabelle *tblFirmentypen* mit ihrem Primärschlüssel *frtypID* zeigen. In *tblArtikel* zeigt *artikartypIDRef* auf die Nachschlagetabelle *tblArtikeltypen* mit ihrem Primärschlüssel *artypID*. Für den Adresstyp, den Kontakttyp, vielleicht noch die Artikelkategorie oder die Mehrwertsteuer, für alle Fremdschlüssel gäbe es eine eigene Nachschlagetabelle.

Das wäre zwar technisch korrekt, führt aber zu einer unglaublichen Menge von solchen Nachschlagetabellen. Bei Datenbanken mit 150 „echten" Tabellen finde ich locker weitere 60 Nachschlagetabellen.

Es kommt hinzu, dass alle diese Nachschlagetabellen typischerweise völlig identisch aufgebaut sind. Minimal sähen sie so aus (am Beispiel des Firmentyps):

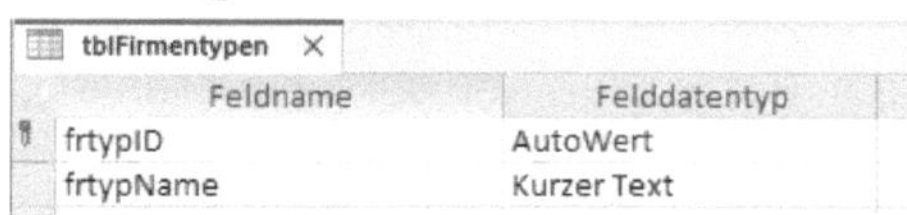

Abbildung 5: Die vereinfachte Nachschlage-Tabelle tblFirmentypen

Da auch hier meine Regeln mit *…NameKurz* und *…NameLang* sowie dem Bemerkungsfeld greifen, sähe die Nachschlagetabelle eher so aus:

Feldname	Felddatentyp
frtypID	AutoWert
frtypNameKurz	Kurzer Text
frtypNameLang	Kurzer Text
frtypBemerkung	Kurzer Text

Abbildung 6: Die komplette Nachschlage-Tabelle tblFirmentypen

Alle anderen Nachschlagetabellen würden sich (mit ganz wenigen Ausnahmen) nur im Präfix unterscheiden. Sie hätten also im Endeffekt sehr viele kleinste Tabellen mit identischen Feldern und jeweils eher drei bis vier Zeilen:

frtypID	frtypNameKurz	frtypNameLang	frtypBemerkung
1	GmbH	Gesellschaft mit beschränkter Haftung	
2	GmbH & Co. KG	Gesellschaft mit beschränkter Haftung & Co. Kommanditgesellschaft	
3	e.G.	eingetragene Genossenschaft	
4	UG	Unternehmergesellschaft	Das ist eine Sonderform der GmbH
*	(Neu)		

Abbildung 7: Die Daten der Nachschlage-Tabelle tblFirmentypen

Natürlich ließen sich diese vielen kleinen Nachschlagetabellen irgendwie so verstecken, dass sie nicht dauernd im Weg liegen. Aber wirklich Spaß macht das nicht. Daher mache ich aus den vielen einzelnen Tabellen eine einzige (und kann die Tabelle *tblFirmentypen* direkt wieder löschen).

Dazu muss ich in einer fast identischen Tabelle eigentlich nur ein einziges Fremdschlüssel-Feld ergänzen, welches die Inhalte in Gruppen (nämlich im Grunde den vorherigen Tabellennamen) aufteilt. Die neue Tabelle *tblNachschlagewerte* mit dem schon geänderten Präfix *nwert* sieht in vereinfachter Form erst einmal so aus:

Feldname	Felddatentyp
nwertID	AutoWert
nwertnwgrpIDRef	Zahl
nwertNameKurz	Kurzer Text
nwertNameLang	Kurzer Text
nwertIstAktiv	Ja/Nein
nwertBemerkung	Kurzer Text

Abbildung 8: Der Entwurf der allgemeinen Nachschlage-Tabelle tblNachschlagewerte

Die Zusammenfassung der einzelnen Nachschlagewerte in Gruppen sollte nicht im Klartext in dieser Tabelle stehen, weil das mit Schreibfehlern sehr fehleranfällig und wegen des Textfelds platzverbrauchender ist. Im Moment stehen da diese Werte drin, um das Konzept zu zeigen:

nwertID	nwertnwgrpIDRef	nwertNameKurz	nwertNameLang	nwertIstAktiv	nwertBemerkung
1	1	GmbH		☑	
2	1	GmbH & Co. KG		☑	
3	1	e.G.		☑	
4	1	UG		☐	
5	2	D	Deutschland	☑	
6	2	B	Belgien	☑	
7	2	AU	Österreich	☑	
8	2	NL	Niederlande	☑	
9	2	CH	Schweiz	☑	
10	3	St.	Stück	☑	
11	3	kg	Kilogramm	☑	
12	3	g	Gramm	☑	
13	3	m²	Quadratmeter	☑	
14	3	m³	Kubikmeter	☑	
*	(Neu)			☑	

Abbildung 9: Die Daten der Nachschlage-Tabelle tblNachschlagewerte

Anstatt dreier getrennter Nachschlagetabellen gibt es jetzt in einer einzigen Nachschlagetabelle ein Unterscheidungsmerkmal in der zweiten Spalte, so dass sich später die einzelnen Gruppen sicher herausfiltern lassen.

Und Sie werden es schon am Feldnamen bemerkt haben: Diese allgemeine Nachschlagetabelle braucht eine – Nachschlagetabelle! Aber ich kann Ihnen versprechen, das ist die letzte. ☺

Also erstellen wir mit *tblNachschlagewertgruppen* sozusagen die Mutter aller Nachschlagetabellen:

Feldname	Felddatentyp
nwgrpID	AutoWert
nwgrpNameKurz	Kurzer Text
nwgrpNameLang	Kurzer Text
nwgrpIstAktiv	Ja/Nein
nwgrpBemerkung	Kurzer Text

Abbildung 10: Der Entwurf der Tabelle tblNachschlagewertgruppen

Passend zu den (vorläufigen) Daten in *tblNachschlagewerte* braucht es für deren Gruppierung diese Eintragungen:

nwgrpID	nwgrpNameKurz	nwgrpNameLang	nwgrpIstAktiv	nwgrpBemerkung
1	Firmentypen	Firmentypen	☑	
2	Länder	Staaten	☑	
3	Einheiten	Einheiten	☑	
*	(Neu)		☑	

Abbildung 11: Die Daten der Tabelle tblNachschlagewertgruppen

Damit nur gültige Werte in *nwertnwgrpIDRef* stehen, muss natürlich zwischen diesen beiden Tabellen eine Referentielle Integrität eingerichtet werden:

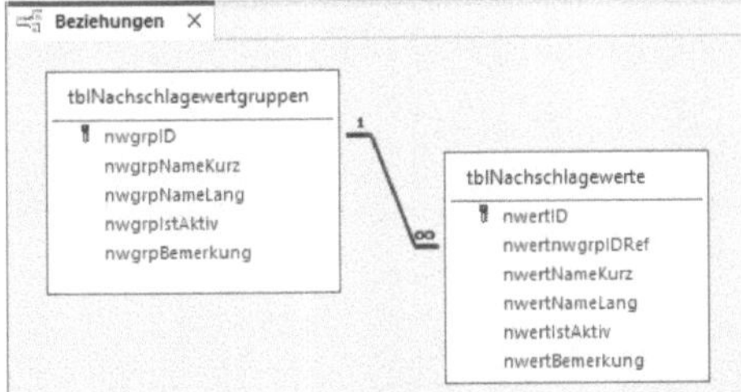

Abbildung 12: Die Beziehungen zwischen Nachschlagewerten und Nachschlagewertgruppen

Tipp 19: Ich verschiebe die 1:n[8]-verknüpften Tabellen im *Beziehungen*-Fenster immer so, dass die 1-Seite (also der Primärschlüssel) höher liegt als die n-Seite. Dann sehe ich sofort, welche von den beiden die Nachschlagetabelle mit wenigen Daten ist (nämlich die obere) und welche die vielen Daten enthält (nämlich die untere). Je tiefer etwas im *Beziehungen*-Fenster steht, desto mehr Daten sind enthalten und desto mehr muss ich auf Performance achten.

Verbesserte Nachschlagewerte

Jetzt, wo es nur noch eine zentrale Nachschlagewerte-Tabelle gibt, lässt sich diese noch deutlich verbessern, ohne dass gleich ganz viele Tabellenentwürfe angepasst werden müssen.

Anmerkung: Haben Sie bemerkt, dass wir mit dieser Konstruktion die Referentielle Integrität zwar nicht ausgehebelt, aber doch etwas geschwächt haben? Alle Fremdschlüssel können zwar weiterhin nur auf korrekte *nwertID*-Werte zeigen, aber dieser Wert könnte aus der falschen Gruppe kommen. Der Fremdschlüssel *firmanwertIDRef_Firmentyp* könnte beispielsweise den Wert 7 benutzen, obwohl dieser zur *grpID* 2 (=Länder) statt *grpID* 1 (=Firmentypen) gehört. Das muss also mit rechtzeitig gefilterten Abfragen in den Comboboxen abgefangen werden.

Individuelle Nachschlagewerte

Ich werde absehbar individuelle Nachschlagewerte brauchen. Das wird zum Beispiel generelle Filter oder Datenbank-Optionen treffen, bei denen jede:r Benutzer:in eigene Einstellungen haben möchte. Die Nachschlagewerte müssen also zwischen generellen und individuellen Werten unterscheiden können.

---

[8] Obwohl es als „1:n" bezeichnet wird, malt Access in diesem Fenster tatsächlich „1:∞".

Das ist am einfachsten, indem im Entwurf das *nwertbenutIDRef*-Feld als *Long*-Fremdschlüssel hinzugefügt wird. Die Tabelle *tblBenutzer* gibt es zwar noch gar nicht, aber auf Ihrem Datenmodell-Entwurf (in Excel oder auf Papier) wissen Sie schon, dass sie demnächst kommen und wie sie und deren Primärschlüssel heißen werden.

Wenn nun ein Nachschlagewert für die Datenbank generell gilt, steht im Feld *nwertbenutIDRef* ein `NULL`-Wert, andernfalls ein Primärschlüssel aus *tblBenutzer*. So einfach ist das.

Sortierbare Nachschlagewerte

Die alphabetische Reihenfolge von Datensätzen ist bei solchen Werten eher selten sinnvoll, meistens gibt es wichtigere Daten, die eher zuerst erscheinen sollten. Beispielsweise ist *Deutschland* der vermutlich am häufigsten ausgewählte Länder-Wert und sollte am Anfang stehen. Danach sollen vielleicht zuerst die deutschsprachigen Länder *Schweiz* und *Österreich* folgen und erst dann die übrigen in alphabetischer Reihenfolge.

Oder bestimmte Werte gehören zusammen wie bei den Einheiten. Auch wenn *Kilogram* und *Gramm* alphabetisch nicht direkt aufeinanderfolgen, sollen sie in einer zukünftigen Combobox schon beieinander stehen.

Also ergänzen wir ein Feld *nwertSortierung* mit dem *KurzerText*-Datentyp.

Tipp 20: Ich nehme da tatsächlich ein *KurzerText*-Feld, obwohl ich in Wirklichkeit Zahlen hineinschreibe, und begrenze es auf 5 Zeichen. Anders als bei einem Zahlendatentyp können Sie nämlich bei einem Textfeld einfach Werte dazwischenmogeln. Sind schon 20 Datensätze von "1" bis "20"[9] sortiert und ein einundzwanzigster Wert soll an die dritte Position sortiert werden, kann ich dort skrupellos "2a" hineinschreiben, wenn ich keine Lust habe, die folgenden achtzehn Sortiereinträge neu zu schreiben. Mit echten Zahlen ginge das nicht.

Weitere Tabellen

Bevor ich nun schon zum Thema *Abfragen* wechsle, soll zuerst das Datenmodell und damit die übrigen Tabellen fertiggestellt werden. Ebenso wie die Tabelle *tblFirmen* keine wirklich alltagstauglichen Felder enthielt, sondern eigentlich nur die ID und den Firmennamen, wird das auch für die übrigen Tabellen gelten.

Selbstverständlich könnten wir für die Firma noch die UStID, das Datum der letzten Aktualisierung, deren Kundennummer bei unserem SAP-System oder die URL der

---

[9] Beachten Sie, dass es sich ja um die Buchstaben "1" und "20" handelt und nicht um deren Zahlenwerte 1 und 20, daher schreibe ich in diesem Fall mal explizit die Gänsefüßchen um diese Zeichenketten, obwohl sie im Feld selber natürlich nicht sichtbar sind.

Website speichern. Aber das wäre nur Fleißarbeit, es würde konzeptionell nichts deutlicher machen, daher bleiben diese und weitere Tabellen so minimalistisch.

Adressen-Tabelle

Sind Sie schon auf die Idee gekommen, dass aber doch wenigstens die Adresse der Firma in *tblFirmen* enthalten sein sollte, weil es da sicherlich Spannendes zu diskutieren gäbe? Ja, da gibt es tatsächlich was zu diskutieren, aber vermutlich anders als Sie dachten: Die Adresse gehört nämlich auf gar keinen Fall in diesen Datensatz!

Der erste Grund ist der entscheidende, nämlich die Erkenntnis, dass Firmen typischerweise mehrere Adressen haben. Das kann ein Hauptsitz mit mehreren Niederlassungen sein oder auch nur die Unterscheidung zwischen Post-Adresse, Liefer-Adresse oder Rechnungs-Adresse. Eine Adresse ist also zu wenig.

Der zweite Grund ist ein eher technisch-organisatorischer Grund. Eine Adresse besteht aus einem Bündel bestimmter Daten, nämlich Straße (bei mir inklusive Hausnummer, siehe die Anmerkung auf Seite 10), PLZ, Ort und Land. Manchmal gibt es noch zusätzliche Felder für Angaben wie Hinterhaus oder ähnliches.

Diese vier bis fünf Felder müssten Sie dann ja in *tblFirmen* anlegen und erneut bei *tblPersonen*, vielleicht auch noch in *tblProjekte* (weil ja eine Adresse für Baustellenprojekte niemals die Firmenadresse sein wird) oder *tblBestellungen* (weil die Lieferanschrift von der Firmenanschrift abweicht). Sie merken schon, da wiederholen sich mehrere Felder immer wieder, und das ist ein schlechtes Zeichen.

Und noch viel schlimmer: Die Firma selber hätte ja außer der baulichen Post-Adresse noch eine Postfach-Adresse, da kommt also noch ein PLZPostfach-Feld hinzu. Und zwar bei allen Adressen!

Die Lösung dazu ist eine einzige Tabelle *tblAdressen*, welche alle Adressen zentral sammelt. Etwas unüblich hat diese Tabelle mehrere Fremdschlüssel, von denen aber nur jeweils einer benutzt werden darf. Die jeweilige Adresse bezieht sich also *entweder* mit *adresfirmaIDRef* auf eine Firma *oder* mit *adrespersoIDRef* auf eine Person (und in größeren Datenbanken dann noch mit weiteren Fremdschlüsseln vielleicht auf ein Projekt, eine Bestellung oder eine Rechnung).

Außerdem hatte ich ja schon erwähnt, dass es recht unterschiedliche Adress-Typen gibt. Es wird also einen Fremdschlüssel *adresnwertIDRef_Adresstyp* als Verknüpfung mit *tblNachschlagewerte* geben, wo dann noch eine neue Gruppe für Adress-Typen anzulegen ist, welche die Nachschlagewerte Post-Adresse, Liefer-Adresse und Rechnungs-Adresse anbieten wird.

Tipp 21: Wo ist das Postfach in dieser Konstruktion geblieben? Sie brauchen einfach nur einen neuen Adress-Typ Postfach-Adresse.

Bei der obigen Aufzählung der typischen Adress-Felder Straße/Hausnummer, PLZ,

Ort und Land hätten gleich mehrmals alle Alarmglocken der Normalisierung läuten müssen:

- Straße und Hausnummer stehen bei mir in einem gemeinsamen Feld. Das widerspricht der ersten Normalform, aber ich hatte es in der Anmerkung auf Seite 10 ja schon begründet.
- Der Ort ist von der PLZ abhängig, das widerspricht der zweiten Normalform. Eigentlich müsste der Ort anhand der dort hinterlegten PLZ aus einer Nachschlagetabelle kommen. Allein in Deutschland hätte diese Tabelle schon bis zu 100.000 Einträge, aber wegen des Land-Feldes müssten wenigstens europaweit alle Orte hinterlegt sein. Das steht in überhaupt keinem Verhältnis zu den vergleichsweise wenigen Adressen in der Datenbank.

Tipp 22: Es gibt noch einen ganz praktischen Grund, warum ich die zweite Normalform hier so locker verletze. Falls PLZ und Ort nicht zusammenpassen und so auf meiner Access-Rechnung gedruckt werden, habe ich eine fehlerhaft adressierte Rechnung. Wenn diese von der Post zurückgeschickt wird, weiß ich, dass ich diesen Datensatz korrigieren muss. Kommt sie trotzdem an, ist ja nichts passiert.

- Der Eintrag im Land wird sich oft wiederholen, es ist also ebenfalls ein klassischer Nachschlagewert. Anders als bei den Orten gibt es hier aber nur wenige notwendige Werte, der Aufwand steht also in einem sinnvollen Verhältnis zum Erfolg. Zudem kann ich in *nwertNameKurz* den Inhalt D und in *nwertNameLang* Deutschland speichern, so dass später beide Bezeichnungen für eine Auswertung zur Verfügung stehen.

Vielleicht haben Sie sich insgeheim schon gewundert, warum ich beim Fremdschlüssel-Feld *adresnwertIDRef_Adresstyp* hinter *Ref* noch etwas dranhänge? Jetzt wird es offensichtlich: Weil bei der Zusammenfassung der einzelnen Tabellen zu einer zentralen Nachschlagewerte-Tabelle mehrere Fremdschlüssel-Felder auf das gleichen Primärschlüssel-Feld zeigen und daher ein Unterscheidungsmerkmal brauchen. Das passiert sonst auch schon mal, aber sehr viel seltener.

Es gibt hier bei den Adressen außer *adresIstAktiv* noch ein weiteres *Ja/Nein*-Feld namens *adresIstOeffentlich*. Personengebundene Informationen und insbesondere private Adressdaten unterliegen dem besonderen Schutz der DSGVO[10].

Unabhängig davon, ob eine Access-Datei mit kriminellen Methoden geknackt werden könnte, müssen Sie daher schon im Normalbetrieb darauf achten, dass später nicht jede:r Benutzer:in alle Daten sieht. Daher sind Adressen hier wenigstens erst einmal überhaupt kennzeichenbar, ob sie öffentlich (z.B. Firmen-Adressen) oder privat (z.B. Personen-Adressen) sind.

Damit sieht die Tabelle *tblAdressen* so aus:

---

[10] DSGVO = Datenschutz-Grundverordnung

Feldname	Felddatentyp
adresID	AutoWert
adresnwertIDRef_Adresstyp	Zahl
adresfirmaIDRef	Zahl
adrespersoIDRef	Zahl
adresnwertIDRef_Land	Zahl
adresPLZ	Kurzer Text
adresOrt	Kurzer Text
adresStrasseNr	Kurzer Text
adresIstOeffentlich	Ja/Nein
adresIstAktiv	Ja/Nein
adresBemerkung	Kurzer Text

Abbildung 13: Der Entwurf der Tabelle tblAdressen

Die Daten werden demnächst so ähnlich aussehen, damit Sie jetzt schon mal einen Eindruck haben:

adresID	adresnwertIDRef_Adresstyp	adresfirmaIDRef	adrespersoIDRef	adresnwertIDRef_Land	adresPLZ	adresOrt	adresStrasseNr	adresIstOeffentlich	adresIstAktiv	adresBemerkung
1	10	2		20	12345	Nirgendwo	Hauptstraße 99	☑	☑	
2	11	2		20	12345	Nirgendwo	Nebenweg 1	☑	☑	
3	10	3		21	9999	Petit Chateaux	Sur la rue 10bis	☑	☑	
4	10		61	20	99999	Testinghausen	Hinter den Bäumen 50	☑	☑	
5	10		61	20	99999	Klein-Beispieldorf	Auf dem Acker 9	☐	☑	
6	10		137	20	61118	Bad Vilbel	Schloßplatz 12	☑	☑	
7	10		96	20	61118	Bad Vilbel	Schloßplatz 12	☑	☑	
8	10		147	20	63303	Dreieich	Hafenstraße 99	☑	☑	

Abbildung 14: Ein Teil der Daten der Tabelle tblAdressen

Sie müssen also noch keine konkreten Werte eingeben, denn es fehlen derzeit noch ein paar Tabellen. Es ist aber schon zu sehen, dass die ersten drei Zeilen Firmen-Adressen und die übrigen Personen-Adressen enthalten.

Kontakte-Tabelle

Ein fast gleichgelagertes Problem und eine entsprechende Lösung gibt es bei den Kontakt-Daten. Auch diese können Firmen oder Personen zugeordnet sein und werden sicher mehrfach auftreten.

> **Anmerkung**: Ich sehe erschreckend häufig „durchnummerierte" Felder, also die Feldnamen *Telefon1* und *Telefon2*. Auch die Benennung als *TelefonFestnetz* und *TelefonMobil* kaschiert diese Nummerierung nur. Irgendwann wird dann doch noch *TelefonMobil2* hinzugefügt und spätestens damit es entlarvt. Mehrfach auftretende Daten dürfen nicht („nebeneinander") in der gleichen Tabelle gespeichert sein, sondern müssen in eine 1:n-verknüpfte Kind-Tabelle („untereinander") ausgelagert werden, wie es hier jetzt geschieht.

Die Felder für die Kontakte werden sich gegenüber den Adressen etwas unterscheiden, so dass ich sie nicht in einer gemeinsamen Tabelle speichern würde. Aber letzten Endes sind die einzig unterschiedlichen Felder *kntktNameKurz*, *kntktNameLang* statt *adresnwertIDRef_Land*, *adresPLZ*, *adresOrt* und *adresStrasseNr*. Für mich sind das ausreichend unterschiedliche Felder, aber das wäre durchaus eine Diskussion wert.

Der Entwurf der *tblKontakte* sieht damit so aus:

Feldname	Felddatentyp	
kntktID	AutoWert	
kntktnwertIDRef_Kontakttyp	Zahl	
kntktfirmaIDRef	Zahl	
kntktpersoIDRef	Zahl	
kntktNameKurz	Kurzer Text	z.B. Telefon ohne Trennzeichen!
kntktNameLang	Kurzer Text	
kntktIstOeffentlich	Ja/Nein	
kntktIstAktiv	Ja/Nein	
kntktBemerkung	Kurzer Text	

Abbildung 15: Der Entwurf der Tabelle tblKontakte

Auch hier sei schon ein erster Blick auf die zukünftigen Daten erlaubt, selbst wenn noch nicht alle notwendigen Nachschlagewerte da sind:

kntktID	kntktnwertIDRef_Kontakttyp	kntktfirmaIDRef	kntktpersoIDRef	kntktNameKurz	kntktNameLang	kntktIstOeffentlich	kntktIstAktiv	kntktBemerkung
1	15	2		0123456789	0123 / 45 67 89	☑	☑	
2	14	2		info@gutbau.xyz	info@gutbau.xyz	☑	☑	
3	16	2		0123456799	0123 / 45 67-99	☑	☑	
4	13	1		https://www.testinghoff.xyz	https://www.testinghoff.xyz	☑	☑	
5	13	2		https://www.gutbau.xyz	https://www.gutbau.xyz	☑	☑	
6	13	2		https://www.gutbau-gmbh.xyz	https://www.gutbau-gmbh.xyz	☑	☑	
7	15		153	011111111	0111 / 11 11 1	☐	☑	
8	15		153	022222222	0222 / 22 22 2	☑	☑	
9	14		153	s.alessio@mailtest.com	s.alessio@mailtest.com	☑	☑	
* (Neu)						☑	☑	

Abbildung 16: Die Daten der Tabelle tblKontakte

Sie haben sich vielleicht schon gefragt, warum ich auch bei den Kontakten diese *…NameKurz*- und *…NameLang*-Feldnamen benutze. Wie in den Daten schon zu sehen war, geht es dabei vor allem um die Telefonnummern. Wenn Sie später nach dem Teil einer Telefonnummer suchen wollen, der beispielsweise 45678 lautet, aber die Daten als 0123 / 45 67 89 gespeichert sind, werden Sie scheitern.

Daher muss jede in *kntktNameLang* eingegebene Telefonnummer per Programmierung von unerwünschten Zeichen befreit und als reine Ziffernfolge in *kntktNameKurz* gespeichert werden. Für die übrigen Kontaktdaten ist das eher kein Problem, weil die Schreibweise da eindeutig ist.

Tipp 23: Auf Seite 496 sehen Sie die Funktion, mit welcher aus einer Zeichenfolge automatisiert nur die Ziffern ermittelt werden.

Personen-Tabelle

Lange erwartet, ist hier jetzt endlich die Tabelle mit den (wie immer stark vereinfachten) Personen-Daten. Statt der eigentlich zu erwartenden Standard-Feldnamen *persoNameKurz* und *persoNameLang* heißen diese hier allerdings sinnvollerweise *persoNameVor* und *persoNameNach*.

Anmerkung: Sie finden diese Benennung mit *persoNameVor* statt wenigstens mit *persoVorname* hässlich? Ich auch, aber es geht hier nicht um Schönheit, sondern um Technik. Niemand außer uns beiden sieht diese Feldnamen, aber wenn sie während der Datenbank-Entwicklung mal irgendwo aufgelistet sind, stehen die beiden Namensbestandteile *persoNameVor* und *persoNameNach* brav untereinander. Das ist einfach effizienter.

Es gibt weiterhin ein *KurzerText*-Feld namens *persoTitel* und das soll hier für diese Tabelle auch schon reichen.

Tipp 24: Wenn Sie unbedingt möchten, könnten Sie hier auch noch das *Datum/Uhrzeit*-Feld *persoDatumGeburt* aufnehmen. Das Geburtsdatum ist eindeutig eine Eigenschaft einer Person und tritt weder mehrfach auf noch wird es nachträglich geändert. Also dürfte es hier stehen.

Die Tabelle *tblPersonen* sieht damit im Entwurf so aus:

Feldname	Felddatentyp
persoID	AutoWert
persofirmaIDRef	Zahl
persoNameVor	Kurzer Text
persoNameNach	Kurzer Text
persoTitel	Kurzer Text
persoIstAktiv	Ja/Nein
persoBemerkung	Kurzer Text

Abbildung 17: Der Entwurf der Tabelle tblPersonen

Das Feld *persoTitel* ist übrigens absichtlich nur ein *KurzerText*-Feld und kein Fremdschlüssel auf eine Liste von Titel-Nachschlagewerten. Es gibt so viele Varianten von Titeln, dass sich das nicht lohnt.

Die Daten in der Tabelle *tblPersonen* werden etwa so aussehen:

persoID	persofirmaIDRef	persoNameVor	persoNameNach	persoTitel	persoIstAktiv	persoBemerkung
1		Werner	van de Hook		☑	
2	2	Martina	Paruseiti	Dr.	☑	
3	3	Can	Köftü		☑	
4		Michael	Müller		☑	
5	3	Hans-Martin	Moserhammer		☑	
6		Alberts	Hans		☑	
7		Andreas	Hoffmann		☑	
8		Michael	Meier		☑	
9		Seel	Lanfermann		☑	
10		Roberto	Loger		☑	
11		Mark	Linzner		☑	
12		Norbert	Kerber		☑	
13		Heike	Lukesch		☑	
14		David	Hermann		☑	
15		Maren	Kilian		☑	
16		Diane	Landfester		☑	
17	1	Ingo	Hoffmann	Prof. Dr.	☑	

Abbildung 18: Ein Teil der Daten der Tabelle tblPersonen

Ein Teil der Personen ist einer konkreten Firma zugeordnet, ein großer Teil ist jedoch ohne *persofirmaIDRef*-Wert enthalten und also ohne Firma. Das macht aber nichts, sondern ermöglicht es Ihren zukünftigen Benutzer:innen, schon mal Personen anlegen zu dürfen, ohne vorher eine Firma einpflegen zu müssen. Sie müssen nur beim Erstellen von Abfragen immer bedenken, dass es solche Personen ohne Firmen-Verknüpfung gibt.

Benutzer:innen-Tabelle

Ich mache einen deutlichen Unterschied zwischen Personen und Benutzer:innen. Personen sind alle Menschen, welche in der Datenbank enthalten sind. Sie können beispielsweise Ansprechpartner:innen in einer Liefer-Firma oder sogar Mitarbeiter:innen meiner eigenen Firma sein. Benutzer:innen hingegen sind von allen Personen nur diejenigen, welche diese Datenbank benutzen[11].

Daher gibt es unabhängig von *tblPersonen* eine zweite Tabelle *tblBenutzer*, die natürlich miteinander verknüpft sind. Jede:r Benutzer:in muss eine Person sein, aber nicht jede Person benutzt diese Datenbank.

Als Minimalanforderung steht in *tblBenutzer* das Windows-LogIn in *benutLogIn*, so dass ich später automatisch ermitteln kann, wer diese Datenbank gerade geöffnet hat.

Tipp 25: Ich werde immer wieder gefragt, wie ich eine LogIn- und Passwort-Verwaltung in Access aufbauen würde. Die Antwort ist einfach: Gar nicht! Wenn Sie das selber organisieren wollen, müssen Sie erstens die gespeicherten Passwörter verschlüsselt speichern (ich sehe erschreckend viele Datenbanken, in denen alle Passwörter sogar lesbar gespeichert sind ...) und zweitens bei vergessenen Passwörtern diese auch erzeugen und dann per E-Mail versenden können.

Das ist ein riesiger Aufwand. Daher nutze ich die Tatsache, dass die Benutzer:innen sich bereits einloggen mussten, nämlich bei Windows selber. Das reicht für meine Datenbanken und über `Environ("username")` erfahre ich genau dieses LogIn.

Hier gilt es nun allerdings, gleich mehrere Entscheidungen zu fällen. Die erste Entscheidung betrifft die Anzahl der möglichen Benutzer:innen je Person:

- Sie würden vermutlich annehmen, dass zu jeder Person auch maximal ein:e Benutzer:in gehört. Damit hätten wir eine 1:1-Beziehung zwischen *tblPersonen* und *tblBenutzer*.
- Ich möchte Ihnen aber nahelegen, eine 1:n-Beziehung zwischen *tblPersonen* und *tblBenutzer* zu erstellen. Zu jeder Person gibt es also mehrere

---

[11] Sehr wahrscheinlich sind Benutzer:innen auch Mitarbeiter:innen der Firma, für welche diese Datenbank erstellt wurde. Aber das ist keineswegs zwingend, denn ich selber als externer Entwickler bin zwar Benutzer der Datenbank, aber nicht Mitarbeiter der Firma.

Benutzer:innen.

Das scheint erst einmal unverständlich und vor allem unpraktisch, weil so ja mehrere Benutzer:innen zwangsläufig das gleiche LogIn nennen und damit scheinbar nicht mehr eindeutig zu erkennen sind. Darum werden wir uns gleich kümmern.

Schauen wir erstmal auf die zweite Option. Diese betrifft die Organisation der Rechte innerhalb der Datenbank. Wenn jede:r alles lesen/schreiben darf, hat sich das erledigt. Früher oder später werden Sie aber dafür sorgen müssen, dass beispielsweise nicht jede:r ein Bestellung erzeugen oder genehmigen darf oder vielleicht die Rechnungen nicht einmal sehen darf.

Gerade so ein Rechte-System macht sich schnell selbstständig, wenn erst einmal dessen Möglichkeiten erkannt werden. Da kommen schnell viele Rechte zusammen, die gepflegt werden müssen. Für unsere Beispiel-Datenbank könnten das etwa sein:

- **DarfLesen**: Diese:r Benutzer:in darf überhaupt Daten sehen. Wenn mein LogIn nicht in der *tblBenutzer* vorkommt, sollte mir dieses grundsätzlichste Recht schon fehlen, so dass wahlweise entweder die Datenbank direkt automatisch geschlossen wird oder ich maximal die Versionsnummer sehe und vielleicht noch eine Bitte um Aufnahme in die *tblBenutzer* stellen darf.
- **DarfSchreiben**: Es gibt sicherlich Benutzer:innen, die zwar Auswertungen sehen, aber keine Daten verändern dürfen.
- **DarfNeu**: Nicht jede:r Benutzer:in wird einfach so neue Datensätze anlegen dürfen. Wer das DarfNeu-Recht hat, muss auch das DarfSchreiben-Recht bekommen, sonst könnte diese:r Benutzer:in den Datensatz gar nicht speichern.
- **DarfLoeschen**: Selbst wenn das Löschen nicht wirklich Datensätze löscht, sondern nur inaktiv macht, würde ich das nicht allen Benutzer:innen zugestehen. Solche scheinbar gelöschten Datensätze lassen sich zwar wieder aktivieren, aber diese wären bis dahin aus allen Auswertungen weggefiltert.
- **DarfBestellen**: Dieses ist schon ein erstes objektbezogenes Recht, also die Erlaubnis, direkt mit Bestellungen zu arbeiten. Eine neue Bestellung benötigt daher die Kombination aus DarfBestellen, DarfNeu und DarfSchreiben.

Sie ahnen vielleicht schon, wie es weitergeht: Weil in diesem Betrieb unterschiedliche Mitarbeiter:innen für die Abwicklung von Bestellungen zuständig sind, legen Sie detaillierte Rechte an für *DarfBestellungAbsenden*, *DarfBestellungGenehmigen*, *DarfBestellungAnnehmen* etc.

> **Anmerkung**: Ich sehe durchaus Datenbanken mit eingebautem Rechtesystem, die pro Benutzer:in mehr als 20 Rechte verwalten. Was ich allerdings auch oft sehe, ist, dass diese Rechte zwar in den Tabellen angelegt, jedoch niemals per VBA ausgewertet wurden und dementsprechend ohne Konsequenzen bleiben.

Bevor das Rechte-System aus dem Ruder läuft, muss zuerst geklärt werden, *wer* denn eigentlich die Rechte erhält.

- Entweder jede einzelne Person (bei 100 Mitarbeiter:innen und 7 Rechten müssen Sie dann 700 Checkboxen verwalten!) oder
- eine Rechtegruppe, die ich hier mal als „Rolle" bezeichne (bei 4 Rollen und 7 Rechten sind es nur noch 28 Checkboxen).

Wenn es irgendwie geht, sollten Sie eine rollenbasierte Rechtevergabe wählen. Typische Rollen wären `Gast`, `Admin`, `Mitarbeiter:in` oder `Chef:in`. Während Gäste praktisch nichts dürfen, Mitarbeiter:innen wenigstens lesen und Chef:innen sogar lesen und schreiben, darf die Admin-Rolle möglicherweise als einzige Rolle auch Daten löschen.

Bis dahin ist es noch einfach. Jetzt kommt aber wieder die oben beschriebene Bestellabwicklung und braucht kleinteiligere Rechte. Selbst wenn es jeweils nur eine:n Mitarbeiter:in betrifft, müssen Sie dann vielleicht noch die Rollen `Bestellabsendung`, `Bestellgenehmigung` und `Bestellannahme` erfinden, weil die Rechte ja nur auf Rollen-Ebene vergeben werden können. Das ist aber das deutlich kleinere Problem verglichen mit der Anzahl der personenbasiert anzuklickenden Checkboxen.

Noch nicht geklärt ist allerdings die Frage, warum es mehr als eine:n Benutzer:in mit dem gleichen LogIn (also zur gleichen Person zugehörig) geben sollte.

Es gibt vielleicht Benutzer:innen, die sowohl für die Bestellgenehmigung als auch die Löschung insolventer Firmen zuständig sind. Sie bräuchten daher eigentlich die Rechte aus zwei Rollen. Anstatt nun eine neue dritte Rolle mit diesen beiden Rechtesammlungen zu erfinden, ist es viel einfacher, je eine:n Benutzer:in mit einer passenden vorhandenen Rolle auszustatten.

> **Anmerkung**: Ich bezeichne diese Datensätze intern als „Avatare". Der:die gleiche Mitarbeiter:in wechselt sozusagen das Aussehen. Es ist immer noch die gleiche Person, aber jeweils mit einem anderen Hut auf, sprich: in einer anderen Rolle.

Tatsächlich werden die meisten Personen nur genau eine:n passende:n Mitarbeiter:in vorfinden und daher gar nichts von diesen Möglichkeiten bemerken. Aber für die wenigen Betroffenen gibt es plötzlich ganz einfache Lösungen:

- Inzwischen gibt es aus Kostengründen häufig Sekretariate, die für zwei Abteilungsleiter:innen arbeiten. Damit kann der:die Sekretariatsmitarbeiter:in jederzeit und einfach zwischen den beiden benötigten Rollen wechseln, aber nicht einfach eine willkürliche andere Rolle erlangen.
- Im Falle einer Urlaubs- oder Krankheitsvertretung kann rechtzeitig eine passende Rolle vorgesehen werden, wenn z.B. ein:e Mitarbeiter:in dann den:die Abteilungsleiter:in vertritt und ansonsten nicht genug Rechte hätte.
- Gerade für die Entwicklung trage ich für meine Person direkt zu allen vorhandenen Rollen einen Mitarbeiter:in-Datensatz mit passender Rolle ein. So

kann ich schon während der Entwicklung jederzeit die Datenbankrechte mit der passenden Rolle prüfen.

Das scheinen mir genug gute Gründe, warum mehrere Benutzer:innen je Person sinnvoll sind, so dass es also einen Fremdschlüssel *benutpersoIDRef* mit einer 1:n-Verknüpfung braucht.

Diese potentielle Auswahl an Benutzer:innen für mein LogIn führt direkt zum nächsten Feld. Damit ich nicht jedes Mal beim Anmelden meine:n „normalen" Benutzer:in auswählen muss, gibt es ein Feld *benutIstFavorit*. Der Datensatz, der hier angekreuzt ist, wird für mich sofort für die Anmeldung benutzt. Falls ich doch mal einen anderen meiner *tblBenutzer*-Datensätze nehmen möchte, muss ich mich explizit ummelden.

Damit sieht die Tabelle *tblBenutzer* so aus:

Abbildung 19: Der Entwurf der Tabelle tblBenutzer

Die Beispiel-Daten dieser Tabelle sehen derzeit so aus:

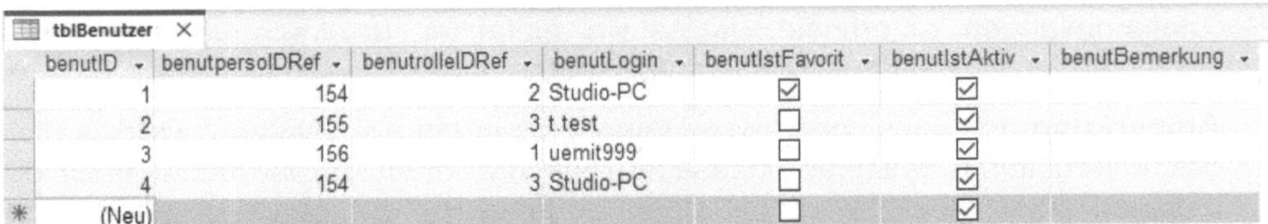

Abbildung 20: Die Daten der Tabelle tblBenutzer

Sie sehen dort, dass die Person mit der ID 154 zwei Einträge hat, die dementsprechend das gleiche LogIn haben. Sie benutzen unterschiedliche Rollen, wie es oben diskutiert wurde.

Rollen-Tabelle

Wesentliche Teile dieser Tabelle haben wir schon besprochen, denn hier stehen alle Rechte drin und die oben gewählten Beispiel-Rechte waren nicht ganz zufällig beschrieben. Deswegen können wir uns direkt ansehen, wie die Tabelle aussieht:

Feldname	Felddatentyp
rolleID	AutoWert
rolleNameKurz	Kurzer Text
rolleNameLang	Kurzer Text
rolleDarfLesen	Ja/Nein
rolleDarfSchreiben	Ja/Nein
rolleDarfNeu	Ja/Nein
rolleDarfLoeschen	Ja/Nein
rolleDarfBestellen	Ja/Nein
rolleIstAktiv	Ja/Nein
rolleBemerkung	Kurzer Text

Abbildung 21: Der Entwurf der Tabelle tblRollen

Tipp 26: Ich möchte noch mal an die Benennung von *Ja/Nein*-Feldern erinnern, die ich auf Seite 18 beschrieben habe. Damit immer klar ist, was ein angekreuztes Feld bedeutet, benenne ich es hier statt *...Ist...* mit einem *...Darf...*-Namen. Dadurch ist auch gleich klar, dass es hier um Rechte geht.

Die sind frei darin, welche Rollen Sie erfinden und welche Rechte Sie diesen dann zugestehen. Auf jeden Fall sollte eine davon alle Rechte haben und für `Admin` gelten.

rolleID	rolleNameKurz	rolleNameLang	rolleDarfLesen	rolleDarfSchreiben	rolleDarfNeu	rolleDarfLoeschen	rolleDarfBestellen	rolleIstAktiv	rolleBemerkung
1	Leser:in	Leser:in	☑	☐	☐	☐	☐	☑	
2	Admin	Adminstrator:in	☑	☑	☑	☑	☑	☑	
3	Einkauf	Besteller:in	☑	☑	☑	☑	☑	☑	
*	(Neu)		☐	☐	☐	☐	☐	☑	

Abbildung 22: Die Daten der Tabelle tblRollen

Artikel-Tabelle

Die Auflistung der bestellbaren Artikel steht in *tblArtikel* und bietet vom Entwurf her erst einmal keine großen Überraschungen:

Feldname	Felddatentyp
artikID	AutoWert
artiknwertIDRef_Artikeltyp	Zahl
artiknwertIDRef_MWSttyp	Zahl
artikNameKurz	Kurzer Text
artikNameLang	Kurzer Text
artikIstAktiv	Ja/Nein
artikBemerkung	Kurzer Text

Abbildung 23: Der Entwurf der Tabelle tblArtikel

Es gibt hier wieder zwei Fremdschlüssel auf die *tblNachschlagewerte*, einmal für den Artikeltyp (`Lebensmittel`, `Schreibwaren`, `Sonstiges`) und einmal für den jeweiligen Mehrwertsteuersatz.

artikID	artiknwertIDRef_Artikeltyp	artiknwertIDRef_MWSttyp	artikNameKurz	artikNameLang	artikIstAktiv	artikBemerkung
1	18	7	Buntstift	Buntstifte in verschiedenen Farben	☑	
2	17	6	Zucker	Haushaltszucker	☑	
3	17	6	Tee	Tee, schwarz oder Kräuter	☑	
4	17	6	Milch	unverarbeitete Kuh-, Ziegen- oder Schafsmilch	☑	
5	17	7	Hafermilch	verarbeitetes "Milch"-Produkt	☑	
6	17	6	Trüffeln	schwarze oder weiße Trüffeln	☐	kein Luxusgut, daher halber MWSt.-Satz
7	18	7	Kugelschreiber	Kugelschreiber in verschiedenen Ausführungen	☑	
8	17	6	Kaffee	Kaffee-Bohnen oder gemahlen	☑	
9	17	7	Kekse	Leckereien für Menschen	☑	
10	17	6	Hundekekse	Leckereien für Hunde	☐	
11	17	7	Champignons im Glas	verarbeitete Pilze	☑	
12	17	6	Champignons frisch	nicht verarbeitete Pilze	☑	
13	18	7	Druckerpapier	DIN-A-4-Druckerpapier	☑	
14	19	7	Kaffeemaschine	einfache Kaffeemaschine	☑	
15	19	7	Teefilter	Papier-Teefilter	☑	
16	19	7	Kaffefilter	Kaffee-Filter Größe 4	☑	
(Neu)					☑	

Abbildung 24: Die Daten der Tabelle tblArtikel

> **Anmerkung**: Die aufgelisteten Artikel sind sicherlich nicht alle im Büroalltag notwendig, falls Sie dort ohne Trüffeln und Hundekekse auskommen. Ich brauchte aber auch ein paar Artikel mit unterschiedlichen Mehrwertsteuer-Sätzen. So erstaunlich diese übrigens wirken mögen, sie sind korrekt. Die gleichen Lebensmittel haben unverarbeitet einen anderen MWSt-Satz als verarbeitet. Und Trüffeln sind offenbar nur unverarbeitete Pilze wie alle anderen auch …

Diese Tabelle löst übrigens eine Änderung an einer anderen Tabelle aus. Mit dem Fremdschlüssel *artiknwertIDRef_MWSttyp* kann ich zwar die verschiedenen Mehrwertsteuer-Sätze unterscheiden, aber in *tblNachschlagewerte* gibt es bisher keine Möglichkeit, deren Prozentsätze zu speichern.

Nachschlagewerte erneut verbessern

Die Nachschlagewerte können derzeit im Wesentlichen einen Namen (mit einer Sortierung) zu einer ID speichern. Das ist nett und reicht meistens aus, aber jetzt nicht mehr. Zusätzlich müssten die Prozentwerte der Mehrwertsteuer-Sätze speicherbar sein.

Anstatt nun diese Daten aus der standardisierten Tabelle *tblNachschlagewerte* herauszulösen und getrennt zu speichern, werde ich es umgekehrt machen. Die Nachschlagewerte sollen zukünftig erlauben, in jeder Zeile einen weiteren *KurzerText*-Wert, eine *Double*-Zahl, einen *Datum/Uhrzeit*-Wert und einen *Ja/Nein*-Wert zu speichern.

> **Anmerkung**: Natürlich könnten Sie außer der Nachkomma-*Double*-Zahl auch noch einen ganzzahligen *Integer*-Wert getrennt speichern. Das bringt aber nicht wirklich was. Sie hätten zwar weniger Platzbedarf für deren Speicherung, aber eine zusätzliche Spalte. Da hätten sie sich sozusagen zu Tode gespart. Sie können ja auch ganzzahlige Werte in einer *Double*-Spalte speichern, ohne dass dabei Rundungsfehler auftreten.

Während alle anderen Werte-Spalten hier NULL-Werte erlauben und dadurch feststellbar ist, welcher der Inhalte wirklich gefüllt ist, gilt das für *Ja/Nein*-Felder leider nicht. Sie kennen nur Wahr oder Falsch als Inhalt, ein „unentschieden" gibt es nicht.

Tipp 27: In Formularen gibt es diesen dritten, unentschiedenen Zustand sehr wohl. Dazu müssen Sie dort im Entwurf für die Checkbox die Eigenschaft *Dreifacher Status:* Ja angeben, als Werte hat so eine Checkbox dann True, False oder NULL. Das hilft aber nur für ungebundene Checkboxen, sobald die Werte in einem Ja/Nein-Feld gespeichert werden, gilt NULL nicht mehr.

Daher braucht es eine zusätzliche Information im Nachschlagewert-Datensatz, welches der neuen Felder als gefüllt betrachtet werden soll. Da diese Auswahlmöglichkeit sehr unveränderlich sein muss, basiert diese ausdrücklich mal nicht auf einer Nachschlagetabelle.

Stattdessen nutze ich hier die sonst eher nachteilige Werteliste. Im neuen *Long*-Feld *nwertDatentyp* wird im *Nachschlagen*-Register zuerst *Steuerelement anzeigen*: Kombinationsfeld eingeschaltet.

Dadurch darf ich unterhalb den *Herkunftstyp:* Wertliste aktivieren. Sobald das geschehen ist, wird in der Eigenschaft *Datensatzherkunft* nicht mehr eine Tabelle oder Abfrage oder ein SQL-Statement notiert, sondern die anzuzeigenden Werte selber.

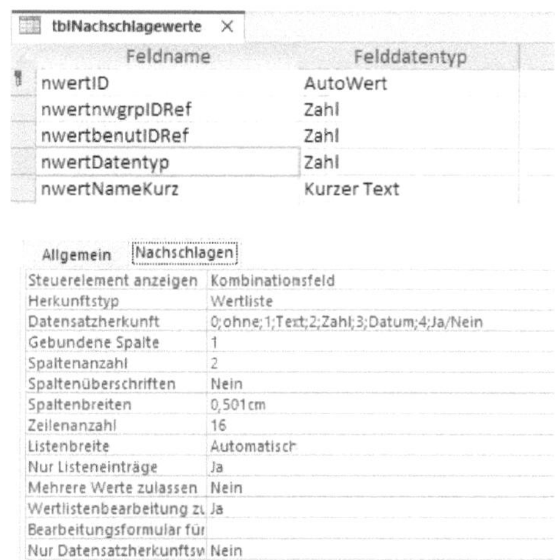

Feldname	Felddatentyp
nwertID	AutoWert
nwertnwgrpIDRef	Zahl
nwertbenutIDRef	Zahl
nwertDatentyp	Zahl
nwertNameKurz	Kurzer Text

Allgemein	Nachschlagen	
Steuerelement anzeigen	Kombinationsfeld
Herkunftstyp	Wertliste
Datensatzherkunft	0;ohne;1;Text;2;Zahl;3;Datum;4;Ja/Nein
Gebundene Spalte	1
Spaltenanzahl	2
Spaltenüberschriften	Nein
Spaltenbreiten	0,501cm
Zeilenanzahl	16
Listenbreite	Automatisch
Nur Listeneinträge	Ja
Mehrere Werte zulassen	Nein
Wertlistenbearbeitung zu	Ja
Bearbeitungsformular für	
Nur Datensatzherkunftsw	Nein

Abbildung 25: Der Entwurf des Felds nwertDatentyp

Da ich eine zweispaltige Liste haben möchte, gebe ich hier abwechselnd durch Semikolon getrennt die jeweils erste und zweite Spalte ein. Die Tatsache, dass es sich um zwei Spalten handelt, steht in der Eigenschaft *Spaltenanzahl*.

Tipp 28: Sie haben vielleicht bemerkt, dass trotz der *Spaltenanzahl:* 2 in der Eigenschaft *Spaltenbreiten* nur ein einziger Wert steht. Access nimmt für die letzte Spalte sowieso immer den Rest, der bis zur *Listenbreite* übrig ist. Hier ist die *Listenbreite:* `Automatisch`, so dass sich deren tatsächliche Breite aus der vorgefundenen Tabellen-Spaltenbreite ergibt.

Damit für neue Datensätze auch immer ein Datentyp ausgewählt ist, steht für das Feld *nwertDatentyp* dessen *Standardwert*-Eigenschaft auf 0. Damit sieht es in der Tabelle so aus:

Abbildung 26: Die Wertliste des Felds nwertDatentyp

Die neuen Felder in *tblNachschlagewerte* erlauben nun auch die Speicherung von *KurzerText-*, *Double-*, *Datum/Uhrzeit-* und *Ja/Nein*-Werten:

Feldname	Felddatentyp
nwertID	AutoWert
nwertnwgrpIDRef	Zahl
nwertbenutIDRef	Zahl
nwertDatentyp	Zahl
nwertNameKurz	Kurzer Text
nwertNameLang	Kurzer Text
nwertSortierung	Kurzer Text
nwertText	Kurzer Text
nwertZahl	Zahl
nwertDatum	Datum/Uhrzeit
nwertJaNein	Ja/Nein
nwertIstAktiv	Ja/Nein
nwertBemerkung	Kurzer Text

Abbildung 27: Der verbesserte Entwurf der Tabelle tblNachschlagewerte

Am Beispiel der Mehrwertsteuer-Sätze ist zu sehen, dass der Datentyp 2 (=Zahl) ausgewählt wurde und in *nwertZahl* die entsprechenden Werte stehen:

nwertID	nwertnwgrpIDRef	nwertbenutIDRef	nwertDatentyp	nwertNameKurz	nwertNameLar	nwertSortieru	nwertText	nwertZahl	nwertDatum	nwertJaNein	nwertIstAktiv	nwertBemerkung
5	3		0	ohne		3		0		☐	☑	
6	3		2	MWSt. reduziert (DE)		2		0.07		☐	☑	
7	3		2	MWSt. voll (DE)		1		0.19		☐	☑	
8	3		2	MWSt. reduziert (AU)		2		0.1		☐	☑	
9	3		2	MWSt. voll (AU)		1		0.2		☐	☑	

Abbildung 28: Die Mehrwertsteuer-Sätze in der Tabelle tblNachschlagewerte

Diese Möglichkeit, auch mal zusätzliche Werte speichern zu können, wird nicht alleine die Mehrwertsteuer-Sätze betreffen. Vor allem die Datenbank-Optionen profitieren später noch davon. Ansonsten wäre das eine relativ große Verschwendung ungenutzter Felder.

Bestellungen-Tabelle

Das Thema dieser Datenbank ist ja eine Art Bürobedarf-Bestellwesen, daher wird es Zeit, auch mal eine der zentralen Tabellen zu erstellen. Eine Bestellung organisiert sich (ähnlich wie auch eine Rechnung, die früher oder später in Ihren Datenbanken auftauchen wird) in einem zusammenfassenden Kopf und den einzelnen Inhalten.

Aus Datenbank-Sicht würde so eine Minimal-Tabelle reichen:

Feldname	Felddatentyp
bestlID	AutoWert
bestlfirmaIDRef	Zahl
bestlIstAktiv	Ja/Nein
bestlBemerkung	Kurzer Text

Abbildung 29: Der minimale Entwurf der Tabelle tblBestellungen

Im Grunde besteht so eine Bestellung ja vor allem aus der *bestlID* und dem Fremdschlüssel auf die Firma, bei der bestellt wird. Die eigentlichen Inhalte stehen sowieso in der später noch zu erstellenden Bestelldetails-Tabelle.

Aber Sie können sicher sein, dass zu Bestellungen (und ebenso zu Rechnungen) einige Zusatzinformationen gewünscht werden, allen voran die Datumswerte und oft auch über die beteiligten Mitarbeiter:innen. Gerne gesehen werden:

- Wann und von wem wurde **bestellt**? Wenn es ein Rechtesystem gibt, muss die Datenbank natürlich auch darauf achten, dass nur zulässige Mitarbeiter:innen diese jeweiligen Aktion machen können.
- Wann und von wem wurde das eventuell **genehmigt**? Das mag für drei Bleistifte im Bürobedarfs-Beispiel überflüssig sein, aber bei größeren Aufträgen ist das schon relevant.
- Wann wurde es **geliefert** und wer hat es entgegengenommen? Diese:r Mitarbeiter:in hat damit die Verantwortung für die Korrektheit der Lieferung und kann gefragt werden, wo die bestellten Sachen anschließend gelandet sind.
- Wann und von wem wurde es **bezahlt**? Damit lässt sich nachvollziehen, ob es noch offene Lieferanten-Rechnungen gibt.

Bevor wir diese Felder hier in der Tabelle *tblBestellungen* ergänzen, sollten wir mal darüber nachdenken, ob die da überhaupt hineingehören.

Zuerst einmal fällt auf, dass hier vier sehr ähnliche Feld-Paare auftauchen. Sie alle funktionieren nach dem Muster *bestlDatum_xxx* und *bestlbenutIDRef_xxx*, wobei *_xxx* jeweils für die Aktionen *bestellt, genehmigt, geliefert* und *bezahlt* steht.

Erinnern Sie sich an die Diskussion zu den immer wieder benötigten Adressen-Feldern auf Seite 26? Es ist hier zwar nicht ganz so krass, weil es sich nicht auch noch auf mehrere Tabellen verteilt, aber es passiert etwas ähnliches: Sie benötigen die immer wieder gleichen Felder mehrfach.

Und wenn Sie genau gucken, haben Sie sogar „durchnummerierte" Felder (siehe Seite 28). Da steht eigentlich so etwas wie *bestlDatum1*, *bestlDatum2*, *bestlDatum3*. Und spätestens jetzt müssen alle Normalisierungs-Alarmglocken läuten.

Auch inhaltlich weist diese Konstruktion auf einen Datenmodell-Fehler hin, sie können nämlich nur komplette Aktionen speichern. Was ist mit dem durchaus häufigen Fall von Teillieferungen oder Teilzahlungen?

Die korrekte Lösung dazu wäre eine 1:n-verknüpfte Tabelle für diese Aktionen. Sie könnte beispielsweise so aussehen:

tblBestellungenAktionen ×	
Feldname	**Felddatentyp**
bsaktID	AutoWert
bsaktbestlIDRef	Zahl
bsaktnwertIDRef_Aktion	Zahl
bsaktDatum	Datum/Uhrzeit
bsaktbenutIDRef	Zahl
bsaktIstAktiv	Ja/Nein
bsaktBemerkung	Kurzer Text

Abbildung 30: Der mögliche Entwurf der Tabelle tblBestellAktionen

Es gibt einen Fremdschlüssel *bsaktbestlIDRef* auf die Bestellung sowie einen namens *bsaktnwertIDRef_Aktion* auf die Nachschlagewerte, wo die verschiedenen Aktionen (Bestellung, Genehmigung, Lieferung und Zahlung, aber eben auch Teillieferung und Teilzahlung) hinterlegt sind.

Sie können damit nicht nur jederzeit neue benötigte Aktionen berücksichtigen (was ist beispielsweise mit Storno und Rücksendung?), sondern auch welche überspringen oder mehrfach nennen. Die Beispieldaten zeigen das:

bsaktID ▾	bsaktbestlIDRef ▾	bsaktnwertIDRef_Aktion ▾	bsaktDatum ▾	bsaktbenutIDRef ▾	bsaktIstAktiv ▾	bsaktBemerkung ▾
1	1	70	09.04.2024	3	☑	
2	3	70	07.06.2024	1	☑	
3	1	71	10.04.2024	1	☑	
4	1	72	03.05.2024	3	☑	
5	1	72	05.05.2024	2	☑	
6	1	74	19.05.2024	2	☑	
* (Neu)	0	0		0	☐	

Abbildung 31: Die möglichen Daten der Tabelle tblBestellAktionen

Für die Bestellung mit der *bsaktbestlIDRef* 1 fand eine Aktion mit der ID 70 statt, das ist die Bestellung-Aktion. Am nächsten Tag folgte die Lieferung-Aktion 71, dann zwei Teilzahlungen (Aktion 72) und schließlich die abschließende Komplett-Zahlung (Aktion 74).

Fällt Ihnen schon das nächste Problem auf? Bei den Teilzahlungen können Sie nirgends vermerken, welcher Betrag gezahlt wurde. (Okay, es gibt ein Bemerkungsfeld, aber das will ich nicht ernsthaft vorschlagen.) Es bräuchte also so etwas wie ein *bsaktBetrag*-Feld.

> **Hinweis**: Ein scheinbar ähnliches Problem hat übrigens eine ganz andere Lösung. Bei den Teillieferungen können Sie nirgends vermerken, welche Teile geliefert wurden. Aber das gehört nicht in diese Tabelle, sondern in die Bestelldetails-Tabelle. Denn anders als bei Teilzahlungen, die beispielsweise 90 % des Gesamtbetrags betragen und damit keinem einzelnen Bestelldetail zuzuordnen sind, lässt sich eine Teillieferung explizit einzelnen Bestelldetails zuordnen. Dort bräuchte es dann außer der Bestellmenge einfach auch eine Liefermenge.

Vielleicht haben Sie es gerade schon bemerkt: So ein Bestellwesen wird eine Riesenbaustelle. Wir sind ja noch lange nicht fertig, denn die Aktionen haben eine Reihenfolge (erst bestellen, dann liefern, dann zahlen), die derzeit nicht berücksichtigt wird. Die Datenbank sollte zudem sicherstellen, dass auch nur gezahlt werden darf, wenn geliefert wurde. Es wäre sinnvoll, wenn eine Warnung darauf hinweist, dass mehr oder weniger gezahlt wurde, als die ursprüngliche Bestellung vereinbart hatte.

Sehr bald werden die Benutzer:innen der Datenbank fragen, wo diese nun gelieferten Dinge denn lagern. Nicht beim Bürobedarf-Beispiel hier, aber wenn es sich um teure Maschinenteile für große Geräte handelt, die nicht mal eben so herumliegen. Schon haben Sie die nächste große Baustelle in Ihrer Datenbank eröffnet.

Deswegen muss ich hier mal die Kirche im Dorf lassen. Wenn wir das alles berücksichtigen würden, wäre die Datenbank schnell fünf Mal so groß. Es ist wichtig, das alles mal ernsthaft zu bedenken, aber hier im Beispiel werde ich nur die datenbanktechnisch minimale Lösung nehmen, bei der diese Angaben doch direkt in der Bestellung stehen:

Feldname	Felddatentyp	
bestlID	AutoWert	
bestlfirmaIDRef	Zahl	
bestlDatum_bestellt	Datum/Uhrzeit	
bestlbenutIDRef_bestellt	Zahl	
bestlDatum_genehmigt	Datum/Uhrzeit	
bestlbenutIDRef_genehmigt	Zahl	
bestlDatum_geliefert	Datum/Uhrzeit	komplett!
bestlbenutIDRef_geliefert	Zahl	
bestlDatum_bezahlt	Datum/Uhrzeit	komplett!
bestlbenutIDRef_bezahlt	Zahl	
bestlIstAktiv	Ja/Nein	
bestlBemerkung	Kurzer Text	

Abbildung 32: Der tatsächliche Entwurf der Tabelle tblBestellungen

Daher steht dort auch schon der Hinweis, dass also nur eine Komplett-Lieferung bzw. -Bestellung angegeben werden kann. Dieses unflexible Datenmodell hat übrigens auch Vorteile: Sie können nicht versehentlich mehrfach genehmigen, weil es ja jeweils nur genau ein Feld pro Bestellung gibt. Das müssten Sie bei der 1:n-Lösung nämlich auch noch überwachen.

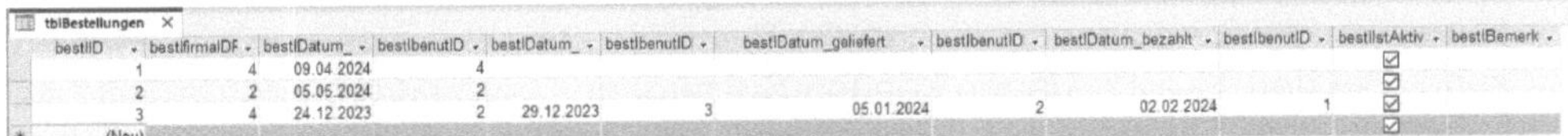

bestlID	bestlfirmalDF	bestlDatum_	bestlbenutID	bestlDatum_	bestlbenutID	bestlDatum_geliefert	bestlbenutID	bestlDatum_bezahlt	bestlbenutID	bestlIstAktiv	bestlBemerk
1	4	09.04.2024	4							☑	
2	2	05.05.2024	2							☑	
3	4	24.12.2023	2	29.12.2023	3	05.01.2024	2	02.02.2024	1	☑	
*	(Neu)									☑	

Abbildung 33: Die Daten der Tabelle tblBestellungen

Diese Daten sind also der anfangs erwähnte „Kopf" der Bestellung, sozusagen der Zettel, auf dem die eigentliche Bestellung steht. Die wirklich bestellten Objekte stehen woanders.

Bestelldetails-Tabelle

Damit sind wir bei der Tabelle mit den Bestelldetails. Das muss natürlich eine 1:n-verknüpfte Tabelle sein, weil bei jeder Bestellung ja möglicherweise mehrere Objekte bestellt werden.

Es braucht also einen Fremdschlüssel *bsdetbestlIDRef* auf die Bestellung und *bsdetartiklIDRef* auf die Artikel, damit klar ist, welcher Artikel in welcher Bestellung gewünscht wird.

Feldname	Felddatentyp
bsdetID	AutoWert
bsdetbestlIDRef	Zahl
bsdetartiklIDRef	Zahl
bsdetBestellnummer	Kurzer Text
bsdetPreisEinzelNetto	Währung
bsdetMenge	Zahl
bsdetnwertIDRef_Einheit	Zahl
bsdetIstAktiv	Ja/Nein
bsdetBemerkung	Kurzer Text

Abbildung 34: Der Entwurf der Tabelle tblBestelldetails

Für die liefernde Firma, an welche diese Bestellung mit den Bestelldetails ja geht, ist noch eine *bsdetBestellnummer* für die eigene Artikel-Kennzeichnung wichtig. Trotz der üblichen *...Nummer*-Benennung ist es ein *KurzerText*-Datentyp, weil dort häufig auch Buchstaben, Trennstriche oder andere Sonderzeichen enthalten sind.

Dazu kommt eine Angabe, was dieser Artikel jeweils kostet.

> **Tipp 29:** Ich sehe bei vielen Datenbanken solche Feldnamen wie *bsdetPreis* oder *bsdetBetrag*, bei denen niemals klar ist, ob es sich um den Einzel- oder Gesamtpreis und um Netto- oder Bruttowerte handelt. Das ist eine völlig unnötige Fehlerquelle. Schreiben Sie es ehrlich in den Feldnamen, der ist nun zwar ein paar Buchstaben länger, aber ich kann Ihnen versprechen, das ist es wert.

Selbstverständlich gebe ich nur den Einzelpreis des Artikels an, weil es ja ein Feld *bsdetMenge* gibt, anhand dessen der Gesamtpreis berechnet wird. Ein immer wieder gesehenes Feld mit einem gespeicherten *bsdetPreisGesamtNetto*-Wert darf nicht existieren, höchstens als berechnetes(!) Tabellenfeld.

Da es aber noch mehr Felder zu berechnen gibt, nämlich außer GesamtNetto auch noch GesamtBrutto, gehört das besser in eine Abfrage. Den GesamtBrutto-Wert könnten Sie in dieser Tabelle ohnehin nicht berechnen, weil der Mehrwertsteuer-Satz aus einer anderen Tabelle kommt.

> **Anmerkung**: Hatten Sie bei der Artikel-Tabelle auf Seite 35 schon bemerkt, dass dort gar keine Preise gespeichert werden? Das wäre eine Verletzung der dritten Normalform gewesen, wie auf Seite 10 schon zu lesen war. In diesem Beispiel-Datenmodell wäre sogar nicht mal klar, welcher Lieferant zum Artikel gehört, weil in *tblArtikel* der dazu notwendige Fremdschlüssel fehlt. Es sind also „neutrale" Artikel, die erst hier auf der Bestellung einem Lieferanten zugeordnet werden und daher erst hier auch einen konkreten Preis kennen.

Die *bsdetMenge* hat übrigens einen Single-Datentyp, deswegen müssen wir direkt über das Feld *bsdetnwertIDRef_Einheit* reden. Wenn Sie nur Buntstifte bestellen, sollten ganzzahlige Mengen ausreichen, denn halbe Buntstifte will niemand haben. Aber es gibt auch Artikel wie Kaffee, die nicht in `Stück`, sondern beispielsweise in `Kilogramm` oder `Gramm` bestellt werden. Und falls die Einheit `Pfund` nicht angeboten ist, brauchen Sie eben `0,5 Kilogramm` und das ist eine Nachkommazahl.

> **Tipp 30:** *Single* ist potentiell eine ziemlich große Nachkommazahl, nämlich bis zu $3{,}4*10^{38}$. Das ist eine 1 mit 38 Nullen! So viel soll und darf niemand bestellen, egal in welcher Einheit. Allerdings ist *Single* der kleinste Datentyp, der Nachkommawerte erlaubt. Wenn Sie das trotzdem einschränken wollen, nutzen Sie im Entwurf des Feldes *bsdetMenge* dessen Eigenschaften auf der *Allgemein*-Registerkarte mit *Gültigkeitsregel:* `<=1000` als Begrenzung. Mit der *Gültigkeitsmeldung:* `Sie dürfen maximal 1.000 als Menge eingeben.` sorgen Sie dafür, dass bei Überschreiten dieser Grenze automatisch eine Meldung angezeigt wird:
>
> 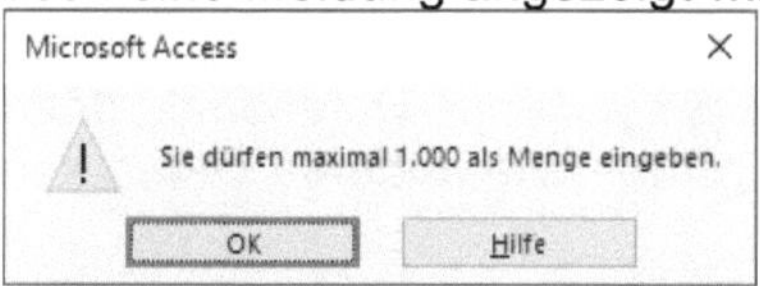
>
>
> Es ist nicht möglich, diesen Grenzwert zu überschreiten, auch nicht per VBA-Code.

Wegen der völlig unterschiedlichen Artikel benötigen Sie die Angabe einer Einheit. Da wird wahrscheinlich bald jemand auf die Idee kommen, dass es doch Zusammenhänge gibt, die sich umrechnen lassen: `1 Pfund = 0,5 kg` oder `1.000 g = 1 kg` oder `1 Palette = 32 Stück` oder `1 Kasten = 20 Flaschen` und ähnliches mehr.

Fangen Sie das bloß nicht an, wenn es nicht zum unabdingbaren Kern der Datenbank gehört! Dann müssen Sie nämlich nicht nur eine komplizierte Umrechnungstabelle bereitstellen, sondern vor allem klären, ob der Kasten 11, 16 oder 20 Flaschen hat und auf die Palette 32 Kaffeemaschinen oder 125.000 Teefilter passen würden. Für 1.250 Pakete Papier wäre zwar Platz, diese wären aber für den Transport doch zu schwer, und so weiter …

Also belassen wir es bei der nicht-umgerechneten Variante und hätten diese Beispiel-Daten in *tblBestelldetails*:

bsdetID	bsdetbestlIDRef	bsdetartiklDRef	bsdetBestellnummer	bsdetPreisEinzelNetto	bsdetMenge	bsdetnwertIDRef_Einheit	bsdetIstAktiv	bsdetBemerkung
1	1	1	EC99-348	0,50 €	100	25	☐	
2	1	7	2987635-01	0,39 €	1000	25	☑	
3	1	8	ENN-34252-99	12,50 €	2	41	☑	
4	1	16		1,99 €	1	41	☑	
5	1	4		1,49 €	2	42	☑	
6	1	9	9874-234-34437	3,89 €	5	41	☑	Tee-Gebäck
7	1	9	9874-234-34438	4,29 €	2	41	☑	Schoko-Kekse
8	1	3	99DA-29582	6,50 €	1	41	☑	Darjeeling
9	1	3	99CE-29582	3,75 €	2	41	☑	Ceylon
10	2	14	AGSGS	19,99 €	1	25	☑	
11	2	8	ENN-34252-99	9,99 €	2	41	☑	
12	2	15	OIUZOW1	1,99 €	3	41	☑	
13	2	3	99XX-29582	3,75 €	5	41	☑	Diverse Tee-Sorten
*	(Neu)						☑	

Abbildung 35: Die Daten der Tabelle tblBestelldetails

Beziehungen

Eine relationale Datenbank ohne Beziehungen bzw. ohne Referentielle Integrität können Sie praktisch wegwerfen, wenn ich das mal so deutlich formulieren darf. Es mag sicherlich seltenste Gelegenheiten geben, wo eine Referentielle Integrität nicht eingestellt werden kann.

> **Anmerkung**: Wenn die zu verknüpfenden Tabellen in zwei verschiedenen Datenbanken liegen, ist zum Beispiel keine Referentielle Integrität möglich. Da sich beide Dateien einzeln öffnen und verändern lassen, kann Access die Verknüpfungen nicht auf Referentielle Integrität überwachen.

Aber die Gefahr, ohne Referentielle Integrität verwaiste Datensätze (also Kinder ohne Elternteil, z.B. Bestelldetails ohne Bestellung) zu behalten, ist sehr groß. Jeder einzelne falsche Datensatz kompromittiert die gesamte Datenbank, denn ab dann können Sie nicht mehr hoffen, dass wenigstens alle anderen Daten korrekt sind.

Bisher habe ich noch in jeder Datenbank ohne Referentielle Integrität solche Leichen gefunden. Vor allem war dort oftmals aufwändiger VBA-Code enthalten, um diese Verknüpfungen zu überwachen, anstatt einfach die Referentielle Integrität zu aktivieren. Und es war trotzdem gescheitert. VBA-Code läuft nämlich nur, wenn die Benutzer:innen die Datenänderungen auch wie geplant im Formular vornehmen. Bei einer Datenänderung direkt in der Tabelle oder via Abfrage läuft kein VBA-Code und da ist die Lücke.

Achtung: Falls Sie in dieser Datenbank bereits testweise Werte in Fremdschlüsseln eingegeben haben, kann es sein, dass dazu kein Primärschlüssel existiert. Bisher wurde das ohne Referentielle Integrität ja nicht überprüft. Sollten Sie also gleich beim Verknüpfen Fehlermeldungen erhalten, dass diese Verknüpfung wegen ungültiger Daten nicht möglich sei, müssen Sie die Inhalte des jeweiligen Fremdschlüssels korrigieren. Besser ist es natürlich, die Referentielle Integrität sofort beim Entwurf einzurichten, bevor überhaupt irgendwelche (Test-)Daten eingegeben werden.

Genug der mahnenden Worte, auf zur Umsetzung der Referentiellen Integrität. Dazu wechseln Sie ja mit DATENBANKTOOLS | BEZIEHUNGEN in das *Beziehungen*-Fenster. Die erste Beziehung zwischen *tblNachschlagewertGruppen* und *tblNachschlagewerte* war ja schon angelegt:

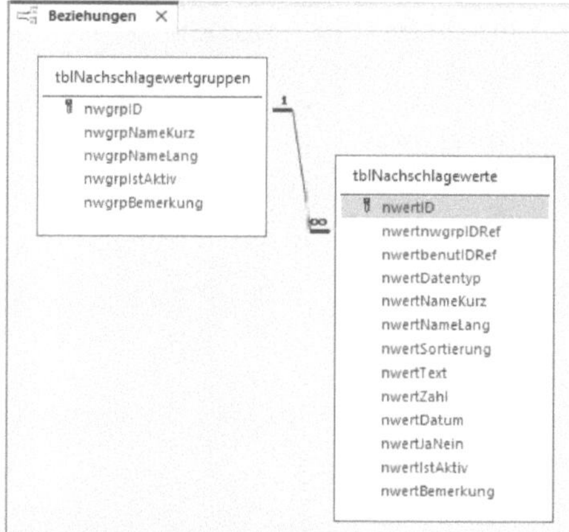

Abbildung 36: Die Beziehung der Nachschlagewerte

Wie ich im Tipp auf Seite 24 schon erwähnt hatte, ordne ich die Tabellen im *Beziehungen*-Fenster so an, dass die Elterntabelle höher liegt als die Kindtabelle. Außerdem versuche ich natürlich, die Verbindungslinien möglichst kreuzungsfrei hinzubekommen, obwohl ich zugeben muss, dass das etwa ab der zehnten Tabelle kaum noch gelingt.

Tipp 31: Ich schreibe möglichst alle Fremdschlüssel einer Tabelle an den Anfang der Feldliste, weil Tabellen normalerweise viel mehr Felder haben als hier in der Beispiel-Datenbank. Dann kann ich im *Beziehungen*-Fenster das jeweilige Tabellen-Fenster verkürzen und sehe trotzdem noch exakt, welche Fremdschlüssel verknüpft sind (siehe *tblNachschlagewerte* in Abbildung 37 auf Seite 46).

Als nächstes wird die *tblFirmen* mit *tblNachschlagewerte* verbunden:

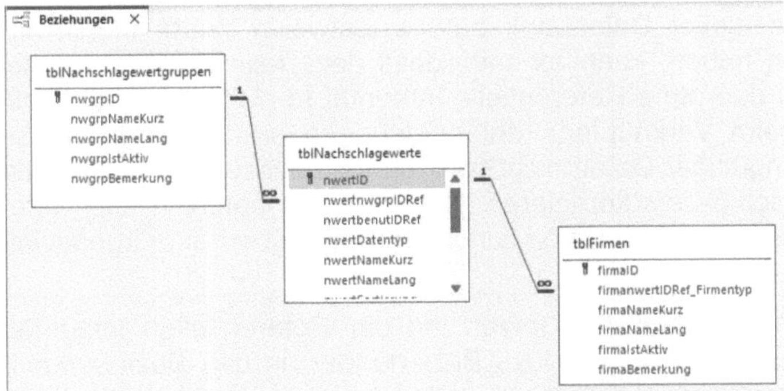

Abbildung 37: Die Beziehung der Firma zu den Nachschlagewerten

Mit dem Ziehen der Verbindungslinie erscheint ja automatisch der *BeziehungenBearbeiten*-Dialog:

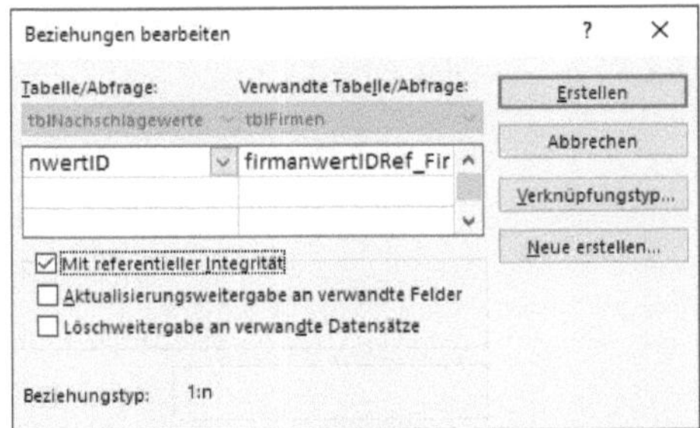

Abbildung 38: Der BeziehungenBearbeiten-*Dialog*

Der klassische *Beziehungstyp* ist *1:n*, nämlich 1 für die links oben angezeigte (Eltern-)*Tabelle* und n für die rechts angezeigte *Verwandte* (Kind-)*Tabelle*. Mit dem Konzept meiner Feldnamen muss in der Elterntabelle immer ein *xxxxxID*-Feld stehen und als Feld der Kindtabelle immer ein *...xxxxxIDRef...*-Feld, wobei *xxxxx* für das Präfix der Elterntabelle steht, hier also *nwert*.

Tipp 32: Die *Aktualisierungsweitergabe an verwandte Felder* hatte ich ja schon im Tipp auf Seite 20 erläutert und darauf hingewiesen, dass das für AutoWert-Felder in der Eltern-Tabelle ohnehin nicht stattfinden kann.

Die *Löschweitergabe an verwandte Datensätze* ist während der Entwicklungszeit praktisch, um immer mal wieder aufzuräumen und schnell große Mengen an (auch untergeordneten) Datensätzen zu löschen.

Nach Übergabe der Datenbank an die echten Benutzer:innen ist das aber extrem gefährlich. Ein:e Benutzer:in löscht nämlich eventuell in der Tabelle *tblNachschlagewertgruppen* scheinbar unwichtige Datensätze und erhält nur eine völlig unscheinbare und harmlose Meldung, dass nun diese und ein

---

paar andere Datensätze gelöscht werden. Sobald das bestätigt ist, ist die Datenbank ziemlich leer. Zu den fünf gelöschten Nachschlagewertgruppen gehörten nämlich 27 Nachschlagewerte, dazu wiederum 15 Firmen, die mit 73 Adressen und 199 Kontakten verknüpft waren, … So eine Löschaktion löscht zwangsläufig kaskadierend alle abhängigen Kind-, Enkel-, Urenkel- usw. -Datensätze und der:die Benutzer:in ahnt meistens nicht einmal, was er:sie anrichtet!
Bevor ich eine Datenbank ausliefere, entferne ich daher unbedingt diese Löschweitergabe aus allen Beziehungen.

Zu einer Firma gehören potentiell viele Personen, so dass diese Hierarchie mit der verknüpften Tabelle *tblPersonen* weitergeht:

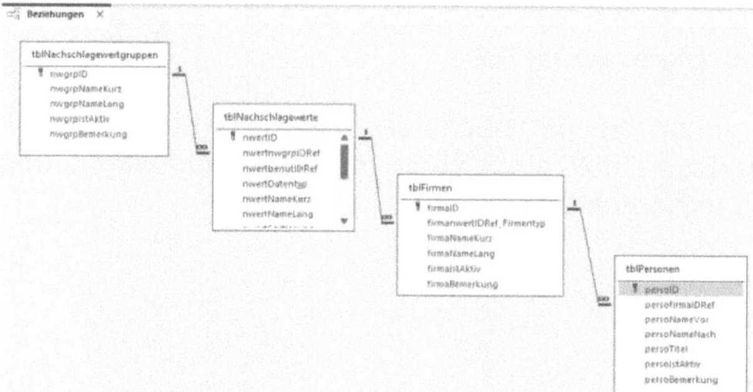

Abbildung 39: Die Beziehung der Personen zur Firma

Einige der Personen können auch Benutzer:innen sein, daher können wir direkt *tblBenutzer* ergänzen:

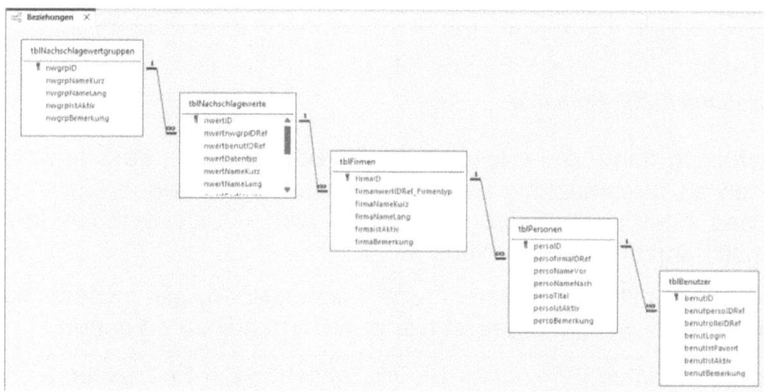

Abbildung 40: Die Beziehung der Benutzer:innen zur Person

Jede:r Benutzer:in hat eine Rolle, es geht also hier im *Beziehungen*-Fenster erstmals wieder „aufwärts":

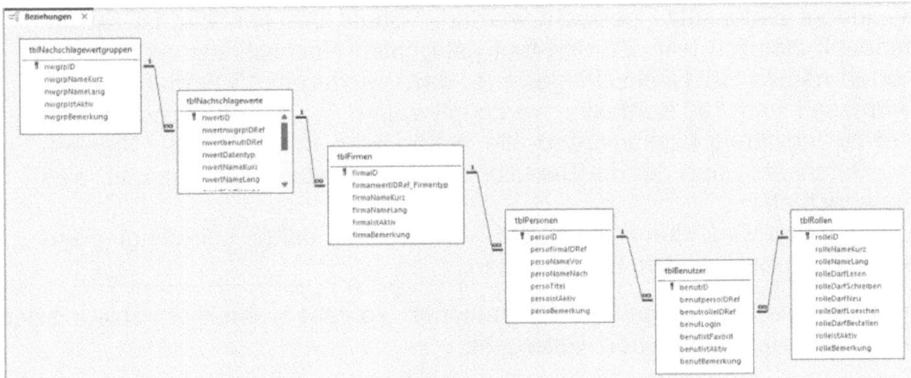

Abbildung 41: Die Beziehung der Benutzer:innen zur Rolle

Bisher war es ja einfach, aber schon bei der nächsten Tabelle geht es wirklich nicht mehr kreuzungsfrei. Sie müssen dafür zwischen *tblNachschlagewerte* und *tblFirmen* Platz schaffen und dort *tblKontakte* ergänzen:

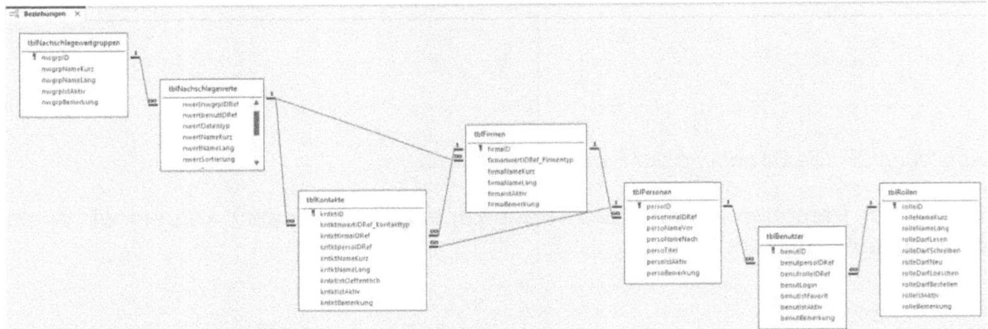

Abbildung 42: Die Beziehungen der Kontakte

Sie erinnern sich sicherlich daran (oder lesen es auf Seite 26 nach), dass sowohl hier bei den Kontakten als auch nachher bei den Adressen nur entweder die Verknüpfung zu *tblFirmen* oder zu *tblPersonen* benutzt wird. Der jeweils andere Fremdschlüssel enthält dann einen `NULL`-Wert.

Das lässt sich leider nicht mit einem Datenmodell sicherstellen, sie müssen es später per VBA prüfen. Diese Besonderheit ist hier auch nirgends zu erkennen.

Tipp 33: Mit Access in *Office365* können Sie im Beziehungen-Fenster endlich mehrere Tabellen gleichzeitig markieren (und anschließend verschieben). Ziehen Sie dazu mit gedrückter Maustaste einen Bereich. Alle Tabellenfenster, die Sie dabei wenigstens teilweise berühren, werden nach dem Loslassen mit einem orangefarbenen Rahmen sichtbar markiert. Sie können alternativ auch mit gedrückter<STRG>-Taste einzelne Tabellenfenster anklicken.

Bei der Adressen-Tabelle ist gut zu sehen, warum ich die Fremdschlüssel möglichst an den Anfang der Felder lege. Organisatorisch gehört *tblAdressen* nämlich an die gleiche Position wie *tblKontakte*. Da es mir nebeneinander insgesamt zu breit wird, lege ich diese beiden Tabellen untereinander, verkürze aber dann die Fensterhöhe.

Die Verknüpfungen zwischen *tblAdressen* und *tblFirmen* bzw. *tblPersonen* erfolgen wie schon bei *tblKontakte*. Auch die erste Verbindung zwischen *nwertID* und *adresnwertIDRef_Adresstyp* ist bereits erstellt:

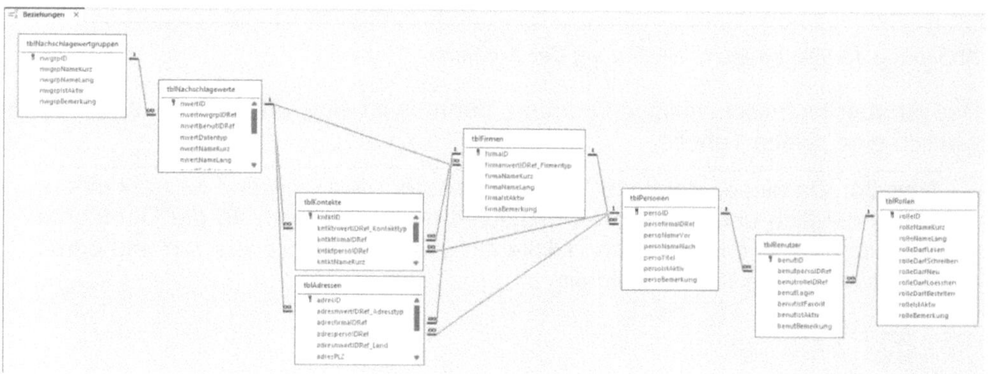

Abbildung 43: Die ersten Beziehungen der Adressen

Es gibt in *tblAdressen* allerdings noch einen zweiten Fremdschlüssel *adresnwertIDRef_Land*, der auf die gleiche Tabelle *tblNachschlagewerte* zeigt. Wenn Sie diese beiden verbinden, erhalten Sie folgende Meldung:

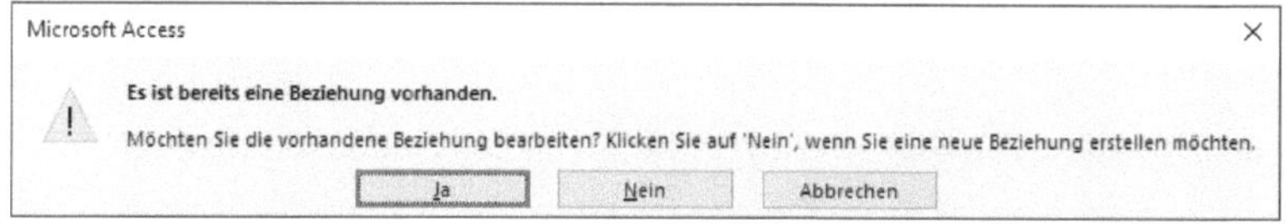

Abbildung 44: Hinweis auf eine bereits vorhandene Beziehung

Es ist zwar korrekt formuliert, aber inhaltlich doch etwas irritierend, nun auf [NEIN] klicken zu müssen, um eine (weitere) Beziehung anzulegen. Danach erscheint wieder der übliche *BeziehungenBearbeiten*-Dialog, den Sie wie gewohnt ausfüllen und bestätigen können.

Ebenfalls irritierend ist für die meisten Entwickler:innen ebenfalls, dass nun eine Kopie der Tabelle *tblNachschlagewerte* als *tblNachschlagewerte_1* erscheint:

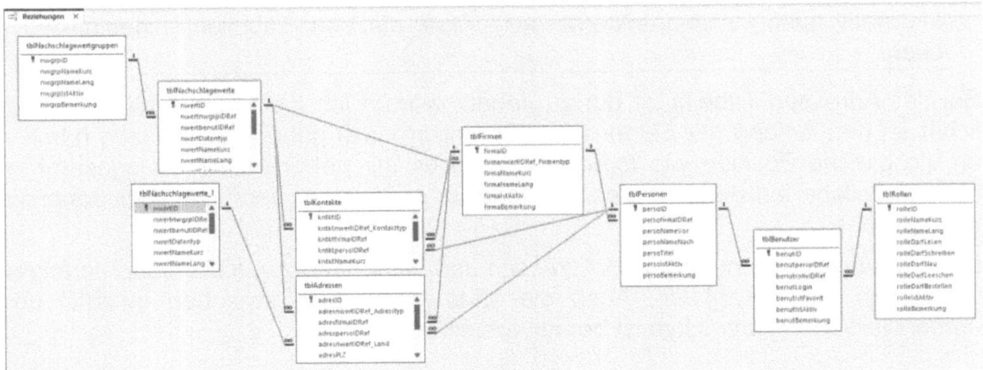

Abbildung 45: Die ergänzte Beziehung der Adressen

Das ist aber technisch völlig in Ordnung, denn es ist eine virtuelle Kopie, also nicht wirklich eine zweite Tabelle.

Tipp 34: Da dieses doppelte Tabellen-Fenster etwas störend ist, verkleinere ich es deutlich und schiebe es möglichst deckungsgleich an die Oberkante des originalen Fensters. Dann klicke ich das originale Fenster an und damit verschwindet die Kopie dahinter:

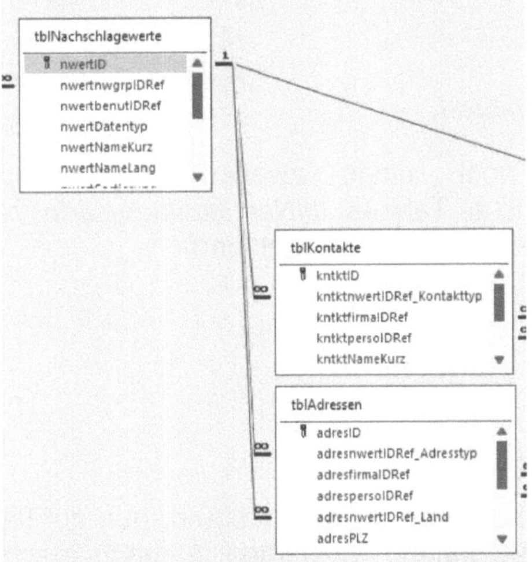

Manchmal kommt die Kopie doch wieder nach vorne, aber das lässt sich mit einem Klick auf das Original wieder beheben.

Damit kommen wir zu den Artikel, die ebenfalls zwei Beziehungen zu der Tabelle *tblNachschlagewerte* haben:

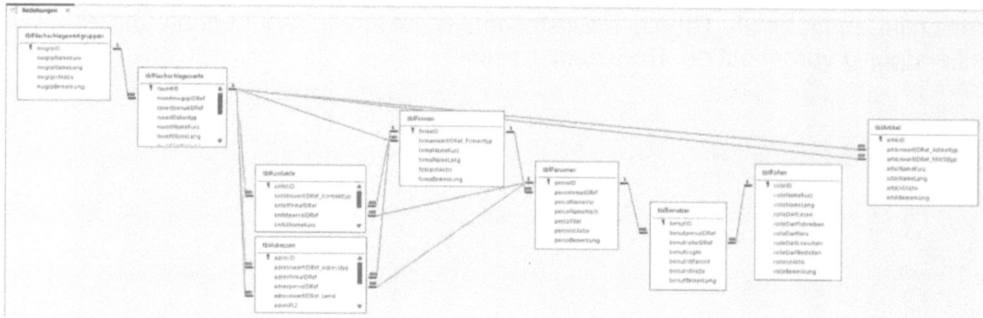

Abbildung 46: Die Beziehungen der Artikel

Es scheint, dass bei Microsoft extrem große Bildschirme Pflicht sind. Sie werden bald an die Grenze kommen, dass die zwei zu verknüpfenden Tabellen nicht mehr auf einem Bildschirm zu sehen sind. Dann bleibt Ihnen nichts anderes übrig, als die eine Tabelle zuerst in die Nähe der anderen Tabelle zu schieben, bevor Sie die Verknüpfung anlegen können. Das *Beziehungen*-Fenster ist leider nicht Zoom-fähig.

Tipp 35: Falls Sie zwei Bildschirme haben, können Sie es anders machen. Im Vollbild belegt das Access-Fenster immer nur einen einzigen Bildschirm. Also wechseln Sie mit dem mittleren Icon

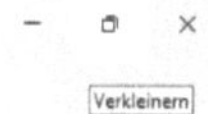

in den *Verkleinern*-Modus. Jetzt können Sie das Access-Fenster nämlich über beide Bildschirme hinweg verbreitern.

Die Tabelle *tblBestellungen* findet ihren Platz unterhalb von *tblPersonen*, weil nachher die Bestelldetails mit Artikeln verknüpft werden. Sie erhält schon mal ihre Verknüpfung mit *tblFirmen*:

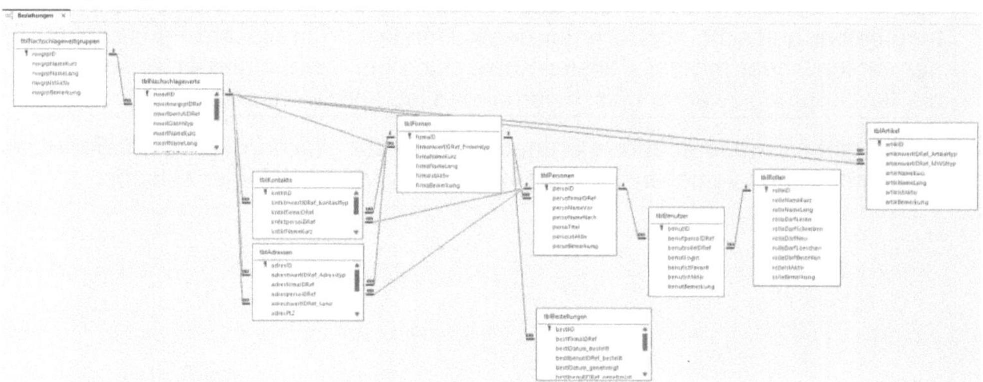

Abbildung 47: Die Beziehung der Bestellungen zur Firma

Anschließend folgt die Tabelle *tblBestelldetails* mit ihren Beziehungen und damit ist es endgültig vorbei mit der Kreuzungsfreiheit:

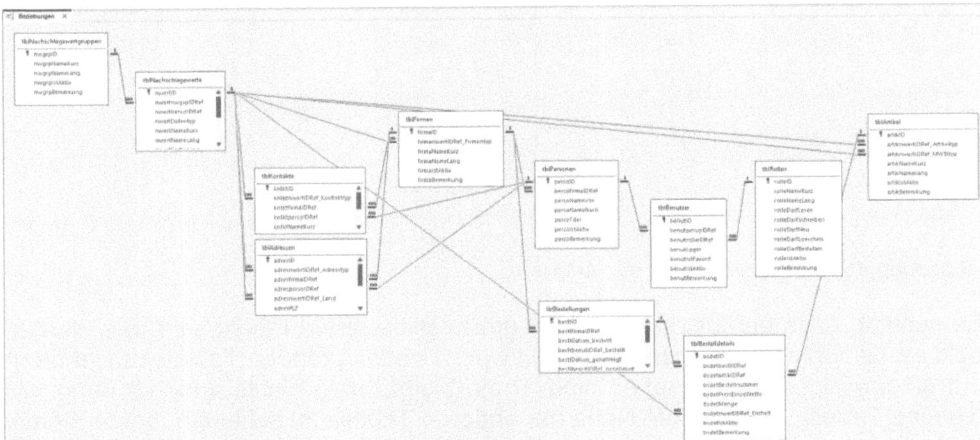

Abbildung 48: Die Beziehungen der Bestelldetails

Die Tabellen sind alle im *Beziehungen*-Fenster enthalten und miteinander verknüpft.

Tipp 36: Meine Feldnamen geben Hinweise darauf, ob noch etwas fehlt. Alle *...IDRef...*-Felder müssen nämlich eine Verbindungslinie mit „∞"-Symbol daneben haben.

Es fehlen allerdings noch die Benutzer:in-Fremdschlüssel in *tblBestellungen*. Für die muss ich alles noch ein wenig zusammenschieben und Platz schaffen, deswegen lege ich sie erst jetzt an.

Tipp 37: Wenn Sie diese vielen virtuellen Kopien stören, können Sie die übrigens im *Beziehungen*-Fenster auch löschen. Dabei wird nicht die Verknüpfung selber gelöscht, sondern nur deren Darstellung in diesem Fenster. Leider verschwindet mit der Fenster-Kopie auch die Verbindungslinie, so dass die Verknüpfung zwar technisch vorhanden ist, aber nicht erkennbar.

Auch hier gibt es wieder mehrere Fremdschlüssel zur gleichen Tabelle *tblBenutzer*, deren nunmehr drei virtuellen Tabellen-Kopien ich wieder dahinter schiebe:

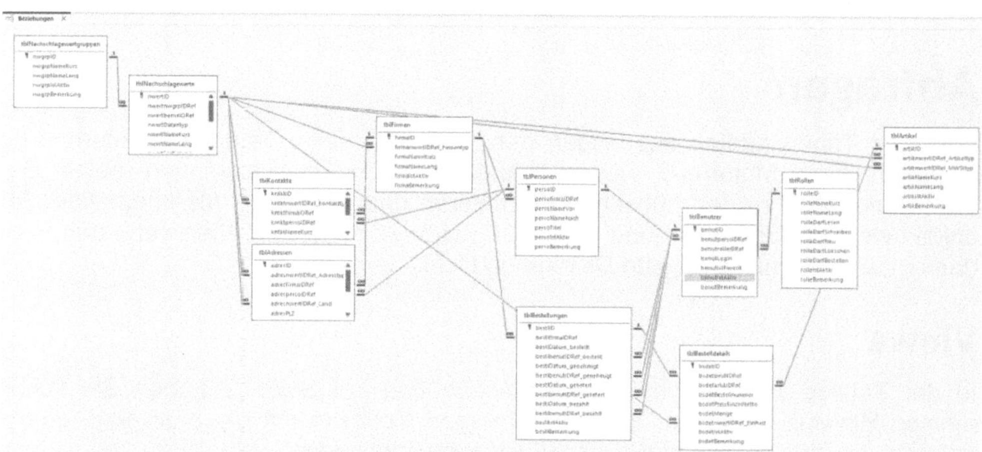

Abbildung 49: Die vollständigen Beziehungen der Bestellungen

Damit ist das Datenmodell komplett angelegt.

Sie könnten nun nach Belieben Test-Daten eintragen und prüfen, ob überall die Referentielle Integrität greift. Für einen (selbst schon zur Entwicklungszeit) brauchbaren Zugriff auf die verknüpften Daten sollten wir uns jetzt allerdings mal mit Abfragen beschäftigen. Diese werden nämlich sehr hilfreich sein, um solche Test-Daten effizient einzutragen.

Abfragen

Während Tabellendaten sozusagen den Treibstoff einer Datenbank liefern, sind Abfragen deren Motor(en). Viel zu schnell springen Entwickler:innen meiner Beobachtung nach zu den hübschen Formularen und Berichten. Als ehemaliger Architekt weiß ich Schönheit und Gestaltung sehr zu schätzen, aber wenn das Fundament wackelt, hilft die beste Dekoration nicht.

Views

In der Tabelle zur *Leszynski-Namenskonvention* auf Seite 12 haben Sie schon meinen Hinweis gefunden, dass ich Abfragen nicht nur mit *qry* (von engl. *query*) beginne, sondern manchmal auch mit *viw* (von engl. *view*).

Eigentlich ist diese namentliche Unterscheidung völlig beliebig, aber ich habe mich dabei vom SQL-Server (ebenfalls eine relationale Datenbank von Microsoft, sozusagen der große Bruder von Access) inspirieren lassen. Der kennt zur Anzeige von Tabellen-Daten vergleichbar den Access-Abfragen nämlich zwei Typen von Objekten:

- **Gespeicherte Prozeduren** (*stored procedures*), welche mit Parametern aufgerufen werden können, und sich von Access aus nicht verknüpfen lassen.
- **Sichten** (), welche keine Parameter kennen, aber sich wie echte externe Tabellen in Access verknüpfen lassen.

Die übrigen technischen Feinheiten sind hier uninteressant, mein wichtigster Aspekt ist die Tatsache, dass Views wie externe Tabellen von einem Access-FrontEnd aus verknüpft werden können. Es sind sozusagen die besseren Tabellen, weil sie nämlich zwischen echter Tabelle und den angezeigten Ergebnissen in Access schnell noch ein wenig filtern, sortieren und berechnen können!

Ich habe während meiner Arbeit mit anderen Datenbanken entdeckt, wie oft in ähnlichen Abfragen immer wieder der gleiche Wert berechnet wird (auf Platz 1 der Hitliste liegt dabei `BruttoBetrag: NettoBetrag * (1 + MWStSatz)`). Es ist natürlich Quatsch, das mehrfach zu berechnen. Selbst ohne SQL-Server-Views geht es in Access selber schon besser, indem das in einer Abfrage passiert, auf welche sich die anderen Abfragen dann nur noch beziehen.

Und genau das standardisiere ich mit meinen Pseudo-Views. Sie enthalten also keine neue Technik (es sind ganz normale Auswahl-Abfragen), sondern sind nur an ihrem speziellen Präfix als grundlegend zu erkennen.

Standard-Daten

Jede Tabelle kapsle ich damit hinter zwei solcher Pseudo-Views. Am Beispiel von *tblArtikel* wären das:

- **viwArtikelUngefiltert**, welche alle Artikel zeigt, aber schon berechnete Felder enthält, und
- **viwArtikel**, welche auf *viwArtikelUngefiltert* basiert und bereits alle zentralen Filter berücksichtigt.

Ich verzichte auf den naheliegenden Namen *viwArtikelGefiltert*, weil *viwArtikel* sozusagen der Normalfall des Zugriffs auf *tblArtikel* sein soll und schlicht kürzer ist. Praktisch alle Zugriffe auf die Artikel-Daten erfolgen also nicht direkt auf *tblArtikel*, sondern immer auf *viwArtikel*. Gedanklich muss ich nur das Präfix von *tbl* auf *viw* wechseln, wenn ich Daten benötige. Das Konzept sieht damit so aus (siehe auch Seite 177):

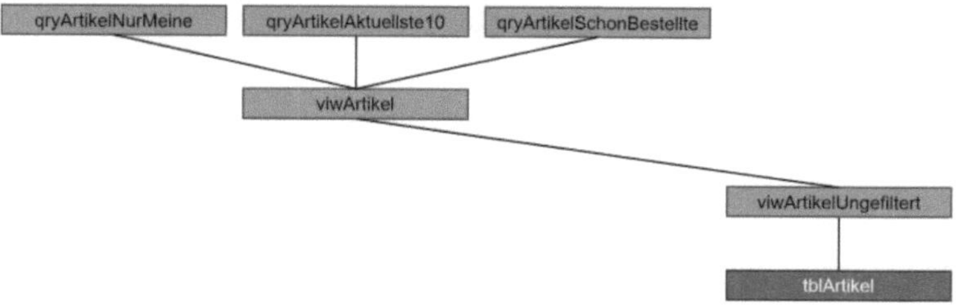

Abbildung 50: Das Konzept meiner Pseudo-Views

Zuerst scheint die Abfrage *viwArtikelUngefiltert* von erschütternder Banalität zu sein:

```
SELECT tblArtikel.* FROM tblArtikel;
```

Alles, was ich von meinen Daten grundsätzlich erwarte, wird in dieser Abfrage enthalten sein, beispielsweise eine Sortierung nach dem Artikelnamen, so dass sich die SQL-Anweisung wie folgt ändert:

```
SELECT tblArtikel.*
FROM tblArtikel
ORDER BY tblArtikel.artikNameKurz;
```

Die zweite Pseudo-View *viwArtikel* hingegen greift auf diese *viwArtikelUngefiltert* zu, damit alle deren Inhalte (auch wenn es derzeit nur die Sortierung ist) durchgereicht werden. Zusätzlich sorgt sie schon mal dafür, dass tatsächlich eine Filterung greift, nämlich nur noch aktive Artikel übrigbleiben:

```
SELECT viwArtikelUngefiltert.*
FROM viwArtikelUngefiltert
WHERE artikIstAktiv12 = True;
```

---

[12] Der Abfrage-Editor schreibt immer reichlich unnötige Klammern vor allem um WHERE-Klauseln, die ich hier schon entfernt habe. Auch die wiederholte Nennung des Tabellen-/Abfrage-Namens vor eindeutigen(!) Feldnamen macht es nicht lesefreundlicher und daher ist das ab jetzt ebenfalls gelöscht.

Der Filter wird irgendwann (nämlich ab Seite 234) noch flexibler werden, aber derzeit reicht es, ihn einfach fest auf `True` einzustellen.

Standard-Felder

Manchmal ist es praktisch, wenn ich sozusagen blind vorhersagen kann, welches Feld die ID enthält und welches einen brauchbaren Text, der den Datensatz sinnvoll beschreibt. Das wird in Comboboxen ebenso gebraucht wie später mal im Treeview.

Diejenigen, die ihre Felder ohne Präfix einfach in jeder Tabelle immer nur als *ID* und *Bezeichnung* benannt haben, feixen jetzt und denken „Siehste!". Deswegen baue ich genau das jetzt einfach wieder ein. Ätsch!

In der ersten Abfrage *viwArtikelUngefiltert* (denn es soll ja durchgereicht werden), gibt es zwei neue Felder mit frei erfundenen, aber standardisierten Namen:

- *FeldID* enthält immer das ID-Feld der jeweiligen Datenquelle und
- *FeldAnzeigen* enthält immer einen Text, der den Datensatz beschreibt.

Die SQL-Anweisung für *viwArtikelUngefiltert* ändert sich also so:

```
SELECT artikID AS FeldID, artikNameKurz AS FeldAnzeigen, tblArtikel.*13
FROM tblArtikel
ORDER BY artikNameKurz;
```

> **Tipp 38:** Nicht nur die Namen dieser beiden neuen Spalten sind standardisiert, sondern auch deren Position, sie stehen immer in dieser Reihenfolge als die ersten beiden Spalten. Dann kann ich in den üblichen Comboboxen mit 2 Spalten nämlich als Datenquelle einfach `viwArtikel` nennen, anstatt explizit `SELECT FeldID, FeldAnzeigen FROM viwArtikel` schreiben zu müssen.

Damit hat jede dieser Abfrage zwei identische Spalten, nämlich *FeldID* (=*artikID*) und *FeldAnzeigen* (=*artikNameKurz*), wie auch die Vorschau von *viwArtikel* zeigt:

FeldID	FeldAnzeigen	artikID	artiknwertIDRef_Artikeltyp	artiknwertIDRef_MWSttyp	artikNameKurz	artikNameLang	artikIstAktiv	artikBemerkung
1	Buntstift	1		18	7 Buntstift	Buntstifte in verschiedenen Farben	☑	
12	Champignons frisch	12		17	6 Champignons frisch	nicht verarbeitete Pilze	☑	
11	Champignons im Glas	11		17	7 Champignons im Glas	verarbeitete Pilze	☑	
13	Druckerpapier	13		18	7 Druckerpapier	DIN-A-4-Druckerpapier	☑	
5	Hafermilch	5		17	7 Hafermilch	verarbeitetes "Milch"-Produkt	☑	
8	Kaffee	8		17	6 Kaffee	Kaffee-Bohnen oder gemahlen	☑	
14	Kaffeemaschine	14		19	7 Kaffeemaschine	einfache Kaffeemaschine	☑	
16	Kaffefilter	16		19	7 Kaffefilter	Kaffee-Filter Größe 4	☑	
9	Kekse	9		17	7 Kekse	Leckereien für Menschen	☑	
7	Kugelschreiber	7		18	7 Kugelschreiber	Kugelschreiber in verschiedenen Ausführungen	☑	
4	Milch	4		17	6 Milch	unverarbeitete Kuh-, Ziegen- oder Schafsmilch	☑	
3	Tee	3		17	6 Tee	Tee, schwarz oder Kräuter	☑	
15	Teefilter	15		19	7 Teefilter	Papier-Teefilter	☑	
2	Zucker	2		17	6 Zucker	Haushaltszucker	☑	
*	(Neu)	(Neu)					☑	

Abbildung 51: Die Abfrage viwArtikel *mit doppelten Spalteninhalten*

---

13 Auch `tblArtikel.*` werde ich demnächst aus Platzgründen, wenn es technisch erlaubt ist, nur als `*` angeben. Der Abfrage-Editor ist aber nicht richtig glücklich damit und zeigt es in der Entwurfsansicht dann nicht als eigene Spalte an, obwohl es korrekt ausgeführt wird.

Ich kann ab jetzt damit immer auf beide Varianten zugreifen, entweder explizit und datenbankweit eindeutig die echten Feldnamen *artikID* und *artikNameKurz* oder eben ohne Detailkenntnis zur jeweiligen Abfrage die neutralen Feldnamen *FeldID* und *FeldAnzeigen*.

Abfrage viwAdressen

Grundsätzlich kommt jetzt ganz viel Fleißarbeit, um also zu jeder Tabelle jeweils die beiden Pseudo-Views zu erstellen. Direkt bei der ersten davon kann ich Ihnen jedoch zeigen, wie flexibel das Konzept ist.

Wenn Sie die neue Abfrage *viwAdressenUngefiltert* erstellen, werden Sie direkt merken, dass es kein einzelnes Feld gibt, welches Sie für *FeldAnzeigen* nehmen könnten. Also schreibe ich da vorübergehend mal die Zeichenkette "??" hinein, bis wir etwas Passendes finden:

```
SELECT adresID AS FeldID, "??" AS FeldAnzeigen, *
FROM tblAdressen;
```

Das Problem ist ja das Land, welches aus *tblNachschlagewerte* kommt. Diese Tabelle muss also ebenfalls in den Entwurf gezogen werden und verbindet sich dabei sofort mit beiden Fremdschlüsseln:

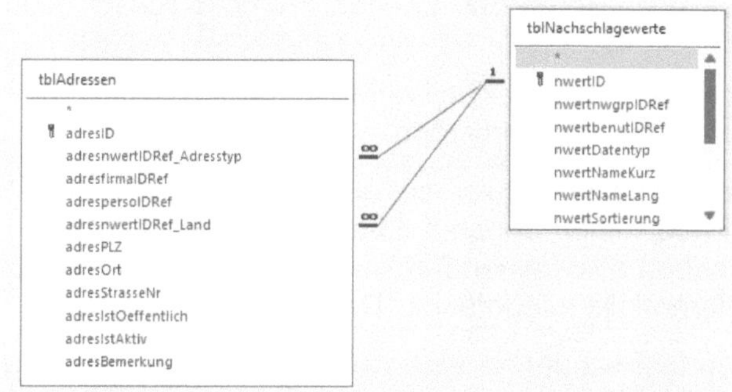

Abbildung 52: Der Abfrage-Entwurf viwAdressenUngefiltert *noch doppelt verknüpft*

Die obere Verknüpfung mit *adresnwertIDRef_Adresstyp* müssen Sie entfernen und können anschließend das *FeldAnzeigen*-Feld um die komplette Adresse ergänzen:

```
SELECT adresID AS FeldID,
[adresStrasseNr] & ", " & [nwertNameKurz] & "-" & [adresPLZ] & " " &
[adresOrt] AS FeldAnzeigen, tblAdressen.*
FROM tblNachschlagewerte
INNER JOIN tblAdressen
ON tblNachschlagewerte.nwertID = tblAdressen.adresnwertIDRef_Land14;
```

---

[14] Im JOIN-Teil müssen Sie tatsächlich vor den Feldnamen immer die Tabellennamen stehen lassen, selbst wenn die Feldnamen eindeutig sind.

Ein Ausschnitt der Daten zeigt, dass das eine sehr schöne berechnete Adresse mit der kurzen Landes-Schreibweise vor der PLZ liefert:

FeldID	FeldAnzeigen	adresID	adr
1	Hauptstraße 99, D-12345 Nirgendwo	1	
2	Nebenweg 1, D-12345 Nirgendwo	2	
4	Hinter den Bäumen 50, D-99999 Testinghausen	4	
5	Auf dem Acker 9, D-99999 Klein-Beispieldorf	5	
6	Schloßplatz 12, D-61118 Bad Vilbel	6	
7	Schloßplatz 12, D-61118 Bad Vilbel	7	
8	Hafenstraße 99, D-63303 Dreieich	8	
9	Schloßplatz 12, D-63303 Dreieich	9	
10	Rademachergang 3-5, D-60598 Frankfurt	10	
11	Wormser Straße 5, D-60388 Frankfurt	11	
12	Mühlenstraße 58, D-60385 Frankfurt	12	
13	Hanseastraße 370, D-60435 Frankfurt	13	

Abbildung 53: Die berechneten Adressen in viwAdressenUngefiltert

So eine Pseudo-View kann also das, was ein berechnetes Tabellen-Feld sowieso nicht könnte, nämlich auch Daten aus anderen Tabellen/Abfragen berücksichtigen. Bei dieser Gelegenheit würde ich auch gerne den zweiten Fremdschlüssel auflösen, nämlich den Adress-Typ.

Dazu müssen Sie die *tblNachschlagewerte* ein zweites Mal in den Entwurf ziehen und manuell mit *adresnwertIDRef_Adresstyp* verbinden.

> **Tipp 39:** Diese Verbindungslinien sehen zwar so aus wie diejenigen im *Beziehungen*-Fenster, haben aber einen anderen Effekt. In einem Abfrage-Entwurf wirken sie nur lokal, haben also keinen Einfluss auf andere parallele Abfragen oder gar auf die Referentielle Integrität der Daten.

Sie werden bemerken, dass auch hier wieder so eine virtuelle Kopie mit dem Namenszusatz *_1* entsteht. Das können Sie erst einmal so lassen und das dortige *nwertNameKurz*-Feld vor der berechneten Adresse einfügen.

Weil die Feldnamen aus „beiden" *tblNachschlagewerte*-Tabellen identisch sind, müssen Sie hier ab jetzt für diese immer den Tabellen-Namen dazuschreiben[15]:

```
SELECT adresID AS FeldID, [tblNachschlagewerte_1].[nwertNameKurz] & ": " &
[adresStrasseNr] & ", " & [tblNachschlagewerte].[nwertNameKurz] & "-" &
[adresPLZ] & " " & [adresOrt] AS FeldAnzeigen, tblAdressen.*
FROM tblNachschlagewerte AS tblNachschlagewerte_1
INNER JOIN (tblNachschlagewerte INNER JOIN tblAdressen
ON tblNachschlagewerte.nwertID = tblAdressen.adresnwertIDRef_Land)
ON tblNachschlagewerte_1.nwertID = tblAdressen.adresnwertIDRef_Adresstyp;
```

---

[15] Das gilt auch für das Sternchen *, denn ohne den Tabellennamen als tblAdressen.* erhalten sie alle Felder aus allen(!) beteiligten Tabellen.

Das Ergebnis zeigt die wunschgemäß veränderten Tabellendaten:

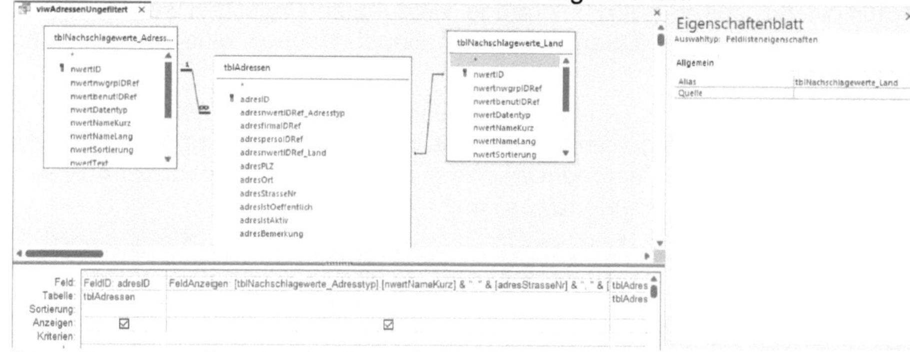

Abbildung 54: *Die verbesserten Adressen in* viwAdressenUngefiltert

Das war ein bisschen Mühe, aber da diese Abfrage solch ein perfekt ermitteltes Ergebnis ja an die folgenden Abfragen durchreicht, war es das wert.

Tipp 40: Solche durchnummerierten Kopien sind nicht besonders lesefreundlich, sprechende Namen wären besser. Dazu lassen Sie einfach das *Eigenschaftenblatt* mit ABFRAGEENTWURF | EIGENSCHAFTENBLATT oder <ALT>+<RETURN> einblenden. Dann markieren Sie eines der Tabellen-Fenster im Entwurf und ändern dessen *Alias*-Eigenschaft:

Sie müssen auch unten im berechneten Feld diese Namen jetzt anpassen, aber dadurch wird der Code deutlich lesefreundlicher (und je nach Namenswahl vielleicht auch kürzer).

Ich sortiere das *FeldAnzeigen* immer, auch wenn dies jetzt dafür sorgt, dass nach Adresstyp sortiert wird:

```
SELECT adresID AS FeldID, [tblNachschlagewerte_Adresstyp].[nwertNameKurz] &
": " & [adresStrasseNr] & ", " & [tblNachschlagewerte_Land].[nwertNameKurz]
& "-" & [adresPLZ] & " " & [adresOrt] AS FeldAnzeigen, tblAdressen.*
FROM tblNachschlagewerte AS tblNachschlagewerte_Adresstyp
INNER JOIN (tblNachschlagewerte AS tblNachschlagewerte_Land INNER JOIN
tblAdressen
ON tblNachschlagewerte_Land.nwertID = tblAdressen.adresnwertIDRef_Land)
ON tblNachschlagewerte_Adresstyp.nwertID =
tblAdressen.adresnwertIDRef_Adresstyp
ORDER BY [tblNachschlagewerte_Adresstyp].[nwertNameKurz] & ": " &
[adresStrasseNr] & ", " & [tblNachschlagewerte_Land].[nwertNameKurz] & "-"
```

```
& [adresPLZ] & " " & [adresOrt];
```

> **Anmerkung**: Bei richtig vielen Daten (von denen wir hier 10.000 Datensätze entfernt sind) müssten Sie zu Recht einwenden, dass es keine gute Idee ist, ein berechnetes Feld zu sortieren. Das verschlechtert die Performance, weil zuerst alle 10.000 Datensätze berechnet werden müssen, bevor sie sortiert werden können. Sie sollten dann besser stattdessen nicht in *FeldAnzeigen*, sondern einzeln nach *tblNachschlagewerte_Adresstyp.nwertNameKurz* und den Adressfeldern sortieren.

Anschließend fehlt nur noch die Abfrage *viwAdressen*, die ja auf der eben erstellten Abfrage *viwAdressenUngefiltert* basiert:

```
SELECT viwAdressenUngefiltert.*
FROM viwAdressenUngefiltert
WHERE adresIstAktiv = True;
```

Abfrage viwPersonen

Auch für die nun zu erstellende Abfrage *viwBenutzerUngefiltert* sollten Sie direkt einen Fremdschlüssel auflösen, weil nicht Benutzer:innen einen Namen haben, sondern Personen.

Bevor Sie aber den Personen-Namen sowohl in *viwBenutzerUngefiltert* als auch später in *viwPersonenUngefiltert* erneut zusammensetzen, ist es sinnvoller, zuerst diese Berechnung in *viwPersonenUngefiltert* zu erstellen und dann zu nutzen. Beginnen Sie also mit *viwPersonenUngefiltert*:

```
SELECT tblPersonen.persoID AS FeldID, Trim([persoTitel] & " " &
[persoNameNach]) & ", " & [persoNameVor] AS FeldAnzeigen,
tblPersonen.*
FROM tblPersonen
ORDER BY tblPersonen.persoNameNach, tblPersonen.persoNameVor;
```

> **Tipp 41:** Die `Glätten()`- bzw. `Trim()`-Funktion löscht „äußere" Leerzeichen. Der Text `"Lorenz Hölscher"`[16] bleibt daher unverändert, während bei dem Text `"    Lorenz Hölscher    "` alle Leerzeichen außer denen zwischen den Wörtern entfernt werden. Falls also in *persoTitel* kein Inhalt stand, wird das vorher mittlere Leerzeichen plötzlich zu einem äußeren und verschwindet.

Hier ist übrigens explizit nicht das *FeldAnzeigen* sortiert, sondern getrennt davon Nachname und Vorname. Das hat bei den paar Daten nichts mit Performance zu tun, sondern damit, dass ansonsten der Titel *Dr.* bei *Dieker* einsortiert würde (wobei *Dieker* selber wiederum unter seinem Titel *Prof.* einsortiert wäre). So wird erwartungsgemäß alles unabhängig von einem voranstehenden Titel nach dem

---

[16] Die Anführungszeichen gehören nicht zum Inhalt, sollen hier jedoch deutlich machen, wo noch Leerzeichen stehen.

Nachnamen und bei Gleichheit anschließend nach Vornamen sortiert.

Damit haben Sie in *FeldAnzeigen* die übliche Schreibweise von Namen mit voranstehendem Nachnamen:

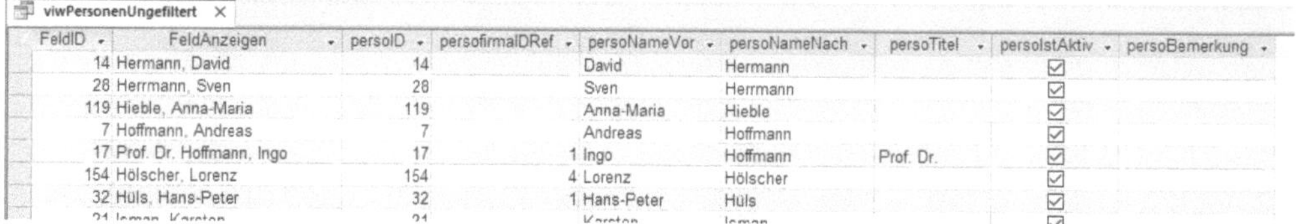

Abbildung 55: Ein Ausschnitt aus den Namen mit Titeln in viwPersonenUngefiltert

Eigentlich brauchen wir nur diese Abfrage, aber wo wir gerade dabei sind, können wir auch *viwPersonen* schnell erstellen:

```
SELECT viwPersonenUngefiltert.*
FROM viwPersonenUngefiltert
WHERE persoIstAktiv = True;
```

Abfrage viwBenutzer

Jetzt geht es wieder zurück zur noch zu erstellenden *viwBenutzerUngefiltert*. Fügen Sie außer *tblBenutzer* noch *tblRollen* und die eben erstellte Abfrage *viwPersonenUngefiltert* hinzu.

> **Hinweis**: Im Abfrage-Entwurf verbinden sich *tblBenutzer* und *tblRollen* automatisch, aber *tblBenutzer* und *viwPersonenUngefiltert* nicht? Da es sich bei den ersten beiden um Tabellen handelt, kann Access die Beziehung erkennen und benutzen. Bei *viwPersonenUngefiltert* handelt es sich aber um eine Abfrage und diese hat grundsätzlich keine Beziehung.

Nachdem Sie die Tabellen-/Abfrage-Fenster sinnvoll miteinander verbunden haben, können Sie das neu zu berechnende *FeldAnzeigen* aus dem schon berechneten *viwPersonenUngefiltert.FeldAnzeigen* und dem Rollen-Namen zusammensetzen:

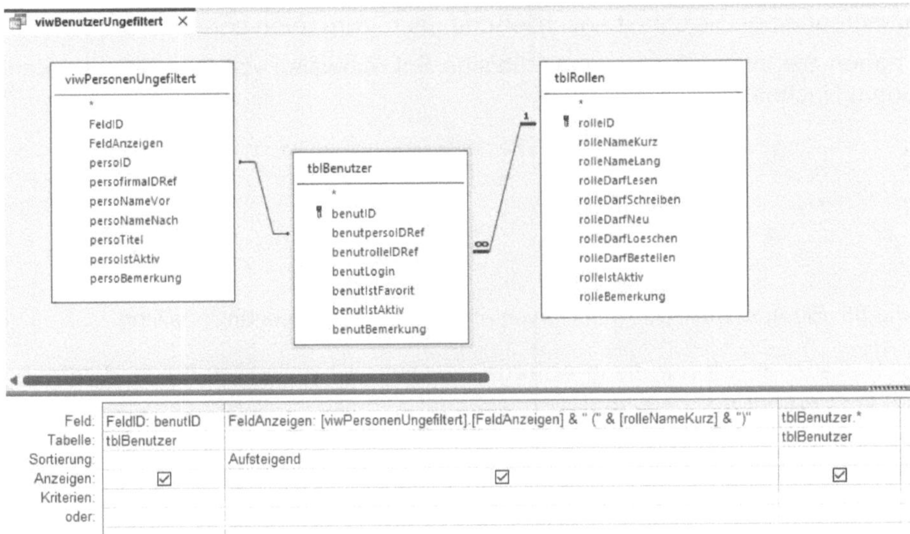

Abbildung 56: Der Entwurf von viwBenutzerUngefiltert

> **Tipp 42:** Haben Sie bemerkt, was da gerade passiert ist? Sie haben ein Feld namens *FeldAnzeigen* aus einem anderen Feld namens *FeldAnzeigen* berechnet! Das geht tatsächlich und ist hier sinnvoll, damit der standardisierte Name wirklich immer gleich bleibt. Sie müssen nur immer die Tabelle zum Feld nennen, also `viwPersonenUngefiltert.FeldAnzeigen`, sonst meldet Access einen Zirkelbezug:

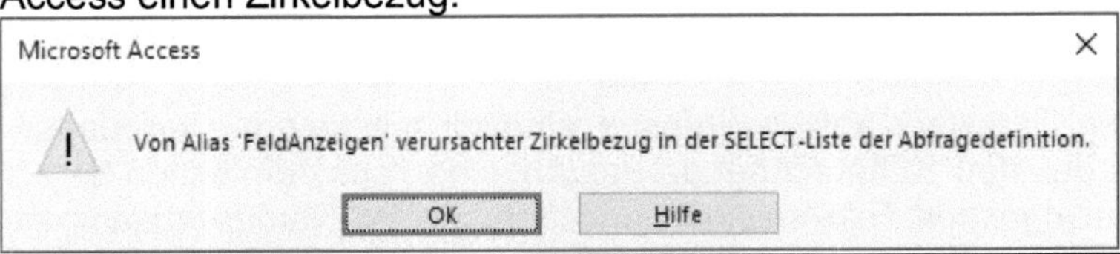

Damit sieht die SQL-Anweisung zu *viwBenutzerUngefiltert* so aus:

```
SELECT tblBenutzer.benutID AS FeldID,
[viwPersonenUngefiltert].[FeldAnzeigen] & " (" & [rolleNameKurz] & ")"
AS FeldAnzeigen, tblBenutzer.*
FROM tblRollen INNER JOIN
(tblBenutzer INNER JOIN viwPersonenUngefiltert
ON tblBenutzer.benutpersoIDRef = viwPersonenUngefiltert.persoID)
ON tblRollen.rolleID = tblBenutzer.benutrolleIDRef
ORDER BY [viwPersonenUngefiltert].[FeldAnzeigen] & " (" & [rolleNameKurz] &
")";
```

Die bereits berechneten Namen aus *viwPersonenUngefiltert* werden automatisch übernommen. Wenn also später eine andere Schreibweise (z.B. ohne Titel) gewünscht wird, ändert sie sich auch hier.

Tipp 43: Diese Abfrage enthält zwei INNER JOIN-Befehle. Falls also versehentlich einer der Fremdschlüssel *benutpersoIDRef* oder *benutrolleIDRef* noch leer sein sollte, verschwindet dieser Datensatz hier. So ein INNER JOIN fühlt sich vielleicht nicht wie ein Filter an, ist aber einer!
Solchermaßen verschwundene Datensätze fallen erst sehr spät auf, weil sie ja eigentlich „defekt" und vielleicht nie ernsthaft benutzt worden sind. Falls aber beispielsweise doch bereits Bestellungen an diesen Benutzer:innen hängen, verschwinden auch diese. Ihre Datenbank liefert dann im Grunde falsche Daten. Daher bevorzuge ich OUTER JOIN-Verknüpfungen wie hier, damit auch *tblBenutzer*-Daten durchkommen, bei denen die Fremdschlüssel fehlen:

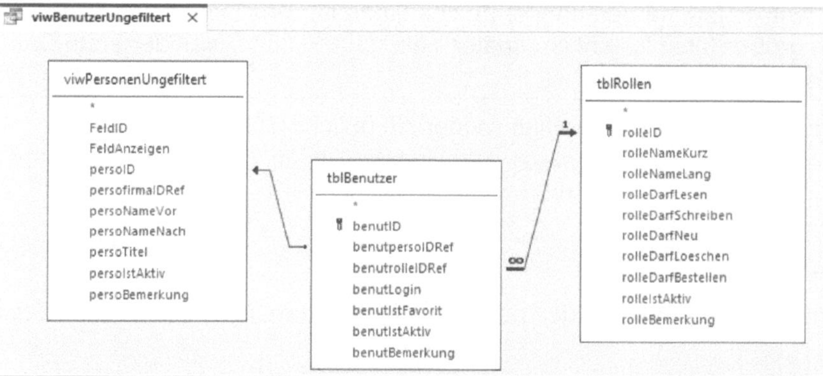

Nun muss noch *viwBenutzer* erstellt werden:

```
SELECT viwBenutzerUngefiltert.*
FROM viwBenutzerUngefiltert
WHERE benutIstAktiv = True;
```

Abfrage viwBestellungen

Bei *tblBestelldetails* ist es ein ähnliches Problem wie bei *tblBenutzer*, dass ein Fremdschlüssel aufgelöst werden soll, dessen Datenquelle aber noch nicht vorbereitet ist.

Also kümmern wir uns zuerst um *tblBestellungen*. Bestellungen haben zwar keinen eigenen Namen, aber der (aus *bestlfirmaIDRef* aufgelöste) Firmenname und das Datum in *bestlDatum_bestellt* sollen hier reichen.

Anmerkung: Wenn am gleichen Tag mehrere Bestellungen an die gleiche Firma rausgehen, dann ist das keineswegs eindeutig. Dann müssen Sie notfalls die *bestlID* noch hinzunehmen. Nicht hübsch, aber dann wenigstens eindeutig.

Die SQL-Anweisung für *viwBestellungenUngefiltert* wird ein wenig länger wegen des berechneten Feldes und der Sortierung:

```
SELECT tblBestellungen.bestlID AS FeldID,
"Bestellung vom " & [bestlDatum_bestellt] & " an " &
[firmaNameKurz] AS FeldAnzeigen, tblBestellungen.*
FROM tblFirmen INNER JOIN tblBestellungen
ON tblFirmen.firmaID = tblBestellungen.bestlfirmaIDRef
ORDER BY tblBestellungen.bestlDatum_bestellt DESC ,
tblFirmen.firmaNameKurz;
```

Hier ist wieder ausdrücklich nicht das *FeldAnzeigen*-Feld sortiert, sondern zuerst das *bestlDatum_bestellt* absteigend (DESC = descending) und dann *firmaNameKurz* aufsteigend.

> **Hinweis**: Die Sortierung von *FeldAnzeigen* würde in diesem Fall nicht funktionieren, weil es ja eine berechnete Zeichenkette ist. Das Datum 24.12.2023 wäre dann größer (also fälschlich „später") als 05.05.2024, weil der erste Datums-Buchstabe(!) 2 größer als 0 ist.

Die Abfrage *viwBestellungen* enthält wieder die übliche SQL-Anweisung:

```
SELECT viwBestellungenUngefiltert.*
FROM viwBestellungenUngefiltert
WHERE bestlIstAktiv = True;
```

Abfrage viwBestelldetails

Jetzt können wir uns wieder der noch zu erstellenden Abfrage *viwBestelldetails* widmen:

```
SELECT tblBestelldetails.bsdetID AS FeldID,
[viwBestellungenUngefiltert].[FeldAnzeigen] & ": " & [bsdetMenge] & " " &
[nwertNameKurz] & " " & [artikNameKurz] AS FeldAnzeigen,
tblBestelldetails.*
FROM tblNachschlagewerte RIGHT JOIN (viwBestellungenUngefiltert RIGHT JOIN
(tblArtikel RIGHT JOIN tblBestelldetails
ON tblArtikel.artikID = tblBestelldetails.bsdetartikIDRef)
ON viwBestellungenUngefiltert.bestlID = tblBestelldetails.bsdetbestlIDRef)
ON tblNachschlagewerte.nwertID = tblBestelldetails.bsdetnwertIDRef_Einheit
ORDER BY [viwBestellungenUngefiltert].[FeldAnzeigen] & ": " & [bsdetMenge]
& " " & [nwertNameKurz] & " " & [artikNameKurz];
```

Das ist jetzt möglicherweise schon schwer zu lesen (Sie können den Code ja in das SQL-Fenster einer leeren Abfrage eintragen und sich dann deren Entwurfsansicht anzeigen lassen), daher hier das Ergebnis der ersten Spalten:

viwBestelldetailsUngefiltert

FeldID	FeldAnzeigen	bsdetID	bsdetbestIIDRef	bsdetartikIDRef	bs
10	Bestellung vom 05.05.2024 an Gutbau: 1 St. Kaffeemaschine	10	2	14	AC
11	Bestellung vom 05.05.2024 an Gutbau: 2 Pckg. Kaffee	11	2	8	EI
12	Bestellung vom 05.05.2024 an Gutbau: 3 Pckg. Teefilter	12	2	15	OI
13	Bestellung vom 05.05.2024 an Gutbau: 5 Pckg. Tee	13	2	3	99
4	Bestellung vom 09.04.2024 an L. Hölscher Soft-Doz: 1 Pckg. Kaffefilter	4	1	16	
8	Bestellung vom 09.04.2024 an L. Hölscher Soft-Doz: 1 Pckg. Tee	8	1	3	99
1	Bestellung vom 09.04.2024 an L. Hölscher Soft-Doz: 100 St. Buntstift	1	1	1	EC
2	Bestellung vom 09.04.2024 an L. Hölscher Soft-Doz: 1000 St. Kugelschreiber	2	1	7	29
5	Bestellung vom 09.04.2024 an L. Hölscher Soft-Doz: 2 l Milch	5	1	4	
3	Bestellung vom 09.04.2024 an L. Hölscher Soft-Doz: 2 Pckg. Kaffee	3	1	8	EI
7	Bestellung vom 09.04.2024 an L. Hölscher Soft-Doz: 2 Pckg. Kekse	7	1	9	98
9	Bestellung vom 09.04.2024 an L. Hölscher Soft-Doz: 2 Pckg. Tee	9	1	3	99
6	Bestellung vom 09.04.2024 an L. Hölscher Soft-Doz: 5 Pckg. Kekse	6	1	9	98
(Neu)		(Neu)			

Abbildung 57: Die ersten Spalten von viwBestelldetailsUngefiltert

Sie ahnen eventuell schon, wie *viwBestelldetails* aussehen wird?

```
SELECT viwBestelldetailsUngefiltert.*
FROM viwBestelldetailsUngefiltert
WHERE bsdetIstAktiv = True;
```

Es mag inzwischen langweilig sein, weil diese Abfragen fast identisch sind, aber das ist durchaus ein Vorteil. Wenn Sie (oder Ihr:e Nachfolger:in) nächstes Jahr diese Datenbank nochmals ändern müssen, werden Sie sich viel schneller zurechtfinden!

Anmerkung: Die Abfrage *viwBestelldetails* prüft übrigens nur, ob das Bestelldetail selber aktiv ist. Aktive Bestelldetails, die aber zu einer inaktiven Bestellung gehören, werden weiterhin angezeigt. Das ist an sich kein Problem, Sie sollten sich dessen nur bewusst sein, dass solche *...IstAktiv*-Werte inhaltlich miteinander zu tun haben.

Abfrage viwFirmen

Die Abfrage *viwFirmenUngefiltert* hat keine besonderen Anforderungen, weil der Fremdschlüssel zum Firmentyp in der Anzeige nicht auftauchen soll:

```
SELECT firmaID As FeldID,
tblFirmen.[firmaNameKurz] AS FeldAnzeigen, tblFirmen.*
FROM tblFirmen
ORDER BY tblFirmen.[firmaNameKurz];
```

Entsprechend unspektakulär ist das angezeigte Ergebnis:

viwFirmenUngefiltert

FeldID	FeldAnzeigen	firmaID	firmanwertIDRef_Firmentyp	firmaNameKurz	firmaNameLang	firmaIstAktiv	firmaBemerkung
2	Gutbau	2	1	Gutbau	Baugesellschaft Gutbau	☑	
4	L. Hölscher Soft-Doz	4	30	L. Hölscher Soft-Doz	Lorenz Hölscher Software-Dozent	☑	
3	Schöner leben	3	2	Schöner leben	Schöner leben	☑	
1	Testinghoff & Töchter	1	1	Testinghoff & Töchter	Großhandelsgesellschaft mbH Testinghoff & Töchter	☑	
(Neu)		(Neu)				☑	

Abbildung 58: Die Daten von viwFirmenUngefiltert

Die SQL-Anweisung von *viwFirmen* können Sie wahrscheinlich schon mit geschlossenen Augen erstellen:

```
SELECT viwFirmenUngefiltert.*
FROM viwFirmenUngefiltert
WHERE firmaIstAktiv = True;
```

Abfrage viwKontakte

Die Anzeige der Kontakte ähnelt derjenigen der Adressen, auch hier muss der Fremdschlüssel zum Typ aufgelöst werden:

```
SELECT kntktID AS FeldID, [nwertNameKurz] & ": " & [kntktNameLang] &
IIf([kntktIstOeffentlich],""," (privat)") AS FeldAnzeigen,
tblKontakte.*
FROM tblNachschlagewerte RIGHT JOIN tblKontakte ON
tblNachschlagewerte.nwertID = tblKontakte.kntktnwertIDRef_Kontakttyp
ORDER BY nwertNameKurz, kntktNameKurz;
```

Sortiert wird wieder nicht *FeldAnzeigen*, sondern einzeln der Kontakttyp im Feld *nwertNameKurz* und der komprimierte Inhalt in *kntktNameKurz*. Das sorgt dafür, dass die Sortierung von Telefonnummern nicht von deren Formatierung abhängig ist. Nebenbei ist es auch noch schneller, weil nicht das berechnete Feld sortiert wird, aber das ist bei diesen wenigen Daten unerheblich.

FeldID	FeldAnzeigen	kntktID	kntktnwertIDRef_Kontakttyp	kn
3	Fax: 0123 / 45 67-99	3	16	
2	Mail: info@gutbau.xyz	2	14	
9	Mail: s.alessio@mailtest.com	9	14	
7	Telefon: 0111 / 11 11 1 (privat)	7	15	
1	Telefon: 0123 / 45 67 89	1	15	
8	Telefon: 0222 / 22 22 2	8	15	
5	Website: https://www.gutbau.xyz	5	13	
6	Website: https://www.gutbau-gmbh.xyz	6	13	
4	Website: https://www.testinghoff.xyz	4	13	
*	(Neu)	(Neu)		

Abbildung 59: Die Daten von viwKontakteUngefiltert

Die neue Abfrage *viwKontakte* sorgt wie bei den übrigen auch dafür, dass nur noch aktive Datensätze übrigbleiben:

```
SELECT *
FROM viwKontakteUngefiltert
WHERE kntktIstAktiv = True;
```

Abfrage viwNachschlagewerte

Bei den Nachschlagewerten gibt es wieder mal ein wenig Abwechslung. Es braucht nachher nicht eine Abfrage, sondern relativ viele. Zuerst aber beginnt es wie immer mit der ungefilterten Grundversion *viwNachschlagewerteUngefiltert*:

```
SELECT nwertID AS FeldID, nwertNameKurz AS FeldAnzeigen, *
FROM tblNachschlagewerte
ORDER BY nwertnwgrpIDRef, nwertSortierung, nwertNameKurz;
```

Wie Sie sehen, berücksichtige ich das ausdrücklich vorgegebene Sortier-Feld, aber innerhalb der jeweiligen Gruppe. Das sieht dann so aus:

FeldID	FeldAnzeigen	nwertID	nwertnwgrpIDRef	nwertbenutIDRef	nwertDatentyp	nwertNameKurz	nwertNameLa	nwertSortieru	nwertText	nwertZahl	nw
3	e.G.	3	1			0 e.G.					
1	GmbH	1	1			0 GmbH					
2	GmbH & Co. KG	2	1			0 GmbH & Co. KG					
30	selbstständig	30	1			0 selbstständig					
4	UG	4	1			0 UG					
17	Lebensmittel	17	2			0 Lebensmittel					
18	Schreibwaren	18	2			0 Schreibwaren					
19	Sonstiges	19	2			0 Sonstiges					
9	MWSt. voll (AU)	9	3			2 MWSt. voll (AU)		1		0,2	
7	MWSt. voll (DE)	7	3			2 MWSt. voll (DE)		1		0,19	
8	MWSt. reduziert (AU)	8	3			2 MWSt. reduziert (AU)		2		0,1	
6	MWSt. reduziert (DE)	6	3			2 MWSt. reduziert (DE)		2		0,07	
5	ohne	5	3			0 ohne		3		0	
10	Post-Adresse	10	4			0 Post-Adresse		1			
12	Rechnungs-Adresse	12	4			0 Rechnungs-Adresse		2			
11	Liefer-Adresse	11	4			0 Liefer-Adresse		3			
16	Fax	16	5			0 Fax					
14	Mail	14	5			0 Mail					
15	Telefon	15	5			0 Telefon					
13	Website	13	5			0 Website					

Abbildung 60: Ein Teil der Daten von viwNachschlagewerteUngefiltert

Falls wie in der ersten Gruppe keine explizite Sortierung eingetragen ist, greift die anschließende Sortierung nach *nwertNameKurz*.

Tatsächlich gibt es hier auch erst mal nur eine Abfrage *viwNachschlagewerte*:

```
SELECT *
FROM viwNachschlagewerteUngefiltert
WHERE nwertIstAktiv = True;
```

Aber danach geht es weiter, denn ursprünglich waren es ja mal getrennte Nachschlage-Tabellen, die ich hier zusammengefasst habe. Und jetzt ist ein sinnvoller Moment, um sie wieder zu trennen. Statt vieler einzelner Nachschlage-Tabellen gibt es nur viele einzelne Nachschlage-Abfragen, damit später in den Comboboxen nur noch die passenden Werte angezeigt werden.

Letzten Endes schreibe ich zu jeder Nachschlagewertgruppe eine Abfrage, zuerst also für *viwNachschlagewerte_Firmentypen*:

```
SELECT *
FROM viwNachschlagewerte
WHERE nwertnwgrpIDRef = 1;
```

Diese Abfrage basiert auf viwNachschlagewerte und setzt einen zusätzlichen Filter. Den habe ich in *tblNachschlagewertgruppen* nachgelesen und hier mit 1 einfach fest hineingeschrieben. Das mache ich für alle übrigen auch.

> **Hinweis**: Wann immer es um Benennungen geht, vermeide ich auf jeden Fall Sonderzeichen, hier etwa den Umlaut in *viwNachschlagewerte_Laender*. Ach, das hatte ich schon mal erwähnt? Auf Seite 13? Okay.

In der *tblNachschlagewertgruppen* gab es diese Datensätze:

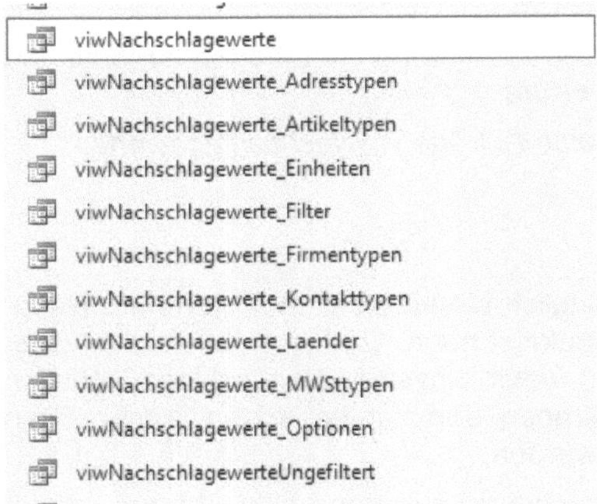

Abbildung 61: Die bisher angelegten Nachschlagewertgruppen

Falls Sie noch keine oder andere Nachschlagewertgruppen angelegt hatten, müssen Sie das entsprechend anpassen. Weil es bei mir genau diese Nachschlagewertgruppen gibt, habe ich nun also auch die passenden Pseudo-Views:

viwNachschlagewerte
viwNachschlagewerte_Adresstypen
viwNachschlagewerte_Artikeltypen
viwNachschlagewerte_Einheiten
viwNachschlagewerte_Filter
viwNachschlagewerte_Firmentypen
viwNachschlagewerte_Kontakttypen
viwNachschlagewerte_Laender
viwNachschlagewerte_MWSttypen
viwNachschlagewerte_Optionen
viwNachschlagewerteUngefiltert

Abbildung 62: Die bisher angelegten viwNachschlagewerte_...-Abfragen

Jede zeigt den Ausschnitt an Daten, der normalerweise in einer eigenen Nachschlage-Tabelle gespeichert gewesen wäre, hier beispielsweise die Abfrage *viwNachschlagewerte_Adresstypen*:

FeldID	FeldAnzeigen	nwertID	nwertnwgrpIDRef	nwertbenutIDRef	nwertDatentyp	nwertNameKurz
10	Post-Adresse	10	4			0 Post-Adresse
12	Rechnungs-Adresse	12	4			0 Rechnungs-Adresse
11	Liefer-Adresse	11	4			0 Liefer-Adresse
(Neu)		(Neu)				0

Abbildung 63: Teile der Daten von viwNachschlagewerte_Adresstypen

Diese Abfragen werden dann eingesetzt, wenn beispielsweise eine Combobox für den Fremdschlüssel *adresnwertIDRef_Adresstyp* die auswählbaren Adresstypen anzeigt. Da dort deren Eigenschaft *Nur Listeneinträge* auf `Ja` gestellt sein wird, können nur noch die hierzu passenden Nachschlagewerte ausgewählt werden und die auf Seite 24 in der Anmerkung diskutierte leichte Schwächung der Referentiellen Integrität ist abgefangen.

Abfrage viwNachschlagewertgruppen

Der Form halber erstelle ich übrigens wirklich alle Pseudo-Views, auch dann, wenn ich sie wie hier erst einmal nicht brauche[17]. Zuerst kommt die allgemeine Abfrage *viwNachschlagewertgruppenUngefiltert* dran:

```
SELECT nwgrpID AS FeldID, nwgrpNameKurz AS FeldAnzeigen, *
FROM tblNachschlagewertgruppen
ORDER BY nwgrpNameKurz;
```

Darauf basiert dann die Abfrage *viwNachschlagewertgruppen*:

```
SELECT *
FROM viwNachschlagewertgruppenUngefiltert
WHERE nwgrpIstAktiv = True;
```

Das Ergebnis ist wenig spektakulär und entspricht im Grunde der Tabelle, weil nichts inaktiv ist. Lediglich die beiden Standard-Felder und die Sortierung sind nun enthalten:

FeldID	FeldAnzeigen	nwgrpID	nwgrpNameKurz	nwgrpNameLang	nwgrpIstAktiv	nwgrpBemerkung
4	Adresstypen	4	Adresstypen	Adresstypen	☑	
2	Artikeltypen	2	Artikeltypen	Artikeltypen/-kategorien	☑	
7	Einheiten	7	Einheiten	Einheiten	☑	
9	Filter	9	Filter	Filter für die gesamte Datenbank	☑	
1	Firmentypen	1	Firmentypen	Firmentypen (juristisch)	☑	
5	Kontakttypen	5	Kontakttypen	Kontakttypen	☑	
6	Länder	6	Länder	Staaten	☑	
3	MWSt-Typen	3	MWSt-Typen	Mehrwertsteuer-Typen	☑	
8	Optionen	8	Optionen	Optionen für die gesamte Datenbank	☑	
* (Neu)		(Neu)			☑	

Abbildung 64: Die Daten von viwNachschlagewertgruppen

Abfrage viwRollen

Auch die Rollen mit den enthaltenen Rechten werden in einer entsprechenden Abfrage *viwRollenUngefiltert* vorbereitet:

```
SELECT rolleID AS FeldID, rolleNameKurz AS FeldAnzeigen, *
FROM tblRollen
ORDER BY rolleNameKurz;
```

Dazu gibt es die zweite Abfrage *viwRollen*:

---

[17] Jetzt noch nicht, aber ich kann Ihnen verraten, dass diese Pseudo-View im Zusammenhang mit dem Treeview doch gebraucht werden wird ...

```
SELECT *
FROM viwRollenUngefiltert
WHERE rolleIstAktiv = True;
```

Es sind im Moment nur wenige Rollen zum Testen enthalten:

FeldID	FeldAnzeigen	rolleID	rolleNameKurz	rolleNameLang	rolleDarfLesen	rolleDarfSchreiben	rolleDarfNeu	rolleDarfLoeschen	rolleDarfBestellen	rolleIstAktiv	rolleBemerkung
2	Admin	2	Admin	Administrator:in	☑	☑	☑	☑	☑	☑	
3	Einkauf	3	Einkauf	Besteller:in	☑	☑	☑	☑	☑	☑	
1	Leser:in	1	Leser:in	Leser:in	☑	☐	☐	☐	☐	☑	
*	(Neu)		(Neu)		☐	☐	☐	☐	☐	☑	

Abbildung 65: Die Daten von viwRollen

Damit sind alle Pseudo-Views vorbereitet. Diese Datenbank wird also niemals direkt auf eine Tabelle zugreifen, sondern im Normalfall auf die (gefilterte!) Pseudo-View mit dem gleichen Namen.

Tipp 44: Wenn Ihre Datenbank eventuell später mit zunehmender Größe mal kein Access-BackEnd mehr benutzt, sondern zum SQL-Server wechselt, ist auch dafür schon alles perfekt. Sobald die Access-Tabellen dorthin umgezogen sind, erstellen Sie im SQL-Server echte Views, die so heißen wie hier die Pseudo-Views. Dann löschen Sie hier die Pseudo-Views und verknüpfen das FrontEnd mit den gleichnamigen SQL-Server-Views.

Nebenbei fallen im FrontEnd sogar viele Objekte weg, nämlich die bisherigen echten Tabellen. Sie werden von den Views ersetzt, die Access wie Tabellen behandelt.

Ab jetzt werden alle übrigen Abfragen mit dem Präfix *qry* (*query*, engl. für Abfrage) beginnen. So kann ich immer diese grundlegenden Daten in Pseudo-Views von „echten" Abfragen unterscheiden.

Anmerkung: Falls Sie schon die gute Idee haben, dass Sie die ganzen (Tabellen und) Pseudo-Views demnächst in ein BackEnd auslagern und dann nicht mit den Tabellen verknüpfen, sondern direkt mit den Pseudo-Views: Das geht leider nicht, denn von einem Access-BackEnd lassen sich nur Tabellen verknüpfen, aber keine Abfragen. Nur echte Views im SQL-Server lassen sich wie Tabellen verknüpfen, daher schreibe ich immer deutlich Pseudo-Views.

Nachschlage-Felder in Tabellen

Diese Pseudo-Views lassen sich auch direkt sinnvoll einsetzen, nämlich in allen Fremdschlüsseln der Tabellen. In der Tabelle *tblBestelldetails* gibt es drei Fremdschlüssel (die bei mir ja alle *...IDRef...* im Namen enthalten). Im Entwurf markieren Sie das Feld *bsdetbestlIDRef* und finden unten eine zweite Registerkarte *Nachschlagen*, deren einziger Inhalt normalerweise *Steuerelement anzeigen*: `Textfeld` ist.

Sobald Sie dies jedoch auf `Kombinationsfeld` ändern, erscheinen 13 weitere

Eigenschaften. Diese stellen Sie so um (hier nur die geänderten Eigenschaften) wie in der folgenden Tabelle:

Eigenschaft	Wert
Datensatzherkunft	`viwBestellungenUngefiltert`
Spaltenanzahl	2
Spaltenbreiten	`0,501 cm`[18]
Listenbreite	`8 cm`

Wie schon auf Seite 38 erwähnt, gebe ich trotz zwei Spalten nur eine einzige Spaltenbreite ein, denn Access nimmt für die letzte Spalte sowieso den verbleibenden Rest bis zur *Listenbreite*.

Tipp 45: Sie mögen sich wundern, dass ich in allen Tabellen als *Datensatzherkunft* die ungefilterten Daten nehme. Ich werde später in den Formular-Comboboxen nur noch die gefilterten Daten benutzen, damit keine falsche Auswahl möglich sein wird. Es gibt aber meistens auch alte Daten wie inzwischen inaktive Firmen, die ich dann nicht mal in der Tabellen-Combobox sehen könnte.

Nach dem Umschalten in die Normalansicht der Tabelle finden Sie hier eine solche Combobox (Kombinationsfeld):

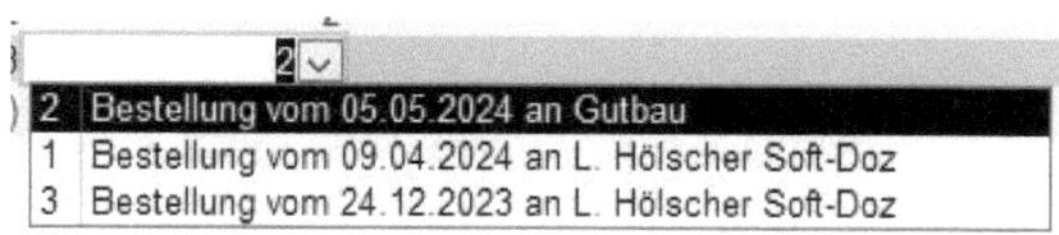

Abbildung 66: Die Anzeige in der Tabelle

Damit müssen Sie nicht jedes Mal nachschauen, welche *bestllID*-Werte vorhanden sind und welche Bestellungen dabei gemeint wären. Selbst nur zu Entwicklungszeiten ist das unschlagbar schneller als das Eintippen von Zahlen, die dann außerdem vielleicht immer wieder wegen der Prüfung durch die Referentielle Integrität als unerlaubt zurückgewiesen werden.

Tipp 46: Würde ich schon hier die erste Spaltenbreite auf 0 stellen, würden die *bestllID*-Werte zwar weiterhin benutzt, wären dann aber unsichtbar. Die Benutzer:innen wählen also gefühlt nur noch aus den Texten aus. Das mache ich deswegen nicht, weil ich diese Zahlen selber irgendwo wenigstens noch sehen möchte und das ist hier in den Tabellen.
Normale Benutzer:innen werden sowieso niemals Tabellen direkt benutzen, also zählt die schönere Anzeige nicht. Ich blende das frühestens in Formularen (siehe Seite 178) aus.

---

[18] Eigentlich geben Sie `0,5` (sogar ohne `cm`) ein, aber durch interne Rundungsfehler wird dort anschließend `0,501 cm` stehen.

Diese Einstellungen sind derzeit ein Kompromiss zwischen nackter Zahl und bequemer und nicht alles versteckender Eingabe.

Tipp 47: Außerdem könnte ich die Eigenschaft *Nur Listeneinträge* auf Ja stellen, damit nur noch Elemente der Datensatzherkunft zulässig sind. Das ist derzeit zwar egal, weil ja sogar die ungefilterte Pseudo-View benutzt wird, hat aber später mal überraschende Auswirkungen, wie Sie auf Seite 521 sehen werden).

Sobald nämlich die Tabellen in ein BackEnd ausgelagert sind und Sie dort mal eben ein paar Werte eingeben wollen, erscheint die Meldung, dass diese Datenquelle *viwBestellungenUngefiltert* fehlt. Das macht eigentlich nichts, aber wenn dann *Nur Listeneinträge*: Ja eingestellt ist, dürfen Sie überhaupt nichts ändern (weil diese unbekannte Liste ja leer ist).

Tatsächlich werde ich die beiden vorigen Tipps später verwirklichen, aber nicht in Tabellen, sondern erst in Formularen (siehe Seite 103). Dort zählt Schönheit.

Alle Fremdschlüssel in allen Tabellen erhalten jetzt also diese geänderten Eigenschaften im jeweiligen *Nachschlagen*-Register, natürlich mit jeweils passenden *Datensatzherkunft*-Werten. Für alle *...nwertIDRef...*-Felder gibt es ja spezielle Pseudo-Views wie hier *viwNachschlagewerte_Einheiten*.

Formulare

Jetzt, wo die Daten vor- und aufbereitet sind, können wir uns um die Oberfläche kümmern, also um die Formulare. Dazu sollten wir uns erst einmal überlegen, welche Arten von Formularen es eigentlich gibt:

- **Detailformulare** zeigen genau einen Datensatz auf dem Bildschirm, typischerweise in der *Standardansicht*: `Einzelnes Formular`.
- **Listenformulare** entsprechen der *Standardansicht*: `Endlosformular` und zeige viele Datensätze untereinander, meistens in niedrigen Zeilen.
- **Sonstige Formulare** sind beispielsweise Info-Dialoge oder alle Formulare, die keine Tabellen-Daten anzeigen.

Sie haben sicherlich schon bemerkt, dass Access noch zweieinhalb Typen mehr anbietet:

- **Geteilte Formulare**, die im Grunde eine Mischung aus Listenformular (für die tabellarische Auswahl des Datensatzes) und Detailformular sind.
- **Datenblatt-Formulare**, die sich eher wie eine Tabelle/Abfrage verhalten und kaum wie ein Formular, weil sie auch die Bedienungselemente nicht anzeigen.
- **Haupt- und Unterformulare** sind eigentlich kein eigener Typ, sondern ein im Hauptformular enthaltenes *SubForm*-Control.

Aber wenn ich es mal auf den Punkt bringen will: Daten werden entweder detailliert oder in Listen angezeigt. Die weiteren Typen verwischen diese Klarheit und bringen außer Vorteilen leider auch einige Nachteile mit. Schauen wir doch mal gemeinsam, was diese Formulartypen jeweils bieten oder verbieten.

Geteilte Formulare

Die geteilten Formulare sind eine durchaus attraktive Möglichkeit, die Auswahl eines Datensatzes aus einer Liste und dessen direkte Bearbeitung im Detail ohne eigene Programmierung zu machen.

Schauen wir doch erst einmal darauf, was so ein geteiltes Formular leisten kann. Markieren Sie *viwBenutzerUngefiltert* links im Navigationsbereich und klicken auf ERSTELLEN | WEITERE FORMULARE | GETEILTES FORMULAR. Sie erhalten diesen Entwurf in der Layout-Ansicht:

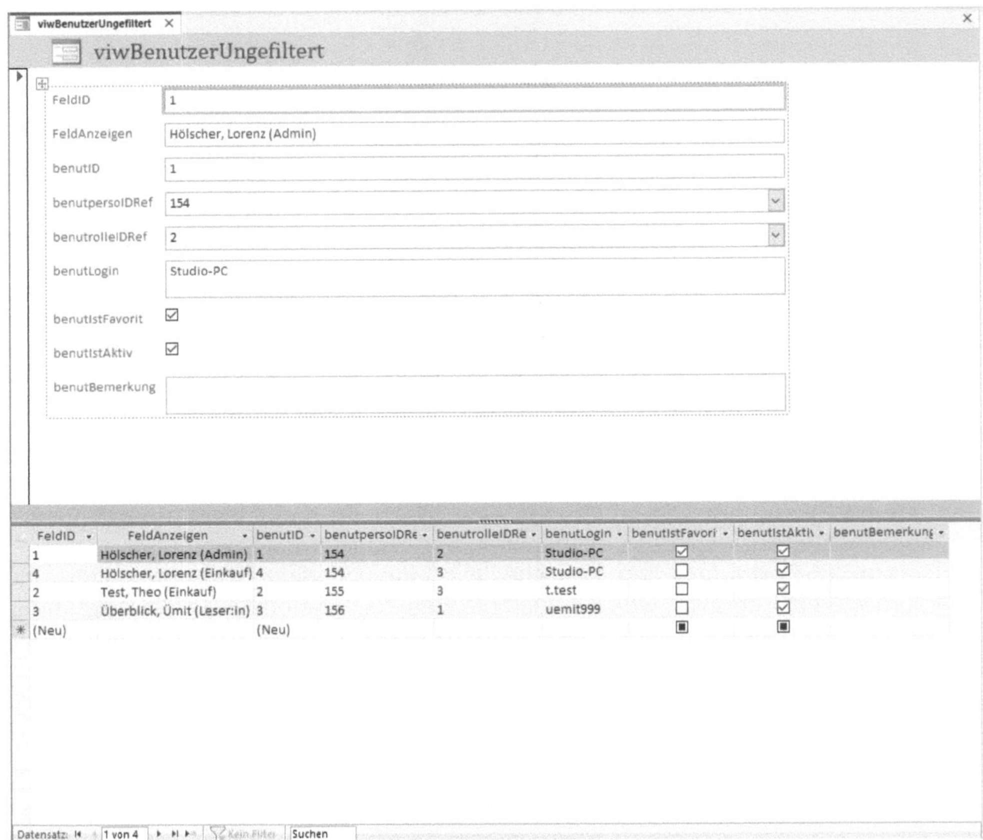

Abbildung 67: Die Layout-Ansicht des geteilten Formulars

Hinweis: Falls Sie mit geteilten Formularen noch nicht vertraut sind: Wechseln Sie in die Normalansicht und klicken im untenstehenden Datenblatt auf verschiedene Zeilen. Dann wird oben jeweils der zugehörige Datensatz im Detail angezeigt. Das ist der Unterschied zwischen Einzelformularen und geteilten Formularen, die eine Kombination aus Datenblatt und Einzelformular sind.

Das ist die unveränderte Version eines geteilten Formulars. Mein erster Handgriff besteht immer darin, das darin enthaltene Datenblatt von unten nach links zu bringen.

Erstens stimmt so die Bedienungsreihenfolge noch nicht, weil eigentlich der erste (Auswahl-)Schritt links oder oben stehen sollte. Zweitens braucht dieses Datenblatt zur Auswahl eigentlich nur weniger Felder, denn die kompletten Inhalte stehen ja extra im Detailbereich. Das Datenblatt wird also auf Dauer wesentlich schmaler, wird aber bei echten Daten erheblich mehr Zeilen als hier haben. Da ist eine schmale Hochkant-Darstellung definitiv sinnvoller.

Speichern Sie dieses Formular unter dem Namen *frmBenutzer_Geteilt*, damit dort im Registertitel nicht mehr verwirrenderweise der Name der zugrundeliegenden Abfrage *viwBenutzerUngefiltert* steht.

> **Anmerkung**: Die auf Seite 12 bereits erwähnte *Leszynski-Namenskonvention* hatte eine Vorgängerin, die etwas allgemeiner formulierte *Ungarische Notation*. Sie heißt so, weil der Name ihres Autors für amerikanische Zungen wohl zu kompliziert war, denn er war ursprünglich Ungar und hieß *Károly Simonyi*. Später nahm er die amerikanische Staatsbürgerschaft an und hieß ab dann *Charles Simonyi*[19]. Er war knapp 20 Jahre in führender Position bei Microsoft tätig, hat dort genau diese Namenskonventionen eingeführt und jetzt verhält sich dieses Microsoft-Programm so, als hätte es noch nie davon gehört: Der Name der Datenquelle (der ja definitiv ein anderes Präfix als ein Formular haben sollte) wird als unveränderter Vorschlag für den Namen des Formulars benutzt (der definitiv mit *frm* beginnen sollte)? Na ja.

Wechseln Sie anschließend in die Entwurfs-Ansicht und stellen Sie die Formular-Eigenschaft *Ausrichtung des geteilten Formulars* auf `Datenblatt links`. Dann sehen Sie diese Normalansicht:

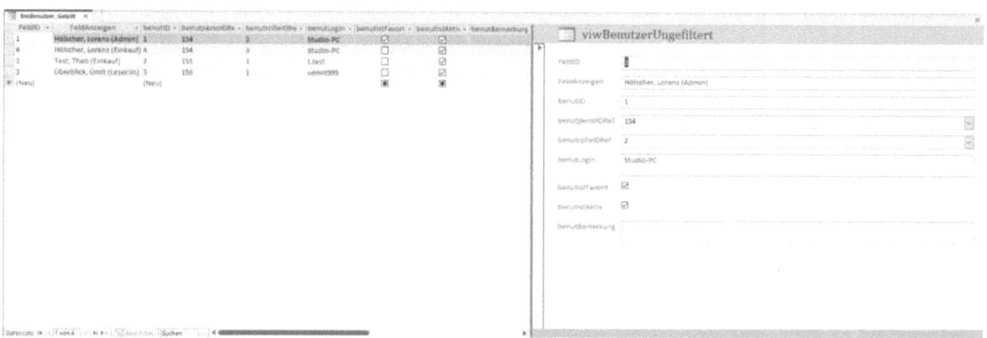

Abbildung 68: Die Normalansicht des geteilten Formulars mit linkem Datenblatt

Damit ist die Reihenfolge schon besser, aber der Platzverbrauch links noch zu groß. Etwas untypisch ändern Sie die dort sichtbaren Felder nicht im Entwurf, sondern hier in der Normalansicht. Nach Rechtsklick auf die zu entfernende Spalte im Datenblatt wählen Sie dort den Eintrag FELDER AUSBLENDEN:

---

[19] Vielleicht kennen Sie ihn unter diesem Namen? Er war nämlich der erste Mensch, der bereits zwei Mal auf der ISS-Raumstation war, 2007 und 2009.

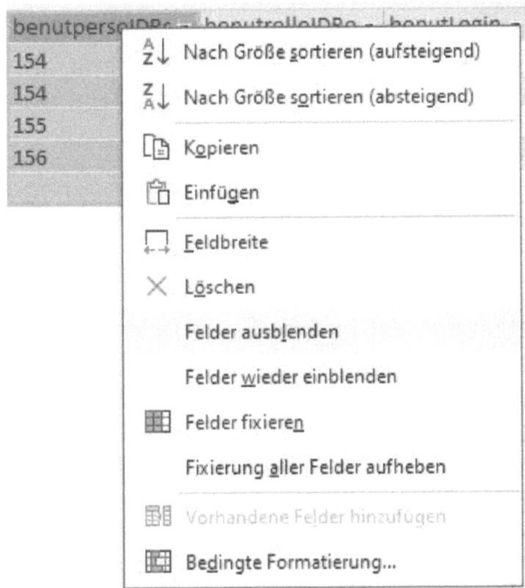

Abbildung 69: Das PopUp-Menü im Datenblatt

Für die Auswahl reicht es, die beiden Felder *FeldID* und *FeldAnzeigen* im Daten-blatt anzeigen zu lassen. So ist es erheblich schmaler und Sie haben mehr Platz für das eigentliche Detailformular.

Tipp 48: Anstatt jede Spalte einzeln auszublenden, ist es viel einfacher, den *SpaltenEinblenden*-Dialog anzuzeigen, indem Sie im PopUp-Menü FELDER WIEDER EINBLENDEN anklicken. Dort leeren Sie alle Checkboxen der Spalten, die Sie ausblenden wollen:

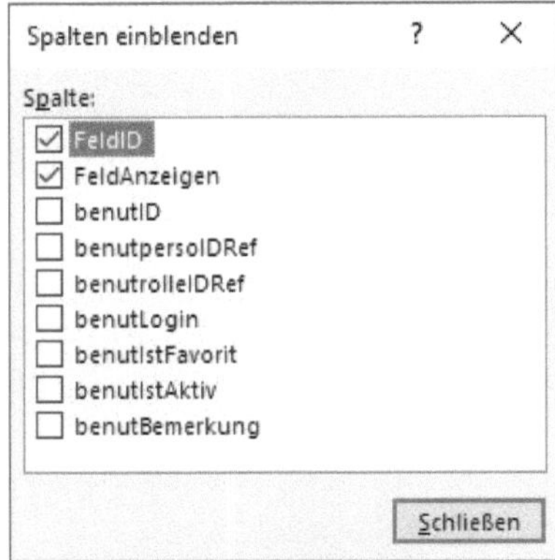

Jetzt sieht das Formular *frmBenutzer_Geteilt* in der Normalansicht so aus:

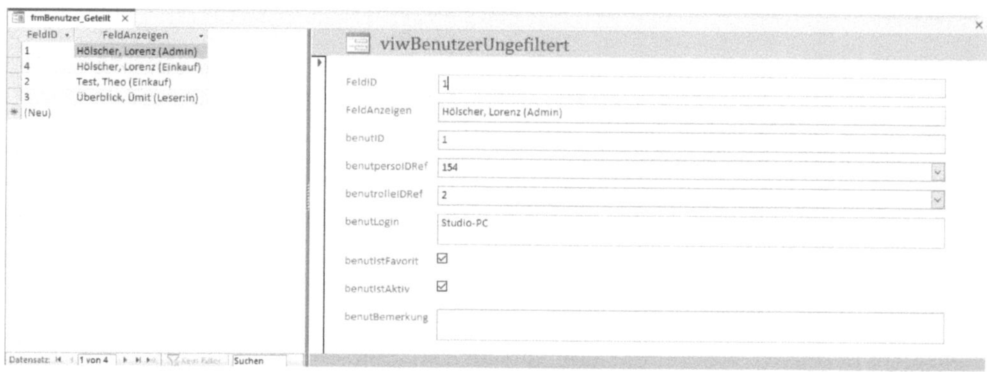

Abbildung 70: Das optimierte Formular frmBenutzer_Geteilt

Das funktioniert jetzt auch so wie geplant und scheint perfekt zu sein. Sie ersparen sich die immer wieder gerne (und oft falsch) neuprogrammierte Suchfunktion im Formular, weil es ja das Datenblatt zur Auswahl und zur Suche gibt.

Und damit sind wir schon beim ersten Nachteil. Haben Sie sich schon gewundert, warum das Datenblatt bei mir nicht so schmal ist wie die beiden darin enthaltenen Spalten? Weil die eingebaute Access-Suche sonst fehlt. Ganz unten im Datenblatt gibt es das *Suchen*-Eingabefeld. Wenn ein:e Benutzer:in dort einen Wert eingibt, springt die Markierung direkt zur nächsten Zelle mit diesem Inhalt (oder einem Teil davon).

Diese *Suchen*-Funktion gibt es gratis durch Access selber, Sie müssen es also nicht programmieren. So weit, so super. Aber es erfordert eine Mindestbreite des Datenblatts, die auf schmalen Laptop-Bildschirmen ziemlich viel Platz kostet.

Anmerkung: Diese Suche ist vor allem als Entwickler:in praktisch, weil sie ja schon eingebaut ist und auch bei Tabellen von Anfang an funktioniert. Aber für Benutzer:innen wäre ein Filter geeigneter als dieses Hin- und Herspringen zum nächsten Datensatz. Anstatt in 50.000 Datensätzen den jeweils nächsten Treffer mit der <RETURN>-Taste anzuspringen, wäre eine Anzeige der nur noch sieben verbleibenden Datensätze viel bedienungsfreundlicher, oder nicht?

Das ist lästig, aber haben Sie schon bemerkt, was passiert, wenn Sie ein Feld nicht im Formular-Entwurf berücksichtigen? Das Feld *FeldAnzeigen* ist schließlich berechnet und lässt daher gar keine Datenänderung zu. Also ist es nur folgerichtig, dafür keinen Platz im Formular zu verbrauchen. Löschen Sie es im Entwurf und schauen sich das Ergebnis in der Normalansicht an:

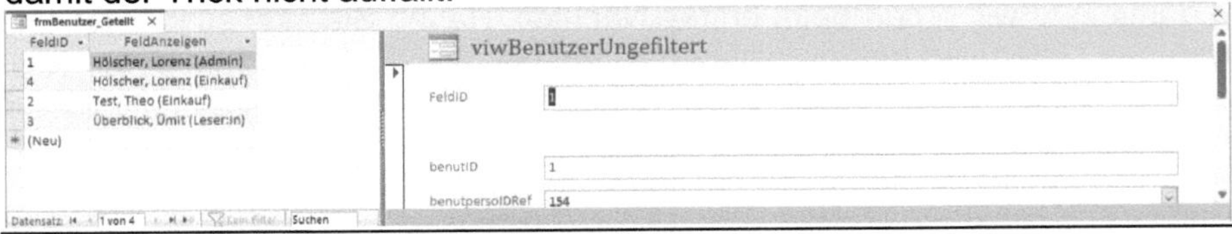

Abbildung 71: Das Formular frmBenutzer_Geteilt *ohne das Feld* FeldAnzeigen

Das Datenblatt kann leider nur diejenigen Felder anzeigen, die im Formularentwurf auch vorhanden sind! Immerhin lässt sich auch das zurechtbiegen, denn solche Felder müssen zwar vorhanden, aber nicht sichtbar sein. Fügen Sie das Feld *FeldAnzeigen* also wieder ein und stellen Sie dessen *Sichtbar*-Eigenschaft auf Nein.

Tipp 49: Ich habe dieses unsichtbare Feld in der Layout-Struktur belassen, so dass Sie die Lücke deutlich sehen. Im richtigen Leben würde ich dieses Feld natürlich irgendwo am Rande des Formulars möglichst klein platzieren, damit der Trick nicht auffällt:

Es gibt noch ein ähnliches Problem, welches viel wahrscheinlicher auftritt. Diese beiden Felder *FeldID* und *FeldAnzeigen* sind berechnete Felder. Daher sollten sie beide inaktiv sein, damit es nicht so wirkt, als seien sie veränderlich. Stellen Sie also für beide die *Aktiviert*-Eigenschaft auf Nein.

Tipp 50: Sie haben sicherlich schon bemerkt, dass Editfields (und deren verbundene Labels) grau werden, sobald *Aktiviert*: Nein eingestellt wird. Das ist mit hellgrau auf weiß nicht nur schlecht zu lesen, sondern widerspricht vermutlich auch dem von Ihnen geplanten Corporate Design und Farbkonzept. Sie erhalten aber den Einfluss auf die Farben wieder zurück, wenn Sie außerdem die *Gesperrt*-Eigenschaft auf Ja stellen.

Nun folgt die nächste unschöne Überraschung: Die *Aktiviert*: Nein-Eigenschaft gilt in beiden Hälften dieses Formulars, also auch im Datenblatt! Da im Datenblatt jetzt nur noch inaktive Felder angezeigt werden, können Sie dort gar keine Datensätze mehr auswählen:

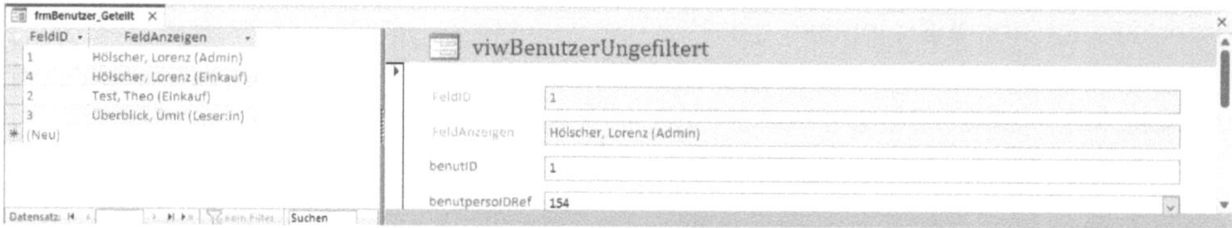

Abbildung 72: Das Formular frmBenutzer_Geteilt *mit inaktiven Feldern*

Damit ist die wesentliche Fähigkeit des geteilten Formulars ausgeschaltet.

Verstehen Sie mich nicht falsch, ich fand die geteilten Formulare anfangs großartig und „für umsonst" bieten sie eine tolle Auswahlmöglichkeit, der viel vorherigen Programmieraufwand erspart. Aber nach längerer Benutzung zeigen sie so viele Problemchen, dass ich nicht mehr wirklich damit zufrieden bin. Es ist Jammern auf hohem Niveau, ich weiß.

Anmerkung: Trotzdem ist die dahinterliegende Idee völlig richtig, dass es links eine Auswahlmöglichkeit aus einer Liste von Datensätzen geben sollte, die dann rechts sofort ihre editierbaren Formular-Daten präsentieren. Behalten Sie diesen Wunsch ruhig im Hinterkopf ...

Datenblatt-Formular

Access bietet alternativ noch Formulare mit der *Standardansicht*: Datenblatt an. Auch hier können Sie den Assistenten bemühen, indem Sie zuerst im Navigationsbereich die Abfrage *viwBenutzerUngefiltert* markieren und dann auf ERSTELLEN | WEITERE FORMULARE | DATENBLATT klicken.

Der Entwurf sieht aus wie ein normales Detailformular, erst die Anzeige der Daten zeigt auch wirklich die Datenblattansicht:

FeldID ▾	FeldAnzeigen ▾	benutID ▾	benutpersoIDRe ▾	benutrolleIDRe ▾	benutLogin ▾	benutIstFavori ▾	benutIstAkti\ ▾	benutBemerkun₍ ▾
1	Hölscher, Lorenz (Admin)	1	154	2	Studio-PC	☑	☑	
4	Hölscher, Lorenz (Einkauf)	4	154	3	Studio-PC	☐	☑	
2	Test, Theo (Einkauf)	2	155	3	t.test	☐	☑	
3	Überblick, Ümit (Leser:in)	3	156	1	uemit999	☐	☑	
* (Neu)		(Neu)				▣	▣	

Abbildung 73: Das Formular frmBenutzer_Datenblatt

Das sieht aus wie eine Tabelle/Abfrage mit allen dortigen Vorteilen, beispielsweise der nachträglichen Änderung der Spaltenbreite durch Benutzer:innen.

Sie fragen sich jetzt wahrscheinlich, wofür es denn überhaupt ein solches Datenblatt-Formular gibt, wenn es sich doch sowieso wie eine Tabelle/Abfrage verhält? Das tut es aber nicht. Es sieht zwar genauso aus, aber im Hintergrund können Sie alle Formular-Ereignisse nutzen, während es bei Tabellen/Abfragen nämlich grundsätzlich keine Ereignisse gibt[20].

Dann probieren wir das doch mal aus. Wechseln Sie in dessen Entwurfsansicht und ergänzen einen Button:

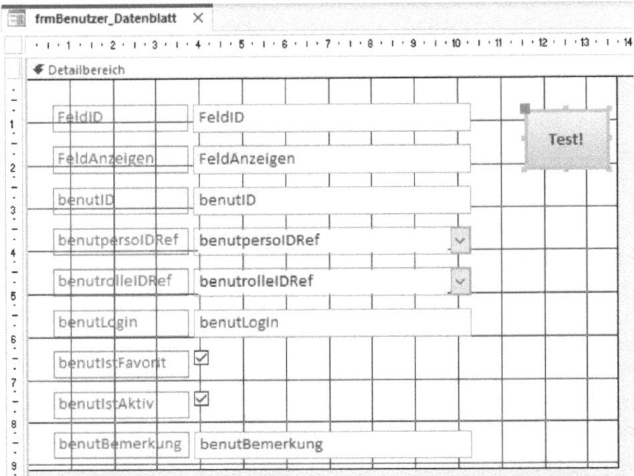

Abbildung 74: Das Formular frmBenutzer_Datenblatt *mit dem Button* btnTest

Dieser Button erhält den Namen *btnTest* und die *Beim Klicken*-Ereignisprozedur in VBA[21]:

```
Private Sub btnTest_Click()
    MsgBox "Das ist ein Test.", vbInformation
End Sub
```

Außerdem fügen Sie im gleichen Modul eine Prozedur ein, die bei jedem Wechsel in einen anderen Datensatz (das ist das *Beim Anzeigen*-Ereignis, welches im VBA-Code auf Englisch als `Current` erscheint) automatisch ebenfalls eine `MsgBox`-Meldung anzeigt:

```
Private Sub Form_Current()
    MsgBox "Dies ist ein anderer Datensatz.", vbInformation
End Sub
```

Jetzt lassen Sie sich das Formular in der Datenblattansicht anzeigen. Sofort (weil nämlich auch der erste Datensatz schon ein „anderer" Datensatz ist) sehen Sie die Meldung aus `Form_Current`:

---

[20] In Tabellen gibt es zwar keine Ereignisse für VBA-Prozeduren, aber Datenmakros, die teilweise deren Aufgabe übernehmen können.

[21] Sie haben keine Erfahrung mit VBA? Dann empfehle ich meine entsprechenden Bücher bzw. Linke-dIn-Learning-Videos dazu, weil das hier sonst zu weit führt mit Erklärungen. Sie können Access-Datenbanken zwar ohne VBA erstellen, aber wirklich toll wird es erst mit ergänzender Programmierung. Und es soll doch toll werden …!

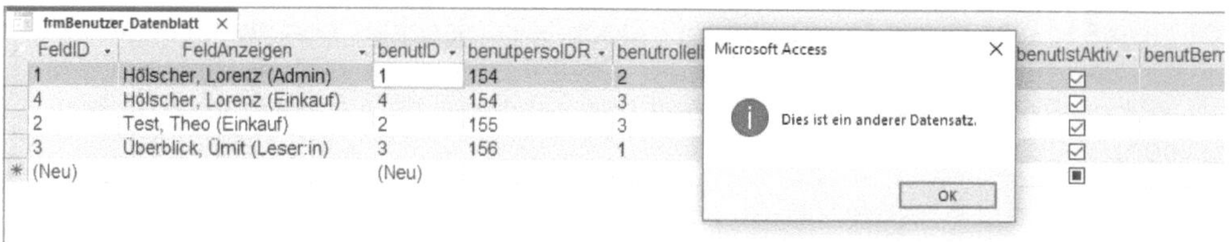

Abbildung 75: Die `Form_Current`*-Meldung in* frmBenutzer_Datenblatt

Das klappt ganz wunderbar und wird korrekt jedes Mal ausgeführt, wenn Sie einen anderen Datensatz anklicken. Nur: Wo ist der Button?

Datenblätter zeigen einfach nur Daten in tabellarischer Form an, jedoch keine anderen Controls. Was immer Sie also sonst im Entwurf einfügen, nichts davon lässt sich bedienen. In Datenblatt-Formularen können eigentlich nur automatische Ereignisse programmiert werden, ungebundene Controls (also solche ohne Daten-Anzeige) lassen sich nicht nutzen.

Gut, dann kümmern wir uns eben um die datengebundenen Controls. Die beiden berechneten Felder möchte ich farblich hervorheben und deaktivieren. Sie sind also mit gelber Schrift auf rotem Hintergrund formatiert und mit *Aktiviert*: `Nein` deaktiviert:

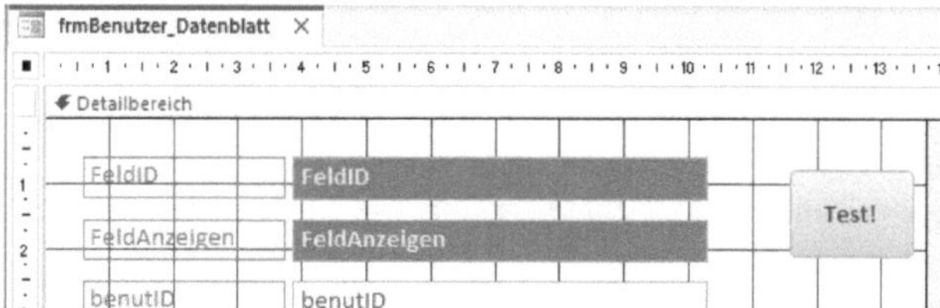

Abbildung 76: Der Entwurf der anders formatierten Felder in frmBenutzer_Datenblatt

Das ist in der Datenblattansicht wenigstens ein halber Erfolg, wie sie sehen:

FeldID	FeldAnzeigen	benutID	benutpersoIDRe	benutrolleIDRe	benutLogin	benutIstFavori	benutIstAktiv	benutBemerkung
1	Hölscher, Lorenz (Admin)	1	154	2	Studio-PC	☑	☑	
4	Hölscher, Lorenz (Einkauf)	4	154	3	Studio-PC	☐	☑	
2	Test, Theo (Einkauf)	2	155	3	t.test	☐	☑	
3	Überblick, Ümit (Leser:in)	3	156	1	uemit999	☐	☑	
* (Neu)		(Neu)				▣	▣	

Abbildung 77: Die deaktivierten und formatierten Felder in frmBenutzer_Datenblatt

Beim Öffnen steht der Cursor direkt in der *benutID*-Spalte und die ersten beiden Spalten lassen sich auch nicht markieren. Die Deaktivierung hat also funktioniert. Das ist übrigens ein durchaus ernstzunehmender Vorteil gegenüber Tabellen/Abfragen, wo genau diese teilweise Deaktivierung gar nicht möglich ist.

Aber die Formatierung wird nicht im geringsten übernommen.

Tipp 51: Gar keine Formatierung? Doch, ein bisschen und dann auch nur für das gesamte Datenblatt. In der Datenblattansicht gibt es ein eigenes Ribbon-Register *Formulardatenblatt* dazu, mit welchem Sie formatieren können:

FeldID ▾	FeldAnzeigen ▾	benutII ▾	benutpersoID ▾	benutrolleIDI ▾	benutLogi ▾	benutIstFavc ▾	benutIstAk ▾	benutBemerku ▾
1	Hölscher, Lorenz (Admin)	1	154	2	Studio-PC	☑	☑	
4	Hölscher, Lorenz (Einkauf)	4	154	3	Studio-PC	☐	☑	
2	Test, Theo (Einkauf)	2	155	3	t.test	☐	☑	
3	Überblick, Ümit (Leser:in)	3	156	1	uemit999	☐	☑	
* (Neu)		(Neu)				▪	▪	

Es gibt noch ein weiteres Problem. Haben Sie in der Entwurfsansicht das *Eigenschaften*-Fenster offen gehabt, bleibt es auch in der Datenblattansicht sichtbar. Das bedeutet, dass alle Benutzer:innen geradezu eingeladen werden, die Eigenschaften des Formulars zu verändern. Oder wenn nicht, dann braucht es wenigstens ziemlich viel Platz und irritiert.

Die anderen Formular- oder Berichts-Ansichten blenden das *Eigenschaften*-Fenster selbstverständlich nur in der Entwurfs-Ansicht ein und ansonsten aus. Das scheint ein Access-Bug zu sein, der mindestens lästig ist.

Tipp 52: Es gibt externe Controls, die weitaus mehr leisten können als dieses eher simple Datenblatt. Ich setze gerne das *EXgrid*[22] von *EXontrol* ein. Das kann mehrspaltige Überschriften mit HTML-Formatierung, Icons und Buttons optional innerhalb jeder Zelle, selbstverständlich bedingte Formatierung, hierarchische Zeilen, Zwischengruppen für Teilergebnisse, PopUp-Menüs, Mehrfach-Zeilen-Markierung, definierbare Layouts und vieles, vieles mehr[23].
Aber ich werde es hier nicht einsetzen, weil es wie alle externen Controls (oft auch als OCX- oder ActiveX-Controls bezeichnet) auf dem jeweiligen PC installiert werden muss. Und es gibt Firmen, die das wegen Virengefahr grundsätzlich nicht zulassen. Das müssen Sie also im Bedarfsfall vorher abklären.

Mein Fazit auch beim Datenblatt-Formular ist, dass es für spezielle Anwendungen hilfreich sein kann, aber als häufig genutztes Formular eher nicht infrage kommt.

Haupt- und Unterformular

Haupt- und Unterformulare sind eigentlich keine eigenen Formulartypen, sondern

---

[22] Details und lauffähige Beispiele finden Sie hier: http://www.exontrol.com/exgrid.jsp
[23] Nein, ich erhalte keine Werbekostenbeteiligung. Leider.

die Nutzung eines Detail-(Haupt-)Formulars mit einem Listen-(Unter-)Formular in einem *SubForm*-Control.

Um kurz zu sehen, wie die funktionieren, erstellen wir einfach mal schnell zwei einzelne Formulare. Deren Daten müssen 1:n zusammenhängen und da das die typische Konstruktion einer relationalen Datenbank ist, passen die wunderbar zusammen.

Markieren Sie *viwBestellungenUngefiltert* und lassen mit ERSTELLEN | FORMULAR ein ganz normales Detailformular erstellen, welches Sie direkt als *frmBestellungen_Haupt* speichern. Nur aus Platzgründen markiere ich außerdem die darin enthaltene Layouttabelle an ihrem kleinen Anfasser ⊞ oben links und lasse mit ANORDNEN | ABSTAND ZWISCHEN STEUERELEMENTEN | KEIN die Felder viel enger zusammenschieben:

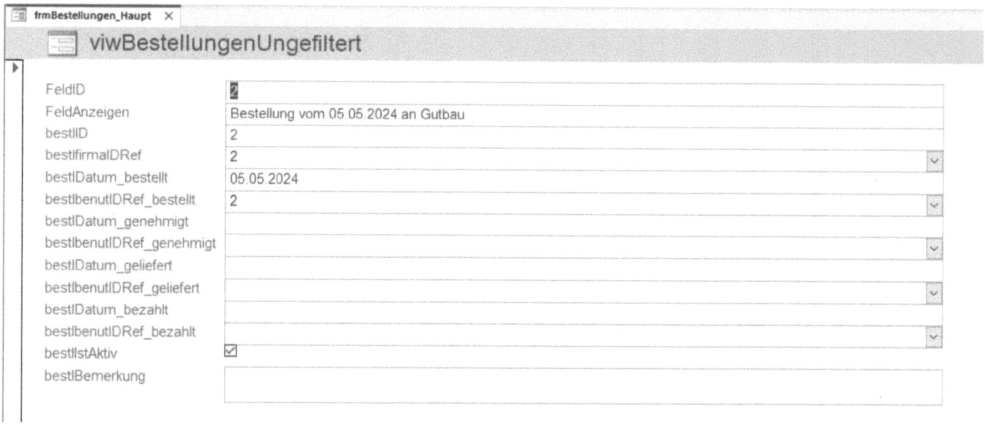

Abbildung 78: Die erste Version des Hauptformulars frmBestellungen_Haupt

Jetzt können Sie dieses Formular schließen. Markieren Sie nun die Abfrage *viwBestelldetailsUngefiltert* und klicken dann auf ERSTELLEN | WEITERE FORMULARE | MEHRERE ELEMENTE. Speichern Sie dieses Formular unter dem Namen *frmBestellungen_UnterBestelldetails*:

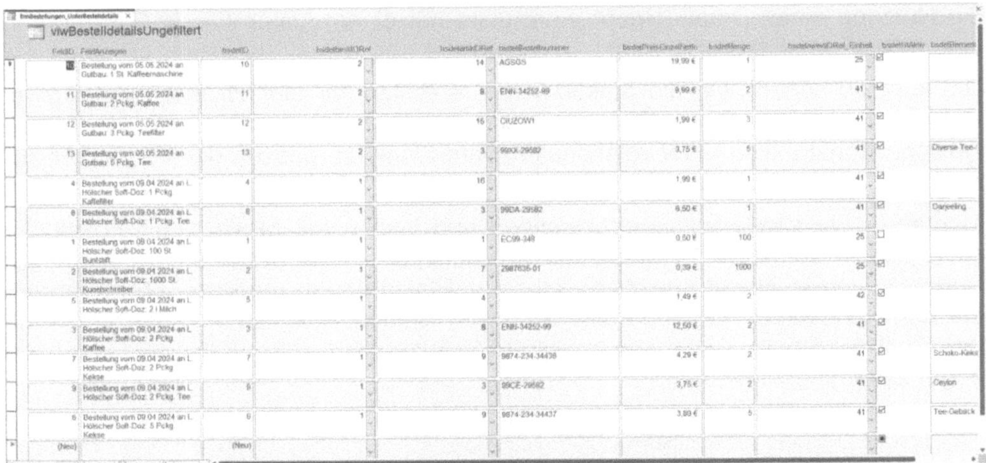

Abbildung 79: Das zukünftige Unterformular frmBestellungen_UnterBestelldetails

Es ist übrigens noch gar kein Unterformular, sondern ein ganz normales Endlosformular, daher bleibt es auch alleine dauerhaft lauffähig.

Hinweis: Die Benennung insbesondere des Unterformulars mag Sie überraschen. Da Haupt- und Unterformulare inhaltlich und technisch zusammengehören, möchte ich sie auch im Navigationsbereich beieinander finden. Das geht praktisch nur über die alphabetische Sortierung, daher fangen beide einheitlich mit *frmBestellungen…* an. Durch den Zusatz *…_Haupt* steht das Hauptformular als übergeordnetes Formular auch an erster Position.
Der Zusatz *…_Unter* alleine wird nicht reichen, daher steht dort schon dahinter, *welches* Unterformular es ist. Sie können nämlich in einem Hauptformular mehrere Unterformulare nutzen. Und sobald Ihre Benutzer:innen das herausgekriegt haben, wollen sie auch ganz viele davon haben.

Bisher haben die beiden Formulare nichts miteinander zu tun. Schließen Sie also das Unterformular und öffnen stattdessen *frmBestellungen_Haupt* in der Entwurfs-Ansicht. Ziehen Sie nun den Namen(!) von *frmBestellungen_UnterBestelldetails* in den Entwurf des Hauptformulars, damit es so aussieht:

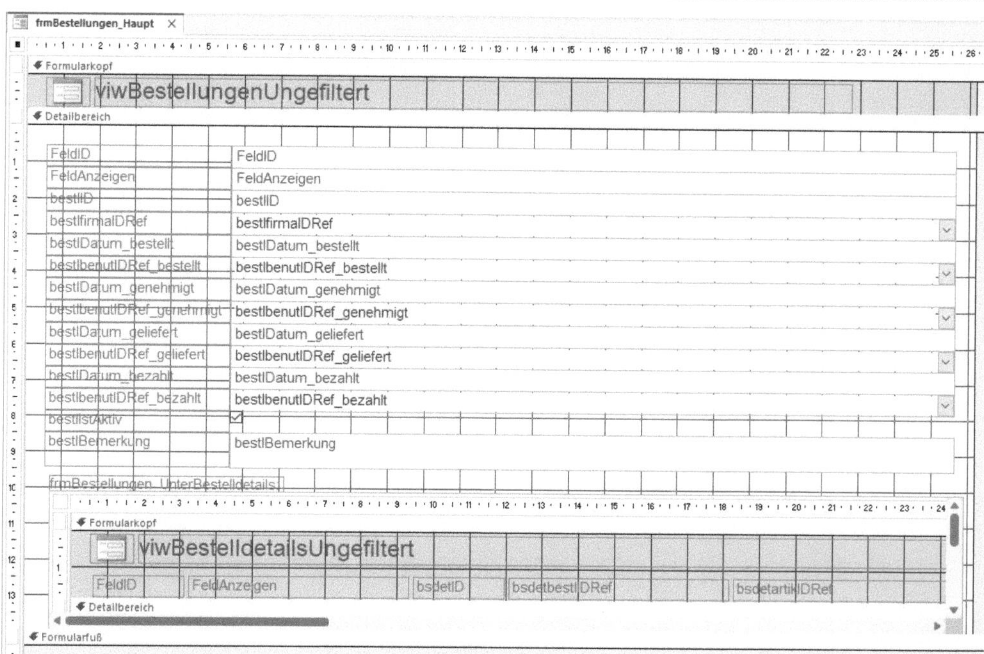

Abbildung 80: Das Hauptformular und das Unterformular sind miteinander verbunden

Hinweis: Das Unterformular nimmt sich beim Hineinziehen so viel Breite, wie es anhand seiner eigenen Inhalte braucht, bis zur maximalen Access-Grenze von 56 cm. Das habe ich hier direkt verringert, damit es noch zu erkennen ist. Sowohl die Breite des *SubForm*-Controls (in welchem das Unterformular angezeigt wird) als auch die Breite des Hauptformulars sind nur noch so breit wie die Felder oberhalb.

Nachdem Sie das Hauptformular noch einmal gespeichert haben (für das Unterformular ändert sich durch das Einbetten nichts), können wir mal einen Blick auf die Normalansicht werfen:

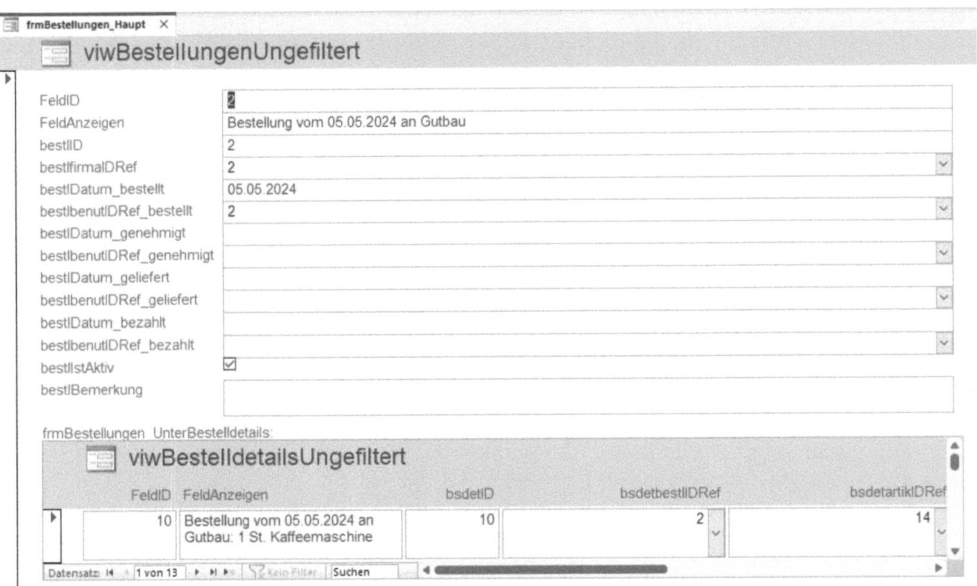

Abbildung 81: Das Hauptformular mit eingebettetem Unterformular

Das sieht auf den ersten Blick gut aus, aber der zweite Blick beim Durchblättern der Bestellungen verrät, dass da etwas nicht stimmt. *Jede* Bestellung hat exakt 13 Bestelldetails, wie der Datensatzzeiger des Unterformulars verrät. Das ist ein bisschen viel des Zufalls.Hier fehlt noch die Synchronisation zwischen den beiden Formularen. Wechseln Sie in die Entwurfs-Ansicht und markieren das *SubForm*-Control des Unterformulars.

Tipp 53: Es ist wichtig, zwischen dem *SubForm*-Control und dem darin enthaltenen Unterformular zu unterscheiden. Das *SubForm*-Control ist im Grunde nur ein Kasten, nämlich ein Container, mit Eigenschaften wie *Höhe*, *Breite*, *Rahmenbreite* oder *Rahmenfarbe*. Darin erst liegt ein Formular mit den Eigenschaften eines Formulars.

Meistens wird das falsche der beiden Objekte markiert. Wenn Sie also das *SubForm*-Control meinen, „schießen" Sie am besten vom Lineal aus hindurch. Konkret heißt das, dass Sie den Mauszeiger links ins Lineal bewegen, wo er sich in einen kleinen schwarzen Pfeil verwandelt. Jetzt halten Sie die linke Maustaste gedrückt. Alles, was auf der „Schusslinie" nach rechts im Weg liegt, ist nun markiert.

Wollen Sie hingegen wirklich das Formular darin markieren, nutzen Sie dessen rechteckigen (und hier schon mit schwarzem Rechteck markierten) Markierungskasten am Schnittpunkt der Lineale:

Sobald Sie das *SubForm*-Control korrekt markiert haben, finden Sie die beiden Synchronisations-Eigenschaften *Verknüpfen nach* und *Verknüpfen von*. Tragen Sie hier *Verknüpfen nach*: `bestlID` und *Verknüpfen von*: `bsdetbestlIDRef` ein. Jetzt werden für jede Bestellung wirklich nur noch die zugehörigen Bestelldetails angezeigt, wie Sie beispielsweise an deren jeweils wechselnder Anzahl[24] beim Durchblättern feststellen können.

Tipp 54: Das Unterformular ist unbrauchbar klein, aber Sie wissen leider nicht, wie groß die sehr unterschiedlichen Bildschirme der Benutzer:innen später sein werden? Kein Problem, dafür gibt es Anker! Wechseln Sie in den Entwurf und markieren wieder das *SubForm*-Control. Mit ANORDNEN | ANKER | NACH UNTEN UND QUER DEHNEN sorgen Sie dafür, dass das Unterformular sich nun an jede Bildschirmgröße anpasst, obwohl es im Entwurf immer noch klein ist:

frmBestellungen_Haupt

viwBestellungenUngefiltert

FeldID	2
FeldAnzeigen	Bestellung vom 05.05.2024 an Gutbau
bestlID	2
bestlfirmalDRef	2
bestlDatum_bestellt	05.05.2024
bestlbenutlDRef_bestellt	2
bestlDatum_genehmigt	
bestlbenutlDRef_genehmigt	
bestlDatum_geliefert	
bestlbenutlDRef_geliefert	
bestlDatum_bezahlt	
bestlbenutlDRef_bezahlt	
bestlIstAktiv	☑
bestlBemerkung	

frmBestellungen_UnterBestelldetails:

viwBestelldetailsUngefiltert

FeldID	FeldAnzeigen	bsdetID	bsdetbestlIDRef	bsdetartikIDRef
10	Bestellung vom 05.05.2024 an Gutbau: 1 St. Kaffeemaschine	10	2	14

Datensatz: 1 von 13 — Kein Filter — Suchen

Damit ist das Grundkonzept von Haupt- und Unterformularen verwirklicht. Oben stehen für 1:n-verknüpfte Daten die Details des 1er-Datensatzes und unten eine Liste aller n-Datensätze. Access sorgt ganz ohne Programmierung durch die Synchronisation dafür, dass die Daten jeweils passen.

Hinweis: Sie haben sich gewundert, weil Sie schon mal selber Haupt- und Unterformulare erstellt haben, dass die Synchronisation hier nicht direkt automatisch von Access eingebaut wurde? Das klappt nur, wenn die Datenquellen *beider* Formulare Tabellen sind und Access in deren Beziehungen nachsehen

---

[24] Außerdem muss in den Bestelldetails ja die Spalte *bsdetbestlIDRef* identisch mit dem oben sichtbaren Feld *bestlID* oder *FeldID* sein.

kann. Hier basieren aber sogar beide Formulare auf Abfragen und da gibt es keine Beziehungen.

Haupt- und mehrere Unterformulare

Falls die Datenquelle des Hauptformulars mehrere 1:n-Verknüpfungen hat, können Sie auch mehrere Unterformulare in einem Hauptformular einbetten. Das ist vor allem ein Problem von Platz und (bei vielen Unter-Daten) Performance.

Die Platzfrage lösen Sie mit einem *MultiPage*-(Registersteuerelement-)Control, das Performance-Problem mit VBA. Einer der Bereiche in dieser Datenbank, der solche mehrfachen 1:n-Verknüpfungen hat, ist zwischen *tblFirmen* sowie *tblKontakte*, *tblAdressen* und *tblPersonen*, wie Sie in der Abbildung 49 auf Seite 53 nachschauen können.

Damit Sie sehen, was sich da herausholen lässt, braucht es zuerst das Hauptformular, welches einfach auf *viwFirmenUngefiltert* basiert. Aus Platzgründen habe ich die Layouttabelle wieder ohne Abstand zwischen den Steuerelementen dargestellt:

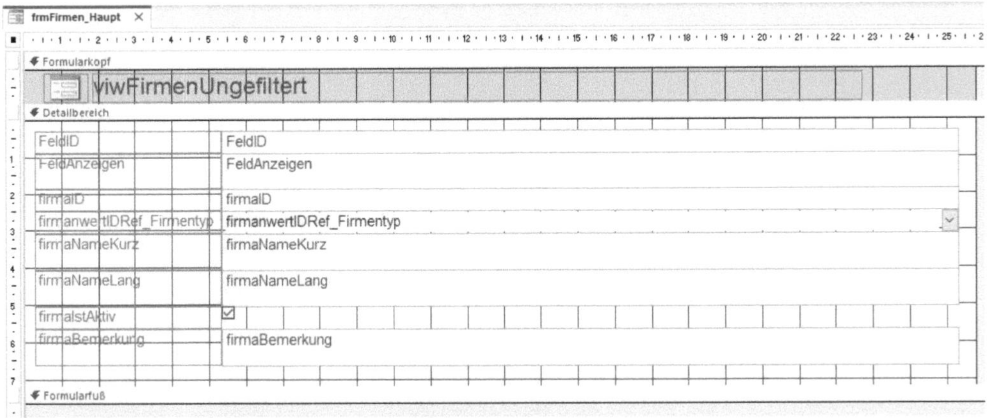

Abbildung 82: Das Hauptformular frmFirmen_Haupt

Jetzt folgen die Unterformulare, jeweils auf der ungefilterten Pseudo-View basierend und als Endlos-Formular (Ribbon-Befehl MEHRERE ELEMENTE) erzeugt. Ich nehme keine weiteren Veränderungen vor, sondern speichere sie einfach nur als *frmFirmen_UnterAdressen*, *frmFirmen_UnterKontakte* beziehungsweise als *frmFirmen_UnterPersonen*.

Hinweis: Die Formulare benutzen noch die ungefilterten Pseudo-Views, weil es im Moment nur ein technisches Demo ist und ich mit so wenigen Daten nicht versehentlich zu viel weggeblendet haben werde (und dann nicht finde). Die Fremdschlüssel-Comboboxen erlauben ohnehin noch ungefilterte Auswahlen und es ist vor allem später Fleißarbeit, das zu ändern.

Damit gibt es jetzt (in schöner alphabetischer Nähe) dieses Hauptformular und diese drei Unterformulare dazu:

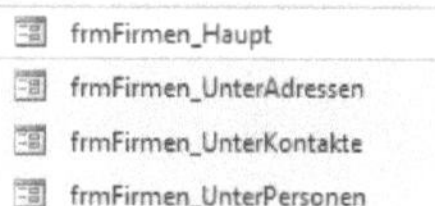

Abbildung 83: Die vorbereiteten Haupt- und Unterformulare

Dieses Mal werden die Unterformulare aber nicht direkt in den Entwurf des Haupt-formulars gezogen, sondern ich muss dort zuerst ein *MultiPage*-Control einfügen:

Abbildung 84: Das frisch eingefügte MultiPage-Control

Tipp 55: Hinweis: Das *MultiPage*-Control (deutsch: *Registersteuerelement*) sieht als Ribbon-Icon anders aus als das, was später wirklich erscheint:

Während im Icon seitliche Registerlaschen zu sehen sind, stehen diese im Formular immer oben. Sie können deren Position in Access auch nicht än-dern.

Abgesehen von der Vergabe eines vernünftigen Namens *mpgDetails* braucht die-ses *MultiPage*-Control noch mehr Registerlaschen (=*Pages*, also Seiten). Dazu können Sie per Rechtsklick das PopUp-Menü öffnen und SEITE EINFÜGEN anklicken:

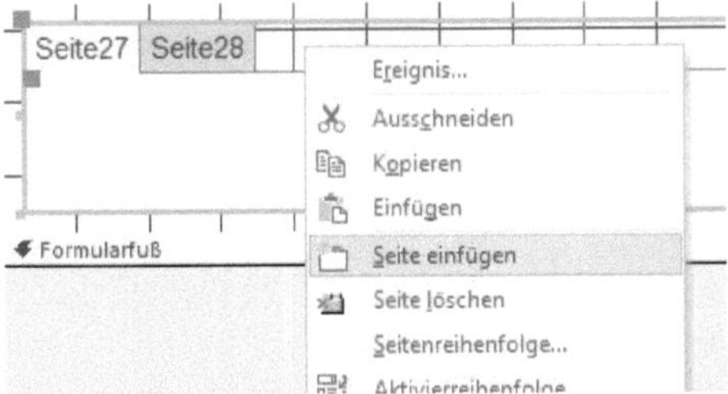

Abbildung 85: Hier wird das MultiPage-*Control um neue Seiten erweitert*

Alle drei *Page tabs* (=Registerlaschen) müssen nun geeignete Namen und Beschriftungen erhalten. Markieren Sie jeweils eine und ändern die Eigenschaften *Name* (statt `Seite27`) auf `pagAdressen` und deren *Beschriftung* auf `Adressen` sowie *Name* (statt `Seite28`) auf `pagKontakte` und deren *Beschriftung* auf `Kontakte` und *Name* (statt `Seite29`) auf `pagPersonen` und deren *Beschriftung* auf `Personen`.

Tipp 56: Sie können die Schriftart oder -auszeichnung der *Page tabs* ändern, aber nur für alle gleichzeitig. Das sind Eigenschaften des *MultiPage*-Controls. Um das zu markieren, klicken Sie am besten in den freien Bereich rechts neben der eigentlichen Registerlaschen.

Jetzt erst markieren Sie *pagAdressen* (achten Sie auf die orangefarbene Markierung, die nicht um das komplette *MultiPage*-Control, sondern nur im Innenbereich zu sehen sein darf!) und ziehen den Namen *frmFirmen_UnterAdressen* aus dem Navigationsbereich hinein. Bevor Sie loslassen, muss der Innenbereich komplett schwarz werden.

Damit ist das Unterformular zwar eingebettet, allerdings noch unsynchronisiert. Ergänzen Sie also die Eigenschaften *Verknüpfen nach*: `firmaID` und *Verknüpfen von*: `adresfirmaIDRef`. Für die anderen beiden Unterformulare gilt das entsprechend, sie alle haben *Verknüpfen nach*: `firmaID` und bei *Verknüpfen von* jeweils ihr ...`firmaIDRef`-Feld.

Außerdem sollten Sie sowohl das *MultiPage*-Control als auch alle drei *SubForm*-Controls mit ANORDNEN | ANKER | NACH UNTEN UND QUER DEHNEN auf optimale Größe einstellen.

Das Formular sieht in der Normalansicht nun so aus:

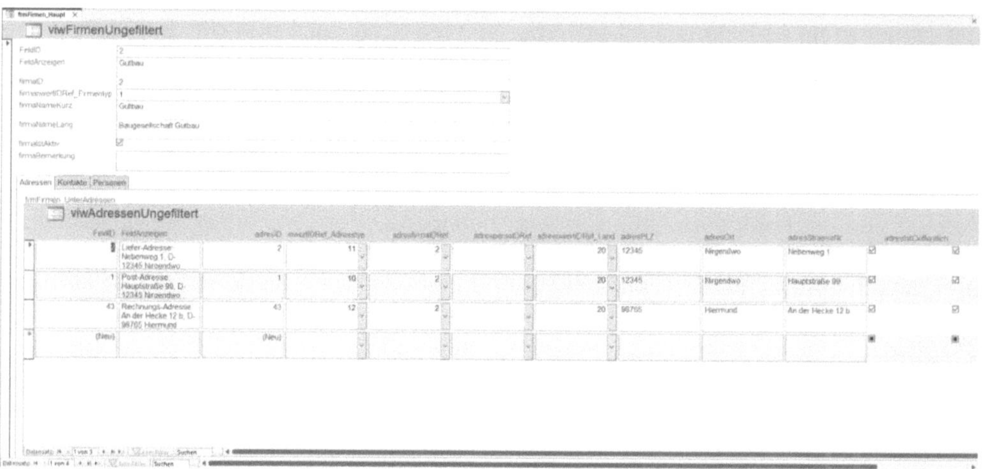

Abbildung 86: Das Hauptformular mit MultiPage-*Control*

Das ist jetzt noch nicht wirklich hübsch, weil ich mir keine Mühe gegeben habe, aber das Platzproblem ist gelöst.

> **Anmerkung**: Meine Erfahrung ist, dass diese wechselnde Anzeige der Unterformulardaten technisch super ist und damit jeweils den Daten maximalen Platz gönnt. Aber meine Auftraggeber:innen wollen dann doch möglichst alles gleichzeitig sehen. Also ohne *MultiPage*-Control, dafür alle *SubForm*-Elemente kleiner und neben-/untereinander auf das Formular gequetscht …

Wenn Sie genau gucken, werden die *SubForm*-Controls auf den einzelnen Registern noch nicht ordentlich ausgerichtet sein und beim Wechsel hin- und herspringen. Aber das ist nicht schlimm, das wird gleich automatisch mitbeseitigt.

Es bleibt nämlich noch das Performance-Problem. Für die drei Adressen, fünf Kontakte und selbst die 157 Personen in diesem ersten Firma-Datensatz ist das noch kein wahrnehmbares Problem. Aber im echten Leben werden dort viel mehr Daten auftauchen, die mit dem Anzeigen des Firma-Datensatzes alle sofort mitgeladen werden müssen. Das wird durchaus fühlbar dauern.

Der Trick besteht nun darin, genau das zu laden, was Sie auch sehen. Von den drei *SubForm*-Controls sehen Sie immer nur genau dasjenige, dessen *Page* ausgewählt wurde. Die anderen beiden werden sozusagen unnötig geladen.

Per VBA können Sie nun „mogeln", indem es lediglich ein einziges *SubForm*-Control gibt, dessen Unterformular dann wechselt. Das *MultiPage*-Control existiert nämlich auch in einer Variante, die gar keine echten *Pages*, sondern nur deren optische Registerlaschen hat.

Dazu kopieren Sie am besten dieses Hauptformular auf *frmFirmen_Haupt2* und entfernen dort die drei *SubForm*-Controls. Dann ändern Sie im *MultiPage*-Control die *Hintergrundart*-Eigenschaft auf `Transparent`, so dass nun der Entwurfshintergrund durchscheint.

Tipp 57: Es ist in der Normalansicht fast gar nicht zu erkennen, welche Registerlasche eigentlich angeklickt ist. Ändern Sie die *MultiPage*-Control-Eigenschaft *Design verwenden* auf `Ja` und plötzlich sieht es vernünftig aus!

Anstatt nun ein konkretes Unterformular hineinzuziehen, zeichnen Sie außerhalb(!) des *MultiPage*-Controls ein *SubForm-(Unterformular/-bericht)*-Control, welches Sie erst anschließend in den *MultiPage*-Innenbereich verschieben. Das *MultiPage*-Control wird sich dieses Mal nicht schwarz färben und das ist so in Ordnung.

Außerdem passen Sie dessen Größe an und ändern die Anker wieder auf NACH UNTEN UND QUER DEHNEN. Ich habe es auch in der Breite und Höhe deutlich reduziert, weil der Anker ja maximalen Platz schafft und der Entwurf so übersichtlicher ist.

Tipp 58: Diese Anker sind nicht nur im Ribbon aufzurufen, sondern sind einfach zwei Eigenschaften namens *Horizontaler Anker* und *Vertikaler Anker*. Manchmal ist Access übereifrig und verändert ungefragt die Anker von anderen Objekten. Dann können Sie das direkt in diesen Eigenschaften trotzdem einstellen.

Das Formular sieht derzeit so aus:

Abbildung 87: Das Hauptformular mit leerem SubForm-Control

Jetzt braucht es ein paar Zeilen VBA, welche ausgeführt werden, sobald jemand eine andere Registerlasche anklickt. Daher sollten die Control-Namen sprechender werden, aus *RegisterStr26* wird *mpgDetails* und aus dem *SubForm*-Control *Untergeordnet35* dann *sfmDetails*.

Dann doppelklicken Sie in die *Bei Änderung*-Eigenschaft des *mpgDetail*-Controls, so dass dort [Ereignisprozedur] erscheint. Mit dem [...]-Button rechts davon gelangen Sie automatisch in die zugehörige Prozedur im VBA-Editor und ergänzen diese wie folgt:

```
Private Sub mpgDetails_Change()
    MsgBox "Geändert!", vbInformation
End Sub
```

Speichern Sie alles und wechseln in die Normalansicht des Formulars. Sobald Sie nun eine andere Registerlasche anklicken, erscheint diese Meldung:

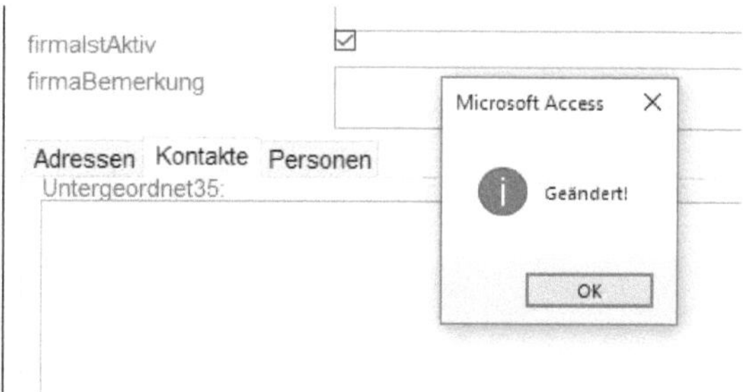

Abbildung 88: Die Meldung beim Anklicken einer anderen Registerlasche

Das beweist, dass dieser VBA-Code aufgerufen wird, sobald ein Wechsel gewünscht wird. Jetzt muss nur noch das richtige passieren. Je nach angeklickter Registerlasche (die einen PageIndex bzw. eine *Seitenindex*-Eigenschaft besitzen) muss also das darin angezeigte Unterformular sowie dessen *Verknüpfen von*-Eigenschaft wechseln. Die *Verknüpfen nach*-Eigenschaft war ja für alle identisch, daher stellen Sie diese jetzt schon auf firmaID.

Dann passen Sie den Code so an:

```
Private Sub mpgDetails_Change()
    With Me.sfmDetails
        On Error Resume Next
        .LinkChildFields = ""
        On Error GoTo 0
        Select Case Me.mpgDetails.Value
        Case pagAdressen.PageIndex
            .SourceObject = "frmFirmen_UnterAdressen"
            .LinkChildFields = "adresfirmaIDRef"
        Case pagKontakte.PageIndex
            .SourceObject = "frmFirmen_UnterKontakte"
            .LinkChildFields = "kntktfirmaIDRef"
        Case pagPersonen.PageIndex
```

```
        .SourceObject = "frmFirmen_UnterPersonen"
        .LinkChildFields = "persofirmaIDRef"
    Case Else: MsgBox "Ooops, Fehler!", vbCritical
    End Select
  End With
End Sub
```

Sie werden gleich entdecken, dass beim erstmaligen Öffnen des Formulars ja noch gar kein Unterformular sichtbar ist. Daher kann zu diesem Zeitpunkt die *Verknüpfen von*-Eigenschaft (`LinkChildFields`) nicht geändert werden und das wird mit der Fehlerbehandlung abgefangen.

Tipp 59: Eigentlich ist das überhaupt keine Fehlerbehandlung, sondern eher eine Fehlerignorierung. Mit `On Error Resume Next` wird jeder anschließend auftretende Fehler übergangen und mit `On Error Goto 0` die originale VBA-Fehlermeldung wieder eingeschaltet. Das ist praktisch, wenn es egal ist, ob es wirklich klappt oder nicht. Hauptsache, der Code hat's versucht.

Probieren Sie erst einmal, ob es überhaupt klappt. Sobald Sie auf Kontakte klicken, sollte es so aussehen:

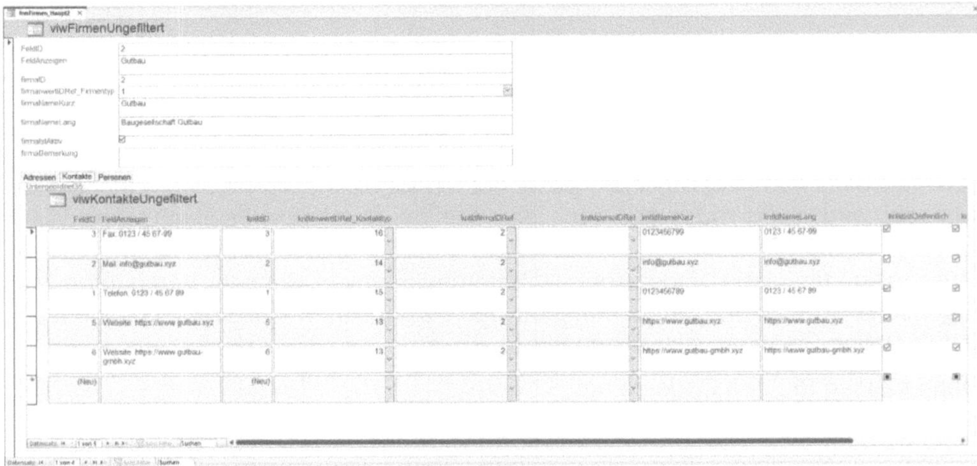

Abbildung 89: Die angeklickte Registerlasche zeigt die erwarteten Daten

Auch die übrigen Wechsel sollten jeweils die passenden Daten anzeigen. Daher würde ich gerne einen kurzen Blick auf den VBA-Code werfen und etwas zu ordentlicher Programmierung an diesem Beispiel schreiben. Schließlich soll es nicht nur schön aussehen, sondern auch für Sie als Entwickler:in effizient und nachvollziehbar sein.

Im jeweiligen *Page*-Control finden Sie für die *Seitenindex*-Eigenschaft jeweils eine Zahl, derzeit von 0 bis 2. Da finde ich ganz oft VBA-Code wie diesen:

```
If Me.mpgDetails.Value = 0 Then
    ' hier diverse Zeilen Code
ElseIf Me.mpgDetails.Value = 1 Then
    ' hier diverse Zeilen Code
ElseIf Me.mpgDetails.Value = 2 Then
    ' hier diverse Zeilen Code
End If
```

Erstens ist eine solche `If`-/`ElseIf`-/`ElseIf`-Schreibweise immer ein Anzeichen dafür, dass eine *SelectCase*-Konstruktion viel übersichtlicher wäre. Dort bräuchten Sie auch nicht mehrfach die gleiche Objekt-Eigenschaft `Me.mpgDetails.Value` zu schreiben.

Zweitens, und das ist das schlimmere Problem, stehen hier hart codierte Werte. Sobald Sie die Reihenfolge ändern oder *Pages* hinzufügen/löschen, verändern sich diese Werte. Außerdem weiß niemand, welche Zahlen was bedeuten, daher werden oft noch Kommentare dahinter geschrieben. Jetzt werfen Sie bitte mal einen erneuten Blick auf den tatsächlichen VBA-Code auf Seite 93, wie lesefreundlich, kompakt und flexibel der ist.

Tipp 60: Sie haben vielleicht die scheinbar überflüssige `Case Else`-Zeile bemerkt. Es gibt ja nur drei *Pages*, welcher vierte Fall soll denn vorkommen? Ich baue das trotzdem immer ein, denn ich kann Ihnen versprechen: Irgendwann in drei Monaten fügen Sie eine neue Seite ein, ohne daran zu denken, diesen Code zu aktualisieren und dann meldet sich:

Es bleibt nur noch ein Sonderfall zu berücksichtigen, auf den ich vorhin schon mal hingewiesen hatte. Beim Öffnen des Formulars ist das Unterformular noch leer, weil kein Register-Wechsel stattgefunden hatte.

Auch da sehe ich oft aberwitzige Lösungen, die den gleichen Code erneut schreiben. Das geht viel einfacher. Selbst wenn `mpgDetails_Change` ein Prozedurname nach bestimmten Regeln ist, ist es doch eine ganz normale Prozedur (sogar ohne Parameter), die Sie einfach aufrufen können.

Beim Öffnen des Formulars erzeugen Sie dessen zugehörige `Form_Open`-Prozedur und ergänzen dort den Aufruf von `mpgDetails_Change`:

```
Private Sub Form_Open(Cancel As Integer)
    mpgDetails_Change
```

```
End Sub
```

Jetzt startet das Formular auch direkt mit den verknüpften Adressen zur jeweiligen Firma. Für Benutzer:innen sieht es exakt so aus wie die erste Variante, aber es ist schneller, weil nur genau ein Unterformular geladen werden muss, und es ist aufgeräumter, weil alle Unterformulare das gleiche *SubForm*-Control benutzen und damit das Hin- und Herspringen einzelner SubForm-Controls vermieden wird.

Formulare mit gegenseitigem Aufruf

Also alles in Butter? Für dieses Formular ja. Aber jetzt möchte ich gerne einen Schritt zurücktreten und mal sehen, wie das in einer großen Datenbank funktioniert.

- Sie haben also dank *frmFirmen_Haupt* die richtige Firma gefunden.
- Dort entdecken Sie eine Person im Unterformular. Von dieser möchten Sie jetzt beispielsweise die zugehörigen Benutzer:innen-Daten sehen.
- In unserem Datenmodell würden Sie dazu ein *frmPersonen_Haupt*-Formular öffnen mit diesem Datensatz und dort in *frmPersonen_UnterBenutzer* diese:n Benutzer:in finden.
- Dazu suchen Sie jetzt die zugehörigen Bestellungen. Also öffnen Sie das Formular *frmBenutzer_Haupt* mit diesem Datensatz und sehen dort *frmBenutzer_UnterBestellungen* mit der Liste.

Zuallererst möchte ich Ihnen zeigen, wie einfach das technisch umzusetzen ist. Dieser Wechsel zu einem bestimmten Datensatz in einem anderen Formular ist eine der häufigsten Anforderungen und zugleich die am einfachsten zu erfüllende.

Ich möchte Ihnen das am Beispiel der Personen zeigen. Zuerst sollten wir dafür ein *frmPersonen_Haupt* erstellen. Markieren Sie *viwPersonenUngefiltert* und lassen vom Assistenten ein ganz normales Detailformular erstellen, welches Sie unter dem Namen *frmPersonen_Haupt* speichern:

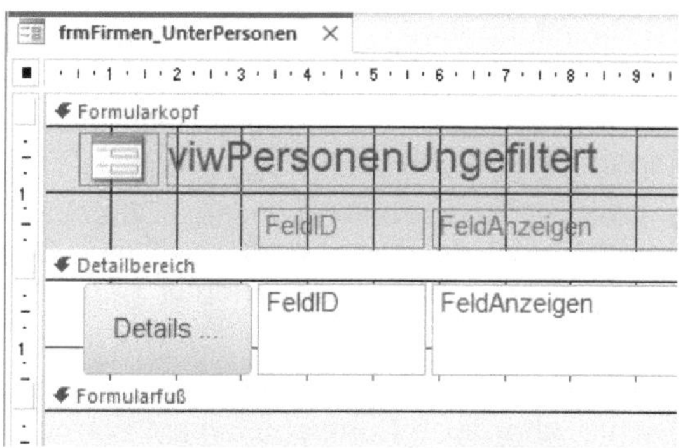

Abbildung 90: Das neu erstellte Formular frmPersonen_Haupt

Es ist im Moment weder hübsch noch tatsächlich schon ein Haupt-Formular, aber Sie werden sehen, dass es darum gar nicht geht. Sie können es schließen.

Sie brauchen nun den Entwurf von *frmFirmen_UnterPersonen* und fügen dort einen Button mit *Beschriftung*: Details … und *Name*: btnDetails ein:

Abbildung 91: Der neue Button btnDetails

Das *Beim Klicken*-Ereignis erhält nun diesen VBA-Code:

```
Private Sub btnDetails_Click()
    DoCmd.OpenForm "frmPersonen_Haupt", , , _ 25
        "persoID=" & Me.persoID.Value
```

---

[25] Dieser Unterstrich (mit voranstehendem Leerzeichen!) ist in VBA-Code eine für den Compiler unsichtbare Zeilenschaltung. Technisch ist das eine einzige Zeile, optisch sind es zwei. Das dient hier vor allem dazu, irreführende Trennungen in VBA-Befehlen innerhalb des Buches zu vermeiden.

```
End Sub
```

Jetzt schließen sie alle Formulare und öffnen nur *frmFirmen_Haupt2*, um dort eine bestimmte Firma zu finden. Dort klicken Sie im Personen-Unterformular auf diesen Button neben der Person, die Sie detailliert ansehen wollen.

Daraufhin öffnet sich *frmPersonen_Haupt* in einem neuen Register mit genau dieser Person. Wäre dies jetzt schon ein wirklich vollständiges Hauptformular, könnten Sie in dessen Unterformular-Liste auf den nächsten [DETAILS …]-Button klicken, usw.

Vereinfacht skizziert passiert folgendes:

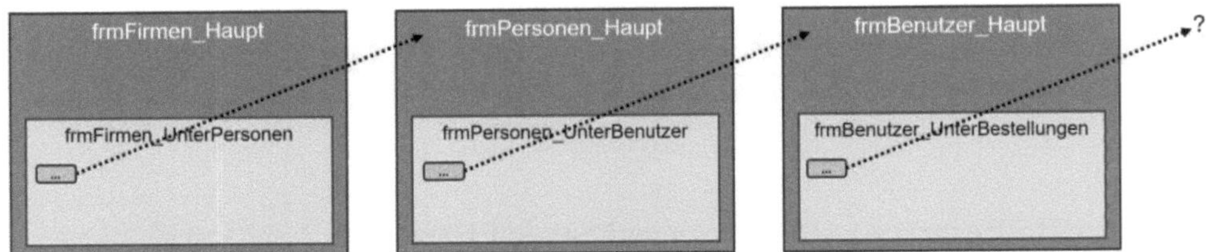

Abbildung 92: Der aufeinanderfolgende Aufruf mehrerer Formulare

Sie kommen perfekt von jedem Unterformular (einer Liste mit aus Platzgründen wahrscheinlich weniger Feldern als im datengleichen Hauptformular) zum nächsten Hauptformular mit allen Details dieses Datensatzes und dort über dessen Unterformular-Button wieder zum nächsten Hauptformular.

Auf dem Weg von einer konkreten Firma über die zugehörigen Personen und Benutzer:innen zu deren Bestellung und den Bestelldetails haben Sie also fünf Hauptformulare mit je mindestens einem Unterformular aufgemacht.

Meine Erfahrung sagt mir, dass die meisten Benutzer:innen einer Datenbank schon von zwei oder drei gleichzeitig geöffneten Formularen überfordert sind. Das ist im Grunde schon auf jedem Hauptformular mit dem Unterformular gegeben. Und jetzt gleich fünf (mal zwei!) davon?

Warnung: Nicht nur Ihre Benutzer:innen sind überfordert, auch Access. Wenn Sie zu viele Objekte (Formulare, Berichte, aber auch Comboboxen auf Formularen!) anzeigen, gibt es diese gefürchtete Meldung:

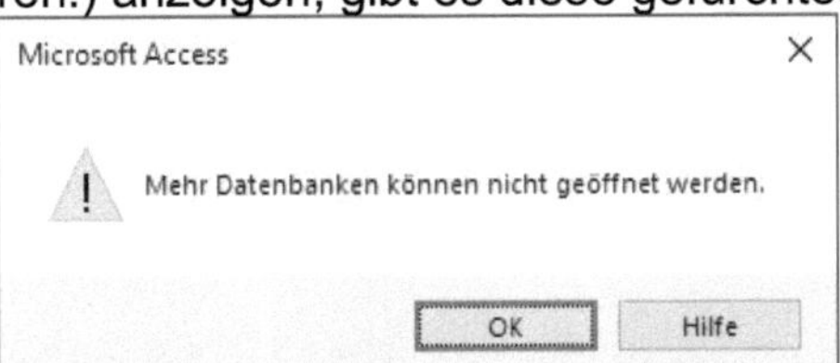

Das kommt immer aus dem Hinterhalt. Es gibt keine Variable, die sich rechtzeitig abfragen ließe, und selbst mit `On Error Resume Next` wird diese Fehlermeldung angezeigt. Zudem ist sie falsch formuliert, denn es geht gar nicht um Datenbanken, sondern um interne Zeiger auf Recordsets, also eher „Mehr Tabellen können nicht geöffnet werden".[26]

Deswegen bin ich von Haupt- und Unterformularen nicht mehr so überzeugt wie am Anfang meiner Datenbank-Entwicklung. Für kleine Datenbanken ist das eine tolle Lösung, aber je mehr Tabellen enthalten sind, desto sicherer führt diese Technik in die Überforderung.

Anmerkung: Aber auch hier nehme ich die gute Idee mit, bei einer 1:n-Verknüpfung von einem 1er-Datensatz zu dessen n-Datensätzen und von da aus wiederum zu deren weiteren n-Datensätzen zu gelangen.

Detailformulare

Es bleiben letzten Endes nur die „normalsten" aller Formulartypen übrig, hier das Detailformular. Dabei geht es nicht um dessen optische Gestaltung, sondern nur um die Tatsache, dass alle Felder eines Datensatzes auf einem Bildschirm zu sehen sind.

Tatsächlich gibt es (dieses wie auch alle anderen) Formulare in mehreren Anzeige-Varianten:

- Im **Register**
- Als **PopUp**
- Als **modales PopUp**
- Als **Dialog**

Diese Unterschiede sind wichtig und für eine gelungene Bedienung unbedingt zu beachten. Nehmen wir einfach mal das zufällig bereits vorhandene Formular *frmPersonen_Haupt*, weil es ja noch ein ganz normales Detailformular ohne Unterformulare ist. Mit einem Doppelklick auf dessen Namen im Navigationsbereich wird es in einer Registerlasche angezeigt:

---

[26] Unter dem Stichwort *LAA* (*Large Adress Aware*) finden Sie Lösungen, wie durch Eingriff in die *MSAccess.exe* die Anzahl der möglichen Zeiger intern erhöht werden kann. Aber das löst das Problem nicht, sondern verschiebt nur die Grenze.

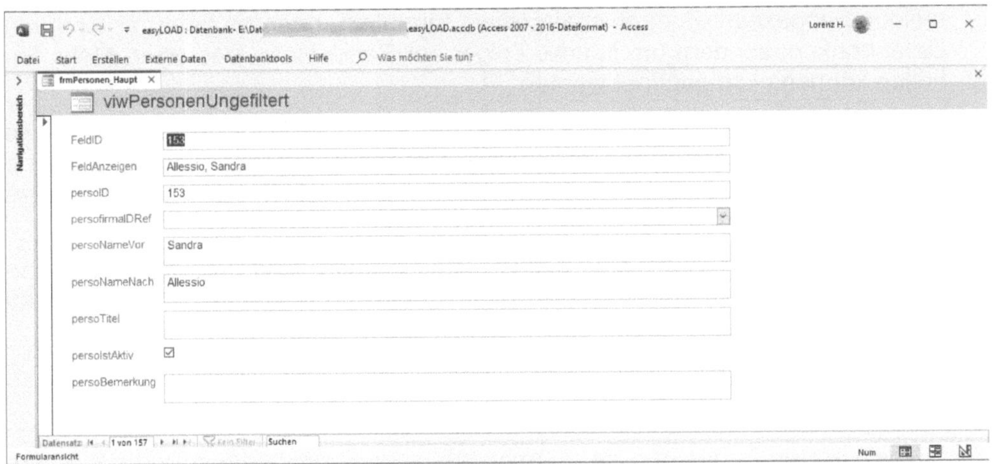

Abbildung 93: Die normale Formular-Anzeige im Register

Sind mehrere Registerlaschen zu sehen, können Sie jederzeit zwischen diesen hin und her wechseln.

Ich kopiere nun dieses Formular *frmPersonen_Haupt* auf den neuen Namen *frmPersonen_Haupt_PopUp* und ändere die Eigenschaft *PopUp* auf Ja. Damit der Vergleich gut zu sehen ist, bleibt das erste Registerformular offen:

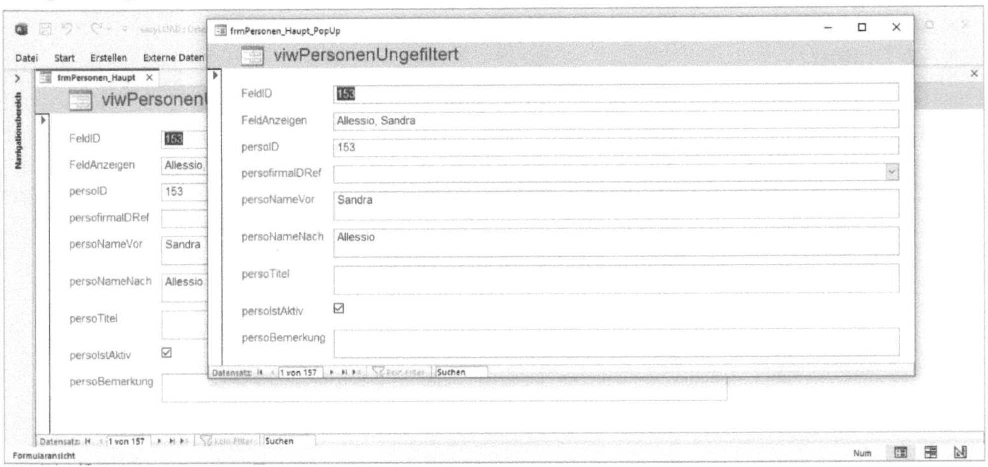

Abbildung 94: Die PopUp-Anzeige des Formulars

Sie können es durch Anklicken im Hintergrund probieren: Ein PopUp-Formular liegt einfach nur in einem eigenen Fenster(!) vorne, aber alle Objekte dahinter bleiben weiterhin aktiv und sind nutzbar.

Das wird sich jetzt ändern. Die nächste Kopie dieses zweiten Formulars namens *frmPersonen_Haupt_PopUpModal* wird verhindern, dass jemand noch außerhalb bzw. dahinter klicken kann. Dazu stellen Sie auch die *Gebunden*-Eigenschaft auf Ja.

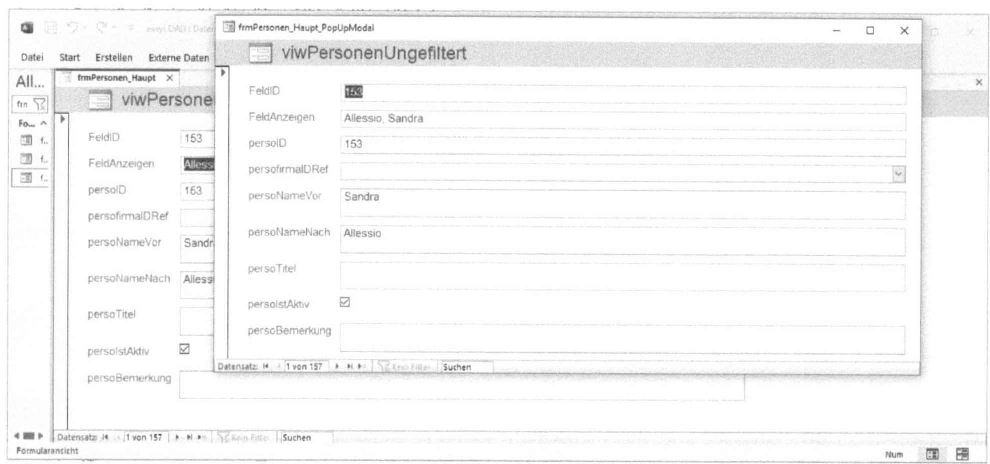

Abbildung 95: Die modale PopUp-Anzeige des Formulars

Dieses gebundene Verhalten wird als *modal* bezeichnet. Das ist das typische Verhalten von Dialogen, die ja auch erst geschlossen werden müssen, bevor der Rest des Bildschirms bedient werden kann.

> **Anmerkung**: Eben weil ich anschließend nichts mehr im Hintergrund anklicken konnte, blieb in Abbildung 95 der Navigationsbereich noch sichtbar, von dem aus ich es gestartet hatte. Ich kann ihn ja nach dem Start des Formulars nicht mehr minimieren.

Und obwohl dies so wirkt, als sei hier schon das Ende der Fahnenstange erreicht, kann Access noch eins draufsetzen. Wir werden dieses gleiche Formular jetzt von VBA aus starten. Schreiben Sie dazu in einem beliebigen neuen Modul[27] folgenden Code:

```
Sub FormularAlsDialog()
    DoCmd.OpenForm "frmPersonen_Haupt_PopUpModal", , , , , acDialog
End Sub
```

Achten Sie darauf, dass Sie alle Kommas für die leeren Parameter richtig mitzählen und starten Sie dann diesen VBA-Code[28]. Jetzt sehen Sie folgendes Bild:

---

[27] Nicht in einem der vorhandenen Formular-Module, sondern wirklich in ein neues Standard-Modul!
[28] Stellen Sie beispielsweise den Cursor hinein und drücken die <F5>-Taste.

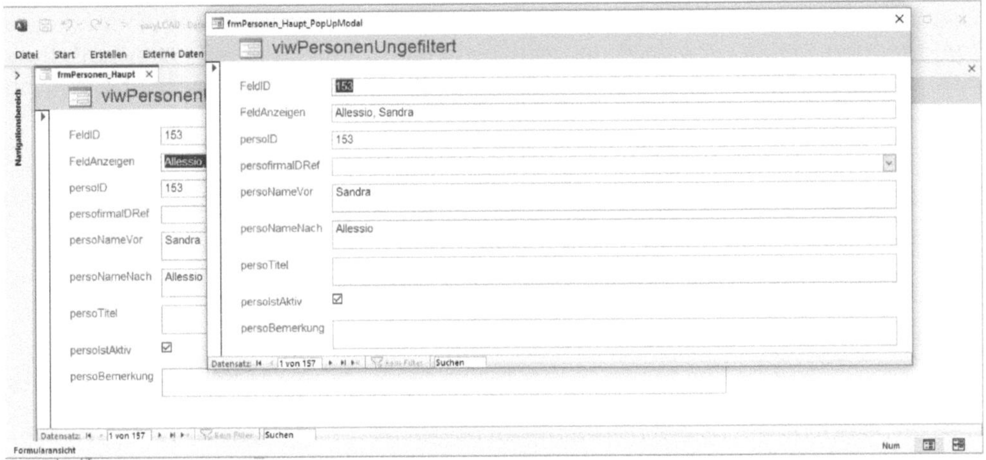

Abbildung 96: Die besonders modale PopUp-Anzeige des Formulars

Abgesehen davon, dass ich dieses Mal den Navigationsbereich vorher schon einklappen konnte, fragen Sie sich wahrscheinlich gerade, wo denn der Unterschied sein soll?

Das so aufgerufene Formular ist nicht mehr größenveränderlich! Das vorherige modale PopUp-Formular konnten Sie noch an allen seinen Rändern mit dem dann erscheinenden Doppelpfeil-Cursor in der Größe verändern.

Anmerkung: Ich habe in diesem VBA-Code mit dem Parameter `acDialog` das dritte der Beispielformulare aufgerufen, in welchem *PopUp*: `Ja` und *Gebunden*: `Ja` bereits eingeschaltet waren. Das ist aber gar nicht nötig, auch das erste Formular *frmPersonen_Haupt* hätte sich genauso verhalten.

Das mag im Moment als Lappalie erscheinen, aber sobald ein Dialog (und ich werde modale PopUp-Formulare oft als Dialoge bezeichnen) mal größenveränderlich sein soll, ist das ein wichtiger Punkt. Auf Seite 254 werden wir das brauchen.

Listenformulare

Der zweite „normale" Formulartyp ist das Listenformular oder in Access mit der *Standardansicht*: `Endlosformular` gekennzeichnet. Beim Erstellen mit dem Assistenten wiederum ist es als MEHRERE ELEMENTE bezeichnet worden. Es zeigt einfach statt genau eines Datensatzes je Bildschirm so viele, wie draufpassen.

Tipp 61: Es ist nicht notwendig, sondern nur bequemer, ein solches Listenformular mit dem Assistenten zu erstellen. Sie können (nur im Entwurf, nicht per VBA zur Laufzeit!) diese *Standardansicht*-Eigenschaft jederzeit ändern.

Da die echte Datenblattansicht ja einige Einschränkungen hat, können Sie solche Listenformulare optisch fast genauso gestalten mit folgenden Besonderheiten:

- **Vorteil**: Buttons oder ähnliche nicht-datengebundene Controls lassen sich nach Belieben platzieren und ausführen.
- **Nachteil**: Die „Spaltenbreiten" sind zur Laufzeit nicht von Benutzer:innen veränderbar.

Dazu markiere ich *viwBestelldetailsUngefiltert* und lasse mit ERSTELLEN | WEITERE FORMULARE | MEHRERE ELEMENTE ein solches Listenformular erzeugen. Noch sieht es so aus:

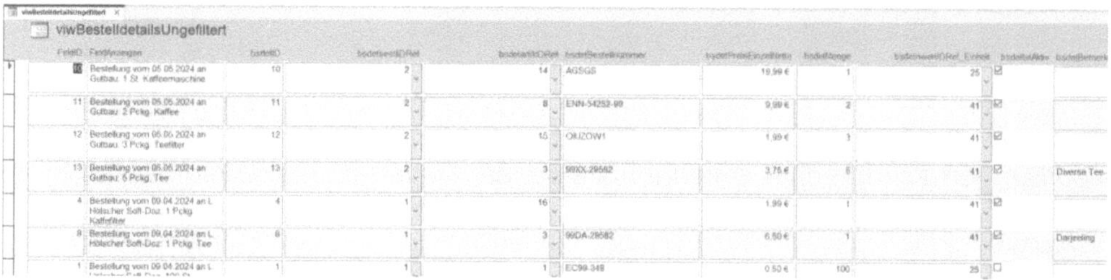

Abbildung 97: Die erste Version des Listenformulars

Das ist weit entfernt von einem brauchbaren Formular. Berechnete Felder müssen deaktiviert, Comboboxen „schöner" gezeigt und die Überschriften lesbarer gemacht werden.

Ich beginne in der Entwurfsansicht mit dem ersten Feld *FeldID* und setze dort *Aktiviert*: `Nein`. Die Felder *FeldAnzeigen* und *bsdetID* lösche ich, weil deren Inhalte mehrfach vorkommen.

> **Tipp 62:** Wenn Sie auf das Feld einen Rechtsklick machen und im PopUp-Menü dann SPALTE LÖSCHEN auswählen, ist auch das zugehörige Label gelöscht. Die übrigen Spalten rutschen nach, weil alles in einer Layouttabelle steht.

Weil die meisten Felder nur wenige Texte enthalten, werde ich die *Höhe* eines beliebigen Controls von bisher `1,351` cm auf `0,637` cm reduzieren. Alle anderen ändern ja wegen der Layouttabelle ihre Höhe mit. Auch den Detailbereich verringere ich so, dass die Controls genau hineinpassen.

Für alle Comboboxen stelle ich jetzt *Spaltenbreiten*: `0cm` ein, so dass statt der jeweiligen ID nur noch der Text sichtbar wird, auch im eingeklappten Zustand.

> **Tipp 63:** Sie können mehrere, nicht nebeneinander liegende Objekte wie bei anderen Mehrfachmarkierungen auch hinzufügen, indem Sie bei gedrückter <STRG>-Taste das jeweils nächste anklicken. Genau so lässt sich ein Objekt auch wieder aus der Markierung herausnehmen.

Speichern Sie es unter dem Namen *frmBestelldetails_Liste* und vergleichen Sie, wie es sich schon verändert hat:

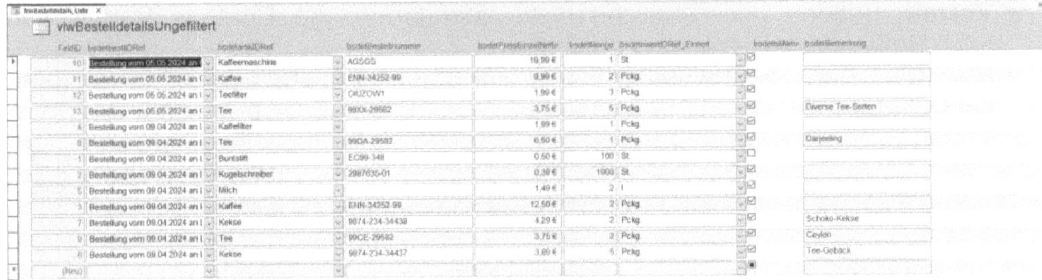

Abbildung 98: Die zweite Version des Listenformulars mit weniger Feldern

Die Spaltenbreiten lassen sich tatsächlich besser in der *Layout-Ansicht* einstellen, weil Sie dort schon echte Daten-Inhalte sehen. Dabei orientiere ich mich nicht an der Breite der Überschriften, weil diese sich sowieso gleich noch ändern:

Abbildung 99: Die dritte Version des Listenformulars mit geänderten Breiten

Die Überschriften werden nicht nur ordentliche Texte statt der sehr technischen Feldnamen erhalten, sondern vor allem eine vernünftige Farbe.

Hinweis: Hellgraue Schrift auf hellblauem Hintergrund mag jemand für ein cooles Design gehalten haben, aber es widerspricht der gesetzlich geforderten Barrierefreiheit für Bedienungsoberflächen. Wer sehbehindert ist oder auch nur in einem lichttechnisch schwierigen Umfeld (Bildschirmreflexionen oder starke Sonne) arbeitet, kann das nicht lesen.

Ich markiere alle Controls (Überschriften ebenso wie Daten-Felder) und ändere die *Textfarbe* auf `Text 1`.

Tipp 64: Da Sie beim Markieren aller Überschriften und Daten-Felder auch Controls erwischen, nämlich die Checkbox, die keine *Textfarbe* haben, fehlt diese Eigenschaft dann im Eigenschaften-Arbeitsbereich. Entweder nehmen Sie die Checkbox per <STRG>-Mausklick wieder aus der Markierung heraus oder Sie nutzen im Ribbon die Auswahl von FORMAT | SCHRIFTART | SCHRIFTFARBE.

Dann beschrifte ich die Labels einzeln mit kurzen und sprachlich besser formulierten Texten.

Tipp 65: Natürlich kenne ich die Möglichkeit, direkt im Tabellenentwurf für jedes Feld die *Beschriftung*-Eigenschaft auszufüllen. Das scheint erst einmal eine gute Idee zu sein, wenn die eigentlichen Feldnamen so hässlich technisch benannt wurden. Im Formular hätte der Assistent dann immer schon diese schönere Beschriftung in das jeweilige Label geschrieben.
Allerdings wären diese Beschriftungen auch schon in allen Abfragen als Spaltenüberschriften benutzt worden, was ich sehr störend finde. Sie wissen dann nämlich nie, wie das Feld wirklich heißt. Abfragen sind sowieso nichts, was Benutzer:innen direkt zu sehen bekommen, sondern sie sind technische Hilfsmittel für Sie als Entwickler:in. Da ist es wichtiger, die echten Feldnamen zu wissen.

Jetzt ist das Formular schon deutlich lesefreundlicher:

Abbildung 100: Die vierte Version des Listenformulars mit lesbaren Überschriften

Aber ich bin noch nicht zufrieden. Das *bsdetIstAktiv*-Feld steht sehr eigenwillig quer unter seinem Label. Die Checkbox lässt sich aber leider nicht zentrieren, wie ich es optisch gerne hätte. Also müssen wir tricksen:

- Markieren Sie in der Entwurfsansicht die Checkbox.
- Klicken Sie auf ANORDNEN | HORIZONTAL TEILEN.
- Die bisher breite Zelle besteht nun aus zwei schmalen Zellen nebeneinander.
- Greifen Sie die Checkbox an ihrem orangefarbenen Rand und schieben sie in die rechte der beiden Zellen.
- Passen Sie die Zellenbreiten so aus, dass die Checkbox optisch mittig unter dem Label *Aktiv* steht.

Tipp 66: Wenn Sie Zellenbreiten in einem Layout verändern, kommt es darauf an, ob Sie dies am linken oder rechten Rand einer Zelle tun. Am linken Anfasser ändern Sie die Breite dieser Zelle, ohne die Tabellenbreite zu verändern. Am rechten Rand bewegen Sie die rechts folgenden Spalten und ändern damit die Breite der gesamten Tabelle.

Außerdem sind die Felder nun so kompakt, dass rechts neben der Bemerkung ganz viel ungenutzter Platz bleibt, was gerade für längere Bemerkungen schade wäre. Deswegen markiere ich jetzt zu *bsdetBemerkung* sowohl das EditField als auch sein Label und setze beide auf ANORDNEN | ANKER | QUER NACH OBEN DEHNEN.

Tipp 67: Anker orientieren sich am verbleibenden Restplatz zum Rand. Wenn ich also wie hier QUER NACH OBEN DEHNEN ausgewählt habe, wird das

Control horizontal so weit gedehnt, dass es rechts zum Bildschirmrand den Abstand hält, den es auch im Entwurf hat. Sie müssen also dafür sorgen, dass die Formularbreite im Entwurf nicht rechts daneben noch 10 cm Leerfläche hat, weil da vorher mal etwas war. Dann wären auch beim gedehnten Control in der Normalansicht rechts noch 10 cm leer.

Der Entwurf sieht nun so aus:

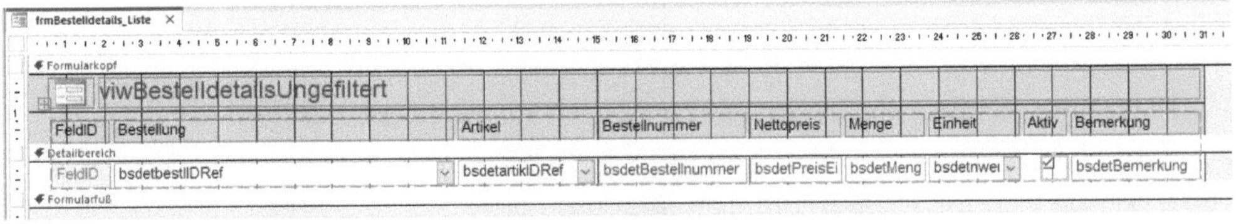

Abbildung 101: Die fünfte Version des Listenformulars im Entwurf

In der Normalansicht des Formulars wird das Bemerkungsfeld dann so weit gedehnt, wie es die Bildschirmbreite erlaubt:

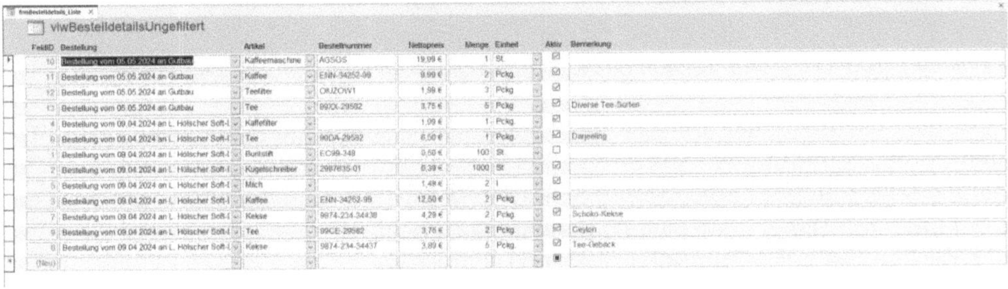

Abbildung 102: Die Version des Listenformulars mit verbesserter Checkbox und Bemerkung

Möchten Sie optisch noch dichter an eine tabellarische Darstellung, müssen Sie aus der Layouttabelle „die Luft herauslassen". Markieren Sie diese in der Entwurfsansicht an dem [+]-Symbol links oben und klicken dann ANORDNEN | ABSTAND ZWISCHEN STEUERELEMENTEN | KEIN an. Jetzt sollte auch die Höhe des Detailbereichs wieder so reduziert werden, dass die Tabelle gerade hineinpasst:

Abbildung 103: Die kompaktere Version des Listenformulars

Es ist Ihnen immer noch nicht kompakt genug? Dann machen wir die Spalte mit der Checkbox schmaler. Weil die Überschrift dann nicht mehr hineinpasst, schreiben wir die einfach senkrecht. Sie finden für das Label die Eigenschaft *Vertikal*, die Sie auf Ja stellen.

> **Hinweis**: Sie können die vertikale Richtung leider nicht wie bei Excel-Zellen beeinflussen, es gibt nur genau diese eine Richtung von oben nach unten.

Damit selbst dieser kurze Text hineinpasst, müssen Sie die Höhe der Überschriften vergrößern. Da die Schriftqualität bei senkrechter Schrift in Access ohnehin deutlich leidet, fällt es übrigens nicht auf, wenn Sie jetzt den *Schriftgrad* von bisher 11 auf 9 ändern. Dafür passt der Text besser hinein.

Markieren Sie die Checkbox und die links daneben stehende leere Zelle und klicken auf ANORDNEN | ZUSAMMENFÜHREN, damit es wieder eine gemeinsame Zelle wird. Sie können dann diese Spalte so schmal machen, dass die Checkbox fast keinen Leerraum mehr daneben hat.

Die Überschrift *Aktiv* ist nicht mehr zu lesen? Das liegt daran, dass deren vier Eigenschaften *Oberer Rand* bis *Rechter Rand* noch Platz verbrauchen. Stellen Sie alle vier auf 0cm und Sie haben den geringstmöglichen Platz für die Spalte mit der Checkbox herausgearbeitet:

FeldID	Bestellung	Artikel	Bestellnummer	Nettopreis	Menge	Einheit	Aktiv	Bemerkung
10	Bestellung vom 05.05.2024 an Gutbau	Kaffeemaschine	AGSGS	19,99 €	1	St.	☑	
11	Bestellung vom 05.05.2024 an Gutbau	Kaffee	ENN-34252-99	9,99 €	2	Pckg.	☑	
12	Bestellung vom 05.05.2024 an Gutbau	Teefilter	OIUZOW1	1,99 €	3	Pckg.	☑	
13	Bestellung vom 05.05.2024 an Gutbau	Tee	99XX-29582	3,75 €	5	Pckg.	☑	Diverse Tee-Sorten
4	Bestellung vom 09.04.2024 an L. Hölscher Soft-[	Kaffefilter		1,99 €	1	Pckg.	☑	
8	Bestellung vom 09.04.2024 an L. Hölscher Soft-[	Tee	99DA-29582	6,50 €	1	Pckg.	☑	Darjeeling
1	Bestellung vom 09.04.2024 an L. Hölscher Soft-[	Buntstift	EC99-348	0,50 €	100	St.	☐	

Abbildung 104: Das Listenformular mit schmaler Checkbox

Die übrigen Überschriften stehen jetzt an der Oberkante und ich fände es schöner, wenn sie sozusagen eine gemeinsame Grundlinie hätten und also alle an der unteren Kante des hellblauen Kopfbereichs stünden. Access kennt aber immer noch keine vertikale Ausrichtung innerhalb eines Controls.

Also müssen wir in die gleiche Trickkiste packen und alle Labels außer *Aktiv* markieren. Ändern Sie deren *Oberer Rand*-Eigenschaft auf 0,4cm (oder je nach Schriftart und -größe andere Werte) und es sieht aus wie gewünscht:

FeldID	Bestellung	Artikel	Bestellnummer	Nettopreis	Menge	Einheit	Aktiv	Bemerkung
10	Bestellung vom 05.05.2024 an Gutbau	Kaffeemaschine	AGSGS	19,99 €	1	St.	☑	
11	Bestellung vom 05.05.2024 an Gutbau	Kaffee	ENN-34252-99	9,99 €	2	Pckg.	☑	

Abbildung 105: Das Listenformular mit verschobenen Überschriften

Wie Sie sehen, lassen sich damit sozusagen die besseren Datenblätter erstellen, weil Sie viel mehr Formatierungsmöglichkeiten haben, weil der Kopfbereich weiterhin angezeigt wird und weil auch (hier derzeit nicht vorhandene) Buttons sichtbar wären und funktionieren würden. Diese Buttons werden ab Seite 385 benötigt.

Fußbereiche

Ich habe die Bestelldetails nicht ganz zufällig für die Liste ausgewählt. Wenn es Einzelpreise und eine Menge gibt, liegt es auf der Hand, direkt einen Gesamtpreis anzuzeigen.

> **Hinweis**: Die anstehende Berechnung (Einzelpreis * Menge) ginge technisch durchaus hier im Formular. Dann könnten Sie aber keine Summe davon bilden und sie müssten es beispielsweise im Detailformular erneut berechnen. Also gehört die Berechnung nicht hier in das Formular, sondern in eine Abfrage.

Schließen Sie also dieses Formular und wechseln in den Entwurf der Abfrage *viwBestelldetailsUngefiltert*. Der Vorteil dieser grundlegenden Abfragen besteht ja genau darin, dass alles, was ich darin berechne, jedem nachfolgenden Objekt zur Verfügung steht.

Fügen Sie dort ein neues Feld hinzu mit der Formel

```
PreisGesamtNetto: [bsdetPreisEinzelNetto]*[bsdetMenge]
```

Außerdem können Sie, solange der Cursor noch in dieser Zelle steht, die *Format*-Eigenschaft auf `Euro` stellen:

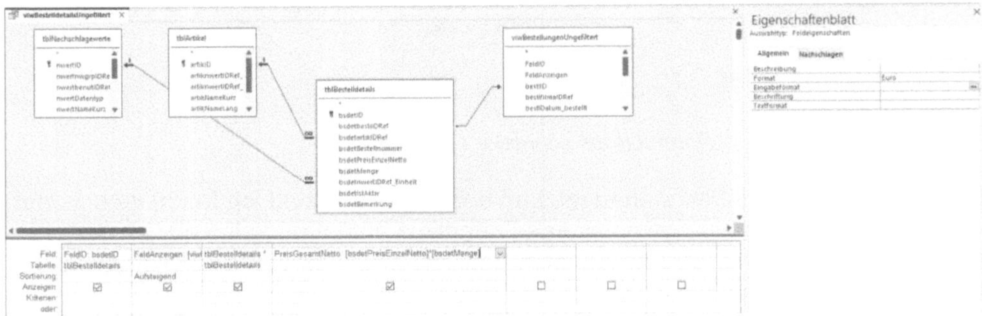

Abbildung 106: Der ergänzte Entwurf von viwBestelldetailsUngefiltert

Jetzt zeigt diese Abfrage hinten eine neue Spalte mit den berechneten Werten:

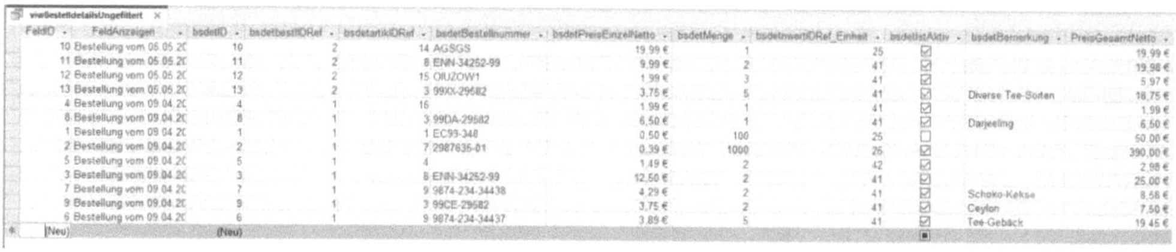

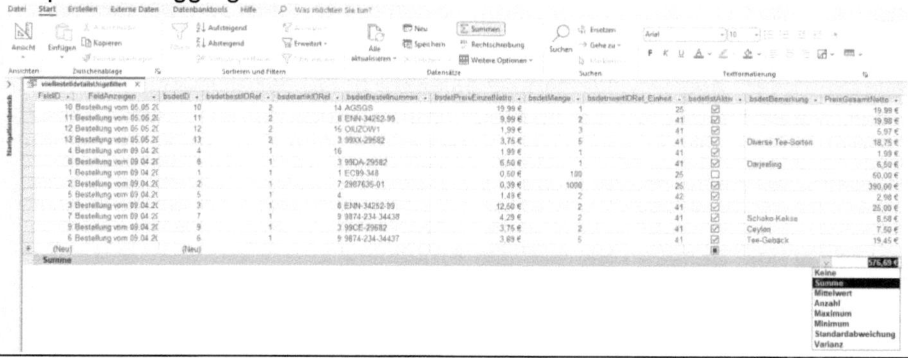

Abbildung 107: Die neue Spalte in viwBestelldetailsUngefiltert

Anmerkung: Da diese Spalte in der Abfrage berechnet und nicht in der Tabelle gespeichert ist, erhält Sie auch kein Präfix. So kann ich echte Tabellenfelder und erst im Nachhinein berechnete Felder voneinander unterscheiden.

Tipp 68: Wussten Sie, dass Sie in allen Auswahlabfragen sehr einfach direkt eine Summenzeile anzeigen lassen können? Klicken Sie in deren Datenblattansicht im Ribbon auf START | SUMMEN und wählen für die gewünschte Spalte die Aggregatfunktion aus:

Speichern und schließen Sie diese Abfrage und wechseln wieder in den Entwurf des Formulars *frmBestelldetails_Liste*. Wenn Sie im Ribbon FORMULARENTWURF | VORHANDENE FELDER HINZUFÜGEN anklicken, finden Sie das neue Feld am Ende der Liste und können es zwischen *Menge* und *Aktiv* ziehen.

Sobald Sie mit FORMULARENTWURF | EIGENSCHAFTENBLATT oder <ALT>+<RETURN> wieder die Eigenschaften anzeigen lassen, können Sie für das *PreisGesamtNetto*-EditField auch direkt *Aktiviert*: Nein einstellen:

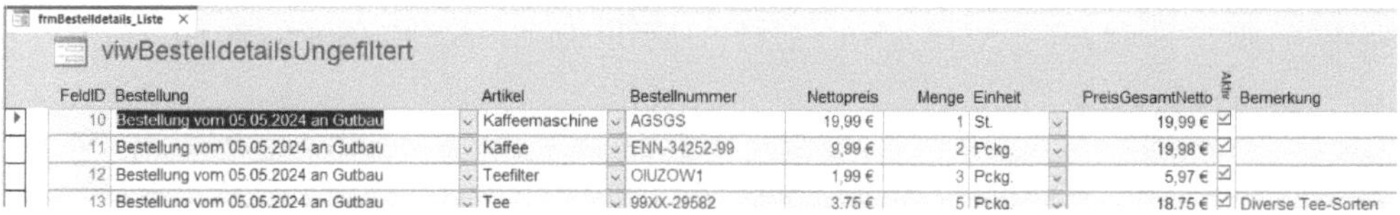

Abbildung 108: Die neue Spalte in frmBestelldetails_Liste

Was jetzt noch fehlt, ist die Summe. Sie wird bei Formularen nicht wie in Abfragen einfach ein- oder ausgeschaltet, sondern im Fußbereich mit eigenen *EditField*-Controls angelegt. Dadurch haben Sie mehr Freiheit (und geringfügig mehr Mühe).

Zuerst müssen Sie den Formularfuß vergrößern. Er ist längst da, weil es Formularkopf und -fuß immer nur paarweise gibt, hat aber die *Höhe* 0cm. Sie können den Balken mit der Beschriftung *Formularfuß* anklicken, so dass er schwarz wird, und finden dann in den Eigenschaften die *Höhe*. Tragen Sie hier 3cm ein, auch wenn das erst mal sehr großzügig ist.

> **Hinweis**: Wenn Access ein Formular auf dem Bildschirm anzeigt, werden zuerst Kopf- und Fußbereich gezeichnet. Falls dann noch Platz ist, erscheinen die Detailbereiche. Wenn also Kopf- oder Fußbereich zu hoch sind, bleibt vielleicht nichts mehr übrig an Restfläche!

Im Grunde brauchen wir jetzt eine Kopie des Feldes *PreisGesamtNetto*. Markieren Sie es also, kopieren es mit <STRG>+<C> in die Zwischenablage, markieren dann den Formularfuß(!) und fügen es erst dann mit <STRG>+<V> wieder ein.

Jetzt sollte es links oben im Formularfuß stehen, ansonsten wäre es nämlich im Detailbereich aufgetaucht. Sie können es schon unterhalb der *PreisGesamtNetto*-Spalte platzieren, aber vor allem muss es eine Formel bekommen. Hier in Formularen (und auch in Berichten) gilt im Gegensatz zu berechneten Feldern in Abfragen die Excel-Syntax. Die Formel in der *Steuerelementinhalt*-Eigenschaft beginnt also mit einem Gleichheitszeichen:

```
=Summe(PreisGesamtNetto)
```

Das war's schon. Schauen Sie sich das Ergebnis an:

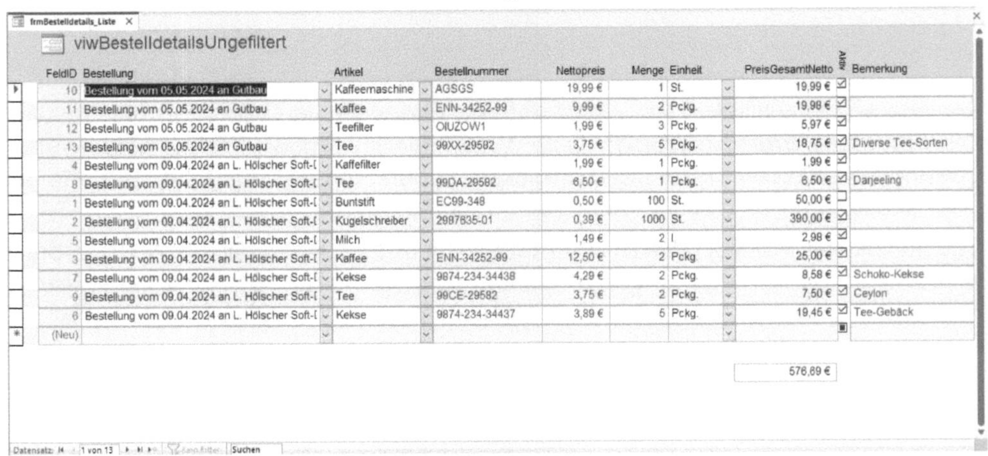

Abbildung 109: Die Summe in frmBestelldetails_Liste

Das ist richtig, aber mir noch nicht schön genug. Vor allem ist die Position eher zufällig, denn die Summe steht nicht innerhalb der Layouttabelle.

Tipp 69: Viel schlimmer: Sie steht in einer eigenen Layouttabelle, die nur aus einem einzigen Feld besteht. Das sehen Sie an dem [+]-Anfasser, wenn die Summe markiert ist. Klicken Sie daher auf ANORDNEN | LAYOUT ENTFERNEN, damit das Problem behoben ist. Mehrere Layouttabellen auf einem Formular sind technisch möglich, machen aber dauernd Ärger, weil Felder immer wieder in der falschen Layouttabelle landen.

Um die Layouttabelle zu erweitern, markieren Sie das echte *PreisGesamtNetto*-Feld und klicken dann auf ANORDNEN | NACH UNTEN. Dadurch wird eine neue Layoutzeile im Formularfuß angelegt und dieses Feld dorthin verschoben:

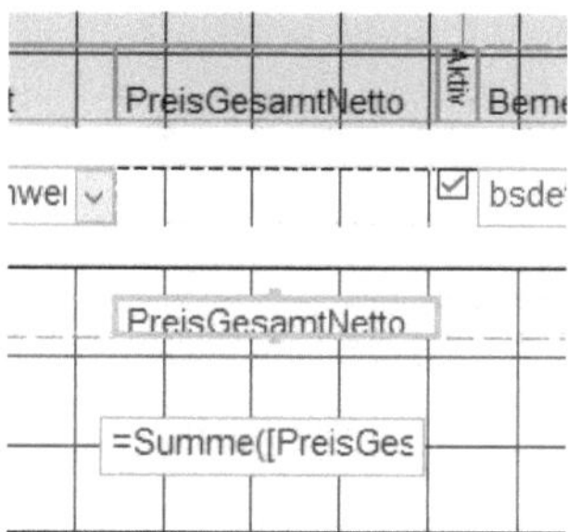

Abbildung 110: Das verschobene Feld in frmBestelldetails_Liste

Dort wollen wir es natürlich nicht haben, also schieben Sie es wieder zurück in seine Ursprungszelle. Die Layoutzeile aber bleibt und darum ging es. Schieben Sie das Summenfeld dort hinein und benennen es als *edtSummePreisGesamtNetto* um. Erst durch die Layoutzeile würde dieses Feld seine Position und Breite passend zu den übrigen Feldern ändern.

Tipp 70: Da dieses Feld die gleiche Höhe wie alle anderen Felder haben soll, markiere ich dieses und eines der anderen Felder aus dem Detailbereich. Per Rechtsklick öffne ich das PopUp-Menü und klicke dort auf GRÖßE ANPASSEN | AM HÖCHSTEN.

Jetzt soll es noch an den oberen Rand des Formularfußes verschoben werden, so dass der Formularfuß selber endlich wieder in der Höhe reduziert werden kann:

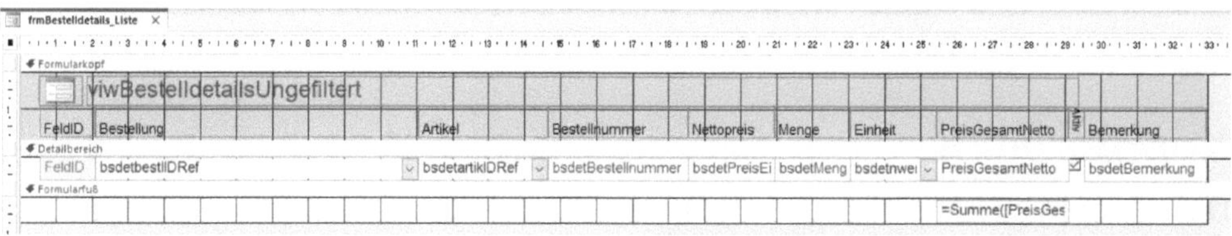

Abbildung 111: Der reduzierte Formularfuß in frmBestelldetails_Liste

Wie Sie in der Normalansicht des Formulars schon mal nachsehen können, hat dieses Feld einen kompletten Rahmen drumherum. Ich möchte aber stattdessen nur einen Strich oberhalb sehen.

Achtung: Controls in einer Layouttabelle haben zwei Umrandungen. Einmal den eigenen Rahmen, den Sie mit seinen *Rahmenart*- und *Rahmenbreite*-Eigenschaften beeinflussen. Außerdem liegen dort die Gitternetzlinien der Layouttabellen-Zelle, die Sie entweder in ANORDNEN | GITTERNETZLINIEN setzen oder in den Eigenschaften *Linienart für Gitternetzlinien oben* bis *Linienart für Gitternetzlinien rechts* ändern können.

Ich entferne also mit *Rahmenart*: Transparent den aktuellen Rahmen und füge mit *Linienart für Gitternetzlinien oben*: Durchgezogen eine einzelne Linie oberhalb hinzu. Deren Farbe lässt sich (nur für alle vier Seiten einheitlich) in der Eigenschaft *Gitternetzlinienfarbe* angeben.

Außerdem soll auch die Summe rechtsbündig stehen, was beispielsweise mit *Textausrichtung*: Rechtsbündig machbar ist. Damit ist mein Listenformular fertig:

viwBestelldetailsUngefiltert

FeldID	Bestellung	Artikel	Bestellnummer	Nettopreis	Menge	Einheit	PreisGesamtNetto	Aktiv	Bemerkung
10	Bestellung vom 05.05.2024 an Gutbau	Kaffeemaschine	AGSGS	19,99 €	1	St.	19,99 €	☑	
11	Bestellung vom 05.05.2024 an Gutbau	Kaffee	ENN-34252-99	9,99 €	2	Pckg.	19,98 €	☑	
12	Bestellung vom 05.05.2024 an Gutbau	Teefilter	OIUZOW1	1,99 €	3	Pckg.	5,97 €	☑	
13	Bestellung vom 05.05.2024 an Gutbau	Tee	99XX-29582	3,75 €	5	Pckg.	18,75 €	☑	Diverse Tee-Sorten
4	Bestellung vom 09.04.2024 an L. Hölscher Soft-[	Kaffefilter		1,99 €	1	Pckg.	1,99 €	☑	
8	Bestellung vom 09.04.2024 an L. Hölscher Soft-[	Tee	99DA-29582	6,50 €	1	Pckg.	6,50 €	☑	Darjeeling
1	Bestellung vom 09.04.2024 an L. Hölscher Soft-[	Buntstift	EC99-348	0,50 €	100	St.	50,00 €	☐	
2	Bestellung vom 09.04.2024 an L. Hölscher Soft-[	Kugelschreiber	2987635-01	0,39 €	1000	St.	390,00 €	☑	
5	Bestellung vom 09.04.2024 an L. Hölscher Soft-[	Milch		1,49 €	2	l	2,98 €	☑	
3	Bestellung vom 09.04.2024 an L. Hölscher Soft-[	Kaffee	ENN-34252-99	12,50 €	2	Pckg.	25,00 €	☑	
7	Bestellung vom 09.04.2024 an L. Hölscher Soft-[	Kekse	9874-234-34438	4,29 €	2	Pckg.	8,58 €	☑	Schoko-Kekse
9	Bestellung vom 09.04.2024 an L. Hölscher Soft-[	Tee	99CE-29582	3,75 €	2	Pckg.	7,50 €	☑	Ceylon
6	Bestellung vom 09.04.2024 an L. Hölscher Soft-[	Kekse	9874-234-34437	3,89 €	5	Pckg.	19,45 €	☑	Tee-Gebäck
*	(Neu)								

576,69 €

Datensatz: H ‹ 1 von 13 › H ► Kein Filter | Suchen

Abbildung 112: Das fertige Formular frmBestelldetails_Liste

Hinweis: Anders als in den Abfragen steht die Summe (genaugenommen ja der komplette Fußbereich) immer am unteren Bildschirmrand und niemals direkt unter der letzten Daten-Zeile. Es gibt auch keinen Trick, um das hinzukriegen.

Kopfbereiche

Der Access-Assistent hat einen Kopfbereich erstellt, der auf den ersten Blick das Gefühl von wohlgestaltetem Design hinterlässt. Schnell einen korrekten Titel eingetragen und vielleicht das belanglose Icon gegen ein etwas hübscheres ausgetauscht und schon sehen alle Formulare vorbildlich einheitlich aus.

Anmerkung: Ich bin keineswegs der Verfechter von langweiliger Einheitlichkeit um ihrer selbst willen. Aber wenn sich alles „an seinem Platz" befindet, können Benutzer:innen sich sofort zurecht finden. Es dient damit der Effizienz bei der Bedienung.
Sie glauben nicht, wie viele Datenbank-Oberflächen ich schon gesehen habe, bei denen etwa der banale Wechsel von einer markierten ID zum zugehörigen Detailformular ein Mal per Doppelklick und ein anderes Mal per Button daneben ausgelöst wurde. Oder per Rechtsklick mit PopUp-Menü. Oder per Tastenkürzel. Oder mittels Ribbon-Befehl. Alles in der gleichen Datenbank.

In Ihrer echten Datenbank sind zu den beispielsweise 75 Tabellen also 75 Detailformulare und wahrscheinlich noch mal 75 Listenformulare aufs Schönste vorbereitet. Jetzt kommt Ihr:e Auftraggeber:in und möchte, dass dort nicht dieses mittlere Blau als Schriftfarbe benutzt wird, sondern ein frisches Grün.

Da sind Sie ganz entspannt, denn Sie haben schon gesehen, welche Farbe der Assistent in Wirklichkeit genommen hat:

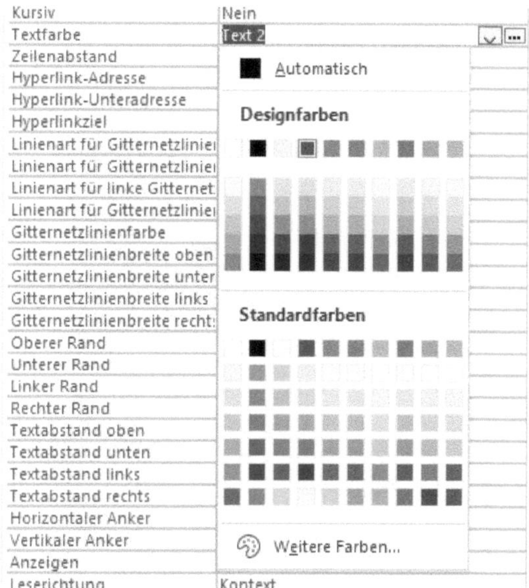

Abbildung 113: Die ausgewählte Textfarbe entstammt dem Bereich der Designfarben

Die Eigenschaft für die Überschrift im Formularkopf steht auf *Textfarbe*: `Text 2` und keineswegs auf `Blau` oder einer konkreten Farbnummer. Wenn Sie neben dieser Eigenschaft den [...]-Button anklicken, erscheint die Farbauswahl wie in Abbildung 113. Darin gibt es zwei Blöcke, nämlich *Designfarben* und *Standardfarben*.

Wählen Sie darin eine der Standardfarben aus, merkt sich die *Textfarbe*-Eigenschaft tatsächlich eine konkrete Farbnummer wie `#0072BC` für Mittelblau. Dieses Mittelblau bleibt Mittelblau, egal, was Sie ändern.

Bei den Designfarben ist das anders. Dort wählen Sie gar keine echte Farbe aus, sondern im Grunde nur die Position innerhalb der Farbskala.

Tipp 71: Sie können diese Farbskalen nur ändern, wenn ein Formularentwurf offen ist. Dann finden Sie die Farbskalen unter FORMULARENTWURF | FARBEN:

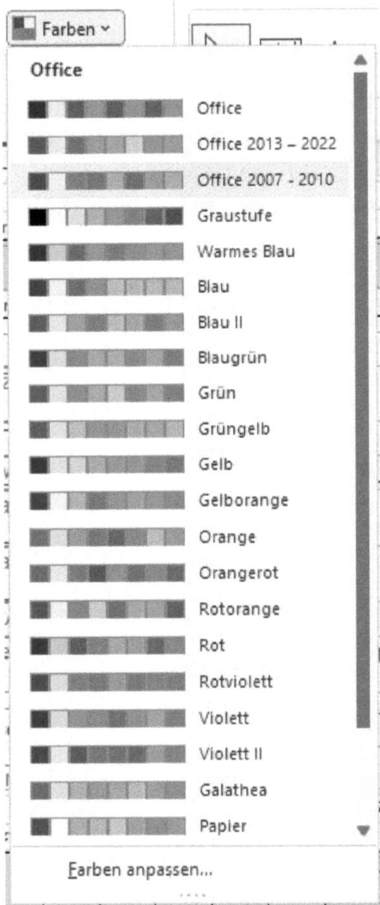

Jede der Auswahlmöglichkeiten ist eine Farbskala, also direkt ein Paket von acht Farben. Wenn Sie dort ganz unten auf FARBEN ANPASSEN klicken, sehen Sie die Namen dieser Designfarben und deren aktuelle Farbeinstellung im *NeueDesignfarbenErstellen*-Dialog.

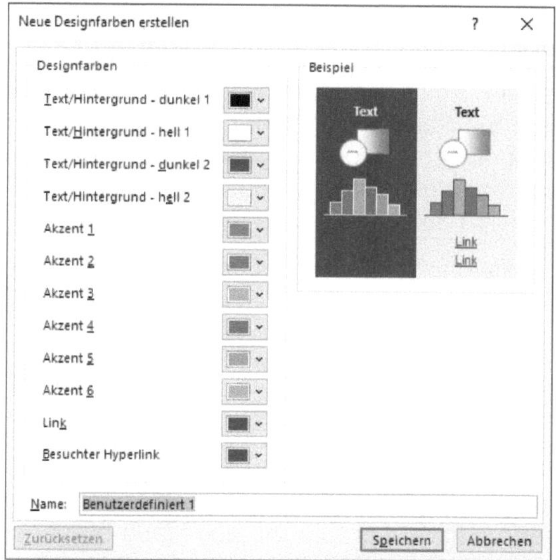

Sie können diese Farbskalen direkt auswählen oder über FARBEN ANPASSEN eine neue eigene Farbskala erstellen. Etwas verwirrend heißt die in der Eigenschaft als `Text 2` benannte Farbe hier plötzlich `Text/Hintergrund - dunkel 2`.

Hinweis: Farbskalen sind typischerweise mit Schriftarten und anderen Einstellungen Teil eines *Designs*. Designs gelten Office-übergreifend, dadurch können Sie mit wenig Aufwand die gleichen Farben/Schriftarten/Einstellungen sowohl hier in Access als auch in Word, Excel und PowerPoint nutzen.

Setzen Sie also im dritten Farbkästchen einer Farbskala die gewünschte Farbe, und schon sind Sie fertig!

Extra-Warnung: Während normalerweise alle Änderungen in Access irgendwie rückgängig gemacht werden können, gilt das hier in mehrfacher Hinsicht nicht! Wenn Ihnen das andere Design im Formular doch nicht gefällt, können Sie nicht einfach das Formular ungespeichert verlassen und alles ist wieder wie vorher. Dieses Formular behält die Änderung, denn es war keine Änderung am Formular, sondern an dem von der Datenbank benutzten Design.
Noch viel schlimmer: Konsequenterweise, aber ohne Sie vorzuwarnen, sind alle anderen Formulare (und Berichte) ebenfalls sofort dauerhaft farblich verändert! Auch das Verlassen der Datenbank hilft nicht, alle Farben oder Schriftarten sind jetzt anders.

Designs sind eine Idee von Microsoft, bestimmte Formatierungen in allen Office-Programmen einheitlich umschalten zu können. Wenn Sie nur Farbskalen oder Schriftarten ändern wollen, klappt das auch wunderbar und ist eine durchaus effiziente Möglichkeit.

> **Tipp 72:** Wenn Sie Designs nutzen wollen, und das kann ich trotz der hier diskutierten Probleme durchaus empfehlen, dann sollten Sie irgendeine kleine Test-Datenbank mit zwei bis drei Formularen nehmen und dafür ein neues Design erstellen. Zuerst wählen Sie Farben und Schriftarten und können diese anschließend(!) als Design speichern. Typischerweise haben alle drei (Farbskala, Schriftarten und Design) den gleichen Namen. Erst wenn Sie zufrieden sind, wenden Sie dieses Design auf eine richtige Datenbank an.

Aber jetzt kommt Ihr:e Auftraggeber:in und möchte statt des üblichen Access-Formular-Icons unbedingt das eigene Firmen-Logo an dieser Stelle sehen. Das jedoch ist nicht per Design änderbar. Sie müssen nun also alle 75 Detail- und alle 75 Listenformulare (und evtl. noch alle 23 Berichte, in denen das Icon auch vorkommt) einzeln im Entwurf nacharbeiten.

Drei Tage später stellt sich heraus, dass der Titel in der Kopfzeile etwas weiter links und in fetter Schrift stehen soll. Beides ist ebenfalls nicht im Design einstellbar, Sie öffnen also wieder die Entwürfe von (75+75+23=) 173 Objekten. Gerade solche Positionsänderungen sind sehr knifflig, weil Sie mit der Maus zu ungenau sind und also jeweils die *Oben*- und *Links*-Eigenschaften und vielleicht auch noch *Höhe* und *Breite* mit den richtigen Werten füllen müssen.

Sie ahnen es schon: Das wird nicht lustig.

Deswegen empfehle ich Ihnen dafür eine ganz andere Technik, die Sie sogar längst kennen: Haupt- und Unterformulare. Allerdings steht das Unterformular woanders und zeigt keine Daten.

Erstellen Sie dazu erst einmal einen Formularentwurf, der nur den Detailbereich enthält (den Formularkopf und -fuß können Sie per Rechtsklick darauf im PopUp-Menü entfernen). Ergänzen Sie ein *Label* (Bezeichnungsfeld), dessen Namen Sie schon auf `lblTitel` ändern. Schreiben Sie als *Beschriftung*: `Titel` und ändern zur Verdeutlichung die Textfarbe auf Weiß und seinen Hintergrund auf Schwarz. Speichern Sie dieses als *sfmKopf*[29]:

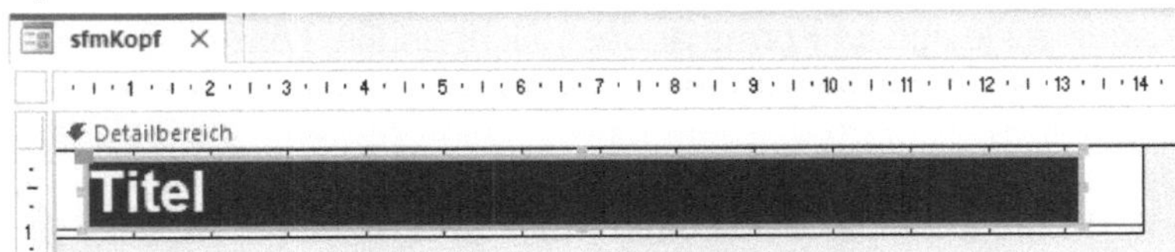

Abbildung 114: Die erste Version des Formulars sfmKopf

Dann schließen Sie diesen Entwurf und öffnen den Entwurf eines bereits vorhandenen Formulars, ich nehme mal *frmPersonen_Haupt*. Darin löschen Sie die Controls im *Formularkopf* und ziehen stattdessen den Namen *sfmKopf* aus dem Navi-

---

[29] Ich wähle ausdrücklich *sfm* für *SubForm* (Unterformular) als Präfix für den Formularnamen, weil dieses Formular immer nur eingebettet benutzt werden wird.

gationsbereich hinein:

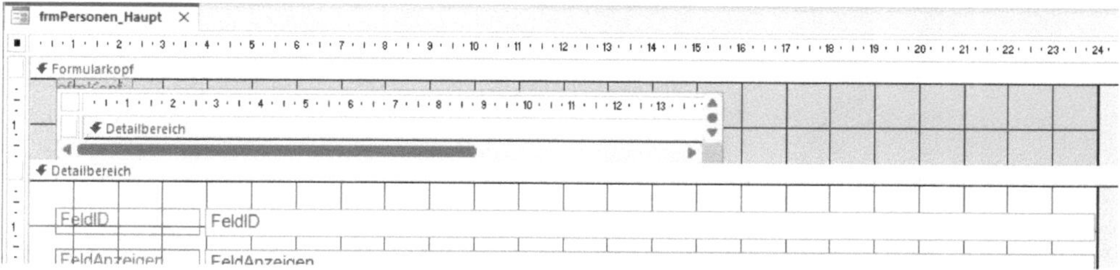

Abbildung 115: Das eingebettete sfmKopf *im Entwurf von* frmPersonen_Haupt

Das ist jetzt noch nicht besonders schön, daher lösche ich das Label, welches so ein bisschen halbversteckt oben am hereingezogenen Unterformular hängt. Außerdem passe ich die Breite dieses Unterformulars an das Hauptformular an. Seine Höhe bleibt so, stattdessen reduziere ich den *Formularkopf*-Bereich passend.

Tipp 73: Derzeit heißt das *SubForm*-Control *sfmKopf* und damit genauso wie sein Herkunftsobjekt (also das darin dargestellte Formular). Das ist ein ewiger Quell von unnötigen Verwechslungen. Daher benenne ich das *SubForm*-Control selber in seiner *Name*-Eigenschaft als `subKopf`.

Wenn Sie sich das Ergebnis ansehen, gibt es noch einiges zu tun, aber das meiste davon ist nur Optik:

Abbildung 116: Das eingebettete sfmKopf *im Formular* frmPersonen_Haupt

Sie sehen, dass sowohl der Datensatzmarkierer als auch die Navigationselemente des Unterformulars sichtbar sind. Um das zu ändern, müssen Sie in den Entwurf des Formulars *sfmKopf* wechseln.

Hinweis: Technisch geht das zwar auch innerhalb des Entwurfs von *frmPersonen_Haupt*, Sie werden aber feststellen, dass dieses eingebettete Fenster so klein ist, dass ein Arbeiten darin unzumutbar ist. Damit Sie *sfmKopf* überhaupt einzeln im Entwurf bearbeiten dürfen, müssen Sie allerdings *frmPersonen_Haupt* vorher schließen, sonst beschwert sich Access.

Stellen Sie also im Entwurf von *sfmKopf* die Formular-Eigenschaften auf *Datensatzmarkierer*: `Nein` und *Navigationsschaltflächen*: `Nein`. Jetzt sieht es schon weniger wie ein eingebettetes Unterformular aus:

Abbildung 117: Der veränderte Kopf im Formular frmPersonen_Haupt

Die Farben werden wir später anders verändern, aber der Rahmen soll verschwinden. Dieser wiederum ist nicht Teil des eingebetteten Formulars, sondern gehört zum *SubForm*-Control selber, welches erst das Formular enthält. Wechseln Sie also in die Entwurfsansicht von *frmPersonen_Haupt* und ändern für *subKopf* die Eigenschaft *Rahmenart* auf Transparent. Wir nähern uns dem Ziel, so langsam sieht das wie ein brauchbarer Formularkopf aus:

Abbildung 118: Der rahmenlose Kopf im Formular frmPersonen_Haupt

Aber wie kommt nun ein passender Titel in den Kopf? Müssen alle Formulare den gleichen Titel tragen? Nein, das braucht eine einzige Zeile VBA, denn er muss sich zur Laufzeit ändern. Im Entwurf steht da weiterhin ein beliebiger Text.

Erstellen Sie für *frmPersonen_Haupt* in der *Beim Öffnen*-Eigenschaft die passende Ereignisprozedur und ergänzen diese wie folgt:

```
Private Sub Form_Open(Cancel As Integer)
    Me.subKopf.Form.lblTitel.Caption = "Personen"[30]
End Sub
```

Lassen Sie sich überraschen, was jetzt in der Normalansicht des Formulars passiert:

---

[30] Wenn Sie es gewohnt sind, bei der Eingabe von VBA-Code auf IntelliSense-Listen zu warten, werden Sie hier umsonst warten. Ab Form handelt es sich um unbestimmte Objekte, die keine IntelliSense-Listen liefern können. Sie können den Namen lblTitel tatsächlich nur entweder im Entwurf von *sfmKopf* nachsehen oder sich daran erinnern.

Abbildung 119: Der Kopf im Formular frmPersonen_Haupt *mit neuem Text*

Ich habe den Titel absichtlich noch weiß auf schwarz formatiert, damit Sie jeweils deutlich sehen, woran es noch hapert. Das Hauptformular ist viel breiter als der Titel, trotzdem passt er sich nicht an. Lange Texte würden also derzeit abgeschnitten. Dazu müssen sich zwei Controls ändern:

- Im Formular *sfmKopf* muss *lblTitelHaupt* horizontal dehnbar werden.
- Im Formular *frmPersonen_Haupt* muss *subKopf* ebenfalls dehbar werden.

Fangen wir in der Entwurfsansicht von *sfmKopf* an. Für *lblTitel* wähle ich ANORDNEN | ANKER | QUER NACH OBEN DEHNEN, damit er bei Bedarf die volle Breite nutzt. Außerdem möchte ich immer am rechten Rand das Logo anzeigen.

Tipp 74: Das Logo sollte vorher vorbereitet werden, weniger optisch als vor allem technisch. Dazu braucht es natürlich ein Grafikprogramm, welches mit Bitmaps umgehen kann. Als Größe empfehle ich hierfür 64*64 Pixel und als Dateiformat *.png*, weil dort Masken möglich sind. Eine Maske macht Teile des Bildes transparent. Das *.gif*-Format kennt auch Transparenz, aber nur ganz oder gar nicht, während *.png* auch teilweise transparent sein kann.
Sie dürfen solche Bilder nicht einfach per Zwischenablage in Access einfügen, dabei geht deren Transparenz verloren! Nachträgliche Änderungen müssen ebenfalls über den […]-Button der *Bild*-Eigenschaft erfolgen.

Dazu füge ich ein *Image*-(Bild-)Control ein, welches anschließend sofort nach der Grafik-Datei fragt. Sie erkennen anschließend am Durchscheinen des Formular-Rasters, dass Access tatsächlich die enthaltene Transparenz-Maske berücksichtigt. Das wird demnächst wichtig sein, wenn sich die Hintergrundfarbe ändert.

Tipp 75: Grafik-Dateien sollten normalerweise wegen ihrer Größe nicht in Access selber gespeichert sein, sondern bei Bedarf mit VBA hinzugeladen werden. Hier ist das anders, denn diese Datei ist erstens klein (4 kB) und wird zweitens zwar auf jedem Formular sichtbar, aber technisch nur an einer einzigen Stelle (in *MSysResources*) gespeichert. Ein Nachladen aus einer externen Datei würde immer wieder Zeit verbrauchen.

Damit das *Image*-Control auch wirklich am rechten Rand bleibt, muss ich noch dessen Anker mit ANORDNEN | ANKER | OBEN RECHTS setzen:

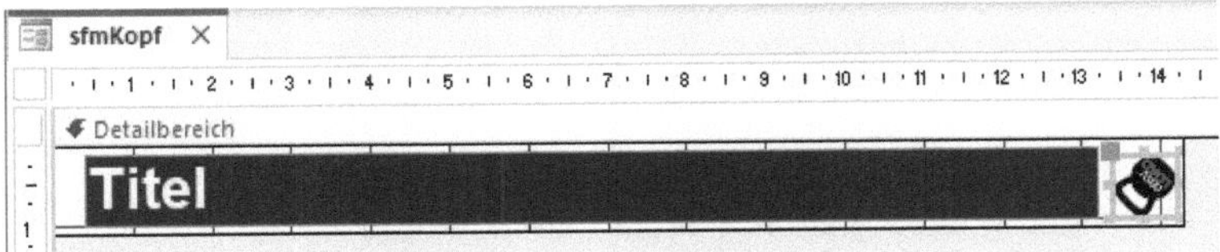

Abbildung 120: Der Formularkopf mit ergänztem Logo

Schauen wir doch mal, wie das als eingebettetes Formular in *frmPersonen_Haupt* aussieht:

Abbildung 121: Der Formularkopf wird gedehnt

Der weiß-schwarze Titel im Kopf ist nun tatsächlich so breit wie das eingebettete Formular und bietet mehr Platz für den Inhalt. Außerdem ist das Logo korrekt am rechten Rand. Allerdings ist es nur am rechten Rand des *SubForm*-Controls und nicht wie geplant am rechten Rand des Formulars *frmPersonen_Haupt*. Um das anzupassen, muss auch das SubForm-Control einen Anker erhalten. Stellen Sie diesen auf ANORDNEN | ANKER | QUER NACH OBEN DEHNEN. Im Entwurf sehen Sie noch keinen Unterschied, aber in der Normalansicht passt es endlich:

Abbildung 122: Der Formularkopf erscheint in voller Formularbreite

Sie können gerne die Breite des Access-Fensters ändern oder den Navigationsbereich einklappen. Das Logo erscheint korrekt immer rechts oben im Formular.

Technisch ist alles perfekt, aber schön finde ich es noch nicht. Selbst wenn ich weiß-schwarze Titel geplant hätte, stimmt wenigstens die Hintergrundfarbe noch nicht. Natürlich könnte ich den *Detailbereich* von *sfmKopf* einfach auf das gleiche Hellblau stellen, wie es derzeit im *Formularkopf* aller Formulare benutzt wird.

Das geht aber nur so lange gut, wie sich an dieser Farbe nichts ändert. Daher mache ich es gleich richtig. Wir haben ohnehin schon eine Zeile VBA-Code, da werden gleich noch einige hinzukommen. Die will ich keinesfalls immer wieder in jedes

Formular schreiben, also gibt es eine ausgelagerte Prozedur, die das zentral erledigt.

Erstellen Sie ein neues Standard-Modul namens *modFormulare*, in welches Sie diesen Code eintragen:

```
Sub SetzeKopf(frmMe As Form, strTitel As String)
    With frmMe.subKopf.Form
        .lblTitel.Caption = strTitel
    End With
End Sub
```

Diese Prozedur macht genau das gleiche wie der ursprüngliche Code im Formular:

```
Me.subKopf.Form.lblTitel.Caption = "Personen"
```

Da sich dieser Code aber außerhalb des Formulars befindet, muss ich ihm mitteilen, welches (Eltern-)Formular eigentlich gemeint ist. Zukünftig gibt es ja ganz viele Formulare, welches diese Prozedur für ihr eingebettetes Kopfformular benutzen. Mit dem ersten Parameter `frmMe` übergebe ich also das Formular und mit `strTitel` den darin anzuzeigenden Text. Der Aufruf später wird so lauten:

```
SetzeKopf Me, "Personen "
```

Die automatische Formular-interne Variable `Me` enthält immer das Formular, in dem sie sich befindet. Daher hatte ich diesen Parameter als `frmMe` bezeichnet. Da sich diese Variable auf das Eltern-Formular bezieht, in diesem Fall also auf das Formular *frmPersonen_Haupt*, muss der Code darin das *SubForm*-Control *subKopf* und darin wiederum das enthaltene Formular ansprechen, um dessen *lblTitel*-Control erreichen zu können.

Wechseln Sie nun also in *frmPersonen_Haupt* und ändern dessen schon vorhandene `Form_Open`-Prozedur (der bisherige Code ist hier noch kommentiert zu sehen):

```
Private Sub Form_Open(Cancel As Integer)
    'Me.subKopf.Form.lblTitel.Caption = "Personen"
    SetzeKopf Me, "Personen-Daten bearbeiten"
End Sub
```

Ich habe den anzuzeigenden Titel hier mal extra verändert, um sicherzugehen, dass auch wirklich die neue Prozedur ausgeführt wird. Speichern und schließen Sie das Formular und dann sehen Sie beim nächsten Öffnen dies:

Abbildung 123: Der Formularkopf wird von der Prozedur gesteuert

Perfekt! Das bedeutet nämlich, dass ab jetzt in jedem Formular nur diese `SetzeKopf`-Prozedur mit zwei Parametern aufgerufen werden muss, welche dann zentral beliebig viele Aktionen ausführen kann.

Jetzt endlich können wir uns um die Farben kümmern. Die bisherige weiß-schwarze Titel-Formatierung stelle ich direkt im Entwurf von *sfmKopf* wieder zurück auf schwarz-transparent:

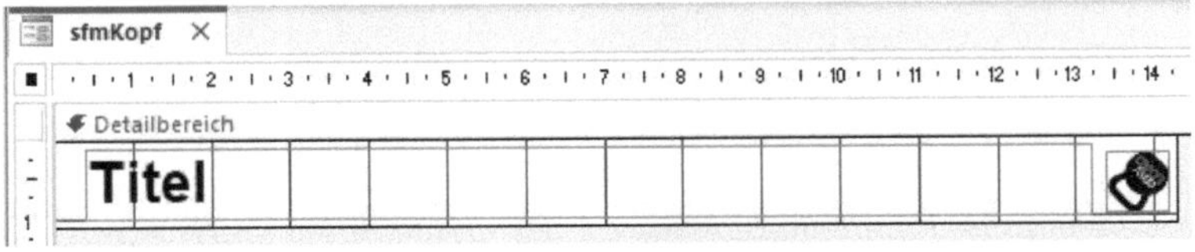

Abbildung 124: Der Formularkopf hat wieder schwarze Schrift auf transparentem Hintergrund

Die Hintergrundfarbe jedoch möchte ich dem Eltern-Formular angleichen, und zwar dynamisch, damit spätere Änderungen automatisch berücksichtigt werden. Das betrifft nicht nur die Gestaltung, dass Formularköpfe derzeit hellblau sind, sondern könnte im Zusammenhang mit Rechten bedeuten, dass der Formularkopf beispielsweise genau dann rot hinterlegt ist, wenn kein Schreibrecht vorhanden ist.

> **Hinweis**: Es geht technisch nicht, das eingebettete Kopf-Formular einfach ebenfalls transparent zu machen, damit der Eltern-Hintergrund durchscheint. Weder der *Detailbereich* in *sfmKopf* noch das *subKopf*-Control in *frmPersonen_Haupt* kennen überhaupt eine *Hintergrundart*-Eigenschaft, die auf `Transparent` gestellt werden könnte.

Die `SetzeKopf`-Prozedur ermittelt daher einfach die *Hintergrundfarbe* des Eltern-Formulars (=`frmMe`) und setzt diese für seinen Detailbereich:

```
Sub SetzeKopf(frmMe As Form, strTitel As String)
    With frmMe.subKopf.Form
        .lblTitel.Caption = strTitel
        .Detailbereich.BackColor = frmMe.Formularkopf.BackColor31
    End With
```

---

[31] Neu eingefügte oder veränderte Code-Zeilen sind fett markiert.

```
End Sub
```

Mit so wenig Aufwand sieht der Formularkopf nun aus wie eine richtige Überschrift:

Abbildung 125: Der Formularkopf übernimmt die Hintergrundfarbe

Damit ist der Formularkopf nun vorbereitet für alle zukünftigen Anforderungen, wenn auch noch nicht komplett mit allem ausgestattet. Aber jetzt kann Ihnen nichts mehr passieren:

- Positions- oder Größenänderungen von Controls ändern Sie direkt im Entwurf des Formulars *sfmKopf*.
- Dynamische Änderungen wie wechselnde Texte oder Farben werden mit zentralem VBA-Code erledigt.

Bedienungsoberfläche

Das eigentliche Problem der Bedienung einer umfangreichen Datenbank haben wir aber noch nicht gelöst:

- Wie können die Benutzer:innen so auf Daten und Informationen zugreifen, dass sie immer wissen, wo sie sind und wie sie dahinkommen?
- Wie reduzieren Sie die ansonsten unvermeidliche Anzahl an gleichzeitig geöffneten Formularen?
- Wie wechseln Sie von einem aufgelisteten Datensatz zu seiner Detailansicht?

Start-Formular

Die offenbar beliebteste Variante einer Bedienungsoberfläche ist ein Start-Formular, welches mit Buttons zum Aufruf bestimmter Formulare (oder Berichte oder Aktionsabfragen …) zugepflastert wird. Das sähe schon für diese wirklich kleine Datenbank mit nur 11 Tabellen etwa so aus:

Abbildung 126: Ein fiktives Start-Formular[32] für diese Datenbank

Sie können die Buttons zwar noch inhaltlich ein wenig gruppieren oder um kleine Icons ergänzen, aber mit mehr Tabellen können Sie jetzt schon voraussehen, wie viel unübersichtlicher das werden wird. Eine mittelgroße Datenbank hat locker 50 bis 100 Tabellen, das ergäbe hier 100 bis 200 Buttons. Und die Berichte sind noch gar nicht ernsthaft berücksichtigt!

---

[32] Haben Sie den wunderschönen und automatischen Formular-Kopf bemerkt? 

Es kommt hinzu, dass Sie dieses zentrale Formular zum Aufruf aller anderen Formulare entweder immer wieder nach vorne holen müssen (weil das aufgerufene Formular immer das aktive Fenster/Register bildet) oder, wenn Sie es als PopUp immer vorne erzwingen, von seinem Platzverbrauch gestört werden.

Das ist also eine Sackgasse.

Ribbons

Alternativ könnten Sie in einem eigenen Ribbon (Menüband) diese Buttons vielleicht thematisch auf einzelne Register verteilen. Das hat ein paar deutliche Vorteile:

- Buttons im Ribbon benötigen automatisch nur die Breite des darauf enthaltenen Textes, es ist insgesamt also kompakter als mit tabellarisch angeordneten Buttons im Formularlayout.
- Die Buttons lassen sich durch Register und darin enthaltene Gruppen noch einfacher zusammenfassen und strukturieren.
- Ribbons sind vor allem immer sichtbar und erreichbar, verschwinden also nicht beim Aufruf eines Formulars.
- Ribbons können sogar „eingeklappt" werden, beispielsweise mit <STRG>+<F1>, wenn Sie für große Formulare mal viel Platz brauchen.

Anmerkung: Ehrlicherweise muss ich erwähnen, dass die Erstellung eigener Ribbons nicht ganz trivial ist. Es ist zwar keine Raketenwissenschaft, aber schon ein recht umfangreiches Zusammenspiel aus XML-Code und speziellen Callback-Funktionen, die ich ab Seite 269 ausführlich erkläre.

Aber vor allem lösen auch Ribbons nicht das Problem der schieren Anzahl an Buttons und des Wechsels von einer ID zu ihrem passenden Detail-Formular.

Hinweis: Sie können sich noch an Menüs (ja, die gibt es auch in Ribbons noch!) oder an Gallery-Controls (das sind sozusagen bunte mehrspaltige Menüs) im Ribbon versuchen. Aber auch die werden von der Anzahl überfordert sein. Ihre Benutzer:innen werden ebenfalls überfordert sein, weil sie in dieser Menge ja den gesuchten Button erst einmal finden müssen.

Treeview

Alle diese Lösungen sind also unbefriedigend, weil sie nicht mit der hierarchischen Struktur von Daten in relationalen Datenbanken klarkommen. Eigentlich bewegen sich Ihre Benutzer:innen nämlich in einem verzweigten System von abhängigen Daten: Von allen Firmen zu einer konkreten Firma, darin von allen Personen zu einer konkreten Person, bei dieser von allen Adressen zu einer konkreten Adresse.

Das ist immer wieder dasselbe: Von einer Liste zu deren Details und von dort wieder zu einer untergeordneten Liste und weiter zu deren Details. Wie bei einem Baum vom Stamm zu Ästen zu Zweigen zu noch feineren Zweigen und schließlich zum gesuchten Blatt.

Umso erstaunter bin ich ehrlich gesagt, dass das einzige Windows-Control, welches hierarchische Strukturen abbilden kann, bei Access gar nicht zur Verfügung steht: Der Treeview.

Anmerkung: Noch viel erstaunlicher ist es, dass Access ihn sogar selber benutzt, ohne ihn aber für seine Entwickler:innen zur Verfügung zu stellen. Das Projekt-Fenster im VBA-Editor benutzt nämlich selber einen Treeview:

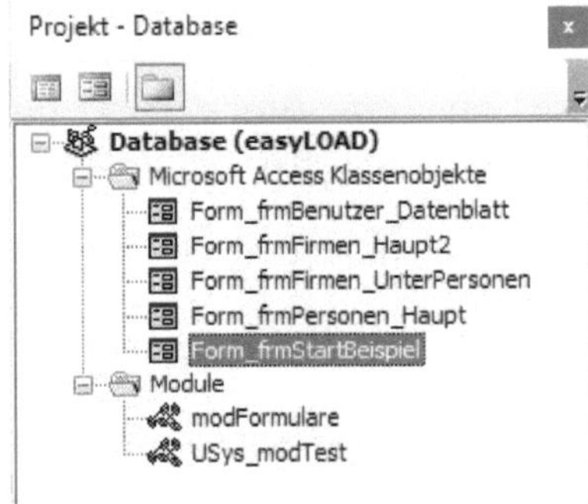

Der Treeview wäre also ein externes Control und damit genau eines von den auf Seite 82 bereits erwähnten OCX-Objekten, welche erst hinzugebunden werden müssten. Aber im Gegensatz zu anderen OCX-Objekten von Fremdanbietern ist diese OCX-Datei bereits auf allen PCs vorhanden, denn sie enthält eine der Kernfunktionen von Windows[33] und Access benutzt sie selber im VBA-Projekt-Fenster.

Damit sind die beiden wichtigsten Fragen geklärt:

- Muss es installiert werden? Nein, denn es ist garantiert vorhanden.
- Kann es gefährlich sein? Nein, denn es wurde von Windows selber installiert.

OCX einbinden

Damit können wir uns den weniger wichtigen Fragen widmen, zum Beispiel, *wie* so eine OCX-Datei denn eingebunden wird.

Anmerkung: OCXe (*OLE custom control*), APIs (*application programming interface*) und DLLs (*dynamic link library*) sind sich technisch sehr ähnlich. Sie können sich alle als ganz normale Programme wie in einer *.exe-Datei vorstellen, nur haben sie keine sichtbare Oberfläche. Ein anderes Programm mit einer Oberfläche kann sie einbinden und ihre Funktionen mitbenutzen.

---

[33] Der Datei-Explorer benutzt es beispielsweise auch im linken Teil seines Fensters, um die hierarchische Struktur von Verzeichnissen anzuzeigen.

Normalerweise geht das über einen manuell gesetzten Verweis. Wechseln Sie dazu einfach in den VBA-Editor und rufen mit EXTRAS | VERWEISE den *Verweise*-Dialog für diese Datenbank auf:

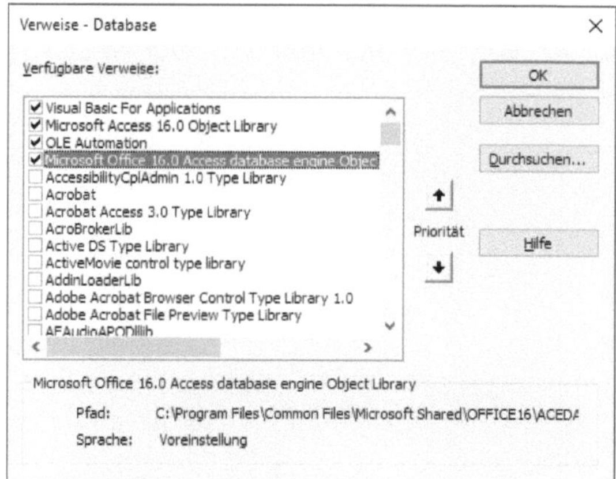

Abbildung 127: Der Verweise-*Dialog*

Wie Sie feststellen werden, hat diese Datenbank bereits einige Verweise. Manche davon mögen Sie sogar überraschen. Offensichtlich hat Access nämlich gar keine Ahnung vom Umgang mit VBA oder Access-Datenbanken, sondern hat dies erst durch die Einbindung der externen Verweise auf *Visual Basic For Applications* bzw. *Microsoft Access 16.0 Object Library* oder *Microsoft Office 16.0 Access database engine Object Library* gelernt.

> **Hinweis**: Falls Sie versehentlich diese internen Verweise entfernen wollen, wird der Dialog das automatisch verhindern, weil sie schon benutzt werden.

Das Konzept gilt also weiterhin: Was Access bzw. diese Datenbank nicht wissen, lernen sie durch einen Verweis hinzu. Suchen Sie in der Liste (es kommen zuerst die eingebundenen Verweise und danach alle anderen in alphabetischer Reihenfolge) nach einem Treeview-Element.

Überraschung! Es gibt keines! OCXe werden anders eingebunden, obwohl sie hier anschließend doch genau so einen Verweis anlegen.

> **Anmerkung**: Falls Sie hingegen von Access aus auf eine Word- oder Excel-Datei inhaltlich zugreifen wollen, würden Sie genauso vorgehen. Sie brauchen dazu jeweils die *Microsoft Word 16.0 Object Library* bzw. die *Microsoft Excel 16.0 Object Library*. Anschließend kennt Access alle Word- bzw. Excel-VBA-Befehle.

Treeview anlegen

Schließen Sie diesen Dialog, erzeugen in Access ein ganz leeres neues Formular in der Entwurfsansicht und klicken auf FORMULARENTWURF | STEUERELEMENTE | ACTIVEX[34]-STEUERELEMENTE, um diesen *ActiveX-SteuerelementHinzufügen*-Dialog zu sehen:

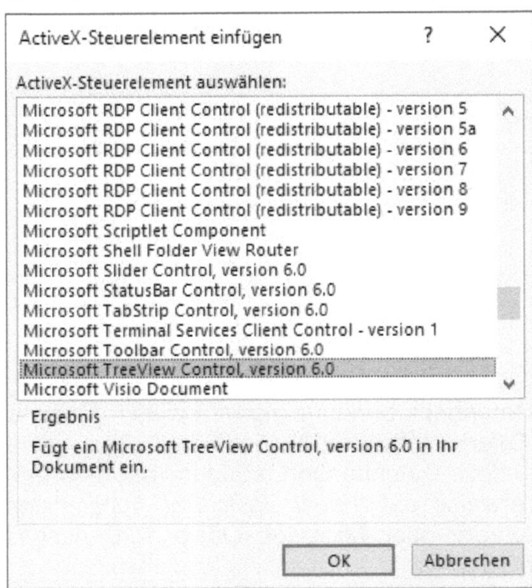

Abbildung 128: Das Treeview-Control im ActiveX-SteuerelementEinfügen-*Dialog*

Wählen Sie darin *Microsoft TreeView Control, version 6.0* und bestätigen mit [OK], so dass im Formularentwurf das *Treeview*-Control erscheint (ich habe es schon ein wenig größer gezogen, damit Sie seinen Entwurfs-„Inhalt" sehen):

---

[34] Ich kann nichts dafür, dass OCXe hier plötzlich als *ActiveX-Steuerelemente* bezeichnet werden …!

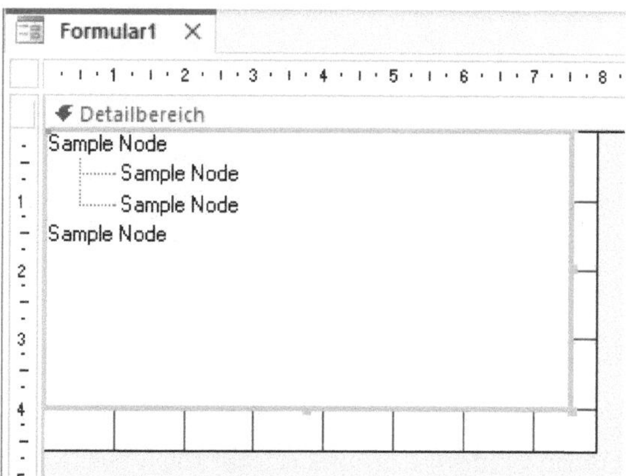

Abbildung 129: Das Treeview-Control im Formularentwurf

Hinweis: Schauen Sie jetzt gerne noch mal im VBA-Editor im *Verweise*-Dialog nach. Dort ist jetzt ein neuer Verweis *Microsoft Windows Common Controls (SP6)* vorhanden, welcher nämlich nicht alleine den Treeview, sondern gleich noch einige andere allgemeine Controls enthält:

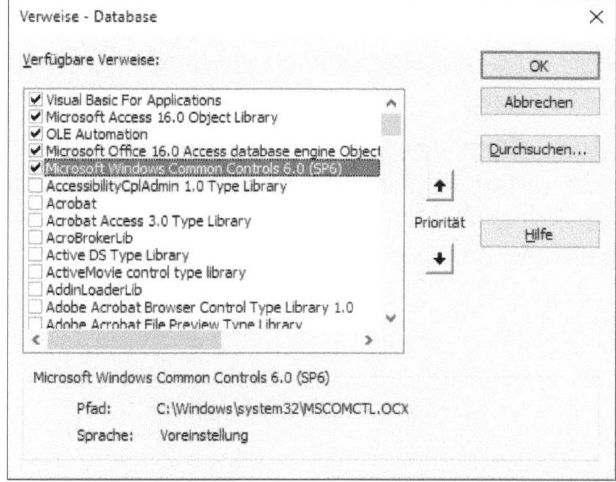

Sie können diesen Formularentwurf schon mal als *frm_Treeview*[35] speichern und sich in der Normalansicht ansehen. Wie Sie sehen, sehen Sie (fast) nichts:

---

[35] Der Unterstrich im Namen ist Absicht und sorgt einfach nur dafür, dass dieses wichtige Formular immer schön weit oben im Navigationsbereich steht.

Abbildung 130: Das Treeview-Control im Formular frm_Treeview

Trotzdem ist alles in Ordnung. Anders als beispielsweise die *Combobox*-Controls lässt sich ein Treeview nicht direkt an Daten binden, er muss immer mit VBA befüllt werden.

Zuerst aber möchte ich wieder ein wenig aufräumen. Dieses Formular selber wird niemals Daten enthalten. Damit es darüber keine Missverständnisse gibt, möchte ich das anders formulieren: Auf diesem Formular werden massenhaft Daten zu sehen sein, aber entweder per VBA in das *Treeview*-Control geschrieben oder in eingebetteten Formularen enthalten. Das Formular *frm_Treeview* selber jedoch hat keine Datenquelle und braucht auch keine.

Daher sind auch *Datensatzmarkierer* und *Navigationsschaltflächen* überflüssig, deren Eigenschaften ich beide auf Nein stelle.

Das *Treeview*-Control muss außerdem einen vernünftigen Namen *trvGesamt* erhalten und dank Anker von oben bis unten reichen (nicht aber breiter werden). Verlängern Sie es bis an den unteren Rand des Detailbereichs und klicken Sie auf ANORDNEN | ANKER | NACH UNTEN DEHNEN, damit es in der Normalansicht so aussieht:

Abbildung 131: Das verbesserte Formular frm_Treeview *ohne überflüssige Anzeigen*

Treeview testweise befüllen

Bisher ist das Treeview-Control nur ein leeres weißes Viereck ohne Inhalt. Damit Sie erst einmal sehen, wie Inhalte dort grundsätzlich hineingeschrieben werden, beginne ich mit Test-Daten. Wenn Sie das schon kennen, können Sie diesen Abschnitt natürlich überspringen.

Weil es bequemer ist, brauche ich zuerst einen ganz einfachen Button namens *btnAktualisieren* und der *Beschriftung*: Aktualisieren.

Bevor ich das *Treeview*-Control per VBA benutzen kann, sollte ich allerdings eine Variable für den Treeview anlegen. Der eigentliche Treeview ist nämlich nicht das umrandete Viereck, welches Sie im Entwurf sehen, sondern ein darin enthaltenes Objekt.

Dieses wird am besten automatisch *Beim Öffnen* des Formulars zugewiesen, also wechseln Sie über diese Eigenschaft in den Ereignis-Code. Dort geben Sie oberhalb (also Modul-öffentlich!) eine Variable ein und setzen diese in Form_Open:

```
Dim m_trvGesamt As MSComctlLib.TreeView


Private Sub Form_Open(Cancel As Integer)
    Set m_trvGesamt = Me.trvGesamt.Object
End Sub
```

Das m_ vor dem trv-Präfix kennzeichnet bei mir Variablen, die Modul-öffentlich sind. Deren Datentyp ist in der MSComctlLib-Bibliothek das TreeView-Objekt, damit Sie später per IntelliSense-Liste alle seine Methoden und Eigenschaften finden. Bisher ist nichts anderes passiert, als eine Variable mit dem richtigen Datentyp und der richtigen Zuweisung zu erstellen.

Damit auch sichtbar etwas passiert, braucht es jetzt den Button, der die Daten hineinschreiben lässt. Dessen *Beim Klicken*-Ereignisprozedur wird das übernehmen:

```
Private Sub btnAktualisieren_Click()
    With m_trvGesamt
        .Nodes.Add , , "a", "Ich bin eine Zeile"
        .Nodes.Add , , "b", "Ich bin eine weitere Zeile"
        .Nodes.Add , , "test", "Das ist derzeit die letzte Zeile"
    End With
End Sub
```

Mit diesem Code werden drei Knoten erzeugt, die alle einen eindeutigen Key haben müssen, der hier noch ganz schnöde als "a" oder "test" geschrieben wurde.

Achtung: Dieser Key muss eine Zeichenkette sein!

Nachdem das Formular in der Normalansicht angezeigt wurde, ist der Treeview also noch leer. Sobald Sie aber auf den Button geklickt haben, finden Sie die drei Inhalte darin:

Abbildung 132: Der Treeview enthält einige Knoten

Das sieht jetzt eher langweilig und unspektakulär aus und eigentlich eher wie ein *Combobox*-Control mit Zeilen. Es handelt sich aber nicht um Zeilen, sondern um Knoten, selbst wenn es derzeit noch völlig „unknotig" aussieht.

Damit Sie sehen, wie Unterknoten eingebaut werden, muss der Code erweitert werden:

```
Private Sub btnAktualisieren_Click()
    Dim nodX As Node

    With m_trvGesamt
        Set nodX = .Nodes.Add(, , "a", "Ich bin eine Zeile")
        nodX.Expanded = True
        .Nodes.Add nodX.Key, tvwChild, "a1", "Unterzeile a1"
        .Nodes.Add nodX.Key, tvwChild, "a2", "Unterzeile a2"
        Set nodX = .Nodes.Add(, , "x", "Test")
        .Nodes.Add nodX.Key, tvwChild, "xxxx", "Unterzeile x1"
        nodX.Expanded = True
        .Nodes.Add , , "b", "Ich bin eine weitere Zeile"
        .Nodes.Add , , "test", "Das ist derzeit die letzte Zeile"
    End With
End Sub
```

Bevor ich das erläutere, werfen wir doch erst mal einen Blick auf das Ergebnis:

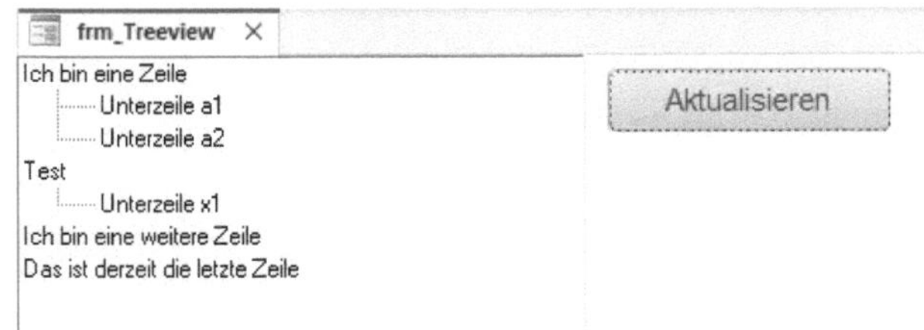

Abbildung 133: Der Treeview enthält nun einige Knoten und Unterknoten

Der Code hat einige wesentliche Änderungen:

- Es gibt eine (lokale) Variable `nodX` mit dem Datentyp `node`, in welcher ein

Knoten zwischengespeichert werden kann.

- Daher ändert sich die Schreibweise von `.Nodes.Add` vom bisherigen Aufruf ohne Klammern und also ohne Rückgabewert zum Aufruf mit Klammern, so dass der Rückgabewert dann in `nodX` enthalten ist.
- Ein Unterknoten benötigt die beiden ersten (anfangs noch leeren) Parameter, nämlich den eindeutigen *Key* seines Elternknotens und die Konstante `tvwChild`, damit er ein „Kind" wird.

Die `Expanded`-Eigenschaft eines Knotens auf `True` zu stellen, bedeutet, dass er sofort expandiert (ausgeklappt) wird. Normalerweise zeigt ein Knoten seine Unterknoten erst, wenn man auf sein [+]-Element klickt. Ärgerlicherweise haben Knoten der ersten Ebene niemals dieses Element, sie reagieren stattdessen (wie alle anderen Knoten übrigens auch) auf den Doppelklick mit Expandieren. Da das niemand weiß oder sehen kann, lasse ich diese Knoten direkt expandieren.

> **Hinweis**: Wie Sie vielleicht bemerkt haben, setze ich trotz mehrerer Knoten mit Unterknoten nur eine Variable `nodX` ein. Das ist kein Problem, solange Sie im Kopf behalten, dass immer nur die letzte Zuweisung gilt. Die `nodX.Expanded`-Zeile bezieht sich also immer nur auf den `nodX`-Knoten, der gerade als letzter zugewiesen wurde.

Treeview mit Daten befüllen

Bisher waren das ja nur eher zufällige Texte. In einer Datenbank sollen dort einzelne Datensätze als Knoten erzeugt werden. Aus Platzgründen beginne ich mit zwei kleineren Tabellen, damit nicht so viele Knoten entstehen.

Die Daten werden mit der üblichen `CurrentDB.OpenRecordset`-Methode ausgelesen und die Knoten daher in einer *DoLoop*-Schleife geschrieben:

```vba
Private Sub btnAktualisieren_Click()
    Dim nodX As Node
    Dim rcsX As DAO.Recordset

    With m_trvGesamt
        Set nodX = .Nodes.Add(, , "r", "Rollen")
        nodX.Expanded = True

        Set rcsX = CurrentDb.OpenRecordset("viwRollen", dbOpenDynaset)
        Do Until rcsX.EOF
            .Nodes.Add nodX.Key, tvwChild, _
                "r" & rcsX.Fields("FeldID").Value, _
                rcsX.Fields("FeldAnzeigen").Value & ""[36]
            rcsX.MoveNext
```

---

[36] Dieser angehängte Leerstring schützt vor einem NULL-Wert, falls *FeldAnzeigen* leer ist.

```
        Loop
    End With
End Sub
```

Eigentlich ist der Code fast noch kürzer als vorher und liefert trotzdem ein überzeugendes Ergebnis:

Abbildung 134: Der Treeview enthält Tabellen-Daten als Knoten

Anmerkung: Erinnern Sie sich an meinen Hinweis auf Seite 56, dass meine beiden standardisierten Feldnamen sehr vorteilhaft sein werden? Jetzt beispielsweise kann ich jede beliebige Tabelle in Knoten anzeigen lassen, ohne deren exakte Feldnamen zu kennen, weil ich für den eindeutigen *Key* das *FeldID*-Feld benutze und als Text des Knotens das *FeldAnzeigen*-Feld.

Das lässt sich mit wenig Aufwand so erweitern, dass endlich die hierarchischen Fähigkeiten des *Treeview*-Controls durchkommen. Ich möchte bei jeder Rolle sehen, welche Benutzer:innen dazugehören, daher muss ich also eine Schleife in eine Schleife schachteln.

```
Private Sub btnAktualisieren_Click()
    Dim nodX As Node
    Dim nodR As Node
    Dim rcsR As DAO.Recordset
    Dim rcsB As DAO.Recordset

    With m_trvGesamt
        Set nodX = .Nodes.Add(, , "r", "Rollen")
        nodX.Expanded = True

        Set rcsR = CurrentDb.OpenRecordset("viwRollen", dbOpenDynaset)
        Do Until rcsR.EOF
            Set nodR = .Nodes.Add(nodX.Key, tvwChild, _
                "r" & rcsR.Fields("FeldID").Value, _
                rcsR.Fields("FeldAnzeigen").Value & "")

            Set rcsB = CurrentDb.OpenRecordset( _
                "SELECT * FROM viwBenutzer WHERE benutrolleIDRef=" & _
                Mid(nodR.Key, 2), dbOpenDynaset)
            Do Until rcsB.EOF
                .Nodes.Add nodR.Key, tvwChild, _
                    "b" & rcsB.Fields("FeldID").Value, _
                    rcsB.Fields("FeldAnzeigen").Value & ""
```

```
            rcsB.MoveNext
        Loop
            rcsR.MoveNext
        Loop
    End With
End Sub
```

Im Ergebnis finden Sie auch endlich die [+]-Elemente, die ich hier im Screenshot bereits manuell ausgeklappt habe, damit Sie deren Unterknoten sehen:

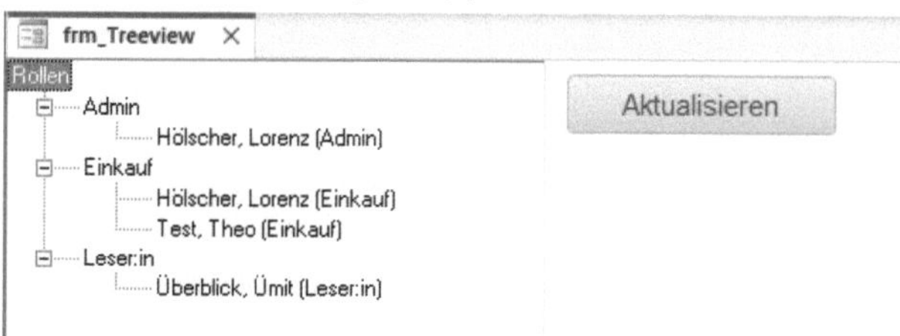

Abbildung 135: Der Treeview enthält Tabellen-Daten als Knoten und Unterknoten

Tipp 76: Sie müssen im Moment das Formular jedes Mal schließen und neu starten, weil es beim erneuten Befüllen des schon befüllten Treeviews diese Fehlermeldung gibt:

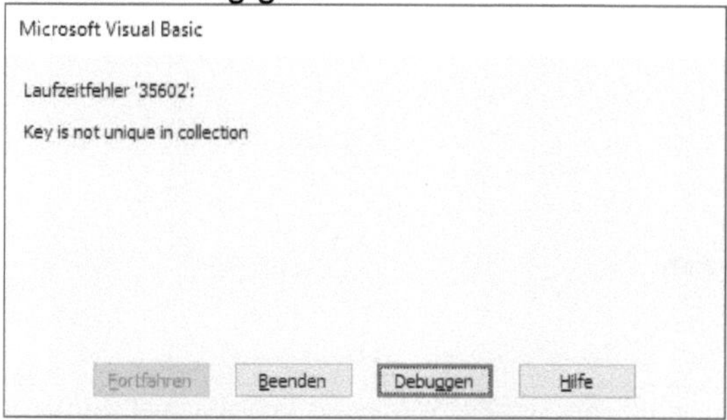

Ergänzen Sie den Code am Anfang mit

```
With m_trvGesamt
    .Nodes.Clear
    Set nodX = .Nodes.Add(, , "r", "Rollen")
```

damit alle alten Knoten vorher entfernt werden.

Ich denke, Sie haben schon eine Idee, wie es weitergehen könnte: Jeder Datensatz hier im Knoten verweist über die Unterknoten genau auf diejenigen Datensätze, die von ihm abhängig sind.

Treeview formatieren

Als Technik-Studie mag dies geeignet sein, als Design-Vorschlag für eine echte

Datenbank eher nicht. Das *Treeview*-Control kann nämlich wirklich schöne Ergebnisse liefern, die wir hier auch einmal ausreizen sollten.

> **Anmerkung**: Die Formatierung eines *Treeview*-Controls kann wie immer manuell über seine Eigenschaften erfolgen. Da ich aber im Laufe der Entwicklung möglicherweise mehrere *Treeview*-Controls an verschiedenen Stellen brauche und gleich formatieren möchte, ist es sinnvoller, dies per VBA zu erledigen.

Erstellen Sie in einem neuen Standard-Modul namens *modTreeview* eine neue Prozedur wie folgt:

```vba
Sub TreeviewFormatieren(trvDieser As MSComctlLib.TreeView)
    With trvDieser
        .Indentation = 10
        .Font.Name = "Arial"
        .Font.Size = 12
        .LineStyle = tvwTreeLines
        .FullRowSelect = True
        .Style = tvwTreelinesPlusMinusPictureText
        .LabelEdit = tvwManual
    End With
End Sub
```

Diese Prozedur rufen Sie direkt vor der Nutzung des *Treeview*-Objekts auf:

```vba
Private Sub btnAktualisieren_Click()
    Dim nodX As Node
    Dim nodR As Node
    Dim rcsR As DAO.Recordset
    Dim rcsB As DAO.Recordset


    TreeviewFormatieren m_trvGesamt


    With m_trvGesamt
```

> **Achtung**: Denken Sie bitte immer daran, dass Sie das Treeview-Objekt (hier also die Variable `m_trvGesamt`) selber übergeben und nicht nur das umschließende *Treeview*-Control!

Damit verändert sich das Aussehen vor allem so, dass die Schrift größer und die Einrückungen schmaler werden. Einige der anderen Einstellungen gehören schon zur standardmäßigen Optik, sollen aber sicherheitshalber auch eingestellt werden:

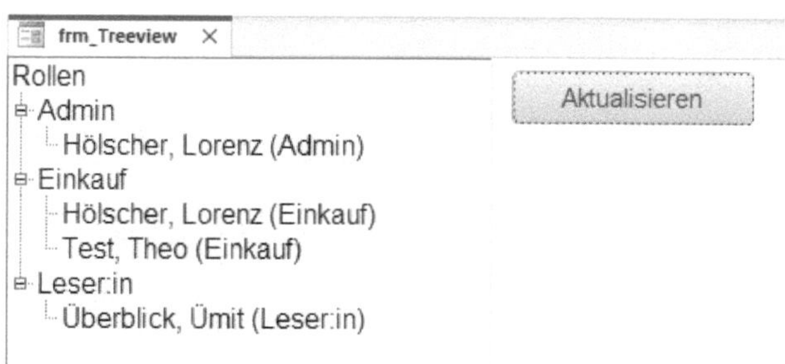

Abbildung 136: Der Treeview ist anders formatiert

Icons nutzen

Ein Treeview wird mit Icons vor den Knoten nicht nur hübscher, sondern vor allem verständlicher. Im bisherigen Treeview sind bereits zwei Arten von Daten sichtbar: Rollen und Benutzer:innen. Da wäre es sinnvoll, wenn die jeweils ihr eigenes Icon zeigen.

Eigentlich ist es sehr leicht, einen Treeview mit Icons auszustatten, aber es braucht erst mal einen kleinen Anlauf. Die Icons werden nämlich nicht direkt mit einer Grafik zugewiesen, sondern kommen aus einem speziellen Speicher, einer *ImageList*. Diese Technik hat nichts mit Access zu tun, sondern ist eher der Windows-Programmier-Normalfall.

Ein *ImageList*-Control ist ein OCX, also folgt die gleiche Einbindung wie mit dem *Treeview*-Control. Sie erstellen zuerst ein neues leeres Formular, ziehen den Detailbereich recht klein und speichern es als *USys_frmImageListIcons*.

Tipp 77: Warum dieser merkwürdige Formularname, der zudem meinen Regeln mit dem *frm*-Präfix widerspricht? Access kann im Navigationsbereich bestimmte Objekte verstecken, deren Namen entweder mit *MSys...* (*Microsoft system*) oder *USys...* (*User system*) beginnen. Das ist abhängig von der Checkbox *Systemobjekte anzeigen* im *Navigationsoptionen*-Dialog. Objekte wie dieses, die entweder besonders wichtig oder nur aus technischen Gründen existieren, verstecke ich lieber, so dass auch ich als Entwickler einen Klick mehr brauche, bevor ich die versehentlich lösche.

Diese Namenswahl funktioniert mit allen Objekten, auch mit Modulen und, wenn Sie Verwirrung stiften wollen, mit Tabellen und Abfragen.

Dann klicken Sie auf FORMULARENTWURF | STEUERELEMENTE | ACTIVEX-STEUERELEMENTE und wählen darin *Microsoft ImageList Control, version 6.0* aus. Dann erscheint dieses Objekt im Entwurf:

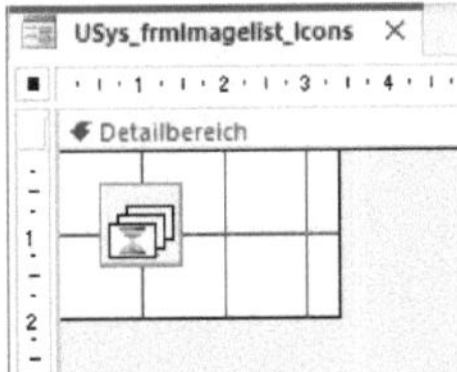

Abbildung 137: Das Formular USys_frmImageList_Icons *enthält ein* ImageList-*Control*

Darin werden gleich die Icons für den Treeview gespeichert. Zuerst müssen Sie allerdings passende Grafik-Dateien bereitstellen. Diese müssen im *.ico*-Format gespeichert sein, welches nicht jedes Grafikprogramm kennt.

Ich gehe folgendermaßen vor:

- Ich erstelle eine 16-Millionen-Farben-Grafik im Format 16*16 Pixel.
- Ich maskiere die Teile, die später transparent sein sollen.
- Ich wandle diese Maske in einen (einzigen!) Alpha-Kanal um.
- Ich speichere diese Datei im *.png*-Format.

Eine solche Grafik sieht (mit der zugehörigen Alpha-Kanal-Maske) beispielsweise so aus:

Abbildung 138: Das Bild im Grafikprogramm[37] *mit der Maske im Alpha-Kanal*

Diese *.png*-Datei ist nur die Ausgangsdatei für zwei andere, die anschließend daraus erstellt werden:

- Eine *.ico*-Datei für die Treeview-Icons
- Eine *.jpg*-Datei für die PopUp-Menü-Icons (siehe Seite 298)

Anmerkung: Ja, es braucht zwei unterschiedliche Datei-Formate für Treeview- bzw. PopUp-Menü-Icons in Access. Geht leider nicht anders.

Für die *.ico*-Datei ist der Alpha-Kanal wichtig, die später mal benötigte *.jpg*-Datei kann sowieso keine Maskierung, da fällt die automatisch weg.

---

[37] Ich benutze tatsächlich eine relativ alte Version von *PaintShopPro*. Nehmen Sie das Pixelgrafikprogramm Ihrer Wahl, wenn es maskieren und Alpha-Kanäle speichern kann.

Tipp 78: Da mein Grafikprogramm das *.ico-Dateiformat nicht kennt, nutze ich eine Internet-Seite, die das gratis übernimmt. Die URL lautet:
https://convertimage.net/convert-a-picture/to-ico/create-an-online-favicon.asp
Dort lade ich meine *.png-Datei hoch und erhalte zum Download eine Datei, die fälschlich den Dateinamen *XXX-ConvertImage.png* anbietet. Den können Sie direkt auf *XXX.ico* korrigieren und dann erst speichern.

Hinweis: Das *.ico-Format gibt es in verschiedenen Varianten. Üblich ist diejenige, welche intern gleichzeitig 16*16-, 32*32- und 48*48-Bit-Icons enthält. Das wäre eine unglaubliche Platzverschwendung, weil so eine Datei immer 32 kB groß ist, selbst wenn die anderen Icons leer sind. Ich benutze sogenannte *FavIcons*[38], die nur 1 kB klein sind. Die Access-Datei würde ansonsten größenmäßig explodieren (32-fache Größe der Icons!), weil wir auf Dauer recht viele davon brauchen können.

Im Moment brauchen wir eigentlich nur drei Icons, nämlich für einen zukünftigen Start-Knoten, die Rollen und die Benutzer:innen. Von jedem Icon gibt es drei Dateien und ich benenne sie immer nach dem Schema *icnXXX16.**, damit ich sehe, dass es Icons in 16*16 Pixel Größe sind:

   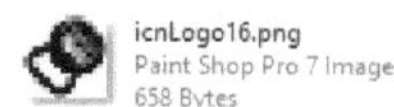

Abbildung 139: Das Icon mit dem Datenbank-Logo

Abbildung 140: Das Icon für Rollen

Abbildung 141: Das Icon für Benutzer:innen

Die *.ico-Dateien brauchen wir sofort, nämlich im *ImageList*-Control. Wechseln Sie dazu in den Entwurf von *USys_frmImageListIcons*.

Tipp 79: Das Formular *USys_frmImageListIcons* ist aus dem Navigationsbereich verschwunden? Dann müssen Sie bei den *Navigationsoptionen* die System-Objekte wieder sichtbar machen.

Mit einem Doppelklick auf das *ImageList*-Control öffnet sich dessen *Eigenschaften*-Dialog:

---

[38] Das sind eigentlich die kleinen Bildchen oben im Register des Browsers.

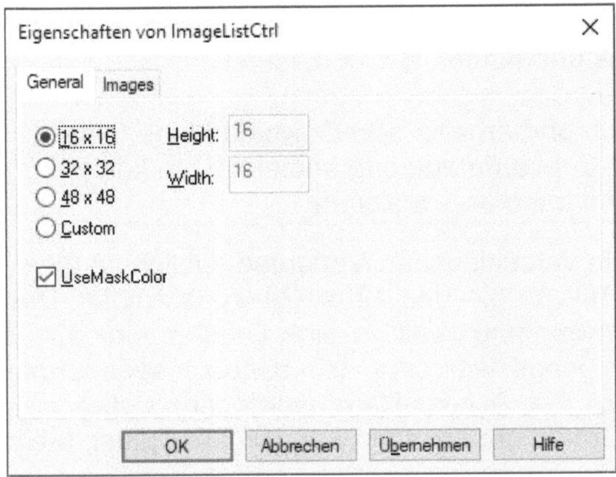

Abbildung 142: Der Eigenschaften-*Dialog des* ImageList-*Controls*

Hier stellen Sie im *General*-Register die Größe auf *16 x 16* ein. Dann wechseln Sie auf das Images-Register, in welchem die Grafiken gesammelt werden. Mit dem [INSERT PICTURE …]-Button erhalten Sie einen *SelectPicture*-Dialog, in welchem Sie die drei Icons[39] im *.ico*-Format[40] auswählen. Diese erscheinen im Dialog:

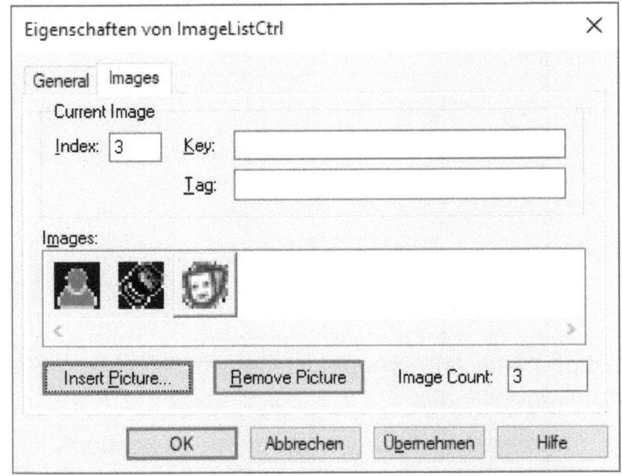

Abbildung 143: Die eingefügten Icons im Eigenschaften-*Dialog des* ImageList-*Controls*

Anmerkung: Sie können bei einer Mehrfachauswahl die Reihenfolge des Einfügens nicht bestimmen. Das macht aber nichts, die Reihenfolge hier ist eher unwichtig, wie Sie nachher sehen werden.

---

[39] Eine Mehrfachauswahl mit <STRG>-Taste ist möglich und sinnvoll.
[40] *.jpg* wird Ihnen auch angeboten, wäre dann aber ohne Maskierung.

Auch wenn der *Key* nicht eingesetzt werden wird, würde ich den als Beschreibung des jeweiligen Bildes nutzen, da seine Eindeutigkeit versehentliche doppelte Importe verhindert. Meine drei Icons heißen dort also *Benutzer*, *Logo* und *Rolle*.

Tipp 80: Der schwarze Bereich um die importierten Bilder herum ist die Maske und soll so aussehen. Das ist hier am leichtesten zu kontrollieren, weil die Maske so deutlich angezeigt wird.
Die *Rolle*-Grafik in Abbildung 143 sieht allerdings verdächtig nach einer versehentlich importierten **.jpg*-Datei aus, weil der schwarze Bereich fehlt. Es ist jedoch eine korrekte Maske, auch wenn sie offenbar nur teilweise transparent ist. Sie können im Tipp auf Seite 142 sehen, dass alles in Ordnung ist.

Die Icons sind gespeichert und können jetzt im Treeview eingebaut werden. Fast. Denn dieses Formular soll via VBA angesprochen werden und das geht nur, wenn es auch ein Modul besitzt. Formulare (und Berichte) erhalten aber erst ein Modul, sobald die erste Zeile Code darin benötigt wird.

Tipp 81: Ein Formular wie dieses, welches nur als Speicher für Icons benötigt wird, darf auf gar keinen Fall ernsthaften VBA-Code enthalten, insbesondere nicht in `Form_Open` oder `Form_Load` o.ä.! Bei jedem Zugriff darauf würde dieser Code nämlich unsichtbar ausgeführt und die Wartezeit verlängert. Also: Modul ja, Code nein.

Die einfachste Methode, einem Formular ein VBA-Modul zu geben, besteht darin, die *Enthält Modul*-Eigenschaft auf `Ja` zu stellen. Sie werden anschließend das Formularmodul *Form_USys_frmImageList_Icons* im VBA-Projektexplorer finden.

Jetzt schließen Sie alle Entwürfe und wechseln in den VBA-Code von *frm_Treeview* und haben dort ja schon die `Form_Open`-Prozedur. Diese ergänzen Sie um die hier markierte Zeile:

```
TreeviewFormatieren m_trvGesamt


With m_trvGesamt
    Set .ImageList = Form_USys_frmImageList_Icons.imlIcons.Object
```

Das Treeview-Objekt hat nämlich eine `ImageList`-Eigenschaft, welche so mit dem *ImageList*-Objekt auf dem anderen Formular verknüpft wird.

Tipp 82: Sie haben sich vielleicht schon gefragt, warum ich das *ImageList*-Control nicht viel bequemer neben dem Treeview im gleichen Formularentwurf speichere? Das geht technisch und wird ganz oft so gemacht.
Solange Sie nur genau einen Treeview benutzen, ist das okay. Beim zweiten Treeview auf einem anderen Formular (und der wird irgendwann kommen!) müsste ich auch dort eine Kopie dieses *ImageList*-Controls mit den gleichen Inhalten haben und das wäre schlecht programmiert, enorm platzverbrau-

chend und mit dem erheblichen Risiko unterschiedlicher Inhalte verbunden.

Die ImageList ist verknüpft, aber die Knoten zeigen noch keine Icons an. Dazu braucht es noch den `.Nodes.Add`-Parameter *Image*, der eine Zahl erwartet. Diese Zahl gibt die Reihenfolge im *ImageList*-Control an, allerdings 1-basiert, was im Programmierumfeld eher ungewöhnlich ist. Das erste Element hat dann also die Position 1.

Wegen der langen Zeilen und der geringen Änderungen sehen Sie die Änderungen hier im Screenshot:

```vba
Private Sub btnAktualisieren_Click()
    Dim nodX As Node
    Dim nodR As Node
    Dim rcsR As DAO.Recordset
    Dim rcsB As DAO.Recordset

    TreeviewFormatieren m_trvGesamt

    With m_trvGesamt
        Set .ImageList = Form_USys_frmImagelist_Icons.imlIcons.Object

        .Nodes.Clear
        Set nodX = .Nodes.Add(, , "r", "Rollen", 3)
        nodX.Expanded = True

        Set rcsR = CurrentDb.OpenRecordset("viwRollen", dbOpenDynaset)
        Do Until rcsR.EOF
            Set nodR = .Nodes.Add(nodX.Key, tvwChild, "r" & rcsR.Fields("FeldID").Value, rcsR.Fields("FeldAnzeigen").Value & "", 3)
            Set rcsB = CurrentDb.OpenRecordset("SELECT * FROM viwBenutzer WHERE benutrolleIDRef=" & Mid(nodR.Key, 2), dbOpenDynaset)
            Do Until rcsB.EOF
                .Nodes.Add nodR.Key, tvwChild, "b" & rcsB.Fields("FeldID").Value, rcsB.Fields("FeldAnzeigen").Value & "", 1
                rcsB.MoveNext
            Loop

            rcsR.MoveNext
        Loop
    End With
End Sub
```

Abbildung 144: An drei Stellen wird der Code ergänzt

Der Treeview zeigt nun sofort an allen (hier bereits expandierten) Knoten die passenden Icons:

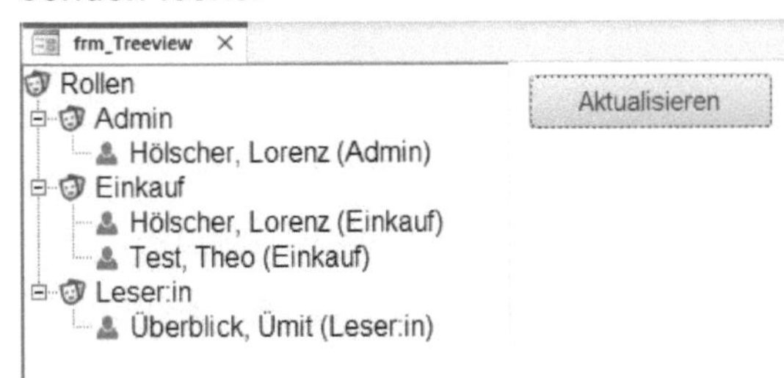

Abbildung 145: Die Knoten zeigen die Icons

Tipp 83: Beim *Rolle*-Icon war ja etwas zweifelhaft, ob die Maske korrekt enthalten war. Auf weißem Hintergrund ist das nicht zu sehen, wenn die *.png*-Datei wie meistens ebenso auf weißem Hintergrund entworfen war. Sobald Sie aber die Zeile mit dem Knoten markieren, wechselt dessen Hintergrundfarbe auf dunkelblau und dann sehen Sie sofort, ob (wie hier) der

Icon-Hintergrund tatsächlich transparent ist:

Knoten aktualisieren

Mit den paar Daten, die dieser Treeview enthält, gibt es noch keine Probleme. Wenn es da aber mal voll wird, weil es mehr Daten und damit mehr Knoten gibt, kann ich Ihnen jetzt schon versprechen, dass der Treeview langsam werden wird. Schließlich muss er bei der ersten Erzeugung bereits alle Daten bis in die tiefste Tiefe ermitteln.

Es gibt noch einen zweiten Grund, warum diese Art der Datenermittlung nicht bedienungsfreundlich ist. Wenn sich nämlich mal ein Datensatz ändert (gelöscht, hinzugefügt, umbenannt ...), müssten Sie den gesamten Treeview neu erstellen statt nur den betroffenen Knoten.

Und schließlich möchten Benutzer:innen selbstverständlich die unter einem Knoten aufgelisteten Unterknoten filtern können, weil dort mal sehr viele Inhalte erscheinen werden. Auch das geht nur, wenn Teile des Treeviews aktualisierbar sind.

Tipp 84: Wenn Sie überlegen, was Benutzer:innen von Ihrer Oberfläche erwarten, schauen Sie sich ähnliche Oberflächen an, in diesem Fall den Datei-Explorer in Windows. Dort können Sie (mit <F5>) die Inhalte aktualisieren lassen, untergeordnete Elemente (in diesem Fall Dateien) filtern und die Anzahl der gefundenen Elemente (nämlich unten links in der Statuszeile) sehen.

Das bedeutet, dass diese Art der kompletten Treeview-Erzeugung ungeeignet ist. Keine Angst, es war nicht alles umsonst, wir müssen es nur in Häppchen machen. Damit der Code schon „zukunftsfähig" ist, wie es immer so schön heißt, sollten wir auch gleich an mehreren Stellen umbauen:

- Es wird immer wieder eine Liste von Datensätzen unterhalb eines Elternknotens geben, das braucht also eine gemeinsame Prozedur.
- Die Erzeugung bzw. Aktualisierung der Unterelemente eines Knotens werden sehr umfangreich werden, daher wird das in ein eigenes Modul ausgelagert.
- Der Treeview wird anfangs nur noch in oberster Ebene erzeugt, so dass auch diese schon vorhandene Prozedur `btnAktualisieren_Click` kürzer werden wird.
- Die Angabe der Icons anhand einer Zahl ist unbrauchbar für größeren Code, suchen Sie für so etwas immer nach einer sprechenden Lösung.

Beginnen wir mit der Zahl für das ausgewählte Icon. Es bringt nichts, hinter die geschriebene Zahl irgendwie einen Kommentar zu schreiben. Sinnvoll wäre es, für jedes Icon bzw. deren Zahl eine sprechende Konstante zu erfinden. Noch sinnvoller, weil effizienter, ist es, dafür eine `Enumeration` zu benutzen.

> **Tipp 85:** *Enumerations* sind sozusagen die besseren Konstanten. Ihre Elemente sind ab 0 durchnummeriert und liefern immer *Integer*-Werte. Sie verhalten sich wie ein Datentyp und zeigen sogar automatisch die passende IntelliSense-Liste an.

Sie benutzen beim Programmieren übrigens längst *Enumerations*, weil die auch in Access überall integriert sind:

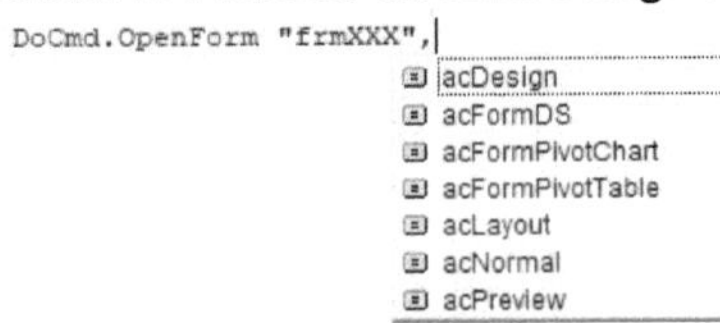

Wenn Sie erst einmal deren Möglichkeiten verstanden haben, werden Sie *Enumerations* lieben!

Eine `Enumeration` sollte Datei-weit gelten, weil verschiedene Prozeduren darauf zugreifen möchten. Da ich Ihnen versprechen kann, dass noch einige *Enumerations* mehr benötigt werden, lege ich direkt ein eigenes Modul für alle Datei-weiten Variablen, Konstanten (und falls sie vorkommen auch DLLs) an und speichere es unter dem Namen *modVarKonstDLL*.

Dort schreibe ich mit `Enum` und `End Enum` die neue Enumeration, welche dazwischen die eigentlichen Werte enthält:

```
Enum enmImagelistIcons
    icnNONE
    icnBenutzer
    icnLogo
    icnRolle
End Enum
```

> **Tipp 86:** Denken Sie an die Benennungsregeln, die auch hier gelten sollen. Innerhalb der Enumeration könnten Sie beliebige Namen benutzen, aber sobald diese mit bereits vorhandenen Namen kollidieren, müssten Sie immer die lange Schreibweise `enmImagelistIcons.icnLogo` benutzen. Daher sorge ich immer dafür, dass auch die „inneren" Namen ein Präfix erhalten, damit sie garantiert eindeutig sind. Dann reicht nämlich z.B. `icnLogo`.

Eine *Enumeration* beginnt immer mit 0, während das *ImageList*-Control allerdings bei 1 beginnt. Ich beginne daher einfach mit `icnNONE`[41], welches geeignet ist, auch mal auf ein Icon zu verzichten.

> **Tipp 87:** Möchten Sie dieses 0-Element nicht anlegen, können Sie auch je-

---

[41] Die Großschreibung von NONE hebt es nur als anders hervor, weil es ja genau kein Icon liefert.

derzeit gezielt Werte vorgeben:

```
Enum enmImagelistIcons
    icnBenutzer = 1
    icnLogo
    icnRolle
End Enum
```

Das darf auch mehrfach erfolgen, das folgende Element macht dann mit dem jeweils um 1 erhöhten Wert weiter.

Statt der Zahlen möchte ich diese *Enumeration*-Elemente im Code einsetzen, also hier in `btnAktualisieren_Click`. Entweder nutze ich die lange Schreibweise mit dem vorangestellten Namen der *Enumeration*, dann klappt nach dem Punkt automatisch die IntelliSense-Liste aus und ich kann mir einen Wert aussuchen:

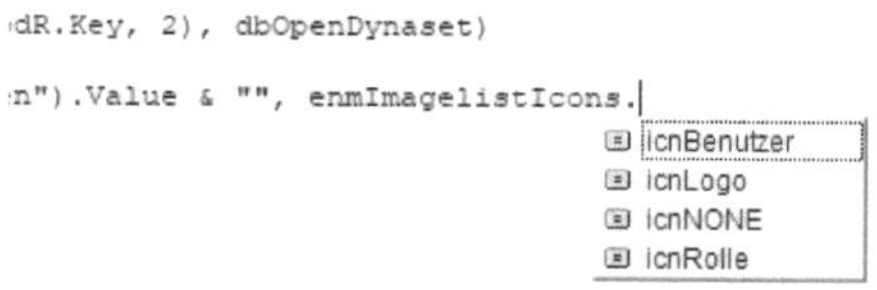

Abbildung 146: Die Enumeration bietet automatisch eine IntelliSense-Liste

Oder ich weiß das Präfix `icn` und kann direkt damit schreibend beginnen und mit <STRG>+<LEERTASTE> die IntelliSense-Liste anzeigen lassen:

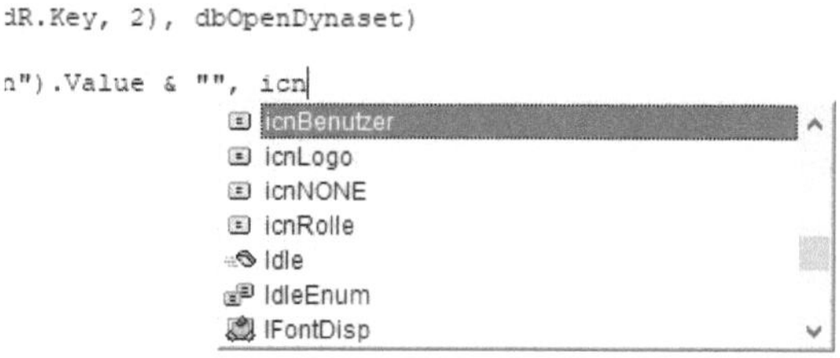

Abbildung 147: Die IntelliSense-Liste lässt sich auch per Tastenkürzel anzeigen

Während nach dem Namen der *Enumeration* nur deren Elemente wie in Abbildung 146 angezeigt werden, erscheinen ohne diesen alle öffentlichen Variablen und Konstanten. Deswegen brauche ich das Präfix, damit ich die unterscheiden kann.

Tipp 88: Wenn ich das Präfix *icn* nicht auswendig wüsste, woher sollte ich dann den Namen der zugehörigen *Enumeration* wissen? Weil alle *Enumerations* mit dem Präfix *enm* beginnen, schreiben Sie `enm` und lassen sich mit <STRG>+<LEERTASTE> die IntelliSense-Liste anzeigen. Gibt es wie derzeit nur eine *Enumeration*, wird deren Name sofort vervollständigt, ansonsten sehen Sie die Auswahl der möglichen Namen.

Korrigieren Sie also am besten direkt den Code in `btnAktualisieren_Click`, auch wenn sich dieser gleich noch deutlich verändern wird:

```vba
Private Sub btnAktualisieren_Click()
    Dim nodX As Node
    Dim nodR As Node
    Dim rcsR As DAO.Recordset
    Dim rcsB As DAO.Recordset

    TreeviewFormatieren m_trvGesamt

    With m_trvGesamt
        Set .ImageList = Form_USys_frmImagelist_Icons.imlIcons.Object

        .Nodes.Clear
        Set nodX = .Nodes.Add(, , "r", "Rollen", icnRolle)
        nodX.Expanded = True

        Set rcsR = CurrentDb.OpenRecordset("viwRollen", dbOpenDynaset)
        Do Until rcsR.EOF
            Set nodR = .Nodes.Add(nodX.Key, tvwChild, "r" & rcsR.Fields("FeldID").Value, rcsR.Fields("FeldAnzeigen").Value & "", icnRolle)
            Set rcsB = CurrentDb.OpenRecordset("SELECT * FROM viwBenutzer WHERE benutrolleIDRef=" & Mid(nodR.Key, 2), dbOpenDynaset)
            Do Until rcsB.EOF
                .Nodes.Add nodR.Key, tvwChild, "b" & rcsB.Fields("FeldID").Value, rcsB.Fields("FeldAnzeigen").Value & "", icnBenutzer
                rcsB.MoveNext
            Loop

            rcsR.MoveNext
        Loop
    End With
End Sub
```

Abbildung 148: Die Zahlen sind durch Enumeration-Werte ersetzt

Wenn Sie das Formular in der Normalansicht anzeigen, sehen Sie weiterhin die richtigen Icons, aber der Code ist jetzt bedeutend sprechender und das ist sehr wichtig für eine effiziente Programmierung.

Jetzt folgt die zweite Änderung, nämlich die Vorbereitung der Prozedur, welche Datensätze in Knoten verwandelt. Sie muss den Elternknoten erfahren, eine SQL-Anweisung zur Ermittlung der Datensätze und das Icon, welches benutzt werden soll. Das entspricht in weiten Teilen dem Code, der aktuell noch in btnAktualisieren_Click steht, nur dass die Werte über Parameter mitgegeben werden.

Schreiben Sie in einem neuen Modul *modTreeviewAllgemein* diese Prozedur:

```vba
Sub KnotenAusQuery(trvDieser As MSComctlLib.TreeView, _
        nodExpandiert As Node, strSQL As String, _
        icnDieses As enmImagelistIcons)
    Dim rcsSQL As DAO.Recordset

    Set rcsSQL = CurrentDb.OpenRecordset(strSQL, dbOpenDynaset)
    Do Until rcsSQL.EOF
        With trvDieser
            .Nodes.Add nodExpandiert.Key, tvwChild, _
                "Key" & rcsSQL.Fields("FeldID").Value, _
                rcsSQL.Fields("FeldAnzeigen").Value & "", icnDieses
        End With
        rcsSQL.MoveNext
    Loop
End Sub
```

Wie schon erwähnt und oben zu sehen, benutzen Sie den Namen einer *Enumeration* einfach als Datentyp, obwohl in Wirklichkeit im Hintergrund ja immer der Datentyp *Integer* enthalten ist. Aber nur so verhält sich Ihr Parameter wie die in

Access integrierten *Enumerations*. Wenn Sie nämlich später diese Prozedur im Code aufrufen, erscheinen dort automatisch die passenden Werte:

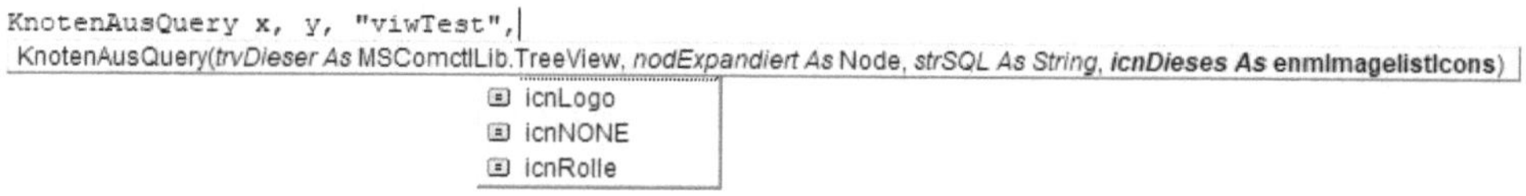

Abbildung 149: Die Enumeration *sorgt für die IntelliSense-Liste*

Diese Prozedur lässt sich nicht einzeln testen, daher wird es Zeit, den Code im Treeview umzubauen. Vieles davon fällt weg, so dass diese Zeilen übrigbleiben:

```
Private Sub btnAktualisieren_Click()
    Dim nodX As Node

    TreeviewFormatieren m_trvGesamt
    With m_trvGesamt
        Set .ImageList = Form_USys_frmImagelist_Icons.imlIcons.Object
        .Nodes.Clear
        Set nodX = .Nodes.Add(, , "r", "Rollen", icnRolle)
        nodX.Expanded = True
        KnotenAusQuery m_trvGesamt, nodX, "viwRollen", icnRolle
    End With
End Sub
```

Im Moment werden dadurch übrigens die Unterknoten mit den Benutzer:innen nicht mehr erzeugt, aber da wird es ohnehin erhebliche Änderungen geben. Das Formular sieht also erst einmal wieder so aus:

Abbildung 150: Der Treeview zeigt nur die Rollen an

Knoten expandieren

Wie kommen nun die Unterknoten wieder in den Treeview? Zuerst einmal brauchen wir die Möglichkeit, diese *Rollen*-Knoten überhaupt wieder expandieren zu können. Der Treeview expandiert einen Knoten, wenn jemand auf das [+]-Element klickt. Aber weil dieses derzeit fehlt, muss ich es umgekehrt formulieren: Das [+]-Element gibt es erst, wenn auch Unterknoten vorhanden sind. Hier scheint sich die Katze in den Schwanz zu beißen.

Daher greife ich zu einem Trick: Jeder Knoten erhält einen sinnlosen Unterknoten, damit das [+]-Element erscheint. Später beim Expandieren prüft der Code dann schnell, ob dieser sinnlose Unterknoten noch da ist und ersetzt ihn erst dann durch die echten Daten.

Also brauchen wir zuerst diesen sinnlosen Unterknoten. Ich werde ihn daran erkennen, dass er einen festen Text hat. Feste Texte gehören natürlich in Dateiweite Konstanten, daher beginnt es mit

```
Public Const p_cstrKnotenLeer⁴² = "<leer>"
```

im Modul *modVarKonstDLL*. Danach erweitere ich den Code von `KnotenAusQuery`, damit an jeden erzeugten Knoten ein Leer-Knoten angehängt wird. Das möchte ich mit Parameter steuern, weil ich bei manchen Knoten schon vorher weiß, dass es keine untergeordneten Elemente geben wird:

```
Sub KnotenAusQuery(trvDieser As MSComctlLib.TreeView, _
        nodExpandiert As Node, strSQL As String, _
        icnDieses As enmImagelistIcons, booMitLeer As Boolean)
    Dim rcsSQL As DAO.Recordset
    Dim nodX As Node

    Set rcsSQL = CurrentDb.OpenRecordset(strSQL, dbOpenDynaset)
    Do Until rcsSQL.EOF
        With trvDieser
            Set nodX = .Nodes.Add(nodExpandiert.Key, tvwChild, _
              "Key" & rcsSQL.Fields("FeldID").Value, _
                rcsSQL.Fields("FeldAnzeigen").Value & "", icnDieses)

            If booMitLeer Then
                .Nodes.Add nodX.Key, tvwChild, "leer" & nodX.Key, _
                    p_cstrKnotenLeer, icnNONE
            End If
        End With
        rcsSQL.MoveNext
    Loop
End Sub
```

Da es einen neuen Parameter gibt, müssen Sie auch den Aufruf dieser Prozedur in `btnAktualisieren_Click` korrigieren:

```
KnotenAusQuery m_trvGesamt, nodX, "viwRollen", icnRolle, True
```

Jetzt können Sie das Treeview-Formular erneut ansehen und finden an jedem *Rollen*-Knoten ein [+]-Element, welches ich hier schon manuell überall expandiert habe:

---

⁴² Das p_-Präfix verrät mir, dass dies `public` ist und das zusätzliche c vor `str`, dass es eine Konstante ist.

Abbildung 151: Der Treeview zeigt wieder [+]-Elemente für Rollen an

Es funktioniert, ist aber noch nicht optimal. Werfen wir zuerst einen Blick auf den neuen Parameter. Es ist ein *Boolean*-Parameter, also eine Ja/Nein-Entscheidung. In den allermeisten Fällen wird dieser auf `True` stehen, daher bevorzuge ich einen optionalen Parameter, der also nur dann gesetzt werden muss, wenn er abweicht.

> **Tipp 89:** Sie sind im VBA-Code gerade an der Stelle, wo diese Prozedur nur aufgerufen wird und wollen jetzt in deren Definition etwas ändern? Klicken Sie in den Prozedurnamen `KnotenAusQuery` und drücken dann <SHIFT>+<F2>, dann springt der Cursor genau zur Definition.

Die Signatur, also die erste Zeile der Definition mit den Parametern, ändert sich so:

```
Sub KnotenAusQuery(trvDieser As MSComctlLib.TreeView, _
    nodExpandiert As Node, strSQL As String, _
    icnDieses As enmImagelistIcons, _
    Optional booMitLeer As Boolean = True)
```

Da bedeutet, dass dieser Parameter, falls ihm beim Aufruf nichts mitgegeben wird, auf `True` steht. Sie können das (in `btnAktualisieren_Click`) sehen, wenn Sie dort versuchen, den Aufruf erneut einzugeben. Der letzte Parameter steht jetzt im gelben QuickInfo in eckigen Klammern (ist also optional) und zeigt den Standardwert direkt an:

```
KnotenAusQuery m_trvGesamt, nodX, "viwRollen", icnRolle
  KnotenAusQuery(trvDieser As MSComctlLib.TreeView, nodExpandiert As Node, strSQL As String, icnDieses As enmImagelistIcons, [booMitLeer As Boolean = Wahr])
```

Abbildung 152: Das QuickInfo zur geänderten Signatur

Wie Sie sehen, kann der letzte Parameter dank Standardwert also wegfallen. Probieren Sie ruhig auch mal aus, dass die [+]-Elemente fehlen, wenn `booMitLeer` auf `False` steht.

> **Hinweis:** Optionale Parameter (es sind auch mehrere erlaubt) müssen immer am Ende *nach* den zwingenden Parametern stehen.

Knoten zählen

Für die drei derzeit vorkommenden Rollen können Ihre Benutzer:innen diese Anzahl noch per Augenschein ermitteln. Bei sehr vielen Knoten ist es jedoch sicherlich sinnvoll, deren Anzahl immer anzuzeigen. Aber wo?

Bisher hat der Treeview nur Datensätze angezeigt, das wäre jedoch eine unnötige Beschränkung. Ein Knoten ist im Grunde ja nur ein Text (mit einer versteckten ID), den wir als Datensatz interpretieren. Jetzt kommt ein Info-Text dazu.

Tipp 90: Damit es schön wird, laden Sie noch eine Grafik *icnInfo16.ico* in das *ImageList*-Control und vergessen auch nicht, die `enmImagelistIcons` zu ergänzen. Die Anleitung dazu stand auf Seite 138.

Das gehört in die Prozedur `KnotenAusQuery`, weil dort ja die Knoten auch erzeugt werden.

```
Sub KnotenAusQuery(trvDieser As MSComctlLib.TreeView, _
        nodExpandiert As Node, strSQL As String, _
        icnDieses As enmImagelistIcons, _
        Optional booMitLeer As Boolean = True)
    Dim rcsSQL As DAO.Recordset
    Dim nodX As Node
    Dim lngAnz As Long

    Set rcsSQL = CurrentDb.OpenRecordset(strSQL, dbOpenDynaset)
    Do Until rcsSQL.EOF
        With trvDieser

            lngAnz = lngAnz + 1

            Set nodX = .Nodes.Add(nodExpandiert.Key, tvwChild, _
                "Key" & rcsSQL.Fields("FeldID").Value, _
                rcsSQL.Fields("FeldAnzeigen").Value & "", icnDieses)
            If booMitLeer Then
                .Nodes.Add nodX.Key, tvwChild, _
                    "leer" & nodX.Key, p_cstrKnotenLeer, icnNONE
            End If
        End With
        rcsSQL.MoveNext
    Loop


    trvDieser.Nodes.Add nodExpandiert, tvwChild, _
        "Anzahl", lngAnz & " Knoten", icnInfo
End Sub
```

Im Formular erscheint nun unter den Datensatz-Knoten ein weiterer mit der Anzahl der Datensätze:

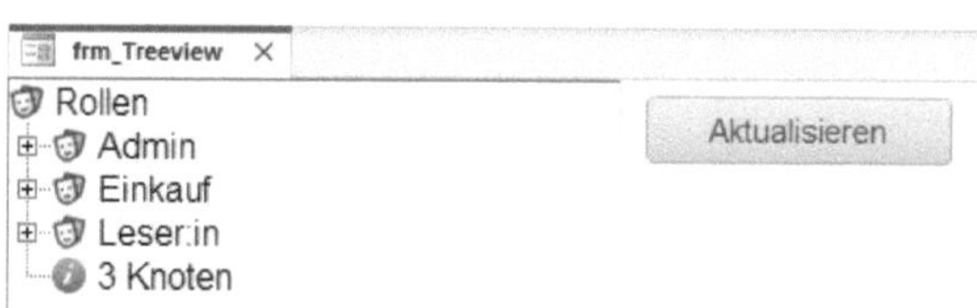

Abbildung 153: Der Treeview zeigt die Anzahl der Datensätze unterhalb

Das ist nett, aber nicht wirklich zielführend. Stellen Sie sich vor, es seien mal 500 Datensätze, dann müssten Ihre Benutzer:innen ja erst weit an deren Ende hinunterscrollen, um die Anzahl lesen zu können.

> **Anmerkung**: Dieser Info-Knoten könnte auch oberhalb der Datensätze angezeigt werden. Das geht aber nur, wenn deren Anzahl auch vorher bekannt ist. Bei echten Datensätzen ginge das mit deren `RecordCount`-Eigenschaft, aber irgendwann werden Sie hier auch Mails oder Dateien oder ähnliche Nicht-Datensätze anzeigen, die ihre Anzahl nicht immer vorher verraten.

Es gibt eine „natürliche" Stelle, wo die Anzahl stehen sollte: Der erste Knoten ist sozusagen ein Gruppenknoten, der also eine Art Überschrift für die folgenden Knoten ist und beschreibt, welche Art Datensätze enthalten sind. Dort gehört die Anzahl hin!

Die letzte Zeile in `KnotenAusQuery` mit der Anzahl wird also gegen diese Code-Zeile ausgetauscht:

```
nodExpandiert.Text = nodExpandiert.Text & " [" & lngAnz & "]"
```

Dann steht die Anzahl der folgenden Unterknoten einfach am Ende des Knotens in eckigen Klammern:

Abbildung 154: Der Treeview zeigt die Anzahl der Datensätze im Elternknoten

> **Tipp 91:** Dieser Code ist noch nicht wirklich sauber, weil die Anzahl einfach an den Text des Elternknotens angehängt wird, ohne zu prüfen, ob da schon eine Anzahl aus vorherigem Aufruf drinsteht (was demnächst passieren wird!). Also sollten wir das im Ende der Prozedur schon mal wasserdicht machen:
> ```
> Dim intPos As Integer[43]
>
> intPos = InStr(nodExpandiert.Text, "[")
> ```

---

[43] Die Deklaration wäre mitten im Code erlaubt, aber ich sammle diese lieber am Anfang der Prozedur.

```
If intPos > 0 Then
    nodExpandiert.Text = Left(nodExpandiert.Text, intPos-1) _
        & " [" & lngAnz & "]"
Else
    nodExpandiert.Text = nodExpandiert.Text & _
        " [" & lngAnz & "]"
End If
```

Keys berechnen

Es ist jetzt also möglich, im Treeview ein beliebiges Recordset und die Anzahl seiner Datensätze anzuzeigen. Es ist jedoch noch nicht möglich, dies auch für mehrere Recordsets zu machen. Lassen Sie uns doch mal testen, was da schiefgeht.

Ergänzen Sie in *frm_Treeview* am Ende der Prozedur `btnAktualisieren_Click` diese Zeilen:

```
    nodX.Expanded = True
    KnotenAusQuery m_trvGesamt, nodX, "viwRollen", icnRolle

    Set nodX = .Nodes.Add(, , "b", "Benutzer:innen", icnBenutzer)
    nodX.Expanded = True
    KnotenAusQuery m_trvGesamt, nodX, "viwBenutzer", icnBenutzer

    End With
End Sub
```

Das soll einen zweiten „Hauptknoten" für die Benutzer:innen erzeugen und darunter die Datensätze aus *viwBenutzer*.

Wenn Sie das testen, erhalten Sie aber die „Key ist not unique in collection"-Meldung, die auf Seite 135 bereits aufgetaucht ist. Das liegt daran, dass die Datensatz-Keys ja einfach aus `"Key" & rcsSQL.Fields("FeldID").Value` erzeugt wurden und die gleiche *FeldID* in mehreren Recordsets vorhanden ist. Damit haben Sie Duplikate und der Treeview lässt das nicht zu.

Da ich diese Keys gar nicht nutze, möchte ich nur dafür sorgen, dass sie eindeutig sind. Dazu könnte ich einfach eine Zahl hochzählen, aber der Datentyp muss ja *String* sein, also muss ein Text angehängt werden. Schreiben Sie in das Modul *modTreeviewAllgemein* eine neue Prozedur, die genau das erledigt:

```
Function FindeKey() As String
    Static lngKey As Long

    lngKey = lngKey + 1
    FindeKey = "Key" & lngKey
End Function
```

Tipp 92: Ich weiß nicht, ob Sie jemals `Static`-Variablen benutzt haben,

> aber sie sind hier für eine gute Programmierung nötig. Normalerweise sind Gültigkeitsdauer und Sichtbarkeit gleich: Lokale Variablen sind nur in der Prozedur gültig und sichtbar, `Public`-Variablen sind überall gültig und sichtbar. `Static`-Variablen sind ein Zwischending, sie sind nur lokal sichtbar, aber über das Ende der Prozedur hinaus gültig. Beim nächsten Aufruf kennen sie also noch ihren bisherigen Wert, können aber nicht versehentlich von anderen Prozeduren verändert werden.

Diese Funktion erzeugt also einen beliebigen Text, dessen Inhalt Ihnen völlig egal ist, der aber garantiert über den ganzen Treeview hinweg eindeutig ist. Das bauen Sie nun überall ein, wo dieser Key benötigt wurde. Das betrifft zum einen die `btnAktualisieren_Click`-Prozedur, wobei dort noch gar kein Problem auftauchen würde:

```
Private Sub btnAktualisieren_Click()
    Dim nodX As Node

    TreeviewFormatieren m_trvGesamt
    With m_trvGesamt
        Set .ImageList = Form_USys_frmImagelist_Icons.imlIcons.Object
        .Nodes.Clear
        Set nodX = .Nodes.Add(, , FindeKey(), "Rollen", icnRolle)
        nodX.Expanded = True
        KnotenAusQuery m_trvGesamt, nodX, "viwRollen", icnRolle

        Set nodX = .Nodes.Add(, , FindeKey(), "Benutzer:innen", icnBenutzer)
        nodX.Expanded = True
        KnotenAusQuery m_trvGesamt, nodX, "viwBenutzer", icnBenutzer
    End With
End Sub
```

Abbildung 155: Der Key wird nun berechnet

Vor allem aber muss es dort passieren, wo Datensätze ermittelt wurden, nämlich in `KnotenAusQuery`:

```
Sub KnotenAusQuery(trvDieser As MSComctlLib.TreeView, nodExpandiert As Node, strSQL As String, icnDieses As enmImagelistIcons, _
    Optional booMitLeer As Boolean = True)

    Dim rcsSQL As DAO.Recordset
    Dim nodX As Node
    Dim lngAnz As Long
    Dim intPos As Integer

    Set rcsSQL = CurrentDb.OpenRecordset(strSQL, dbOpenDynaset)
    Do Until rcsSQL.EOF
        With trvDieser
            lngAnz = lngAnz + 1
            Set nodX = .Nodes.Add(nodExpandiert.Key, tvwChild, FindeKey(), rcsSQL.Fields("FeldAnzeigen").Value & "", icnDieses)
            If booMitLeer Then
                .Nodes.Add nodX.Key, tvwChild, FindeKey(), p_cstrKnotenLeer, icnNONE
            End If
        End With
        rcsSQL.MoveNext
    Loop

    intPos = InStr(nodExpandiert.Text, "[")
    If intPos > 0 Then
        nodExpandiert.Text = Left(nodExpandiert.Text, intPos - 1) & " [" & lngAnz & "]"
    Else
        nodExpandiert.Text = nodExpandiert.Text & " [" & lngAnz & "]"
    End If
End Sub
```

Abbildung 156: Der Key wird hier ebenfalls berechnet

Diese eher geringfügige Änderung sorgt dafür, dass endlich auch mehrere Recordsets im gleichen Treeview angezeigt werden können:

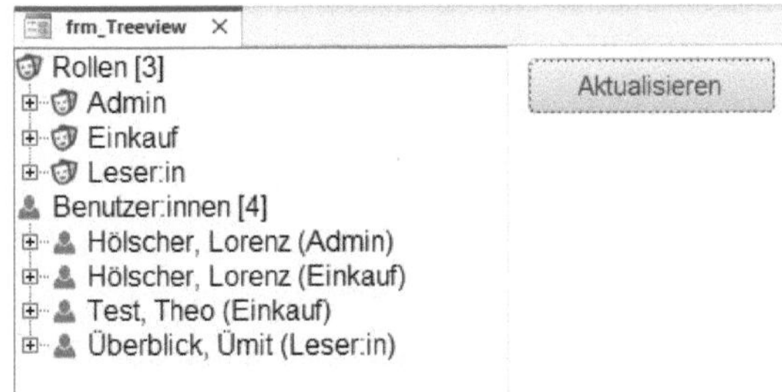

Abbildung 157: Der Treeview kann mehrere Recordsets anzeigen

Knoten besser expandieren

Die [+]-Elemente zeigen für alle Knoten derzeit nur einen Leerknoten an. Daher folgt nun die wesentlichste Änderung im Treeview, nämlich in seinem Verhalten. Anfangs wurden alle Knoten sofort auf einen Schlag erzeugt, jetzt jedoch ist nur die oberste Ebene vorhanden. Anstatt nun beim Expandieren einfach den vorhandenen Leerknoten anzuzeigen, sollen ab jetzt per VBA die eigentlich gewünschten Unterknoten ermittelt werden.

Dazu braucht es zuerst das Ereignis des *Treeview*-Controls, welches beim Expandieren, also dem Ausklappen eines Knotens, auftritt. Da es ein externes (nämlich ein OCX-)Control ist, finden Sie dessen spezielle Ereignisse leider nicht im Eigenschaften-Fenster.

Wechseln Sie hingegen in den Code des Formulars *frm_Treeview*, können Sie in der oberen linken Combobox das *trvGesamt*-Control und in der oberen rechten

Combobox alle seine Ereignisse aufrufen:

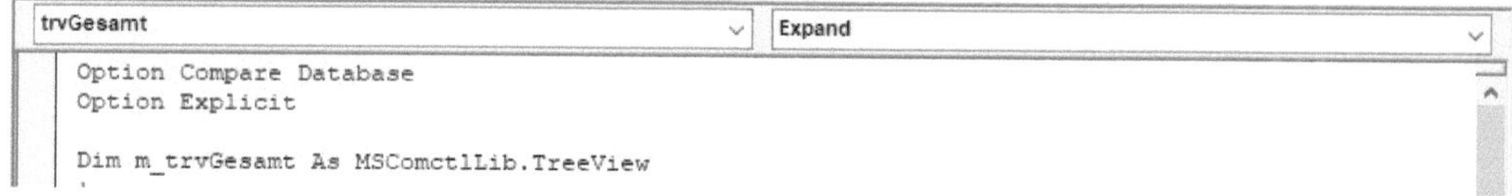

Abbildung 158: Im VBA-Editor zeigen die Comboboxen Controls und deren Ereignisse

Durch die entsprechende Auswahl in beiden Comboboxen erzeugen Sie also die Ereignisprozedur `trvGesamt_Expand`:

```
Private Sub trvGesamt_Expand(ByVal Node As Object)

End Sub
```

Abbildung 159: Der Prozedur-Rumpf zu `trvGesamt_Expand`

> **Achtung**: Der so erstellte Prozedur-Rumpf bringt die korrekte Signatur mit, also die Namen, Datentypen und Reihenfolge der Parameter. Diese dürfen Sie nicht ändern! Einzig das Weglassen von `Private` ist möglich, falls diese Prozedur mal von außerhalb des Formulars aufgerufen werden müsste.

Sie können testweise mal eine `MsgBox` in diese Prozedur schreiben, um zu beweisen, dass und mit welchem Knoten sie aufgerufen wird:

```
Private Sub trvGesamt_Expand(ByVal Node As Object)
    MsgBox "Expandiert: " & Node.Text
End Sub
```

Auch wenn der `node` ärgerlicherweise nur als unscharfes `Object` deklariert wurde und daher keine IntelliSense-Auswahl anbietet, können Sie dessen `Text`-Eigenschaft nutzen, um die Beschriftung des expandierten Knotens zu erfahren.

> **Anmerkung**: Microsoft macht es uns Entwickler:innen wirklich schwer. *Node* ist nämlich ein Datentyp und hier in einem der beiden wichtigsten *Treeview*-Ereignisse wird das gleiche Wort als Parametername missbraucht! Vernünftigerweise hätte da nämlich so etwas wie `(ByVal nodExpanded As Node)` stehen müssen oder in der Microsoft-Benennung als `(ByVal Node As Node)`. Das würde aber nicht nur Programmierer:innen endgültig verwirren, sondern wahrscheinlich auch den Compiler.

Dann meldet sich diese `MsgBox` mit exakt dem Text des gerade expandierten Knotens:

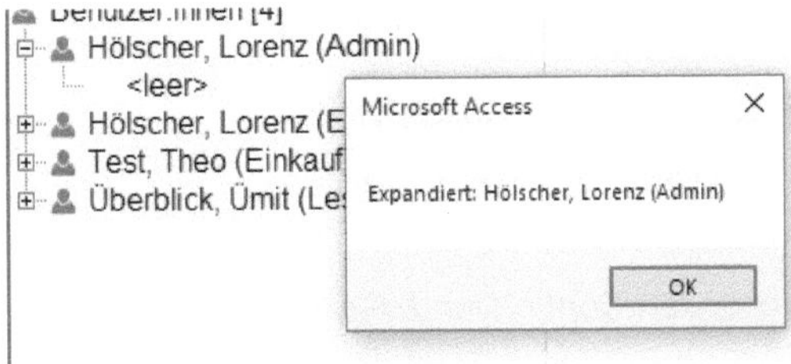

Abbildung 160: Die Meldung zum expandierten Knoten

Damit ist alles perfekt, denn in `node` steht der *expandierte* Knoten, und zwar auch dann, wenn irgendein anderer markiert war. Und, wie Sie vielleicht schon probiert haben, beim anschließenden Einklappen (=`Collapse`) reagiert dieses Ereignis wie gewünscht nicht.

Auch wenn es noch nicht perfekt ist, können wir hier schon mal Daten an den expandierten Knoten hängen. Im Moment sind es beliebige Daten, damit Sie sehen, wie es grundsätzlich geht.

Wegen der zukünftigen Länge der Prozedur lagere ich diese direkt aus in ein neues Modul *modTreeviewExpandieren* und gebe ihr diese Signatur:

```
Sub TreeviewExpandieren(trvDieser As MSComctlLib.TreeView, _
        nodExpandiert As Node)
    MsgBox "Expandiert: " & nodExpandiert.Text
End Sub
```

Testweise steht hier im Grunde die gleiche Aktion drin wie eben, nur dass der Knoten `nodExpandiert` heißt und den richtigen Datentyp *Node* hat. Deswegen funktioniert auch die IntelliSense-Liste für `.Text`.

Diese neue Prozedur rufen Sie in *frm_Treeview* auf und sind damit nebenbei auch das Problem des unbrauchbaren *Object*-Datentyps los, weil die neue Prozedur das ordentlich macht:

```
Private Sub trvGesamt_Expand(ByVal Node As Object)
    TreeviewExpandieren m_trvGesamt, Node
End Sub
```

Das Ergebnis ist identisch mit der Abbildung 160. Aber jetzt soll ja etwas anderes passieren, nämlich im Grunde die Funktion `KnotenAusQuery` aufgerufen werden, allerdings derzeit noch ohne sinnvolle Filter:

```
Sub TreeviewExpandieren(trvDieser As MSComctlLib.TreeView, _
        nodExpandiert As Node)
    KnotenAusQuery trvDieser, nodExpandiert, "viwBenutzer", _
        icnBenutzer, False
End Sub
```

Tipp 93: Ich empfehle immer dringend, nach jeder Code-Änderung den Befehl DEBUGGEN | KOMPILIEREN aufzurufen. Damit finden Sie Schreibfehler oder falsche Datentypen am schnellsten. Der Menübefehl ist etwas merkwürdig, denn keine Rückmeldung ist eine gute Meldung. Nur bei Problemen gibt es überhaupt eine Meldung, dass und wo ein Fehler gefunden wurde.
Ich sehe leider ganz oft Datenbanken, die in irgendwelchen abseitigen Modulen Kompilierfehler in Prozeduren haben, die gar nicht ernsthaft aufgerufen werden. Das verhindert aber, dass überhaupt eine Prozedur per Kompiliercheck überprüft werden kann. Solche fehlerhaften Code-Teile müssen wenigstens auskommentiert sein.

Das Ergebnis ist technisch korrekt, aber inhaltlich natürlich noch nicht. Jeder Knoten zeigt jetzt als Unterknoten nach dem Leerknoten einfach alle Benutzer:innen ungefiltert an:

Abbildung 161: Die expandierten Knoten zeigen noch identische, ungefilterte Daten

Knoten-Informationen ergänzen

Woher kann die Prozedur `KnotenAusQuery` eigentlich erfahren, welche Daten und welchen Filter sie für die Unterknoten einsetzen soll? Ganz einfach: Sie schaut bei `nodExpandiert` nach.

Wir müssen darum dafür sorgen, dass im expandierten Knoten drinsteht, welcher Art seine Daten sind, und bei Bedarf, welche ID er hat. Das sind zwei Informationen (zu denen später vielleicht noch mehr hinzukommen werden), für die leider nur ein einziger Speicher vorhanden ist, nämlich die `Tag`-Eigenschaft des Knotens mit einem *String*-Datentyp.

Das macht aber nichts, auch in einer Zeichenkette lassen sich mehrere Informationen mit Trennzeichen ablegen. Diese Informationen sollen möglichst kompakt sein, also Zahlen. Und sie sollen sprechend sein. Was fällt Ihnen dazu ein? Genau: *Enumerations*!

Legen Sie in *modVarKonstDLL* eine weitere `Enumeration` an, deren Reihenfolge übrigens völlig egal ist und auch nichts mit der Reihenfolge in `enmImagelistIcons` zu tun hat:

```
Enum enmKnotentypen
    kttNONE
    kttBenutzer
    kttRolle
End Enum
```

Jeder Knoten erhält also einen Knotentyp, damit der Code jederzeit weiß, mit welcher Art Inhalt er es eigentlich zu tun hat. Die zweite Information, die hier gespeichert werden muss, ist die *FeldID* des Datensatzes, weil die beispielsweise als Filter fungieren muss.

Diese Daten schreibt man natürlich nicht „zu Fuß" in die `Tag`-Eigenschaft, sondern einheitlich mit einer Prozedur, die wie folgt aussieht:

```
Function SchreibeTag(kttDiese As enmKnotentypen, strID As String) As String
    SchreibeTag = kttDiese & "|" & strID
End Function
```

Die Funktion verbindet die beiden Inhalte derzeit einfach mit einem Pipe-Zeichen[44], weil das in den zu erwartenden Texten nicht vorkommt.

Anmerkung: Haben Sie sich hoffentlich gewundert, warum ich die `strID` als *String*-Datentyp deklariert habe, obwohl doch *AutoWerte* und damit *Long*-Datentypen in den Tabellen stehen? Zukünftig könnten dort beispielsweise Dateien aus einem Verzeichnis in Unterknoten aufgelistet werden und deren „ID" ist dann der eindeutige Dateiname, aber keine *Long*-Zahl. Die „ID" wird ohnehin in einer Zeichenkette gespeichert und verlöre damit auf jeden Fall immer ihren *Long*-Datentyp.

Deswegen brauchen wir zwei Funktionen, welche die Elemente später auch wieder einzeln herausholen können. Oder noch besser: eine Funktion, die anhand einer *Enumeration* sagt, welches Element wir haben wollen.

---

[44] Das ist dieser senkrechte Strich, den Sie meistens links vom `Y` auf der Tastatur finden.

Also kommt zuerst die nächste Enumeration in *modVarKonstDLL*:

```
Enum enmElemente
    eleKnotentyp
    eleFeldID
End Enum
```

Dann kann in *modTreeviewAllgemein* die neue Funktion `LiesTag` das jeweilige Elemente herausholen. Da die Enumeration 0-basiert ist und die im folgenden Code eingesetzte `Split()`-Funktion ebenfalls, passen die direkt zusammen:

```
Function LiesTag(strTag As String, eleDieses As enmElemente) As String
    Dim varX As Variant

    varX = Split(strTag, "|")
    LiesTag = varX(eleDieses)
End Function
```

Mit der `Split()`-Funktion wird aus der Zeichenkette anhand des Trennzeichens ein Array erzeugt, welches in einem *Variant*-Datentyp speicherbar ist. Mit einem Breakpoint[45] und durch Aufruf im Direktbereich können Sie in den Überwachungsaudrücken[46] zusehen, was dabei entsteht, wenn Sie es im Direktbereich mit einer zufälligen Zeichenkette in der richtigen Schreibweise testen:

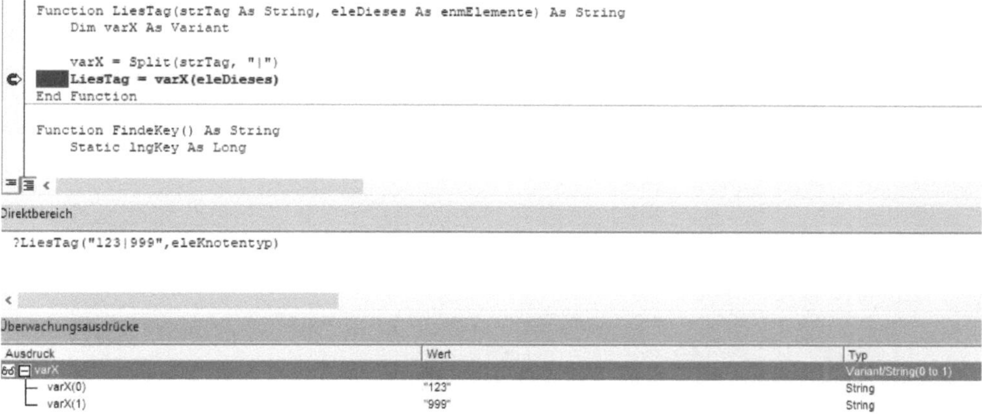

Abbildung 162: Die Überwachungsausdrücke zeigen das Array mit seinen Inhalten

Je nach `eleDiese`-Parameter erhalten Sie also das erste oder zweite Element aus dem übergebenen `Tag` zurück. Falls denn etwas darin steht! Wir müssen also zuerst dafür sorgen, dass die `Tag`-Eigenschaft für alle Knoten auch korrekt gefüllt ist.

---

[45] Das ist der Stopp-Punkt, den Sie mit der <F9>-Taste für eine Zeile ein- und ausschalten können.
[46] Mit einem Rechtsklick auf `varX` wählen Sie im PopUp-Menü ÜBERWACHUNG HINZUFÜGEN und bestätigen einfach den folgenden Dialog.

Das benötigt zuerst zwei Änderungen in `KnotenAusQuery`. In der Signatur wird ein neuer Parameter `kttDieser` zwischengeschoben, weil hinter optionalen Parametern ja keine „normalen" Parameter erlaubt wären:

```
Sub KnotenAusQuery(trvDieser As MSComctlLib.TreeView, _
      nodExpandiert As Node, strSQL As String, _
      kttDieser As enmKnotentypen, _
      icnDieses As enmImagelistIcons, _
      Optional booMitLeer As Boolean = True)
```

Dieser neue Parameter dient dazu, den Unterknoten direkt ihren korrekten Knotentyp mitzugeben, daher erfolgt auch das in einer neuen Zeile:

```
Set nodX = .Nodes.Add(nodExpandiert.Key, tvwChild, FindeKey(), _
      rcsSQL.Fields("FeldAnzeigen").Value & "", icnDieses)
nodX.Tag = SchreibeTag(kttDieser, rcsSQL.Fields("FeldID").Value & "")
If booMitLeer Then
```

Damit sind zwar alle Unterknoten versorgt, die über diese Prozedur erstellt werden, nicht jedoch die direkt erstellten einzelnen Knoten. Natürlich werde ich nicht jeden einzelnen `.Nodes.Add`-Aufruf mühsam mit `Tag`-Inhalten versehen, sondern eine neue Prozedur erstellen, die das macht:

```
Function KnotenEinzeln(trvDieser As MSComctlLib.TreeView, _
      nodExpandiert As Node, strText As String, _
      kttDieser As enmKnotentypen, icnDieses As enmImagelistIcons, _
      Optional booMitLeer As Boolean = True) As Node

   Dim nodX As Node

   Set nodX = trvDieser.Nodes.Add(nodExpandiert.Key, tvwChild, _
      FindeKey(), strText, icnDieses)
   nodX.Tag = SchreibeTag(kttDieser, strText)
   If booMitLeer Then
       trvDieser.Nodes.Add nodX.Key, tvwChild, FindeKey(), _
            p_cstrKnotenLeer, icnNONE
   End If

   Set KnotenEinzeln = nodX
End Function
```

`KnotenEinzeln()` ist übrigens absichtlich keine `Sub`-Prozedur, sondern bereits eine `Function`, die den erzeugten Knoten beim Aufruf zurückgibt. Dadurch können Sie später im Code noch Änderungen auch an einem solchen Knoten noch vornehmen, ohne dass die Prozedur selber das schon machen müsste. Der Rückgabewert erlaubt dann weiteren Zugriff auf diesen Knoten.

Tipp 94: Die Signatur ist sehr ähnlich derjenigen von `KnotenAusQuery`, damit Sie später bei deren Aufruf nicht laufend umdenken müssen. Der einzige Unterschied besteht im dritten Parameter, der entweder den anzuzeigenden Text oder die SQL-Anweisung enthält.

Sie werden jedoch direkt auf die erste Schwierigkeit stoßen, dass nämlich sogenannte Root-Knoten, also solche, die auf der obersten Ebene stehen, gar keinen `nodExpandiert` angeben und auch den `tvwChild`-Wert weglassen.

Anmerkung: Es gibt noch einen zweiten Grund, warum Knoten auf der ersten Ebene nicht so praktisch sind, denn sie zeigen ja das [+]-Element zum Ein- und Ausklappen nicht an.

Deswegen passe ich die `KnotenEinzeln`-Funktion nicht an diesen Sonderfall an, sondern sorge lieber dafür, dass möglichst wenige Root-Knoten vorhanden sind. In diesem Fall gibt es einen einzigen, von dem alle anderen Knoten dann abzweigen.

Außerdem muss ich ab jetzt unterscheiden können zwischen dem Wort „Rolle" und dem Namen einer Rolle, ebenso bei den Benutzer:innen (und später allen anderen Objekten). Daher gibt es neue Knotentypen, die demnächst immer paarweise gebraucht werden:

```
Enum enmKnotentypen
    kttNONE
    kttBenutzer_Wort
    kttBenutzer_Name
    kttRolle_Wort
    kttRolle_Name
End Enum
```

Dadurch ändert sich die `btnAktualisieren_Click`-Prozedur, welche ab jetzt auch nur noch die obersten Knoten des Treeviews erzeugt:

```
Private Sub btnAktualisieren_Click()
    Dim nodStart As Node
    Dim nodX As Node

    TreeviewFormatieren m_trvGesamt
    With m_trvGesamt
        Set .ImageList = Form_USys_frmImagelist_Icons.imlIcons.Object
        .Nodes.Clear
        Set nodStart = .Nodes.Add(, , FindeKey(), "Daten", icnLogo)
        nodStart.Tag = SchreibeTag(kttNONE, "0")
        nodStart.Expanded = True
        Set nodX = KnotenEinzeln(m_trvGesamt, nodStart, _
                "Rollen", kttRolle_Wort, icnRolle)
        Set nodX = KnotenEinzeln(m_trvGesamt, nodStart, _
                "Benutzer:innen", kttBenutzer_Wort, icnBenutzer)
    End With
End Sub
```

Solange in `TreeviewExpandieren` noch nichts Sinnvolles passiert (am besten kommentieren Sie dessen Aufruf in `trvGesamt_Expand` vorübergehend mal aus!), sieht der Treeview erst einmal sehr unvollständig aus. Hier sind die Knoten schon mal manuell expandiert:

Abbildung 163: Der Treeview zeigt nur die oberste Knoten-Ebene

Das scheint ein Problem zu sein, aber in Wirklichkeit ist es die Lösung. Der Treeview erzeugt nur die Anfangsknoten, die sofort zu sehen sind und legt versteckte Leerknoten darunter an, um das [+]-Element zu erzwingen. Die echten Unterknoten werden erst dann hinzugefügt, wenn der entsprechende Zweig ausgeklappt wird. Das ist viel schneller und vor allem für nachträgliche Teilaktualisierungen viel flexibler.

Nur wie gelingt diese Teilaktualisierung? Beim Expandieren prüft der Knoten in `KnotenAusQuery`, ob er einen einzelnen Unterknoten mit dem `<leer>`-Text besitzt. Nur dann löscht er diesen und hängt wie bisher die geplanten Unterknoten dran:

```
    Dim intPos As Integer


If nodExpandiert.Children = 1 Then
        'also gibt es genau einen Kind-Knoten
    If nodExpandiert.Child.Text <> p_cstrKnotenLeer Then
            'aber es ist nicht der Leer-Eintrag, da steht schon was!
        Exit Sub
    End If
    trvDieser.Nodes.Remove nodExpandiert.Child.FirstSibling.Index
End If
        'Leer-Knoten löschen


    Set rcsSQL = CurrentDb.OpenRecordset(strSQL, dbOpenDynaset)
```

In `KnotenEinzeln` muss eine ähnliche Prüfung eingebaut werden, weil auch diese Knoten als Überschriften mal eigene Unterknoten erzeugen werden. Ergänzen Sie den dortigen Code so:

```
    Dim nodX As Node
```

```
    If nodExpandiert.Children = 1 Then
        If nodExpandiert.Child.Text = p_cstrKnotenLeer Then
            trvDieser.Nodes.Remove nodExpandiert.Child.FirstSibling.Index
        End If
    End If


    Set nodX = trvDieser.Nodes.Add(nodExpandiert.Key, tvwChild, _
        FindeKey(), strText, icnDieses)
```

Tipp 95: Aus Performance-Gründen werden die Unterknoten nur einmalig erzeugt, solange noch der Leerknoten gefunden wurde. Danach bleiben die Unterknoten erhalten und werden einfach nur ein- und ausgeklappt. Eine später noch geplante Aktualisierung schon vorhandener Unterknoten (siehe Seite 327) wird mit einem kleinen Trick ganz einfach sein.

Bisher gibt es jedoch noch keine brauchbare Reaktion auf das Expandieren eines Knotens, jetzt wird die `TreeviewExpandieren`-Prozedur erheblich erweitert. Sie wird die Hauptarbeit leisten. Jedes Mal, wenn irgendein Knoten expandiert wird, guckt sie nach, ob es für diesen Knotentyp eine vorgesehene Aktion gibt:

```
Sub TreeviewExpandieren(trvDieser As MSComctlLib.TreeView, _
        nodExpandiert As Node)
    Dim strIDDiese As String
    Dim kttDieser As enmKnotentypen

    strIDDiese = LiesTag(nodExpandiert.Tag, eleFeldID)
    kttDieser = LiesTag(nodExpandiert.Tag, eleKnotentyp)

    Select Case kttDieser
    Case kttRolle_Wort
        KnotenAusQuery trvDieser, nodExpandiert, "viwRollen", _
            kttRolle__Name, icnRolle

    Case kttRolle_Name
        KnotenAusQuery trvDieser, nodExpandiert, _
            "SELECT * FROM viwBenutzer WHERE benutrolleIDRef=" & _
            strIDDiese, kttBenutzer_Name, icnBenutzer, False

    Case kttBenutzer_Wort
        KnotenAusQuery trvDieser, nodExpandiert, "viwBenutzer", _
            kttBenutzer_Name, icnBenutzer, False

    Case kttBenutzer_Name
        'noch nichts tun

    End Select
End Sub
```

> **Hinweis**: Durch den letzten `False`-Parameter nur bei den Benutzer:innen-Namen sorge ich dafür, dass diese keine [+]-Elemente anzeigen, weil es dort im Moment noch nichts auszuklappen gibt.

Denken Sie daran, den eventuell immer noch kommentierten Aufruf von `TreeviewExpandieren` in `trvGesamt_Expand` wieder zu aktivieren und testen Sie mal, wie sich der Treeview jetzt verhält, indem Sie alle Knoten expandieren:

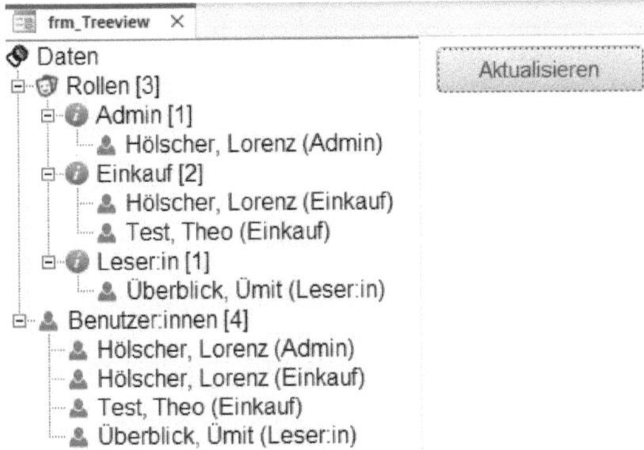

Abbildung 164: Der Treeview zeigt alle Knoten-Ebenen

Das sieht doch schon recht überzeugend aus, oder? 😀

Gruppen und Elemente

Das wirkt zwar auf den ersten Blick schon sehr gut, aber ich würde es gerne ordentlich machen. „Ordentlich" heißt für mich, dass wirklich immer abwechselnd das Wort (also eine Gruppe wie *Rollen*) und darunter die Elemente (also ein konkreter Datensatz bzw. Name wie *Admin*) folgen. Jedes Element kann wieder mehrere Gruppen und jede einzelne davon wieder Elemente enthalten.

Das im Moment noch nicht so, denn auf das Element *Einkauf* folgen direkt die Elemente *Hölscher, Lorenz (Einkauf)* und *Test, Theo (Einkauf)*. Dazwischen fehlt die Gruppe *Benutzer:innen*.

Dazu braucht es in der Enumeration `enmKnotentypen` im Modul *modVarKonstDLL* einen neuen Knotentyp `kttBenutzerVonRolle_Wort`, der diesen Zwischenknoten vom „normalen" *Benutzer:innen*-Knoten unterscheidet.

In der Prozedur `TreeviewExpandieren` ändert sich der `Case kttRolle_Name`:

```
Case kttRolle_Name

    KnotenEinzeln trvDieser, nodExpandiert, _
        "Benutzer:innen in dieser Rolle", _
        kttBenutzerVonRolle_Wort, icnBenutzer
```

```
'       KnotenAusQuery trvDieser, nodExpandiert, _
            "SELECT * FROM viwBenutzer WHERE benutrolleIDRef=" & _
            strIDDiese, kttBenutzer_Name, icnBenutzer, False
```

Sie können die kommentierte Zeile noch drinstehen lassen, denn sie wird ähnlich wieder eingebaut. Im Moment lassen sich die Knoten nur bis zu dieser neuen Überschrift ausklappen:

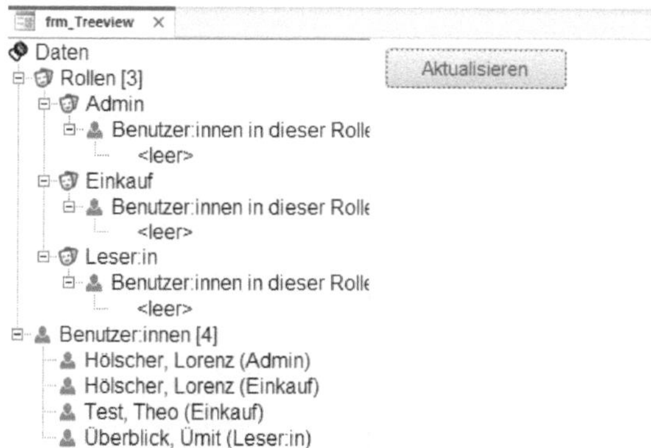

Abbildung 165: Der Treeview zeigt die Knoten bis zur neuen Überschrift

> **Anmerkung**: Wegen der Breite des Treeviews beschrifte ich den Zwischenknoten jetzt nur noch kürzer als *Benutzer:innen*, weil unterhalb des Rollen-Namens schon klar sein sollte, dass es nur die Benutzer:innen in dieser Rolle sind.

Durch dieses konsequente Festhalten an der *Gruppe-Element-Gruppe-Element*-Reihenfolge findet ein Element die ID seines Eltern-Elements(!) nicht mehr im expandierten Knoten mit der Gruppe, sondern genau einen Knoten höher.

Daher braucht es in `TreeviewExpandieren` zwei Anpassungen, eine neue Variable, welche die ID des Elternknotens[47] ausliest und deren Nutzung im bisher kommentierten `KnotenAusQuery`-Aufruf:

```
Sub TreeviewExpandieren(trvDieser As MSComctlLib.TreeView, _
        nodExpandiert As Node)
    Dim strIDDiese As String
    Dim strIDEltern As String
    Dim kttDieser As enmKnotentypen

    strIDDiese = LiesTag(nodExpandiert.Tag, eleFeldID)
    strIDEltern = LiesTag(nodExpandiert.Parent.Tag, eleFeldID)
    kttDieser = LiesTag(nodExpandiert.Tag, eleKnotentyp)
```

---

[47] Der „Elternknoten" ist hier also der übergeordnete Knoten zu `nodExpandieren`.

```
Select Case kttDieser
Case kttRolle_Wort
    KnotenAusQuery trvDieser, nodExpandiert, "viwRollen", _
        kttRolle_Name, icnRolle

Case kttRolle_Name
    KnotenEinzeln trvDieser, nodExpandiert, "Benutzer:innen", _
        kttBenutzerVonRolle_Wort, icnBenutzer

Case kttBenutzerVonRolle_Wort
    KnotenAusQuery trvDieser, nodExpandiert, _
        "SELECT * FROM viwBenutzer WHERE benutrolleIDRef=" & _
        strIDEltern, kttBenutzer_Name, icnBenutzer, False

Case kttBenutzer_Wort
    KnotenAusQuery trvDieser, nodExpandiert, "viwBenutzer", _
        kttBenutzer_Name, icnBenutzer, False

Case kttBenutzer_Name
    'noch nichts tun


End Select
End Sub
```

Damit ist der Treeview wieder vollständig:

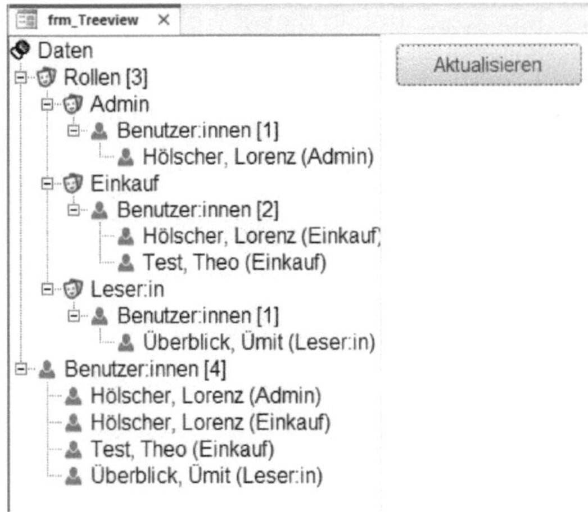

Abbildung 166: Der Treeview zeigt wieder alle Knoten mit Zwischengruppe

Das Kernkonzept in diesem Treeview besteht also darin, nur die obersten Knoten sofort zu erzeugen und danach alle Unterknoten erst, sobald sie das erste Mal geöffnet werden.

Zweige erweitern

Bei diesen wenigen Knoten haben Sie sich möglicherweise schon gefragt, warum ich die abwechselnde Anzeige von Gruppe und Element so wichtig finde. Es gibt zwei Gründe dafür:

- Wenn die Anzahl der Unterknoten im expandierenden Knoten stehen wird, ist das verständlicher, wenn es sich um deren Gruppen-Bezeichnung handelt.
- Ein expandierender Knoten wird nicht nur eine Element-Art in seinen Unterknoten anzeigen, sondern verschiedene, so dass dort die Gruppen-Knoten erläuternd sind.

Insbesondere das zweite Argument benötigt diese Gruppen-Knoten, weil alleine die Icons nicht immer ausreichend erklären können, um welche Art von Daten es sich da handelt[48]. Außerdem würden bei mehreren Aufrufen von `KnotenAusQuery` ja mehrere Anzahl-Werte hintereinander in deren gemeinsamen Gruppen-Knoten geschrieben.

Bei einem Blick in die Beziehungen sehen Sie, dass Personen gleich drei 1:n-Beziehungen zu untergeordneten Tabellen haben, nämlich zu *tblKontakte*, *tblAdressen* und *tblBenutzer*. Das möchte ich gerne abbilden und zwar in einem neuen Root-Knoten.

Sorgen Sie zuerst dafür, dass die drei neuen Icons dafür in *USys_frmImagelistIcons* hinzugefügt werden. Außerdem müssen die zugehörigen `enmIcons`-Elemente (`icnPerson`, `icnKontakt` und `icnAdresse`) in der gleichen Reihenfolge ergänzt werden.

Tipp 96: Leider können Sie nicht gleichzeitig den *Eigenschaften*-Dialog des *ImageList*-Controls und die `enmIcons`-Liste in VBA offen haben. Ich mache daher bei mehreren importierten Icons einen Screenshot, der auf dem zweiten Bildschirm als Gedächtnisstütze dient:

---

[48] Schon der Unterschied zwischen Personen und Benutzer:innen ist grafisch kaum abbildbar.

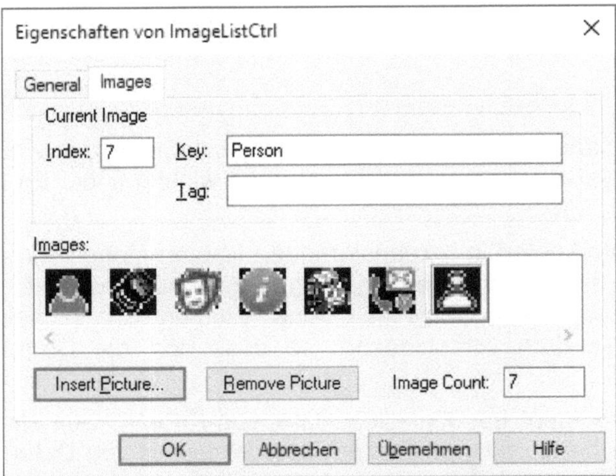

Vorausschauend sollten Sie jetzt auch schon des gleich benötigte Paar von Knotentypen (`kttPerson_Wort` und `kttPerson_Name`) in `enmKnotentypen` im Modul *varKonstDLL* ergänzen.

Jetzt folgt der neue Root-Knoten, also am Ende von `btnAktualisieren_Click` im Formular *frm_Treeview*:

```
        Set nodX = KnotenEinzeln(m_trvGesamt, nodStart, _
            "Benutzer:innen", kttBenutzer_Wort, icnBenutzer)
        Set nodX = KnotenEinzeln(m_trvGesamt, nodStart, "Personen", _
            kttPerson_Wort, icnPerson)
    End With
End Sub
```

Es braucht demnächst immer diese gleichen Handgriffe, um eine neue Art von Knoten einzufügen. Der neue Root-Knoten ist nun sichtbar und lässt sich expandieren:

Abbildung 167: Der Treeview zeigt einen neuen Personen-*Knoten*

Allerdings gibt es in `TreeviewExpandieren` noch keine vorgesehene Reaktion auf diesen neuen Knotentyp, daher erscheint noch der Leerknoten. Ergänzen Sie diese Prozedur um den neuen `Case kttPerson_Wort`:

```
    Case kttPerson_Wort
```

```
      KnotenAusQuery trvDieser, nodExpandiert, "viwPersonen", _
            kttPerson_Name, icnPerson
   End Select
End Sub
```

Tipp 97: Die Reihenfolge der `Case`-Anweisungen ist eigentlich egal. Allerdings wird diese Liste sehr lang und damit unübersichtlich werden. Ich schreibe sie daher in alphabetischer Reihenfolge, um Duplikate sofort zu erkennen. Für VBA sind Duplikate in `Select Case`-Anweisungen technisch in Ordnung, aber dann wird das zweite Auftreten des gleichen Wertes einfach nie ausgeführt.

Im Treeview sehen Sie nun auch die Namen der Personen, wenn Sie den Root-Knoten *Personen* expandieren:

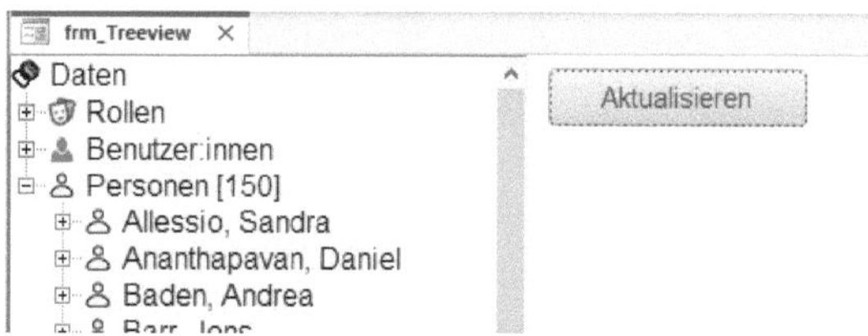

Abbildung 168: Der Treeview zeigt die Namen der Personen

Ich habe den Personen den Leer-Knoten direkt belassen, weil ich ja schon weiß, dass zu jeder Person mehrere Unterknoten benötigt werden. Deren Knotentypen kann ich vorbeugend schon mal in `enmKnotentypen` ergänzen:

```
kttBenutzerVonPerson_Wort
kttAdresse_Wort
kttAdresse_Name
kttKontakt_Wort
kttKontakt_Name
```

Tipp 98: Auch hier hilft eine alphabetische Reihenfolge, wobei VBA anders reagiert als im `Select Case`-Fall. Duplikate werden schon beim Kompilieren bemeckert und die Reihenfolge ist völlig unerheblich. Im Gegenteil, in *Enumerations* ist die Reihenfolge so belanglos, dass sie diese jederzeit ändern können, ohne dass etwas passiert.

Wenn es mir zu unübersichtlich wird, kopiere ich die Inhalte der Enumeration nach Excel, lasse sie dort sortieren und kopiere sie zurück.

In `TreeviewExpandieren` fügen Sie für `kttPerson_Name` eine neue Anweisung hinzu[49]:

---

[49] Ich werde das hier immer am Ende ergänzen, ohne die alphabetische Reihenfolge zu beachten, weil das jetzt für die Anzeige von Code-Ausschnitten leichter zu erkennen ist.

```
    Case kttPerson_Name
        KnotenEinzeln trvDieser, nodExpandiert, "Benutzer:innen", _
            kttBenutzerVonPerson_Wort, icnBenutzer
        KnotenEinzeln trvDieser, nodExpandiert, "Kontakte", _
            kttKontakt_Wort, icnKontakt
        KnotenEinzeln trvDieser, nodExpandiert, "Adressen", _
            kttAdresse_Wort, icnAdresse
    End Select
End Sub
```

Damit ist der Treeview sofort um die neuen Unterknoten ergänzt:

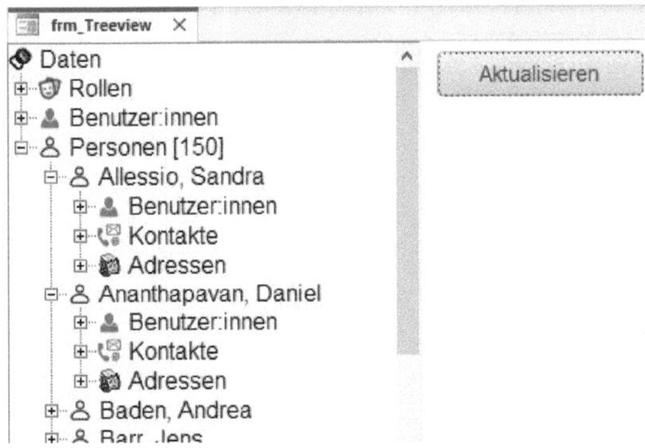

Abbildung 169: Der Treeview zeigt für jede Person mehrere Gruppen-Unterknoten

Natürlich müssen die Unterknoten auch mit Leben gefüllt werden, indem Sie wiederum in `TreeviewExpandieren` die fehlenden `Case`-Anweisungen zu den neuen Knotentypen ergänzt werden:

```
    Case kttBenutzerVonPerson_Wort
        KnotenAusQuery trvDieser, nodExpandiert, _
            "SELECT * FROM viwBenutzer WHERE benutpersoIDRef=" & _
            strIDEltern, kttBenutzer_Name, icnBenutzer, False

    Case kttKontakt_Wort
        KnotenAusQuery trvDieser, nodExpandiert, _
            "SELECT * FROM viwKontakte WHERE kntktpersoIDRef=" & _
            strIDEltern, kttKontakt_Name, icnKontakt, False

    Case kttAdresse_Wort
        KnotenAusQuery trvDieser, nodExpandiert, _
            "SELECT * FROM viwAdressen WHERE adrespersoIDRef=" & _
            strIDEltern, kttAdresse_Name, icnAdresse, False
    End Select
End Sub
```

Wie Sie merken, ist das jetzt keine wirkliche gedankliche Herausforderung mehr, sondern eigentlich nur noch eine Fleißarbeit. Der Treeview füllt sich sehr schnell mit passenden Daten:

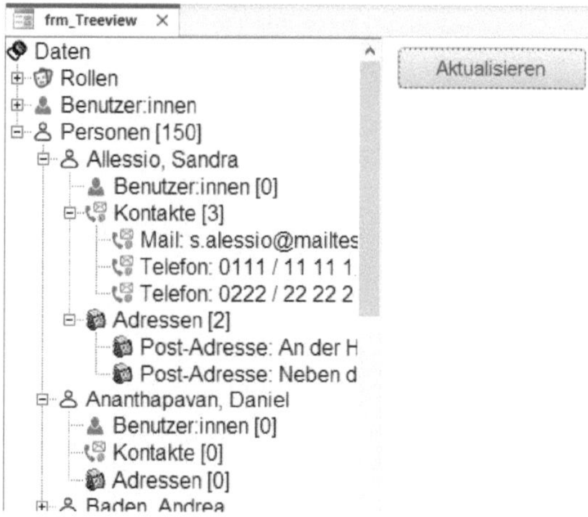

Abbildung 170: Der Treeview zeigt für jede Person passende Informationen

Bei manchen Daten können Sie direkt inhaltlich erkennen, dass diese korrekt zugeordnet sind. Die Mail *s.alessio@mailtest.com* gehört offensichtlich zu *Allessio, Sandra*. Auch die Tatsache, dass für die *Benutzer:innen* keine Unterknoten vorhanden sind, ist kein Fehler, sondern führt nur zu der Erkenntnis, dass Frau Allessio offensichtlich keine Benutzer:in ist.

Es gibt allerdings noch einen Fehler im Code, der erst auffällt, wenn Sie den gleichen Unterknoten mehrfach ein- und ausklappen:

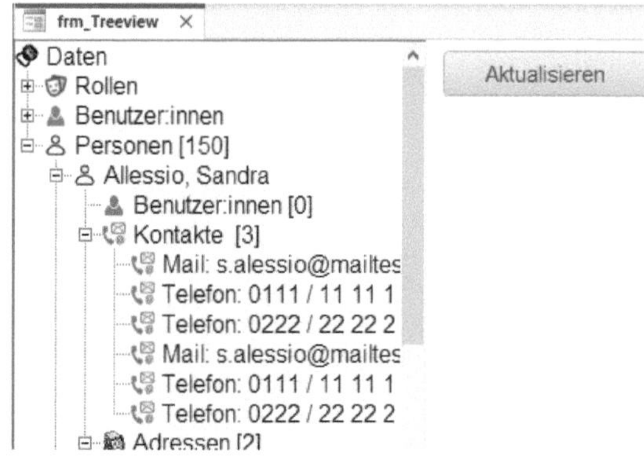

Abbildung 171: Mehrfach ausgeklappte Knoten zeigen fälschlich mehrfache Inhalte an

Das betrifft die Analyse der vorhandenen Unterknoten, ob schon echte Daten vorhanden sind oder der Leerknoten entfernt werden muss. Anstatt das in beiden

Prozeduren (`KnotenAusQuery` und `KnotenEinzeln`) zu prüfen, verlegen wir die Prüfung besser in den generellen Aufruf beim Expandieren jedes Knotens:

```
kttDieser = LiesTag(nodExpandiert.Tag, eleKnotentyp)


If nodExpandiert.Children >= 1 Then
    If nodExpandiert.Child.Text = p_cstrKnotenLeer Then
        trvDieser.Nodes.Remove nodExpandiert.Child.FirstSibling.Index
    Else
        Exit Sub
    End If
End If


Select Case kttDieser
```

In `KnotenAusQuery` und `KnotenEinzeln` können Sie diesen entsprechenden Code entfernen:

```
Sub KnotenAusQuery(trvDieser As MSComctlLib.TreeView, nodExpandiert As Node, strSQL As String, kttDieser As enmKnotentypen, _
    icnDieses As enmImagelistIcons, Optional booMitLeer As Boolean = True)

    Dim rcsSQL As DAO.Recordset
    Dim nodX As Node
    Dim lngAnz As Long
    Dim intPos As Integer

    Set rcsSQL = CurrentDb.OpenRecordset(strSQL, dbOpenDynaset)
    Do Until rcsSQL.EOF
        With trvDieser
            lngAnz = lngAnz + 1
            Set nodX = .Nodes.Add(nodExpandiert.Key, tvwChild, FindeKey(), rcsSQL.Fields("FeldAnzeigen").Value & "", icnDieses)
            nodX.Tag = SchreibeTag(kttDieser, rcsSQL.Fields("FeldID").Value & "")
            If booMitLeer Then
                .Nodes.Add nodX.Key, tvwChild, FindeKey(), p_cstrKnotenLeer, icnNONE
            End If
        End With
        rcsSQL.MoveNext
    Loop

    intPos = InStr(nodExpandiert.Text, "[")
    If intPos > 0 Then
        nodExpandiert.Text = Left(nodExpandiert.Text, intPos - 1) & " [" & lngAnz & "]"
    Else
        nodExpandiert.Text = nodExpandiert.Text & " [" & lngAnz & "]"
    End If
End Sub


Function KnotenEinzeln(trvDieser As MSComctlLib.TreeView, nodExpandiert As Node, strText As String, kttDieser As enmKnotentypen, _
    icnDieses As enmImagelistIcons, Optional booMitLeer As Boolean = True) As Node

    Dim nodX As Node

    Set nodX = trvDieser.Nodes.Add(nodExpandiert.Key, tvwChild, FindeKey(), strText, icnDieses)
    nodX.Tag = SchreibeTag(kttDieser, strText)
    If booMitLeer Then
        trvDieser.Nodes.Add nodX.Key, tvwChild, FindeKey(), p_cstrKnotenLeer, icnNONE
    End If

    Set KnotenEinzeln = nodX
End Function
```

Abbildung 172: Der aktuelle Code der beiden Prozeduren

Sie können es probieren, jetzt ist der Treeview wieder „stabil", alle Knoten lassen sich also beliebig oft ein- und ausklappen.

Das ist eine gute Gelegenheit, weitere Knoten zu ergänzen. Auch die Benutzer:innen haben ja eine 1:n-verknüpfte Tabelle *tblBestellungen*, deren Daten hier angezeigt werden sollen.

> **Anmerkung**: Was hier erst einmal reine Fleißarbeit und „mehr vom gleichen Aufwand" zu sein scheint, wird sich als ein enormer Vorteil des Treeviews entpuppen.

Es beginnt wie schon bei der letzten Ergänzung mit einem neu geladenen Icon für Bestellungen, dessen Gegenstück als `icnBestellung` und zwei neuen Elementen `kttBestellungVonBenutzer_Wort` und `Bestellung_Name`. Ich erstelle diesmal aber keinen neuen Root-Knoten, sondern einen Untergruppen-Knoten für Benutzer, also direkt in `TreeviewExpandieren`. Die `Case`-Anweisung werden Sie sogar schon vorfinden und müssen sie nur noch vervollständigen:

```
Case kttBenutzer_Name
    KnotenEinzeln trvDieser, nodExpandiert, "Bestellungen", _
        kttBestellungVonBenutzer_Wort, icnBestellung
```

Falls Sie jetzt aber schon den Treeview testen, werden Sie nichts von diesem neuen Knoten sehen. An drei Stellen im Code (suchen Sie nach `kttBenutzer_Name`) ist nämlich der Leerknoten für Benutzer:innen explizit nicht angelegt worden, so dass das [+]-Element zum Expandieren fehlt. Sie müssen dort in den Zeilen das jeweils letzte `, False` entfernen.

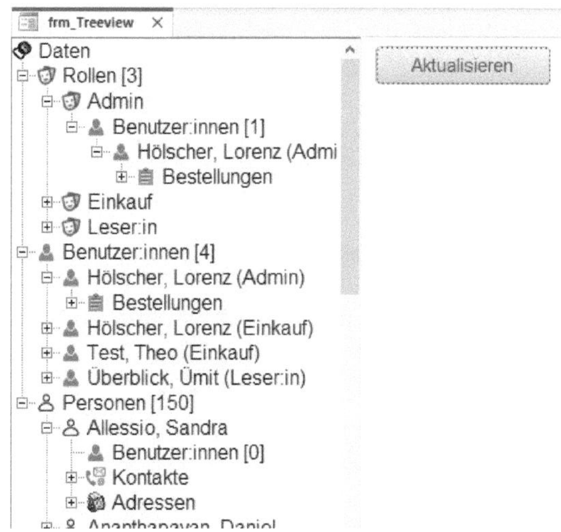

Abbildung 173: Alle Benutzer:innen zeigen nun den gleichen Unterknoten

> **Anmerkung**: Die Knoten im Treeview verhalten sich dadurch ein bisschen wie echte Objekte. Überall, wo ein Knoten für Benutzer:innen auftaucht, sind alle seine Unterknoten sichtbar. Und zwar überall identisch. Es ist also auf Dauer völlig egal, auf welchem Weg Sie einen bestimmten Knoten (und damit ja einen konkreten Datensatz) erreichen, ab da finden Sie alle seine Daten.

Damit es konkret wird, möchte ich hier nicht nur die Gruppe *Bestellungen* als Knoten anzeigen, sondern auch die konkret zugehörigen Bestellungen. Das braucht nur eine Zeile VBA-Code in `TreeviewExpandieren`:

```
Case kttBestellungVonBenutzer_Wort
    KnotenAusQuery trvDieser, nodExpandiert, _
        "SELECT * FROM viwBestellungen WHERE " & _
        "bestlbenutIDRef_bestellt=" & strIDEltern, _
        kttBestellung_Name, icnBestellung, False
    End Select
End Sub
```

Da die Bestelldetails noch nicht angezeigt werden sollen, kommt hier sozusagen wieder ein Stöpsel drauf, indem durch das letzte `False`-Argument kein [+]-Element am Knoten sichtbar wird.

Der Treeview (den ich hier jetzt im Entwurf verbreitert habe, damit das besser zu lesen ist) zeigt nun die Bestellungen für zwei Benutzer:innen an:

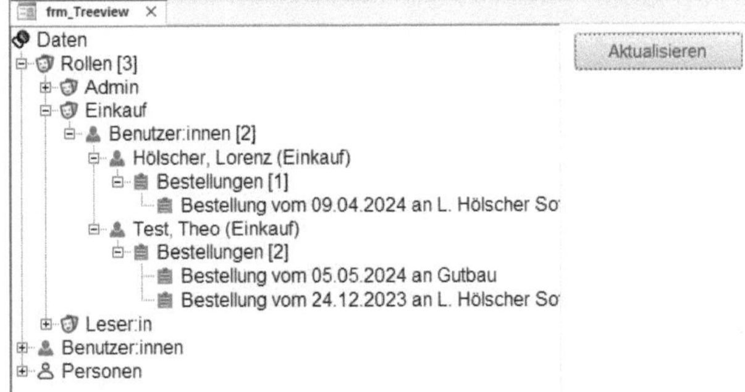

Abbildung 174: Der Treeview zeigt die Bestellungen der jeweiligen Benutzer:innen

Wie Sie aber vielleicht schon am Namen des Fremdschlüssel-Feldes bemerkt haben, gibt es vier verschiedene Beziehungen zwischen einer Bestellung und den Benutzer:innen, nämlich ob bestellt, genehmigt, geliefert[50] oder bezahlt wurde.

Das möchte ich im Treeview ebenfalls sinnvoll abbilden. Ich muss also zuerst die Knotentypen erweitert, der erste wird umbenannt und die nächsten drei neu hinzugefügt:

```
kttBestellungVonBenutzerBestellt_Wort

kttBestellungVonBenutzerGenehmigt_Wort
kttBestellungVonBenutzerGeliefert_Wort
kttBestellungVonBenutzerBezahlt_Wort
```

Dann braucht es einfach drei weitere Gruppen-Bezeichnungen:

```
Case kttBenutzer_Name
```

---

[50] Natürlich meint *geliefert* nicht, dass der:die Mitarbeiter:in selber geliefert hat, sondern dass die Lieferung angenommen und geprüft wurde. Das war nur das kürzere Wort für den Feldnamen …

```
KnotenEinzeln trvDieser, nodExpandiert, _
        "Bestellungen (bestellt)", _
        kttBestellungVonBenutzerBestellt_Wort, icnBestellung
KnotenEinzeln trvDieser, nodExpandiert, _
        "Bestellungen (genehmigt)", _
        kttBestellungVonBenutzerGenehmigt_Wort, icnBestellung
KnotenEinzeln trvDieser, nodExpandiert, _
        "Bestellungen (geliefert)", _
        kttBestellungVonBenutzerGeliefert_Wort, icnBestellung
KnotenEinzeln trvDieser, nodExpandiert, _
        "Bestellungen (bezahlt)", _
        kttBestellungVonBenutzerBezahlt_Wort, icnBestellung
```

Und für jeden dieser Gruppenknoten gibt es eine abgestimmte Reaktion:

```
Case kttBestellungVonBenutzerBestellt_Wort
    KnotenAusQuery trvDieser, nodExpandiert, _
        "SELECT * FROM viwBestellungen WHERE " & _
        "bestlbenutIDRef_bestellt=" & strIDEltern, _
        kttBestellung_Name, icnBestellung, False
Case kttBestellungVonBenutzerGenehmigt_Wort
    KnotenAusQuery trvDieser, nodExpandiert, _
        "SELECT * FROM viwBestellungen WHERE " & _
        bestlbenutIDRef_genehmigt=" & strIDEltern, _
        kttBestellung_Name, icnBestellung, False
Case kttBestellungVonBenutzerGeliefert_Wort
    KnotenAusQuery trvDieser, nodExpandiert, _
        "SELECT * FROM viwBestellungen WHERE " & _
        bestlbenutIDRef_geliefert=" & strIDEltern, _
        kttBestellung_Name, icnBestellung, False
Case kttBestellungVonBenutzerBezahlt_Wort
    KnotenAusQuery trvDieser, nodExpandiert, _
        "SELECT * FROM viwBestellungen WHERE " & _
        bestlbenutIDRef_bezahlt=" & strIDEltern, _
        kttBestellung_Name, icnBestellung, False
```

Mit sehr wenigen Zeilen Code haben Sie nun für jede:n Benutzer:in die passenden Bestellungen auch noch aufgegliedert nach den verschiedenen Fremdschlüsseln:

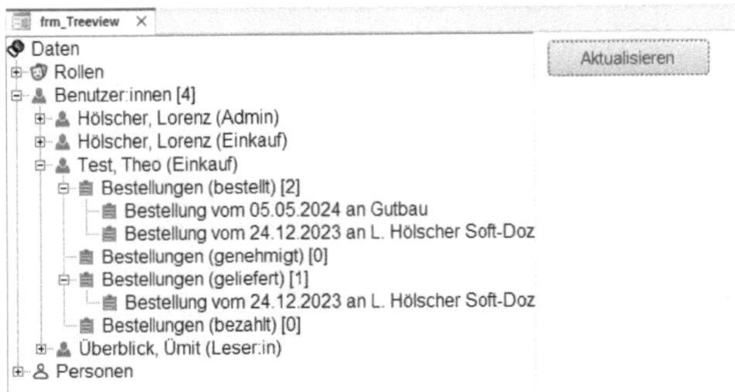

Abbildung 175: Der Treeview zeigt die Bestellungen aufgeteilt

Anmerkung: Können Sie inzwischen nachvollziehen, warum ich diese zwischengeschalteten Gruppenknoten so wichtig finde? Nur so lässt sich klar angeben, was genau da eigentlich angezeigt wird.

Es wäre vielleicht noch klarer zu sehen, wenn der Code das Icon umfärben könnte oder wenigstens mit einer anderen Hintergrundfarbe kennzeichnen könnte. Beides geht aber nicht[51], Sie müssten tatsächlich einzelne umgefärbte Icons hinzuladen.

---

[51] Die Hintergrundfarbe nur des Icons lässt sich nicht ändern, diejenige für die ganze Knotenzeile hingegen schon.

Datenorganisation

Bisher sehen wir ja statt der üblichen Formulare „nur" einen Treeview-Knoten als eine Art Hinweis auf den eigentlichen Datensatz. Eine Bearbeitung ist so nicht möglich und auch nicht vorgesehen.

> **Anmerkung**: Ich finde diese Trennung zwischen dem Datensatz als Ganzes und der Bearbeitung seiner Daten auch sehr wichtig. Während Sie einen Datensatz beispielsweise in seinen Daten ändern, können bzw. dürfen Sie ihn nicht löschen. Vorher müssen Sie seine detaillierte Bearbeitung verlassen (wahlweise durch Abbrechen oder Speichern) und können ihn dann erst als Ganzes löschen.

Der Treeview zeigt in den Daten-Knoten (die als Knotentyp ..._Name heißen) sozusagen den Datensatz als Ganzes. Aber wo und wie kommen die Benutzer:innen dieser Datenbank dann an die Datendetails heran?

Der Rest des Bildschirms ist ja noch frei und genau dafür vorgesehen. Zuerst braucht es wenigstens für alle bereits berücksichtigten Tabellen jeweils ein Standardformular. Dieses basiert natürlich nicht(!) direkt auf der jeweiligen Tabelle, sondern auf deren *...Ungefiltert*-Abfrage. Alle diese Formulare werden als *frm...Details*[52] benannt.

> **Tipp 99:** Es liegt nahe, dass das Formular die „normale" (ohne *...Ungefiltert*) Abfrage benutzt. Schließlich sollen ja nur aktive Daten bearbeitet werden können. Ich werde aber spezielle Knoten einbauen, in denen immer in allen (auch inaktiven) Datensätzen gesucht werden kann, egal, wie zentrale Filter gerade eingestellt waren. Solche Daten wären dann zwar im Treeview, nicht aber im Formular sichtbar. Die Details dazu lesen Sie auf Seite 491. Daher erweitert sich das Konzept von Seite 55 so:

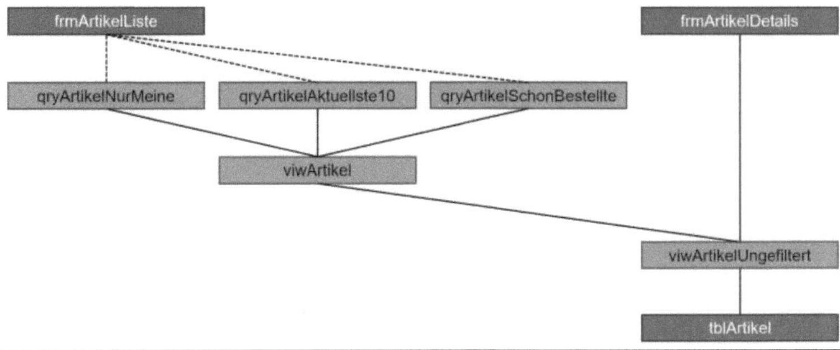

---

[52] Das wird ein wenig irritierend sein bei *qryBestelldetailsUngefiltert*, deren Formular ja dann konsequenterweise *frmBestelldetailsDetails* heißt. Kann man nix machen ...

Weil es wirklich schnell geht, habe ich mit dem Assistenten direkt alle Formulare erzeugt und anschließend nur minimale Verbesserungen vorgenommen:

- Aus *frmPersonen_Haupt* können Sie sich *subKopf* in die Zwischenablage kopieren.
- Dann öffnen Sie jedes der neu erstellten Formulare im Entwurf.
- Löschen Sie die Inhalte vom *Formularkopf* und fügen *subKopf* aus der Zwischenablage ein.
- Das eingefügte *subKopf*-Control passen Sie in der Breite an die anderen Controls an.
- Dessen Höhe bleibt, stattdessen reduzieren Sie die Höhe des Formularkopfs.
- Anschließend erzeugen Sie das *Beim Öffnen*-Ereignis und schreiben in die so entstandene Prozedur die Zeile, um den Titel zu ändern:

```
Private Sub Form_Open(Cancel As Integer)
    SetzeKopf Me, "Adresse"
End Sub
```

Das wiederholen Sie für jedes der neuen Formulare, so dass diese wenigstens ein klein wenig gestaltet sind. Nebenbei sehen Sie dabei, dass diese Technik mit dem eingebetteten Formularkopf tatsächlich auch parallel funktioniert, wenn Sie mehrere der Formulare einfach durch Doppelklick in eigenen Registern öffnen.

Tipp 100:   Jetzt erst in den Formularen werde ich in Comboboxen die erste Spalte mit den ID-Werten ausblenden, indem ich die *Spaltenbreiten*-Eigenschaft auf 0cm stelle. Außerdem sollte (anders als in den Tabellen, die bei mir immer ungefilterte Daten anzeigen) jetzt auch die *Datensatzherkunft* für alle Comboboxen auf die gefilterte „normale" Abfrage umgestellt werden.

Eines der neuen Formulare könnte nun beispielsweise so aussehen:

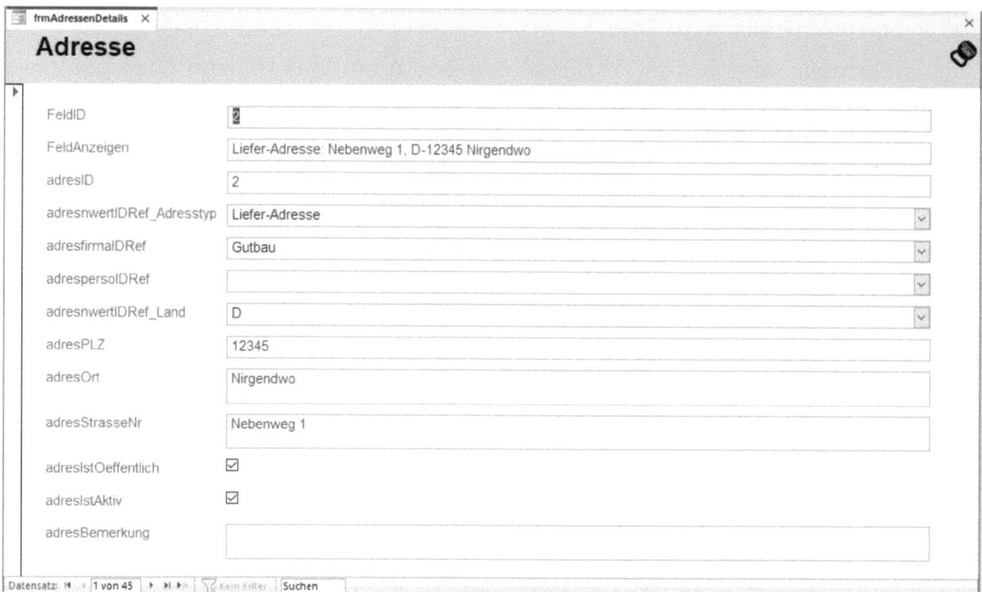

Abbildung 176: Das Formular frmAdressenDetails *für die Bearbeitung von Adressen*

Selbst wenn es nun für den normalen direkten Aufruf vorbereitet ist, wird es tatsächlich häufig im Treeview-Formular auch eingebettet erscheinen.

Keine Daten anzeigen

Für die Fälle, in denen kein Formular oder vor allem keine Daten zur Verfügung stehen, bereite ich zuerst ein Formular *frmLeer* vor, welches passend zum Namen im Grunde nichts kann[53] und eigentlich nur eine leere Fläche bietet:

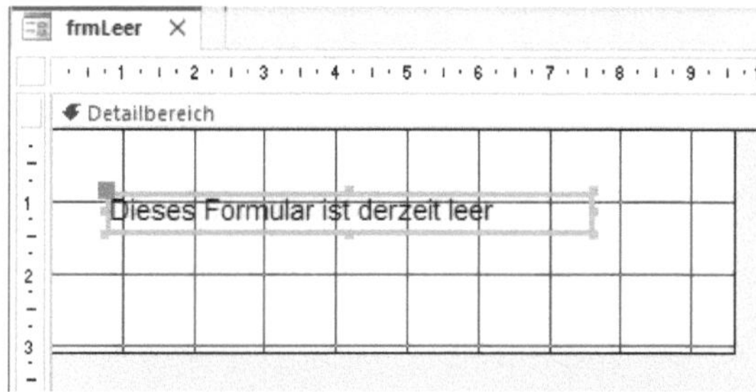

Abbildung 177: Das Formular frmLeer *enthält (fast) nichts*

Nur damit ich erkennen kann, dass das Formular wirklich geladen ist, steht dort ein

---

[53] Vor allem hat es keine Datensatzquelle!

Label mit einem beliebigen Text.

Dieses Formular wird in *frm_Treeview* eingebettet und aus Platzgründen verschiebe ich den *btnAktualisieren* nach links oben, damit für das neue *SubForm*-Control namens *subDetails* Platz ist:

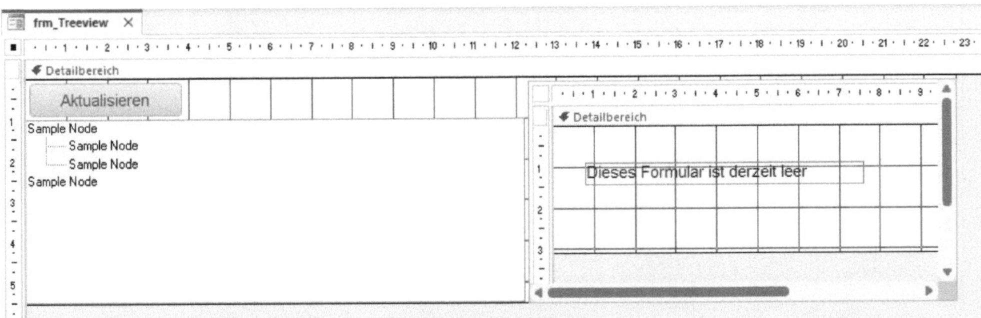

Abbildung 178: Das Formular frm_Treeview *enthält ein eigebettetes Formular*

Das *SubForm*-Control erhält nun den Anker NACH UNTEN UND QUER DEHNEN, damit es immer den maximalen Platz auf dem Bildschirm erhält. Das ist jetzt noch nicht schön, sondern vor allem technisch korrekt:

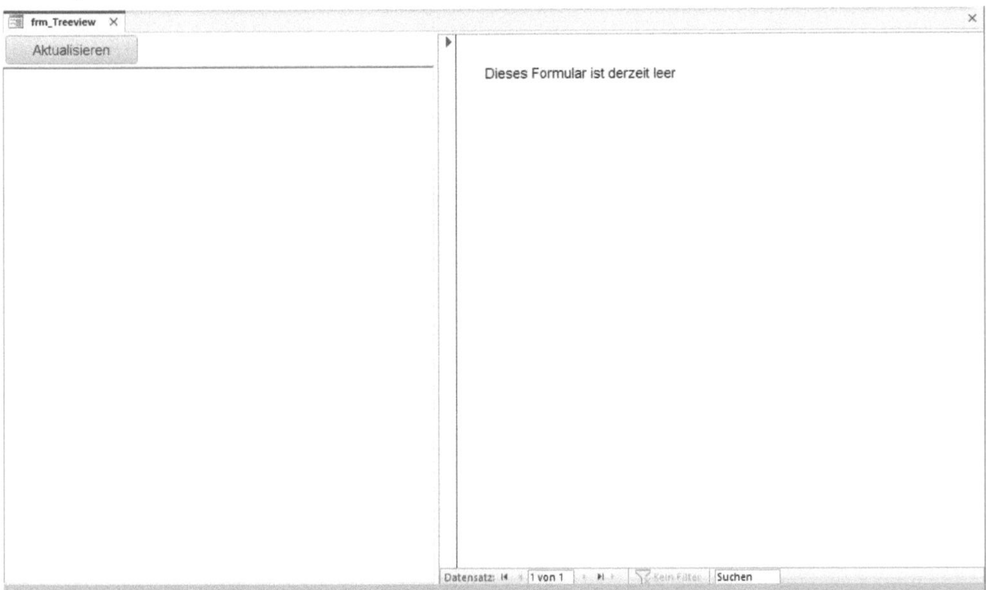

Abbildung 179: Der Treeview zeigt ein Unterformular an

Es gibt noch ein paar Schönheitsmängel zu beseitigen, indem ich in *frmLeer* folgendes ändere: *Datensatzmarkierer*: `Nein` und *Navigationsschaltflächen*: `Nein`. Außerdem finde ich ein Logo schöner als einen schnöden Text, daher füge ich stattdessen ein *Image*-Control ein und lade das Logo[54] mit einem Anker OBEN RECHTS.

Dann wechsle ich in *frm_Treeview* und stelle *Rahmenart*: `Transparent` für das *SubForm*-Control namens *subDetails* ein:

Abbildung 180: Der Treeview zeigt jetzt das Leerformular mit Logo an

Solange also das Logo zu sehen ist, weiß ich, dass es in Wirklichkeit mein Leer-Formular ohne Daten ist. In allen anderen Fällen soll dort ein jeweils wechselndes Formular mit den Daten des markierten Knotens erscheinen.

Die passenden Formulare sind schon vorhanden, es sind die *frm...Detail*-Formulare.

Tipp 101: Sie werden sehen, dass die Erkenntnis unglaublich hilfreich ist, dass eingebettete Formulare sich wie ihr Elternformular verhalten. Selbst wenn Sie also ein modales PopUp-Formular in ein Register-Formular wie hier in *frm_Treeview* einbetten, erscheint es brav im Register. Das wird sich als sehr praktisch erweisen ...

Wir müssen nur noch dafür sorgen, dass jeder Knoten weiß, welches Formular zu

---

[54] Denken Sie noch daran, dass über die Zwischenablage jede Transparenz verloren geht?

ihm gehört. Entweder kann der VBA-Code das aus dem Knotentyp schließen oder wir schreiben es in die *Tag*-Eigenschaft. Letzteres bietet mehr Flexibilität, erfordert aber mehr Schreibarbeit, hier reicht der Knotentyp.

Daten anzeigen

Der Wechsel zwischen verschiedenen Formularen (und übrigens auch dem ausgewählten Datensatz im gleichen Formular!) findet beim Klick auf einen Knoten statt. Dazu fehlt noch das passende Ereignis, damit der VBA-Code überhaupt darauf reagieren kann.

Wechseln Sie in den Code von *frm_Treeview* und ermitteln über die beiden Comboboxen oben (siehe Seite 155) den Prozedur-Rumpf von `trvGesamt_NodeClick`:

```
Private Sub trvGesamt_NodeClick(ByVal Node As Object)
    TreeviewAnklicken m_trvGesamt, Node
End Sub
```

> **Achtung**: Es gäbe auch eine Prozedur `trvGesamt_Click`, die liefert aber keinen Verweis auf den `node`, weil sie auf jeden beliebigen Klick irgendwo im Treeview reagiert.

Selbst wenn es diese neue Prozedur noch gar nicht gibt, habe ich schon mal deren Aufruf hineingeschrieben. Es ist kein Zufall, dass das dem `TreeviewAnklicken` sehr ähnlich werden wird. Da auch diese Prozedur umfangreicher werden könnte, erstelle ich ein neues Modul *modTreeviewAnklicken* und schreibe dort den passenden Prozedur-Rumpf hinein:

```
Sub TreeviewAnklicken(trvDieser As MSComctlLib.TreeView, _
    nodExpandiert As Node)

End Sub
```

Je nachdem, welcher Knotentyp erkannt wird, soll das Unterformular wechseln, allerdings nur, wenn es sich wirklich um Daten handelt. Alle Knotentypen-Bezeichnungen mit ..._Wort in der Bezeichnung sind also uninteressant.

Sie können jetzt Teile des Codes aus `TreeviewExpandieren` herüberkopieren:

```
Sub TreeviewAnklicken(trvDieser As MSComctlLib.TreeView, _
    nodAngeklickt As Node)

    Dim strIDDiese As String
    Dim kttDieser As enmKnotentypen

    strIDDiese = LiesTag(nodAngeklickt.Tag, eleFeldID)
    kttDieser = LiesTag(nodAngeklickt.Tag, eleKnotentyp)

    Select Case kttDieser
    Case kttRolle_Name
```

```
    Case kttBenutzer_Name
    Case kttPerson_Name
    Case kttBestellung_Name
    Case kttKontakt_Name
    Case kttAdresse_Name
    Case Else
    End Select
End Sub
```

Das sind derzeit noch wenige, aber ich kann Ihnen versprechen, in einer größeren Datenbank wird es auch hier deutlich voller werden. Da das Treeview-Formular selber gar nicht als Parameter übergeben wird (das ginge aber durchaus), greife ich hier auf `Screen.ActiveForm` zurück. Das liefert immer das auf dem Bildschirm sichtbare Formular, in dem sich der Fokus befindet. Mit

```
Screen.ActiveForm.subDetails.SourceObject = "frm...Details"
```

wird dem *SubForm*-Control einfach ein neues *Herkunftsobjekt* untergeschoben.

```
    Select Case kttDieser
    Case kttRolle_Name: Screen.ActiveForm.subDetails.SourceObject = _
        "frmRollenDetails"
    Case kttBenutzer_Name: Screen.ActiveForm.subDetails.SourceObject = _
        "frmBenutzerDetails"
    Case kttPerson_Name: Screen.ActiveForm.subDetails.SourceObject = _
        "frmPersonenDetails"
    Case kttBestellung_Name: Screen.ActiveForm.subDetails.SourceObject = _
        "frmBestellungenDetails"
    Case kttKontakt_Name: Screen.ActiveForm.subDetails.SourceObject = _
        "frmKontakteDetails"
    Case kttAdresse_Name: Screen.ActiveForm.subDetails.SourceObject = _
        "frmAdressenDetails"
    Case Else: Screen.ActiveForm.subDetails.SourceObject = "frmLeer"
    End Select
```

Damit ist der erste Teil des Codes fertig.

Tipp 102: Ich weiß nicht, ob Ihnen die Schreibweise mit dem Doppelpunkt geläufig ist? Das ist sozusagen das Gegenstück zu dem Unterstrich. Der Unterstrich (samt Leerzeichen davor und <RETURN> dahinter) ist hübsch für Ihre Augen, aber für den Compiler absichtlich „unsichtbar", so dass er weiß, dass das eigentlich immer noch die gleiche Code-Zeile ist.
Der Doppelpunkt hingegen sagt dem Compiler, dass hier eine neue Code-Zeile beginnt, für Ihre Augen hingegen ist das noch die gleiche Zeile. Gerade bei kurzen `Case`-Fällen spart das eine Menge Platz.

Wenn Sie sich nirgends vertippt haben (`Screen.ActiveForm` ist eines der unbestimmten Objekte und bietet daher keine IntelliSense-Liste, die Namen der Detailformulare müssen Sie als Zeichenketten sowieso tippen), sollte es jetzt schon so funktionieren, dass beim Anklicken von allen konkreten Daten-Knoten im Treeview daneben das zugehörige Formular erscheint:

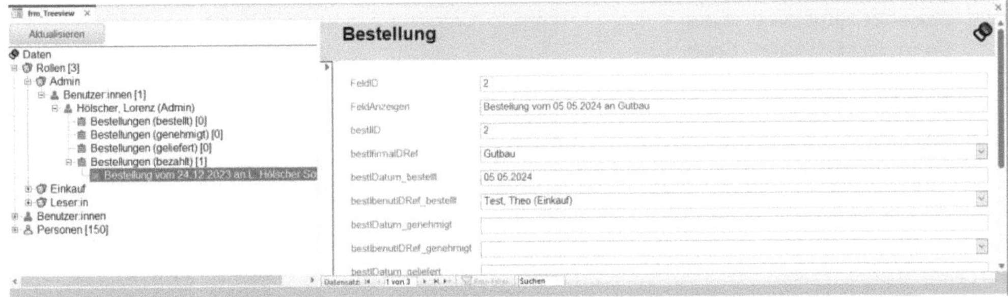

Abbildung 181: Der Treeview zeigt jetzt das passende Datenformular an

Wie Sie sicherlich schon bemerkt haben, wird zwar schon das passende Detailformular angezeigt, aber noch nicht der passende Datensatz. Da alle Detailformulare praktischerweise Datenquellen benutzen, in denen das indizierende Feld den Namen *FeldID* hat, ist das jetzt sehr einfach. Ergänzen Sie den Code am Ende so:

```
With Screen.ActiveForm.subDetails.Form
    .Filter = "[FeldID]=" & strIDDiese
    .FilterOn = True
End With
```

End Sub

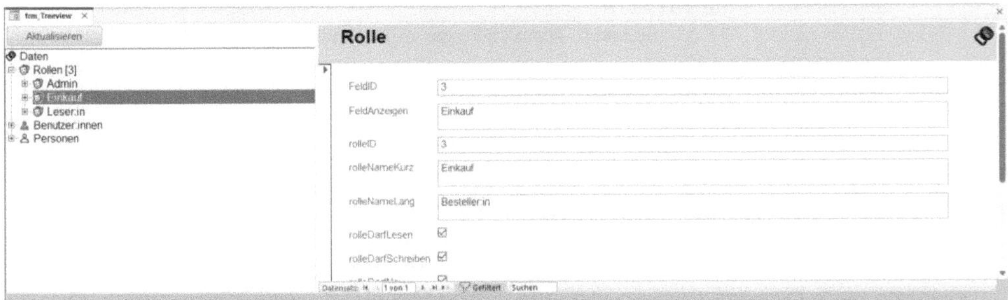

Abbildung 182: Der Treeview zeigt jetzt auch die passenden Daten an

Fertig. 😄

Okay, es ist noch nicht ganz fertig, da gibt es überall noch ein paar schöne Kleinigkeiten zu verbessern. Aber die grundsätzliche Funktionsfähigkeit des Treeviews ist fertig, denn Sie können beliebige Daten ausklappen und anzeigen.

Aktuelle Daten

Oft sind es bestimmte Daten, die wichtiger sind als andere. Sehr häufig werden die

Benutzer:innen vermutlich diejenigen Objekte erneut bearbeiten, die sie bei dem letzten Aufruf der Datenbank auch schon bearbeitet haben.

> **Anmerkung**: Hier gibt es gerne Diskussionen, was mit „aktuellen" Daten gemeint ist. Aus Datenbank-Sicht ist das wegen des AutoWerts sehr einfach: Der Datensatz mit dem höchsten AutoWert ist der zuletzt eingegebene und damit der aktuellste. Aus Benutzer:in-Sicht stellt sich das anders da, weil dort oft Datumswerte im Datensatz selber beachtet werden. Hier gilt dann derjenige Datensatz als aktuell, der in einem bestimmten Datum (z.B. *bestlDatum_bestellt*) den jüngsten Wert hat.

Ich werde hier der Einfachheit halber diejenigen Datensätze als aktueller bezeichnen, die den größeren AutoWert haben, sonst müssen wir auch noch diskutieren, welcher der enthaltenen Datumswerte die Aktualität beschreibt.

Dazu erstelle ich für die Personen eine Abfrage, welche diese nach ihrer *persolD* absteigend sortiert. Da ich nur die ersten fünf Ergebnisse haben möchte, setze ich direkt die TOP-Anweisung:

```
SELECT TOP 5 FeldID, FeldAnzeigen
FROM viwPersonen
ORDER BY persoID DESC;
```

> **Tipp 103:** Ich sortiere mit Absicht nicht nach dem Inhalt von *FeldID*, sondern nach *persolD*. *FeldID* ist ein berechnetes Feld, selbst wenn die Formel dahinter geradezu lächerlich banal ist, und berechnete Felder müssen zuerst bis zum letzten Datensatz durchgerechnet werden, bis die Sortierung anfangen kann. Das ist bei vielen Datensätzen oder komplizierter Formel ein durchaus merkbarer Geschwindigkeitsunterschied.

Jedes Mal, wenn ein neuer Knoten hinzukommt, braucht es im Grunde die gleichen Handgriffe:

- Ein neues Icon hinzuladen (optional),
- ein bis zwei neue Knotentypen erstellen,
- den neuen Startknoten in *frm_Treeview* einbauen und
- in TreeviewExpandieren berücksichtigen.

Ein neues Icon nehme ich hier nicht, das Wort kttPersonenAktuell_Wort können Sie irgendwo in *modVarKonstDLL* in enmKnotentypen ergänzen und mit Case in TreeviewExpandieren vorbereiten:

```
Case kttPersonenAktuell_Wort
    KnotenAusQuery trvDieser, nodExpandiert, "qryPersonenAktuellste", _
        kttPerson_Name, icnPerson
```

Mit extrem wenig Aufwand ist der Treeview nun um einen neuen Zweig erweitert, der die fünf aktuellsten Personen auflistet:

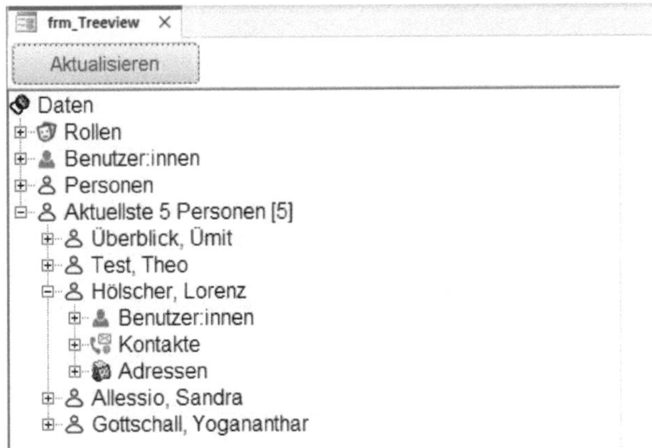

Abbildung 183: Der Treeview mit den fünf aktuellsten Personen

---

Anmerkung: Ich weiß, ich hatte es schon mal erwähnt, aber haben Sie bemerkt, wie unglaublich praktisch dieses Pseudo-Objekt-Verhalten ist? Wenn der Knoten den richtigen Knotentyp hat, „weiß" er, was zu tun ist. Da die Knoten unterhalb von *Aktuellste 5 Personen* ja den Knotentyp `kttBenutzer_Name` erhalten, sind sie auch schon automatisch mit allen Unterknoten und dem zugehörigen Formular ausgestattet.

Natürlich möchten die Benutzer:innen dieser Datenbank das noch raffinierter haben. Sie möchten nicht einfach alle aktuellsten Datensätze sehen, sondern nur ihre eigenen. Sonst hat ein:e andere:r Mitarbeiter:in schon fünf Datensätze nach mir eingegeben und verdrängt dadurch meine von den Spitzenplätzen.

Das es noch keine echte Anmeldung gibt, muss ich vorgreifen und simulieren, wie die ID der angemeldeten Person auszulesen ist. Erstellen Sie schon mal ein neues Modul namens *modAnmeldung* und fügen darin diesen Code ein:

```
Function BenutzerID() As Long
    BenutzerID = 2
End Function
```

Tipp 104: Diese ID wird auch in einer `public`-Variablen gespeichert werden. Das ist schön für den gesamten VBA-Code, der überall darauf zugreifen kann. Sobald Sie so einen Wert jedoch in einer Abfrage benötigen, müssen Sie ihn in einer `Function` kapseln. Auch wenn die Zahl 2 (noch) keine Variable ist, habe ich das hiermit schon mal vorbereitet.

Diese Funktion lässt sich in jeder Abfrage statt einer konkreten Bedingung nutzen, also lautet die SQL-Anweisung für *qryBestellungenMeineAktuellsten*:

```
SELECT TOP 5 FeldID, FeldAnzeigen
FROM viwBestellungen
```

```
WHERE bestlbenutIDRef_bestellt = BenutzerID()
ORDER BY bestlDatum_bestellt DESC;
```

Bauen Sie das nach obigem Muster in den Treeview ein:

```
        Set nodX = KnotenEinzeln(m_trvGesamt, nodStart, _
                "Meine 5 aktuellsten Bestellungen", _
                kttBestellungenMeineAktuellsten_Wort, icnBestellung)
    End With
End Sub
```

Außerdem muss es ja noch in `TreeviewExpandieren` berücksichtigt werden:

```
    Case kttBestellungenMeineAktuellsten_Wort
        KnotenAusQuery trvDieser, nodExpandiert, _
                "qryBestellungenMeineAktuellsten", kttBestellung_Name, _
                icnBestellung
```

Es hat vermutlich keine fünf Minuten gedauert, um dieses Ergebnis zu bekommen:

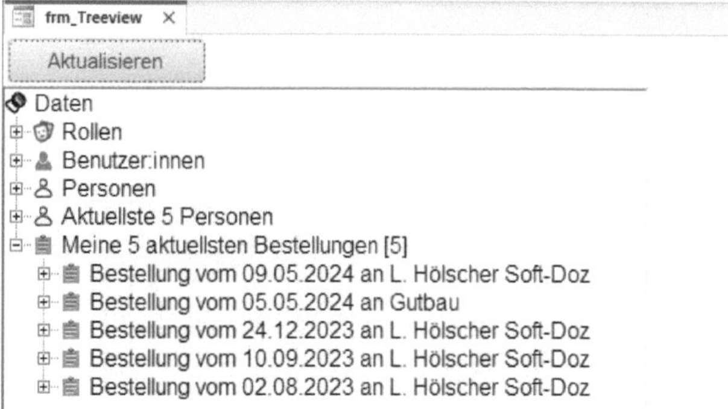

Abbildung 184: Der Treeview mit meinen[55] fünf aktuellsten Bestellungen

Meine Daten

Sie können ziemlich sicher sein, dass ganz viele Datensätze einen Bezug zu „mir", also dem:der aktuellen Benutzer:in, haben. Überall, wo es einen Fremdschlüssel auf die *tblBenutzer* ist, gibt es einen Bezug. Eine Datenbank, die mich unterstützt, bietet mir „meine" Datensätze auf dem Silbertablett an.

Da wird es langsam sinnvoll, alle „meine" Daten in einem gemeinsamen Knoten zusammenzufassen. Dort wird sich nämlich einiges sammeln. Fangen wir mit den Knotentypen an:

```
    kttMeine_Wort
    kttBestellungenMeineBestellt_Wort
    kttBestellungenMeineGenehmigt_Wort
```

---

[55] „meine" natürlich nur, wenn ich zufällig mit BenutzerID 2 angemeldet war.

```
kttBestellungenMeineGeliefert_Wort
kttBestellungenMeineBezahlt_Wort
```

Dabei kennzeichnet `kttMeine_Wort` den neuen, übergeordneten Knoten, der die übrigen zusammenfasst. Ich habe auch ein eigenes Icon dazu geladen:

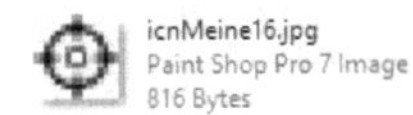

Abbildung 185: Das neue Icon für „meine" Daten

Das Icon muss anschließend noch in `enmImagelistIcons` als `icnMeine` eingetragen werden. Jetzt kann ich in *frm_Treeview* in der dortigen Prozedur `btnAktualisieren_Click` den entsprechenden Knoten anfügen:

```
    Set nodX = KnotenEinzeln(m_trvGesamt, nodStart, _
        "Aktuellste 5 Personen", kttPersonenAktuell_Wort, icnPerson)
    Set nodX = KnotenEinzeln(m_trvGesamt, nodStart, "Meine Daten", _
        kttMeine_Wort, icnMeine)
    'Set nodX = KnotenEinzeln(m_trvGesamt, nodStart, _
        "Meine 5 aktuellsten Bestellungen", _
        kttBestellungenMeineAktuellsten_Wort, icnBestellung)

    End With
End Sub
```

Der oben noch auskommentierte bisherige Knoten für die fünf aktuellsten Bestellungen wird hier wegfallen und stattdessen dem neuen Knoten untergeordnet, schließlich sind auch dies „meine" Datensätze. Dazu kommen die vier neuen Knoten für die anderen Bestellungen mit Bezug zu mir:

```
Case kttMeine_Wort
    KnotenEinzeln trvDieser, nodExpandiert, _
        "Meine 5 aktuellsten Bestellungen", _
        kttBestellungenMeineAktuellsten_Wort, icnBestellung
    KnotenEinzeln trvDieser, nodExpandiert, _
        "Bestellungen, die ich bestellt habe", _
        kttBestellungenMeineBestellt_Wort, icnBestellung
    KnotenEinzeln trvDieser, nodExpandiert, _
        "Bestellungen, die ich genehmigt habe", _
        kttBestellungenMeineGenehmigt_Wort, icnBestellung
    KnotenEinzeln trvDieser, nodExpandiert, _
        "Bestellungen, die mir geliefert wurden", _
        kttBestellungenMeineGeliefert_Wort, icnBestellung
    KnotenEinzeln trvDieser, nodExpandiert, _
        "Bestellungen, die ich bezahlt habe", _
        kttBestellungenMeineBezahlt_Wort, icnBestellung
```

Bis hierhin sieht der Treeview jetzt so aus:

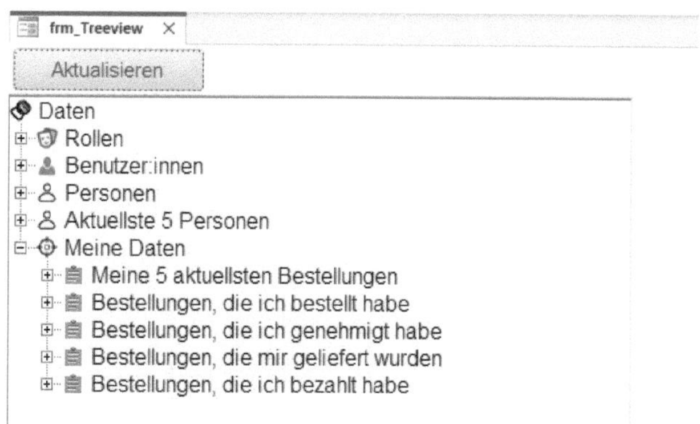

Abbildung 186: Der neue Treeview-Zweig für Meine Daten

Die zugehörigen Abfragen sind schnell erstellt. Sie können sich im Grunde bei der Abfrage *qryBestellungenMeineAktuellsten* inspirieren lassen und dort die `TOP 5` weglassen.

Tipp 105: Die `TOP 5` aus der SQL-Anweisung entsprechen im Abfrageentwurf der Eigenschaft *Spitzenwerte*, die Sie im *Eigenschaften*-Fenster sehen, wenn die Abfrage (und nicht ein einzelnes Feld!) markiert ist. Dort sind übrigens statt konkreter Werte auch Prozente erlaubt.

Beispielhaft lautet *qryBestellungenMeineGenehmigt* also:

```
SELECT FeldID, FeldAnzeigen
FROM viwBestellungen
WHERE bestlbenutIDRef_genehmigt = BenutzerID()
ORDER BY bestlDatum_bestellt DESC;
```

Für die anderen drei Abfragen für „meine" Bestellungen ändert sich nur der Fremdschlüssel *bestlbenutIDRef_genehmigt*. Dann können Sie in `TreeviewExpandieren` auch diese neuen Knoten mit den Abfragenamen ergänzen:

```
Case kttBestellungenMeineBestellt_Wort
    KnotenAusQuery trvDieser, nodExpandiert, _
        "qryBestellungenMeineBestellt", kttBestellung_Name, _
        icnBestellung, False

Case kttBestellungenMeineGenehmigt_Wort
    KnotenAusQuery trvDieser, nodExpandiert, _
        "qryBestellungenMeineGenehmigt", kttBestellung_Name, _
        icnBestellung, False

Case kttBestellungenMeineGeliefert_Wort
    KnotenAusQuery trvDieser, nodExpandiert, _
        "qryBestellungenMeineGeliefert", kttBestellung_Name, _
        icnBestellung, False
```

```
Case kttBestellungenMeineBezahlt_Wort
    KnotenAusQuery trvDieser, nodExpandiert, _
            "qryBestellungenMeineBezahlt", kttBestellung_Name, _
            icnBestellung, False
```

Damit sind im Treeview alle[56] mich betreffenden Daten zusammengefasst:

Abbildung 187: Die neuen Unterknoten für Meine Daten

Die Benutzer:innen müssen nun also nicht jedes Mal herausfiltern, welche Art von Bestellungen sie suchen, sondern können direkt hier auf den vorbereiteten Knoten zugreifen.

Favoriten-Daten

Auf der Wunschliste stehen nach meiner Erfahrung recht bald Favoriten, also die Möglichkeit, bestimmte Daten individuell aus der Menge herauszuheben. Selbst wenn es demnächst Filter geben wird, um diese vielen Daten dann zu reduzieren, wäre es äußerst lästig, die jedes Mal aufrufen zu müssen.

Tipp 106:   Ich würde das direkt als individuelle Favoriten planen, so dass

---

[56] Derzeit sind es nur „meine" Bestellungen, aber die gleichen Anforderungen gibt es ja auch hier schon für Nachschlagewerte und bei richtigen Datenbanken für ganz viele weitere Tabellen.

es nicht nur allgemeine gibt, sondern jede:r Benutzer:in eigene Favoriten hat. So etwas später nachträglich einzubauen, ist ein unverhältnismäßig größerer Aufwand. Um hier aus den individuellen Favoriten allgemeine zu machen, müssen Sie nur den Benutzer:in-Fremdschlüssel mit einem NULL-Wert leer lassen.

Als Favoriten kann ich als Benutzer:in gezielt Datensätze markieren, damit ich sie später beispielsweise in einem speziellen Favoriten-Knoten schnell erreichen kann.

Hinweis: Wegen der Anforderung von individuellen Favoriten geht nicht die „Lösung", die ich bei solchen Gelegenheiten leider viel zu oft sehe. Da wird einfach in der Tabelle *tblArtikel* ein neues *Ja/Nein*-Feld *artikIstFavorit* angelegt. Das ist doppelt falsch, denn erstens ist es dadurch ja gerade nicht individuell, sondern es gibt nur eine einzige Favoriten-Kennzeichnung für alle Benutzer:innen. Und zweitens müssten Sie das Feld anschließend in *jeder* Tabelle anlegen, die „favoritenfähig" werden soll.

Technisch muss es eine m:n-Beziehung werden zwischen vielen Datensätzen (z.B. den Artikeln) und vielen Benutzer:innen. Wir brauchen also eine neue Tabelle *tblFavoriten*, die derzeit so aussieht:

Feldname	Felddatentyp
favorID	AutoWert
favorbenutIDRef	Zahl
favorXXXXXIDRef	Zahl
favorTyp	Zahl
favorIstAktiv	Ja/Nein
favorBemerkung	Kurzer Text

Abbildung 188: Der Entwurf der neuen Tabelle tblFavoriten

Das Feld *favorbenutzIDRef* verhält sich wie alle die ähnlichen Fremdschlüssel auf *tblBenutzer* in den anderen Tabellen.

Aber das Feld *favorXXXXXIDRef* sieht noch etwas vorläufig aus, als ob es auf seinen richtigen Feldnamen wartet. Das tut es nicht, der Name wird so bleiben. Eigentlich müsste ich jetzt nämlich für jeden Fremdschlüssel auf die anderen Datensätze ein eigenes Feld einrichten, also *favorartikIDRef*, *favorbestlIDRef*, *favoradresIDRef*, etc.

Hinweis: Würde ich statt *favorXXXXXIDRef* die echten Fremdschlüssel-Felder anlegen, müsste ich für jede favoritenfähige Tabelle ein eigenes Feld haben. Bei einer größeren Datenbank käme ich da locker auf mehr als 50 solcher Fremdschlüssel.
Allerdings muss ich deutlich darauf hinweisen, dass ich damit in diesem Fall die *Referentielle Integrität* ausschalte. Weil der Fremdschlüssel nicht mehr mit einer konkreten Tabelle verbunden ist, kann Access das nicht überwachen. Das scheint mir aber das deutlich kleinere Übel.

Stattdessen habe ich hier ein einziges neutrales Feld, in welchem der Fremdschlüssel tatsächlich enthalten ist. Die zugehörige Zieltabelle (bzw. nur einen Nachschlagewert dazu) steht in *favorTyp*. In *favorXXXXXIDRef* dürfen daher die IDs mehrfach vorkommen[57] und erst die Zahl in *favorTyp* verrät, in welcher Tabelle das deren ID angibt.

Den *favorTyp*-Wert hole ich nicht aus einer Nachschlagetabelle, sondern aus einer Enumeration, weil diese Zahlen auch in VBA verfügbar sein müssen.

```
Enum enmFavoritentypen
    fvtAdressen
    fvtArtikel
    fvtBestellungen
    fvtKontakte
    fvtPersonen
End Enum
```

Damit wiederum diese Zahlen auch in Abfragen verfügbar sind, braucht es Funktionen, die ich in einem neuen Modul *modFunktionen* anlege:

```
Function FavoritentypAdressen() As Integer⁵⁸
    FavoritentypAdressen = fvtAdressen
End Function

Function FavoritentypArtikel() As Integer
    FavoritentypArtikel = fvtArtikel
End Function

Function FavoritentypBestellungen() As Integer
    FavoritentypBestellungen = fvtBestellungen
End Function

Function FavoritentypKontakte() As Integer
    FavoritentypKontakte = fvtKontakte
End Function

Function FavoritentypPersonen() As Integer
    FavoritentypPersonen = fvtPersonen
End Function
```

Im Moment können wir die Favoriten nur manuell setzen, aber wenigstens die passenden VBA-Prozeduren sollten vorbereitet sein. Ich zeige es hier nur für die Bestellungen, weil die übrigen nachvollziehbar ähnlich sein werden.

Tipp 107:   Ich weiß jetzt schon, dass es mal viele solche Prozeduren geben wird, nämlich zum Neuerstellen, Bearbeiten oder Löschen von Daten-

---

[57] Das mehrfache Vorkommen ist ohnehin zwingend zulässig, weil ja mehrere Benutzer:innen auch die gleichen Favoriten setzen dürften.
[58] Sie erinnern sich, dass Enumerationen intern *Integer*-Werte sind?

sätzen. Daher bereite ich jetzt schon drei Module *modObjekteBearbeiten*, *modObjekteLoeschen* und *modObjekteNeu* vor, damit es auch dann noch übersichtlich bleibt.

Sie gewinnen nichts, wenn Sie möglichst viel Code in ein Modul quetschen, sondern suchen nur länger darin herum. Der wesentliche Grund, warum Prozeduren im gleichen Modul stehen müssen, ist die gemeinsame Nutzung von Modul-öffentlichen Variablen.

Im neuen Modul *modObjekteNeu* erstelle ich eine neue Prozedur `FavoritNeu`:

```
Sub FavoritNeu(fvtTyp As enmFavoritentypen, lngID As Long)

End Sub
```

Diese Prozedur benötigt nur den Favoritentyp und die ID des favorisierten Datensatzes. Aber halt! Wenn es diesen Favoriten für diese Person schon gibt, soll er natürlich kein zweites Mal angelegt werden.

Tipp 108: Eine Alternative zur expliziten Prüfung, ob es diesen Datensatz schon gibt, besteht darin, dessen Erzeugung einfach scheitern zu lassen. Dazu müssen Sie in *tblFavoriten* einen passenden Mehrfach-Index setzen. Klicken Sie auf TABELLENENTWURF | INDIZES und stellen das Dialogfeld so ein:

Indexname	Feldname	Sortierreihenfolge
PrimaryKey	favorID	Aufsteigend
NixDoppelt	favorbenutIDR	Aufsteigend
	favorXXXXXIDR	Aufsteigend
	favorTyp	Aufsteigend

Indexeigenschaften

Primärschlüssel	Nein
Eindeutig	Ja
Nullwerte ignorieren	Nein

Wenn 'Ja', erfordert dieser Index Eindeutigkeit.

Ein Mehrfach-Index entsteht dadurch, dass Sie in der ersten Spalte den Indexnamen leer lassen. Wichtig ist, dass Sie in dessen erster Zeile unten bei *Eindeutig*: `Ja` einstellen.

Da es durchaus praktisch ist, ermitteln zu können, ob dieser Favorit schon existiert, weil dann später mal ein PopUp-Menü direkt seine Beschriftung wechseln kann, werde ich hierzu eine Funktion in *modFunktionen* vorbereiten:

```
Function IstFavoritVorhanden(fvtTyp As enmFavoritentypen, _
    lngID As Long) As Boolean
    IstFavoritVorhanden = (DCount("*", "tblFavoriten", _
        "favorXXXXXIDRef=" & lngID & " AND favorTyp=" & fvtTyp & _
        " AND favorbenutIDRef=" & BenutzerID()))
End Function
```

Die für individuelle Favoriten notwendige Information, für welche:n Benutzer:in das gerade angefragt wird, kommt sinnvollerweise direkt aus der `BenutzerID()`-Funktion.

Tipp 109: Möglicherweise schreiben Sie immer `If booX = True Then` in voller Ausführlichkeit. Dabei reicht `If booX Then` völlig, denn falls `booX` den Wert `True` hat, ist auch das Ergebnis von `booX = True` der Wert `True`. Und falls `booX` den Wert `False` hat, gilt das ebenfalls für `booX = True`. Sie können also `= True` immer weglassen[59].

Hier mache ich etwas ähnliches. Die `DCount()`-Funktion liefert immer eine Zahl und diese ist 0, falls es keine Treffer gibt, und irgendeine positive Zahl, falls es Treffer gibt. Da ich diese Zahl jedoch einer *Boolean*-Variablen[60] zuweise, wird sie dafür sozusagen zurechtgestutzt. Eine 0 bleibt erhalten und entspricht ja einem `False` und jede andere Zahl wird als `True` interpretiert.

Mit dieser Information, ob es diesen Favoriten schon gibt, kann ich also die Prozedur zum Erzeugen von Favoriten vervollständigen:

```
Sub FavoritNeu(fvtTyp As enmFavoritentypen, lngID As Long)
    If Not IstFavoritVorhanden(fvtTyp, lngID) Then
        CurrentDb.Execute "INSERT INTO tblFavoriten „ & _
            (favorbenutIDRef, favorXXXXXIDRef, favorTyp) " & _
            "VALUES (" & BenutzerID() & ", " & lngID & ", " & _
            fvtTyp & ")", dbFailOnError
    End If
End Sub
```

Tipp 110: Die `CurrentDb.Execute`-Methode liefert keine Fehlermeldung, falls irgendwas daran falsch ist, beispielsweise ein falsch geschriebener Feldname. Das ist sehr ärgerlich, denn Sie würden so gar nicht merken, dass der Datensatz gar nicht geschrieben wurde. Daher sollten Sie immer den `dbFailOnError`-Parameter anhängen, damit Access solche Ausführungsfehler überhaupt meldet.

Da es noch keine ordentliche Bedienungsoberfläche gibt, um diese Favoriten zu erzeugen, behelfe ich mir bis zur Seite 325 erst einmal mit einer Testprozedur[61]:

```
Sub TesteFavoriten()
    FavoritNeu fvtBestellungen, 1
    FavoritNeu fvtBestellungen, 3
    FavoritNeu fvtBestellungen, 1
```

---

[59] Achtung, das gilt natürlich nicht für `= False`!

[60] Ja, Sie haben Recht, es ist keine echte Variable, sondern der Rückgabewert einer Funktion mit dem *Boolean*-Datentyp, was technisch aber aufs Gleiche hinausläuft.

[61] Wenn das nicht direkt anschließend gelöscht werden soll, lege ich mir für solche Tests immer ein Modul *USys_modEntwickler* an. Dieser spezielle Name (siehe Tipp auf Seite 141) versteckt das Modul normalerweise.

```
    FavoritNeu fvtArtikel, 999
End Sub
```

Diese ist absichtlich gemein programmiert:

- Die ersten beiden Zeilen sind okay.
- Die dritte Zeile versucht, den ersten Favoriten erneut zu schreiben
- Die vierte Zeile fügt eine Artikel-ID ein, die es gar nicht gibt

Klicken Sie irgendwo in die Prozedur und starten diese mit der <F5>-Taste, sie sollte fehlerfrei durchlaufen. Es ist also syntaktisch alles korrekt, dann sollten wir trotzdem mal nachsehen, was eigentlich geschrieben wurde:

favorID	favorbenutIDRef	favorXXXXXIDRef	favorTyp	favorIstAktiv	favorBemerkung
1	2	1	2	☑	
2	2	3	2	☑	
3	2	999	1	☑	
(Neu)		0		☑	

Abbildung 189: Die Ergebnisse der ersten Runde eingetragener Favoriten

Alle drei Zeilen sind angekommen, weil keiner der Favoriten bisher existiert hat. Kein Wunder, die Tabelle *tblFavoriten* war ja noch leer.

> **Hinweis**: Auch der ungültige Fremdschlüssel 999 wurde geschrieben, weil es ja keine *Referentielle Integrität* gibt. Das entspricht aber meinen Erwartungen und ist technisch in Ordnung.

Der nächste Test besteht darin, die gleiche Prozedur erneut zu starten. Da es alle Favoriten exakt so schon gibt, dürfen keine neuen Zeilen erscheinen.

> **Achtung**: Ein einfacher Blick auf die noch geöffnete Tabelle reicht nicht! Diese muss entweder geschlossen und erneut geöffnet oder viel effizienter mit START | ALLE AKTUALISIEREN (klicken Sie dort auf das Symbol) aktualisiert werden. Erst dann werden auch *neue* Datensätze sichtbar.

Es wurden wie erwartet keine neuen Datensätze geschrieben. Der nächste Test besteht darin, die individuellen Unterschiede zu prüfen. Ich werde jetzt also zu Fuß die *favorbenutIDRef*-Werte auf 1 und 3 ändern und die Testprozedur erneut starten:

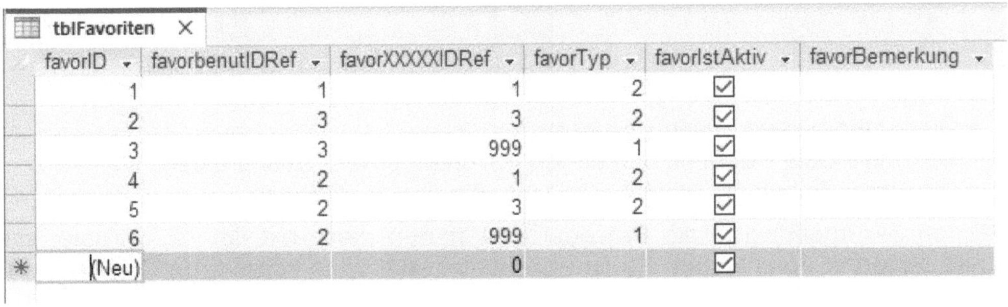

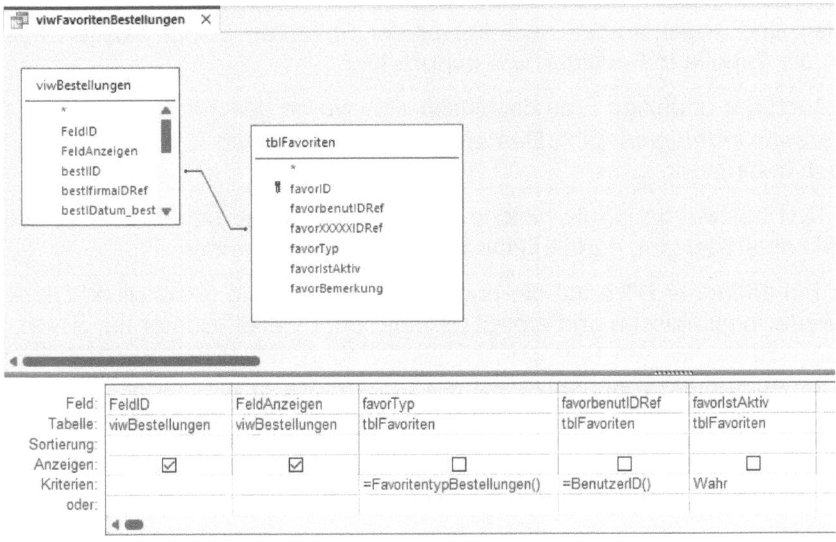

Abbildung 190: Die Ergebnisse der zweiten Runde eingetragener Favoriten

Auch das entspricht den Erwartungen, denn die vorherigen Favoriten gelten ja seit der Manipulation für andere Benutzer:innen. Die Programmierung funktioniert also korrekt.

Damit ich im Treeview diese individuellen Favoriten anzeigen kann, braucht es wieder (je Favoritentyp) eine Abfrage. Die Abfrage *viwFavoritenBestellungen* sieht im Entwurf so aus:

Abbildung 191: Der Entwurf von viwFavoritenBestellungen

Durch die Verknüpfung zwischen *viwBestellungen* und *tblFavoriten* bleiben automatisch diejenigen Bestellungen übrig, die vom *viwBestellungen*-Filter erlaubt werden. Der *favorTyp*-Filter sorgt dafür, dass nur Fremdschlüssel benutzt werden, die auch zu Bestellungen gehören, und der *favorbenutIDRef*-Filter zeigt „meine" Favoriten. Das sind die Ergebnisse:

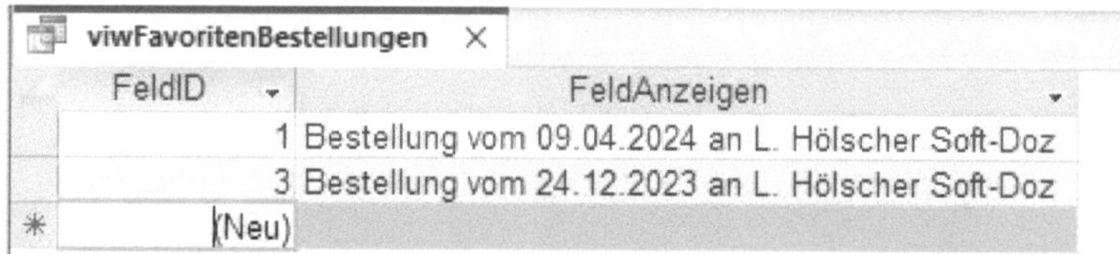

Abbildung 192: Die viwFavoritenBestellungen *zeigen zwei Treffer an*

Jetzt können diese Favoriten mit `kttBestellungenMeineFavoriten_Wort` in den Treeview eingebaut werden:

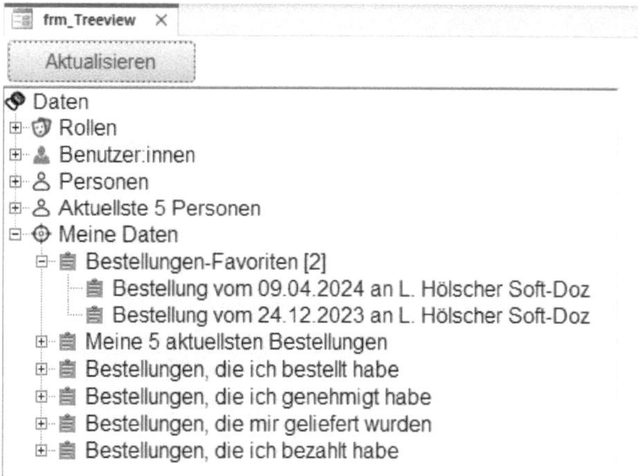

Abbildung 193: Der Treeview zeigt meine Bestellungen-Favoriten an

Treeview-Typen

Ich glaube, es ist Zeit zum Aufräumen. Vielleicht ahnen Sie schon, dass dieser Treeview mit den vielen möglichen Knoten für alle Anlässe recht voll werden kann. Deswegen möchte ich mehrere Treeviews mit eigenen Themen haben. Es bleibt fast alles wie bisher, nur der Inhalt dieses Treeviews kann wechseln.

Es beginnt (welche Überraschung!) mit einer *Enumeration*, um diese Treeview-Typen auflisten zu können:

```
Enum enmTreeviewTypen
    tvtStart
    tvtBestellungen
    tvtPersonen
    tvtBenutzer
End Enum
```

Anschließend füge ich im Entwurf von *frm_Treeview* oben ein *Combobox*-Control namens *cmbTreeviewTyp* hinzu:

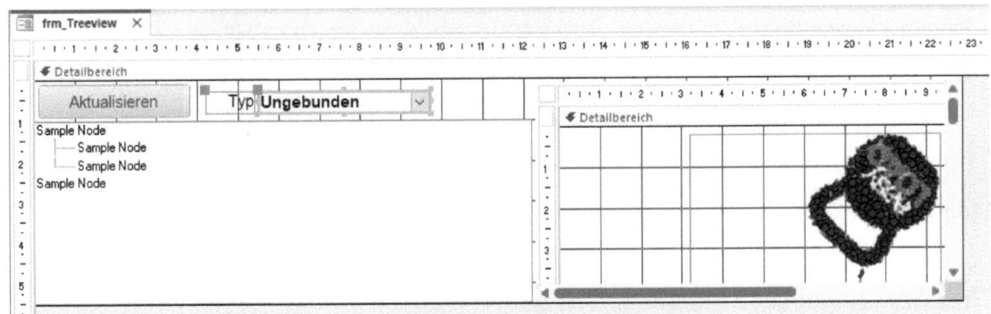

Abbildung 194: Über dem Treeview gibt es eine neue Combobox

Diese Combobox muss auf *Herkunftstyp*: `Wertliste` eingestellt werden, weil sie ihre Daten nicht aus einer Tabelle erhält. Außerdem ist sie wie praktisch alle meine Comboboxen zweispaltig, also mit *Spaltenanzahl*: 2 und *Spaltenbreiten*: 0cm, um die erste Spalte auszublenden.

> **Tipp 111:** Wenn Sie im *Eigenschaften*-Fenster zu einer Eigenschaft eine Auswahlliste finden, müssen Sie nicht jedes Mal den DropDown-Button an deren rechten Ende ausklappen, um den nächsten Eintrag zu wählen. Machen Sie stattdessen viel bequemer einen Doppelklick auf die Bezeichnung (hier also auf *Herkunftstyp*), um den jeweils nächsten Listeneintrag auszuwählen. Das funktioniert überall in Access, wo es solche Listen gibt, beispielsweise auch im Abfrageentwurf.

Die Werte für die Combobox werden *Beim Öffnen* des Formulars gefüllt, also in der schon vorhandenen `Form_Open`-Prozedur:

```
Private Sub Form_Open(Cancel As Integer)
    Set m_trvGesamt = Me.trvGesamt.Object

    With Me.cmbTreeviewTyp
        .RowSource = ""
        .RowSource = .RowSource & tvtStart & ";Start;"
        .RowSource = .RowSource & tvtBestellungen & ";Bestellungen;"
        .RowSource = .RowSource & tvtPersonen & ";Personen;"
        .RowSource = .RowSource & tvtBenutzer & ";Benutzer:innen;"
        .Value = tvtStart
    End With

End Sub
```

> **Tipp 112:** Die Zeile mit `.RowSource = ""` ist technisch überflüssig, denn normalerweise ist diese Eigenschaft sowieso leer. Aber es ist eine Sicherheitsmaßnahme, die ich sehr hilfreich finde. Es könnte nämlich sein, dass ich irgendwann mal im *Eigenschaften*-Fenster für *cmbTreeviewTyp* verse-

hentlich zu Testzwecken eine *Datensatzherkunft* eingetragen habe, die hiermit dann automatisch überschrieben wird. Solche Fehler sucht man sonst lange …

Außerdem sind alle übrigen Zeilen identisch, ich habe sozusagen keine erste Zeile wie `.RowSource = tvtStart & ";Start;"`, die sich von den übrigen unterscheidet. Wenn ich deren Reihenfolge später anpassen wollte, müsste ich das immer korrigieren. So sind alle Zeilen gleich und beliebig wechselbar.

Die Combobox setzt sofort ihren Wert auf den *Start*-Eintrag, damit sie nicht leer beginnt. Das sieht im Formular jetzt so aus:

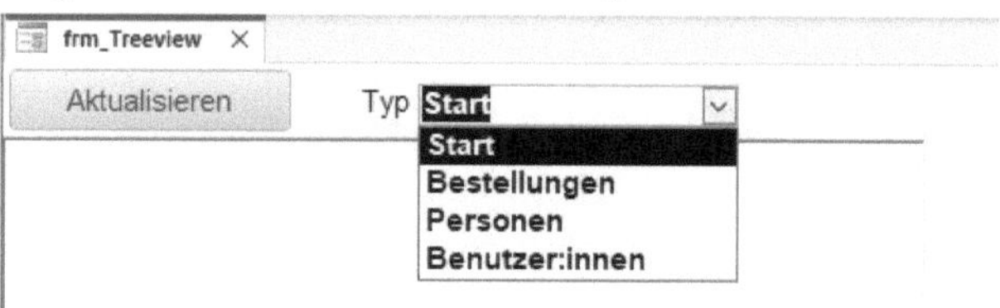

Abbildung 195: Die neue Combobox mit ihren Daten

Für jeden dieser Treeview-Typen muss ich jetzt eine Prozedur vorbereiten, welche die bisherige `btnAktualisieren_Click`-Prozedur ersetzen wird. Da das einige ähnliche Prozeduren werden, fasse ich die im neuen Modul *modTreeviewTypen* zusammen:

```
Sub Treeview_Start(trvDieser As MSComctlLib.TreeView)
    trvDieser.Nodes.Add , , FindeKey(), "Start", icnLogo
End Sub

Sub Treeview_Bestellungen(trvDieser As MSComctlLib.TreeView)
    trvDieser.Nodes.Add , , FindeKey(), "Hier stehen die Bestellungen", _
        icnBestellung
End Sub

Sub Treeview_Personen(trvDieser As MSComctlLib.TreeView)
    trvDieser.Nodes.Add , , FindeKey(), "Hier stehen die Personen", _
        icnPerson
End Sub

Sub Treeview_Benutzer(trvDieser As MSComctlLib.TreeView)
    trvDieser.Nodes.Add , , FindeKey(), _
        "Hier stehen die Benutzer:innen", icnBenutzer
End Sub
```

Gemessen an dem, was der Treeview bisher schon kann, ist das erst mal wieder ein gewaltiger Rückschritt. Jede der Varianten wird genau einen Knoten anzeigen. Das ist aber so geplant, denn es geht erst einmal nur um den Beweis, dass diese neue Programmierung funktioniert.

Damit das überhaupt aufgerufen wird, muss im *Beim Klicken*-Ereignis der Combobox *cmbTreeviewTypen* dieser Code hinterlegt werden:

```
Private Sub cmbTreeviewTyp_Click()
    TreeviewFormatieren m_trvGesamt
    With m_trvGesamt
        Set .ImageList = Form_USys_frmImagelist_Icons.imlIcons.Object
        .Nodes.Clear
    End With

    Treeview_Start m_trvGesamt
End Sub
```

Wenig überraschend sind das die wesentlichen Code-Teile, die schon in der Prozedur `btnAktualisieren_Click` enthalten waren. Sie können jetzt *frm_Treeview* starten und nacheinander die Werte in der Combobox anklicken, so dass jeweils genau ein Knoten sichtbar wird:

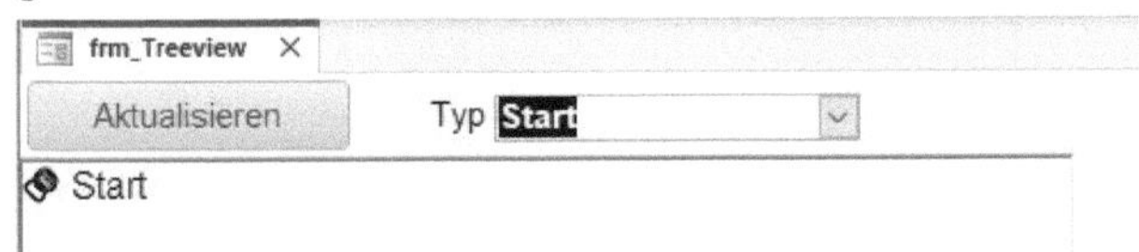

Abbildung 196: Der Treeview zeigt einen Knoten zur Combobox-Auswahl

Damit der erste Combobox-Wert beim Aufruf des Formulars überhaupt wie beim Anklicken zu einer Aktion führt, müssen Sie das übrigens explizit angeben. Die Zuweisung eines Wertes an eine Combobox per VBA heißt nicht, dass dann auch deren *Beim Klicken*-Ereignis ausgeführt wird. Ergänzen Sie den Code in `Form_Open` also bitte so:

```
        .Value = tvtStart
        cmbTreeviewTyp_Click
    End With
End Sub
```

Jetzt ist mit dem erneuten Öffnen des Formulars der Treeview sofort so befüllt, wie es nach dem Anklicken des ersten Combobox-Wertes zu erwarten ist.

So weit, so nett. Jetzt muss der jeweilige Treeview allerdings wieder „richtige" Knoten mit Unterknoten erhalten. Dazu möchte ich mir vorher ein paar Gedanken machen, was dort jeweils erscheinen soll.

- **Anmeldung**: Auch wenn eine echte Anmeldung derzeit noch nicht implementiert ist, soll immer erkennbar sein, als welche:r Benutzer:in jemand aktuell angemeldet ist.
- **Rechte**: In größeren Datenbanken mit einem umfangreichen Rechte-System könnten hier auch die aktuellen Rechte sichtbar sein, damit nachvollziehbar ist,

warum bestimmte Aktionen nicht erlaubt sind.

- **Optionen**: Um die Beispiel-Datenbank klein zu halten, gibt es derzeit keine Optionen. Die Anzahl der aktuellen Objekte (derzeit fünf) wäre ein typischer Fall für eine individuelle Option, die hier in einem Knoten änderbar wäre.
- **Filter**: Im Moment sind alle inaktiven Datensätze einfach weggefiltert, aber um doch einmal auf andere Daten zurückgreifen zu können, sollten solche zentralen Filter individuell gesteuert werden können.
- **Info**: Die Angaben zur Version, zum Stand, etc. dieser Datenbank gehören ebenfalls hier hin.

Zwar wird nachher nicht wirklich alles, was da oben genannt ist, auch in jedem der Treeview-Typen landen, aber das Konzept dahinter ist mir wichtig: Es gibt jetzt nicht plötzlich abweichend vom bisherigen Bedienungskonzept einen Button im Ribbon, um die Datenbank-Infos anzuzeigen. Es gibt nicht einmal einen spezialisierten Dialog, um die Optionen einzurichten. Es gibt stattdessen immer einen Treeview, der alle Aufgaben erfüllen kann.

Dadurch müssen Ihre Benutzer:innen auch nicht überlegen, wo sich eine Einstellung versteckt. Es versteckt sich nichts, alles ist immer über einen Knoten im Treeview erreichbar.

Damit die in allen Treeview-Typen geplanten gemeinsamen Knoten nicht mehrfach programmiert werden müssen, gibt es später eine zentrale Prozedur, die das erledigt. Bis dahin braucht es nur deren Einstiegsknoten mit dem neuen Knotentyp `kttStart_Wort` sowie zwei neue Icons `icnOption` und `icnFilter`.

Ich werde das exemplarisch erst einmal für den *Start*-Treeview-Typ vorbereiten, indem ich eine Prozedur `KnotenGenerell` im Modul *modTreeviewTypen* anlege:

```
Private Sub KnotenGenerell(trvDieser As MSComctlLib.TreeView, _
        nodExpandiert As Node)
    Dim nodX As Node

    Set nodX = KnotenEinzeln(trvDieser, nodExpandiert, _
        "Angemeldet: " & BenutzerID(), kttBenutzer_Name, _
        icnBenutzer, False)
    nodX.Tag = SchreibeTag(kttBenutzer_Name, BenutzerID())

    Set nodX = KnotenEinzeln(trvDieser, nodExpandiert, "Optionen", _
        kttNONE, icnOption)
    nodX.Bold = True

    Set nodX = KnotenEinzeln(trvDieser, nodExpandiert, _
        "Zentrale Filter", kttNONE, icnFilter)
    nodX.Bold = True
End Sub
```

Die Prozedur erzeugt drei Knoten, bei denen die letzten beiden auch direkt mit fetter Schrift formatiert sind. Da der erste Knoten demnächst einen konkreten Namen anzeigen wird, muss ich auch schon mal dessen *BenutzerID* im `Tag` hinterlegen.

> **Tipp 113:** Genauso wie Variablen kennen Prozeduren eine Sichtbarkeit, allerdings standardmäßig entgegengesetzt. Während Variablen explizit (z.B. mit `Public`) sichtbar gemacht werden müssen, müssen Prozeduren mit dem Schlüsselwort `Private` explizit unsichtbar gemacht werden. Was zuerst wie ein Nachteil klingt, hat den Vorteil, dass Sie von außerhalb eines Moduls nur diejenigen Prozeduren sehen, die nicht mit `Private` versteckt wurden.
>
> Diese Prozedur `KnotenGenerell` wird nur von den `Treeview_...`-Prozeduren in diesem Modul benötigt und kann so auch nur von diesen im gleichen Modul aufgerufen werden.

Diese Prozedur kann in `Treeview_Start` aber erst dann aufgerufen werden, wenn dort ein echter Root-Knoten angelegt wurde, auf den sich diese ja im Parameter `nodExpandiert` bezieht. Löschen Sie die bisherige Code-Zeile in `Treeview_Start` und schreiben Sie stattdessen diesen Code:

```
Sub Treeview_Start(trvDieser As MSComctlLib.TreeView)
    Dim nodStart As Node

    With trvDieser.Nodes
        Set nodStart = .Add(, , FindeKey(), "Start", icnLogo)
        nodStart.Tag = SchreibeTag(kttStart_Wort, "0")
        nodStart.Bold = True
        nodStart.Expanded = True

        KnotenGenerell trvDieser, nodStart
    End With
End Sub
```

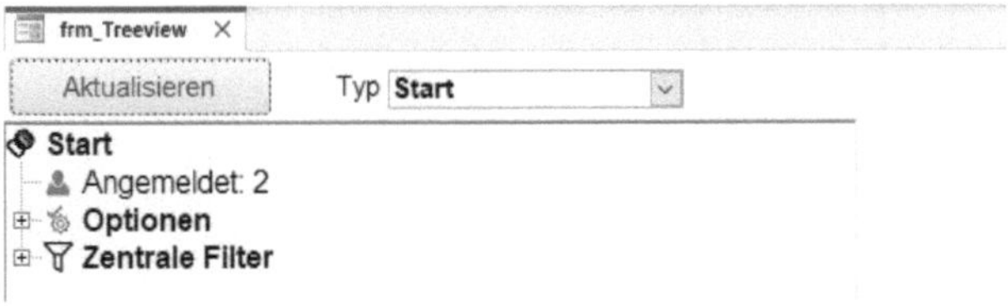

frm_Treeview

Aktualisieren   Typ Start

Start
Angemeldet: 2
Optionen
Zentrale Filter

Abbildung 197: Der Treeview zeigt den generellen Knoten an

Es gibt noch keine weiteren Unterknoten, so dass nach dem Expandieren der beiden [+]-Elemente nichts ausklappt, aber das kommt später noch. Bis hierhin ist alles wie geplant vorbereitet.

Nur die provisorische *BenutzerID* statt des Namens ist natürlich nicht schön. Ergänzen Sie in *modAnmeldung* eine zweite Funktion:

```
Function BenutzerName() As String
```

```
BenutzerName = DLookup("FeldAnzeigen", "viwBenutzer", _
    "benutID=" & BenutzerID())
End Function
```

Diese neue Funktion rufen Sie in KnotenGenerell **stattdessen auf:**

```
Set nodX = KnotenEinzeln(trvDieser, nodExpandiert, _
    "Angemeldet: " & BenutzerName(), kttBenutzer_Name, _
    icnBenutzer, False)
```

Jetzt sieht es doch besser aus:

frm_Treeview

Aktualisieren Typ Start

Start
Angemeldet: Test, Theo (Einkauf)
Optionen
Zentrale Filter

Abbildung 198: Der Treeview zeigt einen lesbaren Namen an

Jetzt enthält der Treeview die generellen Knoten, aber noch keine speziellen. Beim Start beschränke ich mich zuerst auf die allgemeinen Infos zur Datenbank. Solche Informationen hinterlegen Sie am besten in *modVarKonstDLL* als Datei-öffentliche Konstanten:

```
Public Const p_cstrProgName = "easyLOAD"
Public Const p_cstrProgVersion = "1.00"
Public Const p_cstrProgAutor = "Lorenz Hölscher, Aachen"
Public Const p_cdatProgStand = #7/1/2024#
Public Const p_cstrMsgTitel = p_cstrProgName & " (Version " & _
    p_cstrProgVersion & ")"
```

Tipp 114: Haben Sie die letzte Zeile bemerkt? Konstanten können nicht aus dynamischen Werten, beispielsweise aus Funktionswerten, ermittelt werden. Aber sie können aus anderen Konstanten zusammengesetzt werden! So bin ich sicher, dass die letzte Konstante für die Titelzeile in MsgBox-Prozeduren immer die korrekten Werte anzeigt.

Da die folgenden Knoten nur per VBA erzeugt werden und kein Zugriff aus Abfragen erfolgt, müssen diese Konstanten nicht in Funktionen gekapselt werden. Sie können also schon den Elternknoten dazu am Ende von Treeview_Start einrichten:

```
Set nodStart = KnotenEinzeln(trvDieser, nodStart, _
        p_cstrProgName & "-Info", kttStartInfo_Wort, icnInfo)
nodStart.Bold = True
nodStart.Expanded = True
TreeviewExpandieren trvDieser, nodStart

End With
```

```
End Sub
```

Dann sieht es so aus:

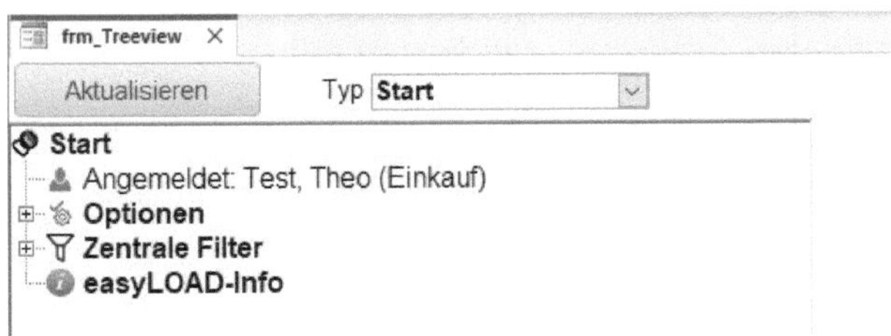

Abbildung 199: Der Treeview erhält den neuen Knoten für das Info

> **Anmerkung**: Möglicherweise rätseln Sie noch, warum das [+]-Element bei dem *easyLOAD-Info*-Knoten fehlt, obwohl es im Code doch angegeben war? Direkt anschließend wurde aber per VBA das Expandieren ausgelöst, welches wiederum keine Unterknoten finden konnte.

Jetzt müssen die Unterknoten für das Info in `TreeviewExpandieren` festgelegt werden:

```
Case kttStartInfo_Wort
    KnotenEinzeln trvDieser, nodExpandiert, _
        "Programmname: " & p_cstrProgName, kttNONE, icnInfo, False
    KnotenEinzeln trvDieser, nodExpandiert, _
        "Version: " & p_cstrProgVersion, kttNONE, icnInfo, False
    KnotenEinzeln trvDieser, nodExpandiert, _
        "Stand: " & p_cdatProgStand, kttNONE, icnInfo, False
    KnotenEinzeln trvDieser, nodExpandiert, _
        "Autor: " & p_cstrProgAutor, kttNONE, icnInfo, False
```

Damit zeigt der expandierte Info-Knoten sofort diese Daten an:

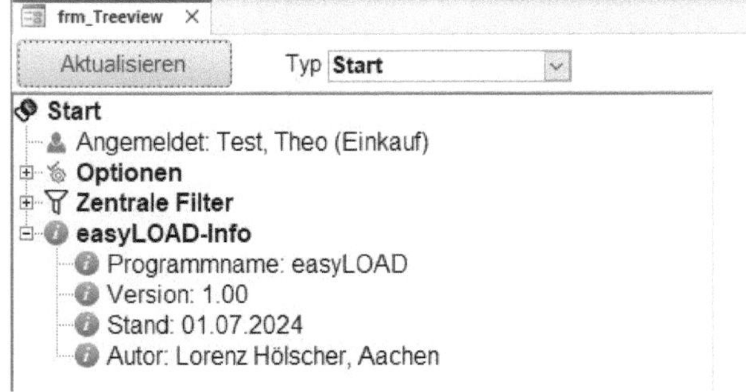

Abbildung 200: Das Info zeigt sofort seine Unterknoten an

Für den Start-Treeview sollen diese Werte erst einmal ausreichen.

Hinweis: Falls Sie versuchen, den obersten echten Root-Knoten *Start* per Doppelklick mal einzuklappen und dann wieder auszuklappen, werden Sie einen Laufzeitfehler erhalten. Die `TreeviewExpandieren`-Prozedur versucht nämlich, dessen Elternknoten auszulesen, den es aber gar nicht gibt. Ergänzen Sie daher diese Prozedur wie folgt:

```
On Error Resume Next
strIDEltern    =    LiesTag(nodExpandiert.Parent.Tag,    eleFeldID)
On Error GoTo 0
```

Kümmern wir uns also nun um den *Bestellungen*-Treeview-Typ. Auch da braucht es neue Knotentypen `kttBestellungenMeine_Wort` und `kttBestellungen_Wort`. Dann können Sie den Code aus `Treeview_Start` in `Treeview_Bestellungen` einkopieren und hier ändern:

```
Sub Treeview_Bestellungen(trvDieser As MSComctlLib.TreeView)
    Dim nodStart As Node

    Dim nodX As Node


    With trvDieser.Nodes
        Set nodStart = .Add(, , FindeKey(), "Bestellungen", icnLogo)
        nodStart.Tag = SchreibeTag(kttStart_Wort, "0")
        nodStart.Bold = True
        nodStart.Expanded = True


        KnotenGenerell trvDieser, nodStart
        Set nodX = KnotenEinzeln(trvDieser, nodStart, "Meine Daten", _
                kttBestellungenMeine_Wort, icnMeine)
        nodX.Bold = True

        Set nodX = KnotenEinzeln(trvDieser, nodStart, "Bestellungen", _
                kttBestellungen_Wort, icnBestellung)
        nodX.Bold = True

    End With
End Sub
```

Damit ist der zweite Treeview-Typ zwar noch nicht fertig, sieht aber auf Anhieb schon annehmbar aus:

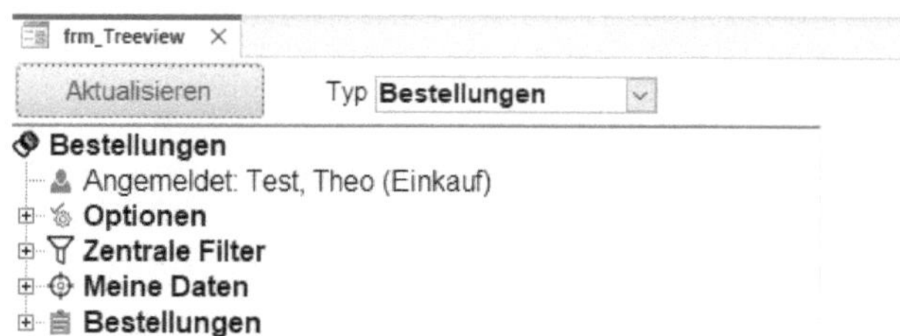

Abbildung 201: Der Bestellungen-*Treeview mit ersten Knoten*

Jetzt fehlen nur die Inhalte, wobei diese genaugenommen sogar schon da sind, denn Sie müssen nur noch die Verbindung schaffen. Eine `Select Case`-Anweisung erlaubt es, im `Case` auch mehrere Werte durch Komma getrennt anzugeben, und genau das machen wir jetzt:

```
Case kttBestellungVonBenutzerBezahlt_Wort
    KnotenAusQuery trvDieser, nodExpandiert, _
        "SELECT * FROM viwBestellungen WHERE bestlbenutIDRef_bezahlt

Case kttMeine_Wort, kttBestellungenMeine_Wort
    KnotenEinzeln trvDieser, nodExpandiert, "Bestellungen-Favoriten",
    KnotenEinzeln trvDieser, nodExpandiert, "Meine 5 aktuellsten Best
    KnotenEinzeln trvDieser, nodExpandiert, "Bestellungen, die ich be
    KnotenEinzeln trvDieser, nodExpandiert, "Bestellungen, die ich ge
    KnotenEinzeln trvDieser, nodExpandiert, "Bestellungen, die mir ge
    KnotenEinzeln trvDieser, nodExpandiert, "Bestellungen, die ich be

Case kttBestellungenMeineBestellt_Wort
    KnotenAusQuery trvDieser, nodExpandiert, "qryBestellungenMeineBe
```

Abbildung 202: Der `Case kttBenutzer_Name` *wird um den zweiten Knotentyp* `kttBestellungenMeine_Wort` *erweitert*

Dadurch werden diese Unterknoten in beiden Fällen angezeigt und schon ist auch der *Bestellungen*-Treeview-Typ mit den ersten Unterknoten gefüllt:

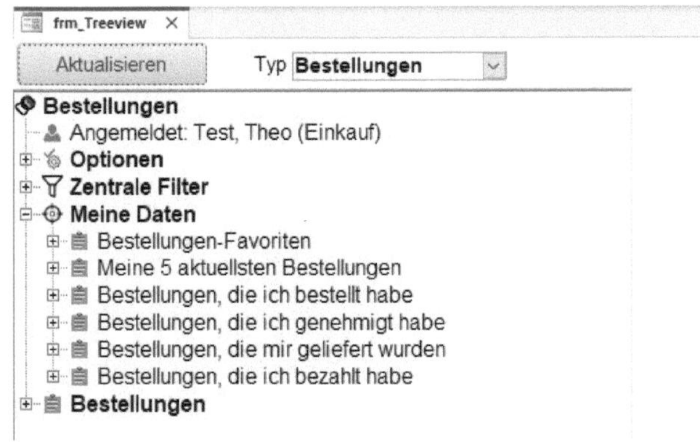

Abbildung 203: Der Meine Daten-*Knoten enthält jetzt passende Unterknoten*

Für den Knoten *Bestellungen* möchte ich zwei gruppierende Unterknoten mit dem Text *Alle Bestellungen* und *Gelöschte Bestellungen* anlegen. Dazu brauche ich `kttBestellungenAlle_Wort` und `kttBestellungenGeloeschte_Wort` als neue Knotentypen und ein Icon `icnPapierkorb` für die Darstellung.

Diese neuen Knotentypen berücksichtige ich in `TreeviewExpandieren`:

```
Case kttBestellungen_Wort
    KnotenEinzeln trvDieser, nodExpandiert, "Alle Bestellungen", _
```

```
            kttBestellungenAlle_Wort, icnBestellung
    KnotenEinzeln trvDieser, nodExpandiert, "Gelöschte Bestellungen", _
        kttBestellungenGeloeschte_Wort, icnPapierkorb

Case kttBestellungenAlle_Wort
    KnotenAusQuery trvDieser, nodExpandiert, "viwBestellungen", _
        kttBestellung_Name, icnBestellung, False

Case kttBestellungenGeloeschte_Wort
    KnotenAusQuery trvDieser, nodExpandiert, "SELECT * FROM „ & _
        viwBestellungenUngefiltert WHERE bestlIstAktiv=0", _
        kttBestellung_Name, icnBestellung, False
```

Schon ist auch der letzte Knoten im *Bestellungen*-Treeview gefüllt:

Abbildung 204: Der Bestellungen-*Knoten enthält jetzt auch seine Unterknoten*

Anmerkung: Haben Sie bemerkt, wie schnell das geht? Die Benutzer:innen haben neue Wünsche und innerhalb von Minuten ist so ein neuer Knoten integriert. Und ohne eine einzige neue Zeile VBA können die Benutzer:innen auf die angezeigte Bestellung klicken und sehen rechts schon deren Daten im Unterformular, weil einfach der Knotentyp `kttBestellung_Name` dafür sorgt.

Die beiden restlichen Treeview-Typen sind nun schnell ergänzt, sie sollen im Moment einfach nach dem gleichen Schema erstellt werden, also jeweils mit *Alle Objekte* und *Gelöschte Objekte*. Legen Sie dazu die drei Knotentypen `kttPersonen_Wort`[62], `kttPersonenAlle_Wort` sowie `kttPersonenGeloeschte_Wort` bzw. entsprechende für `Benutzer` an. Kopieren Sie dann den Code von `Treeview_Bestellungen` in `Treeview_Personen` bzw. `Treeview_Benutzer` und passen ihn jeweils an.

> **Achtung**: Der Knotentyp `kttBenutzer_Wort` war schon mal im Einsatz! Falls sie jetzt den `Case kttBenutzer_Wort` erneut in `TreeviewExpandieren` schreiben, wird ohne irgendeine Fehlermeldung nur dessen erster(!) Aufruf benutzt! Sie müssen den anderen Aufruf also löschen oder wenigstens kommentieren. Da gibt es in *SelectCase*-Anweisungen leider keine Warnung vor doppelten `Case`-Werten.

Für die Personen erzeugen Sie nun diesen Treeview:

Abbildung 205: Der Personen-Knoten enthält jetzt auch seine Unterknoten

Der Knoten *Alle Personen* ist aus Platzgründen wieder eingeklappt, aber Sie sehen an der angezeigten Anzahl, dass er Daten enthält.

Für den *Benutzer:innen*-Treeview-Typ sieht es jetzt so aus:

---

[62] Ja, es gibt schon `kttPerson_Wort` im Singular aus dem anfänglichen Treeview. Das sind noch ein paar Reste aus den ersten Versuchen, die derzeit aber noch nicht gelöscht werden können, weil der Code noch da ist.

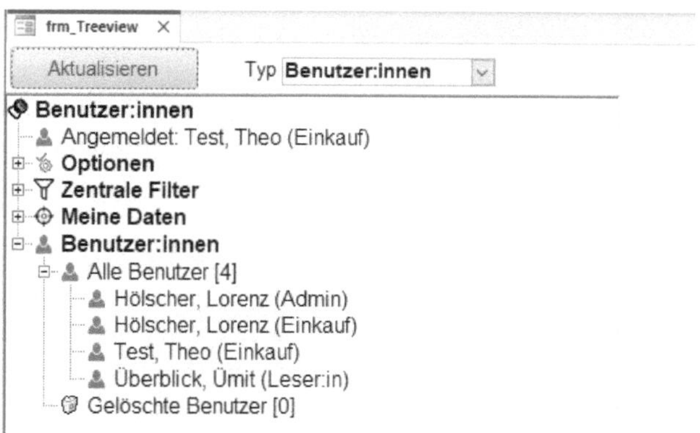

Abbildung 206: Der Benutzer:innen-*Knoten enthält jetzt auch seine Unterknoten*

Hinweis: Für die Personen ist der Knoten *Meine Daten* derzeit leer. Sie können dort schon die *Personen-Favoriten* einbinden:

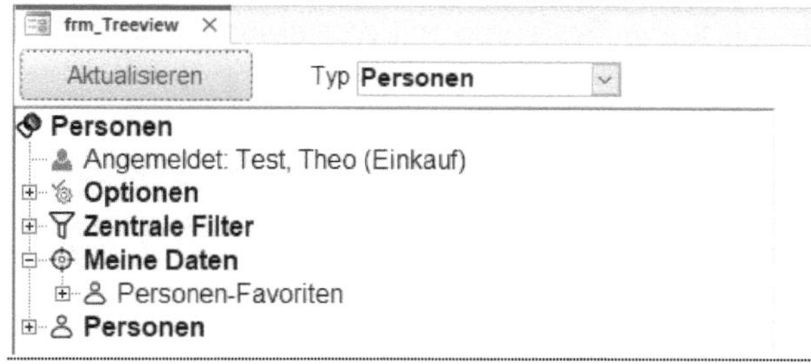

Wann immer ein neues „Thema" in der Datenbank auftaucht, können Sie nach diesem Schema erst einmal einen eigenen Treeview-Typ vorbereiten. Das macht die Datenbank erheblich übersichtlicher.

Hinweis: Wenn mal ein Rechtesystem vorhanden ist, können Sie sogar je nach (mangelndem) Recht Treeview-Typen kürzen, indem Sie deren angezeigte Knoten minimieren. Wer kein Recht an der Bearbeitung von Bestellungen hat, bekommt wie auf Seite 231 stattdessen nur eine Mitteilung zu sehen.

Anmeldung

Es wird Zeit, dass wir uns mal mit der Anmeldung beschäftigen. Da habe ich im Laufe der Arbeit schon viele Varianten gesehen, von ganz-ohne-Anmeldung bis zu einem eigenen Anmelde-Passwort-Verwaltungssystem. Meine Erkenntnis daraus ist, dass es letztlich auf zwei Punkte ankommt:

- Benutzer:innen wünschen sich möglichst wenig Nerverei, am liebsten wollen sie davon gar nichts mitkriegen.
- Als Entwickler:in möchte ich möglichst wenig Aufwand haben, aber trotzdem

immer wissen, wer gerade mit der Datenbank arbeitet.

Der zweite Punkt heißt eigentlich automatisch, dass ich auf keinen Fall ein eigenes Anmelde-System erfinde. Dann muss ich nämlich die Passwörter sicher speichern und, falls jemand es vergessen hat, ihm:ihr ein neues zumailen und eigentlich automatisch erzwingen, dass es beim nächsten LogIn geändert wird (es stand ja ziemlich öffentlich in der Mail).

Das ist ein Riesenaufwand und lohnt sich nicht. Wer es bis an diesen PC geschafft hat, ist offenbar ausreichend vertrauenswürdig, um die Räume zu betreten. Wer sich außerdem noch an diesem PC anmelden konnte, hat eine Anmeldeprozedur hinter sich gebracht, die ich sicherheitstechnisch ohnehin nicht übertrumpfen kann.

Also fragen wir doch jemanden, der etwas davon versteht: Windows. Die VBA-Funktion `Environ("username")` liefert mir den LogIn-Namen der Person, die sich an diesem PC angemeldet hat.

> **Hinweis**: Dieser LogIn-Name ist nicht zwingend eindeutig, weltweit gibt es sicherlich mehrfach *Michaela.Meier*, aber innerhalb einer Firma dürfte es schon eindeutig sein. Bisher hatte ich keine Probleme mit mangelnder Eindeutigkeit, ansonsten gäbe es noch `Environ("computername")` für eine zusätzliche Erkennung.

Diesen LogIn-Namen muss ich mir in einer Tabelle ablegen und schon weiß ich, wer vor der Datenbank sitzt. Fast. Denn Sie haben sicherlich bemerkt, dass ich in *tblBenutzer* zwar ein Feld *benutLogin* für genau diesen Zweck angelegt hatte, dass dort aber mehrfach gleiche Werte zulässig sind.

Was zuerst einmal wie ein Widerspruch klingt, nämlich eindeutige LogIn-Namen mehrfach zu nennen, ist Absicht. Ich unterscheide (wie schon auf Seite 31 beschrieben) zwischen PC-Benutzer:in und Datenbank-Benutzer:in. Dadurch kann ich etwa als Datenbank-Entwickler:in zu Testzwecken mal eben eine andere Rolle annehmen, ohne große Verrenkungen zu machen.

Anhand der Tabelle können wir also zuerst einmal herausbekommen, wer vor der Datenbank sitzt und welche *benutID* dazugehört. Im Modul *modAnmeldung* beginne ich eine neue Funktion:

```
Function JetztAnmelden(Optional lngID As Long = 0)

End Function
```

> **Anmerkung**: Hoffentlich stellen Sie sich jetzt die Frage, warum ich bei der Anmeldung eigentlich eine `lngID`, nämlich konkret eine *benutID*, als Parameter übergeben will. Erstens ist dieser Parameter optional und wenn ich ihn weglasse, wird automatisch der:die Benutzer:in anhand des PC-LogIns erkannt. Aber zweitens möchte ich mich auf Seite 348 auch für andere (oder mein sonstiges eigenes LogIn!) ummelden können und genau dann erfährt die Funktion deren *benutID*.

Normalerweise sollte diese Prozedur eine `Sub`-Prozedur sein, weil sie gar keinen Rückgabewert hat und mich dieser auch nicht interessiert. Aber sie wird mal in einer `OnAction`-Eigenschaft eines PopUp-Menüs aufgerufen und dort müssen es technisch immer `Function`-Prozeduren sein[63].

Tipp 115:   Wenn Sie schon mit optionalen Parametern gearbeitet haben, kennen Sie sicherlich die weitverbreitete Schreibweise wie hier:

```
Sub TestAufruf(Optional strTest)
    If IsMissing(strTest) Then
        MsgBox "nix"
    Else
        Select Case LCase(strTest)
        Case "a":    MsgBox "A!"
        Case "b":    MsgBox "B!"
        Case Else:   MsgBox "??"
        End Select
    End If
End Sub
```

Sie ist erstens kompliziert, weil Sie extra mit der `IsMissing()`-Funktion prüfen müssen, ob der optionale Parameter überhaupt geliefert wurde. Zweitens ist sie schlecht, weil `IsMissing()` nur auf *Variant*-Parameter angewendet werden kann und Sie also im Grunde keinen ordentlichen Datentyp angeben können.

Wenn Sie dem Parameter aber nicht nur einen Datentyp, sondern auch noch gleich einen Standardwert mitgeben, haben Sie sofort alle diese Probleme mit einem Schlag gelöst:

```
Sub TestAufruf(Optional strTest As String = "")
    Select Case LCase(strTest)
    Case "":     MsgBox "nix"
    Case "a":    MsgBox "A!"
    Case "b":    MsgBox "B!"
    Case Else:   MsgBox "??"
    End Select
End Sub
```

Anhand des Windows-LogIns schaut die Funktion in der *tblBenutzer* nach, ob es eine passende *benutID* dazu gibt. Da haben wir schon zwei neue Probleme:

- Falls dieses LogIn nicht vorhanden ist, liefert `DLookup()` einen `NULL`-Wert zurück. Mit der `Nz()`[64]-Funktion wird daraus eine 0, ansonsten wäre es ein Datentyp-Laufzeitfehler, weil es in einer *Long*-Variablen gespeichert werden soll.
- Falls es mehrere Treffer gibt, liefert `DLookup()` nur den ersten Treffer.

---

[63] Das ist technisch besonders lustig, weil in PopUp-Menüs der Rückgabewert einer `Function` (und ihr Rückgabewert ist ja genau der Unterschied zu `Sub`-Prozeduren) gar nicht ausgewertet werden kann.
[64] `Nz()` bedeutet NULL-to-zero, das sollten Sie immer rechtzeitig einbauen.

Das erste Problem ist dank `Nz()`-Funktion schon gelöst, aber wie gehen wir mit mehreren Treffern um? Mit einem kleinen Trick suchen Sie vorrangig diejenigen Datensätze, die *benutIstFavorit* auf `True` stehen haben, und nehmen davon den ersten. Falls es einen Favoriten gab, steht der oben, falls es keinen gab, nehmen Sie eben den ersten Treffer (und das trifft vor allem die Benutzer:innen mit nur genau einem Eintrag). Dazu erstelle ich eine kleine Abfrage *qryBenutzerFuerLogin*:

```
SELECT *
FROM viwBenutzer
ORDER BY benutIstFavorit;
```

Deren Ergebnis sieht so aus:

FeldID	FeldAnzeigen	benutID	benutpersolDRef	benutrolleIDRef	benutLogin	benutIstFavorit	benutIstAktiv	benutBemerkung
1	Hölscher, Lorenz (Admin)	1	154	2	Studio-PC	☑	☑	
4	Hölscher, Lorenz (Einkauf)	4	154	3	Studio-PC	☐	☑	
3	Überblick, Ümit (Leser:in)	3	156	1	uemit999	☐	☑	
2	Test, Theo (Einkauf)	2	155	3	t.test	☐	☑	
(Neu)		(Neu)				■	■	

Abbildung 207: Die Benutzer:innen vorrangig nach Favoriten-Auswahl sortiert

Vom gefilterten Ergebnis dieser Abfrage nimmt `DLookup()` dann nur den ersten Datensatz. Für `Studio-PC` ist es der erste von zweien, für alle anderen gibt es ohnehin nur noch einen Treffer. Also ändert sich in der Prozedur `JetztAnmelden` die Datenquelle:

```
lngIDbenut = Nz(DLookup("benutID", "qryBenutzerFuerLogin", _
    "benutLogin='" & Environ("username") & "'"), 0)
Debug.Print lngIDbenut
```

Sie können es mit dem `Debug.Print` prüfen, dass nun die richtige *benutID* ermittelt wird. Aber welche Variable soll sich das merken? *lngIDbenut* ist ungeeignet, weil sie als lokale Variable mit dem Ende der Prozedur gelöscht ist. Sie könnten eine `Public`-Variable erfinden, aber es gibt noch etwas Besseres!

Tipp 116: Die `Type`-Konstruktion erzeugt sozusagen eine Bündelvariable mit mehreren darin enthaltenen Unter-Variablen. Dank IntelliSense-Listen werden die beim Programmieren hilfreich angezeigt. Im Grunde verhält sich dieses Bündel wie eine Mini-Klasse, die nur Properties[65] besitzt.

Legen Sie dafür im Modul *modVarKonstDLL* ein paar Zeilen Code wie hier an:

```
Type typBenutzer
    lngIDbenut As Long
    strGanzerName As String
    lngIDrolle As Long
    strRolle As String
    booDarfLesen As Boolean
```

---

[65] Properties sagen Ihnen nichts? Dann schauen Sie mal auf Seite 253 nach!

```
         booDarfSchreiben As Boolean
         booDarfNeu As Boolean
         booDarfLoeschen As Boolean
         booDarfBestellen As Boolean
End Type
```

Das ist erst einmal nur die Deklaration des neuen Typs, in welcher festgelegt wird, welche Variablen mit welchem Datentyp darin enthalten sind. Sie können das auch später jederzeit noch erweitern, trotzdem habe ich hier im Vorgriff auf das Rechte-System schon mal weitere Variablen berücksichtigt.

Ab jetzt verhält sich dieser `Type` wie ein normaler Datentyp. Sie deklarieren im Modul *modVarKonstDLL*[66] eine Datei-öffentliche Variable, in welcher ab jetzt der:die aktuelle Benutzer:in gespeichert wird:

```
Public p_benBenutzerAktuell As typBenutzer
```

Die Prozedur `JetztAnmelden` prüft nun zuerst, ob überhaupt eine *benutID* gefunden wurde, dann werden die passenden Werte ausgelesen, ansonsten ist nach der Anmeldung nichts erlaubt. Sie sehen beim Programmieren jetzt, wie IntelliSense Ihnen alle Untervariablen anbietet:

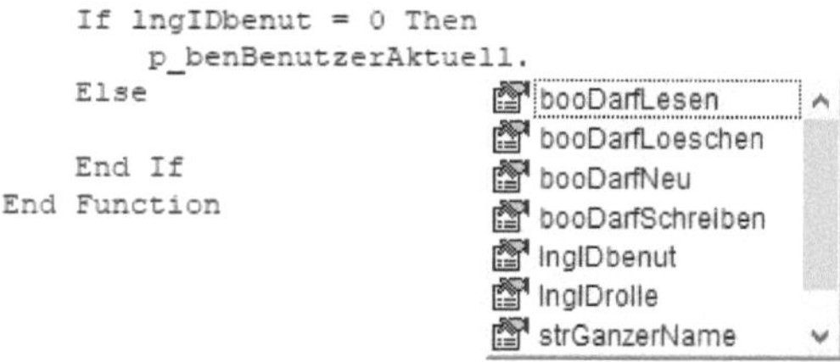

Abbildung 208: Die IntelliSense-Liste für die typBenutzer*-Variable*

Im Prinzip steht dann in der Funktion VBA-Code wie dieser:

```
If lngIDbenut = 0 Then
    p_benBenutzerAktuell.lngIDbenut = 0
    p_benBenutzerAktuell.strGanzerName = "<unbekannt>"
    p_benBenutzerAktuell.booDarfLesen = False
Else
    p_benBenutzerAktuell.lngIDbenut = 0
    p_benBenutzerAktuell.strGanzerName = DLookup("FeldAnzeigen", _
            "viwBenutzerUngefiltert", "benutID=" & lngIDbenut) & ""
    p_benBenutzerAktuell.booDarfLesen = True
End If
End Function
```

Nicht in *tblBenutzer* enthaltene LogIns bleiben beim Wert 0 für die `lngIDbenut`,

---

[66] Das darf sogar oberhalb der `Type`-Deklaration sein!

gelten als unbekannt und haben keine Rechte (die übrigen Rechte folgen später, hier nur ein Beispiel). Wenn eine `lngIDbenut` erkannt wurde, werden anhand der Tabellen die passenden Werte ausgelesen.

Wie Sie aber vielleicht schon bemerkt haben, werden auch Informationen aus *tblRollen* benötigt und `DLookup()` ist ohnehin eine recht langsame Funktion, die nicht für einen vielfachen Aufruf eingesetzt werden sollte. Das ist also nicht besonders effizient programmiert, daher werde ich es direkt umschreiben.

Erweitern Sie *qryBenutzerFuerLogin* so, dass auch die verknüpfte *viwRollen* mit ihren Daten enthalten ist.

```
SELECT viwBenutzer.*, viwRollen.*
FROM viwRollen INNER JOIN viwBenutzer ON
viwRollen.rolleID = viwBenutzer.benutrolleIDRef
ORDER BY viwBenutzer.benutIstFavorit;
```

Dann können Sie in `JetztAnmelden` den gesamten Code so ändern:

```
Function JetztAnmelden(Optional lngID As Long = 0)
    Dim rcsX As DAO.Recordset

    Set rcsX = CurrentDb.OpenRecordset("SELECT * FROM „ & _
        "qryBenutzerFuerLogin WHERE benutLogin='" & _
        Environ("username") & "'", dbOpenDynaset)

    With p_benBenutzerAktuell
        If rcsX.EOF Then
            .lngIDbenut = 0
            .strGanzerName = "<unbekannt>"
            .lngIDrolle = 0
            .strRolle = "Gast"
            .booDarfLesen = False
            .booDarfLoeschen = False
            .booDarfNeu = False
            .booDarfSchreiben = False
            .booDarfBestellen = False
        Else
            .lngIDbenut = rcsX.Fields("benutID").Value
            .strGanzerName = rcsX.Fields("viwBenutzer.FeldAnzeigen" _
                ).Value & ""
            .lngIDrolle = rcsX.Fields("rolleID").Value
            .strRolle = rcsX.Fields("viwRollen.FeldAnzeigen").Value & ""
            .booDarfLesen = rcsX.Fields("rolleDarfLesen").Value
            .booDarfLoeschen = rcsX.Fields("rolleDarfLoeschen").Value
            .booDarfNeu = rcsX.Fields("rolleDarfNeu").Value
            .booDarfSchreiben = rcsX.Fields("rolleDarfSchreiben").Value
            .booDarfBestellen = rcsX.Fields("rolleDarfBestellen").Value
        End If
    End With
```

```
End Function
```

Anstatt immer wieder mit `DLookup()` einen Datensatz zu öffnen, wird er einmalig mit der gesuchten ID geöffnet, so dass dann direkt alle seine Inhalte ohne erneuten Zugriff ausgelesen werden können. Falls gar kein Datensatz gefunden werden konnte, hat der Code es mit einer unbekannten Person zu tun.

Jetzt ist übrigens eine gute Gelegenheit, die beiden provisorischen Funktionen `BenutzerID()` und `BenutzerName()` mit den richtigen Werten zu versorgen:

```
Function BenutzerID() As Long
    BenutzerID = p_benBenutzerAktuell.lngIDbenut
End Function


Function BenutzerName() As String
    BenutzerName = p_benBenutzerAktuell.strGanzerName
End Function
```

Alles ist vorbereitet, nur die Funktion `JetztAnmelden()` wird bisher nirgends aufgerufen! Der optimale Zeitpunkt für eine Anmeldung ist hier in der Datenbank dann, wenn der *Start*-Treeview angezeigt wird, also in `Treeview_Start`:

```
Sub Treeview_Start(trvDieser As MSComctlLib.TreeView)
    Dim nodStart As Node


    JetztAnmelden


    With trvDieser.Nodes
```

> **Hinweis**: Diese automatische Anmeldung findet ausdrücklich nur im *Start*-Treeview-Typen statt, denn später werden mal mehrere Treeviews parallel sichtbar sein. Da müssen wir aufpassen, dass keine mehrfache Anmeldung in verschiedenen Fenstern passiert, weil die sich gegenseitig überschreiben würden.

Sobald Sie also *frm_Treeview* öffnen, ist automatisch und ohne weiteres Zutun der:die angemeldete Benutzer:in im Treeview zu sehen:

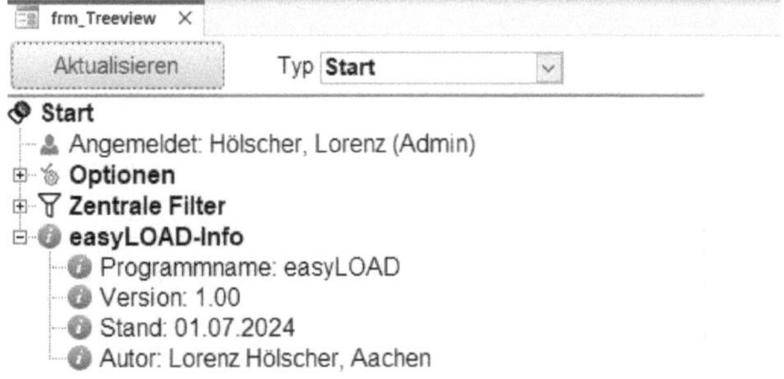

Abbildung 209: Die automatische Anmeldung ist erfolgt

Damit sind fast alle Benutzer:innen schon zufrieden, denn es gibt keinen nervigen Aufwand mit der Anmeldung, weil sie einfach im Hintergrund erfolgt ist. Außerdem kann ich dort oben immer nachsehen, als wer ich gerade angemeldet bin.

Nur speziell die Benutzer:innen mit mehreren LogIns sind nicht ganz so zufrieden, weil sie sich noch nicht ummelden können. Wir sollten also unbedingt erst einmal eine Liste aller möglichen LogIns anbieten, am besten im *Start*-Treeview unter *Meine Daten*.

Zuerst brauchen wir dafür also zwei neue Knotentypen `kttStartMeine_Wort` und `kttBenutzerLoginsMeine_Wort`. Dann muss `Treeview_Start` wie alle anderen einen Knoten *Meine Daten* erhalten:

```
Dim nodX As Node
' weiterer Code
    KnotenGenerell trvDieser, nodStart

    Set nodX = KnotenEinzeln(trvDieser, nodStart, "Meine Daten", _
        kttStartMeine_Wort, icnMeine)
    nodX.Bold = True
```

Und schließlich muss es in `TreeviewExpandieren` eine Reaktion auf den neuen Knotentyp geben:

```
Case kttStartMeine_Wort
    KnotenEinzeln trvDieser, nodExpandiert, _
        "Meine LogIn-Benutzer:innen", kttBenutzerLoginsMeine_Wort, _
        icnBenutzer

Case kttBenutzerLoginsMeine_Wort
    KnotenAusQuery trvDieser, nodExpandiert, "SELECT * FROM „ & _
        viwBenutzer WHERE benutLogin='" & Environ("username") & _
        "'", kttBenutzer_Name, icnBenutzer, False
```

Danach sollte der *Start*-Treeview so aussehen:

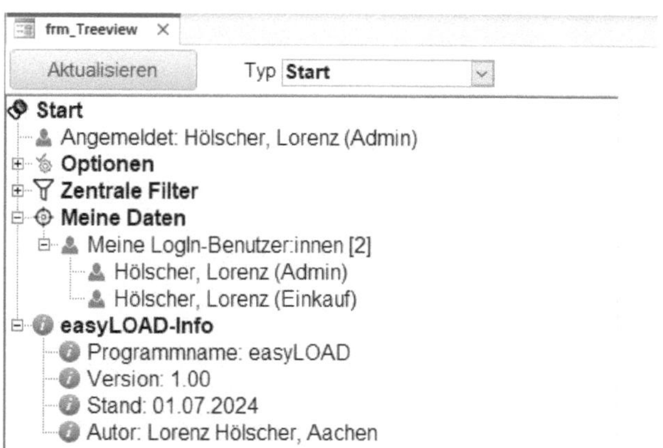

Abbildung 210: Die übrigen Benutzer:innen mit gleichem LogIn sind aufgelistet

Eine tatsächliche Ummeldung ist technisch bisher nicht möglich, da fehlen noch die PopUp-Menüs, aber es gibt schon mal eine Liste mit den möglichen Knoten.

Tipp 117: In dieser Datenbank sind Benutzer:innen keiner Abteilung zugeordnet, weil dazu kein Fremdschlüssel oder eine Nachschlagetabelle vorhanden ist. Wenn es so wäre, könnte ich auch einen zweiten Unterknoten *Alle Benutzer:innen meiner Abteilung* anbieten. Das ist die Lösung für Urlaubs- oder Krankheitsvertretung, wenn ich mich nicht nur für mein LogIn, sondern für alle Benutzer:innen meiner eigenen Abteilung ummelden darf.
Ich habe auch schon Varianten erstellt, in denen eine Liste von vertretungsberechtigten Benutzer:innen gepflegt wurde, die dann hier angeboten wurden.

Rechte, Filter und Optionen

Auf den ersten Blick mögen Benutzer:innen-Rechte und Datenbank-Filter nicht so viel miteinander zu tun haben. Beide aber schränken etwas ein, entweder die sichtbaren Aktionen oder die sichtbaren Datensätze. Für die Optionen gilt das nicht zwingend, sie verhalten sich jedoch technisch sehr ähnlich.

Rechte

Die Rechte sind schon teilweise fertig, da sie in der *tblRollen* gespeichert und für den:die angemeldete:n Benutzer:in bereits in `p_benBenutzerAktuell` gespeichert. Wenn Sie, basierend auf allen *viw...*-Abfragen, bereits alle *frm...Details*-Formulare erstellt hatten, gibt es auch schon ein *frmRollenDetails*-Formular.

Jetzt muss diese Rolle auch im Treeview angezeigt werden, damit ich sie (je nach Recht) lesen oder schreiben kann. Es gibt zwei Lösungen:

- Irgendwo gibt es eine Auflistung aller Rollen, welche in Unterknoten alle zugehörigen Benutzer:innen anzeigen.
- Jede:r Benutzer:in zeigt in seinem Unterknoten die Rolle, zu welcher er:sie gehört.

Ich werde zuerst die zweite Lösung umsetzen, möchte aber erst einmal darauf hinweisen, dass das eigentlich die falsche Richtung ist. Im Treeview geht es von oben nach unten, also für Datensätze von 1 nach n bzw. vom Elternteil zum Kind. Dieses Konzept wird hier durchbrochen, denn die Rolle ist das Elternteil zum Benutzer:in-Datensatz.

> **Anmerkung**: Ich habe deswegen in anderen Treeviews auch schon ein spezielles *NachOben*-Icon eingesetzt, um diese andere Richtung anzuzeigen. Diese Richtungsänderung scheint aber außer mir niemanden zu interessieren, die typischen Benutzer:innen wollen Ergebnisse und Daten sehen statt theoretische Diskussionen um die Knotenrichtung zu führen …

Direkt als Unterknoten zum:zur angemeldeten Benutzer:in wird also der konkrete Name der zugehörigen Rolle erscheinen. Das ist technisch im Grunde das Gleiche wie die konkrete Anzeige des:der angemeldeten Benutzer:in selber.

Da das in `TreeviewExpandieren` stattfindet und wegen des `Tag`-Elements den nachträglichen Zugriff auf einen gerade hinzugefügten Knoten erfordert, müssen wir ganz am Anfang die neue Variable `nodX` deklarieren:

```
Sub TreeviewExpandieren(trvDieser As MSComctlLib.TreeView, _
    nodExpandiert As Node)

    Dim nodX As Node
```

Erst dann kann ich die Reaktion auf `kttBenutzer_Name` einbauen, allerdings müssen Sie daran denken, dass das schon mal eingebaut war. Sie dürfen daher keinen neuen Case einbauen, sondern müssen den bestehenden ändern:

```
Case kttBenutzer_Name
    Set nodX = KnotenEinzeln(trvDieser, nodExpandiert, "Rolle: " & _
            p_benBenutzerAktuell.strRolle, kttRolle_Name, icnRolle, _
            False)
    nodX.Tag = SchreibeTag(kttRolle_Name, _
            p_benBenutzerAktuell.lngIDrolle)
'       KnotenEinzeln trvDieser, nodExpandiert, _
            "Bestellungen (bestellt)", _
            kttBestellungVonBenutzerBestellt_Wort, icnBestellung
```

Die vier dort bisher vorhandenen `KnotenEinzeln`-Prozeduren (die erste davon hier noch als Kommentar gezeigt) müssen kommentiert oder gleich gelöscht werden.

Achtung: Wenn Sie hier jetzt kompilieren lassen, werden Sie eine eher seltene Fehlermeldung sehen:

Gemeint ist damit das zweite Argument dieser neu eingefügten Funktion `SchreibeTag()`. Statt mit einem internen Zeiger auf den Hauptspeicher (`ByRef` = by reference) muss entweder die Signatur geändert werden, nämlich auf

```
Function SchreibeTag(kttDiese As enmKnotentypen, _
    ByVal strID As String) As String
```

oder Sie übergeben das Argument nicht wie in VBA üblich als Referenz, sondern als Wert. Das geschieht, indem Sie es in runde Klammern setzen[67]:

```
nodX.Tag = SchreibeTag(kttNONE, _
    (p_benBenutzerAktuell.lngIDrolle))
```

Diese Klammern wären lästiger, daher korrigiere ich die Signatur mit der `ByVal`-Angabe, dann ist es ein für allemal erledigt.

Jetzt muss alles fehlerfrei kompilierbar sein, dann schauen Sie doch mal, ob etwas im Treeview erschienen ist? Nein? Der letzte Parameter für den Knoten steht noch auf `False`, was bedeutet, dass dessen Leerknoten unterdrückt wird, das muss

---

[67] Ich sehe erstaunlich häufig in fremdem VBA-Code, dass vor allem ein einzelnes Argument in runden Klammern steht, ohne dass deren Autor:innen nach eigenem Bekunden wussten, dass sie damit eine `ByVal`-Übergabe machen. Wahrscheinlich verführt das QuickInfo dazu, weil dort die Signatur angezeigt wird, welche runde Klammern enthalten muss.

geändert werden:

```
Private Sub KnotenGenerell(trvDieser As MSComctlLib.TreeView, _
        nodExpandiert As Node)
    Dim nodX As Node

    Set nodX = KnotenEinzeln(trvDieser, nodExpandiert, _
        "Angemeldet: " & BenutzerName(), kttBenutzer_Name, icnBenutzer)
```

In der letzten Zeile des oben gezeigten VBA-Codes ist der `False`-Wert entfallen. Dadurch gibt es jetzt das [+]-Element und Sie können die angemeldete Rolle markieren:

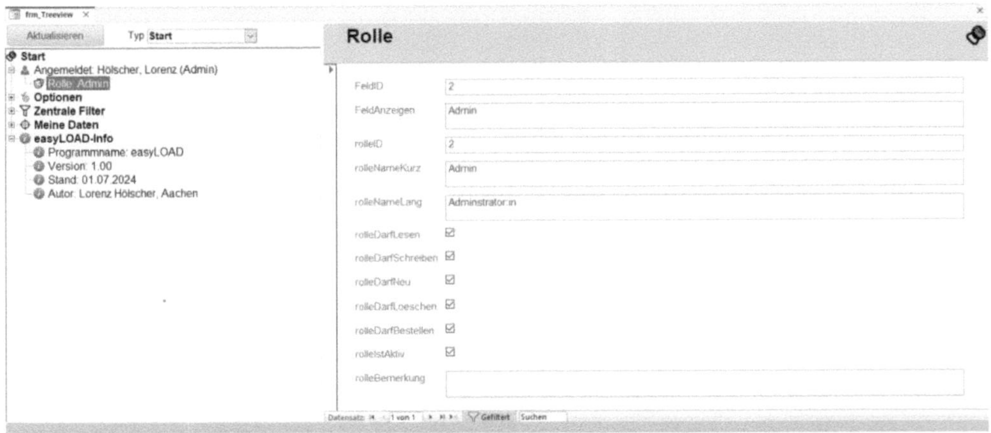

Abbildung 211: Unterhalb des Angemeldet-*Knotens lässt sich dessen Rolle anzeigen*

Da in `TreeviewAnklicken` dieser Knotentyp bereits berücksichtigt war, wird mit dem Anklicken des Knotens sofort das passende Formular mit dem richtigen Datensatz angezeigt.

Das war jedoch nur die Vorbereitung, denn jetzt stellt sich die Frage, ob der:die Benutzer:in überhaupt die eigenen Rechte verändern darf? Ich würde ganz klar sagen: Nein, das darf nur jemand mit Admin-Recht.

Wie Sie sehen, gibt es übrigens kein echtes Admin-Recht. Ich werde es jetzt indirekt erfinden, indem ich den Namen der Rolle abfrage. Zuerst gibt es der Einheitlichkeit halber eine neue *Boolean*-Variable im `Type p_typBenutzer`:

```
    booDarfBestellen As Boolean

    booIstAdmin As Boolean
End Type
```

Diese Variable muss bei der Anmeldung entsprechend befüllt werden. Für Gäste wird der Wert einfach auf `.booIstAdmin = False` gesetzt, für die richtige Anmeldung lautet der Code:

```
    .booIstAdmin = (rcsX.Fields("rolleNameKurz").Value = "Admin")
        End If
    End With
End Function
```

Achtung: Hier wird ein veränderlicher Inhalt eines Datensatzes abgefragt. Falls also später jemand statt `Admin` mal `Administrator:in` in den Datensatz hineinschreibt, wird der Vergleich ab dann immer mit `False` enden.

Damit das im Code kürzer zu schreiben und in Abfragen bei Bedarf auch nutzbar ist, wird dies in einer Funktion in *modAnmeldung* gekapselt:

```
Function BenutzerIstAdmin() As Boolean
    BenutzerIstAdmin = p_benBenutzerAktuell.booIstAdmin
End Function
```

Die Entscheidung für *frmRollenDetails* lautete ja, dass nur jemand in der Admin-Rolle in diesem Formular Daten ändern darf. Eine ungemein praktische Gelegenheit, dies zentral zu steuern, kommt durch das *sfmKopf*-Formular. Schließlich können nicht nur von außen seine Eigenschaften bestimmt werden, sondern es kann selber von innen auch Code ausführen.

Derzeit hat das Kopfformular allerdings noch kein Code-Modul. Wechseln Sie daher in den Formularentwurf von *sfmKopf* und stellen *Enthält Modul*: `Ja` ein. Erst dadurch entsteht das Modul *Form_sfmKopf*.

In diesem schreiben Sie erst einmal einen fast leeren Prozedurrumpf:

```
Sub SperreFormular()
    MsgBox "Mein Elternformular: " & Me.Parent.Name
End Sub
```

Der tut nix, der will nur spielen. Vor allem geht es darum, zu beweisen, dass diese Prozedur tatsächlich aufgerufen wurde und wessen Inhalte sie verändern wird. Der Aufruf von Code in eingebetteten Formularen ist nämlich ein bisschen Blindflug, weil IntelliSense Ihnen nicht weiterhilft.

Im Code von *frmRollenDetails* ergänzen Sie nun die `Form_Open`-Prozedur:

```
Private Sub Form_Open(Cancel As Integer)
    SetzeKopf Me, "Rolle"
    Me.subKopf.Form.SperreFormular
End Sub
```

Wenn Sie nun *frmRollenDetails* öffnen (ein normaler Doppelklick reicht), erscheint sofort diese Meldung:

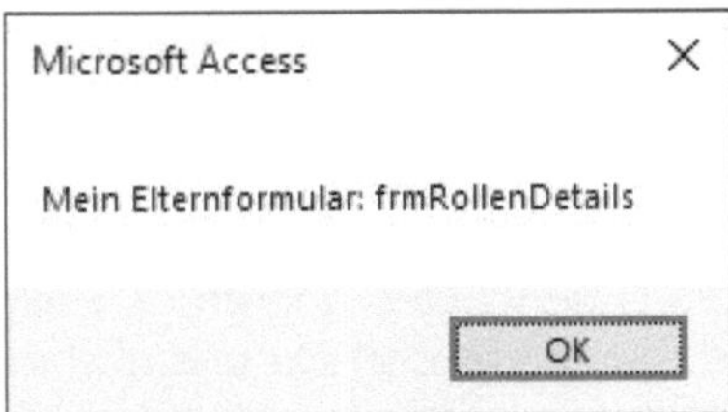

Abbildung 212: Die Meldung aus `SperreFormular`

Die Meldung beweist den Aufruf der eingebetteten Formularfunktion und zeigt nebenbei, dass `Me` das *sfmKopf*-Formular und `Me.Parent` das *frmRollenDetails*-Formular (bzw. generell das Elternformular) ist. Damit können wir weiterarbeiten.

Wenn jemand nicht in der Admin-Rolle ist, wird dieses Rollen-Formular einfach schreibgeschützt. Das ist zuerst eine Änderung in `SperreFormular`:

```
Sub SperreFormular()
    'MsgBox "Mein Elternformular: " & Me.Parent.Name
    Me.Parent.AllowEdits = False
End Sub
```

> **Tipp 118:**   Ab `Parent` gibt es kein IntelliSense mehr und das ist sehr lästig. Da es sich jedoch sowohl bei `Me` als auch bei `Me.Parent` um *Form*-Datentypen handelt, können Sie zuerst alles für `Me` mit IntelliSense einstellen und anschließend `Parent` dazwischenmogeln.

Außerdem darf diese Prozedur natürlich nur aufgerufen werden, wenn das vorhin vorbereitete *BenutzerIstAdmin*-Recht fehlt, also in *frmRollenDetails*:

```
Private Sub Form_Open(Cancel As Integer)
    SetzeKopf Me, "Rolle"

    If Not BenutzerIstAdmin() Then
        Me.subKopf.Form.SperreFormular
    End If
End Sub
```

Öffnen Sie das Formular in *frm_Treeview* und testen Sie, ob Sie ändern dürfen:

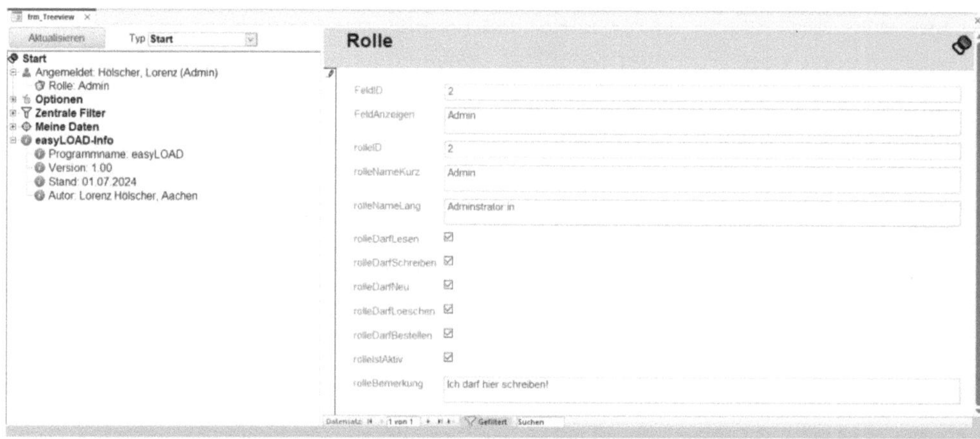

Abbildung 213: Ein Schreibzugriff ist möglich

Wie am Stift im Datensatzmarkierer und unten in *rolleBemerkung* zu sehen ist, darf ich hier schreiben. Ich bin ja schließlich auch `Admin`, wie in der Rolle selber zu lesen ist.

Bloß wie testen Sie das Formular, während Sie nicht Admin sind? Entweder öffnen Sie die Datenbank und dann *nicht* den Treeview, weil Sie dann eben noch nicht angemeldet sind. Oder Sie löschen alle Variablen-Inhalte, womit Sie auch wieder unangemeldet sind. Dazu gibt es im VBA-Editor oben dieses Symbol mit dem blauen Viereck:

Abbildung 214: Zurücksetzen aller Variablen

Hinweis: Während lokale Variablen ja mit dem Ende ihrer Prozedur ohnehin zerstört sind, gilt das für Modul- oder Datei-öffentliche Variablen nicht. Diese setzen Sie nur mit diesem Button alle gleichzeitig wieder zurück.

Wenn Sie danach das Formular *frmRollenDetails* per Doppelklick öffnen, sind Sie nicht angemeldet und damit auch zwangsläufig kein Admin. Probieren Sie mal, Sie werden weder Checkboxen ändern noch irgendwo etwas hineinschreiben können. Dieses Verbot hat `AllowEdits = False` verursacht.

Anmerkung: Das geht überhaupt nicht! Eine Bedienungsoberfläche, bei der ich nicht erkennen kann, dass ein Schreibschutz eingeschaltet wurde, ist indiskutabel. Ich kann Ihnen sicher versprechen, dass ab jetzt Ihre Mailbox oder Ihr Telefon glüht, weil alle Benutzer:innen sich beschweren, dass die Datenbank oder wenigstens dieses Formular defekt ist, weil sie nicht schreiben können.

Technisch ist dieses Formular jetzt zwar schreibgeschützt, aber optisch kann das niemand erkennen. Es gibt verschiedene Lösungen, beispielsweise die Überschrift oder die Controls umfärben.

Anmerkung: Ich setze oft noch eine dritte Variante um, nämlich ein in *sfmKopf* vorhandenes Vorhängeschloss-Icon sichtbar zu machen. Aber ich will ehrlich sein: Egal, wie groß das Icon ist, es sieht sowieso niemand, weil alle Augen nur auf die Daten gerichtet sind …

Fangen wir mit der Überschrift an, weil das am schnellsten geht:

```
Sub SperreFormular()
    Me.Parent.AllowEdits = False
    Me.lblTitel.ForeColor = vbRed
End Sub
```

Das ist im Schwarzweiß-Druck nicht so eindrucksvoll, aber ich kann Ihnen versprechen, dass es im Formular ohne Admin-Recht jetzt rot leuchtet:

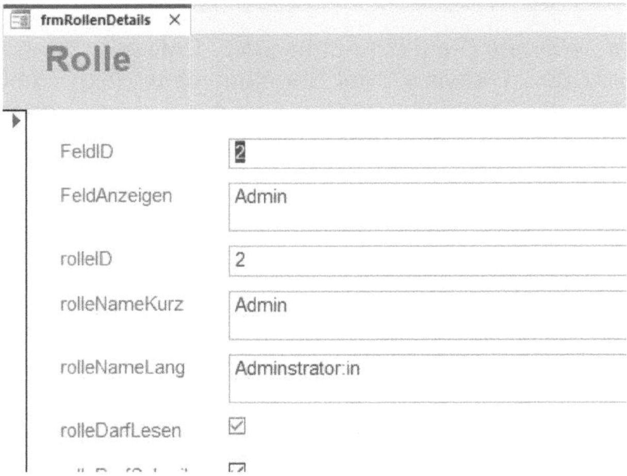

Abbildung 215: Mit Schreibschutz ist der Titel rot

Allerdings „winken" die Controls weiterhin optisch mit angeblicher Schreiberlaubnis. Windows-üblich ist nämlich, dass der Cursor hineinklicken und dort etwas markieren darf, wie es in *FeldID* ja der Fall ist.

Das ist die `Enabled`-Eigenschaft eines Controls, die wir also einfach für alle Controls im Elternformular auf `False` stellen müssen. Na ja, nicht für alle, weil *Label*-Controls oder *Line*-Controls beispielsweise gar keine `Enabled`-Eigenschaft haben. Das macht aber nichts, schalten Sie einfach die Fehlerbehandlung aus und lassen alle Controls mit einer *ForEach*-Schleife bearbeiten:

```
Sub SperreFormular()
    Dim ctlX As Control

    Me.Parent.AllowEdits = False
    Me.lblTitel.ForeColor = vbRed

    On Error Resume Next
    For Each ctlX In Me.Parent.Controls
        ctlX.Enabled = False
    Next
    On Error GoTo 0
End Sub
```

Jetzt sind die Controls alle Windows-typisch als inaktiv gekennzeichnet, wie es sich gehört:

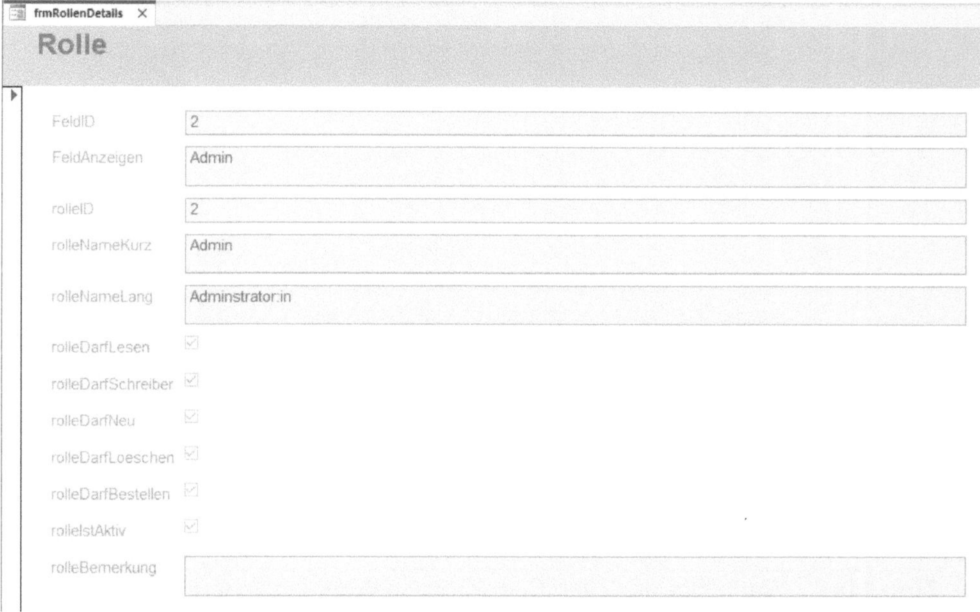

Abbildung 216: Mit Schreibschutz sind jetzt alle Controls inaktiv

Das erkennt immer noch niemand? Na, dann holen wir mal die ganz große Keule raus und machen die Hintergrundfarbe der Controls auch noch rot.

Hinweis: Auf Seite 78 hatte ich schon erläutert, warum ich auch `Locked` (=*Gesperrt*) auf `True` stellen muss, damit die Farbe überhaupt zu sehen ist.

Ergänzen Sie den Code so:

```
For Each ctlX In Me.Parent.Controls
    ctlX.Enabled = False
    ctlX.Locked = True
    ctlX.BackColor = vbRed

Next
```

So, wenn es jetzt niemand bemerkt, dann weiß ich auch nicht:

Abbildung 217: Mit Schreibschutz sind jetzt alle Controls rot, bei denen das möglich ist

Die *Checkbox*-Controls sind übrigens ein immerwährendes Ärgernis, denn sie sperren sich gegen jeglichen vernünftigen Umgang. Sie lassen sich weder in der Größe anpassen (z.B. bei anderer Schriftgröße) noch irgendwie farblich beeinflussen.

Tipp 119: Wenn Sie auch für *Checkbox*-Controls farbliche Hinweise machen müssen, dann bleibt Ihnen nur das Label und die *Schriftfarbe* (`ForeColor`). Das mit der *Checkbox* verbundene *Label*-Control finden Sie übrigens mit der etwas ungewöhnlichen Schreibweise
```
.chkDiese.Controls(0).ForeColor = vbRed
```

Dieses Formular ist jetzt abgesichert, aber haben Sie die Lücke ganz woanders entdeckt? Wer die Rechte im *frmRollenDetails* nicht ändern darf, ändert einfach seine Rolle in *frmBenutzerDetails*:

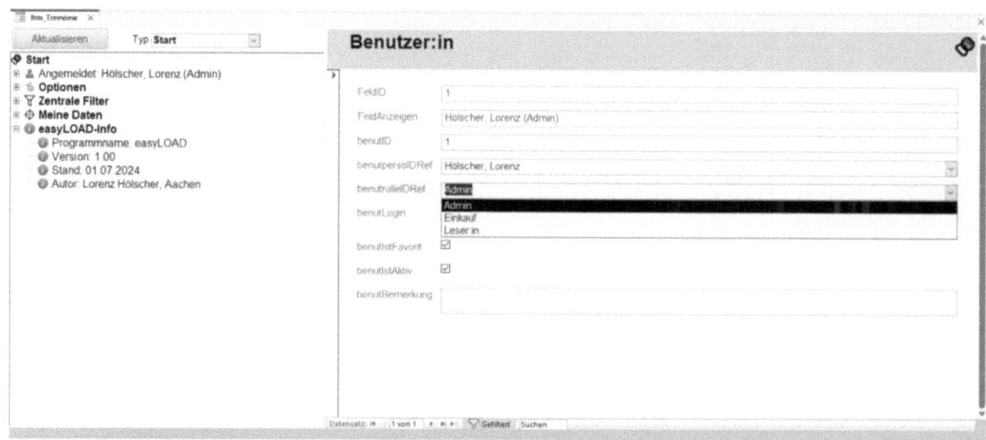

Abbildung 218: In frmBenutzerDetails *lässt sich die Rolle ändern*

Damit sich also keine cleveren Benutzer:innen einfach selber die *Admin*-Rolle zuweisen, muss hier ebenfalls ein Recht greifen. In der `Form_Open`-Prozedur des Formulars *frmBenutzerDetails* aktivieren Sie diese Combobox nur dann, wenn das Admin-Recht vorhanden ist:

```
Private Sub Form_Open(Cancel As Integer)
    SetzeKopf Me, "Benutzer:in"

    Me.benutrolleIDRef.Enabled = BenutzerIstAdmin()

End Sub
```

Tipp 120:   Ich sehe leider ganz oft schlampige Schreibweisen, weil der VBA-Compiler so etwas durchgehen lässt, beispielsweise so:

```
Me.benutrolleIDRef.Enabled = BenutzerIstAdmin
```

Sie tun weder sich noch ihren Nachfolger:innen einen Gefallen, wenn Sie unklaren Code schreiben. Funktionen (auch solche wie hier ohne Parameter) werden immer mit einem runden Klammerpaar abgeschlossen! Ich will Ihnen gerne zeigen, warum ich so pingelig bin. Was ist das?

```
MsgBox "Anzahl: " & Anzahl
```

Eine Funktion oder eine Variable? Und falls es eine Variable ist, welchen Datentyp hätte die? Um das zu unterscheiden, sollten Sie besser wahlweise so schreiben:

```
MsgBox "Anzahl: " & Anzahl()
MsgBox "Anzahl: " & lngAnzahl
```

Je nach Schreibweise wäre damit klar, dass das erste eine Funktion ist und das zweite eine *Long*-Variable (deswegen ist die *Leszinsky*-Namenskonvention von Seite 12 so hilfreich). Tatsächlich war das obige Beispiel übrigens in Wirklichkeit ein Zugriff auf ein datengebundenes Control im Formular und hätte so geschrieben werden sollen:

```
MsgBox "Anzahl: " & Me.Anzahl.Value
```
Mit den von mir empfohlenen Feldnamen-Präfixen (z.B. `bestlAnzahl`) wäre das noch schneller aufgefallen ...

Da es noch keine Ummeldung gibt, müssen Sie alle Variablen löschen (siehe Abbildung 214 auf Seite 223) und das Formular *frmBenutzerDetails* einzeln anzeigen:

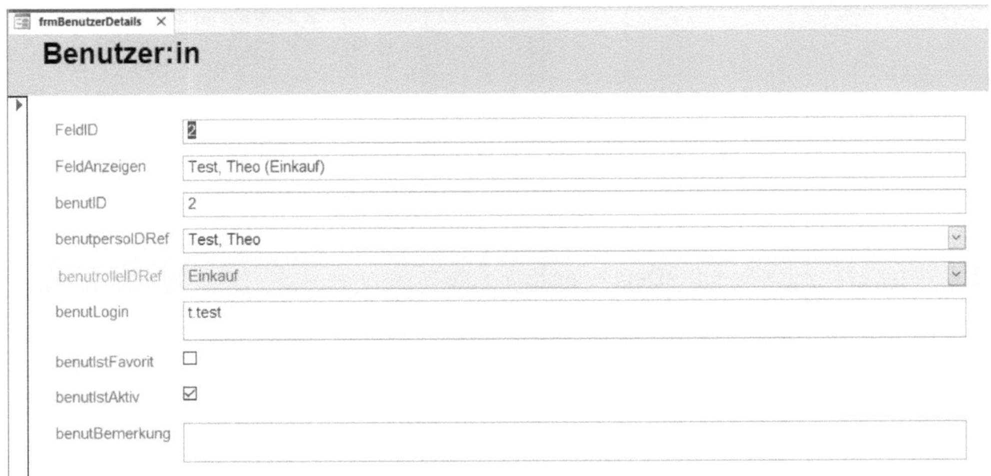

Abbildung 219: In frmBenutzerDetails *lässt sich die Rolle nur noch mit Admin-Recht ändern*

Damit sind die Formulare beispielhaft abgesichert, der Rest ist vor allem ganz viel Fleißarbeit.

Da es ein Recht *rolleDarfBestellen* gibt, müssen wir mal prüfen, wie sich das in der Datenbank durchsetzen lässt. Falls diejenigen ohne dieses Recht zwar alle Bestellungen sehen, aber keine Bestellung neu anlegen oder ändern dürfen, ist es relativ einfach. Sie würden wie schon gesehen in *frmBestellungenDetails* einen Formularschreibschutz[68] integrieren.

Aber was ist, wenn jemand ohne dieses Recht nicht einmal Bestellungen sehen dürfte? Dann wäre es perfekt, diesen Treeview-Typ in der Combobox gar nicht anzuzeigen:

---

[68] Dann könnte man zwar immer noch einen neuen *tblBestellungen*-Datensatz erzeugen, diesen aber nicht mehr ausfüllen.

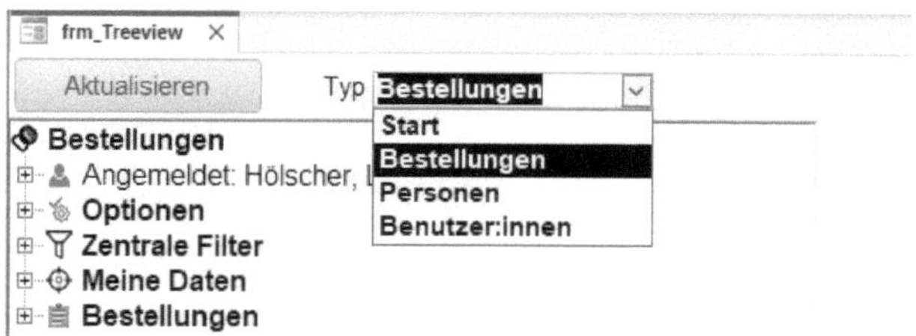

Abbildung 220: Noch wird der Bestellungen-Treeview-Typ angezeigt

Das wäre im VBA-Code banal, denn dessen Inhalt kommt ja nicht aus einer Datenquelle, sondern wird als Werteliste erzeugt. Wir brauchen also im *modAnmeldung* zuerst eine kapselnde Funktion[69], damit es etwas eleganter geschrieben werden kann:

```
Function BenutzerDarfBestellen() As Boolean
    BenutzerDarfBestellen = p_benBenutzerAktuell.booDarfBestellen
End Function
```

Diese wird dann im Formularcode von `Form_Open` in *frm_Treeview* genutzt:

```
    .RowSource = .RowSource & tvtStart & ";Start;"
    If BenutzerDarfBestellen() Then
        .RowSource = .RowSource & tvtBestellungen & ";Bestellungen;"
    End If
    .RowSource = .RowSource & tvtPersonen & ";Personen;"
```

Nur mit dem *rolleDarfBestellen*-Recht sieht man überhaupt diesen Eintrag in der Combobox und kann den entsprechenden Treeview-Zweig erreichen. Damit haben Sie mit minimalem Aufwand maximalen Schutz erreicht.

Allerdings: Es funktioniert nicht! Wie Sie in der folgenden Abbildung sehen, habe ich offensichtlich laut meiner *Admin*-Rolle das *rolleDarfBestellen*-Recht und trotzdem fehlt der Eintrag oben in der Combobox:

---

[69] Ja, technisch ginge es in VBA auch noch ohne diese Funktion mit stattdessen direktem Zugriff auf die Variable `p_benBenutzerAktuell.booDarfBestellen`, aber es schreibt sich schlicht kürzer.

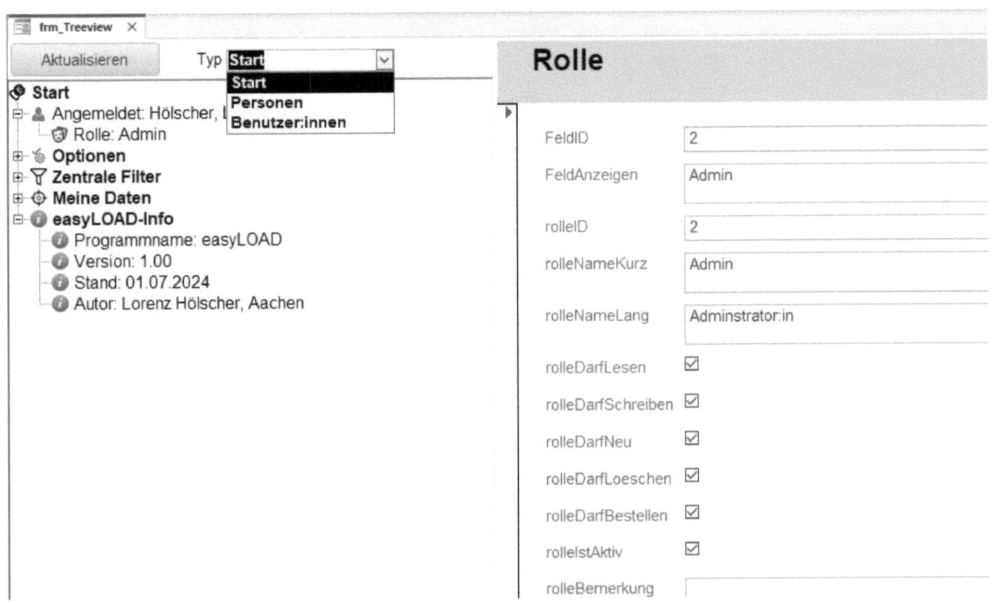

Abbildung 221: Trotz Recht wird der Bestellungen-Treeview-Typ nicht angezeigt

Haben Sie schon eine Idee, woran es liegt? Technisch ist nämlich alles in Ordnung.

Die zeitliche Reihenfolge macht uns einen Strich durch die Rechnung. Die Inhalte der Combobox und damit die Frage, welches Recht gilt, erfolgt lange vor der Anmeldung. Die Anmeldung wird erst durch das Anklicken des *Start*-Werts in der Combobox überhaupt ausgelöst.

Damit dreht es sich im Kreis: Die Combobox muss eine Variable abfragen, deren Inhalt aber erst durch das Anklicken der Combobox ermittelt wird.

> **Hinweis**: Theoretisch könnten Sie die Anmeldung natürlich vor der Combobox-Befüllung auslösen, das würde derzeit auch einwandfrei funktionieren. Aber da es demnächst erlaubt werden wird, den:die angemeldete:n Benutzer:in zu wechseln, geht das dann nicht mehr. Denn dann ist der Inhalt der Combobox ja schon vorhanden und danach soll ein Wechsel (auch das damit zusammenhängenden Rechts!) immer möglich sein.

Wir müssen es also anders lösen und zwar fast genauso einfach. Der *Bestellungen*-Wert in der Combobox ist zwar auswählbar, aber der Treeview dazu reichlich leer.

Entfernen Sie die letzte Änderung aus `Form_Open` wieder und wechseln stattdessen in `TreeviewExpandieren` zum vorhandenen `Case kttBestellungen_Wort`:

```
Case kttBestellungen_Wort
```

```
    If BenutzerDarfBestellen() Then
        KnotenEinzeln trvDieser, nodExpandiert, _
            "Alle Bestellungen", kttBestellungenAlle_Wort, icnBestellung
        KnotenEinzeln trvDieser, nodExpandiert, _
            "Gelöschte Bestellungen", kttBestellungenGeloeschte_Wort, _
            icnPapierkorb
    Else
        Set nodX = KnotenEinzeln(trvDieser, nodExpandiert, _
            "Sie haben leider kein Bestell-Recht.", kttNONE, _
            icnInfo, False)
        nodX.BackColor = vbYellow
    End If
```

Um das zu testen, müssen Sie sich allerdings (falls Sie Admin sind) in dieser Rolle wirklich mal das *rolleDarfBestellen*-Recht entziehen, weil es nur mit Treeview testbar ist und damit zwangsweise eine Anmeldung erfolgt. Damit sieht der Treeview nun so aus, sobald Sie den *Bestellungen*-Knoten in der Hoffnung auf detaillierte Daten expandieren:

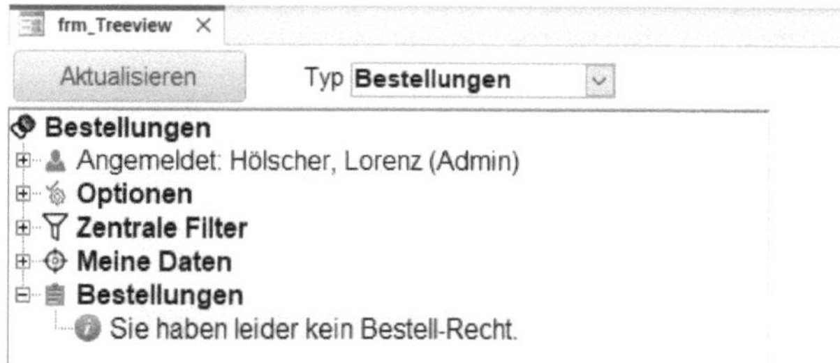

Abbildung 222: Mangels Recht enden die Möglichkeiten beim Bestellungen-*Knoten*

Tipp 121: Auch das finde ich enorm praktisch, im Treeview jederzeit zwischen Daten(-sätzen) und Informationen wechseln zu können. Für den Treeview ist es ein beliebiger Knoten mit Text, erst durch den mitgegebenen Knotentyp erhält der Knoten einen „Sinn" und kann von Ihrem VBA-Code bei Bedarf als Datensatz interpretiert werden.

Entsprechendes sollten Sie hier für *Meine Daten* vorbereiten, weil ja auch dort Bestellungen angezeigt werden.

```
    Case kttMeine_Wort, kttBestellungenMeine_Wort
        If BenutzerDarfBestellen() Then
            KnotenEinzeln trvDieser, nodExpandiert, _
                "Bestellungen-Favoriten", _
                kttBestellungenMeineFavoriten_Wort, icnBestellung
' weitere Code-Zeilen nicht dargestellt, aber vorhanden!
        Else
```

```
        Set nodX = KnotenEinzeln(trvDieser, nodExpandiert, _
            "Sie haben leider kein Bestell-Recht.", kttNONE, _
            icnInfo, False)
        nodX.BackColor = vbYellow
    End If
```

Bei dieser Gelegenheit sollten wir auch das grundlegendste Recht berücksichtigen, denn wer nicht einmal *rolleDarfLesen* hat, muss von praktisch allem ausgeschlossen werden.

Tipp 122:   Durch die Suche nach dem Windows-LogIn in *tblBenutzer* sind alle, die sich unbekannterweise in die Datenbank mogeln wollen und dort nicht eingetragen sind, sowieso schon *persona non grata* und erhalten die *Gast*-Rolle ohne Rechte. Tatsächlich sucht der Code aber nur nach wirklich aktiven Benutzer:innen und damit können Sie sogar vorhandene Datensätze kurzfristig ausschließen, indem Sie *benutlstAktiv*: Nein setzen.

Das fehlende *rolleDarfLesen*-Recht muss sehr weitreichende Konsequenzen haben. Leider findet die Anmeldung erst statt, nachdem schon mal das *frm_Treeview*-Formular geöffnet und die Combobox gefüllt worden ist. Im übertragenen Sinne hat der Gast schon die Tür leicht geöffnet und ist auf dem Weg in den Raum. Jetzt bleibt uns nur noch, das Licht auszumachen. Oder anders formuliert, den Treeview einfach leer zu belassen. Wie Sie sehen, sehen Sie nix.

Dazu greifen wir einfach in TreeviewExpandieren ein. Solange des Lese-Recht fehlt, wird nichts expandiert:

```
    End If


    If Not BenutzerDarfLesen Then
        Exit Sub
    End If


    Select Case kttDieser
```

Für den Test könnten Sie Ihrer eigenen Rolle einfach das Lese-Recht entziehen oder wir machen den ultimativen Test: Sie machen Ihr LogIn in *tblBenutzer* ungültig, indem Sie ein X dahinter setzen. Wenn Sie anschließend *frm_Treeview* öffnen, werden Sie nicht als zugelassene:r Benutzer:in erkannt und sind als Gast automatisch ohne irgendein Recht.

Sie sehen nur noch Rumpf-Treeviews und alle expandierten Knoten bleiben leer:

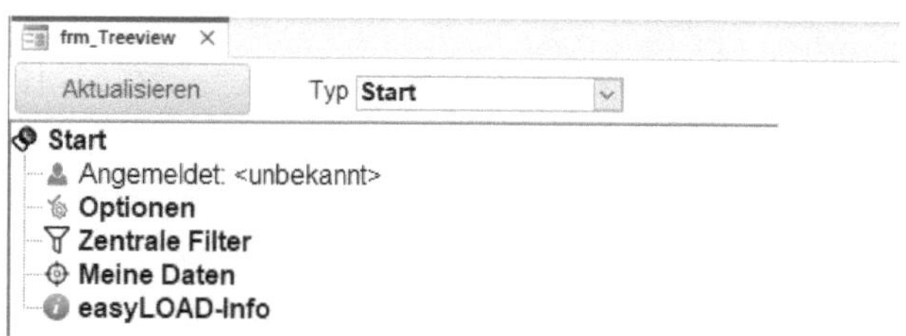

Abbildung 223: Ohne Lese-Recht bleiben die Knoten leer

Jetzt ist der Treeview dermaßen leer, dass ich persönlich doch ein wenig mehr Informationen hinterlassen würde. Meistens halten die betroffenen Benutzer:innen jetzt nämlich die Datenbank für defekt. Daher würde ich in diesem Fall einen Hinweis ergänzen:

```
If Not BenutzerDarfLesen Then

    Set nodX = KnotenEinzeln(trvDieser, nodExpandiert, _
            "Fehlendes Lese-Recht, bitte Admin fragen", _
            kttNONE, icnInfo, False)
    nodX.BackColor = vbRed
    nodX.ForeColor = vbYellow
    nodX.Bold = True

    Exit Sub
End If
```

Das ist wohl deutlich genug:

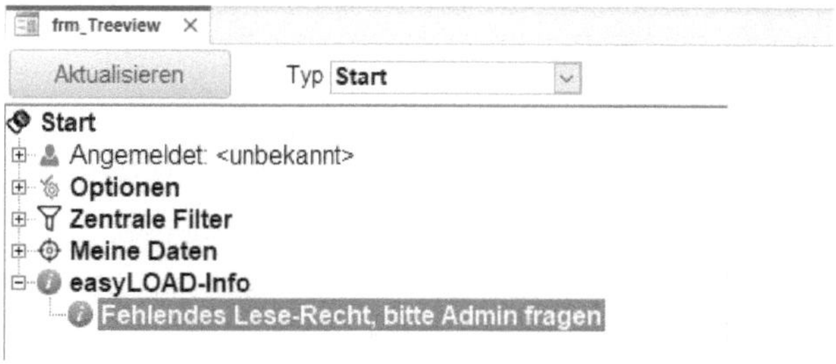

Abbildung 224: Ohne Lese-Recht erscheint jetzt ein Hinweis

Hinweis: Vergessen Sie nicht, Ihr LogIn in *tblBenutzer* wieder zu berichtigen, sonst bleiben Sie weiterhin ausgesperrt. ☺

Wir werden uns immer mal wieder und spätestens bei den PopUp-Menüs erneut mit den Rechten beschäftigen müssen, weil diese die ganze Datenbank durchdringen werden. Aber bis dahin haben Sie alle wesentlichen Möglichkeiten gesehen, wo und wie die Rechte eingreifen können.

Anmerkung: Bevor Sie Rechte in einer Datenbank berücksichtigen, sollten Sie ausführlich diskutieren, welches Recht wo was auslösen soll. Braucht in unserem Beispiel jemand beispielsweise nur das *rolleDarfBestellen*-Recht, um eine Bestellung anzulegen? Oder sind zusätzlich die allgemeinen *rolleDarfNeu*- und *rolleDarfSchreiben*-Rechte notwendig?

Filter

Während diese Rechte vor allem die Oberflächen-Elemente wegfiltern, machen die echten Filter dies für Datensätze. Tatsächlich sind in dieser Datenbank schon einige Filter enthalten, die aber „hart verdrahtet" sind, nämlich die Beschränkungen in den Pseudo-Views (siehe Seite 55) auf nur aktive Datensätze.

Diese Technik mit aktiven und inaktiven Datensätzen ersetzt das echte Löschen. Datensätze werden nie gelöscht, sondern lediglich auf inaktiv gesetzt und dann standardmäßig ausgeblendet.

Allerdings habe ich aus Erfahrung gelernt, dass manchmal doch die inaktiven Datensätze wieder sichtbar gemacht werden müssen, wenn beispielsweise zu einer Firma (die wegen unkooperativer Zusammenarbeit oder gar Pleite aus der aktiven Liste gestrichen wurde) doch noch mal Informationen nachgeschlagen werden müssen. Also brauche ich einen Mechanismus, um das umschalten zu können.

Ich werde Ihnen das am Beispiel der *tblArtikel* (deren aktuelle Beispieldaten Sie in Abbildung 24 auf Seite 36 sehen) zeigen, aber natürlich für alle Tabellen machen, in denen es ein *...IstAktiv*-Feld gibt. Zuerst braucht es in *modFunktionen* passende Funktionen, damit auch Abfragen auf den jeweils gewünschten Aktiv-/Inaktiv-Filter zugreifen können:

```
Function ZeigeArtikelNurAktive() As Boolean
    ZeigeArtikelNurAktive = True
End Function
```

Statt des festen *ArtikIstAktiv*: `True`-Werts in *viwArtikel* wird nun diese Funktion eingesetzt. Allerdings muss sie zwei Ergebnismengen liefern können, entweder nur die aktiven oder alle (also aktive *und* inaktive) Artikel. Das klappt nicht, wenn Sie einfach statt `True` diese Funktion einsetzen. Dann erhalten Sie nämlich entweder alle aktiven oder alle inaktiven Datensätze, aber nicht aktive oder alle.

Mit einem kleinen Rechentrick[70] geht es aber doch, wenn Sie den Zahlenwert eines *Boolean*-Datenfeldes kennen. `True` ist -1[71] und `False` ist 0 und damit sind größer-/kleiner-Vergleiche möglich. Alle sind diejenigen mit einem *...IstAktiv*-Wert von 0 oder -1 und aktive haben einen Wert von -1. Der Wert -1 ist wenig überraschend auch kleiner oder gleich -1 und das bedeutet folgendes:

- Nur aktive sind `<=-1` (nämlich nur `-1`)
- Alle sind `<=0` (nämlich 0 oder `-1`)

---

[70] Danke an Bernd Jungbluth für diese gute Idee.
[71] Achtung, das gilt nur bei Access! Im SQL-Server beispielsweise erhalten Sie oft +1 für `True`.

Dieses „mathematische" Ergebnis ist wunderbar geeignet, um es in SQL zu formulieren, hier beispielhaft für *viwArtikel*:

```
SELECT *
FROM viwArtikelUngefiltert
WHERE artikIstAktiv <= ZeigeArtikelNurAktive();
```

Sie können es probieren, indem Sie die Abfrage ausführen und derzeit nur noch die aktiven Artikel sehen. Dann ändern Sie den Code in `ZeigeArtikelNurAktive` auf `False` und sehen in der erneut gestarteten Abfrage alle Artikel.

Tipp 123: Wie Sie vielleicht schon bemerkt haben, gäbe es einen dritten Fall, nämlich ausschließlich inaktive Artikel anzuzeigen. Das geht mit diesem Rechentrick nicht, aber wenn Sie sich erinnern, habe ich im Treeview schon einen Papierkorb für die gelöschten Daten (siehe Abbildung 204 Seite 207) angelegt. Das sind ja die inaktiven Datensätze.

Diese Filter wären jetzt einigermaßen zentral steuerbar, indem sie die jeweilige `Zeige...NurAktive()`-Funktion manipulieren, aber das ist natürlich für eine vernünftige Bedienung indiskutabel. Es gibt ohnehin noch zwei weitere Forderungen:

- Die Filter müssen individuell einstellbar sein, damit gleichzeitig arbeitende Benutzer:innen sich nicht gegenseitig stören.
- Die Filter sollen dauerhaft sein, müssen also irgendwo in einer Tabelle gespeichert werden.

Wie es der Zufall[72] will, gibt es schon eine ziemlich gut geeignete Tabelle dafür.

Tipp 124: Wenn Sie Datenmodelle planen, können Sie als Motto „möglichst wenige Spalten in möglichst wenigen Tabellen in beliebig vielen Zeilen" nehmen. Jede Spalte mehr und erst recht jede Tabelle mehr erfordert umfangreiche Planung und Berücksichtigung. Mehr Zeilen hingegen machen überhaupt nichts aus, weil sie das Kerngeschäft einer Datenbank sind.
Bevor ich also eine neue Tabelle anlege, prüfe ich erst mal, ob ich nicht eine vorhandene mitnutzen kann. Die gleiche Überlegung hat übrigens schon genau zu der Sammel-Tabelle *tblNachschlagewerte* geführt.

Die Tabelle *tblNachschlagewerte* bietet alles, was wir brauchen, sie kann dank *nwertbenutIDRef* individuelle Daten enthalten und in *nwertJaNein* auch *Boolean*-Werte speichern.

Wie Sie in Abbildung 61 auf Seite 68 sehen können, gibt es sogar schon eine Nachschlagewertgruppe für *Filter* mit der ID 9, auf die wir zurückgreifen können.

Damit wir auf diese Inhalte später zugreifen können, müssen sie allerdings auch vorhanden sein. Anders formuliert: Für jede:n Benutzer:in müssen alle benötigten Datensätze zum Filtern bei Bedarf schon angelegt sein.

---

[72] Okay, das war kein Zufall, sondern von langer Hand eingefädelt ...

Achtung: Erliegen Sie nicht der Versuchung, das schnell mit einer Aktionsabfrage zu erledigen, weil es ja „nur" 4 Benutzer:innen mit 10 Filtern, also 40 Datensätze sind! Sobald ein:e neue:r Benutzer:in später mal hinzukommt, fehlen die zugehörigen Datensätze doch wieder, das bringt also nichts.

Legen Sie diese Datensätze einfach an, wenn Sie gebraucht werden. Wenn sich also ein:e Benutzer:in anmeldet, erstellen Sie diese Werte und prüfen natürlich bei der Gelegenheit, dass sie nicht schon vorhanden waren.

Zuerst brauchen wir aber eine Enumeration, welche die Datentypen aus dem Feld *nwertDatentyp* nachbildet.

Abbildung 225: Die Datentypen müssen mit der Enumeration übereinstimmen

In *modVarKonstDLL* habe ich also diese Enumeration vorbereitet, wobei deren Werte mit der Wertliste in `nwertDatentyp` übereinstimmen müssen:

```
Enum enmNachschlageDatentyp
    ndtOhne
    ndtText
    ndtZahl
    ndtDatum
    ndtJaNein
End Enum
```

Die Prozedur zum Setzen der Filter-Standardwerte schreibe ich der Einfachheit halber direkt in *modAnmeldung*. Dabei sorge ich direkt vor, dass es nicht nur wie im Moment ausschließlich *Ja/Nein*-Werte geben wird. Für die Optionen könnten auch mal Zahlen oder vielleicht Datumswerte auftauchen. Ich werde es erst bei Bedarf ergänzen, denn mit diesem Code werden bisher nur *Ja/Nein*-Werte geschrieben:

```
Sub SchreibeStandardwert(strName As String, _
    ndtDatentyp As enmNachschlageDatentyp, varWert As Variant)
    If DCount("*", "tblNachschlagewerte", "nwertbenutIDRef=" & _
        BenutzerID() & " AND nwertNameKurz='" & strName & "'") = 0 Then
        Select Case ndtDatentyp
        Case ndtJaNein
            CurrentDb.Execute "INSERT INTO tblNachschlagewerte " & _
                "(nwertnwgrpIDRef, nwertbenutIDRef, nwertNameKurz, " & _
                "nwertDatentyp, nwertJaNein) " & _
                "VALUES (9, " & BenutzerID() & ", '" & strName & "', " & _
                ndtDatentyp & ", " & CInt(varWert) & ")", _
```

```
            dbFailOnError
      Case Else
         MsgBox "Andere Datentypen fehlen noch!", vbCritical
      End Select
   End If
End Sub
```

Diese Schreibweise mit `CurrentDB.Execute` und einer zusammengesetzten SQL-Anweisung ist sicherlich etwas mühsamer zu schreiben und zu lesen, vor allem in dieser mehrzeiligen Form. Aber es ist deutlich kompakter, als einen Recordset aufzumachen und je Feld ein Zeile zum Zuweisen zu schreiben.

Tipp 125: Im VBA-Editor mit deutlich mehr lesbarer Zeilenlänge schreibe ich die beiden Aufzählungen von Feldnamen und Feldinhalten in den Klammern in übereinander stehenden Zeilen:

```
CurrentDb.Execute "INSERT INTO tblNachschlagewerte " & _
    "(nwertnwgrpIDRef, nwertbenutIDRef, nwertNameKurz, nwertDatentyp, nwertJaNein) " & _
    "VALUES " & _
    "(9, " & BenutzerID() & ", '" & strName & "', " & ndtDatentyp & ", " & CInt(varWert) & ")", _
    dbFailOnError
```

Die sind zwar nicht gleich breit, aber doch deutlich einfacher zuzuordnen.

Achten Sie dabei genau auf die Datentypen, vor allem im `VALUES`-Teil! `strName` wird einem *KurzerText*-Datenfeld zugewiesen, müsste also in Anführungszeichen geschrieben werden. Da diese bereits von VBA als Zeichenkettenbegrenzer genutzt sind, erlaubt SQL alternativ auch Hochkommas.

Tipp 126: `varWert` ist eine *Boolean*-Variable und riecht erst einmal nicht nach Ärger. Was soll bei den Werten `0` oder `-1` schon schiefgehen? Wenn der VBA-Interpreter aber *Boolean* an eine *String*-Variable anfügt, werden keineswegs diese international identischen Zahlenwerte benutzt. Vielmehr entdeckt er die deutsche Access-Umgebung und schreibt statt einer Zahl `-1` oder wenigstens des englischen Wortes `TRUE` das Wort `WAHR`. Daran wiederum scheitert der SQL-Interpreter, denn der erwartet auf jeden Fall englischsprachige Anweisungen[73]. Mit der `CInt()`-Funktion wird die *Boolean*-Variable rechtzeitig wieder in eine Zahl gezwungen und alle sind zufrieden.

Jetzt geht es noch darum, diese Prozedur auch aufzurufen. Das geschieht bei jeder Anmeldung und natürlich nur, wenn es auch echte Benutzer:innen sind. Gäste brauchen keine solchen Standardwerte, weil sie ohnehin nichts zu sehen bekommen. Deswegen kommt es in `JetztAnmelden` nur in den `Else`-Zweig hinein:

```
.booIstAdmin = (rcsX.Fields("rolleNameKurz").Value = "Admin")
```

---

[73] Im deutschen Access ist der Abfrageentwurf in Deutsch, aber tatsächlich wird alles immer in der englischen Schreibweise gespeichert, wie Sie bei einem Blick in die SQL-Ansicht einer Abfrage feststellen werden. Sie können sogar Funktionsnamen wie `Trim()` eingeben und diese werden schon in der Oberfläche wieder als `Glätten()` zurückübersetzt.

```
        SchreibeStandardwert "ZeigeAdressenNurAktive", ndtJaNein, True
        SchreibeStandardwert "ZeigeArtikelNurAktive", ndtJaNein, True
        SchreibeStandardwert "ZeigeBenutzerNurAktive", ndtJaNein, True
        SchreibeStandardwert "ZeigeBestelldetailsNurAktive", _
            ndtJaNein, True
        SchreibeStandardwert "ZeigeBestellungenNurAktive", _
            ndtJaNein, True
        SchreibeStandardwert "ZeigeFirmenNurAktive", ndtJaNein, True
        SchreibeStandardwert "ZeigeKontakteNurAktive", ndtJaNein, True
        SchreibeStandardwert "ZeigePersonenNurAktive", ndtJaNein, True
        SchreibeStandardwert "ZeigeRollenNurAktive", ndtJaNein, True
    End If
  End With
End Function
```

Öffnen Sie *frm_Treeview*, so dass Sie automatisch angemeldet werden, und werfen Sie anschließend einen Blick in *tblNachschlagewerte* (hier schon nach der Nachschlagewertgruppe *9* gefiltert):

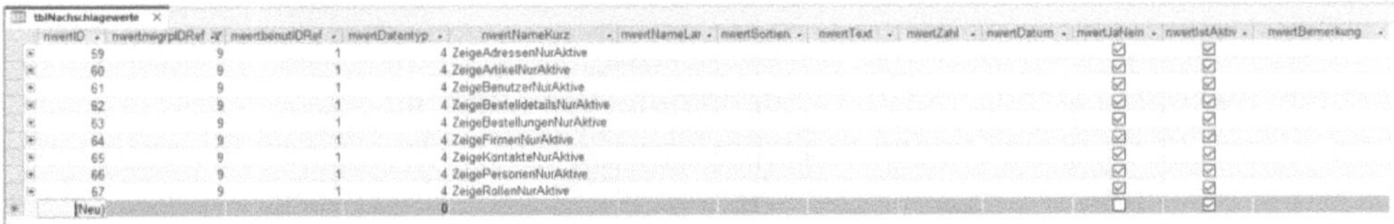

nwertID	nwertnwgrpIDRef	nwertbenutIDRef	nwertDatentyp	nwertNameKurz	nwertNameLar	nwertSortier	nwertText	nwertZahl	nwertDatum	nwertJaNein	nwertIstAktiv	nwertBemerkung
59	9	1	4	ZeigeAdressenNurAktive						☑	☑	
60	9	1	4	ZeigeArtikelNurAktive						☑	☑	
61	9	1	4	ZeigeBenutzerNurAktive						☑	☑	
62	9	1	4	ZeigeBestelldetailsNurAktive						☑	☑	
63	9	1	4	ZeigeBestellungenNurAktive						☑	☑	
64	9	1	4	ZeigeFirmenNurAktive						☑	☑	
65	9	1	4	ZeigeKontakteNurAktive						☑	☑	
66	9	1	4	ZeigePersonenNurAktive						☑	☑	
67	9	1	4	ZeigeRollenNurAktive						☑	☑	
(Neu)			0							☐	☑	

Abbildung 226: Die frisch eingefügten Nachschlagewerte für Filter

Jetzt müssen nur noch die Funktionen zum Auslesen der Tabellenwerte geändert werden, natürlich mit dem Aufruf einer gemeinsamen Prozedur in *modAnmeldung*:

```
Function LiesStandardwert(strName As String, _
        ndtDatentyp As enmNachschlageDatentyp) As Variant
    Select Case ndtDatentyp
    Case ndtJaNein
        LiesStandardwert = Nz(DLookup("nwertJaNein", _
            "tblNachschlagewerte", "nwertbenutIDRef=" & BenutzerID() & _
            " AND nwertNameKurz='" & strName & "'"), False)
    End Select
End Function
```

Auch diese Funktion kümmert sich wegen der Übersichtlichkeit erst einmal nur um die *Boolean*-Werte, bis andere Datentypen hinzukommen.

Tipp 127: Solche `Lies…`- und `Schreib…`-Prozeduren sind der Klassiker für *Property*-Prozeduren. Bei denen müssen die Parameter (bis auf den letzten) identisch sein und damit ersparen Sie sich solche eigentlich doppelten Benennungen. Statt `LiesStandardwert()` und `SchreibeStandardwert()` gibt es dann nur noch `Standardwert()` und die „Richtung" erkennt der VBA-

---

Interpreter aus deren Aufruf.

Vielleicht haben Sie *Property*-Prozeduren schon mal mit Hilfe von EINFÜGEN | PROZEDUR ... im VBA-Editor erstellt. Dann erscheint dieser Dialog:

Abbildung 227: Der Dialog zum Einfügen eines Property-*Paares*

Nach Bestätigung mit [OK] erzeugt der Dialog die Prozedur-Rümpfe des *Property-Paares* wie hier:

```
Public Property Get Standardwert() As Variant

End Property


Public Property Let Standardwert(ByVal vNewValue As Variant)

End Property
```

Abbildung 228: Das eingefügte Property-*Paar*

Die sind nett als Inspiration, im Detail jedoch nicht wirklich hilfreich. Erstens fehlen hier die weiteren Parameter und zweitens ist `vNewValue` ein völlig nichtssagender Parametername (den ich in vielen VBA-Codes nichtsdestotrotz immer noch wieder-finde).

Ich werde diese testweise eingefügten Beispiele wieder löschen und stattdessen meine `Sub`-Prozedur und meine `Function` umschreiben. Zuallererst betrifft das deren Signatur und beachten Sie dabei, dass es jetzt zwei[74] Schlüsselwörter gibt:

- Aus `Sub` wird `Property Let`

---

[74] Das dritte Schlüsselwort `Public` ist schlicht überflüssig, weil in VBA alle Prozeduren schon im Normalfall öffentlich sind und erst mit `Private` explizit beschränkt werden müssten.

- Aus `Function` wird `Property Get`

Tipp 128: Tatsächlich gibt es noch einen dritten *Property*-Typ, nämlich `Property Set`. Dieser entspricht `Property Let` (für „normale" Datentypen wie *String*) und muss für *Object*-Datentypen benutzt werden.

Abgesehen vom Austausch der Schlüsselwörter müssen Sie sicherstellen, dass die Anzahl, Reihenfolge und Datentypen[75] der Parameter (abgesehen vom letzten!) identisch sind. Die `Sub`-Prozedur wird zu:

```
Property Let Standardwert(strName As String, _
     ndtDatentyp As enmNachschlageDatentyp, _
     varWert As Variant)
```

Die `Function` wird zu:

```
Property Get Standardwert(strName As String, _
     ndtDatentyp As enmNachschlageDatentyp) _
     As Variant
```

Ich habe hier mal die Umbrüche ausdrücklich so gewählt, dass Sie die entsprechenden Parameter zeilenweise sehen. Der letzte, sozusagen überzählige, Parameter der *PropertyLet*-Prozedur ist immer der Rückgabe-Datentyp der *PropertyGet*-Prozedur.

Außerdem muss in der *PropertyGet*-Prozedur `Standardwert` wegen des ja nun geänderten Prozedurnamens auch im Code dessen Name angepasst werden:

```
     Case ndtJaNein
          Standardwert = Nz(DLookup("nwertJaNein", , '... usw.
```

Damit ändert sich zwangsläufig auch der Aufruf dieser Prozeduren. Aus dem bisherigen `SchreibeStandardwert`-Aufruf wird nun diese Schreibweise:

```
Standardwert("ZeigeAdressenNurAktive", ndtJaNein) = True
Standardwert("ZeigeArtikelNurAktive", ndtJaNein) = True

' ... usw.
```

Anmerkung: Diese Schreibweise finde ich viel lesefreundlicher, weil klar wird, dass in den Standardwert mit diesem Namen und diesem Datentyp der hinter dem Gleichheitszeichen genannte Inhalt hineingeschrieben wird. Das sieht jetzt wirklich mal nach einer echten Zuweisung aus.

Damit kommen wir wieder zurück zum eigentlichen Anlass der Umarbeitung, nämlich dem Auslesen der Standardwerte in den `Zeige...NurAktive`-Funktionen. Statt des `True`-Wertes rufen Sie dort die *PropertyGet*-Prozeduren auf:

```
Function ZeigeAdressenNurAktive() As Boolean
     ZeigeAdressenNurAktive = Standardwert("ZeigeAdressenNurAktive", _
          ndtJaNein)
```

---

[75] Deren Namen dürften sich unterscheiden, das macht es aber nur unübersichtlich.

```
End Function

Function ZeigeArtikelNurAktive() As Boolean
    ZeigeArtikelNurAktive = Standardwert("ZeigeArtikelNurAktive", _
        ndtJaNein)
End Function
```

Die übrigen sind völlig identisch. Wie Sie oben sehen, werden die *PropertyGet*-Prozeduren einfach wie Funktionen aufgerufen. Der Unterschied zu einer *Function* besteht darin, dass es eine gleichnamige *PropertyLet*-Prozedur geben darf[76].

Damit bleibt nur noch, dass die Benutzer:innen diese Werte auch selber ändern dürfen. Dafür hatten Sie vielleicht sogar schon *frmNachschlagewerteDetails* erstellt, ansonsten lassen Sie es jetzt per Formular-Assistent anlegen.

Diese Filter-Einstellungen gehören in den Treeview, wo es sogar schon einen passenden Knoten gibt, allerdings noch ohne Knotentypen, von denen es zwei neue braucht: `kttFilter_Wort` und `kttFilter_Name`.

In *modTreeviewTypen* korrigieren Sie den Knotentyp in der `KnotenGenerell`-Prozedur:

```
Set nodX = KnotenEinzeln(trvDieser, nodExpandiert, "Zentrale Filter", _
    kttFilter_Wort, icnFilter)
```

Es sind letztendlich immer wieder die gleichen Handgriffe, wenn ein neuer Knoten hinzukommt (oder wie hier ein vorhandener funktionsfähig gemacht wird). In `TreeviewExpandieren` muss ein neuer `Case` auf diesen Knotentyp reagieren:

```
Case kttFilter_Wort
    KnotenAusQuery trvDieser, nodExpandiert, _
        "SELECT * FROM viwNachschlagewerte_Filter " & _
        "WHERE nwertbenutIDRef=" & BenutzerID(), _
        kttFilter_Name, icnFilter, False
```

Da Nachschlagewerte beim `TreeviewAnklicken` noch nicht berücksichtigt wurden, müssen Sie auch dort einen neuen `Case` ergänzen:

```
Case kttFilter_Name: Screen.ActiveForm.subDetails.SourceObject = _
    "frmNachschlagewerteDetails"
Case Else: Screen.ActiveForm.subDetails.SourceObject = "frmLeer"
End Select
```

Damit ist der Treeview mit individuell anpassbaren Filter-Einstellungen versehen:

---

[76] Properties müssen keineswegs paarweise auftreten. Lassen Sie eine davon weg, so können Sie nur lesen oder nur schreiben.

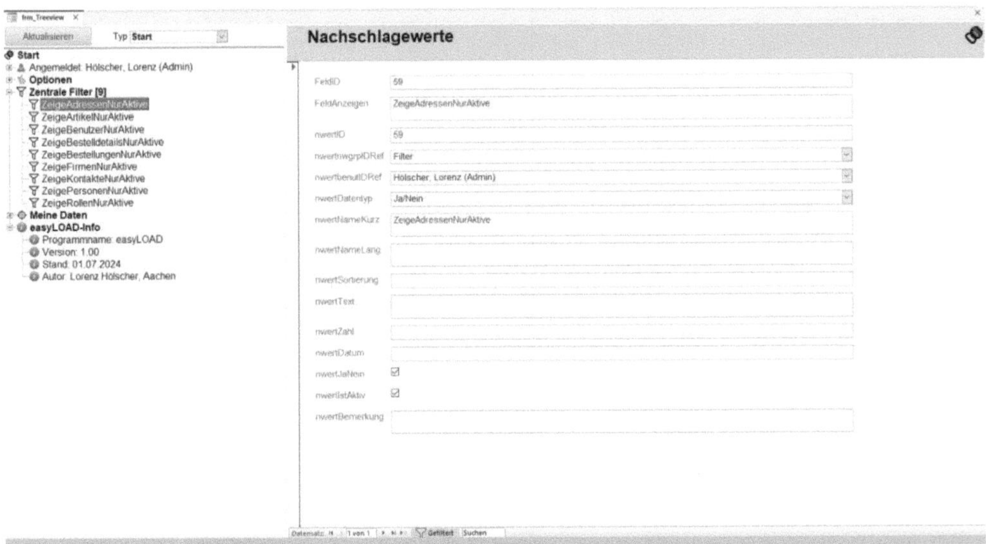

Abbildung 229: Die zentralen Filter können im Treeview geändert werden

Da unsere Benutzer:innen ab jetzt auch inaktive Datensätze sichtbar machen können, möchte ich eine Änderung am Papierkorb vornehmen. Wenn nämlich auch inaktive Datensätze wie alle anderen angezeigt werden, gibt es für mein Verständnis vorübergehend keinen Papierkorb, weil Sie dessen Inhalt ja gerade auf den Schreibtisch hervorgekramt haben.

Daher erscheint dann im Papierkorb-Knoten nur der Hinweis, dass diese Elemente zur Zeit bei allen Elementen angezeigt werden:

```
Case kttBestellungenGeloeschte_Wort

    If ZeigeBestellungenNurAktive() Then

        KnotenAusQuery trvDieser, nodExpandiert, _
            "SELECT * FROM viwBestellungenUngefiltert WHERE " & _
            "bestlIstAktiv=0", kttBestellung_Name, icnBestellung, False

    Else
        KnotenEinzeln trvDieser, nodExpandiert, _
            "Papierkorb 'leer', weil inaktive Bestellungen sichtbar", _
            kttNONE, icnInfo, False
    End If
```

Diese Ergänzung müssen Sie für alle Papierkörbe einbauen. Wenn Sie dann zum Beispiel für *ZeigeBestellungenNurAktive* deren *nwertJaNein*[77]: False setzen, sieht der Treeview so aus:

---

[77] Achtung, wirklich das Feld *nwertJaNein*! Der *nwertIstAktiv*-Wert gibt an, ob dieser Nachschlagewert selber weggefiltert ist.

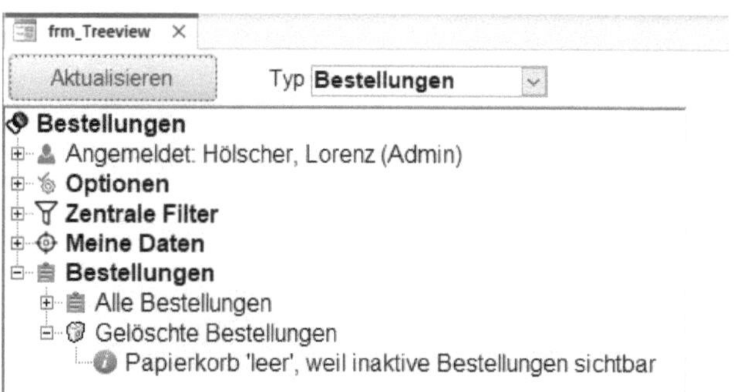

Abbildung 230: Der Papierkorb meldet den aktiven Filter

Hinweis: Beim Wechsel zwischen verschiedenen Treeview-Typen werden Sie bemerken, dass das letzte Detailformular noch nicht weggeräumt wird. Ergänzen Sie in `KnotenGenerell` (weil diese Prozedur von allen Treeview-Typen zuerst aufgerufen wird), dass *subDetails* zuerst immer das Leerformular anzeigt:

```
Private Sub KnotenGenerell(trvDieser As MSComctlLib.TreeView, _
    nodExpandiert As Node)
    Dim nodX As Node

    On Error Resume Next
    Screen.ActiveForm.subDetails.SourceObject = "frmLeer"
    On Error GoTo 0
```

Optionen

Manchmal erscheint die Unterscheidung zwischen Filtern und Optionen etwas zufällig. Ich mache das vor allem, um deren jeweils sichtbare Unterknoten zu reduzieren. Bei der Option `ZeigeAnzahlAktuelle`, um die Anzahl der aktuellen Datensätze (derzeit hart codiert 5) anzugeben, ist das vielleicht noch eine klare Unterscheidung.

Bei der Option `ZeigeDatenNurOeffentliche` ist die Ähnlichkeit beispielsweise zum Filter `ZeigeKontakteNurPrivate` schon enger, denn beide werden sich auf *kntktlst…*-Felder beziehen. Aber die Anzeige auch privater Daten wird noch mehr Auswirkungen haben als nur das Filtern von Datensätzen, daher mache ich daraus eine Option. Alle jedoch stehen in der gleichen Tabelle *tblNachschlagewerte*.

Fangen wir mit der Anzahl der aktuellen Datensätze an. Manche Benutzer:innen möchten vielleicht lieber zehn aktuelle Datensätze sehen, also wird es individuell einstellbar. Hier wird statt eines *Ja/Nein*-Werts eine Zahl gespeichert werden, also muss ich die beiden `Standardwert`-Prozeduren ergänzen. In der *PropertyLet*-Prozedur wird dieser neue `Case` berücksichtigt:

```
    Case ndtZahl
        CurrentDb.Execute "INSERT INTO tblNachschlagewerte " & _
            "(nwertnwgrpIDRef, nwertbenutIDRef, nwertNameKurz, " & _
            "nwertDatentyp, nwertZahl) " & _
            "VALUES " & _
            "(8, " & BenutzerID() & ", '" & strName & "', " & _
            ndtDatentyp & ", " & _
            ZahlEnglischFormatieren(varWert) & ")", _
            dbFailOnError

    Case Else
```

Hinweis: Wenn Sie den Code aus dem vorherigen `Case` kopieren, achten Sie darauf, dass sich das Datenfeld von `nwertJaNein` auf `nwertZahl` ändert und aus der 9 eine 8 wird!

Ebenso wie bei *Boolean*-Werten in einer SQL-Anweisung sind auch Nachkommazahlen[78] lästig, weil sie „falsch", nämlich deutsch, formatiert werden. Daher gibt es in *modFunktionen* eine neue Funktion, welche aus dem deutschen Dezimalkomma einen englischen Dezimalpunkt macht und außerdem das Tausenderzeichen unterdrückt:

```
Function ZahlEnglischFormatieren(ByVal dblZahl As Double) As String
    Dim strX As String

    strX = Format(dblZahl, "0.0")
    strX = Replace(strX, ",", ".")
    ZahlEnglischFormatieren = strX
End Function
```

Auch die *PropertyGet*-Funktion muss erweitert werden:

```
    Case ndtZahl
        Standardwert = Nz(DLookup("nwertZahl", "tblNachschlagewerte", _
            "nwertbenutIDRef=" & BenutzerID() & _
            " AND nwertNameKurz='" & strName & "'"), 0)

    End Select
End Property
```

Damit immer ein Standardwert vorhanden ist, wird auch dies in `JetztAnmelden` erledigt:

```
        Standardwert("ZeigeRollenNurAktive", ndtJaNein) = True
        Standardwert("ZeigeAnzahlAktuelle", ndtZahl) = 5

    End If
```

Sobald Sie sich nun anmelden, gibt es in *tblNachschlagewerte* auch diesen Eintrag:

---

[78] Nachkommazahlen für eine Anzahl von Datensätzen? Ja, das liest sich merkwürdig, aber technisch ist hier die Eingabe von Nachkommawerten erlaubt, also muss ich das abfangen.

Abbildung 231: Die Option ist eingetragen

> **Tipp 129:** Diese Erzeugung der individuell notwendigen Datenzeilen in *tblNachschlagewerte* stellt nicht nur sicher, dass neue Benutzer:innen alle Werte vorfinden. Nebenbei können Sie im Code auch später noch weitere Standardwerte einbauen, die bei der nächsten Anmeldung auch schon vorhandener Benutzer:innen dann automatisch nachträglich erzeugt werden.

Jetzt muss die Option nur noch im Treeviewknoten angezeigt werden, also brauchen wir zuerst zwei Knotentypen `kttOption_Wort` und `kttOption_Name`. Dann ergänzen Sie `TreeviewExpandieren`:

```
Case kttOption_Wort
    KnotenAusQuery trvDieser, nodExpandiert, _
        "SELECT * FROM viwNachschlagewerte_Optionen WHERE " & _
        "nwertbenutIDRef=" & BenutzerID(), kttOption_Name, _
        icnOption, False
```

In `KnotenGenerell` muss der neue Knotentyp eingesetzt werden:

```
Set nodX = KnotenEinzeln(trvDieser, nodExpandiert, "Optionen", _
    kttOption_Wort, icnOption)
```

Nicht zu vergessen ist natürlich die Berücksichtigung in `TreeviewAnklicken`, wo die Änderung allerdings minimal ausfällt:

```
Case kttFilter_Name, kttOption_Name79
    Screen.ActiveForm.subDetails.SourceObject = _
    "frmNachschlagewerteDetails"
```

Damit sind die Optionen im Treeview ebenfalls sichtbar, auch wenn es derzeit erst eine davon gibt:

---

[79] Aus optischen Gründen habe ich hier den Doppelpunkt entfernt und eine zweite VBA-Zeile geschrieben. Sie können das weiterhin mit Doppelpunkt in einer Zeile stehen lassen.

Abbildung 232: Die Option wird im Treeview mit Formular angezeigt

Ich benötige allerdings noch eine zweite Option, nämlich die bereits erwähnte Möglichkeit, private Daten mit `ZeigeDatenNurOeffentliche` auszublenden. Da dies zwar eine Option (*nwgrpID* 8) ist, aber den Datentyp `ndtJaNein` hat, müssen die Properties auch die Nachschlagewertgruppe explizit genannt bekommen. Bisher war das unauffällig an den Datentyp gebunden.

Beginnen wir also mit einer kleinen *Enumeration* in *modVarKonstDLL*, welche die Werte von *tblNachschlagegruppen* nachbildet, damit sie in VBA benutzt werden können:

```
Enum enmNachschlageGruppe
    ngrOption = 8
    ngrFilter
End Enum
```

Mein Tipp auf Seite 144 hat schon darauf hingewiesen, dass eine *Enumeration* normalerweise mit 0 beginnt, ich aber in jedem beliebigen Element einen Wunschwert vorgeben kann. Danach zählt die *Enumeration* automatisch weiter, *ngrFilter* erhält hier also den Wert 9.

Tipp 130: So müssen Sie selber dafür sorgen, dass die Werte denen aus der Tabelle *tblNachschlagewertgruppen* entsprechen. Das könnten Sie stattdessen automatisch miteinander verknüpfen, indem Sie statt der *Enumeration* für jeden benötigten Wert eine Funktion schreiben, welche mit `DLookup()` den passenden Wert ermittelt. Das ist jedoch beileibe kein Performance-Booster, weil diese Funktion sehr oft aufgerufen werden wird und jedes Mal vergleichsweise zeitaufwändig eine Tabelle öffnen muss.

Jetzt können wir den Code der `Standardwert`-Properties korrigieren:

```
Property Let Standardwert(strName As String, _
        ngrGruppe As enmNachschlageGruppe, _
        ndtDatentyp As enmNachschlageDatentyp, varWert As Variant)
```

Im Code standen bisher die Werte 8 und 9 hart codiert, das war natürlich ohnehin wenig sprechend und wird jetzt durch die besseren *Enumeration*-Werte ersetzt:

```
CurrentDb.Execute "INSERT INTO tblNachschlagewerte " & _
    "(nwertnwgrpIDRef, nwertbenutIDRef, nwertNameKurz, _
    nwertDatentyp, nwertJaNein) " & _
    "VALUES " & _
    "(" & ngrGruppe & ", " & BenutzerID() & ", '" & strName & _
    "', " & ndtDatentyp & ", " & CInt(varWert) & ")", _
    dbFailOnError
```

Auch wenn dieser neue Parameter für die *PropertyGet*-Variante derzeit gar nicht benutzt wird[80], muss er dort an gleicher Stelle vorhanden sein:

```
Property Get Standardwert(strName As String, _
    ngrGruppe As enmNachschlageGruppe, _
    ndtDatentyp As enmNachschlageDatentyp) As Variant
```

Entsprechend müssen die Aufrufe dieser Prozeduren in JetztAnmelden angepasst (ich zeige hier nur die letzten) und die neue Option ergänzt werden:

```
Standardwert("ZeigePersonenNurAktive", ngrFilter, ndtJaNein) = True
Standardwert("ZeigeRollenNurAktive", ngrFilter, ndtJaNein) = True

Standardwert("ZeigeAnzahlAktuelle", ngrOption, ndtZahl) = 5
Standardwert("ZeigeDatenNurOeffentliche", ngrOption, ndtJaNein) = True
```

Die Änderung gilt auch für alle Zeige...NurAktive-Funktionen (auch hier nur eine beispielhaft zu sehen), welche ebenfalls auf die *PropertyGet*-Funktion Standardwert zugreifen. Außerdem lege ich dort direkt die nächsten beiden Funktionen an, um auch die Optionen ermitteln zu können:

```
Function ZeigeRollenNurAktive() As Boolean
    ZeigeRollenNurAktive = Standardwert("ZeigeRollenNurAktive", _
        ngrFilter, ndtJaNein)
End Function


Function ZeigeAnzahlAktuelle() As Double
    ZeigeAnzahlAktuelle = Standardwert("ZeigeAnzahlAktuelle", _
        ngrOption, ndtZahl)
End Function


Function ZeigeDatenNurOeffentliche() As Boolean
    ZeigeDatenNurOeffentliche = Standardwert("ZeigeDatenNurOeffentliche", _
        ngrOption, ndtJaNein)
End Function
```

---

[80] Sie haben Recht, theoretisch reichen *nwertbenutIDRef* und *nwertNameKurz* nicht aus, um den gesuchten Datensatz eindeutig zu finden, eigentlich müsste *nwertnwgrpIDRef* auch noch geprüft werden. Die gewählten Kurznamen sind aber dermaßen eindeutig, dass ich mir da bisher keine Sorgen mache.

Anmerkung: Ich benenne diese Funktionen exakt so wie den Kurznamen im Datensatz. Das erspart mir langes Nachdenken über den genauen Namen und gibt nirgends Konflikte, weil das eine ein Funktionsname und das andere ein textlicher Inhalt in einem Datensatz ist.

Jetzt ist es also möglich, in den Optionen auch *Ja/Nein*-Werte zu nutzen. Der Treeview zeigt diese neue Option sowieso schon automatisch an, weil ja die dahinterliegende Abfrage die richtigen Inhalte filtert:

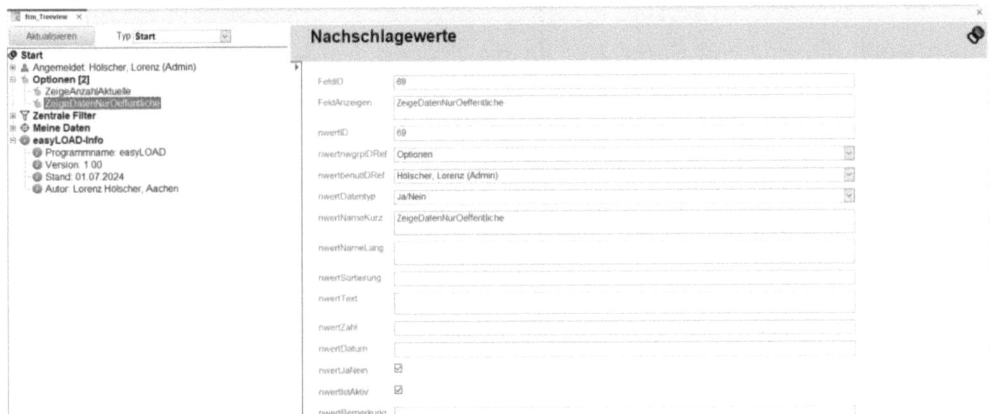

Abbildung 233: Die zweite Option wird automatisch auch im Treeview angezeigt

Beide Optionen sind eingebaut, aber noch nirgends genutzt. Fangen wir mit der Anzahl der aktuellen Datensätze an, deren Beschriftung des Knotens steht derzeit so in `TreeviewExpandieren`:

```
KnotenEinzeln trvDieser, nodExpandiert, _
    "Meine 5 aktuellsten Bestellungen", _
    kttBestellungenMeineAktuellsten_Wort, icnBestellung
```

Diese 5 muss von der Funktion ersetzt werden:

```
KnotenEinzeln trvDieser, nodExpandiert, _
    "Meine " & ZeigeAnzahlAktuelle() & " aktuellsten Bestellungen", _
    kttBestellungenMeineAktuellsten_Wort, icnBestellung
```

Schwieriger wird es mit den tatsächlichen Dateninhalten. Anders als bei `WHERE`-Klauseln lässt sich für eine `TOP` 5-Klausel keine *Function* einschleusen. Diese muss also aus *qryBestellungenMeineAktuellsten* entfernt werden, so dass dies übrigbleibt:

```
SELECT FeldID, FeldAnzeigen
FROM viwBestellungen
WHERE bestlbenutIDRef_bestellt = BenutzerID()
ORDER BY bestlDatum_bestellt DESC;
```

Wenn die SQL-Anweisung allerdings per VBA zusammengebaut wird, geht das wieder, also passiert es einfach in `TreeviewExpandieren`:

```
Case kttBestellungenMeineAktuellsten_Wort
    KnotenAusQuery trvDieser, nodExpandiert, _
        "SELECT TOP " & ZeigeAnzahlAktuelle() & _
        " * FROM qryBestellungenMeineAktuellsten", _
        kttBestellung_Name, icnBestellung
```

Hinweis: Wenn Sie das im Treeview testen und für Ihre BenutzerID zufällig keine Bestellungen erfolgt sind, erscheinen natürlich auch keine Unterknoten, aber technisch ist das in Ordnung.

Der Einsatz der Option `ZeigeDatenNurOeffentliche` hat mehr Auswirkungen als nur die Anzeige von Datensätzen. Aber zuerst muss natürlich die Abfrage *viwKontakte* um diesen Filter erweitert werden.

```
SELECT *
FROM viwKontakteUngefiltert
WHERE kntktIstAktiv <= ZeigeKontakteNurAktive()
AND kntktIstOeffentlich <= ZeigeDatenNurOeffentliche();
```

Das funktioniert nach dem gleichen Schema wie für den `Zeige...NurAktive`-Filter und ist insofern nichts Neues. Es gibt aber Daten innerhalb eines Datensatzes, die auch dann nicht für jede:n sichtbar sein dürfen, wenn der Datensatz selber sichtbar ist, beispielsweise das Geburtsdatum einer Person.

Ich ergänze daher den Entwurf der Tabelle *tblPersonen* um das *Datum/Uhrzeit*-Feld *persoDatumGeburt* und schreibe in eine wenige Datensätze auch schon ein beliebiges Datum hinein:

persoID	persofirmalDRef	persoNameVor	persoNameNach	persoTitel	persoDatumGeburt	persoIstAktiv	persoBemerkung
154	4	Lorenz	Hölscher		24.12.1980	☑	
155	4	Theo	Test		03.03.2003	☑	
156	4	Ümit	Überblick		05.07.1997	☑	
157	4	Claudia	Checkit		08.10.2000	☐	
(Neu)						☑	

Abbildung 234: Diese Personen haben jetzt ein Geburtsdatum

Diese neue Feld muss ich natürlich in das Formular *frmPersonenDetails* aufnehmen, beispielsweise mit FORMULARENTWURF | VORHANDENE FELDER HINZUFÜGEN. Wenn Sie das im Treeview anzeigen, sehen Sie das neue Feld beispielsweise beim Markieren Ihres eigenen Namens:

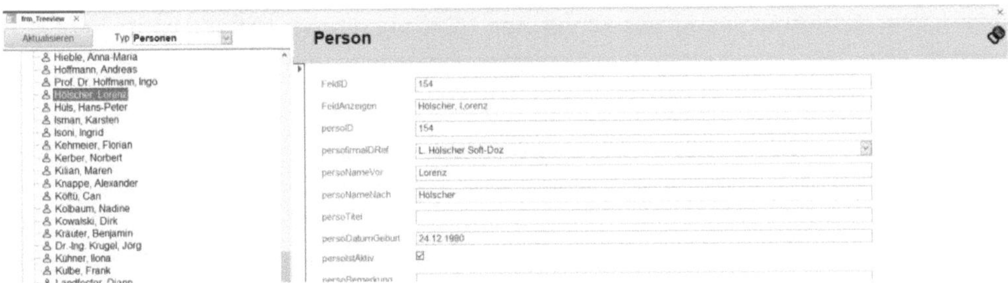

Abbildung 235: Das Formular zeigt mein Geburtsdatum

Allerdings sehen Sie das Geburtsdatum auch von jeder anderen Person!

> **Hinweis**: Die DSGVO (Datenschutz-Grundverordnung) regelt unter anderem, wer welche Daten wann sehen darf. Solange diese Datenbank keine inhaltliche Verwendung für Geburtsdaten[81] vorweisen kann, dürfen die sogar nicht einmal darin gespeichert werden. Aber wenn sie schon darin enthalten sind, darf sie nicht jede:r sehen. Entweder erfinden Sie ein Recht *rolleDarfPrivatdatenSehen* oder nutzen hier diese Option, das ist sich technisch recht ähnlich. Als Recht wäre es rollen-basiert, als Option ist es individuell.

Ich muss also dafür sorgen, dass normalerweise nur öffentliche Daten sichtbar sind und das Geburtsdatum auf dem Formular nicht zu sehen ist. Dazu kommt noch der Sonderfall, dass ich mein eigenes Geburtsdatum aber sehen und ändern soll.

Die Analyse, was jetzt sichtbar oder editierbar sein darf, passiert beim Anzeigen des Personen-Datensatzes also in `Form_Current` von *frmPersonenDetails*. Die einfachste Variante macht das Feld un-/sichtbar:

```
Private Sub Form_Current()
    With Me.persoDatumGeburt
        If ZeigeDatenNurOeffentliche() Then
            .Visible = False
        Else
            .Visible = True
        End If
    End With
End Sub
```

Das berücksichtigt allerdings noch nicht, ob ich mein eigenes Geburtsdatum sehe, und ist außerdem recht unelegant programmiert. Mit zwei neuen Variablen sammelt der Code erstens die *persoID* (denn in `BenutzerID()` steht ja nur die *benutID*) und zweitens die Entscheidung über die Nutzbarkeit des Feldes:

```
Private Sub Form_Current()
```

---

[81] Die immens wichtigen Geburtstagslisten in der Abteilung zählen definitiv nicht als Grund.

```
Dim lngIDperso As Long
Dim booIstNutzbar As Boolean

lngIDperso = Nz(DLookup("benutpersoIDRef", "tblBenutzer", _
    "benutID=" & BenutzerID()), 0)
booIstNutzbar = (lngIDperso = Nz(Me.persoID.Value, 0))
booIstNutzbar = booIstNutzbar Or Not ZeigeDatenNurOeffentliche()

    With Me.persoDatumGeburt
        .Visible = booIstNutzbar
    End With
End Sub
```

Die `booIstNutzbar`-Variable prüft also zuerst, ob Sie zufällig Ihren eigenen Personen-Datensatz sehen. Danach prüft sie, ob vielleicht sowieso private Daten angezeigt werden dürfen. In beiden Fällen (daher mit `Or` verbunden) darf das Geburtsdatum sichtbar sein.

Ich habe es bewusst etwas allgemeiner als „nutzbar" bezeichnet, weil ein einfaches sichtbar/unsichtbar nicht besonders bedienungsfreundlich ist. Zum einen bleibt da eine Lücke und zum anderen könnte ich nicht einmal sehen, ob da überhaupt Daten drin stehen oder ich vielleicht bei Benutzer:innen das Eintragen anmahnen müsste.

Daher lasse ich lieber das Feld selber sichtbar, ändere aber sein Verhalten:

```
    With Me.persoDatumGeburt
        .Enabled = booIstNutzbar
        .InputMask = IIf(booIstNutzbar, "", "password")
    End With
End Sub
```

Dann verhält es sich für meine eigenen Daten (oder mit der Erlaubnis für private Daten) wie ein normales Eingabefeld:

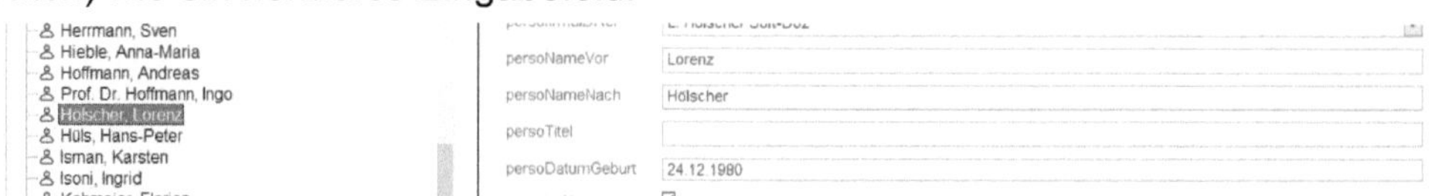

Abbildung 236: Das Formular zeigt das Datumsfeld für mich bearbeitbar

Für andere Datensätze als meinen eigenen ist es erstens inaktiv, zeigt aber zweitens mit den Passwort-Sternchen an, dass dort Daten vorhanden sind:

Abbildung 237: Das Formular zeigt das Datumsfeld für andere maskiert

Das können Sie natürlich, wenn das gewollt ist, noch mit einem Recht kombinieren. Eventuell darf die Personalabteilung (mit der entsprechenden Rolle) trotzdem immer die Geburtsdaten sehen oder, wie hier beispielhaft dargestellt, alle mit der *Admin*-Rolle:

```
booIstNutzbar = booIstNutzbar Or Not ZeigeDatenNurOeffentliche()

booIstNutzbar = booIstNutzbar Or BenutzerIstAdmin()
```

Wie bei den Rechten gibt es aber schon die nächste Sicherheitslücke, schließlich kann sich jede:r Benutzer:in diese `ZeigeDatenNurOeffentliche`-Option einfach selber einstellen. Das darf nicht sein, ich muss also verhindern, dass diese Option ohne *Admin*-Recht änderbar ist.

Das betrifft `Form_Current` im Formular *frmNachschlagewerteDetails* und nutzt einfach diese bequeme `SperreFormular`-Prozedur von Seite 225:

```
Private Sub Form_Current()
    If Not BenutzerIstAdmin() Then
        Select Case LCase(Me.nwertNameKurz.Value) & ""
        Case "zeigedatennuroeffentliche": Me.subKopf.Form.SperreFormular
        End Select
    End If
End Sub
```

Tipp 131: In diesem sind drei Techniken berücksichtigt, die Sie wahrscheinlich so nicht eingesetzt hätten.

Das `&` `""` hängt einen Leerstring an den Inhalt von *nwertNameKurz* an und erspart mir Laufzeitfehler mit `NULL`-Werten (nämlich immer in einem neuen Datensatz!).

Die `LCase()`-Funktion wandelt Texte in Kleinbuchstaben um und das dadurch kleingeschriebene Wort hinter `Case` erspart mir Fehler mit Groß- und Kleinschreibung.

Statt der *SelectCase*-Struktur hätten Sie vermutlich eine viel kleinere *If*-Struktur gewählt. Aber spätestens bei der nächsten Option, die ebenfalls gesperrt werden muss, sind Sie dankbar für die vorausschauende Programmierung. Dann steht da nämlich (hier mit verkürzten Optionsnamen) nur:

```
Case "zeigexxx", "zeigeyyy": Me.subKopf.Form.SperreFormular
```

Na, hätten Sie das mit `If` auch so kurz erledigt?

Dann schauen wir doch mal, wie diese Option erscheint, wenn ich kein Admin bin (dazu manipulieren Sie am besten wieder die Tabelle *tblBenutzer* und ändern Ihre

Rolle auf Nicht-Admin):

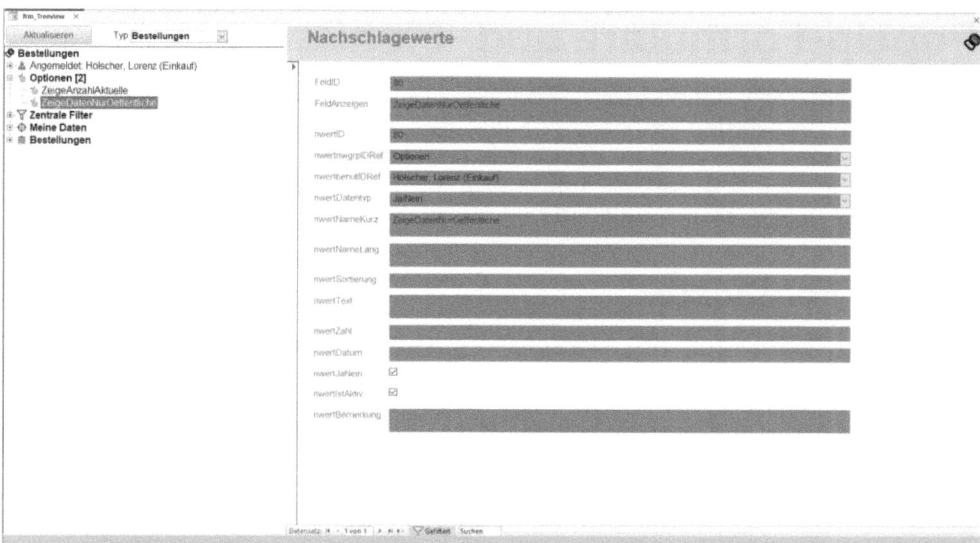

Abbildung 238: Nur dieser Nachschlagewert ist für Nicht-Admins gesperrt

Sie werden im Laufe der Entwicklung einer Datenbank immer mehr solcher „Lücken" finden, bei denen Sie aufpassen müssen, dass da nicht doch ein Sichtbarmachen versteckter Inhalte oder ein Umgehen irgendwelcher Rechte möglich ist. Wir werden also aufmerksam bleiben.

PopUp-Formulare und -Menüs

Auf den ersten Blick haben PopUp-Formulare und PopUp-Menüs nur ihren Namen gemeinsam. Sie werden jedoch gleich feststellen, dass sie nachher so eng miteinander verwoben sein werden, dass ich kaum weiß, wo ich jetzt anfangen soll. Ich werde PopUp-Menüs einsetzen, um PopUp-Formulare aufzurufen, auf denen sich dann wieder PopUp-Menüs befinden.

PopUp-Formulare

Fangen wir also mit dem an, was schon da ist: Formulare. Ich hatte auf Seite 99 schon gezeigt, wie unterschiedlich sich Formulare verhalten können. Jetzt möchte ich das ernsthaft einsetzen. Es wird alle Detail-Formulare betreffen, ich fange beispielhaft jetzt mit *frmBestellungenDetails* an. Ändern Sie in der Entwurfsansicht diese Formular-Eigenschaften:

Eigenschaft	Wert
PopUp	Ja
Gebunden	Ja
Automatisch zentrieren	Ja
Mit Systemmenüfeld	Nein
MinMaxSchaltflächen	Keine

Sie könnten es jetzt schon mit Doppelklick aufrufen, dann würde es den ersten Datensatz anzeigen:

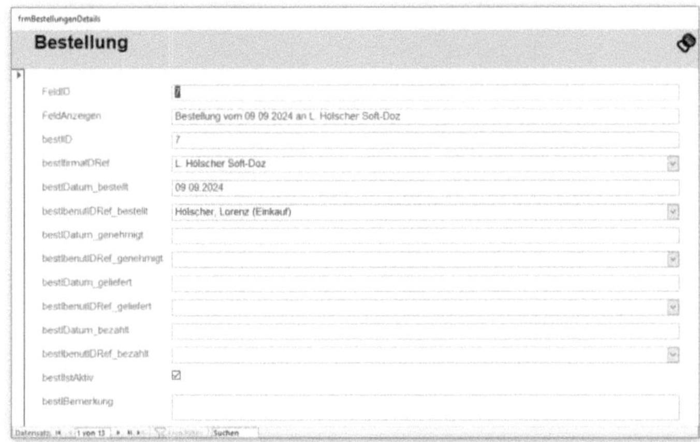

Abbildung 239: Das Formular frmBestellungenDetails *erscheint jetzt als Dialog*

Um das Formular wieder schließen zu können, gibt es allerdings das [X] oben rechts nicht mehr, weil *Mit Systemmenüfeld:* Nein eingestellt ist. Sie müssen einen Rechtsklick auf seine Fenster(!)-Titelleiste machen und dann erscheint – ein Pop-Up-Menü! Dort können Sie das Formular weiterhin schließen.

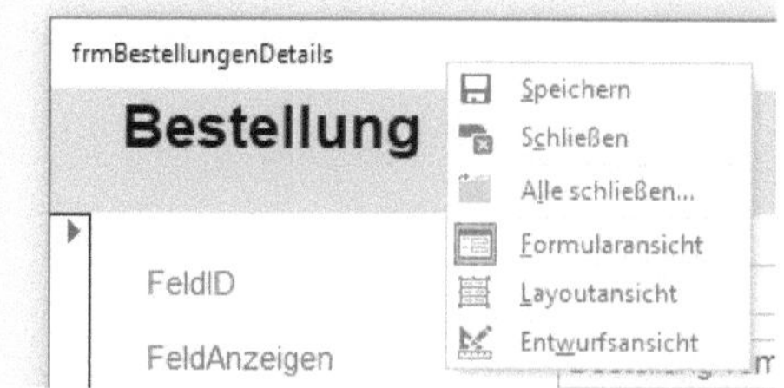

Abbildung 240: Der Rechtsklick oben im Fenstertitel zeigt das PopUp-Menü

Das soll natürlich auf Dauer nicht so bleiben, Windows-erfahrene Benutzer:innen erwarten auf so einem Dialog [ABBRECHEN]- und [OK]-Buttons. Aber bis dahin müssen wir uns behelfen.

Tipp 132: Möglicherweise entscheiden Sie sich später, dieses und weitere Access-eigene PopUp-Menüs komplett zu deaktivieren. Das geschieht unter DATEI | OPTIONEN | AKTUELLE DATENBANK, wenn Sie das Häkchen bei *Standardkontextmenüs zulassen* entfernen. Dann bleiben Ihnen immer noch die Tastenkürzel: <STRG>+<F4>, um normale Fenster zu schließen, aber hier <ALT>+<F4>, um modale Fenster zu schließen.[82]

Aber halt! Das gleiche Formular wird doch auch im Treeview benutzt! Ist es dort jetzt überhaupt noch nutzbar mit seinem modalen Verhalten? Schauen Sie am besten direkt dort nach:

---

[82] Achtung! Wenn Sie einmal zu oft <ALT>+<F4> drücken, dann wird das nächste übergeordnete Fenster geschlossen und das ist Access selber.

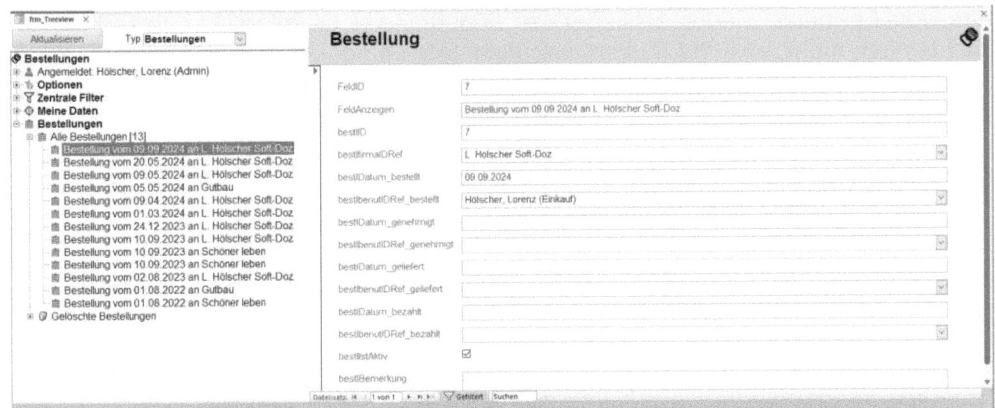

Abbildung 241: Das Formular frmBestellungenDetails *sieht im Treeview noch gleich aus*

Sie werden keinen Unterschied feststellen, weil es dort eingebettet ist und diese Formular-Eigenschaften[83] dort gar nicht ausgeführt werden. Es gelten die Eigenschaften des Elternformulars *frm_Treeview*, welches ja weiterhin nicht-modal ist.

Tipp 133: Diese doppelte Nutzung des gleichen Formulars im Treeview und als Dialog ist mir sehr wichtig. Ich sehe erschreckend viele Datenbanken, in denen es für die Anzeige vorhandener Datensätze und die Erstellung eines neuen Datensatzes zwei Formularentwürfe gibt. Dadurch haben Sie immer doppelten Code (und doppelt so viele Formularentwürfe) mit dem starken Risiko, dass sich die beiden doch unterscheiden. Sie sehen hier, wie einfach es eigentlich ist, ein Formular für beide Varianten zu nutzen.

Die modale Version dieses Formulars werde ich immer dann benötigen, wenn ein neuer Datensatz angelegt werden soll. Daher bereite ich jetzt schon mal den Code im Modul *modObjekteNeu* vor, der es dann anzeigt. Das erleichtert auch die Tests:

```
Sub BestellungNeu()
    DoCmd.OpenForm "frmBestellungenDetails", , , , acFormAdd
End Sub
```

Der Unterschied zum bisherigen Aufruf per Doppelklick liegt darin, dass das Formular direkt die Eingabe eines neuen Datensatzes verlangt. Klicken Sie in den Code und starten mit <F5> seine Ausführung, dann erscheint das Formular (bzw. jetzt ja eher der Dialog) so:

---

[83] Nicht alle Formular-Eigenschaften werden ignoriert, *Daten eingeben* oder *Anfügen zulassen* etc. werden beispielsweise berücksichtigt. Genaugenommen werden die Fenster-Eigenschaften ignoriert.

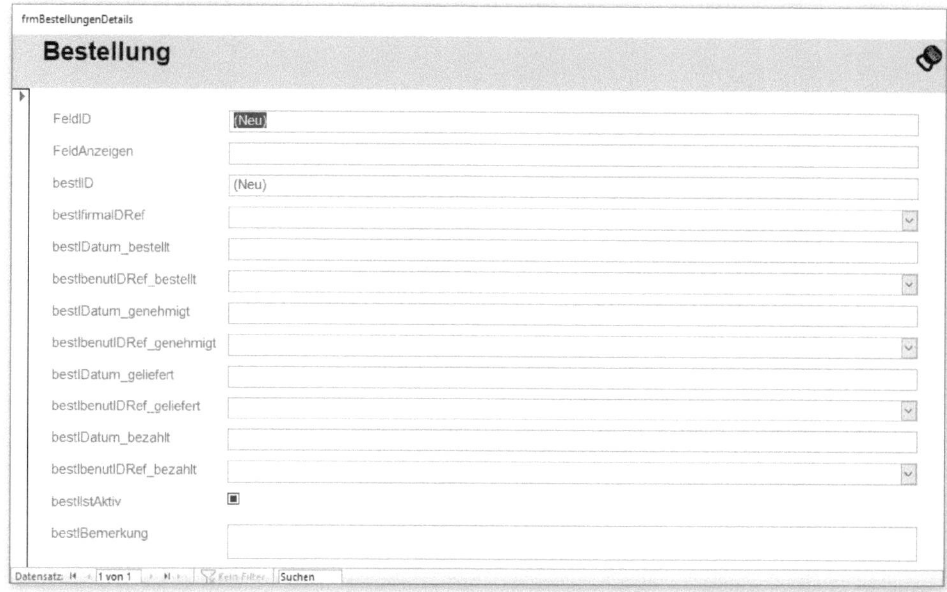

Abbildung 242: Der Dialog ermöglicht die Eingabe eines neuen Datensatzes

Das ist jetzt der Anlass, das Formular wenigstens ansatzweise mal ein wenig zu optimieren. Zuerst werde ich „die Luft rauslassen", denn die Abstände innerhalb der Layouttabelle sind mir viel zu groß. Markieren Sie im Entwurf irgendein Control und anschließend die ganze Layouttabelle (an ihrem dann erscheinenden [+]-Symbol oben links).

Dann können Sie mit ANORDNEN | ABSTAND ZWISCHEN STEUERELEMENTEN | SCHMAL das ganze Formular sehr viel kompakter gestalten. Auch die Breite der Inhalte werde ich deutlich verringern und vor allem die Schriftfarbe auf ein lesbares *Schwarz* ändern:

Abbildung 243: Der Entwurf des Formulars ist jetzt bedeutend kompakter

Nur die rechte Spalte wird mit ANORDNEN | ANKER | QUER NACH OBEN DEHNEN flexibel gemacht, der Formularkopf ist es ja längst schon. Dadurch kann ich das Formular später in seiner Größe ändern, wenn die Inhalte mehr Platz benötigen. Der Aufruf zeigt es zuerst in dieser Größe:

Abbildung 244: Das Formular in der Originalgröße

Durch Ziehen mit der Maus am rechten Rand (nach unten geht auch, das ist aber nicht besonders sinnvoll) werden sowohl das Formular als auch seine Controls breiter:

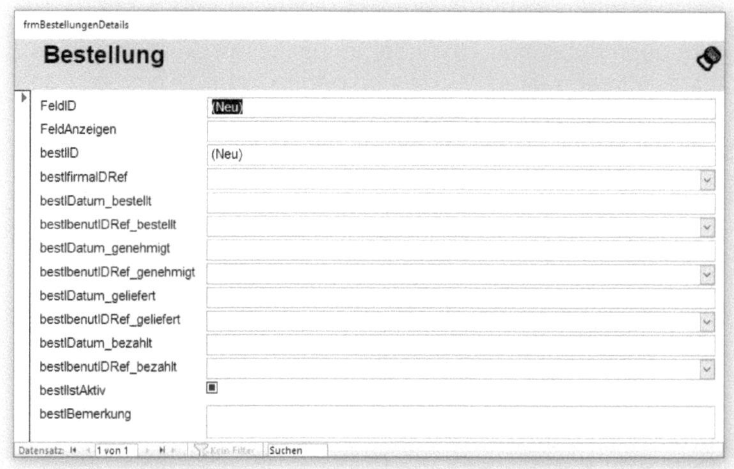

Abbildung 245: Das Formular wurde breiter gezogen

Für einen „richtigen" Dialog fehlen jetzt noch die Buttons. Weil das technisch am einfachsten ist, positioniere ich die nicht einfach unterhalb der Layouttabelle, sondern im Formularfuß. Sonst müsste ich die nach jeder Höhenänderung im Layout wieder an die richtige Position schieben oder, falls sie Teil der Layouttabelle wären, dauernd deren Breiten nachkorrigieren.

> **Tipp 134:** Erinnern Sie sich an die Konstruktion mit dem Formularkopf? Anstatt das auf jedem Formular einzeln zu machen, gibt es dort ein Unterformular *sfmKopf* mit den gewünschten Objekten und der Steuerung über das jeweilige Hauptformular.
>
> Da wäre es doch eine großartige Idee, diese beiden Buttons ebenfalls in einem *sfmFuss* vorzubereiten und ebenso in allen Formularen einzubinden. Leider nicht, denn der [ABBRECHEN]-Button möchte das Speichern des Datensatzes verhindern. Da kommt er aber zu spät, denn schon der Wechsel in das Unterformular speichert ungefragt den Datensatz. Sie können das mal ausprobieren, indem Sie mit einem veränderten Datensatz nur in den Formularkopf klicken. Zack, gespeichert.

Damit es einheitlich wird, gebe ich die Änderungen am *Formularfuß* als eingetippte Eigenschaften *Höhe*: 1cm und *Hintergrundfarbe*: Hintergrund 1, Dunkler 35% vor und nicht per Mausschieberei.

Dann beginne ich mit dem [OK]-Button, bei dem ich *Name*: btnOK, *Beschriftung*: OK und *Schriftbreite*: Fett einstelle. Außerdem steht sein Anker auf OBEN RECHTS. Das „oben" bezieht sich auf das Elternelement, hier also den *Formularfuß*, und diese Einstellung sorgt dafür, dass der Button auch bei Größenänderungen im Formular immer am rechten Rand des Formularfußes bleibt.

> **Tipp 135:** Das geht auch hübscher. Ich finde, Icons lassen den Sinn eines Buttons schneller als das Lesen eines Wortes erkennen, gerade bei solchen Standard-Buttons wie hier. Markieren Sie den Button im Entwurf und wechseln Sie zu FORMULARENTWURF | BILD EINFÜGEN | DURCHSUCHEN:
>
> 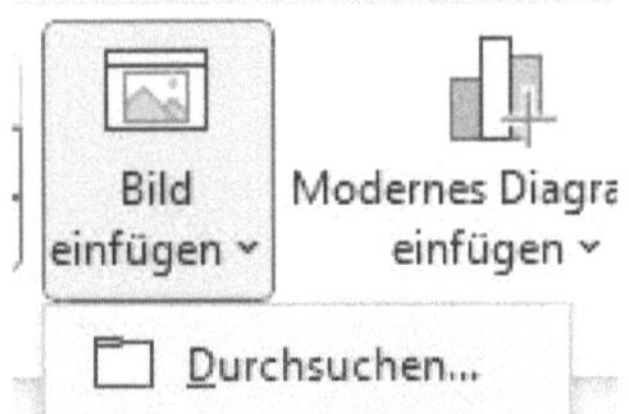
>

Wählen Sie eine *.png[84]- oder notfalls *.jpg-Dateien aus und bestätigen den Dialog mit [ÖFFNEN]. Jetzt sieht er so aus:

Das ist mir doch zu viel Icon und zu wenig Text, es sollen beide sichtbar

---

[84] *.png ist besser als *.jpg, weil das *.png-Format auch Transparenz kann.

sein. Stellen Sie *Anordnung der Bildbeschriftung*: Rechts ein und ergänzen vor der Beschriftung OK noch ein Leerzeichen, damit es optisch nicht so klemmt. Schließlich fehlt noch *Ausrichtung*: Linksbündig und der Button sieht gleich viel freundlicher aus:

Diesen Button können Sie anschließend kopieren und als *btnAbbrechen* mit der geänderten *Beschriftung*: Abbrechen daneben einfügen.

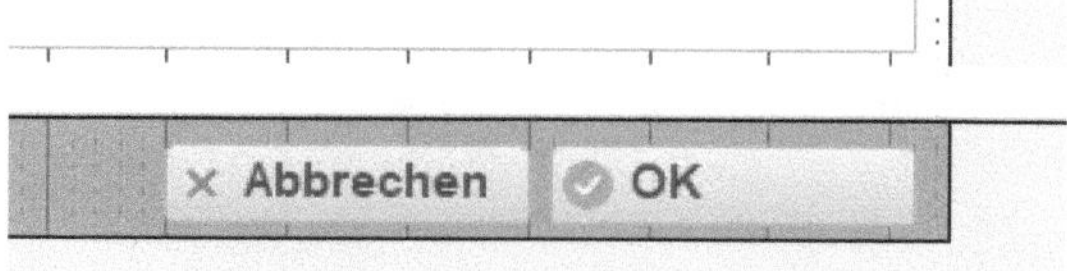

Abbildung 246: Die beiden Buttons sind im Formularfuß positioniert

Hinweis: Einerseits kann ich froh sein, dass Access überhaupt Bilder auf Buttons erlaubt. Andererseits wäre es ja zu einfach, den gleichen Bilder-Speicher, nämlich das *ImageList*-Control auf *USys_frmImagelist_Icons*, mitbenutzen zu können. Diese Bilder jedenfalls werden in der Tabelle *MSysResources* gespeichert.

Die Buttons brauchen noch eine Funktionalität, die jeweils im *Beim Klicken*-Ereignis stattfindet.

```
Private Sub btnAbbrechen_Click()
    Undo
    DoCmd.Close
End Sub

Private Sub btnOK_Click()
    DoCmd.Close
End Sub
```

In beiden Fällen wird das Formular geschlossen, beim *Abbrechen* werden aber vorher noch die Datensatzänderungen rückgängig[85] gemacht.

Tipp 136: Windows-typisch lassen sich diese beiden Buttons mit speziellen Tasten bedienen: [ABBRECHEN] mit der <ESC>-Taste und [OK] mit der <RETURN>-Taste. Für *btnAbbrechen* müssen Sie nur *Abbrechen*: Ja und für *btnOK* die Eigenschaft *Standard*: Ja einstellen, dann reagieren diese Buttons direkt auf diese Tasten.

---

[85] Das geht natürlich nur, wenn nicht vorher diese Änderungen schon anderweitig gespeichert wurden. Dann passiert einfach nichts.

Damit sieht der Dialog jetzt so aus:

Abbildung 247: Die beiden Buttons im Formularfuß funktionieren jetzt auch

Diese Buttons kopieren Sie bitte in alle *frm...Details*-Formulare, da gibt es leider keinen arbeitssparenden Trick. Denken Sie daran, dass beim Kopieren der Controls im Formularentwurf nie deren VBA-Code mitkopiert wird. Sie können ihn aber danach einfach in das zugehörige Formularmodul kopieren, die Verknüpfung mit den gleichnamigen Buttons passiert dann automatisch, wenn zuerst das Control vorhanden ist und danach der VBA-Code kommt.

Bei dieser Gelegenheit können Sie auch die Abstände der Layouttabelle, die Breiten und die Schriftfarben anpassen. Außerdem müssen alle Formulare *PopUp*: Ja, *Gebunden*: Ja und *Automatisch zentrieren*: Ja eingestellt haben.

> **Tipp 137:** Sie haben leider schon 198 Formulare in der Datenbank, bei denen Sie solche Formular-Eigenschaften nachbessern müssen? Dann lohnt sich vielleicht eine VBA-Prozedur im Modul *USys_modEntwickler*:
> ```
> Sub KorrigiereFormulare()
> ```

```
        Dim objX As Object
        Dim frmX As Form

        For Each objX In CurrentProject.AllForms
            If objX.Name Like "frm*Details" Then
                DoCmd.OpenForm objX.Name, acDesign
                Set frmX = Screen.ActiveForm
                frmX.PopUp = True
                frmX.Modal = True
                frmX.AutoCenter = True
                DoCmd.Close acForm, frmX.Name, acSaveYes
            End If
        Next
    End Sub
```

Es ist bedeutend umständlicher, einzelne Controls in jedem Formular so zu behandeln, aber für die Eigenschaften des Formulars selber müssen Sie nur deren englische Bezeichnungen herausbekommen.

Falls Sie nach diesen Änderungen eine horizontale Scrollbar im Formularkopf wie in der folgenden Abbildung finden, dann müssen Sie lediglich im Entwurf von *sfmKopf* dessen Breite verringern:

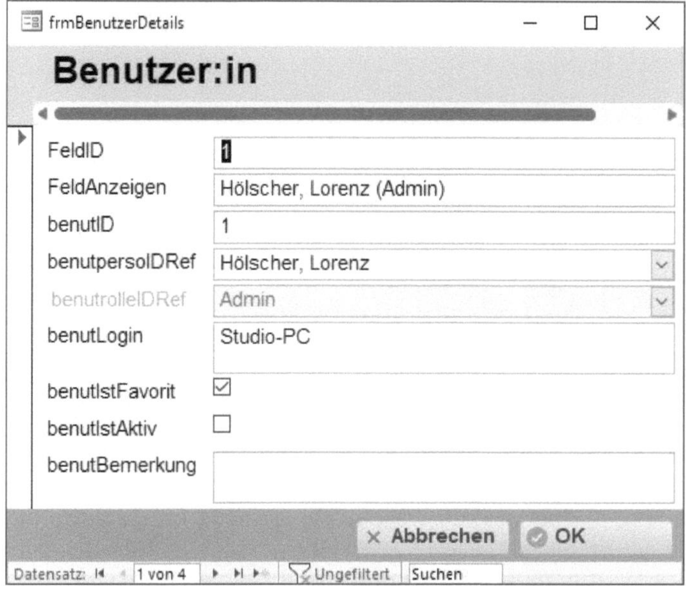

Abbildung 248: Der Formularkopf-Entwurf ist offensichtlich zu breit

Passend zu den korrigierten Formularen können Sie in *modObjekteNeu* für jedes eine ...Neu-Prozedur erstellen. Diese lässt sich am einfachsten aus der schon vorhandenen `BestellungNeu`-Prozedur kopieren und anpassen:

```
Sub AdresseNeu()
    DoCmd.OpenForm "frmAdressenDetails", , , , acFormAdd
End Sub
Sub ArtikelNeu()
    DoCmd.OpenForm "frmArtikelDetails", , , , acFormAdd
End Sub
Sub BenutzerNeu()
    DoCmd.OpenForm "frmBenutzerDetails", , , , acFormAdd
End Sub
Sub BestelldetailNeu()
    DoCmd.OpenForm "frmBestelldetailsDetails", , , , acFormAdd
End Sub
Sub BestellungNeu()
    DoCmd.OpenForm "frmBestellungenDetails", , , , acFormAdd
End Sub
Sub FirmaNeu()
    DoCmd.OpenForm "frmFirmenDetails", , , , acFormAdd
End Sub
Sub KontaktNeu()
    DoCmd.OpenForm "frmKontakteDetails", , , , acFormAdd
End Sub
Sub NachschlagewertNeu()
    DoCmd.OpenForm "frmNachschlagewerteDetails", , , , acFormAdd
End Sub
Sub NachschlagewertgruppeNeu()
    DoCmd.OpenForm "frmNachschlagewertgruppenDetails", , , , acFormAdd
End Sub
Sub PersonNeu()
    DoCmd.OpenForm "frmPersonenDetails", , , , acFormAdd
End Sub
Sub RolleNeu()
    DoCmd.OpenForm "frmRollenDetails", , , , acFormAdd
End Sub
```

Abbildung 249: Die ...Neu-Prozeduren sind vorbereitet

Es gibt absehbar keinen Anlass, dass normale Benutzer:innen jemals über `NachschlagewertNeu` einen neuen Nachschlagewert oder mal gar eine neue Nachschlagewertgruppe anlegen, das ist eher was für die Admins im Hintergrund. Aber es kostet jetzt nur drei überflüssige Zeilen Code, während ich später vielleicht länger an dem Fehler suche, warum diese Prozeduren nicht reagieren.

Tipp 138: Ich weiß, meine ewigen Hinweise auf gepflegte Langeweile mögen genau das sein, nämlich langweilig. In diesem Fall besteht die Langeweile darin, dass alle Formularen den Pluralnamen benutzen, weil darin viele Elemente (wenn auch nacheinander) angezeigt werden. Diese Prozeduren hingegen erstellen exakt ein neues Objekt, daher sind deren Namen immer im Singular. Je langweiliger solche Benennungen sind, desto weniger müssen Sie später darüber nachdenken, wie die Prozedur exakt heißt.

Falls Sie gerade mit IntelliSense und automatischer Namensvervollständigung argumentieren, greift das leider nicht immer. Bei den PopUp-Menüs und der `OnAction`-Eigenschaft zum Beispiel nicht …

Bei der ganzen Begeisterung (hoffentlich!) über die mehrfache Nutzung eines Formulars sollten wir mal kurz nachprüfen, ob eigentlich noch alles in Ordnung ist. Rufen Sie ein beliebiges dieser Formulare bitte mal im Treeview auf:

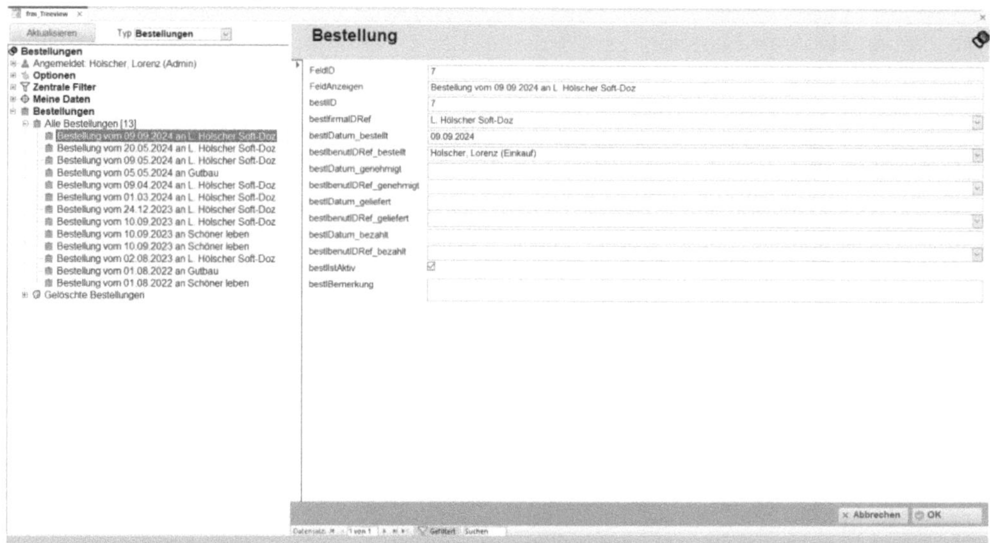

Abbildung 250: Leider werden die Buttons auch hier angezeigt

Das ist zwar konsequent, aber nicht schön, denn auch hier wird die Fußzeile mit den beiden Buttons angezeigt und, noch viel schlimmer, beim Klick auf diese schließt sich das geöffnete Formular, nämlich *frm_Treeview*. So darf das nicht bleiben.

Bevor Sie sich nun Sorgen machen, dass Sie dies wieder in allen *frm...Details*-Formular einzeln nachbessern müssen, kann ich Sie beruhigen, dass es viel einfacher ist. Sie müssen beim Laden des *frm...Details*-Formulars nur herausfinden, ob es als Dialog oder eingebettet geöffnet wird.

Das ist leichter, als es zunächst scheint. Jedes Formular hat ein `Parent`-Objekt, wenn es eingebettet ist, nämlich sein Eltern-Formular. Dessen Namen fragen wir ab. Gibt es einen Namen, ist es eingebettet, ansonsten als Dialog gestartet worden. Das Hauptproblem dabei ist, dass der Code einen Laufzeitfehler auslöst, wenn er das nicht-vorhandene Eltern-Formular nach dessen Namen fragt. Also muss die Fehlerbehandlung das abfangen. Schreiben Sie in *modFunktionen* eine neue Funktion, die das ermittelt:

```
Function IstEingebettet(frmMe As Form) As Boolean
    Dim strX As String

    On Error Resume Next
    strX = frmMe.Parent.Name
    On Error GoTo 0

    IstEingebettet = (strX <> "")
End Function
```

Mit dieser *Boolean*-Funktion `IstEingebettet()` können wir jetzt weiterarbeiten. Anstatt nun aber in allen *frm...Details*-Formularen einzeln zu überprüfen, in welchem Zustand sie sich befinden, lassen wir die Arbeit woanders machen. Überall dort wird nämlich *sfmKopf* eingebettet und genau dieses (Unter-)Formular kann das herausfinden und entsprechende Änderungen vornehmen.

Der `Form_Load`-Code steht also im Formularmodul von *sfmKopf* und prüft für sein Elternformular `Me.Parent`, was zu tun ist. Und wenn das ein eingebettetes Formular ist (nämlich beispielsweise in *frm_Treeview*), wird die Fußzeile unsichtbar gemacht und in der Höhe minimiert:

```
Private Sub Form_Load()
    If IstEingebettet(Me.Parent) Then
        With Me.Parent.Formularfuß
            .Visible = False
            .Height = 0
        End With
    End If
End Sub
```

Tipp 139:   Das ist ein nicht zu unterschätzender Vorteil eines solchen, überall eingebetteten Kopf-Unterformulars. Es kann von sich aus beim Laden Code ausführen, der sein Elternformular passend verändert. Das geht von der Überprüfung aktueller Rechte bis hin zu gezielten Farbänderungen bestimmter Controls.

Jetzt verschwindet die Fußzeile nur noch beim eingebetteten Aufruf im Treeview, während die Dialog-Variante die Fußzeile anzeigt, wohlgemerkt aus dem gleichen Formularentwurf heraus!

Um Ihnen schon mal zu zeigen, dass das auch gleichzeitig funktioniert, habe ich zuerst den Treeview passend markiert und anschließend aus dem VBA-Editor heraus die `BestellungNeu`-Prozedur mit <F5> gestartet:

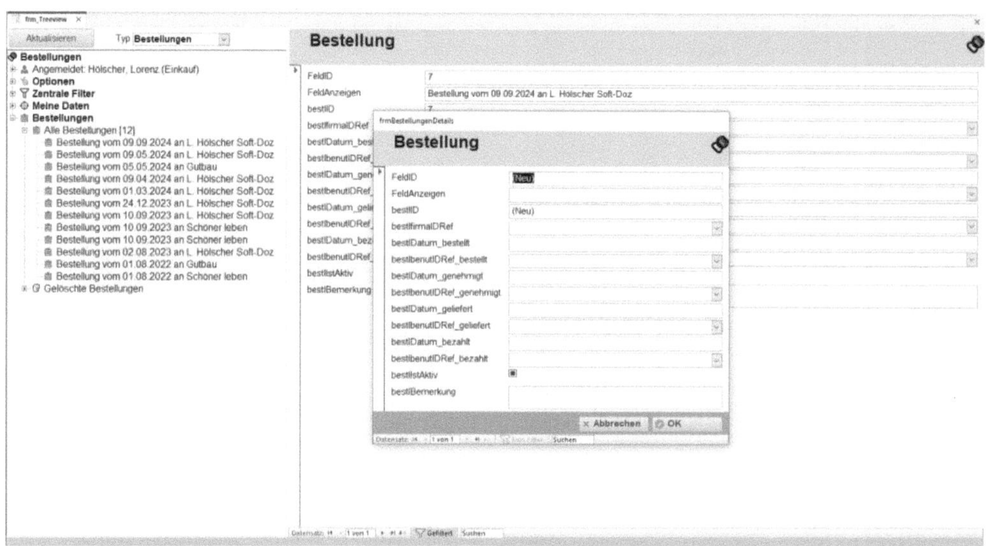

Abbildung 251: Die Buttons sind nur im modalen Aufruf sichtbar

So ähnlich wird das demnächst tatsächlich aussehen, wenn eine neue Bestellung angelegt werden soll. Das wird nur etwas anders aufgerufen.

Buttons

Wir müssen uns dringend mal Gedanken machen, wo und wie eigentlich Aktionen wie „Lege eine neue Bestellung an" oder „Lösche diese Bestellung" stattfinden sollen.

Weit verbreitet sind Buttons auf Formularen, oft ziemlich hässlich auf irgendwelche freien Restflächen geklatscht. Wenn es immer mehr Buttons braucht oder das Formular sowieso schon voll ist, werden die immer kleiner. Dann ist zum Schluss nur noch ein Mini-Bild drauf und, wenn man viel Glück hat, vielleicht noch ein erläuterndes QuickInfo.

Praktisch überall gibt es [ERSTER]-/[VORHERIGER]-/[NÄCHSTER]-/[LETZTER]-Buttons, wenn die Navigationsschaltflächen (mit den identischen und sogar schon vorhandenen Datensatz: ⏮ ◀ 1 von 13 ▶ ⏭ ▶＊-Buttons) ausgeschaltet wurden. Gerne werden dann in der Fußzeile des Formulars vier Buttons dafür integriert.

Anmerkung: Access unterstützt diese Anhäufung identischer Buttons sogar noch, indem beim Einfügen eines Buttons mit aktiviertem Assistenten dieser *Befehlsschaltflächen-Assistent*-Dialog solche Buttons auch noch zu erstellen anbietet:

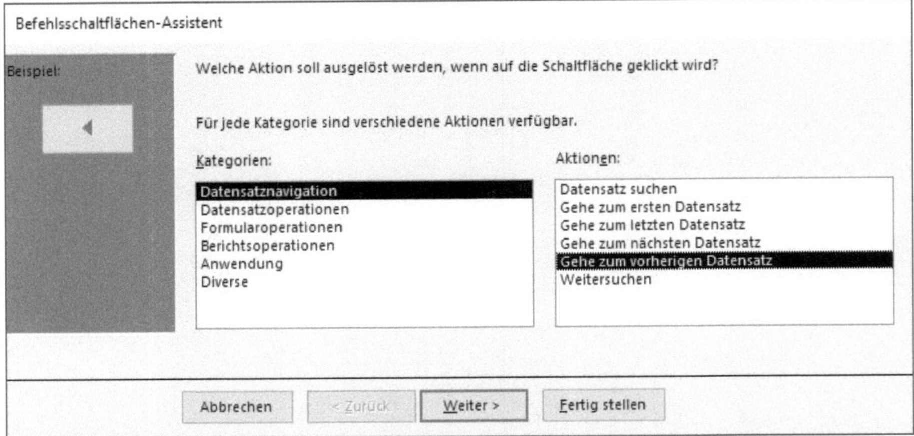

Der Button wird sogar schon mit Code (allerdings ein *Eingebettetes Makro* und kein VBA) erstellt.

Das fühlt sich am Anfang enorm praktisch an. Aber erstens verhalten sich diese Buttons anders als die echten Navigationsschaltflächen, denn sie werden nicht rechtzeitig inaktiv. Wer im ersten Datensatz ist und dann den [VORHERIGER]-Button anklickt, weil der ja schließlich aktiv ist, erhält eine lieblose Fehlermeldung:

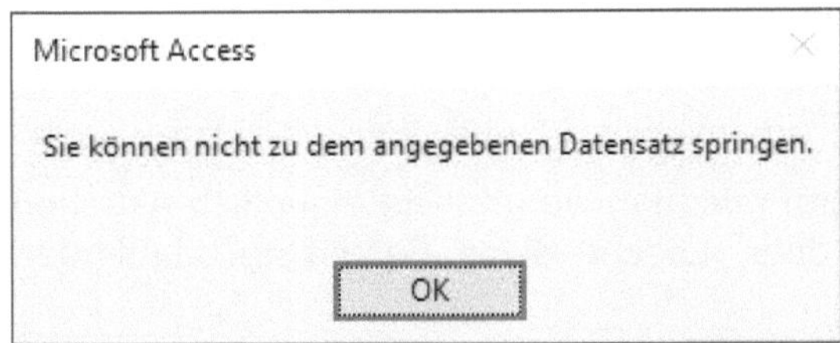

Abbildung 252: Die Fehlermeldung der eigenen Navigations-Buttons

Anmerkung: Ich unterscheide zwei Arten, mit Problemen umzugehen. Es gibt die vorbeugende Variante, bei der ich ungültige Aktionen, wie hier der Wechselversuch vor den ersten Datensatz, schon gar nicht ausführen kann. Der Button wird rechtzeitig inaktiv.

Und es gibt das, was ich als die „Ätsch!"-Variante bezeichne. Sie dürfen einen Fehler machen und bekommen hinterher erklärt, warum das nicht ging. Das ist hier passiert und ich finde den Ansatz eher frustrierend für Benutzer:innen.

Während die „Ätsch!"-Variante aber wenigstens anschließend wortreich erklären könnte, was ich hätte besser machen können, ist der Button im ersten Fall schweigsam. Da weiß ich manchmal gar nicht, was ich tun müsste, damit der Button aktiv wird. Auf jeden Fall sollte das QuickInfo sich hilfreich dazu äußern, weil das nämlich auch für inaktive Controls erscheint.

Dieses nicht optimale Verhalten ist aber nur das erste Problem. Zweitens müssen Sie diese Buttons nämlich auf allen Formularen einzeln anlegen! Und wenn sich daran etwas ändert, und sei es nur die Größe oder Position, können Sie alle 189 Formulare mit den vier eigenen Navigationsbuttons erneut anpacken. Und das sind ja nur die Buttons, die garantiert auf jedem Formular liegen, dazu kommen noch die jeweiligen Spezial-Buttons für den Ausdruck bestimmter Berichte oder dem Versand einer E-Mail an genau diesen Kunden etc.

Ich bin sicher, dass Sie das so nicht machen möchten.

Ribbons

Dabei gibt es eine Lösung, insbesondere für diese Standard-Buttons, die so einfach ist, dass ich rätsle, warum sie nicht häufiger eingesetzt wird. Nehmen Sie Ribbons[86]!

Die lösen gleich mehrere der Probleme:

- **Platz**: Ribbon-Controls befinden sich außerhalb des Formulars und können einfachst eingeklappt werden.
- **Größe und Position**: Ribbon-Controls organisieren sich selber in der Größe, die folgenden Controls werden einfach passend dahinter angezeigt. Wenn es zu voll oder der Bildschirm zu klein ist, falten sie sich sogar selbstständig zusammen.
- **Wiederverwendbarkeit**: Sollten Sie die gleichen Controls in mehreren Formularen benötigen, zeigen Sie diese einfach dort an. Der Code ist dann schon dabei.
- **Funktion:** Integrierte Controls wie die Navigationsschaltflächen verwalten sich selber. Wenn es keinen vorherigen Datensatz gibt, wird das [VORHERIGER]-Control im Ribbon selbstständig inaktiv, ohne dass Sie eine einzige Zeile Code bemühen müssen.

Spoiler: Die Ribbons werden es nachher doch nicht in die endgültige Version dieser Datenbank schaffen und ich werde Ihnen auf Seite 276 selbstverständlich begründen, warum nicht. Aber bis dahin sind sie durchaus einen intensiven Blick wert, weil Sie sich für Ihre eigene Datenbank vielleicht anders als hier entscheiden.

Bevor ich Ihnen zeige, wie Sie diese Navigationsbuttons überall einbauen können, sollte ich kurz erklären, wie Ribbons überhaupt genutzt werden.

Hinweis: Am besten machen Sie jetzt eine Kopie Ihrer Datenbank. Es wird sich eine Menge ändern wegen der Ribbons und wenn die nachher doch nicht drinbleiben, müssen Sie wirklich viel wieder rückabwickeln.

---

[86] Eigentlich wäre der Singular *Ribbon* korrekter, weil das ein einziges Menüband mit mehreren Registern ist, aber der Plural hat sich eingebürgert.

Dabei geht es nicht um das, was Sie mit einem Rechtsklick im bestehenden Ribbon und dem Befehl MENÜBAND ANPASSEN … machen können. Das wird nämlich auf Ihrem PC gespeichert und nicht in der Datenbank. Wenn Sie also Ihre Datei verteilen, fehlt Ihr angepasstes Ribbon. Diese Methode ist unbrauchbar für eine professionelle Datenbank.

USysRibbons-Tabelle

Die „richtigen" Ribbons sind in der Datenbank selber gespeichert und zwar in einer standardisierten Tabelle *USysRibbons* mit diesen ebenfalls festgelegten Feldern:

Feldname	Felddatentyp
lngID	AutoWert
RibbonName	Kurzer Text
RibbonXml	Langer Text

Abbildung 253: Der Entwurf der Tabelle USysRibbons

In dieser Tabelle steht je Zeile eine Ribbon-Definition, denn es gibt tatsächlich mehr als ein Ribbon. Mindestens eines davon ist sozusagen das generelle Ribbon und wird normalerweise mit der Datenbank geladen. Ich nenne es einfach so wie die Datenbank, hier also *RibbonName*: `easyLOAD`.

Die Definition selber steht in *RibbonXml* und damit ahnen Sie schon, was auf Sie zukommt: Notwendige Kenntnisse in der Sprache *XML*. Ich will es hier nicht ausführlich erklären, dazu gibt es umfangreiche Bücher[87], sondern nur ein Beispiel vorführen.

Kopieren Sie also diesen XML-Code[88] in das *RibbonXml*-Feld:

```
<customUI xmlns="http://schemas.microsoft.com/office/2006/01/customui"
       xmlns:a="easyLOAD">
  <ribbon startFromScratch="false">
    <tabs>
      <tab id="tabeasyLOAD" label="easyLOAD">
        <group id="grpDatenbank" label="Datenbank">
          <button id="btnBeenden" size="large" label="DB beenden"
              onAction="OnActionButton"/>
          <separator id="sep01" />
          <button id="btnHilfe" size="large" label="Hilfe zur Datenbank"
              imageMso="Help" onAction="OnActionButton"/>
          <button idMso="FileCompactAndRepairDatabase" size="large"
              label="Datenbank komprimieren"/>
          <button idMso="DatabaseLinedTableManager"89 size="large"
```

---

[87] Empfehlenswert ist „Ribbon-Programmierung für Office 2007" von André Minhorst und Melanie Breden.

[88] Achtung! XML ist *case sensitive*, nimmt also Groß-/Kleinschreibung sehr genau.

[89] Ja, der Schreibfehler muss sein, obwohl der *DatabaseLinkedTableManger* gemeint ist.

```xml
                  label="Tabellen verknüpfen"/>
            </group>
        </tab>
          <tab id="tabAllgemein" label="Daten">
            <group idMso="GroupClipboard" />
            <group idMso="GroupRecords" />
            <group idMso="GroupSortAndFilter" />
            <group idMso="GroupFindAccess" />
          </tab>
      </tabs>

      <contextualTabs>
        <tabSet idMso="TabSetFormReportExtensibility">
          <tab idQ="a:Fenster" label="Fenster">
            <group id="grpFormular" label="Allgemein">
              <button id="btnSchliessen" size="large"
                  label="Fenster schließen" imageMso="FileClose"
                  onAction="OnActionButton"/>
              <button idMso="RecordsSaveRecord" size="large"
                  label="Daten speichern" imageMso="FileSave"/>
              <button idMso="RecordsRefreshRecords" size="large"
                  label="Daten aktualisieren"/>
            </group>

            <group idQ="a:grpDatensaetze" label="Navigation">
              <button idMso="MailMergeGoToFirstRecord" size="large"/>
              <button idMso="MailMergeGoToPreviousRecord" size="large"/>
              <button idMso="MailMergeGoToNextRecord" size="large"/>
              <button idMso="MailMergeGotToLastRecord" size="large"/>
              <button idMso="GoToNewRecord" size="large"/>
            </group>
          </tab>
        </tabSet>
      </contextualTabs>
    </ribbon>
</customUI>
```

Tipp 140:   Schreiben Sie XML-Code niemals im vergrößerten Feld der Tabelle. Access hat offenbar Probleme mit so vielen Zeilen und springt mit dem Cursor an die falsche Position. Kopieren Sie besser den Inhalt der Zelle in eine Textdatei und nach der Änderung wieder zurück.

Callback-Prozeduren

Das ist aber noch nicht alles. Darin werden VBA-Prozeduren, sogenannte *Callback*-Prozeduren, mit teilweise reservierten Namen und Signaturen aufgerufen. Hier ist es nur `OnActionButton`. Erstellen Sie ein neues Modul, welches ich als *modRibbonCallbacks* benenne und fügen Sie diesen Code ein:

```
Sub OnActionButton(control As IRibbonControl)
    'Reaktion auf Mausklick auf Element (Button und Menüs)
    Select Case control.ID
    Case "btnBeenden": 'fehlt noch
    Case "btnHilfe": 'fehlt noch

    Case "btnSchliessen"
        On Error Resume Next
        DoCmd.Close acForm, Screen.ActiveForm.Name
        DoCmd.Close acReport, Screen.ActiveReport.Name
        On Error GoTo 0

    Case Else:
        MsgBox "Sie haben auf '" & control.ID & "' im Ribbon geklickt.", _
                vbInformation
    End Select
End Sub
```

Da dieser Code neue Objekttypen (`IRibbonControl`) benutzt, müssen Sie dafür den zugehörigen Verweis mit EXTRAS | VERWEISE einfügen:

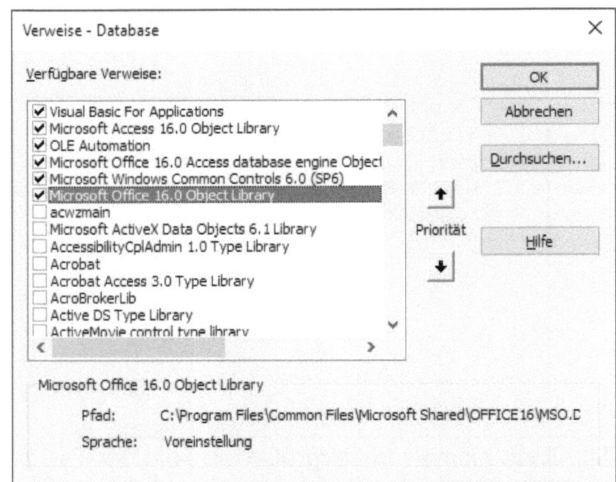

Abbildung 254: Der neue Verweis für die Ribbons

So ganz langsam nähern wir uns einem funktionsfähigen Ribbon. Aber Sie müssen Access noch mitteilen, dass es überhaupt das Standard-Ribbon dieser Datenbank werden soll. Dazu müssen Sie diese Datenbank einmal schließen und wieder öffnen, damit Access die Tabelle *USysRibbons* erstmalig durchliest.

Danach wechseln Sie mit DATEI | OPTIONEN in den *Access-Optionen*-Dialog und stellen für die *Aktuelle Datenbank* als *Name des Menübands*: `easyLOAD` ein.

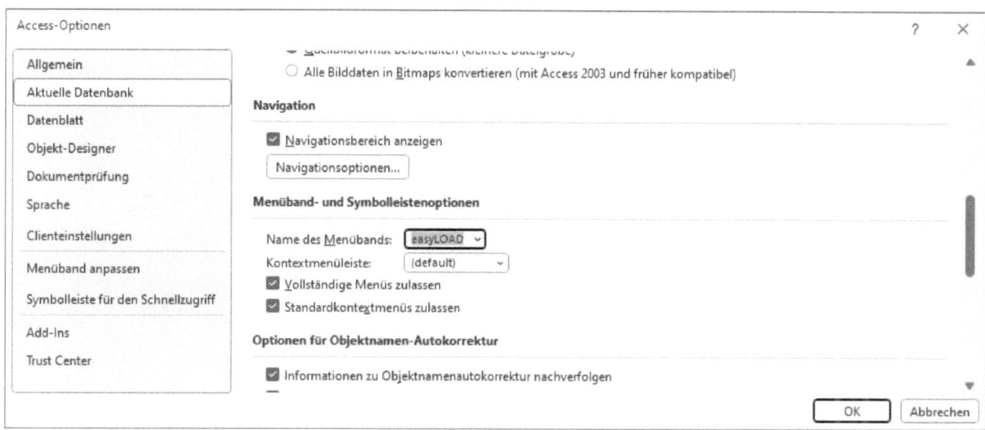

Abbildung 255: Der Eintrag für das Standard-Ribbon

Wenn alles korrekt ist, wäre das ausreichend. Falls aber Schreibfehler in Ihrem XML-Code sind (und das sind es anfangs immer!), würde Access ohne weitere Rückmeldung das Ribbon einfach nicht darstellen. Daher sollten Sie in diesem Dialog bei *Clienteinstellungen* noch die Checkbox *Fehler von Benutzeroberflächen-Add-Ins anzeigen* ankreuzen:

Abbildung 256: Damit werden Ribbon-XML-Fehler überhaupt erst gemeldet

Geschafft!

Jetzt können Sie die Datenbank schließen und erneut öffnen, weil Access die *USysRibbons*-Tabelle nur dann einliest. Anschließend sollten Sie zwei neue Registerkarten *easyLOAD* und *Daten* im Ribbon finden:

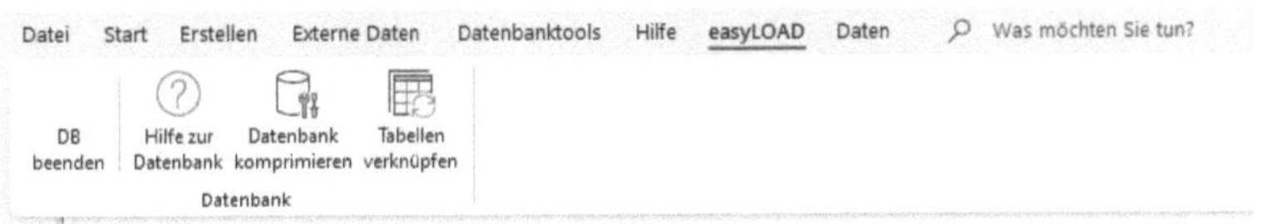

Abbildung 257: Die erste neue Registerkarte mit Inhalt

Die zweite Registerkarte ist deutlich voller, aber noch deaktiviert:

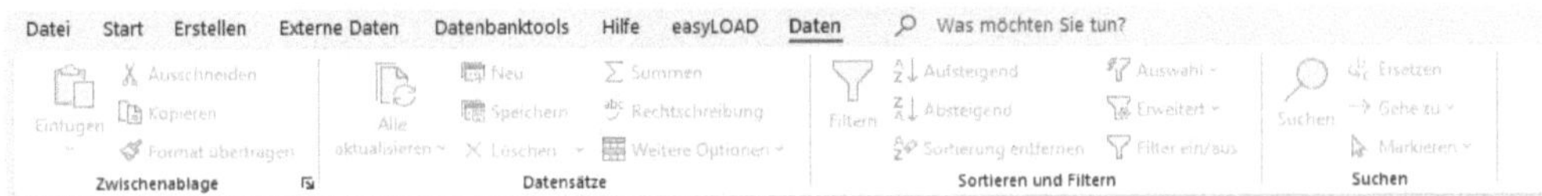

Abbildung 258: Die zweite neue Registerkarte mit Inhalt, aber inaktiv

Wenn Sie jetzt beispielsweise das Formular *frmBenutzer_Geteilt* öffnen, stehen Ihnen auch dort alle Befehle der beiden neuen Registerkarten zur Verfügung:

Abbildung 259: Die zweite neue Registerkarte ist jetzt wegen des Formulars aktiv

Da hier auf dem Ribbon ausschließlich integrierte Controls (bzw. sogar nur integrierte *Controlgroups*) eingesetzt wurden, verwalten die sich selber. Sobald auf dem Bildschirm Daten editierbar sind, werden die passenden Controls aktiv und sind in vollem Umfang funktionsfähig. Dafür haben Sie keine einzige Zeile VBA-Code geschrieben!

> **Anmerkung**: Dieses Verhalten ist wirklich sensationell, denn Sie kriegen durch die Nutzung eines integrierten Controls in eigenen Ribbons alleine durch die Nennung seines Namen dessen volle Funktionsfähigkeit!

Bei dem einzigen eigenen Control *DB beenden* auf dem ersten Register ist das anders. Weil noch einige Zeilen VBA-Code fehlen, ist es nicht nur ohne Bild, sondern auch noch ohne Funktion. Sie können nach Belieben draufklicken, da tut sich im Moment noch nichts.

Das lässt sich aber leicht ändern, denn der Code wird längst ausgeführt. Ergänzen Sie diese Zeile in *modRibbonCallbacks*:

```
Case "btnBeenden": MsgBox "tschö, wa!"⁹⁰
```

Dann zeigt der Klick auf dieses erste Ribbon-Control erwartungsgemäß diese ein-

---

[90] So verabschieden sich Aachener:innen, jeder andere Text tut es aber auch.

drucksvolle Meldung:

Abbildung 260: Die Meldung beweist die Funktionsfähigkeit des Ribbon-Controls

Kontextsensitive Register

Wer sich den XML-Code interessiert durchgelesen hat, wird sich wundern, dass die Controls im `<contextualTabs>`-Zweig irgendwie nirgends auftauchen. Das ist Absicht, denn diese müssen ausdrücklich von einem Formular aktiviert werden. Stellen Sie in *frmBenutzer_Geteilt* die Eigenschaft *Name des Menübands*: `easyLOAD` ein und öffnen es erneut. Jetzt gibt es ein weiteres Register *Fenster* mit den vermissten Controls:

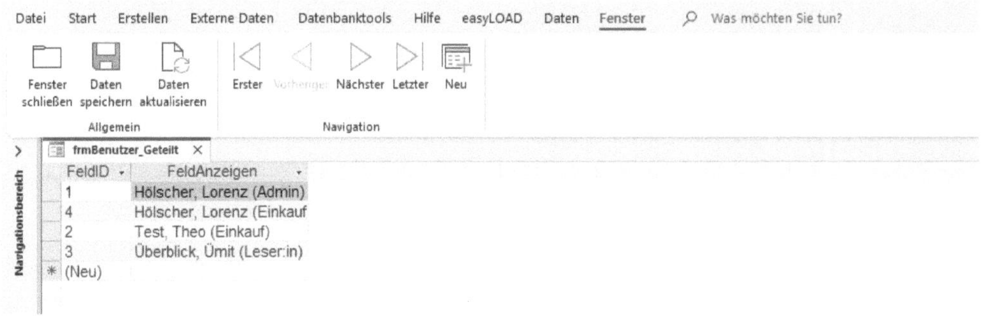

Abbildung 261: Die kontextsensitiven Ribbon-Controls werden ebenfalls angezeigt

Und, haben Sie es bemerkt? Diese Navigationsbuttons funktionieren nicht nur auf Anhieb, sie werden auch vorbeugend inaktiv, wenn es keinen passenden Datensatz anzuspringen gibt!

> **Anmerkung**: Sehen Sie jetzt, warum ich es so erstaunlich finde, dass solche Buttons in jedem Formular einzeln (und dann oft auch noch schlecht) programmiert werden? Es gibt sie hier, zugegeben nach ein wenig anfänglicher Vorarbeit, praktisch auf dem Silbertablett serviert.

Jedes Formular, welches die Eigenschaft *Name des Menübands*: `easyLOAD` einstellt, kommt sofort in den Genuss dieses eigenen *Fenster*-Ribbons.

Wer die (durchaus hohen) Anfangshürden überwunden hat, kann jetzt anschließend mit deutlich weniger Aufwand nach Belieben eigene Ribbons bzw. Ribbon-

Register zusammenstellen. Das ist extrem viel Potential drin, welches ich sehr zu schätzen weiß.

Aber.

Jetzt warten Sie sicherlich auf die Begründung, warum ich trotz meiner deutlichen Begeisterung keine Ribbons in dieser Datenbank einsetzen möchte. Stellen Sie bitte mal in *frmBestellungenDetails* die Eigenschaft *Name des Menübands*: `easyLOAD` ein. Dann öffnen Sie *frm_Treeview*, so wie wir es die ganze Zeit machen:

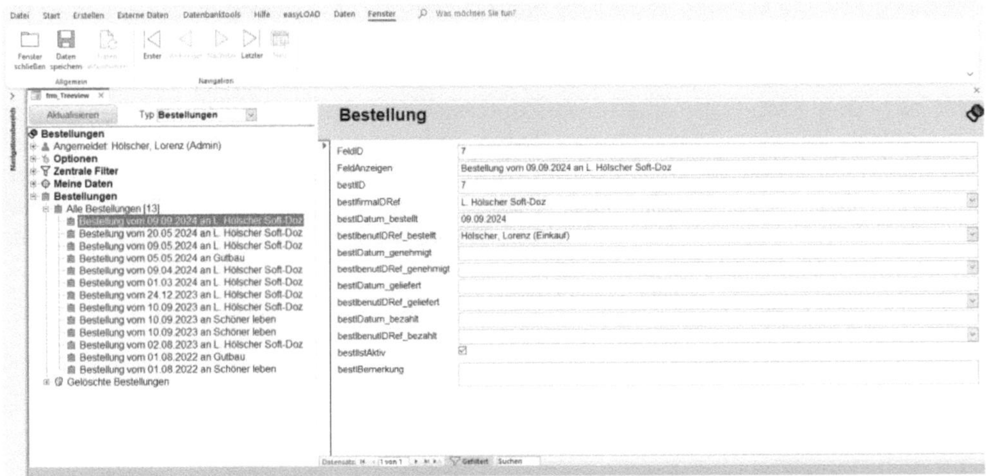

Abbildung 262: Die kontextsensitiven Ribbon-Controls gelten für den Treeview

Das sieht auf den ersten Blick ganz gut aus, sogar das kontextsensitive Register *Fenster* ist mit seinen Controls vorhanden. Wundern Sie sich nicht, dass es immer mal wieder verschwindet und auftaucht, denn es ist von Ihrer Cursor-Position abhängig[91].

Für Benutzer:innen ist das kaum zu durchschauen. In Abbildung 262 ist wegen der Knotenmarkierung der Treeview aktiv, dessen Formular ja keine Datenquelle hat und daher keine [VORHERIGE]-/[NÄCHSTER]-Navigation aktiviert.

Klicken Sie hingegen rechts in das Unterformular, zeigt das *Fenster*-Register *dessen* Navigationsmöglichkeiten an und darf einige der Ribbon-Controls wieder aktivieren:

---

[91] Genau darum heißt es ja kontext-sensitiv …

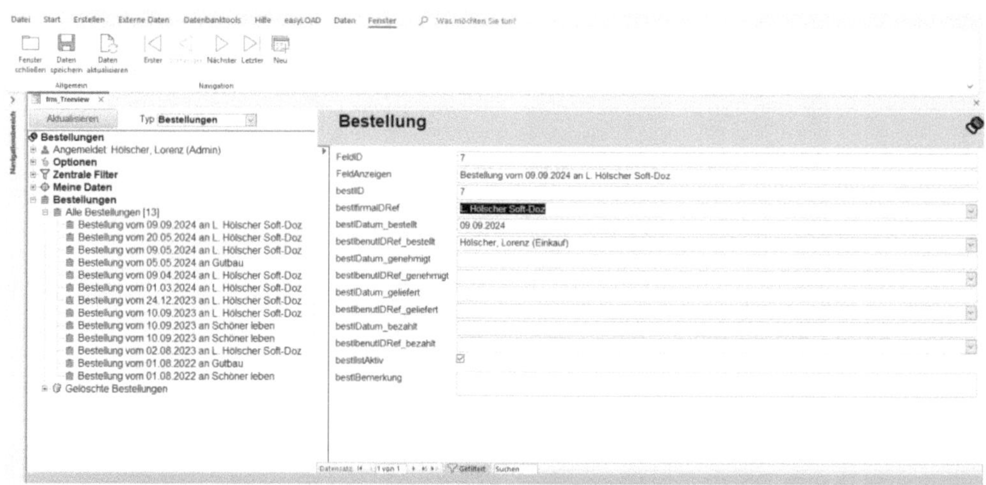

Abbildung 263: Die kontextsensitiven Ribbon-Controls gelten für das Unterformular

Das ließe sich technisch noch beheben und ist gar kein spezielles Problem des Treeview-Formulars. Alle Haupt- und Unterformulare sind von diesem Phänomen betroffen, dass das Ribbon sich dauernd verändert, je nachdem, in welches der Controls die Benutzer:innen gerade hineinklicken. Das ist eigentlich sogar korrekt, aber nach meiner Erfahrung für Benutzer:innen kaum nachvollziehbar, weil sie eine Haupt- und Unterformular-Konstruktion als einen monolithischen Block empfinden und nicht als mehrere Formulare.

Aber nun starten Sie bitte mal das Bestellungen-Formular in seinem modalen Modus, indem Sie `BestellungenNeu` mit der <F5>-Taste ausführen:

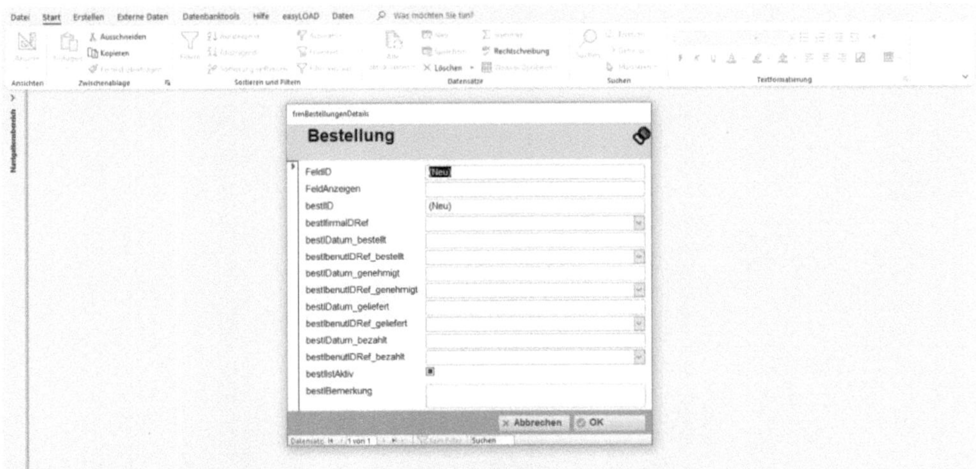

Abbildung 264: Die Ribbon-Controls gelten nicht für diesen Dialog

Ribbons gelten niemals für modale Fenster (sprich: Dialoge). Das gilt schon immer und überall in Access, auch wenn Sie beispielsweise einen *DateiÖffnen*-Dialog benutzen, aber dort ist es kein Problem, weil es keine Ribbon-Controls zur Bedienung braucht.

Sobald Sie modale Formulare/Dialoge einsetzen, gibt es darin grundsätzlich keine Ribbons, weil Ribbons immer zum Access-Hauptfenster gehören.

Wir müssen die Formulare aber zwingend modal machen, weil sonst VBA-Code, der eigentlich erst nach dem [OK]-Button ausgeführt werden soll, plötzlich schon mit dem Anzeigen des Formulars ausgeführt wird.

Ich müsste also alle Befehle, die das Ribbon sonst übernimmt, für Dialoge doch wieder mit eigenen Formular-Buttons doppelt anbieten. Das ist nicht sinnvoll und daher wird diese Datenbank keine Ribbons einsetzen.

Tipp 141: Wenn Sie nicht mit der vorhin angelegten Kopie der Datenbank ganz ohne Ribbons weiterarbeiten wollen, reicht es, in den Access-Optionen für die *Aktuelle Datenbank* die Combobox *Name des Menübands* leer zu machen und die Datenbank erneut zu öffnen.

Im Gegenteil! Ich werde die Ribbons nicht nur ignorieren und wie üblich per Doppelklick einklappen, sondern ich werde sie gleich komplett entfernen (und natürlich auf Wunsch wieder anzeigen). Das schafft ziemlich viel Platz und ich riskiere nicht, dass die Benutzer:innen im Access-Ribbon doch noch irgendetwas anklicken, was ich nicht möchte.

Tastenkürzel

Erstellen Sie ein neues Modul namens *modKeys* und schreiben Sie diese Prozeduren hinein:

```
Function RibbonDa()
    DoCmd.ShowToolbar "Ribbon", acToolbarYes
End Function


Function RibbonWeg()
    DoCmd.ShowToolbar "Ribbon", acToolbarNo
End Function
```

Dann starten Sie `RibbonWeg` und lassen sich überraschen, dass jetzt auch die Register des Ribbons weg sind. Mehr Platz können Sie in einem Access-Fenster kaum bekommen:

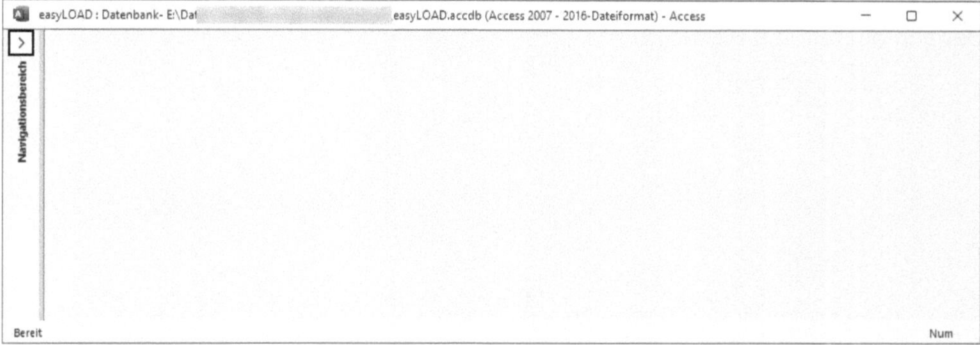

Abbildung 265: Die Ribbons sind komplett weg

Damit Sie überhaupt wieder weiterentwickeln können, müssen Sie also noch die Prozedur `RibbonDa` starten. Anstatt das jedes Mal aus dem VBA-Editor heraus starten zu müssen, wären Tastenkürzel enorm praktisch.

Eigene Tastenkürzel in Access verwirklichen Sie mit dem *AutoKeys*-Makro. Das muss erstens ein Makro sein und zweitens genau so heißen[92]. Mit ERSTELLEN | MAKRO bereite ich also ein leeres Makro vor. Anstatt nun direkt eine neue Aktion hinzuzufügen, brauchen Tastenkürzel ein *Untermakro*-Element und der Name dieses Elements ist die Taste selber. Es wird also Zeit, sich ein paar Gedanken zu machen, welche Tastenkürzel wofür eingesetzt werden sollen:

Tastenkürzel	Untermakro	Aktion
<F1>	{F1}	Eigene Hilfe anzeigen
<Shift>+<F1>	+{F1}	Hilfe-Mail vorbereiten
<F3>	{F3}	Treeview-Formular anzeigen

---

[92] Ein Namenspräfix wie *mac* darf hier also nicht stehen, Groß-/Kleinschreibung ist aber egal.

Tastenkürzel	Untermakro	Aktion
<F5>	{F5}	Bildschirm aktualisieren
<F11>	{F11}	Navigationsbereich einblenden
<Ctrl>+<F11>	^{F11}	Ribbon ausblenden
<Shift>+<F11>	+{F11}	Ribbon einblenden

Diese Sondertasten benötigen spezielle Schreibweisen, Funktionstasten stehen in geschweiften Klammern, die <CTRL>-(<STRG>-)Taste wird durch das sogenannte *Caret*-(^-)Zeichen und die <SHIFT>-(<GROß/KLEINUMSCHALTUNG>-)Taste durch das *Plus*-Zeichen angegeben.

Zwei davon überschreiben Access-eigene Tastenkürzel, nämlich <F1> und <F11>, die anderen sind so ausgesucht, dass sie sinnvoll oder gut merkbar sind.

Eigene Hilfe anzeigen

Mit <F1> erscheint normalerweise die Access-eigene Hilfe, inzwischen als Arbeitsbereich am rechten Rand:

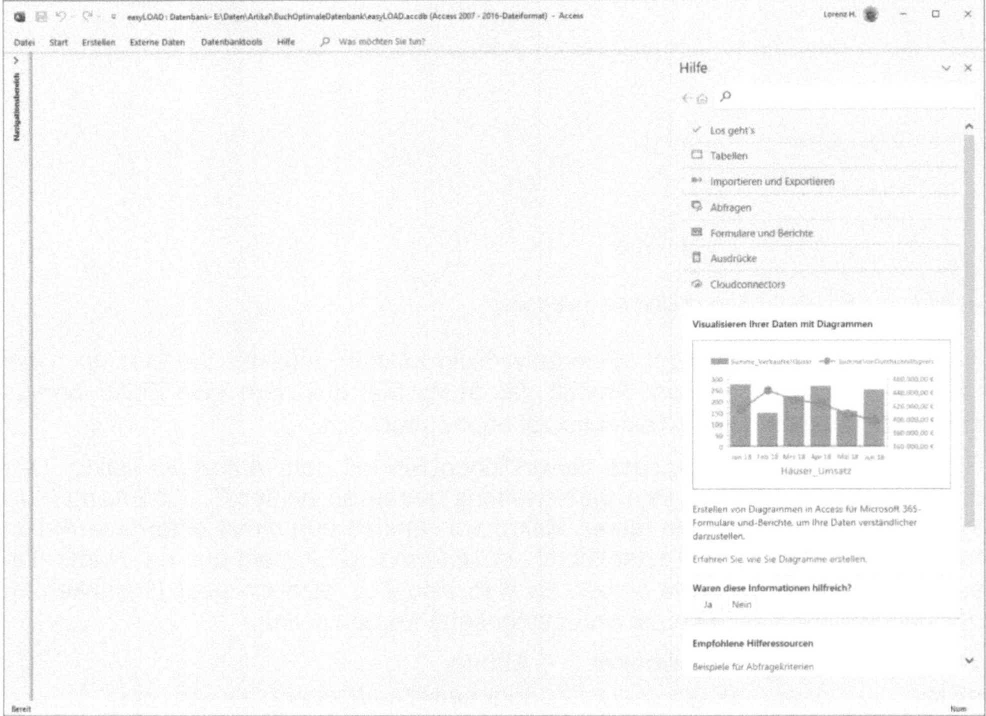

Abbildung 266: Die Access-Hilfe wird im Arbeitsbereich angezeigt

Was Ihre Benutzer:innen aber wirklich erwarten würden, wäre eine konkrete Hilfe zu genau dieser Datenbank *easyLOAD*. Daher überschreibt dieser Makroname das normale Tastenkürzel und ruft die Funktion `ZeigeHilfeAnwendung` auf[93]:

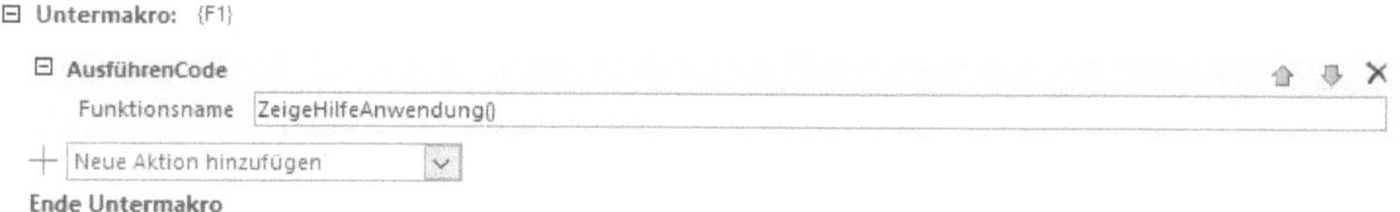

Abbildung 267: Die <F11>-Taste zeigt eine eigene Hilfe

Achtung: Die `AusführenCode`-Aktion in Makros kann nur *Function*-Prozeduren in VBA aufrufen! Da steht zwar ganz deutlich *Funktionsname* davor, aber wer liest das schon?

Im Modul *modKeys* gibt es passend dazu bereits diese Funktion:

```
Function ZeigeHilfeAnwendung()
    Dim strPfadDatei As String

    strPfadDatei = PfadDBBackEnd() & "easyLOAD_Hilfe.docx"
    If Dir(strPfadDatei) = "" Then
        MsgBox "Hilfe-Datei '" & strPfadDatei & "' fehlt.", _
            vbCritical, p_cstrMsgTitel
    Else
        ShellExecute 0, "open", strPfadDatei, "", "", SW_SHOWMAXIMIZED
    End If
End Function
```

Der komplette Pfad und Dateiname der Hilfedatei wird in `strPfadDatei` hinterlegt und die `Dir()`-Funktion prüft, ob es diese Datei überhaupt gibt, andernfalls erscheint eine Warnmeldung. Ist sie vorhanden, wird sie mit `ShellExecute` angezeigt. Dieser Code läuft jetzt allerdings noch nicht, weil einige der aufgerufenen Prozeduren noch fehlen.

Tipp 142: Im Laufe der Programmierung werden sich einige Prozeduren zum Thema Pfade und Dateien ansammeln, daher lohnt sich ein eigenes Modul *modPfadeDateien*. Das können Sie dann in die nächste Datenbank direkt hineinkopieren und haben alles parat.

Es gibt verschiedene Standard-Pfade, die Ihre VBA-Programmierung immer mal wieder benötigt, mindestens den Pfad des FrontEnds und des BackEnds. Ein solches BackEnd hat diese Datenbank noch gar nicht, aber die passende Funktion sollten wir jetzt schon anlegen und bei Bedarf anpassen.

Im neuen Modul *modPfadeDateien* liefern zwei neue Funktionen diese Pfade. Sie

---

[93] Schreiben Sie erst die Funktion und dann das *AutoKeys*-Makro, dann werden Ihnen die Funktionsnamen in *AusführenCode* per IntelliSense-Liste schon angeboten.

beginnen alle mit `Pfad…`, weil sie so später in IntelliSense-Listen alphabetisch aufeinander folgen und damit leichter zu finden sind:

```
Function PfadDBFrontEnd()
    PfadDBFrontEnd = CurrentProject.Path
End Function
```

Anstatt aus `CurrentDB.Name` den Pfad mühsam herausoperieren zu müssen, liefert das ebenfalls vorhandene Objekt `CurrentProject` diesen direkt einzeln mit. Bei Pfaden sollten Sie immer prüfen, ob diese überhaupt mit einem Backslash (\) enden. Einige tun das, andere (wie dieser) nicht, wie Sie mit `?PfadDBFrontEnd()` und anschließender <RETURN>-Taste im *Debug*-Fenster (<STRG>+<G> zum Anzeigen) sehen können.

Dafür bereiten Sie im gleichen Modul am besten eine Funktion vor, die sicherstellt, dass jeder übergebene Pfad immer mit einem Backslash endet:

```
Function PfadMitBackslash(strPfad As String) As String
    PfadMitBackslash = strPfad & IIf(Right(strPfad, 1) = "\", "", "\")
End Function
```

Diese Funktion nutzen Sie in `PfadDBFrontEnd()` und damit ist der Pfad „abgesichert", falls Sie später einen Dateinamen anhängen. Entsprechend muss sich der Code wie hier ändern:

```
Function PfadDBFrontEnd()
    PfadDBFrontEnd = PfadMitBackslash(CurrentProject.Path)
End Function
```

Da FrontEnd und BackEnd derzeit identisch sind, ruft die zweite Pfad-Funktion einfach die erste auf, bis das sich mal unterscheidet:

```
Function PfadDBBackEnd()
    PfadDBBackEnd = PfadDBFrontEnd()
End Function
```

Damit bleibt noch der Aufruf der Word-Datei mittels `ShellExecute`. Diese Prozedur gibt es nicht in Access oder unserem eigenen VBA-Code, sondern sie wird aus einer Windows-eigenen DLL hinzugebunden. Sie sorgt dafür, dass Windows anhand des Dateinamens selber nachschaut, welches Programm für dessen Anzeige eingesetzt werden soll. Im Modul *modVarKonstDLL* ergänzen Sie diesen Code:

```
Declare PtrSafe Function ShellExecute Lib "shell32.dll" _
        Alias "ShellExecuteA" ( _
        ByVal hWnd As Long, ByVal lpOperation As String, _
        ByVal lpFile As String, ByVal lpParameters As String, _
        ByVal lpDirectory As String, _
        ByVal nshowcmd As Long) As Long

Public Const SW_SHOWMAXIMIZED = 3
```

Mit `Declare` „erklären" Sie dem VBA-Compiler, wo er diese Prozedur (in der Datei `shell32.dll`) unter welchem Namen (`ShellExecuteA`) findet und welche Parameter dort vereinbart sind. `PtrSafe` sorgt dafür, dass sowohl die 32-Bit- als auch die 64-Bit-Versionen von Access das gleichermaßen ausführen können. Die Konstante `SW_SHOWMAXIMIZED` ist notwendig, um das aufgerufene Programm im Vollbild anzuzeigen.

Tipp 143: Solche Deklarationen finden Sie überall im Internet, das dahinterliegende Konzept heißt *API* (*Application Programming Interface*). Achten Sie bei den heruntergeladenen Beispielen nur darauf, dass sie wirklich für VBA und nicht für VB sind.

Damit sollte der Code kompilierbar und alles lauffähig sein. Speichern Sie diesen Makroentwurf als *AutoKeys* und schließen/öffnen diese Datenbank, damit Access das Makro erkennt. Dann drücken Sie die <F1>-Taste.

Wahrscheinlich haben Sie noch keine Word-Datei angelegt, daher erscheint zuerst die Warnmeldung. Erstellen Sie also eine Word-Datei mit dem in der Funktion genannten Pfad und Dateinamen und schreiben erst einmal einen Dummy-Text hinein. Dann wird diese Datei beim nächsten Drücken der <F1>-Taste angezeigt:

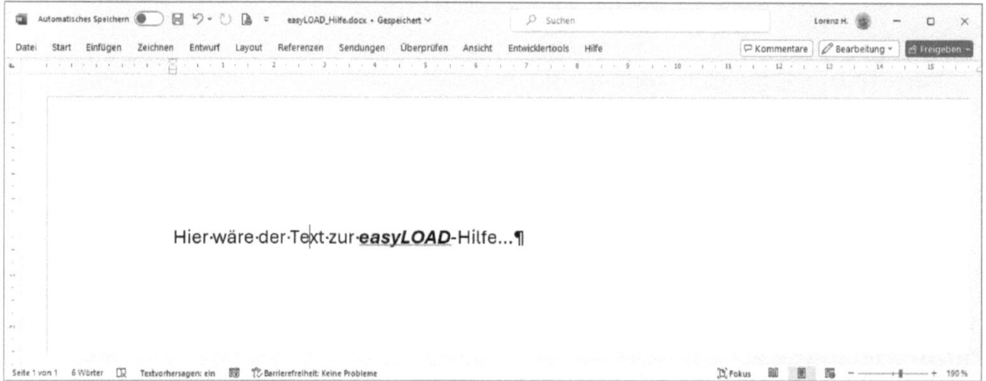

Abbildung 268: Die eigene Hilfedatei wird automatisch von Word *angezeigt*

Anmerkung: Natürlich muss Ihre Hilfe keine Word-Datei sein, das PDF-Format ist eine durchaus sinnvolle Alternative. Es war hier nur mit dem geringsten Aufwand zu erstellen.

Hilfe-Mail vorbereiten

Wenn die Hilfedatei die offenen Fragen nicht klärt, möchten die Datenbank-Benutzer:innen Kontakt mit Ihnen aufnehmen. In kleinen Firmen geht man ins Nachbarbüro, aber mit weit entfernten Niederlassungen geht das nicht mehr. Bevor Sie nun in der Hilfedatei irgendwo erklären, mit welcher E-Mail-Adresse Sie erreichbar sind, ist es einfacher, diese Mail schon passend vorzubereiten.

Anmerkung: Ich zeige Ihnen hier nicht, wie Sie eine perfekte Outlook-Mail[94] mit farbigen Texte und eventuell automatisch erstellten Anhängen vorbereiten. Das braucht erstens locker 100 Zeilen VBA-Code und zweitens Outlook. Selbst wenn dieses Programm weit verbreitet ist, scheitert dieser Code dann auf PCs ohne Outlook. Meine Variante ist viel kürzer und funktioniert mit jedem(!) E-Mail-Programm.

Fügen Sie in *modKeys* diese Funktion hinzu:

```
Function ZeigeHilfeMail()
    Dim strSubject As String
    Dim strBody As String

    strSubject = "Hilfe zu easyLOAD"
    strBody = "Liebe Kolleg:innen,%0A%0A" & _
        "ich bitte um Hilfe bei diesem Problem: %0A%0A " & _
        "(Hier Problem schildern)%0A" & _
        "(Hier evtl. Screenshot einfügen)%0A%0A"

    Application.FollowHyperlink "mailto:easyLOAD_Hilfe@meine_firma.de" & _
        "?subject=" & strSubject & "&body=" & strBody
End Function
```

Tipp 144: Eigentlich können Sie der `FollowHyperlink`-Prozedur nur einen String für die Zieladresse übergeben. Aber für den Empfänger lassen sich darin wiederum Informationen codieren. Das Protokoll `mailto:`[95] sorgt dafür, dass nicht wie normalerweise der Browser gestartet wird, sondern das eingetragene Standard-E-Mail-Programm. Mit `subject` und `body` können Sie die verschiedenen Elemente einer Mail einzeln füllen und `%0A` ist die „maskierte" Angabe für einen Zeilenumbruch.

Jetzt fehlt nur noch der Eintrag in *AutoKeys*, damit sich die Funktion per Tastenkürzel aufrufen lässt:

Abbildung 269: Das Untermakro für die Hilfe-Mail

Je nach installiertem E-Mail-Programm (dies hier ist beispielsweise *Eudora* und nicht *Outlook*) sieht die dadurch erzeuge E-Mail so aus:

---

[94] Auf https://www.codekabinett.com/rdumps.php?Lang=1&targetDoc=email-versenden-access-vba-cdo von Phil Stiefel finden Sie das und viele weitere Informationen sehr ausführlich und nachvollziehbar dokumentiert.
[95] Achtung! Anders als bei `http://` dürfen bei `mailto:` keine Doppel-Backslashs folgen.

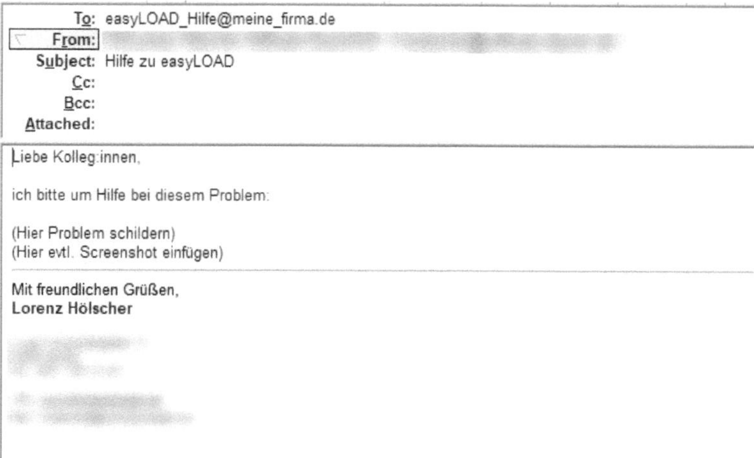

Abbildung 270: Die erzeugte E-Mail

Die E-Mail-Signatur wird übrigens nicht von `FollowHyperlink` erzeugt, sondern vom E-Mail-Programm selber angefügt.

Tipp 145: Selbstverständlich müssen Sie dort auch eine sinnvolle E-Mail-Adresse eingeben, die rechtzeitig angelegt wurde. Ich würde immer eine „institutionelle" Adresse wie `easyLOAD_Hilfe@...` statt einer persönlichen wie `Willi.Wichtig@...` nehmen, damit die Beantwortung von wechselnden Personen und eventuell sogar mit einer Weiterleitung an mich als externen Berater erfolgen kann.

Treeview-Formular anzeigen

Innerhalb der Datenbank wird *frm_Treeview* das wichtigste Formular unter allen sein. Natürlich lässt es sich beim Öffnen der Datenbank direkt auch automatisch öffnen, dafür gäbe es ja sogar eine Option:

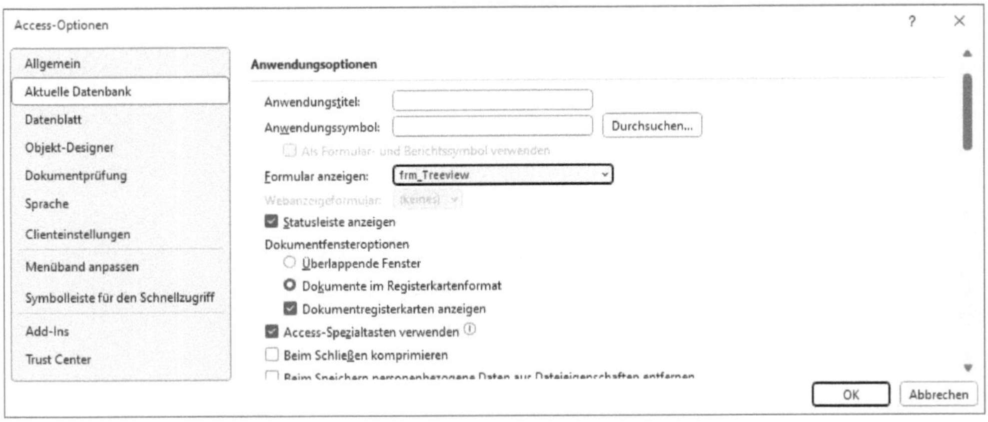

Abbildung 271: Hier würden Sie das direkt mit der Datenbank geöffnete Formular angeben

Ich nutze diese Option jedoch sehr selten, denn damit kann nur ein Start-Formular angegeben werden. Wenn ich beispielsweise vorher eventuelle Rechte prüfen oder das Fenster auf Vollbild ändern oder ähnliches machen will, geht das hier nicht.

Daher nutze ich lieber das (ebenfalls namentlich fixierte) Makro *AutoExec* und verzichte auf diese Option, damit die sich nicht gegenseitig stören. Mein *AutoExec*-Makro besteht aus einem einzigen Aufruf einer VBA-Funktion `StarteDB()` in *modFunktionen*, welche dann die eigentliche Arbeit übernimmt:

```
Function StarteDB()
    'wird von AutoExec aufgerufen
    DoCmd.OpenForm "frm_Treeview"
End Function
```

Hinweis: Auch hier muss es zwingend eine *Function* sein, obwohl der Rückgabewert niemals ausgewertet wird (und ich daher nicht einmal dessen Datentyp angeben werde).

Im Moment macht diese Funktion tatsächlich auch nichts anderes, als das gleiche Formular *frm_Treeview* zu öffnen. Sie wird von *AutoExec* aufgerufen:

Abbildung 272: Das AutoExec-Makro ruft nur eine einzige VBA-Funktion auf

Hinweis: Nein, es gibt (fast) keine andere Möglichkeit, beim Öffnen einer Datenbank automatisiert VBA-Code aufzurufen, nur deswegen brauche ich hier das *AutoExec*-Makro mit seiner einzigen Aktion.

Alternativ könnten Sie ein Start-Formular in den Optionen eintragen und in dessen `Form_Open`-Ereignis die gewünschten VBA-Prozeduren aufrufen. Das wäre die einzig andere Möglichkeit, bringt so aber nix.

Testen Sie das *AutoExec*-Makro, indem Sie diese Datenbank schließen und wieder öffnen, dann wird jetzt automatisch das Treeview-Formular erscheinen.

Tipp 146: An dieser Stelle kommt immer die Frage, wie denn das Makro heißt, welches beim Schließen einer Datenbank aufgerufen wird. Es hat keinen Namen, denn das gibt es ärgerlicherweise gar nicht.

Da wiederum kommt das eben beschriebene Start-Formular doch wieder sinnvoll ins Spiel. Die einzige Chance, auf das Schließen einer Datenbank reagieren zu können, besteht darin, dieses Formular (am besten unsichtbar) offen zu lassen und in dessen `Form_Close`-Ereignis dann den VBA-Code zu hinterlegen. Beim Schließen der Datenbank wird zwangsläufig auch dieses Formular geschlossen und Ihr Code ausgeführt.

Das war nett für den Start der Datenbank, aber ja nicht das eigentliche Thema, denn hier geht es gerade um Tastenkürzel. Sobald das *frm_Treeview*-Fenster geschlossen wurde, wäre ein Tastenkürzel zum erneuten Öffnen sehr praktisch, insbesondere zur Entwicklungszeit, wo das dauernd passiert. Derzeit ist die passende Funktion noch sehr banal:

```
Function ZeigeTreeView()
    DoCmd.OpenForm "frm_Treeview"
End Function
```

Hinweis: Damit kein doppelter Code vorhanden ist und beim Öffnen des Treeviews wirklich immer das Gleiche passiert, sollten Sie direkt die `StarteDB()`-Funktion nachbessern:

```
Function StarteDB()
    'wird von AutoExec aufgerufen
    ZeigeTreeView⁹⁶
End Function
```

Und schon macht die Prozedur mehr, als (wie mit den Start-Optionen) nur ein Formular zu öffnen! Okay, noch nicht jetzt, aber später …

Das zugehörige Tastenkürzel basiert auf einer akustischen Ähnlichkeit zwischen dem englischen *tree* und *three*, daher habe ich die <F3>-Taste gewählt. Außerdem

---

[96] Oha! Ich rufe hier eine *Function* ohne Klammern auf? Pfui? Nein, das ist unvermeidlich. Wenn ich hier das folgende leere Klammerpaar setzen würde, müsste ich den dann gelieferten Rückgabewert auch an eine Variable übergeben wie in `varX = ZeigeTreeView()`. Wenn Sie gerne das korrekte Klammerpaar haben wollen, können Sie mit `Call ZeigeTreeView()` die entsprechende Schreibweise ohne Variable nutzen. Das finde aber sogar ich überkorrekt.

ist dieses Tastenkürzel interessanterweise in Access selber gar nicht belegt[97], so dass ich keine vorhandene Funktion störe. Es wird in vielen Windows-Programmen als *Find*-Aufruf genutzt und dieses Daten-Finden wird auch in meinem Treeview stattfinden. Das passt doch!

Abbildung 273: Die <F3>-Taste ruft den Treeview auf

Bildschirm aktualisieren

Falls VBA-Code länger braucht, sollte er das den Benutzer:innen „mitteilen". Die übliche Methode ist die Sanduhr. Und *damit* er nicht so lange braucht, sollte er vorübergehend die Bildschirmaktualisierung ausschalten, denn die verbraucht oft erstaunlich viel Zeit.

Daher treten zwei Befehle ganz häufig im Doppelpack auf. Am Beginn eines solchen zeitaufwändigen VBA-Codes wird die Sanduhr ein- und die Bildschirmaktualisierung ausgeschaltet:

```
DoCmd.Hourglass True
DoCmd.Echo False
```

Und am Ende wird die Sanduhr wieder aus- und die Bildschirmaktualisierung wieder eingeschaltet:

```
DoCmd.Hourglass False
DoCmd.Echo True
```

Allerdings ist es Ihnen sicherlich schon ganz häufig passiert, dass nach Laufzeitfehlern dieses Zurückschalten nicht mehr stattgefunden hat. Ihr Maus-Cursor zeigt also in Access ewig und drei Tage die Sanduhr und es lässt sich auf dem Bildschirm nichts mehr anklicken.

Hinweis: Wie Sie gerade erfahren, ist der Sanduhr-Cursor keineswegs ein automatischer Hinweis von Windows, dass dieses Programm gerade ungemein eifrig beschäftigt ist, sondern schlicht ein ausdrücklich aufgerufener Programmierbefehl, der den Cursor ändert. Technisch können Sie auch mit Sanduhr weiterarbeiten, das ist bloß eine etwas irritierende Optik.

Das wird nicht nur Ihnen während der Entwicklung dauernd passieren, sondern auch den Benutzer:innen hin und wieder (hoffentlich möglichst selten!) passieren. Also erstelle ich eine Funktion, um die Sanduhr und das Echo wieder aufzuräumen:

---

[97] Im VBA-Editor wiederholt <F3> die letzte Suche.

```
Function ZeigeBildschirmFrisch()
    DoCmd.Hourglass False
    DoCmd.Echo True
End Function
```

Diese Funktion wird mit der <F5>-Taste aufgerufen:

```
⊟ Untermakro: {F5}

    ⊟ AusführenCode                                            ⇧  ⇩  ✕
        Funktionsname  ZeigeBildschirmFrisch()

    +  Neue Aktion hinzufügen        ⌄
    Ende Untermakro
```

Abbildung 274: Die <F5>-Taste stellt Cursor und Bildschirmaktualisierung wieder zurück

Hinweis: Tatsächlich hat die <F5>-Taste in Access schon eine Funktion, die ich hiermit überschreibe. Sie wechselt im Formular von der Entwurfsansicht zur Formularansicht. Darauf kann ich als Entwickler verzichten und die Benutzer:innen haben da sowieso nichts zu suchen.

Soll ich Ihnen etwas verraten? Sie werden dieses Tastenkürzel liiiiiieben!

Navigationsbereich einblenden

Auch für die Anzeige des Navigationsbereichs werde ich ein vorhandenes Tastenkürzel überschreiben, und zwar genau das, was sowieso schon dafür benutzt wird: die <F11>-Taste. Das klingt erst einmal merkwürdig, sorgt aber dafür, dass ich vorher noch mal prüfen kann, ob ich das anhand der Rechte überhaupt zulassen will:

```
Function ZeigeNavigationsBereich()
    If BenutzerID() = 0 Then
        MsgBox "Sie sind nicht angemeldet, der Navigationsbereich " & _
                "wird nicht angezeigt.", vbCritical, p_cstrMsgTitel
    Else
        If BenutzerIstAdmin() Then
            DoCmd.SelectObject acTable, "", True
        Else
            MsgBox "Sie haben kein Admin-Recht, der " & _
                "Navigationsbereich wird nicht angezeigt.", _
                vbCritical, p_cstrMsgTitel
        End If
    End If
End Function
```

Die Prüfung der `BenutzerID()` auf den Wert 0 fängt vor allem Laufzeitfehler ab, nach denen alle globalen Variablen ja zurückgesetzt sind und die interne `Type`-Variable `p_benBenutzerAktuell.lngIDbenut` also den Wert 0 hat.

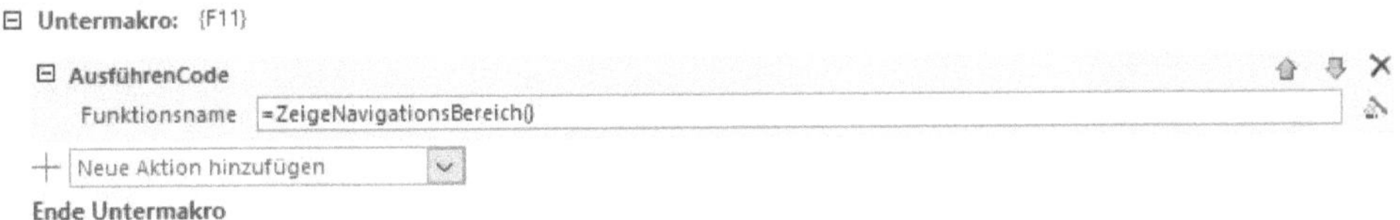

Abbildung 275: Die <F11>-Taste zeigt den Navigationsbereich nur noch für Admins

Damit diese Datenbank nicht schon von Anfang an ihren Navigationsbereich anzeigt, müssen Sie in den Access-Optionen für *Aktuelle Datenbank* die Checkbox *Navigationsbereich anzeigen* leer machen:

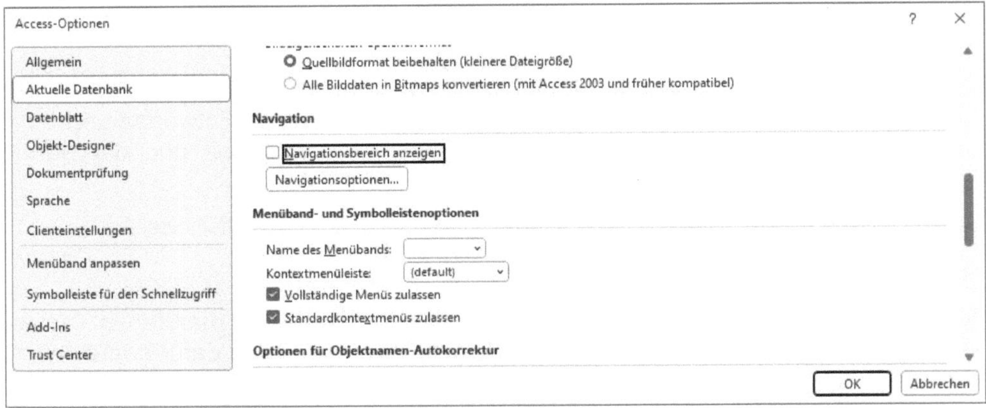

Abbildung 276: Der Navigationsbereich ist unsichtbar

Tipp 147: Diese Prüfung hat übrigens während der Entwicklung durchaus lästige Konsequenzen: Sie öffnen die Datenbank, entwickeln ein bisschen weiter und dann gibt es einen Laufzeitfehler. Wenn Sie jetzt erst mit <F11> den Navigationsbereich einblenden wollen, wird Ihnen das verwehrt, weil die `BenutzerID()` ja auf 0 steht. Sie sollten also während der Entwicklung entweder den Navigationsbereich noch eingeblendet lassen oder immer sofort nach dem Öffnen <F11> drücken.

Ribbon ein- und ausblenden

Die beiden Prozeduren zum Ein- und Ausblenden des Ribbons kennen Sie ja schon, sie erhalten jetzt nur einheitlichere Namen:

```
Function ZeigeRibbonAn()
    DoCmd.ShowToolbar "Ribbon", acToolbarYes
End Function

Function ZeigeRibbonAus()
    DoCmd.ShowToolbar "Ribbon", acToolbarNo
```

```
End Function
```

Entsprechend richte ich im Makro *AutoKeys* diese beiden Tastenkürzel mit den Aufrufen ein:

```
⊟ Untermakro:  +{F11}

    AusführenCode
      Funktionsname  ZeigeRibbonAn()
  Ende Untermakro


⊟ Untermakro:  ^{F11}

    AusführenCode
      Funktionsname  ZeigeRibbonAus()
  Ende Untermakro
```

Abbildung 277: Die beiden Tastenkürzel-Aufrufe für die Sichtbarkeit des Ribbons

Anmerkung: Ich hätte lieber ein einziges Tastenkürzel genommen, welches je nach Sichtbarkeit der Ribbons diese nur umschaltet. Es gibt aber offenbar keine Möglichkeit, den Zustand des Ribbons abzufragen.

Tipp 148: Damit die Datenbank später gleich „richtig" startet, nämlich ohne Ribbons, ergänze ich die `StarteDB()`-Funktion:

```
Function StarteDB()         'wird von AutoExec aufgerufen
     ZeigeRibbonAus
     ZeigeTreeView
End Function
```

Sehen Sie, wie schnell das schlichte Anzeigen eines Start-Formulars mittels Optionen schon nicht mehr ausreicht? Und es kommt auf Seite 512 noch mehr hinzu!

Statusleiste ein- und ausblenden

Auch die Statusleiste lässt sich ein- und ausblenden:

```
Function ZeigeStatusleisteAn()
    Application.SetOption "Show Status Bar", True
End Function

Function ZeigeStatusleisteAus()
    Application.SetOption "Show Status Bar", False
End Function
```

Ich persönlich lasse die Statusleiste aber gerne sichtbar, weil dort fortlaufende Meldungen für Benutzer:innen bei länger dauernden Aktionen möglich sind. Das brauche ich in länger andauernden Schleifen, damit nicht hunderte `MsgBox`-Meldungen bestätigt werden müssen.

In die Statusleiste schreiben Sie am einfachsten mit dem zweiten Parameter des `DoCmd.Echo`-Befehls hinein:

```
Sub SchreibeInStatusleiste()
    Dim lngX As Long

    For lngX = 0 To 100
        DoCmd.Echo True, "Das steht in der Statusleiste: " & lngX
    Next
    'MsgBox "Warten"

    DoCmd.Echo True, ""
End Sub
```

Falls das zu schnell geht, können Sie die kommentierte Zeile aktivieren und sehen dann wenigstens den letzten Durchlauftest, bevor die Statusleiste wieder freigegeben wird:

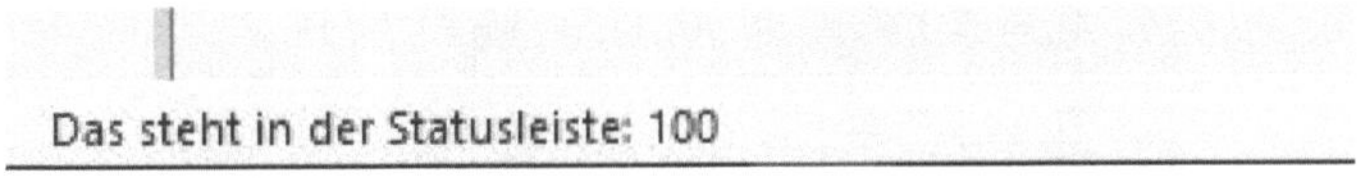

Das steht in der Statusleiste: 100

Abbildung 278: Die letzte Meldung in der Statusleiste

> **Tipp 149:**   `DoCmd.Echo` ist einer von den wichtigsten Befehlen in Schleifen, auch ohne Meldung in der Statusleiste. Wenn der erste Parameter auf `False` steht, wird die Bildschirmaktualisierung (ganz wichtig: außer in der Statusleiste!) unterbrochen. Das ist oft eine deutliche Beschleunigung und flackert weniger.

Wie Sie schon auf Seite 289 gelesen haben, treten die beiden Befehle `DoCmd.Echo` und `DoCmd.Hourglass` eigentlich immer gemeinsam auf. Und wenn es mal schief geht, dann gibt es ja noch die eigens programmierte <F5>-Taste …

Tastenkürzel anzeigen

Tastenkürzel sind nur dann hilfreich, wenn man sie auch kennt. Natürlich stehen diese in der noch zu schreibenden *easyLOAD_Hilfe.docx*-Datei, aber ich kann Ihnen versprechen, dass da sowieso niemand hineinguckt[98].

Das ist auch mein grundsätzliches Problem mit Bedienungskonzepten, die nicht zu sehen sind. Entweder sind sie Windows-allgemeines Wissen wie etwa der Maus-Rechtsklick auf ein Objekt, um dessen PopUp-Menü zu sehen, oder sie müssen auf der Oberfläche zu sehen sein.

Zwar wissen meine Benutzer:innen sicherlich von der grundsätzlichen Existenz der Tastatur, aber welches Tastenkürzel wofür zuständig ist, ist nicht erkennbar. Also machen wir es sichtbar. Wie es der Zufall will, bietet der Treeview eine ganz wunderbare Möglichkeit, solche Informationen aufzulisten.

Wir brauchen also ein hübsches Tasten-Icon sowie dessen Bezeichnung

---

[98] Außer, wenn Sie gar keine erstellt haben, dann werden sich sofort alle beschweren …

`icnTaste`, dann noch zwei *Enumeration*-Werte `kttTasten_Wort` und `kttTasten_Name` und schon kann es losgehen. Diese Tastenkürzel sollen nur auf dem *Start*-Treeview zu sehen sein, daher muss `Treeview_Start` ergänzt werden:

```
Set nodX = KnotenEinzeln(trvDieser, nodStart, "Meine Daten", _
        kttStartMeine_Wort, icnMeine)
nodX.Bold = True

Set nodX = KnotenEinzeln(trvDieser, nodStart, "Tastenkürzel", _
        kttTasten_Wort, icnTaste)
nodX.Bold = True
nodX.Expanded = True
TreeviewExpandieren trvDieser, nodX

Set nodStart = KnotenEinzeln(trvDieser, nodStart, _
        p_cstrProgName & "-Info", kttStartInfo_Wort, icnInfo)
```

Der neue Code sorgt direkt dafür, dass der Zweig mit den Tastenkürzel expandiert ist, so dass alle Benutzer:innen das sofort ohne Mühe lesen können[99]. Da die Unterknoten noch nicht vorbereitet wurden, ist der Knoten allerdings noch leer. Ergänzen Sie daher in `TreeviewExpandieren`:

```
Case kttTasten_Wort
    KnotenEinzeln trvDieser, nodExpandiert, _
        "F1: Anwendungshilfe anzeigen", kttTasten_Name, _
        icnTaste, False
    KnotenEinzeln trvDieser, nodExpandiert, _
        "Umschalt+F1: Hilfe-Mail erstellen", kttTasten_Name, _
        icnTaste, False
    KnotenEinzeln trvDieser, nodExpandiert, _
        "F3: Neuen Treeview anzeigen", kttTasten_Name, _
        icnTaste, False
    KnotenEinzeln trvDieser, nodExpandiert, _
        "F5: Bildschirm aktualisieren", kttTasten_Name, _
        icnTaste, False
    If BenutzerIstAdmin() Then
        KnotenEinzeln trvDieser, nodExpandiert, _
            "F11: Navigationsbereich anzeigen", kttTasten_Name, _
            icnTaste, False
        KnotenEinzeln trvDieser, nodExpandiert, _
            "Strg+F11: Ribbon ausblenden", kttTasten_Name, _
            icnTaste, False
        KnotenEinzeln trvDieser, nodExpandiert, _
            "Umschalt+F11: Ribbon anzeigen", kttTasten_Name, _
            icnTaste, False
    End If
```

---

[99] Selbst dann guckt niemand wirklich hin und fragt Sie doch immer wieder nach Tastenkürzeln …

Für Sie mit *Admin*-Recht sollte diese Liste jetzt so aussehen:

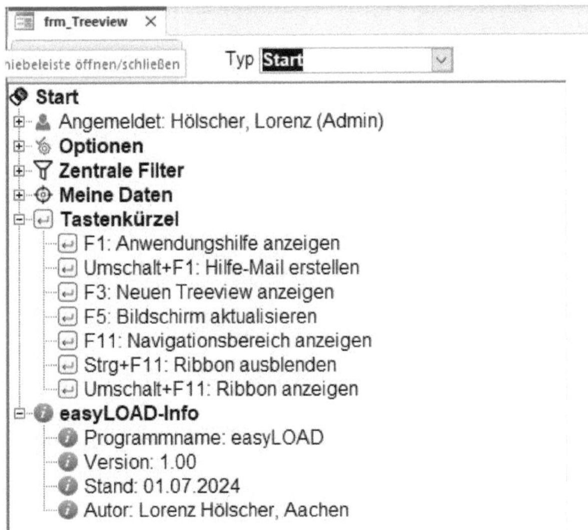

Abbildung 279: Die Tastenkürzel-Liste mit Admin-*Recht*

Ohne *Admin*-Recht wird diese Liste automatisch kürzer, weil bestimmte Tastenkürzel für normale Benutzer:innen gar nicht gedacht sind:

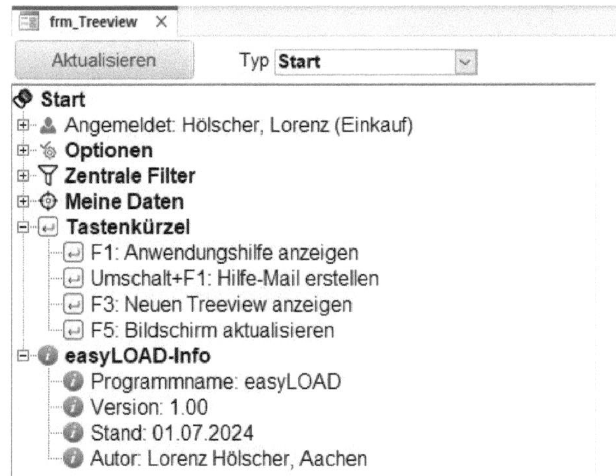

Abbildung 280: Die Tastenkürzel-Liste ohne Admin-*Recht*

Diese automatische Reduktion der sichtbaren Tastenkürzel je nach aktuellem Recht ist in der Word-Hilfedatei gar nicht (bzw. nur mit erheblichem Programmieraufwand) machbar. Falls also doch mal jemand die Hilfe liest, würde er:sie darin plötzlich Admin-Tastenkürzel entdecken …

Tipp 150:   Wenn Sie aufmerksam waren, wird Ihnen aufgefallen sein, dass ich die Admin-Tastenkürzel zwar für normale Benutzer:innen nicht im Treeview anzeige, diese aber trotzdem funktionieren. Das ist Absicht, denn wenn ich bei angemeldeten Benutzer:innen vor Ort mal Fehler analysieren muss, ist der vorübergehende Zugriff auf Ribbons doch sehr hilfreich. Nur die Anzeige des Navigationsbereichs wird rechtemäßig geprüft und ließe sich dort nicht so einfach umgehen.

Die Tastenkürzel-Knoten brauchen deswegen keine Berücksichtigung in der Prozedur `TreeviewAnklicken`, weil sie nicht auf Datensätzen basieren und daher kein Formular vorgesehen ist.

PopUp-Menüs

Immer schmerzlicher fehlt in dieser Datenbank die Möglichkeit, etwas *tun* zu können. Sie sehen zwar eine Menge Datensätze und Informationen in den Formularen oder dem Treeview, aber echte Aktionen lassen sich nicht auslösen.

Das ist die Gelegenheit, noch mal auf das generelle Bedienungskonzept der Datenbank hinzuweisen:

- **Auflistungen** stehen als (Unter-)Knoten im Treeview und dienen der Auswahl eines dadurch gefundenen konkreten Datensatzes oder als Information.
- **Inhalte** eines Datensatzes ändern Benutzer:innen immer im zugehörigen Formular, welches normalerweise[100] zum Knoten rechts eingeblendet ist.
- **Aktionen** finden nur[101] in PopUp-Menüs statt, welche sowohl im Treeview als auch in Formularen (und Berichten!) leicht erzeugt werden können.

Das ist als Bedienungskonzept so übersichtlich, dass es eigentlich gar keine Hilfedatei bräuchte.

Anmerkung: Anfangs habe ich versucht, es noch konsequenter zu organisieren, so dass wirklich *alle* Daten immer im Formular rechts eingegeben werden. Das betrifft neue Datensätze, die ja einen modalen Aufruf des gleichen Formulars (also als Dialog) erzeugen. Damit diese Konsequenz gelingt, braucht es einen *NeuerDatensatz*-Knoten, um diesen neuen Datensatz rechts eingeben zu können. Allerdings braucht es nicht einen einzigen solchen *NeuerDatensatz*-Knoten, sondern überall einen, also einen *NeueBestellung*-, einen *NeuePerson*- und einen *NeueFirma*-Knoten usw. Das bläht den Treeview unheimlich auf.

---

[100] Nur für neue Datensätze wird dieses gleiche Formular modal angezeigt.
[101] Mit Ausnahme dieser Tastenkürzel, die überwiegend schon technisch nicht aus einem PopUp-Menü heraus aufgerufen werden könnten. Wenn etwa mit <F3> der Treeview geöffnet wird, wäre typischerweise nicht einmal ein Formular auf dem Bildschirm, welches das PopUp-Menü anzeigen könnte.

Grundlagen

Da ich vermute, dass Sie bisher möglicherweise noch keine PopUp-Menüs erstellt haben, fangen wir mal langsam an. PopUp-Menüs haben den unschlagbaren Vorteil, dass sie sich auf ein konkretes Objekt beziehen. Das kann ein Formular-Control sein oder ein einzelner Knoten im Treeview.

Aber zuerst will ich ein ganz neutrales PopUp-Menü erzeugen, um die notwendigen Prozeduren ordentlich testen zu können. Das findet auf einem ansonsten leeren Formular *frmPopUpTest* ohne Datenbindung statt. Dort können wir schon mal einen Button *btnPopUp* vorbereiten:

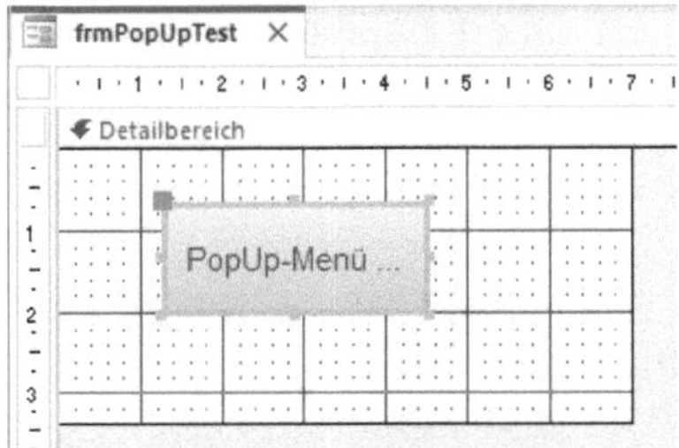

Abbildung 281: Ein Button auf einem leeren Formular, noch ohne Funktion

Dieses Formular können Sie speichern und schließen, mehr ist im Moment noch nicht möglich.

Ein PopUp-Menü ist entweder schon vorhanden (das interessiert uns hier nicht) oder muss erzeugt werden. Das passiert typischerweise on-the-fly, also beim Maus-Rechtsklick selber, und ist schnell genug, dass keine Verzögerung wahrnehmbar sein sollte.

Jedes PopUp-Menü hat intern einen eindeutigen Namen, der Einfachheit halber ist das eine Datei-öffentliche Variable und gehört also in das Modul *modVarKonstDLL*:

```
Public Const p_cstrNamePopUp = "easyLOAD"
```

> **Hinweis**: Der konkrete Name dieses PopUps ist völlig egal, er darf nur nicht mit einem schon vorhandenen kollidieren. Ich nehme normalerweise einfach den Namen der Datenbank oder notfalls `"MeinTollesPopUp"`.

Damit das mit diesem ersten Test nachher schön von der wirklichen Erzeugung getrennt bleibt, erstelle ich zuerst ein neues Modul namens *modPopUpTest* mit dieser Prozedur:

```
Sub PopUpMinimal()
    Dim cbrBar As CommandBar

    On Error Resume Next
    CommandBars(p_cstrNamePopUp).Delete
    On Error GoTo 0
```

```
Set cbrBar = CommandBars.Add(p_cstrNamePopUp, msoBarPopup, , False)

cbrBar.Controls.Add(msoControlButton).Caption = "Erster Menüeintrag"
cbrBar.Controls.Add(msoControlButton).Caption = "Zweiter Menüeintrag"

cbrBar.ShowPopup
End Sub
```

In einer Variablen `cbrBar` vom *CommandBar*-Datentyp, der ein PopUp-Menü enthält, werden zuerst alle Objekte gesammelt und ganz am Ende mit der `ShowPopUp`-Methode angezeigt.

Diese Prozedur erstellt immer wieder das PopUp-Menü unter dem gleichen Namen. Da aber ein vorheriges vom letzten Aufruf schon vorhanden sein könnte, wird dies erstmal mit `Delete` komplett gelöscht. Beim ersten Aufruf jedoch gibt es kein vorhandenes PopUp-Menü, daher die `On Error`-Behandlung drumherum.

Mit `Commandbars.Add` wird dieses PopUp-Menü dann der *Commandbars*-Auflistung (das sind alle Access-PopUp-Menüs) und steht zur Verfügung, allerdings noch leer. Die Variable `cbrBar` enthält dieses leere PopUp-Menü und hier müssen noch die eigentlichen Menüeinträge angefügt werden.

Im Moment ist das eine sehr kurz formulierte Erzeugung der Menüeinträge. Statt

```
cbrBar.Controls.Add(msoControlButton).Caption = "Erster Menüeintrag"
```

liest es sich vielleicht etwas einfacher, wenn ich eine Zwischenvariable benutze:

```
Dim cbcControl As CommandBarControl
Set cbcControl = cbrBar.Controls.Add(msoControlButton)
cbcControl.Caption = "Zweiter Menüeintrag"
```

Mit `cbrBar.Controls.Add` wird der neue Menüeintrag angefügt und in `cbcControl` gespeichert. Danach erhält der Menüeintrag mit `Caption` seine geplante Beschriftung. Die ursprüngliche Schreibweise fasst das lediglich in einer Zeile zusammen.

Das ist jetzt schon ein vollständiges PopUp-Menü mit zwei Menüeinträgen. Um das aufzurufen, wechseln Sie wieder in den Entwurf von *frmPopUpTest* und tragen diese Prozedur im *Beim Klicken*-Ereignis des *btnPopUp*-Buttons ein:

```
Private Sub btnPopUp_Click()
    PopUpMinimal
End Sub
```

Das war's. Speichern Sie alles und klicken mit der linken Maustaste in der Normalansicht des Formulars auf den Button:

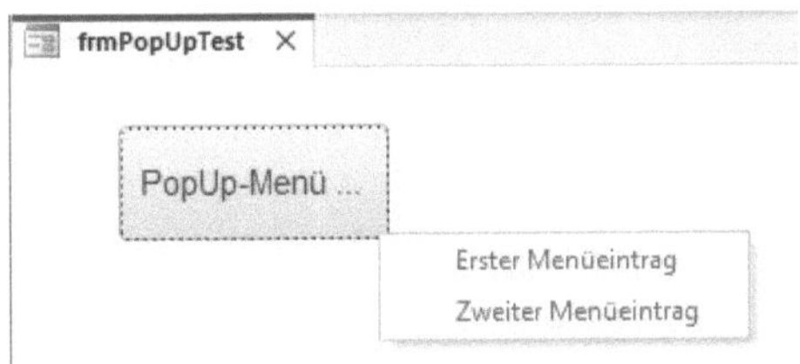

Abbildung 282: Der Button zeigt das PopUp-Menü an

Jetzt, wo alles erst mal grundsätzlich funktioniert, gibt es wieder ein wenig zu diskutieren:

- Ich habe explizit darauf hingewiesen, dass Sie diesen Button mit der linken Maustaste anklicken müssen, damit das PopUp-Menü erscheint. Aber PopUp-Menüs erscheinen doch auf Rechtsklick? Nein, tun sie nicht. Das ist zwar der übliche Aufruf, aber technisch gibt es keinen Zusammenhang, wie Sie gerade sehen. Das PopUp-Menü erscheint, weil der Code `ShowPopup` aufgerufen hat.
- Das PopUp erscheint keineswegs an der Position des Buttons, sondern immer an der Position des Mauszeigers. Das sehen Sie, wenn Sie diesen relativ großen Button mal links oben anklicken. Es gibt für `ShowPopup` zwar optionale `X`- und `Y`-Parameter, aber die Umrechnung der sehr unterschiedlichen Koordinatensysteme von Maus und Formular ist ziemlich unerfreulich und fehleranfällig.

Hinweis: Das Problem mit der Position des PopUp-Menüs wird sich ganz praxisnah entschärfen. Erstens werden die zukünftigen Buttons erheblich kleiner sein und zweites merkt diese Positions-Feinheit nach meiner Erfahrung sowieso niemand.

- Integrierte PopUp-Menüs haben Icons, das hätte ich hier natürlich auch gerne. Kein Problem, bloß wieder ein neues Grafikformat. Menüeinträge brauchen das *.jpg*-Format, das bereits vorbereitete *.ico*-Format geht nicht.
- Wenn Sie mal diverse integrierte PopUp-Menüs ansehen, werden Sie nicht nur diese einfachen Menüeinträge (die technisch übrigens als *Button* bezeichnet werden!), sondern auch welche mit Checkbox davor oder einer Eingabemöglichkeit darin. Das ist so prakisch, dass wir das hier auch berücksichtigen sollten.

Nach der langen Diskussion braucht es also dringend eine einzige Prozedur für jeden Menüeintrag, damit das alles nicht immer wieder programmiert werden muss:

```
Sub PopUpTestButtonHinzu(cbrBar As Object, strCaption As String, _
        Optional booEnabled As Boolean = True, _
        Optional booBeginGroup As Boolean = False)
    Dim cbcControl As CommandBarControl
```

```
    Set cbcControl = cbrBar.Controls.Add(msoControlButton)
    With cbcControl
        .Caption = Left(strCaption, 255)
        .BeginGroup = booBeginGroup
        .Enabled = booEnabled
    End With
End Sub
```

Diese Prozedur macht erst einmal das Gleiche wie vorher, aber außer der `Caption` für die Beschriftung werden noch die `BeginGroup`- und `Enabled`-Parameter bedient. Diese sorgen dafür, dass oberhalb(!) des aktuellen Menüeintrags eine kleine Trennlinie erscheint oder er bei Bedarf deaktiviert wird. Der Standard für diese beiden optionalen Parameter ist ohne Trennlinie und aktiv.

Damit können Sie die beiden bisherigen, mühsam erstellten Menüeinträge durch mehr und einfacher erstellte Menüeinträge ersetzen:

```
Sub PopUpMinimal()
    Dim cbrBar As CommandBar

    On Error Resume Next
    CommandBars(p_cstrNamePopUp).Delete
    On Error GoTo 0
    Set cbrBar = CommandBars.Add(p_cstrNamePopUp, msoBarPopup, , False)

    PopUpTestButtonHinzu cbrBar, "Test-PopUp-Aufruf"

    PopUpTestButtonHinzu cbrBar, "Gemüsesorten:", False, True
    PopUpTestButtonHinzu cbrBar, "Kohlrabi"
    PopUpTestButtonHinzu cbrBar, "Zucchini"
    PopUpTestButtonHinzu cbrBar, "Bohnen"

    PopUpTestButtonHinzu cbrBar, "Obstsorten:", False, True
    PopUpTestButtonHinzu cbrBar, "Äpfel"
    PopUpTestButtonHinzu cbrBar, "Birnen"
    PopUpTestButtonHinzu cbrBar, "Pflaumen"

    cbrBar.ShowPopup
End Sub
```

Inhaltlich sind die neuen Menüeinträge sinnlos, sie sollen nur die Technik zeigen. Auch die Leerzeilen dazwischen sind nicht notwendig, sondern nur der Übersichtlichkeit halber eingefügt, denn die Trennlinie kommt wegen des `True`-Parameters. Dieses PopUp-Menü sieht nun schon etwas gewohnter aus:

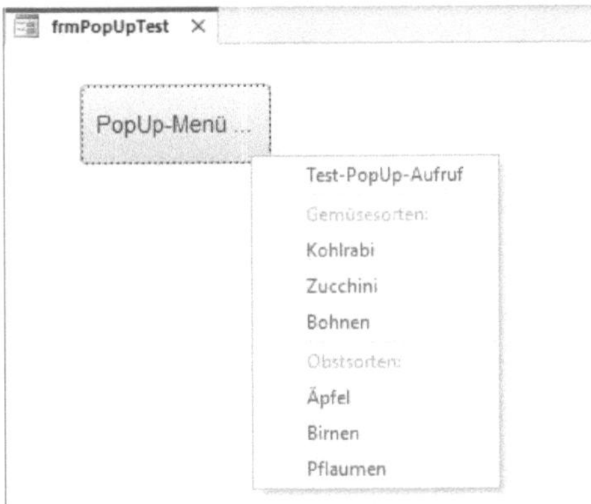

Abbildung 283: Das PopUp-Menü ist jetzt umfangreicher

Jetzt fehlen noch die Icons, die ja in Wirklichkeit *.jpg*-Grafiken sind. Wir brauchen also zuerst einen Speicher nach dem gleichen Konzept wie auf Seite 138 für die *.ico*-Grafiken, nur dass das Formular dieses Mal *USys_frmImagelist_JPGs* heißt.

Auch dort füge ich ein *ImageList*-Control ein, benenne es als *imlIcons* und gebe wieder 16*16 Pixel als Standard vor. Dann können wir neue Bilder importieren, dieses Mal allerdings im *.jpg*-Format. Im Moment reichen das Logo und ein Info-Bild, die natürlich in einer neuen Enumeration aufgelistet werden müssen:

```
Enum enmImagelistJPGs

    jpgNONE

    jpgLogo

    jpgInfo

End Enum
```

Damit die Bilder am Menüeintrag angezeigt werden, greift die Prozedur auch hier wieder auf eine Indexnummer vom *ImageList*-Control zu:

```
Sub PopUpTestButtonHinzu(cbrBar As Object, strCaption As String, _
        jpgDieses As enmImagelistJPGs, strOnAction As String, _
        Optional booEnabled As Boolean = True, _
        Optional booBeginGroup As Boolean = False)
    Dim objImageList As MSComctlLib.ImageList
    Dim cbcControl As CommandBarControl

    Set objImageList = Form_USys_frmImageList_JPGs.imlIcons.Object
    Set cbcControl = cbrBar.Controls.Add(msoControlButton)
    With cbcControl
```

```
    .Picture = objImageList.ListImages.Item(jpgDieses).Picture
    .Caption = Left(strCaption, 255)
    .OnAction = strOnAction¹⁰²
    .BeginGroup = booBeginGroup
    .Enabled = booEnabled
  End With
End Sub
```

Jetzt müssen Sie wegen der geänderten Signatur natürlich auch die Aufrufe dieser Prozedur anpassen:

```
PopUpTestButtonHinzu cbrBar, "Test-PopUp-Aufruf", jpgLogo, ""

PopUpTestButtonHinzu cbrBar, "Gemüsesorten:", jpgInfo, "", False, True
PopUpTestButtonHinzu cbrBar, "Kohlrabi", jpgInfo, ""
PopUpTestButtonHinzu cbrBar, "Zucchini", jpgInfo, ""
PopUpTestButtonHinzu cbrBar, "Bohnen", jpgInfo, ""

PopUpTestButtonHinzu cbrBar, "Obstsorten:", jpgInfo, "", False, True
PopUpTestButtonHinzu cbrBar, "Äpfel", jpgInfo, ""
PopUpTestButtonHinzu cbrBar, "Birnen", jpgInfo, ""
PopUpTestButtonHinzu cbrBar, "Pflaumen", jpgInfo, ""
```

Und plötzlich ist das PopUp-Menü richtig bunt:

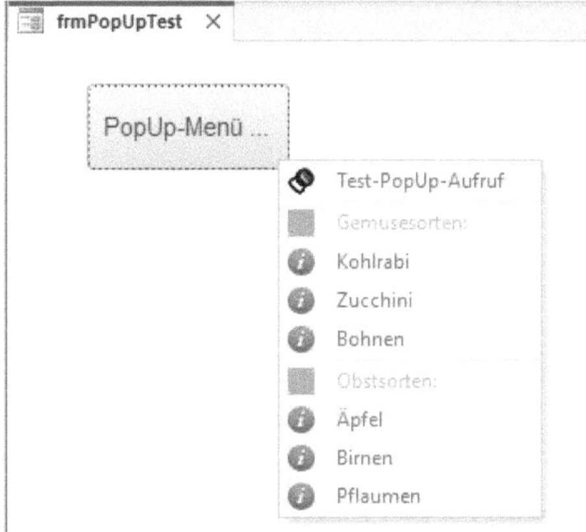

Abbildung 284: Das PopUp-Menü zeigt Icons vor den Menüeinträgen

Dabei sehen Sie erstens, dass die *.jpg*-Grafiken funktionieren, und zweitens, dass die Icons für deaktivierte Menüeinträge furchtbar aussehen.

Tipp 151: Wie schon mal erwähnt, kennt das *.jpg*-Format keine Transpa-

---

¹⁰² Um das OnAction kümmern wir uns später, aber es kann ja schon mal leer mitlaufen.

renz. Das fällt aber erst auf, wenn Sie mit der Maus über die Menüeinträge fahren und das weiße Hintergrundviereck um diese Icons sehen. Bei integrierten Menüeinträgen werden diese Icons trotzdem korrekt mit Transparenz angezeigt.

Das geht auch mit eigenen Menüeinträgen, dafür müssten Sie aber eine zweite *.jpg*-Datei vorbereiten, welche die Transparenz-Maske enthält. Das ist mir dann doch ein bisschen viel Aufwand, zumal das außer mir vermutlich niemand bemerkt.

Wenigstens diese furchtbare Anzeige deaktivierter Icons lässt sich erheblich verbessern, indem der Code die gleiche Grafik als Maske nutzt:

```
    .Enabled = booEnabled

If Not booEnabled Then
    .Mask = objImageList.ListImages.Item(jpgDieses).Picture
End If

End With
```

Dann sieht es doch viel erfreulicher aus:

Abbildung 285: Das PopUp-Menü zeigt bessere Icons vor den inaktiven Menüeinträgen

Tipp 152:   Rufen Sie ein PopUp-Menü möglichst nicht aus einer ..._Click-Prozedur heraus auf, sondern besser aus ..._MouseUp, weil nur diese einen Button-Parameter liefert, der darüber informiert, welcher Maus-Button eigentlich gedrückt wurde.

Treeview-PopUp-Menü

Jetzt, wo es grundsätzlich funktioniert, können wir uns um den ernsthaften Einsatz kümmern. Eine der sinnvollen Stellen zur Anzeige eines solchen PopUp-Menüs ist der Treeview.

Öffnen Sie das Formularmodul zu *frm_Treeview*, erzeugen anhand der Combobo-xen ganz oben im VBA-Editor (siehe Seite 155) den Prozedurrumpf für das Ereig-nis `trvGesamt_MouseUp` und rufen darin das eben erstellte PopUp-Menü auf:

```
Private Sub trvGesamt_MouseUp(ByVal Button As Integer, _
     ByVal Shift As Integer, ByVal x As Long, ByVal y As Long)
   PopUpMinimal
End Sub
```

Wenn wir keine weiteren Wünsche hätten, wären wir jetzt fertig. Das PopUp-Menü erscheint mit Rechtsklick auf einen beliebigen Knoten:

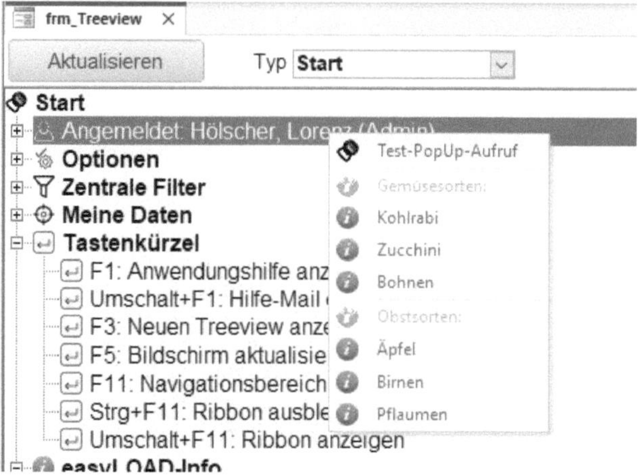

Abbildung 286: Das PopUp-Menü funktioniert auch im Treeview

Aber ich kann Ihren ersten Wunsch schon vorhersagen: Das PopUp-Menü er-scheint nicht nur auf Rechtsklick, sondern auch auf Linksklick, also bei jeder Mar-kierung eines neuen Knotens. Dafür braucht der Code den `Button`-Parameter, über den sich die Anzeige des PopUp-Menüs jetzt auf die rechte Maustaste be-schränken lässt:

```
Private Sub trvGesamt_MouseUp(ByVal Button As Integer, _
     ByVal Shift As Integer, ByVal x As Long, ByVal y As Long)
   If Button = 2 Then
      PopUpMinimal
   End If
End Sub
```

Jetzt möchte ich aber aus der Spielphase heraus und das richtige PopUp-Menü erstellen. Ignorieren (oder löschen) Sie das bisherige Modul *modPopUpTest* und erstellen ein neues namens *modPopUpAllgemein*. Der Code darin wird sehr ähnlich sein, daher braucht es keine neuen ausführlichen Erläuterungen. Er kann sogar verschiedene Menüeintrag-Typen wie die bereits erwähnte Checkbox und die Eingabe darstellen:

```
Sub PopUpButtonHinzu(cbrBar As Object, strCaption As String, _
        jpgDieses As enmImagelistJPGs, strOnAction As String, _
        Optional booEnabled As Boolean = True, _
        Optional booBeginGroup As Boolean = False)
    PopUpDieserTypHinzu msoControlButton, cbrBar, strCaption, _
        jpgDieses, strOnAction, booEnabled, booBeginGroup
End Sub

Sub PopUpEditHinzu(cbrBar As Object, strCaption As String, _
        jpgDieses As enmImagelistJPGs, strOnAction As String, _
        Optional booEnabled As Boolean = True, _
        Optional booBeginGroup As Boolean = False)
    PopUpDieserTypHinzu msoControlEdit, cbrBar, strCaption, _
        jpgDieses, strOnAction, booEnabled, booBeginGroup
End Sub

Sub PopUpCheckboxHinzu(cbrBar As Object, strCaption As String, _
        jpgDieses As enmImagelistJPGs, strOnAction As String, _
        Optional booEnabled As Boolean = True, _
        Optional booBeginGroup As Boolean = False, _
        Optional intChecked As MsoButtonState = msoButtonMixed)
    PopUpDieserTypHinzu msoControlButton, cbrBar, strCaption, _
        jpgDieses, strOnAction, booEnabled, booBeginGroup, intChecked
End Sub
```

Wie Sie sehen, kapseln diese Prozeduren lediglich eine gemeinsame Prozedur `PopUpDieserTypHinzu`**, welche die eigentliche Aufgabe erledigt.**

Tipp 153: Diese gemeinsam genutzte Prozedur ist als `Private` deklariert. Dadurch kann sie nur von den anderen drei Prozeduren im gleichen Modul aufgerufen werden und ist nach außen für andere Prozeduren unsichtbar. Das reduziert in den IntelliSense-Listen die Anzahl der angezeigten Prozeduren und sorgt für eine bessere Organisation im Code.

Diese Prozedur steht im gleichen Modul:

```
Private Sub PopUpDieserTypHinzu(ctlTyp As MsoControlType, _
        cbrBar As Object, strCaption As String, _
        jpgDieses As enmImagelistJPGs, strOnAction As String, _
        Optional booEnabled As Boolean = True, _
        Optional booBeginGroup As Boolean = False, _
        Optional intChecked As MsoButtonState = msoButtonMixed)

    Dim objImageList As MSComctlLib.ImageList
    Dim cbtBefehl As CommandBarControl
```

```
    Set objImageList = Form_USys_frmImageList_JPGs.imlIcons.Object
    Set cbtBefehl = cbrBar.Controls.Add(ctlTyp)
    With cbtBefehl
        If intChecked = msoButtonMixed Then 'also keine Checkbox
            On Error Resume Next
            .Picture = objImageList.ListImages.Item(jpgDieses).Picture
            If Not booEnabled Then
                .Mask = objImageList.ListImages.Item(jpgDieses).Picture
            End If
            On Error GoTo 0
        Else
            On Error Resume Next
            .State = intChecked
            On Error GoTo 0
        End If
        .Caption = Left(strCaption, 255)
        .OnAction = strOnAction
        .BeginGroup = booBeginGroup
        .Enabled = booEnabled
    End With
End Sub
```

Hier muss ein wenig mehr Fehlerbehandlung stattfinden, weil die Checkbox-Menüeinträge beispielsweise andere Parameter benötigen als die „normalen". Ansonsten leistet diese Prozedur aber noch das gleiche wie vorhin.

Damit Sie sehen, wie diese neuen Menüeintrag-Typen wirken, können wir schon mal mit einer ersten Version des echten Treeview-PopUp-Menüs beginnen. Da das recht umfangreich werden wird, lege ich auch hier schon ein neues Modul unter dem Namen *modPopUpTreeview* an. Der Test-Code darin nutzt bereits die neuen Prozeduren:

```
Sub PopUpTreeview()
    Dim cbrBar As CommandBar

    On Error Resume Next
    CommandBars(p_cstrNamePopUp).Delete
    On Error GoTo 0
    Set cbrBar = CommandBars.Add(p_cstrNamePopUp, msoBarPopup, , False)

    PopUpButtonHinzu cbrBar, "Überschrift", jpgLogo, ""
    PopUpButtonHinzu cbrBar, "Inaktiv", jpgLogo, "", False
    PopUpCheckboxHinzu cbrBar, "Okay?", jpgNONE, "", , , msoButtonDown
    PopUpEditHinzu cbrBar, "Eingabe:", jpgInfo, ""

    cbrBar.ShowPopup
End Sub
```

Die Checkbox bietet einen zusätzliche Parameter für den `Checked`-Status an. Dort wird dann keine der **.jpg*-Grafiken sichtbar, sondern ein internes [✓]-Symbol. Jetzt müssen Sie nur noch den Aufruf in `trvGesamt_MouseUp` anpassen:

```
Private Sub trvGesamt_MouseUp(ByVal Button As Integer, _
      ByVal Shift As Integer, ByVal x As Long, ByVal y As Long)
   If Button = 2 Then
      PopUpTreeview
   End If
End Sub
```

Nach einem Rechtsklick auf einen beliebigen Knoten im Treeview erscheint hier die neue Version des PopUp-Menüs:

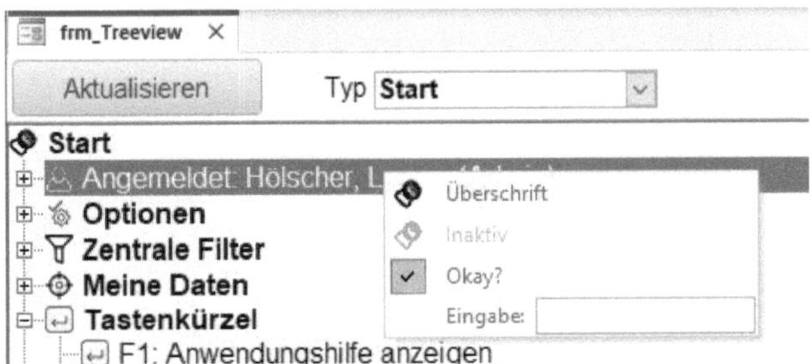

Abbildung 287: Hier sind alle vorgesehenen PopUp-Menüeinträge zu sehen

Kontextsensitives PopUp-Menü

Bisher waren die Menüeinträge ja ziemlich beliebig, jetzt soll es mal ernsthaft brauchbar werden. Ich gruppiere die Einträge darin, wobei *Person* hier nur ein Beispiel für das jeweils markierte Objekt (Bestellung, Artikel, Firma, etc.) ist:

Gruppe	Icon	Menüeintrag
Titel (inaktiv)		Treeview-PopUp
Knoten allgemein		Knoten aktualisieren Knoten filtern wie: [ ] Knoten-Text in Zwischenablage kopieren
Favoriten		Diese Person zu Favoriten hinzufügen *oder* Diese Person aus Favoriten entfernen
`kttPerson_Wort`		Neue Person erstellen …
`kttPerson_Name`		Neue Person erstellen …
		spezielle Personen-Befehle wie: E-Mail an diese Person senden … Diese Person anrufen …
		Diese Person löschen

Der *Titel* ist immer inaktiv und eigentlich vor allem aus technischen Gründen vorhanden. Da die Menüeinträge des PopUp-Menüs erst hinzugefügt werden, wenn die jeweilige Bedingung wahr ist, könnte es bei sehr kurzen PopUp-Menüs[103] passieren, dass gar keine Menüeinträge vorhanden wären. Dann würde scheinbar überhaupt nichts nach dem Rechtsklick passieren. Durch diesen Titel erscheint also immer wenigstens ein Menüeintrag als Rückmeldung, selbst wenn er inaktiv ist.

Der zweite Grund ist eine Rückmeldung für mich als Entwickler, denn die verschiedenen Typen von PopUp-Menüs haben dort unterschiedliche Texte, so dass ich für mich überprüfen kann, dass tatsächlich das richtige PopUp-Menü angezeigt wird.

In der Gruppe *Knoten allgemein* stehen generelle Menüeinträge, die für Knoten egal welchen Inhalts gelten. Lediglich der *Knoten filtern wie*-Menüeintrag ist abhängig davon, dass es ein `ktt..._Wort`-Knotentyp ist, weil nur dieser filterfähige Unterknoten aus Datensätzen anzeigt.

Der Menüeintrag in der Gruppe *Favoriten* wechselt automatisch, so dass die Benutzer:innen hier sofort sehen, ob das Objekt bereits als Favorit gekennzeichnet wurde.

Eine neue Person, bzw. entsprechend immer auch für die anderen Objekte, lässt sich sowohl vom übergeordneten *Personen*-Knoten (mit dem Knotentyp `kttPerson_Wort`) als auch von einem konkreten Namen der Person (mit dem Knotentyp `kttPerson_Name`) aus erstellen.

Nur für einen konkreten Objektnamen (also z.B. dem Knotentyp `kttPerson_Name`) gibt es dann gar keine oder völlig unterschiedliche Menüeinträge, die sich auf dieses Objekt beziehen.

Mit Absicht ganz weit unten steht der jeweilige Befehl, um ein konkretes Objekt zu löschen. Alle Gruppen sind jeweils durch Trennstriche voneinander abgesetzt.

Damit es jetzt losgehen kann, müssen wir zuerst einmal alle benötigten Icons in das Formular *USys_frmImageList_JPGs* laden. Deren Reihenfolge ist egal, aber achten Sie unbedingt darauf, dass Sie die **.jpg*-Dateien nehmen.

Tipp 154: Nach Klick auf den [INSERT PICTURE ...]-Button im *Eigenschaften*-Dialog des *ImageList*-Controls können Sie mehrere Dateien mit gedrückter <CTRL>-Taste auswählen. Die Reihenfolge der importierten Bilder ist egal.

---

[103] In diesem Treeview-PopUp-Menü recht unwahrscheinlich, aber es wird kürzere geben.

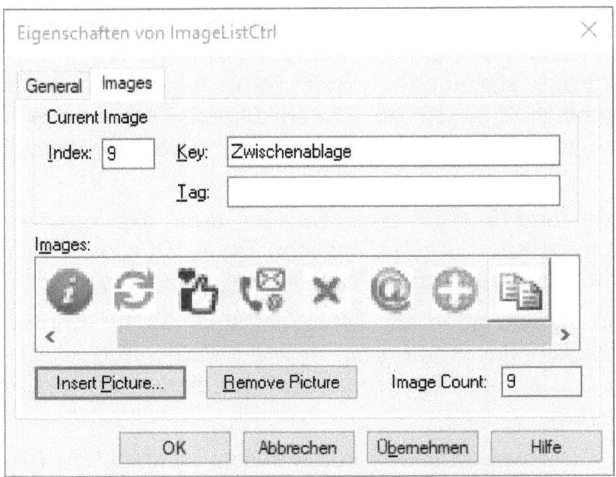

Abbildung 288: Die neuen Icons sind hinzugeladen

Die Namen in diesem Dialog im *Key* für diese Grafiken müssen keineswegs identisch mit den Benennungen in `enmImagelistJPGs` sein, aber die Reihenfolge muss beibehalten bleiben.

Tipp 155: Es ist nicht möglich, diesen *Eigenschaften*-Dialog offen zu haben und gleichzeitig im VBA-Editor diese Namen zu tippen, selbst nicht auf zwei Bildschirmen. Machen Sie einfach kurz einen Screenshot vom Dialog und zeigen diesen auf dem zweiten Bildschirm an, während Sie dann bei geschlossenem Dialog die *Enumeration* ergänzen.

Es gibt nun also diese neue Liste möglicher PopUp-Menü-Icons:

```
Enum enmImagelistJPGs
    jpgNONE
    jpgLogo
    jpgInfo

    jpgAktualisieren
    jpgFavoriten
    jpgKontakt
    jpgLoeschen
    jpgMail
    jpgNeu
    jpgZwischenablage
End Enum
```

Zuerst wird das PopUp-Menü ohne irgendwelche Bedingungen vorbereitet. Wechseln Sie zur Prozedur `PopUpTreeview` und ersetzen Sie die bisherigen Test-Menüeinträge durch diese:

```
PopUpButtonHinzu cbrBar, "Treeview-PopUp", jpgLogo, "", False
PopUpButtonHinzu cbrBar, "Knoten aktualisieren", jpgAktualisieren, _
    "", , True
PopUpEditHinzu cbrBar, "Knoten filtern wie:", jpgNONE, ""
PopUpButtonHinzu cbrBar, "Knotentext in Zwischenablage kopieren", _
    jpgZwischenablage, ""
PopUpButtonHinzu cbrBar, "Diese Person zu Favoriten hinzufügen", _
    jpgFavoriten, "", , True
PopUpButtonHinzu cbrBar, "Neue Person erstellen ...", jpgNeu, _
    "", , True
PopUpButtonHinzu cbrBar, "E-Mail an diese Person senden ...", _
    jpgMail, ""
PopUpButtonHinzu cbrBar, "Diese Person anrufen ...", jpgKontakt, ""
PopUpButtonHinzu cbrBar, "Diese Person löschen", jpgLoeschen, _
    "", , True


    cbrBar.ShowPopup
End Sub
```

Achten Sie dabei vor allem auf das leere Argument mit den zwei Kommas vor dem `True` im `booBeginGroup`-Parameter am Ende, weil `booEnabled` ja ein optionaler Parameter ist (und hier derzeit nur für den ersten Menüeintrag auf `False` gestellt wird).

Der Rechtsklick im Treeview zeigt nun dieses optisch schon fast fertig erscheinende PopUp-Menü an:

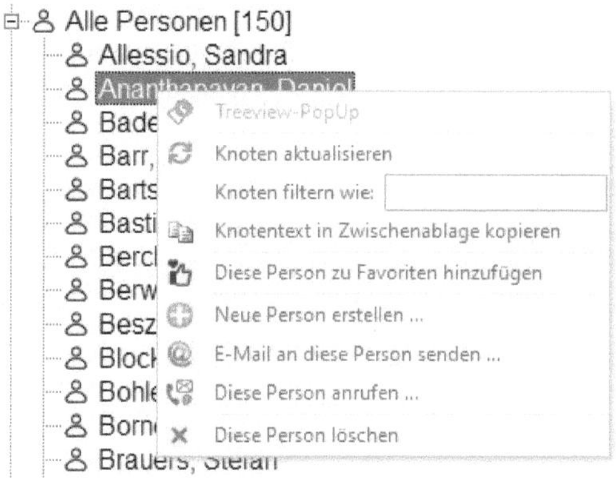

Abbildung 289: Das PopUp-Menü sieht schon ziemlich echt aus

Ich habe im obigen Screenshot dieses PopUp-Menü für einen markierten konkreten Personen-Namen aufgerufen, weil es beispielhaft ja für diesen Fall erstellt wurde. Dort sieht es richtig aus, aber im Moment würde es diese Menüeinträge für jeden anderen Knoten auch genauso anzeigen, weil es noch gar nicht kontextsensitiv ist.

Kontextsensitiv wird das PopUp-Menü dann, wenn es den markierten Knotentyp auswertet und passend dazu seine Menüeinträge ändert. Im einfachsten Fall übergeben wir der `PopUpTreeview`-Prozedur also den aktuellen Knoten als Parameter. Dann kann die Prozedur direkt anschließend die `Tag`-Eigenschaft des Knotens auslesen und darin den Knotentyp finden.

```
Sub PopUpTreeview(nodAngeklickt As Node)
    Dim kttMarkiert As enmKnotentypen
    Dim cbrBar As CommandBar

    kttMarkiert = LiesTag(nodAngeklickt.Tag, eleKnotentyp)
```

Auch wenn noch keine Auswertung stattfindet, kann das PopUp-Menü ab jetzt auf den jeweils markierten Knotentyp zugreifen. Damit das kompilierbar und lauffähig ist, müssen Sie natürlich diesen Parameter beim Aufruf in `trvGesamt_MouseUp` übergeben:

```
If Button = 2 Then
    PopUpTreeview m_trvGesamt.SelectedItem
End If
```

Sie können das PopUp-Menü testweise aufrufen, optisch ist es kein Unterschied, aber technisch ist es in Ordnung.

Tipp 156:   Ich finde es sehr hilfreich als Entwickler, irgendwo sehen zu können, welche Werte gerade markiert sind. Hier können wir im PopUp-Menü einfach ganz unauffällig neue Menüeinträge anhängen, die keine andere Funktion haben, außer dass sie Werte anzeigen. Damit das für normale Benutzer:innen nicht sichtbar ist, erscheinen die nur mit gedrückter <SHIFT>-Taste.

Da das PopUp-Menü auf die <SHIFT>-Taste reagieren soll, muss auch diese als Parameter übergeben werden. Hier ist es wichtig, dass es von einem ..._`MouseUp`-Ereignis aufgerufen wird, denn im ..._`Click`-Ereignis gibt es keine Information über die <SHIFT>-Taste. Sie können im Aufruf schon mal vorausschauend den neuen Parameter übergeben, auch wenn die Signatur von `PopUpTreeview` noch gar nicht erweitert ist:

```
Private Sub trvGesamt_MouseUp(ByVal Button As Integer, _
    ByVal Shift As Integer, ByVal x As Long, ByVal y As Long)
    If Button = 2 Then
        PopUpTreeview m_trvGesamt.SelectedItem, Shift
    End If
End Sub
```

Jetzt muss wiederum PopUpTreeview angepasst werden, zuerst in der Signatur:

```
Sub PopUpTreeview(nodAngeklickt As Node, intShift As Integer)
```

Am Ende werden dann je nach Wert des `intShift`-Parameters zusätzliche Menüeinträge angezeigt:

```
PopUpButtonHinzu cbrBar, "Diese Person löschen", jpgLoeschen, _
    "", , True


' INTERNE ANZEIGEN ______________________________________________

If intShift Then
    PopUpButtonHinzu cbrBar, "Tag = " & nodAngeklickt.Tag, _
        jpgInfo, "", False, True
End If


    cbrBar.ShowPopup
End Sub
```

Halten Sie anschließend die <SHIFT>-Taste gedrückt und öffnen dieses PopUp-Menü per Maus-Rechtsklick, so hat es einen Menüeintrag am Ende mehr:

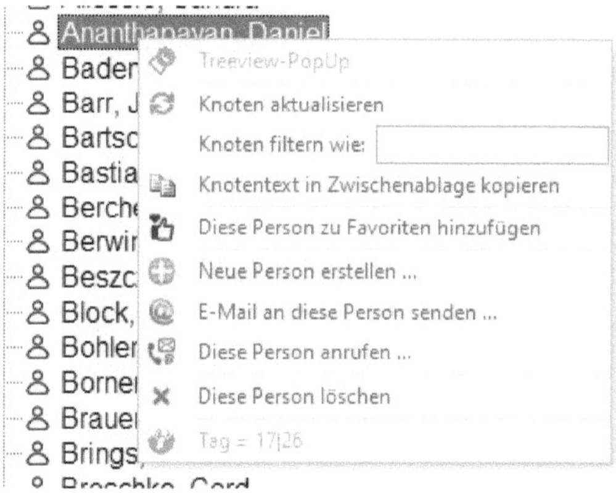

Ananthapayan, Daniel
Bader
Barr, J
Bartsc
Bastia
Berch
Berwir
Beszc
Block,
Bohler
Borne
Braue
Brings,
Brocchko, Gord
Treeview-PopUp
Knoten aktualisieren
Knoten filtern wie:
Knotentext in Zwischenablage kopieren
Diese Person zu Favoriten hinzufügen
Neue Person erstellen ...
E-Mail an diese Person senden ...
Diese Person anrufen ...
Diese Person löschen
Tag = 17|26

Abbildung 290: Mit gedrückter <SHIFT>-Taste wird das PopUp-Menü ergänzt

Da ich die Bedeutung und Reihenfolge der Tag-Elemente kenne, kann ich jetzt lesen, dass der markierte Knoten den Knotentyp 17 und die Datensatz-ID 26 hat.

> **Anmerkung**: Ich bin zufrieden damit, dass außer mir niemand die <SHIFT>-Taste drückt, weil das für Benutzer:innen nirgends dokumentiert ist. Ich könnte zusätzlich noch das *Admin*-Recht überprüfen, damit diese speziellen Menüeinträge wirklich nur für mich sichtbar werden. Wenn ich aber später für Benutzer:innen irgendwelche Fehler herausfinden muss, ist es sehr praktisch, diese Extra-Menüeinträge eben nicht auf mich in der *Admin*-Rolle zu beschränken.

Jetzt kann ich zwar den Knotentyp sehr bequem überprüfen, aber das PopUp-Menü selber reagiert noch nicht darauf. Dazu muss ich die Menüeinträge nur dann erzeugen, wenn der Knotentyp dazu passt. Weil diese Prozedur auf Dauer sehr umfangreich werden wird, hebe ich die einzelnen Gruppen durch Kommentare hervor und verteile die Menüeinträge schon mal:

```
    PopUpButtonHinzu cbrBar, "Knotentext in Zwischenablage kopieren", _
        jpgZwischenablage, ""

    ' FAVORITEN _______________________________________________

    PopUpButtonHinzu cbrBar, "Diese Person zu Favoriten hinzufügen", _
        jpgFavoriten, "", , True

    ' NEU ERSTELLEN ___________________________________________

    PopUpButtonHinzu cbrBar, "Neue Person erstellen ...", jpgNeu, _
        "", , True

    ' SONSTIGES _______________________________________________

    PopUpButtonHinzu cbrBar, "E-Mail an diese Person senden ...", _
        jpgMail, ""
    PopUpButtonHinzu cbrBar, "Diese Person anrufen ...", jpgKontakt, ""

    ' LÖSCHEN _________________________________________________

    PopUpButtonHinzu cbrBar, "Diese Person löschen", jpgLoeschen, _
        "", , True

    ' INTERNE ANZEIGEN ________________________________________
```

Ich beginne mit den Änderungen zuerst im *NeuErstellen*-Abschnitt, weil dafür noch keine konkrete Datensatz-ID notwendig ist. Abhängig vom Knotentyp sollen hier unterschiedlich beschriftete Menüeinträge erscheinen und da ist eine *SelectCase*-Struktur am übersichtlichsten:

```
    ' NEU ERSTELLEN ___________________________________________
Select Case kttMarkiert
Case kttPerson_Wort, kttPerson_Name
    PopUpButtonHinzu cbrBar, "Neue Person erstellen ...", _
        jpgNeu, "", , True
Case kttBestellungen_Wort, kttBestellung_Name
    PopUpButtonHinzu cbrBar, "Neue Bestellung erstellen ...", _
        jpgNeu, "", , True
End Select
```

Nur wenn der Knotentyp dem *Personen*-Knoten (`kttPerson_Wort`) oder einer konkreten Person (`kttPerson_Name`) entspricht, wird der bisherige *Neue Person erstellen*-Menüeintrag angezeigt. Nach dem gleichen Muster ist es schon für die Bestellungen vorbereitet, für alle übrigen müssen Sie es dann jeweils ergänzen. Solange deren Typ nicht in dieser *SelectCase*-Struktur genannt ist, erscheint kein Menüeintrag.

Öffnen Sie das PopUp-Menü jetzt auf einem Personen-Knoten, sieht es aus wie bisher. Wenn Sie es jedoch auf einem Bestellungen-Knoten öffnen, dann ändert sich dieser Menüeintrag in *Neue Bestellung erstellen*:

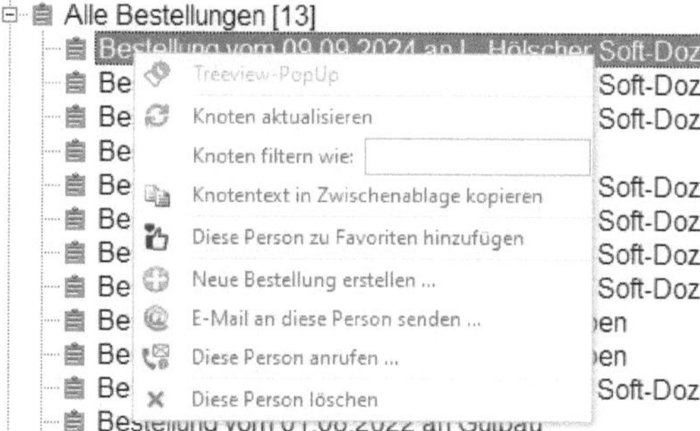

Abbildung 291: Das PopUp-Menü wird kontextsensitiv

Da die übrigen Menüeinträge noch nicht umgestellt wurden, betrifft diese Kontext-sensitivität nur diesen einen Menüeintrag. Jetzt braucht es also ein wenig Fleißar-beit:

```
' FAVORITEN

Select Case kttMarkiert
Case kttPerson_Name

    PopUpButtonHinzu cbrBar, "Diese Person zu Favoriten hinzufügen", _
        jpgFavoriten, "", , True

Case kttBestellung_Name
    PopUpButtonHinzu cbrBar, "Diese Bestellung zu Favoriten " & _
        "hinzufügen", jpgFavoriten, "", , True
End Select
```

Die *NeuErstellen*-Gruppe ist schon erledigt, daher geht es anschließend weiter:

```
' SONSTIGES

Select Case kttMarkiert
Case kttPerson_Name

    PopUpButtonHinzu cbrBar, "E-Mail an diese Person senden ...", _
        jpgMail, ""
    PopUpButtonHinzu cbrBar, "Diese Person anrufen ...", jpgKontakt, ""
End Select


' LÖSCHEN

Select Case kttMarkiert
Case kttPerson_Name

    PopUpButtonHinzu cbrBar, "Diese Person löschen", _
        jpgLoeschen, "", , True

Case kttBestellung_Name
    PopUpButtonHinzu cbrBar, "Diese Bestellung löschen", _
```

```
        jpgLoeschen, "", , True
End Select
```

Auch hier zeige ich es nur für Personen und Bestellungen, damit es kompakt bleibt. In einer echten Datenbank gibt es hier für jeden Objekttyp so einen `Case`.

> **Hinweis**: Beachten Sie, dass nur die Neuerstellung von Objekten für beide Knotentypen sinnvoll ist. Wenn Sie Löschen oder eine andere Aktion für einen konkreten Datensatz durchführen wollen, dann kann es sich nur auf einen Knotentyp mit der Bezeichnung ..._Name beziehen.

Jetzt sind die PopUp-Menüs wirklich kontextsensitiv. Beim Klick auf eine Bestellung erscheinen die passenden Menüeinträge:

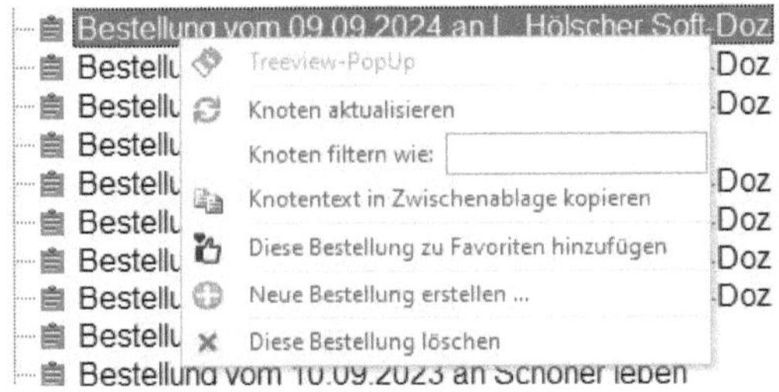

Abbildung 292: Das PopUp-Menü für Bestellungen

Beim Klick auf eine Person erscheinen andere, ebenfalls passende Menüeinträge:

Abbildung 293: Das PopUp-Menü für Bestellungen

OnAction

Diese PopUp-Menüeinträge sind hübsch anzusehen, aber ihren eigentlichen Sinn, nämlich eine Aktion auszuführen, können sie noch gar nicht erfüllen. Dafür braucht es den `OnAction`-Parameter, in dem ein Funktionsname mit Parametern gespeichert ist.

> **Hinweis**: Ich muss es noch mal ganz deutlich wiederholen: In der `OnAction`-

Zeichenkette steht eine *Function*! Auch das ist wieder eine Stelle in Access, wo Funktionen statt `Sub`-Prozeduren zwingend sind, ohne dass deren Rückgabewert jemals ausgewertet würde.

Zuerst möchte ich prüfen, dass es technisch überhaupt funktioniert. Dazu nehme ich einen beliebigen Menüeintrag in `PopUpTreeview` und gebe dem `OnAction`-Parameter eine einfache Funktion:

```
PopUpButtonHinzu cbrBar, "Knotentext in Zwischenablage kopieren", _
    jpgZwischenablage, "=MsgBox('Klappt das?')"
```

Dieser Parameter verhält sich genauso wie die `Eval()`-Funktion und interpretiert eine Zeichenkette. Da diese Zeichenkette selber schon Gänsefüßchen als Begrenzer hat, muss die darin enthaltene Funktion als Zeichenkettenbegrenzer das einfache Hochkomma (nicht die Akzente, sondern das Zeichen auf der <#>-Taste!) benutzen.

Klicken Sie im PopUp-Menü diesen Menüeintrag an, so erhalten Sie erwartungsgemäß diese Meldung:

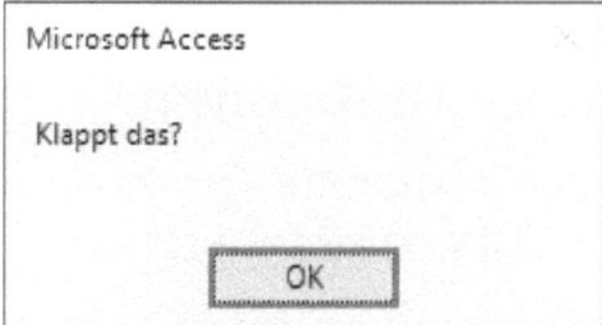

Abbildung 294: Diese Meldung wird vom Menüeintrag erzeugt

So weit, so einfach. Das war eine integrierte Funktion von Access, wir wollen aber ja auch eigene Funktionen aufrufen. Also schreibe ich schon mal in *modFunktionen* eine solche für das Kopieren des Knotentextes in die Zwischenablage:

```
Function KopiereKnotentextInZwischenablage()
    MsgBox "Das fehlt noch ..."
End Function
```

Sie tut im Moment noch nicht das, was sie verspricht, aber es geht ja auch um den Nachweis des korrekten Aufrufs. Diese neue Funktion rufe ich statt der vorherigen auf, da sie keine Parameter hat, bleiben die Klammern leer.

```
PopUpButtonHinzu cbrBar, "Knotentext in Zwischenablage kopieren", _
    jpgZwischenablage, "=KopiereKnotentextInZwischenablage()"
```

Sie können es direkt testen, die eigene Funktion funktioniert ebenso erfolgreich.

Tipp 157: Nur für Funktionen ohne Parameter ist eine Kurzfassung möglich. Statt `"=MeineFunktion()"` dürfen Sie dann auch `"MeineFunktion"` schreiben, also gleichzeitig die Klammern und das Gleichheitszeichen weglassen. Ich finde aber nicht, dass das mit der Kurzschreibweise eine gute

Idee ist, weil es wie eine Sub-Prozedur wirkt.

Diese Funktion muss aber einen Parameter erhalten können, in diesem Fall den Knotentext. Den kann ich beim Aufruf ermitteln und direkt mit übergeben:

```
PopUpButtonHinzu cbrBar, "Knotentext in Zwischenablage kopieren", _
    jpgZwischenablage, _
    "=KopiereKnotentextInZwischenablage('" & nodAngeklickt.Text & "')"
```

Achtung: Vergessen Sie nicht die einfachen Hochkommas, damit das Argument als *String*-Datentyp übergeben wird. Andernfalls steht dort statt des korrekten Aufrufs:

```
KopiereKnotentextInZwischenablage('Tastenkürzel')
```

der Name einer angeblichen Prozedur `Tastenkürzel` in den Klammern:

```
KopiereKnotentextInZwischenablage(Tastenkürzel)
```

Am besten lassen Sie immer dann den gesamten Code kompilieren, wenn Sie wie jetzt etwas testen wollen. Wenn Sie das nun machen, gibt es keinen Kompilierfehler, es ist also syntaktisch alles in Ordnung. Starten Sie das PopUp-Menü und klicken Sie diesen Menüeintrag an.

Ist die Meldung erschienen? Ist eine Fehlermeldung erschienen? Beides nein?

Das ist einer der ärgerlichen Nebeneffekte davon, dass der komplette Funktionsaufruf in `OnAction` als *String*-Datentyp übergeben wird. Es gibt noch mehr davon:

- Weil der Funktionsname in einer Zeichenkette steht, funktionieren IntelliSense-Listen nicht. Ebensowenig zeigt dann das QuickInfo die erwarteten Parameter der jeweiligen Funktion an.

Tipp 158: Sie können dieses Problem austricksen, indem Sie diesen `OnAction`-Parameter zuerst ohne Gänsefüßchen und ohne Gleichheitszeichen schreiben. Dann können Sie alle Funktionen samt Parametern und ihrem QuickInfo sehen und mittels IntelliSense-Listen auswählen. Erst nach der schließenden Klammer ergänzen Sie das führende Gleichheitszeichen sowie die beiden Gänsefüßchen.

- Weil die Funktion und ihre Parameter nicht im „normalen" VBA-Code stehen, sondern innerhalb einer Zeichenkette, greift der Kompiliercheck niemals. Erst zur Laufzeit wird der Inhalt aufgelöst und ausgeführt und erst dann gibt es Laufzeitfehler.
- Meistens werden Sie allerdings noch nicht einmal Laufzeitfehler erhalten, sondern wie eben gesehen: Nichts. Bei der Ausführung des `OnAction`-Parameters gibt es keinerlei Fehlerbehandlung. Wenn es Probleme gibt, haben Sie eben Pech gehabt.

Genau dieser letzte Punkt mit der fehlenden Fehlerbehandlung hat soeben zugeschlagen. Der Aufruf der `KopiereKnotentextInZwischenablage()`-Funktion mit einem *String*-Parameter passt nicht zur `KopiereKnotentextInZwischenablage()`-

Signatur ganz ohne Parameter.

Hinweis: Es reicht ohnehin nicht die reine Anzahl der Parameter, auch deren einzelne Datentypen müssen übereinstimmen.

Wir müssen also dafür sorgen, dass auch die aufgerufene Funktion selber einen *String*-Parameter erwartet. Ob sie ihn inhaltlich benutzt, ist technisch egal, aber dann können wir seinen Inhalt auch schon mal anzeigen:

```
Function KopiereKnotentextInZwischenablage(strKnotentext As String)
    MsgBox "Das steht da: " & strKnotentext
End Function
```

Jetzt klappt es wieder und wir können auch das hineinprogrammieren, was dort im Menüeintrag ja versprochen wird, nämlich diesen Knotentext in die Zwischenablage zu kopieren.

Hinweis: Access kennt anders als die übrigen MS-Office-Programme merkwürdigerweise keinen direkten VBA-Zugriff auf die Zwischenablage. Wir könnten das mit mehreren API-Funktionen nachrüsten, das ist aber viel Aufwand.
Oder wir tricksen, indem wir den Text in ein unsichtbares *EditField*-Control namens *edtClipboard* auf diesem Formular schreiben und dann mit seiner tatsächlich vorhandenen `edtClipboard.Copy`-Methode doch wieder ganz einfach in die Zwischenablage (=Clipboard) schreiben. Dieser Trick scheitert allerdings nicht nur dann, wenn wir uns z.B. in einem Bericht befinden, sondern ist vor allem auf 255 Zeichen beschränkt.

Am einfachsten ist der Zugriff auf die Zwischenablage, wenn wir uns helfen lassen. In jeder Windows-Installation ist der Zugriff auf HTML-Dateien vorbereitet. Diese Dateien brauchen wir gar nicht, aber das dahinterliegende Programm kann auf die Zwischenablage zugreifen und von dem lassen wir die eigentliche Arbeit erledigen.

Der Vollständigkeit halber werde ich auch das Auslesen der Zwischenablage hier implementieren, obwohl der Code das derzeit gar nicht benötigt. Und Sie ahnen es schon, wenn es um Lesen und Schreiben geht, schlägt wieder die Stunde der *Property*-Prozeduren.

Hinweis: Da schon alle generellen Funktionen (wenn sie nicht einem eigenen Thema wie in *modPfadeDateien* zugeordnet sind) in einem gemeinsamen Modul *modFunktionen* gesammelt wurden, werde ich jetzt ein neues Modul *modProperties* erstellen, in welchem alle allgemeinen *Property*-Prozeduren gesammelt werden könnten.
Die beiden `Standardwert`-Properties gehören hier auch hinein, wenn Sie aufräumen wollen. Funktionsfähig wären sie aber weiterhin in *modAnmeldung*.

Mit `CreateObject` wird ähnlich wie bei einer DLL nicht nur eine Bibliothek mit Funktionen, sondern gleich ein ganzes Programm für meinen VBA-Code geöffnet. Das würde typischerweise mit Word oder Excel auch so gemacht. Dieses Programm für *htmlfile* ist aber so klein und schnell, dass es niemand bemerkt:

```
Property Get Clipboard() As Variant
    With CreateObject("htmlfile")
        With .parentWindow.clipboardData
            Clipboard = .GetData("text")
        End With
    End With
End Property

Property Let Clipboard(varText As Variant)
    With CreateObject("htmlfile")
        With .parentWindow.clipboardData
            .SetData "text", varText
        End With
    End With
End Property
```

Die *Property*-Prozeduren stehen bereit, jetzt muss ich diejenige zum Schreiben (also `Property Let`) nur noch nutzen:

```
Function KopiereKnotentextInZwischenablage(strKnotentext As String)

    Clipboard = strKnotentext

End Function
```

Markieren Sie einen beliebigen Knoten und klicken im PopUp-Menü den Menüeintrag *Knotentext in Zwischenablage kopieren* an. Woher wissen Sie jetzt, ob es geklappt hat? Gehen Sie in den VBA-Direktbereich oder eine Textdatei und lassen Sie dort aus der Zwischenablage den Inhalt einfügen. Voilà!

Dann können wir uns dem nächsten Menüeintrag widmen, in diesem Fall noch nicht den Favoriten, sondern dem Neuerstellen eines Objekts. Hier wächst zusammen, was zusammengehört und beides schon vorhanden ist. Erinnern Sie sich an das Bündel von Prozeduren zum Neuerstellen aller bisher vorgekommenen Objekte in *modObjekteNeu*?

```
Sub AdresseNeu()
    DoCmd.OpenForm "frmAdressenDetails", , , , acFormAdd
End Sub
Sub ArtikelNeu()
    DoCmd.OpenForm "frmArtikelDetails", , , , acFormAdd
End Sub
Sub BenutzerNeu()
    DoCmd.OpenForm "frmBenutzerDetails", , , , acFormAdd
End Sub
Sub BestelldetailNeu()
    DoCmd.OpenForm "frmBestelldetailsDetails", , , , acFormAdd
End Sub
Sub BestellungNeu()
    DoCmd.OpenForm "frmBestellungenDetails", , , , acFormAdd
End Sub
Sub FirmaNeu()
    DoCmd.OpenForm "frmFirmenDetails", , , , acFormAdd
End Sub
Sub KontaktNeu()
    DoCmd.OpenForm "frmKontakteDetails", , , , acFormAdd
End Sub
Sub NachschlagewertNeu()
    DoCmd.OpenForm "frmNachschlagewerteDetails", , , , acFormAdd
End Sub
Sub NachschlagewertgruppeNeu()
    DoCmd.OpenForm "frmNachschlagewertgruppenDetails", , , , acFormAdd
End Sub
Sub PersonNeu()
    DoCmd.OpenForm "frmPersonenDetails", , , , acFormAdd
End Sub
Sub RolleNeu()
    DoCmd.OpenForm "frmRollenDetails", , , , acFormAdd
End Sub
```

Abbildung 295: Diese Sub-Prozeduren sind schon vorhanden

Erinnern Sie sich auch daran, dass der `OnAction`-Parameter ausschließlich Funktionen aufrufen kann? Dann lassen Sie für diesen Block alle `Sub` durch `Function` ersetzen und die Vorarbeit ist fertig. Wiederum nur beispielhaft für Personen und Bestellungen schreiben Sie genau diese Funktionen(!) zum jeweiligen Menüeintrag:

```
' NEU ERSTELLEN
Select Case kttMarkiert
Case kttPerson_Wort, kttPerson_Name
    PopUpButtonHinzu cbrBar, "Neue Person erstellen ...", _
        jpgNeu, "=PersonNeu()", , True
Case kttBestellungen_Wort, kttBestellung_Name
    PopUpButtonHinzu cbrBar, "Neue Bestellung erstellen ...", _
        jpgNeu, "=BestellungNeu()", , True
End Select
```

Anmerkung: Dies ist einer der Anlässe, warum ich so für langweilige und vorhersehbare Prozedurnamen (und Feldnamen, Variablen, Formularnamen, ...) plädiere. Es gibt ohne Trickserei kein IntelliSense, aber ich kann sicher sein, dass alle Objekte einfach *<NameImSingular>* heißen und mit Gleichheitszeichen davor und `Neu()` dahinter ergänzt werden.

Das war's schon, es darf ja auch mal schnell und unkompliziert sein. Markieren Sie im Treeview einen Knoten mit dem Namen einer Bestellung und klicken im PopUp-Menü auf *Neue Bestellung erstellen …*:

Abbildung 296: Der Menüeintrag Neue Bestellung erstellen … *zeigt den Dialog*

So einfach legen Sie neue Objekte an: Die Formulare dazu werden durch einen Menüeintrag modal aufgerufen und der Rest wird vom Formular geregelt.

Damit ist für das PopUp-Menü eigentlich alles in Ordnung. Sie werden jedoch entdecken, dass nicht alle Knoten diesen Menüeintrag anzeigen, bei denen Sie es vielleicht erwarten würden. Es gibt noch einige Knotentypen mehr, die auch einen Bestellungen-Sammelknoten anzeigen und in `PopUpTreeview` ergänzt werden müssen:

```
Case kttBestellungen_Wort, kttBestellung_Name, _
    kttBestellungenAlle_Wort, kttBestellungenGeloeschte_Wort, _
    kttBestellungenMeine_Wort, kttBestellungenMeineAktuellsten_Wort, _
    kttBestellungenMeineBestellt_Wort, _
    kttBestellungenMeineBezahlt_Wort, _
    kttBestellungenMeineGeliefert_Wort, _
    kttBestellungenMeineGenehmigt_Wort, _
    kttBestellungVonBenutzerBestellt_Wort, _
```

```
        kttBestellungVonBenutzerBezahlt_Wort, _
        kttBestellungVonBenutzerGeliefert_Wort, _
        kttBestellungVonBenutzerGenehmigt_Wort, _
        kttBestellungenMeineFavoriten_Wort
        PopUpButtonHinzu cbrBar, "Neue Bestellung erstellen ...", _
            jpgNeu, "=BestellungNeu()", , True
    End Select
```

Im VBA-Editor und ohne den schmalen Umbruch wie hier im Buch braucht es nicht ganz so viele Zeilen, aber letzten Endes ist es egal, wie lang die Liste ist. Die muss ja nicht schön sein, sondern soll funktionieren. Selbst doppelte Nennungen sind unkritisch.

Tipp 159: Es ist nicht ganz egal, wie lang diese `Case`-Aufzählung ist, denn irgendwann gibt es diese Fehlermeldung:

Dann schreiben Sie einfach ein zweites `Case` mit den übrigen Knotentypen und rufen darin den gleichen `PopUpButtonHinzu`-Befehl erneut auf.

Der Löschen-Menüeintrag wird ganz ähnlich wie das Neuerstellen organisiert. Wir brauchen eine Sammlung von Funktionen für jedes Objekt, dieses Mal allerdings mit der ID des zu löschenden Objekts. Zum Modul *modObjekteNeu* erstelle ich jetzt also ein neues Modul *modObjekteLoeschen* mit beispielhaft diesen Prozeduren (die übrigen können Sie entsprechend ergänzen):

```
Function BestellungLoeschen(lngID As Long)
    LoescheDiesenDatensatz lngID, "tblBestellungen", "bestlID"
End Function


Function PersonLoeschen(lngID As Long)
    LoescheDiesenDatensatz lngID, "tblPersonen", "persoID"
End Function
```

Wie Sie sehen, lösche ich nicht wirklich darin, sondern rufe eine gemeinsame Prozedur auf, welche das übernimmt. Dort frage ich vor allem nochmals nach, ob dieser Datensatz wirklich gelöscht werden soll:

```
Private Sub LoescheDiesenDatensatz(lngID As Long, _
    strNameTabelle As String, strNameFeldID As String)
    If MsgBox("Wollen Sie wirklich den Datensatz mit ID " & lngID & _
        " in '" & strNameTabelle & "' löschen?", _
```

```
        vbOKCancel + vbQuestion + vbDefaultButton2, _
        p_cstrMsgTitel) = vbOK Then
        CurrentDb.Execute "DELETE FROM [" & strNameTabelle & _
                "] WHERE [" & strNameFeldID & "]=" & lngID, dbFailOnError
        MsgBox "Datensatz wurde gelöscht.", vbInformation, p_cstrMsgTitel
    End If
End Sub
```

Diese Prozedur muss die ID, den Namen der Tabelle und des dortigen ID-Feldes wissen, um daraus die `DELETE`-Anweisung erstellen zu können. Die Rückfrage mit der `MsgBox()`-Funktion setzt die Vorauswahl des Buttons direkt auf den *Abbrechen*-Button (`vbDefaultButton2`, weil dieser der zweite Button ist):

Dann müssen wir diese Funktionen nur noch im Menüeintrag aufrufen. Da dort, wie absehbar noch an vielen Stellen, die ID des markierten Knotens benötigt wird, sammelt eine Variable das direkt am Anfang von `PopUpTreeview` ein:

```
Sub PopUpTreeview(nodAngeklickt As Node, intShift As Integer)
    Dim kttMarkiert As enmKnotentypen
    Dim cbrBar As CommandBar

    Dim strID As String


    kttMarkiert = LiesTag(nodAngeklickt.Tag, eleKnotentyp)
    strID = LiesTag(nodAngeklickt.Tag, eleFeldID) & ""
```

> **Hinweis**: Wundern Sie sich, dass ich für die IDs (die ja typischerweise aus den *AutoWert=Long*-Datentypen einer Tabelle kommen) keine *Long*-Variable, sondern eine *String*-Variable benutze? Knoten sind sehr neutral, nichts hindert mich, demnächst Outlook-Mails oder Dateinamen dort anzuzeigen. Und dann gibt es möglicherweise *String*-Inhalte als ID. Nein, nicht möglicherweise, sondern sicher auf Seite 489!

Weiter unten im gleichen Code können Sie nun die Menüeinträge mit dem Aufruf der jeweiligen Löschfunktion samt Parameter versehen:

```
    Case kttPerson_Name
        PopUpButtonHinzu cbrBar, "Diese Person löschen", jpgLoeschen, _
            "=PersonLoeschen(" & strID & ")", , True
    Case kttBestellung_Name
        PopUpButtonHinzu cbrBar, "Diese Bestellung löschen", jpgLoeschen, _
            "=BestellungLoeschen(" & strID & ")", , True
```

> **Hinweis**: Wundern Sie sich erneut, warum ich hier keine einfachen Hochkommas um die *String*-Variable mache? Für diesen Code hier mag es eine *String*-Variable sein, aber nach der internen Umwandlung in
> `=BestellungLoeschen(999)`
> wird es anschließend für die `BestellungLoeschen()`-Funktion korrekt der *Long*-Parameter, der von dieser erwartet wird.

Jetzt können Sie eine Bestellung markieren und per PopUp-Menü löschen:

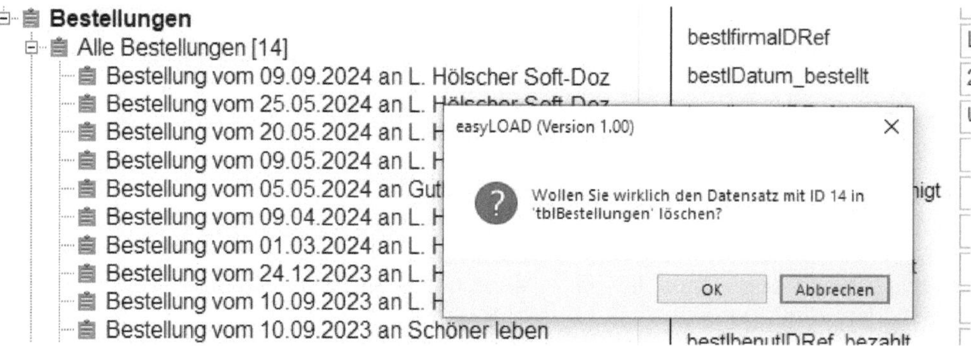

Abbildung 297: Die Bestellung soll gelöscht werden

Tipp 160: Sie können das PopUp-Menü mit gedrückter <SHIFT>-Taste aufrufen, um darin kontrollieren zu können, ob der markierte Knoten wirklich den Datensatz mit der gleichen *FeldID* anzeigt.

Sobald Sie den [OK]-Button drücken, wird der Datensatz gelöscht, falls es keine Fehler gibt.

Hinweis: Wer das hier hinterlegte Datenmodell noch im Kopf hat, weiß, dass es zu *tblBestellungen* noch eine 1:n-verknüpfte Tabelle *tblBestelldetails* gibt. Solange darin zugehörige Datensätze stehen und die *Referentielle Integrität* aktiv ist, können Sie mitnichten den Bestellung-Datensatz löschen. Sie können das dank `dbFailOnError` als Fehler anzeigen und die Benutzer:innen damit alleine klarkommen lassen:

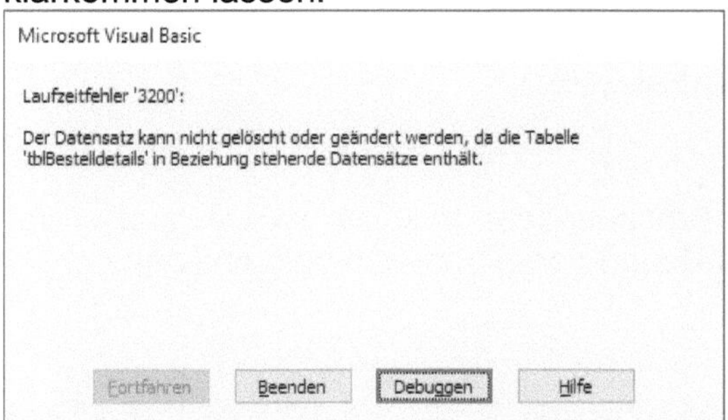

Oder Sie schreiben eine sehr umfangreiche Prozedur[104], welche je nach Tabelle in allen verknüpften Tabellen nachschaut und davon abhängig das Löschen anbietet.

Beide Aktionen, das Löschen ebenso wie das Neuerstellen, haben sich bisher

---

[104] Deren Anzeige geht perfekt mit einem Dialog und darin einem Treeview(!), welcher diese abhängigen Daten und eventuell deren Anzahl übersichtlich anzeigt. Das würde hier aber zu weit führen.

nicht um die Rechte gekümmert. Daher möchte ich hier beide auf Seite 268 schon mal genannten Varianten zeigen, die vorbeugende und die „Ätsch!-Variante.

Vorbeugend bedeutet, dass schon der PopUp-Menüeintrag inaktiv wird, falls der:die Benutzer:in das zugehörige Recht nicht hat. Für das Neuerstellen eines Objekts wäre das:

```
PopUpButtonHinzu cbrBar, "Neue Person erstellen ...", jpgNeu, _
        "=PersonNeu()", BenutzerDarfNeu(), True
```

Dann müssen Sie nur noch in einer Rolle sein, der dieses *rolleDarfNeu*-Recht fehlt, und anschließend den Treeview neu starten, weil sonst Ihre Rechte nicht frisch eingelesen werden. Dann ist beim Versuch, eine neue Bestellung zu erstellen, dieser Menüeintrag inaktiv:

Abbildung 298: Eine Bestellung kann mangels Recht nicht neu erstellt werden

Die andere Variante besteht ja darin, den Versuch zuzulassen und dann notfalls zu erklären, warum er nicht erfolgreich ist:

```
Private Sub LoescheDiesenDatensatz(lngID As Long, _
      strNameTabelle As String, strNameFeldID As String)

    If Not BenutzerDarfLoeschen() Then
        MsgBox "Leider haben Sie in Ihrer Rolle keine Lösch-Rechte.", _
            vbInformation, p_cstrMsgTitel
        Exit Sub
    End If
```

Auch dazu ist diese zentrale Lösch-Prozedur sehr praktisch, weil sie zuallererst die notwendigen Rechte prüfen und bei Bedarf deren Fehlen monieren kann.

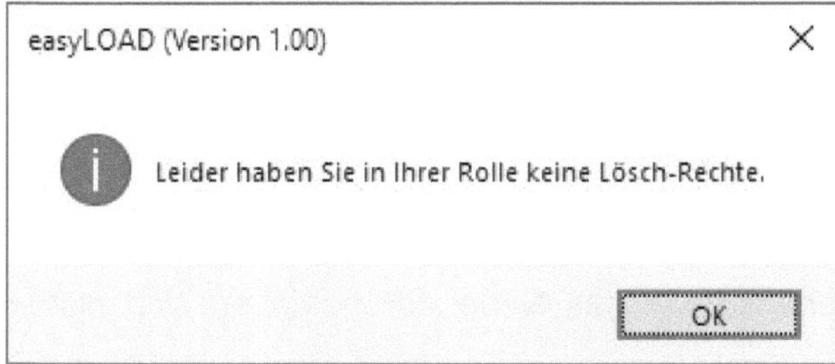

Abbildung 299: Ohne ausreichendes Recht ist kein Löschen möglich

Anmerkung: Es gäbe noch eine dritte Möglichkeit, dass nämlich ein Menüeintrag ohne Recht nicht inaktiv wird, sondern ganz fehlt. Das ist meiner Ansicht nach ein völlig irritierendes Konzept, weil sich dadurch dauernd die Position der übrigen Menüeinträge ändert, die ja „nachrutschen".

In MS-Office-Programmen gab es das zur Jahrtausendwende mal, dass deren Menüs nur meine häufig benutzten Einträge zeigten und sich die übrigen erst nach kurzer Wartezeit einblendeten. Das waren sogenannte „lernfähige" Menüs, die sich an meine Nutzung anpassen sollten. Die meiste Zeit habe ich da aber nur gesucht, wo mein gewohnter Menüeintrag dieses Mal hingerutscht war. Lernfähig war wenigstens Microsoft und hat diese Spielerei wieder entfernt.

Favoriten

Es sind noch nicht alle Menüeinträge perfekt. Die Favoriten müssen erst einmal feststellen, ob der markierte Knoten eventuell schon ein favorisiertes Objekt enthält oder nicht. Die Funktionen `IstFavoritVorhanden()` und `FavoritNeu()` gibt es schon, allerdings müssen Sie `FavoritNeu()` in eine *Function* umwandeln, damit es via `OnAction` aufrufbar wird. Jetzt fehlt nur die Funktion `FavoritLoeschen()` im Modul *modObjekteLoeschen*:

```
Function FavoritLoeschen(fvtTyp As enmFavoritentypen, lngID As Long)
    CurrentDb.Execute "DELETE FROM tblFavoriten " & _
        "WHERE favorbenutIDRef=" & BenutzerID() & _
        " AND favorXXXXXIDRef=" & lngID & " AND favorTyp=" & fvtTyp, _
        dbFailOnError
End Function
```

Diese Funktion prüft nicht einmal, ob es diesen Datensatz tatsächlich gibt. Durch den eindeutigen Filter würde sowieso kein Datensatz gelöscht, den es nicht gibt.

Dann können wir diese Funktionen in `PopUpTreeview` einbauen. Insbesondere der Aufruf dieser Funktionen mit ihren Parametern ist etwas für gute Nerven wegen der Schachtelung innerhalb eines *String*-Parameters:

```
    ' FAVORITEN ___________________________________________
    Select Case kttMarkiert
    Case kttPerson_Name
        If IstFavoritVorhanden(fvtPersonen, Val(strID)) Then
            PopUpButtonHinzu cbrBar, "Diese Person aus " & _
                "Favoriten entfernen", jpgFavoriten, _
                "=FavoritLoeschen(" & fvtPersonen & ", " & strID & _
                ")", , True
        Else
            PopUpButtonHinzu cbrBar, "Diese Person zu Favoriten " & _
                "hinzufügen", jpgFavoriten, _
                "=FavoritNeu(" & fvtPersonen & ", " & strID & ")", , True
```

```
            End If
        Case kttBestellung_Name
            If IstFavoritVorhanden(fvtBestellungen, Val(strID)) Then
                PopUpButtonHinzu cbrBar, "Diese Bestellung aus Favoriten " & _
                    "entfernen", jpgFavoriten, "=FavoritLoeschen(" & _
                    fvtBestellungen & ", " & strID & ")", , True
            Else
                PopUpButtonHinzu cbrBar, "Diese Bestellung zu Favoriten " & _
                    "hinzufügen", jpgFavoriten, _
                    "=FavoritNeu(" & fvtBestellungen & ", " & strID & ")", , _
                    True
            End If
    End Select
```

Damit ändern sich automatisch die Beschriftung des Menüeintrags und dessen Funktionalitäten, wenn Sie beispielsweise eine Ihrer Favoriten-Bestellungen auswählen:

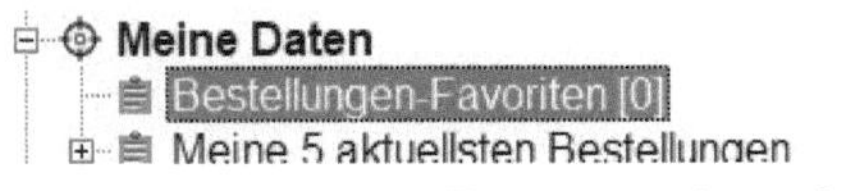

Abbildung 300: Der Menüeintrag passt sich an den Datensatz an

Klicken Sie auf *Diese Bestellung aus Favoriten entfernen*, ist dies im Hintergrund zwar schon passiert, aber es gibt noch keine brauchbare Aktualisierung des Treeviews. Im Moment müssen Sie in der *Typ*-Combobox noch den Typ `Bestellungen` erneut auswählen, um die Inhalte zu aktualisieren. Dann sind die Favoriten leer, weil es bisher der einzige Bestellungen-Favorit war:

Abbildung 301: Der Favorit wurde entfernt

Markieren Sie nun eine beliebige Bestellung und rufen Sie *Diese Bestellung zu Favoriten hinzufügen* auf:

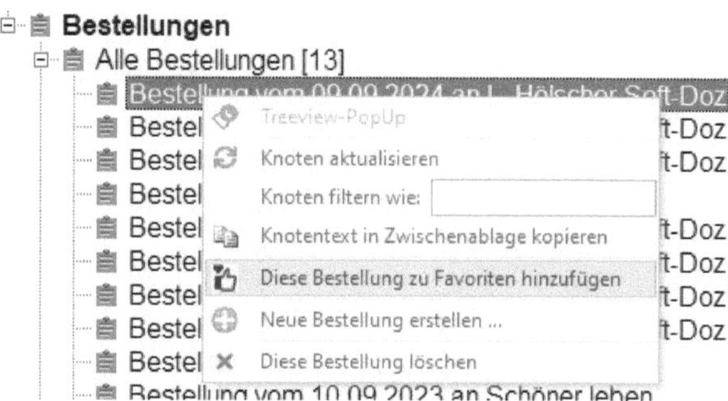

Abbildung 302: Diese Bestellung wird zu den Favoriten hinzugefügt

Nach der eben beschriebenen Aktualisierung des Treeviews finden Sie diese Bestellung nun unter den Favoriten:

Abbildung 303: Diese Bestellung wird bei den Favoriten angezeigt

Knoten aktualisieren

Die Funktionsfähigkeit des Menüeintrag *Knoten aktualisieren* ist schon lange überfällig, denn auf Dauer ist es unzumutbar, jedes Mal den kompletten Treeview neu aufrufen zu müssen.

> **Anmerkung**: Sobald Sie in einer Access-Datenbank etwas ändern, ist es wie auf einer Baustelle: Kaum tauscht man ein Abwasserrohr aus, gibt es sofort Folgearbeiten an der Fundamentdichtung, an querlaufenden Elektrokabeln und am beschädigten Putz. So ist es auch hier, denn jede kleine Änderung an einer Stelle macht sofort viele Änderungen an anderen Stellen notwendig. Das ist keine spezielle Bosheit dieser Datenbank, sondern bei allen Access-Datenbanken so. Deswegen ist es ja so wichtig, einheitliche Benennungen und Enumerationen und saubere Datentypen zu nutzen, damit Sie dann noch den Überblick behalten.

Das Aktualisieren nur eines Knotens wirft überraschende neue Probleme auf, denn der `OnAction`-Parameter kann nur „einfache" Datentypen weitergeben. *String, Long, Double*, etc. sind alle „einfach", aber die *Object*-Datentypen nicht. Zu diesen zählen beispielsweise *Node, Form, MSComctlLib.Treeview* und die brauchen wir jetzt eigentlich.

Ich bin überhaupt kein Fan von allzu vielen oder gar unnötigen `Public`-Variablen, aber hier geht es nicht anders. Nur so lassen sich die Objekte an `OnAction` vorbei transportieren. Legen Sie also in *modVarKonstDLL* zwei neue Variablen an:

```
Public p_benBenutzerAktuell As typBenutzer
Public p_frmPopUpFormular As Form
Public p_trvPopUpTreeview As MSComctlLib.TreeView
```

Während das PopUp-Menü erzeugt wird, speichert es die aktuellen Objekte vorbeugend schon mal in diesen Variablen, unabhängig davon, ob diese später wirklich benötigt werden. Allerdings fehlt dazu in `PopUpTreeview` noch ein Parameter, welche das Treeview-Objekt enthalten sollte.

Hinweis: Theoretisch sollte der Node ein „Kind" des Treeviews sein, so dass ich über `nodAngeklickt.Parent` diesen Treeview erhalten müsste. Praktisch ist aber das „Elternteil" eines Knotens wiederum ein Knoten. Da müsste der Code sich bestenfalls bis zum obersten Knoten hinaufarbeiten. Dessen Elternteil ist aber `Nothing` und nicht der Treeview. Daher muss dieser Treeview über eine zweite Variable übergeben werden.

Anstatt nun die Signatur von `PopUpTreeview` für diese zwei Variablen zu erweitern, ist es viel einfacher, diese direkt vor dessen Aufruf zu setzen, weil sie ohnehin `Public` sind.

```
Private Sub trvGesamt_MouseUp(ByVal Button As Integer, _
      ByVal Shift As Integer, ByVal x As Long, ByVal y As Long)
   If Button = 2 Then
      Set p_frmPopUpFormular = Me
      Set p_trvPopUpTreeview = m_trvGesamt

      PopUpTreeview m_trvGesamt.SelectedItem, Shift
   End If
End Sub
```

Jetzt lässt sich wieder eine Funktion schreiben, die keine *Object*-Datentypen benötigt. Tatsächlich braucht sie sogar überhaupt keine Parameter.

Tipp 161:   Versuchen Sie, möglichst immer die gleiche Funktion aufzurufen und nicht für jeden Spezialfall etwas eigenes zu programmieren.
Die Idee hinter dem Aktualisieren eines Knotens besteht darin, dass ja alles längst fertig programmiert ist, falls der Knoten seinen leeren Unterknoten entdeckt. Also löscht die Funktionen alle derzeitigen Unterknoten und hängt wieder diesen leeren Unterknoten dran. Anschließend findet ein „normales" Expandieren wie beim erstmaligen Ausklappen statt.

In *modFunktionen* gibt es dafür diese neue Funktion:

```
Function DiesenKnotenAktualisieren()
   Dim nodAngeklickt As Node
   Dim strCaption As String

   Set nodAngeklickt = p_trvPopUpTreeview.SelectedItem
   strCaption = nodAngeklickt.Text & " ["
   strCaption = Left(strCaption, InStr(strCaption, " [") - 1)
```

```
      nodAngeklickt.Text = strCaption

   KnotenUndUnterknotenLoeschen p_trvPopUpTreeview, nodAngeklickt
   p_trvPopUpTreeview.Nodes.Add nodAngeklickt.Key, tvwChild, _
      FindeKey(), p_cstrKnotenLeer

   TreeviewExpandieren p_trvPopUpTreeview, nodAngeklickt
End Function
```

Da der zu aktualisierende Knoten eventuell schon eine Anzahl mit eckigen Klammern hinter seinem Text stehen hat, wird die zuerst entfernt. Sie ist an den eckigen Klammern zu erkennen.

Achtung: Dann müssen Sie sicher sein, dass nicht andere echte Inhalte etwa eckige Klammern im Text haben. Ich hatte beispielsweise mal den Namen einer solchen Datenbank hübsch in eckigen Klammern geschrieben und in Knotentexten angezeigt …

Danach werden alle seine Unterknoten gelöscht. Diese Prozedur ist zwar gar keine Funktion[105], steht aber im Moment der Einfachheit halber direkt darunter und kann darum auch `Private` sein:

```
Private Sub KnotenUndUnterknotenLoeschen(trvDieser As MSComctlLib.TreeView,
nodDieser As Node)
   Dim nodC As Node

   With nodDieser
      Set nodC = .Child
      Do Until nodC Is Nothing
         If nodC.Children > 0 Then
            KnotenUndUnterknotenLoeschen trvDieser, nodC
         End If
         trvDieser.Nodes.Remove nodC.Index
         Set nodC = .Child
      Loop
   End With
End Sub
```

Diese Funktion löscht alle Unterknoten oder die darin enthaltenen Unterknoten, bis es keine mehr gibt. Schließlich könnte der markierte Knoten ja ganz oben im Treeview stehen und nicht unbedingt auf einer unteren Ebene.

Tipp 162: Dies ist eine rekursive Funktion, also eine, die sich selber aufruft. Das ist eigentlich nicht anders programmiert also sonst auch, aber Sie müssen immer aufpassen, dass sie nicht unbegrenzt weiterläuft. Hier ist es die Bedingung

---

[105] Zu den Modulen *modFunktionen* und *modProperties* gibt es bei mir typischerweise auch noch *modSubs*, wo diese Prozedur dann hineingehören würde, falls es kein thematisches Modul dafür gibt.

```
If nodC.Children > 0 Then
```
die dafür sorgt, dass ein erneuter Aufruf nur stattfindet, falls es noch tiefere Unterknoten gibt.

Jetzt müssen wir nur noch `DiesenKnotenAktualisieren` im PopUp-Menü aufrufen:

```
PopUpButtonHinzu cbrBar, "Treeview-PopUp", jpgLogo, "", False
PopUpButtonHinzu cbrBar, "Knoten aktualisieren", jpgAktualisieren, _
    "=DiesenKnotenAktualisieren()", , True
```

Dass das funktioniert, können Sie jetzt am einfachsten mit den Favoriten testen. Entfernen Sie einen Favoriten und lassen den Knoten *Bestellungen-Favoriten* aktualisieren. Anschließend fügen Sie eine Bestellung als Favorit hinzu und lassen erneut den *Bestellungen-Favoriten*-Knoten aktualisieren.

So lässt sich damit arbeiten!

Knoten filtern

Mindestens so überfällig wie das Knoten-Aktualisieren ist die Möglichkeit, Unterknoten filtern zu können. Um einen gewünschten Filter vorgeben zu können, braucht es den editierbaren Menüeintrag.

Anders als bisher muss ein dort eingegebener Wert ausgelesen werden. Auch diesen merke ich mir in einer `Public`-Variablen, weil sie an mehreren Stellen benötigt wird, die sich möglicherweise nicht gegenseitig aufrufen und daher diesen Inhalt nicht weiterreichen könnten[106].

Fangen wir also zuerst mit der Variablen in *modVarKonstDLL* an:

```
Public p_trvPopUpTreeview As MSComctlLib.TreeView
Public p_strKnotenFilter As String
```

Dann braucht es den Aufruf der (allerdings gleich erst noch zu schreibenden) Funktion `DiesenKnotenFiltern` im PopUp-Menü:

```
PopUpButtonHinzu cbrBar, "Knoten aktualisieren", jpgAktualisieren, _
    "=DiesenKnotenAktualisieren()", , True
PopUpEditHinzu cbrBar, "Knoten filtern wie:", jpgNONE, _
    "=DiesenKnotenFiltern()"
```

Anschließend beginne ich diese Funktion im Modul *modFunktionen*:

```
Function DiesenKnotenFiltern()
    Dim strFilter As String

    strFilter = CommandBars(p_cstrNamePopUp).Controls(3).Text
    'Achtung, die ID ist hart codiert!
```

---

[106] In dieser „kleinen" Beispiel-Datenbank wäre das noch möglich, aber in größeren Varianten rufe ich statt des editierbaren Menüeintrags auch schon mal einen Dialog mit mehr Möglichkeiten auf.

```
If strFilter <> "" Then
    p_strKnotenFilter = strFilter
    MsgBox "Filter: " & p_strKnotenFilter
    ' hier fehlt noch etwas
End If
End Function
```

Schauen wir zuerst einmal auf das Auslesen des Werts im Menüeintrag. Er steht im dritten Control (das ist tatsächlich mal eine 1-basierte Auflistung) und kann mit dessen `Text`-Eigenschaft ermittelt werden. Damit Leer-Eingaben keinen Ärger machen, prüft der Code immer, ob da überhaupt etwas drin steht.

Im Moment zeigt eine `MsgBox` lediglich an, welchen Inhalt der Code entdeckt hat. Machen Sie einen Rechtsklick auf einen Knoten und tippen einen beliebigen Text ein:

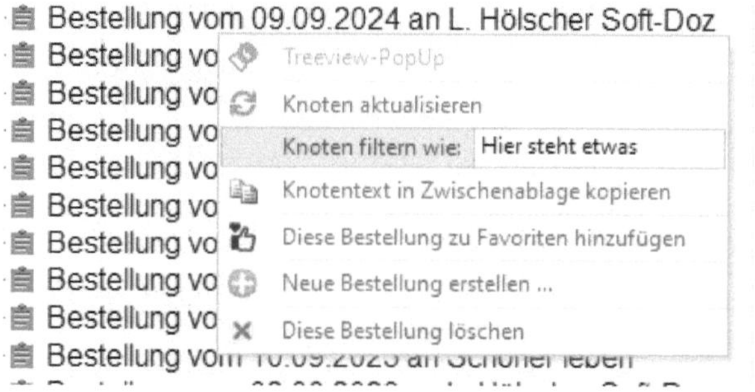

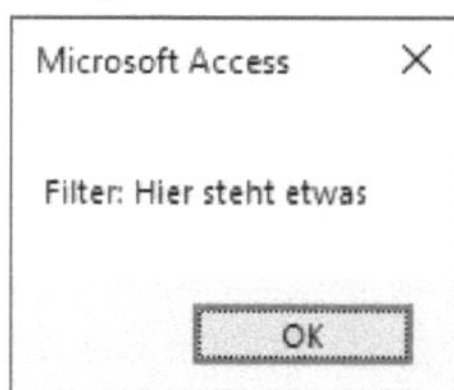

Abbildung 304: In diesem PopUp-Menü lässt sich ein Text eingeben

Sobald Sie das mit der <RETURN>-Taste bestätigen (der Abbruch erfolgt erwartungsgemäß mit der <ESC>-Taste), erscheint der eingegebene Wert in der Meldung:

Abbildung 305: Der eingegebene Text ist erkannt worden

Technisch ist das also in Ordnung, aber es ist unsauber programmiert, weil der Index des Menüeintrags hart codiert ist. In diesem PopUp-Menü werden mehr oder weniger Menüeinträge angezeigt werden, derzeit eher zufällig nur unterhalb einer festen Anzahl von Menüeinträgen. Die Indexnummer könnte sich also jederzeit ändern und dann passiert das, was ich durch Manipulation in `Controls(2)` mal simuliere:

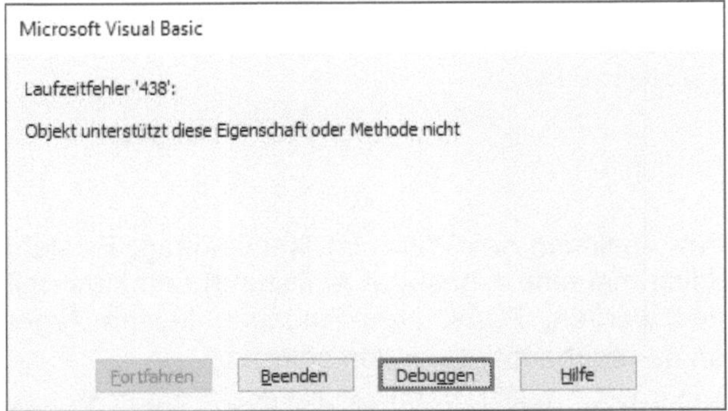

Abbildung 306: Mit falschem Index scheitert der Code

Die `Text`-Eigenschaft würde nun vom darüber stehenden Menüeintrag erfragt und der normale PopUp-Button besitzt diese gar nicht. Nehmen Sie also besser nicht diese Indexnummer, denn stattdessen dürfen Sie auch die Menü-Beschriftung als Erkennungsmerkmal benutzen. Allerdings muss die Beschriftung wirklich komplett genannt werden, also auch mit dem Doppelpunkt:

```
strFilter = CommandBars(p_cstrNamePopUp).Controls( _
    "Knoten filtern wie:").Text
```

Jetzt ist der Wert sicher ermittelt und wir können uns damit beschäftigen, wie das eigentliche Filtern abläuft. Dazu brauchen wir eine schon lange vergessene Prozedur `KnotenAusQuery`, welche ja Datensätze aus einer Tabelle/Abfrage anzeigt. Dort wird der Filter eingebaut.

> **Hinweis**: Dieser Filter filtert ausdrücklich nicht beliebige Felder in den Datensätzen, sondern nur das, was später im Unterknoten auch zu sehen ist, also ausschließlich den *FeldAnzeigen*-Inhalt. Erstens gibt es so keine Probleme mit dem Datentyp, weil das immer ein *String*-Wert ist, und zweitens wäre es sehr irritierend, im Ergebnis nicht erkennen zu können, ob der Filter zu den Ergebnissen passt.
>
> In der speziellen Suche ab Seite 490 werden daher sogar die Knotentexte ergänzt, damit der gefilterte Inhalt ersichtlich ist und weiter so funktioniert.

Die Prozedur `KnotenAusQuery` wird an mehreren Stellen geändert, daher werde ich die einzelnen Ausschnitte getrennt kommentieren:

```
Dim intPos As Integer


If p_strKnotenFilter <> "" Then
    Set nodX = trvDieser.Nodes.Add(nodExpandiert.Key, tvwChild, _
            FindeKey(), "Filter: " & p_strKnotenFilter, icnFilter)
    nodX.Tag = SchreibeTag(kttNONE, 0)
    nodX.BackColor = RGB(254, 254, 200)     'blassgelb
```

```
End If
```

Wenn ein Filter für diese Unterknoten aktiv ist, sollte das auch immer sichtbar sein, daher beginnt es dann mit einem ersten Unterknoten, der diesen Filter anzeigt und dank blassgelber Hintergrundfarbe und eigenem Icon von den übrigen echten Unterknoten zu unterscheiden ist.

Die eigentliche Filterung greift bei jedem einzelnen Datensatz und nicht schon in der SQL-Anweisung. Theoretisch könnte ich bei `strSQL` natürlich eine zusätzliche `WHERE`-Klausel einbauen, was vermutlich sogar schneller wäre. Praktisch gibt es aber so viele mögliche Sonderfälle für eine SQL-Anweisung, dass ich nach ausreichend schlechten Erfahrungen darauf lieber verzichte.

Anmerkung: Ihnen fallen keine SQL-Gemeinheiten ein? In einer SQL-Anweisung kann stehen: nur `viwPersonen` oder `SELECT * FROM viwPersonen` oder `SELECT * FROM viwPersonen WHERE FeldID<99` oder `SELECT * FROM viwPersonenA UNION ALL SELECT * FROM viwPersonenB` oder gar ein Tabellen- oder Abfragename mit Leerzeichen `Meine tollsten Bestellungen` und noch viele Besonderheiten mehr. Das lässt sich alles irgendwie abfangen, ist aber ziemlich mühsam.

```
Set rcsSQL = CurrentDb.OpenRecordset(strSQL, dbOpenDynaset)
Do Until rcsSQL.EOF
    With trvDieser

        If p_strKnotenFilter = "" Or _
           (p_strKnotenFilter <> "" And _
           rcsSQL.Fields("FeldAnzeigen").Value & "" Like "*" & _
           p_strKnotenFilter & "*") Then

            lngAnz = lngAnz + 1
            Set nodX = .Nodes.Add(nodExpandiert.Key, tvwChild, _
                FindeKey(), rcsSQL.Fields("FeldAnzeigen").Value & _
                "", icnDieses)
            nodX.Tag = SchreibeTag(kttDieser, _
                rcsSQL.Fields("FeldID").Value & "")
            If booMitLeer Then
                .Nodes.Add nodX.Key, tvwChild, FindeKey(), _
                        p_cstrKnotenLeer, icnNONE
            End If

        End If
    End With
    rcsSQL.MoveNext
Loop
```

Die `If`-Bedingung muss jetzt entweder prüfen, ob gar kein Filter gesetzt wurde, oder falls doch, ob der Inhalt von *FeldAnzeigen* dessen Kriterien entspricht. Wie Sie sehen, ergänze ich den eingegebenen Filter immer mit Sternchen davor und dahinter, weil es ein Ähnlichkeitsvergleich sein soll. Das erspart den Benutzer:innen, dies immer selber zu bedenken.

> **Hinweis**: Diese immer automatisch ergänzten Jokerzeichen sorgen allerdings dafür, dass mit dem Filter `Müller` auch Herr *Müller-Lüdenscheid* dabei ist. Das scheint mir aber ein geringeres Problem zu sein, als ansonsten jedes Mal beide Sternchen eingeben zu müssen.

Da es sich um eine globale Variable handelt, müssen Sie unbedingt daran denken, diese nach getaner Arbeit auch wieder zu leeren. Ansonsten würde sie bei jedem weiteren Expandieren irgendeines anderen Knotens weiterhin filtern.

```
    p_strKnotenFilter = ""
End Sub
```

Probieren Sie mal aus, wie es jetzt läuft. Das funktioniert unabhängig davon, ob der zu filternde Knoten ein- oder ausgeklappt ist:

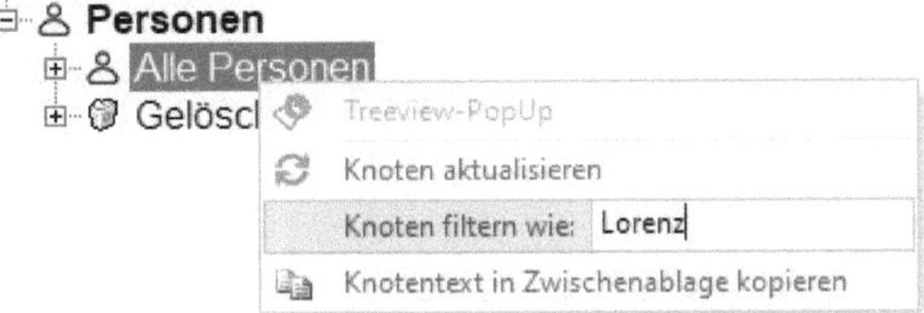

Abbildung 307: Filtern Sie Alle Personen *nach einem Wortteil*

Danach zeigt der expandierte Knoten *Alle Personen* nur noch die zwei dadurch herausgefilterten Personen und den Filter-Knoten an:

Abbildung 308: Der Knoten Alle Personen *ist nun gefiltert*

Selbstverständlich zeigt der gefilterte Elternknoten anschließend auch die korrekte Anzahl der sichtbaren Knoten an. Daher habe ich das mit der `lngAnz`-Variablen im Code selber mitgezählt und konnte nicht auf `RecordCount` zurückgreifen.

> **Anmerkung**: Nachdem Sie am Anfang der Datenbank wahrscheinlich das Gefühl hatten, dass ich ziemlich viel Aufwand für optimalen Code und übersichtliche Strukturen betreibe, sehen Sie jetzt hoffentlich, dass sich das auf Dauer lohnt. Der Einbau dieses Filters war geradezu lächerlich wenig Arbeit, vor allem,

wenn ich sehe, wie viel VBA-Code in anderen Datenbanken genau darauf verschwendet wird.

Wenn Sie ein wenig damit herumexperimentieren, werden Sie entdecken, dass diese Filterung für alle Knoten angeboten wird. Das gilt dann auch für diejenigen, die technisch gar nicht filtern könnten, weil sie beispielsweise keine Unterknoten besitzen oder deren Werte nicht aus einer SQL-Anweisung kommen. Um das zu vermeiden, muss auch dieser Menüeintrag vom Knotentyp abhängig gemacht werden. Typischerweise darf er bei allen ..._Wort-Knotentypen erscheinen:

```
PopUpButtonHinzu cbrBar, "Knoten aktualisieren", jpgAktualisieren, _
    "=DiesenKnotenAktualisieren()", , True
Select Case kttMarkiert
Case kttPerson_Wort, kttPersonenAktuell_Wort, _
    kttPersonenAlle_Wort, kttPersonenGeloeschte_Wort, _
    kttPersonenMeine_Wort, kttPersonenMeineFavoriten_Wort, _
    kttBestellungen_Wort, kttBestellungenAlle_Wort, _
    kttBestellungenGeloeschte_Wort, _
    kttBestellungenMeine_Wort, kttBestellungenMeineAktuellsten_Wort, _
    kttBestellungenMeineBestellt_Wort, _
    kttBestellungenMeineBezahlt_Wort, _
    kttBestellungenMeineGeliefert_Wort, _
    kttBestellungenMeineGenehmigt_Wort, _
    kttBestellungVonBenutzerBestellt_Wort, _
    kttBestellungVonBenutzerBezahlt_Wort, _
    kttBestellungVonBenutzerGeliefert_Wort, _
    kttBestellungVonBenutzerGenehmigt_Wort, _
    kttBestellungenMeineFavoriten_Wort
    PopUpEditHinzu cbrBar, "Knoten filtern wie:", jpgNONE, _
        "=DiesenKnotenFiltern()"
End Select
```

Hinweis: An dieser Stelle sind vermutlich die mit Abstand meisten Knotentypen in einer *Case*-Struktur zu finden, daher möchte ich noch mal auf den Tipp von Seite 321 hinweisen, was beim Überlauf zu tun ist.

Der Filter funktioniert übrigens auch mit scheinbaren Datumswerten:

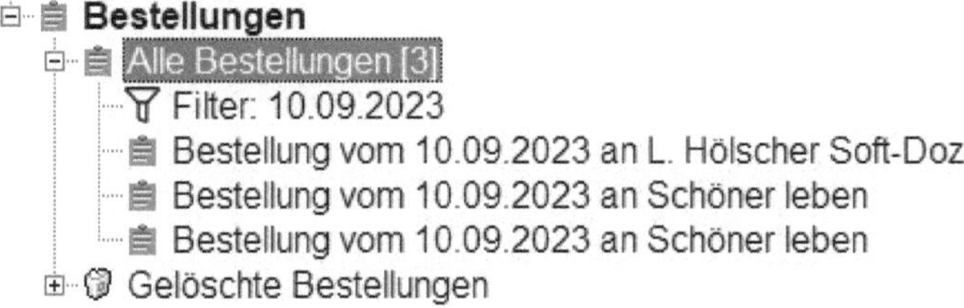

Abbildung 309: Der Knoten Alle Bestellungen *filtert scheinbar ein Datum*

In Wirklichkeit ist dieses Datum aber Teil des *FeldAnzeigen*-Textes und wird daher wie ein *String*-Datentyp behandelt. Das bedeutet vor allem, dass Sie die exakte Schreibweise aus dem Knotentext beachten müssen.

Hinweis: Diese Erkenntnis bedeutet auch, dass alles, was Ihre Benutzer:innen filtern wollen, Teil des *FeldAnzeigen*-Textes werden muss. Hat beispielsweise die Bestellung eine richtige Bestellnummer (oft zusätzlich zur internen *bestllD*) und danach soll gefiltert werden können, muss diese im *FeldAnzeigen*-Feld der Abfrage *viwBestellungenUngefiltert* als Teil des Textes angezeigt werden. Nur was die Unterknoten wirklich anzeigen, ist auch filterfähig. Das sehe ich nicht als Einschränkung, sondern als wichtigen Teil des Konzepts. Am Anfang der PC-Entwicklung hieß das mal *WYSIWYG*: What you see is what you get.

Genug gefiltert, aber wie werden Sie den Filter eigentlich wieder los? Das Nicht-Filtern, also die Bestätigung einer leeren Eingabe, haben wir ja explizit abgefangen. Ganz einfach: Sie lassen per PopUp-Menü den KNOTEN AKTUALISIEREN.

E-Mail an diese Person senden

Es gibt noch ein paar weitere Menüeinträge, deren jeweilige Besonderheiten ich Ihnen zeigen möchte. Wenn eine konkrete Person (oder ebenso eine Firma) markiert ist, kann es sehr praktisch sein, dieser eine E-Mail an die hinterlegte E-Mail-Adresse zu senden.

Tipp 163: Ermitteln Sie so eine Information wie die E-Mail-Adresse immer sehr frühzeitig, in diesem Fall *vor* dem Erzeugen des Menüeintrags. Dann können Sie darauf reagieren, ob es beispielsweise überhaupt eine solche Adresse gibt.

Für den sehr wahrscheinlichen Fall, dass im Zuge der Erzeugung des PopUp-Menüs noch weitere Informationen ermittelt werden müssen, habe ich direkt eine lokale Variable `strX` vorbereitet. Deren Name ist so lieblos, weil ich sie für diverse Zwecke einsetzen kann und in diesem Fall kann ich darin die gefundene E-Mail-Adresse zwischenspeichern.

```
Sub PopUpTreeview(nodAngeklickt As Node, intShift As Integer)
    Dim kttMarkiert As enmKnotentypen
    Dim cbrBar As CommandBar
    Dim strID As String
    Dim strX As String
```

Tipp 164: Grundsätzlich rate ich eher davon ab, solche Variablen mehrfach zu nutzen und sie dann auch noch so unsprechend zu benennen. Das ist hier nur zu entschuldigen, weil ich dieser Variablen immer einen Wert zuweisen und dann sofort in der Folgezeile mit diesem Wert weiterarbeiten werde. Alles andere, also mit vielen Zeilen dazwischen oder gar in verschiedenen `Case`-Zeilen, ist höchst riskant. Machen Sie lieber für jeden Anlass ei-

---

ne eigene (sprechende!) Variable, auch wenn es viele werden. Variablen kosten nichts, aber die Fehlersuche kostet Sie viel Zeit.

Nur für den Knotentyp `kttPerson_Name` schaue ich dann nach, welche E-Mail-Adresse zu dieser Person gespeichert ist. Ich finde es wichtig, dass die Benutzer:innen möglichst transparent wissen, was passieren wird. In diesem geht es darum, an wen diese E-Mail geht, und daher finde ich es notwendig, diese E-Mail-Adresse im Menüeintrag auch schon zu nennen:

```
' SONSTIGES

Select Case kttMarkiert
Case kttPerson_Name
    strX = DLookup("kntktNameLang", "viwKontakte", _
            "kntktpersoIDRef=" & strID & _
            " AND kntktnwertIDRef_Kontakttyp=14"¹⁰⁷) & ""
        PopUpButtonHinzu cbrBar, "E-Mail an '" & strX & "' senden ...", _
            jpgMail, "", (strX <> "")
```

Außerdem kann ich überprüfen, ob überhaupt eine E-Mail-Adresse gefunden wurde und mit (strX<>"") den Menüeintrag notfalls inaktiv machen.

Hinweis: Die runden Klammern um diese inaktiv-Prüfung (strX <> "") sind technisch nicht notwendig. Sie machen nur deutlich, dass hier ein zusammenhängender logischer Block steht.

Falls es zu dieser Person eine E-Mail-Adresse gibt, sieht der Menüeintrag so aus:

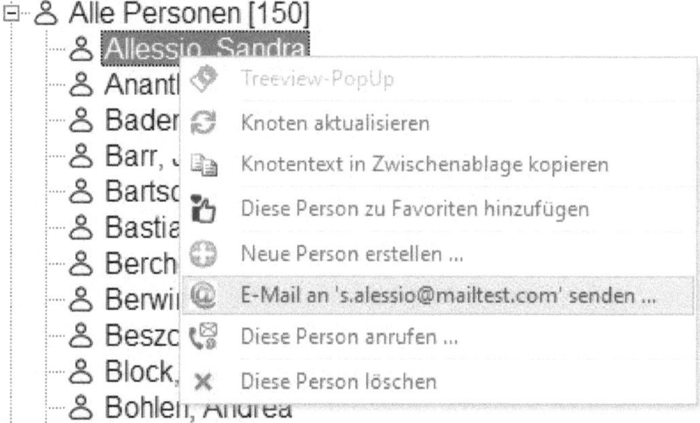

Abbildung 310: Diese Person hat eine E-Mail-Adresse

Gibt es zu der Person keine E-Mail-Adresse, bleibt die Angabe leer und der ganze Menüeintrag wird inaktiv:

---

¹⁰⁷ Die 14 ist der Wert aus der Tabelle *tblNachschlagewerte* für eine *Mail*.

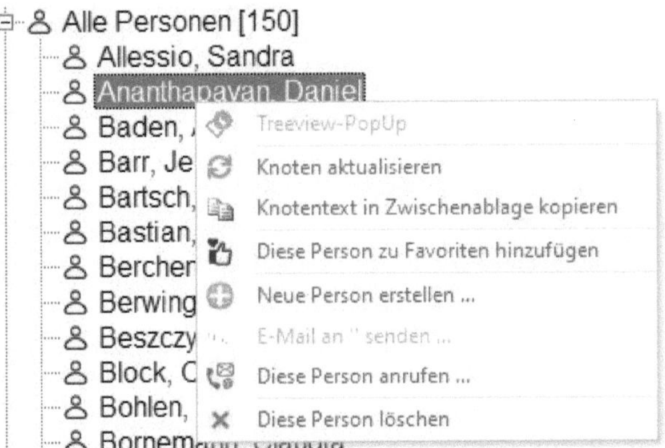

Abbildung 311: Diese Person hat jedoch keine E-Mail-Adresse

Damit ist für die Benutzer:innen sowohl zu sehen, dass der Menüeintrag inaktiv ist, als auch schon, warum, weil zwischen den Hochkommas keine E-Mail-Adresse erscheint.

Jetzt ist zwar der Menüeintrag passend, aber er hat noch keine Aktion dahinter. Die Technik haben Sie auch schon mal früher gesehen, es ist die `Application.FollowHyperlink`-Methode von Seite 284. Da diese jedoch keine *Function* ist, können wir sie nicht einfach aus dem `OnAction`-Parameter heraus aufrufen. Das ist nicht weiter schlimm, aber wenigstens die schon ermittelte E-Mail-Adresse können wir direkt weiterreichen:

```
PopUpButtonHinzu cbrBar, "E-Mail an '" & strX & "' senden ...", _
    jpgMail, "=MailSchreiben('" & strX & "')", (strX <> "")
```

Dazu braucht es jetzt also eine Funktion *MailSchreiben* in *modFunktionen*:

```
Function MailSchreiben(strMailAdresse As String)
    Application.FollowHyperlink "mailto:" & strMailAdresse
End Function
```

Eine Prüfung, ob in `strMailAdresse` überhaupt etwas drin steht, ist nicht nötig. Schließlich wäre der Menüeintrag in diesem Fall schon inaktiv und damit könnte diese Funktion gar nicht aufgerufen werden.

Wenn Sie diesen Menüeintrag jetzt testen, wird automatisch eine leere E-Mail mit dieser E-Mail-Adresse in Ihrem Mail-Programm angelegt.

Diese Person anrufen

Haben Sie den implizit enthaltenen Denkfehler bei der E-Mail-Adresse eben bemerkt? Entweder gibt es gar keine oder nur die erste! Mehrere E-Mail-Adressen sind bei diesem Datenmodell mit einer 1:n-Verknüpfung zwischen *tblPersonen* und *tblKontakte* nicht nur möglich, sondern auch wahrscheinlich. Mit der `DLookup()`-

Funktion erhalten Sie jedoch immer nur maximal einen der Werte.

Anmerkung: Ich werde die alternative Lösung für mehrere Dateninhalte jetzt für die Telefonnummer zeigen, aber natürlich sollten Sie das dann auch für E-Mail-Adressen so einbauen.

Sobald solche Menüeinträge datenabhängig entstehen, müssen Sie damit rechnen, dass es mehrere werden. Das ist ja nicht weiter schlimm, aber weil hier auch ein wenig Code hinzukommen wird, werde ich diesen Teil der Programmierung auslagern. Das ist nicht nur übersichtlicher, sondern hält diesen Code kurz.

Tipp 165: Haben Sie jemals die zulässige Obergrenze für die Anzahl von Code-Zeilen in einer Prozedur erreicht? Hoffentlich nicht, denn zu lange Prozeduren sind normalerweise ein Anzeichen für schlechte Programmierung. Gute Programmierung hingegen fasst alle Aktionen in kleinen und übersichtlichen (Unter-)Prozeduren zusammen.

Für *C*-Programme gibt es die Formulierung „Ein *C*-Programm besteht aus sechs Zeilen, aber ganz viele davon". So kurz müssen VBA-Prozeduren nicht sein, aber die Richtung stimmt schon.

In `TreeviewExpandieren`, `TreeviewAnklicken` und `TreeviewPopUp` ist das anders, denn durch die vielen Prüfungen und *Case*-Fälle werden diese drei Prozeduren lang werden. Sehr lang. Sehr, sehr lang.

Ein bisschen Reserve haben wir aber noch. Jede Prozedur darf nämlich maximal 2.096 Zeilen haben.

Statt der bisherigen direkten Erzeugung rufe ich also eine noch zu schreibende `Sub`-**Prozedur** `PopUpAlleTelefoneDieserPerson` in *modPopUpAllgemein* auf:

```
'PopUpButtonHinzu cbrBar, "Diese Person anrufen ...", _
    jpgKontakt, ""    'Sie können diese Zeile löschen
```

PopUpAlleTelefoneDieserPerson cbrBar, Val(strID)

```
End Select
```

Da diese neue Funktion zu einer bestimmten Person neue Menüeinträge erzeugen soll, muss ich sowohl die Variable des PopUp-Menüs als auch die ID übergeben. Der Datentyp für den zweiten Parameter dieser Funktion wird *Long* sein, daher muss ich die `strID`-Variable mit der `Val()`-Funktion umwandeln.

Tipp 166: Statt `Val()` gäbe es auch noch eine explizite `CLng()`-Funktion zum Konvertieren in den *Long*-Datentyp. Klingt gut, ist aber total unpraktisch. Probieren Sie im Direktbereich mal, was die `Val()`-Funktion liefert:

```
?Val("123.4")
 123,4
?Val("123,4")
 123
?Val("abc")
```

```
0
```

Die kommt mit Nachkommawerten klar und rundet diese mit amerikanischem Dezimalpunkt kaufmännisch auf und ab oder schneidet sie mit deutschem Dezimalkomma ab. Sie kommt ebenso mit Texten klar und liefert in diesem Fall wenigstens eine 0 als Zahl.

Jetzt testen Sie mal die `CLng()`-Funktion mit der gleichen Nachkommazahl:

```
?CLng("1234.4")
 12344
```

Oha! Ohne Warnung wird der amerikanische Dezimalpunkt ignoriert und die Zahl um eine Zehnerpotenz vergrößert. Die gute Nachricht ist, dass `CLng()` tatsächlich landesspezifisch ist und auf das deutsche Dezimalkomma korrekt reagiert:

```
?CLng("1234,4")
 1234
```

Aber falls in der umzuwandelnden Zeichenkette zufällig ein Text gelandet ist, passiert dies:

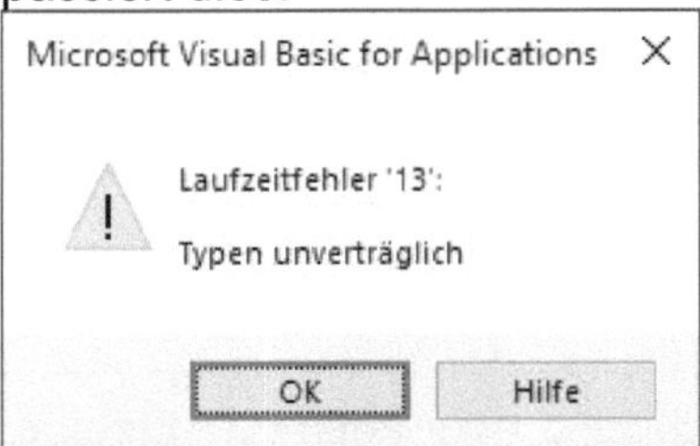

Dann müsste ich vorher noch mit `IsNumeric()` prüfen, ob überhaupt eine Zahl darin enthalten ist, und das erhöht den Aufwand einfach unnötig.

Die neue Prozedur öffnet einen *Recordset*, der in *viwKontakte* die Personen-ID und den richtigen Kontakttyp (15 für Adressen laut *tblNachschlagewerte*) herausfiltert.

```
Sub PopUpAlleTelefoneDieserPerson(cbrBar As CommandBar, lngIDperso As Long)
    Dim rcsT As DAO.Recordset

    Set rcsT = CurrentDb.OpenRecordset("SELECT * FROM viwKontakte " & _
        "WHERE kntktpersoIDRef=" & lngIDperso & _
        " AND kntktnwertIDRef_Kontakttyp=15", dbOpenDynaset)
    Do Until rcsT.EOF
        PopUpButtonHinzu cbrBar, "Diese Person unter '" & _
            rcsT.Fields("kntktNameLang").Value & "' anrufen ...", _
            jpgKontakt, "=Anrufen('" & _
            rcsT.Fields("kntktNameKurz").Value & "')"
        rcsT.MoveNext
    Loop
End Sub
```

Hinweis: Ich nehme ausdrücklich die Abfrage *viwKontakte* und nicht die Tabelle *tblKontakte*, damit der enthaltene Filter (*kntktIstOeffentlich* und *kntktIstAktiv*) bereits automatisch berücksichtigt wird.

Für jeden gefundenen Datensatz wird so ein eigener Menüeintrag angelegt, der eine (noch nicht existierende) Funktion `Anrufen` bedient.

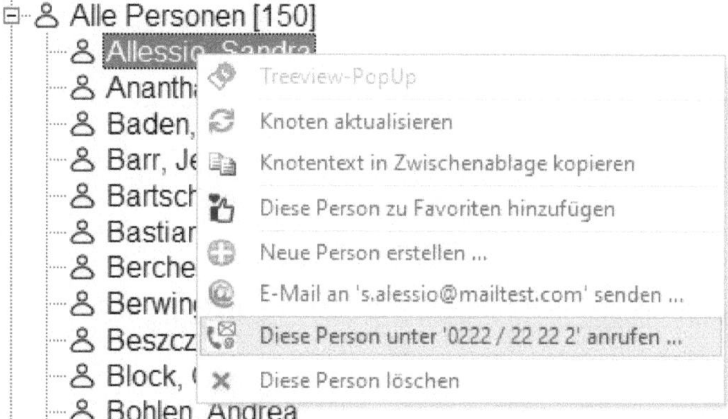

Abbildung 312: Diese Person zeigt eine Telefonnummer im PopUp-Menü

Prüfen Sie das ruhig mal in *tblKontakte* für diese Person, die hier die ID `153` hat. Dort stehen nämlich zwei Telefonnummern:

kntktID	kntktnwertIDRef_Kontakttyp	kntktfirmalDRef	kntktpersoIDRef	kntktNameKurz	kntktNameLang	kntktIstOeffentlich	kntktIstAktiv	kntktBemerkung
7	15		153 011111111		0111 / 11 11 1	☐	☑	
8	15		153 022222222		0222 / 22 22 2	☑	☑	
* (Neu)						☑	☑	

Abbildung 313: Die Tabelle zeigt für diese Person zwei Telefonnummern

Tatsächlich ist die eine der Nummern jedoch als nicht-öffentlich gekennzeichnet und wird ausgeblendet, solange *ZeigeDatenNurOeffentliche* auf `True` steht. Sie können jetzt zum Testen wahlweise diese Option ändern oder hier in der Tabelle die Checkbox ankreuzen.

Dann erscheinen im PopUp-Menü auch beide Telefonnummern, die Anzeige mehrerer datenabhängiger Menüeinträge ist also kein Problem:

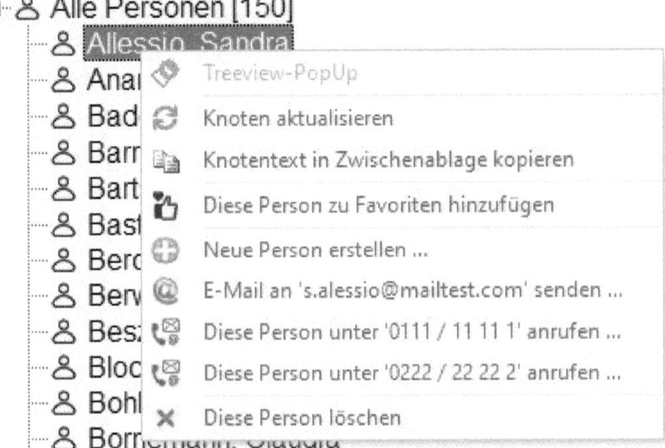

Abbildung 314: Das PopUp-Menü zeigt für diese Person jetzt auch zwei Telefonnummern

Ich bin aber noch nicht ganz zufrieden:

- Vielleicht haben Sie bemerkt, dass das PopUp-Menü beim Erstellen minimal stockt, weil das Öffnen eines Recordsets zu den eher langsamen[108] VBA-Aktionen gehört.
- Dieses PopUp-Menü könnte bei vielen Telefonnummern (und Mail-Adressen und vielleicht noch Adressen!) schnell sehr voll und unübersichtlich werden.

Für beide Probleme gibt es die gleiche Lösung: Die Kontakte werden nicht direkt in diesem Menüeintrag, sondern in einem Untermenü angezeigt. Die Wartezeit verlagert sich dadurch auf das Untermenü und zwar nur dann, wenn die Kontakte überhaupt gewünscht werden. Und deren Anzahl stört nicht mehr, weil sie getrennt in einem Untermenü stehen.

Ein Untermenü werden wir vielleicht noch häufiger benötigen, also ist es sinnvoll, in *modPopUpAllgemein* direkt eine Funktion dafür bereitzustellen:

```
Function PopUpSubMenueHinzu(cbrBar As Object, strCaption As String, _
        Optional booEnabled As Boolean = True, _
        Optional booBeginGroup As Boolean = False) As CommandBarPopup
    Dim cbpUnter As CommandBarPopup

    Set cbpUnter = cbrBar.Controls.Add(msoControlPopup)
    With cbpUnter
        .Caption = strCaption
        .BeginGroup = booBeginGroup
        .Enabled = booEnabled
    End With
```

---

[108] Ein „eher langsam" bemisst sich in Millisekunden, aber das ist für eine VBA-Funktion schon langsam.

```
        Set PopUpSubMenueHinzu = cbpUnter
End Function
```

Tipp 167: Dies ist ausdrücklich eine Funktion, denn an das so entstandene Untermenü wollen Sie ja anschließend noch Menüeinträge anhängen. Dafür brauchen Sie eine *CommandBarPopup*-Variable, welche diese Funktion als Rückgabewert liefert.

Mit dieser Vorbereitung wird die Erzeugung eines Untermenüs in der Prozedur `PopUpAlleTelefoneDieserPerson` **stark erleichtert**:

```
Sub PopUpAlleTelefoneDieserPerson(cbrBar As CommandBar, lngIDperso As Long)
    Dim rcsT As DAO.Recordset

    Dim cbpUnter As CommandBarPopup

    Set rcsT = CurrentDb.OpenRecordset("SELECT * FROM viwKontakte " & _
        "WHERE kntktpersoIDRef=" & lngIDperso & _
        " AND kntktnwertIDRef_Kontakttyp=15", dbOpenDynaset)

    Set cbpUnter = PopUpSubMenueHinzu(cbrBar, "Diese Person anrufen", _
        Not rcsT.EOF)

    Do Until rcsT.EOF
        PopUpButtonHinzu cbpUnter, "Telefon '" & _
            rcsT.Fields("kntktNameLang").Value & "' anrufen ...", _
            jpgKontakt, "=Anrufen('" & _
            rcsT.Fields("kntktNameKurz").Value & "')"
        rcsT.MoveNext
    Loop
End Sub
```

Sie sehen, dass es eigentlich erstaunlich wenig Änderungen dafür braucht. Zuerst erstellen Sie einen Untermenüeintrag DIESE PERSON ANRUFEN, der als `cbpUnter` gespeichert wird. Für diesen rufen Sie anschließend alle Menüeinträge aus dem Recordset auf. Ohne dass Sie irgendetwas vorbereiten müssen, werden die Menübefehle im Untermenü erst dann erzeugt, wenn jemand auf DIESE PERSON ANRUFEN klickt.

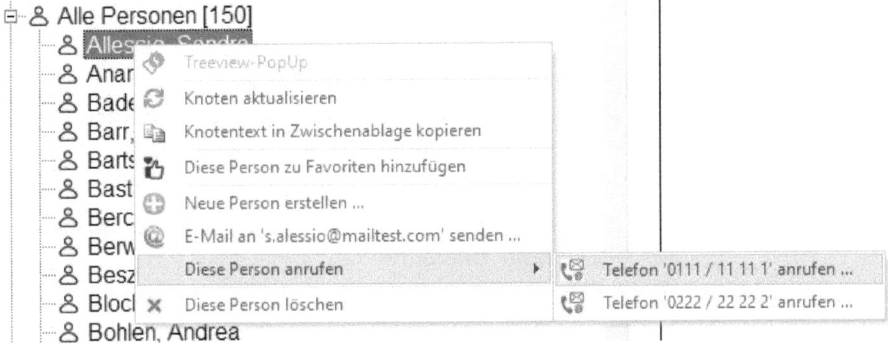

Abbildung 315: Das PopUp-Menü zeigt die Telefonnummern im Untermenü

Hinweis: Ein Untermenüeintrag (hier also DIESE PERSON ANRUFEN) wird nie ein Icon anzeigen, auch wenn Sie es angeben und dort für meinen Geschmack genug Platz wäre. Leider.

Natürlich müssen Sie immer auch den Gegen-Check machen, wie sich dieses PopUp-Menü im anderen Fall verhält, wenn nämlich keine Telefonnummern zu finden waren:

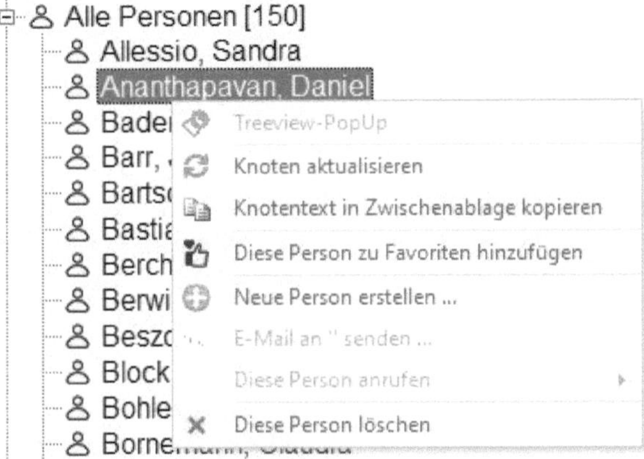

Abbildung 316: Das PopUp-Menü zeigt, dass keine Telefonnummern im Untermenü stehen

---

Tipp 168: Haben Sie bemerkt, dass der Untermenüeintrag ohne Telefonnummern schon inaktiv ist? Das ist keine Automatik, denn normalerweise könnten Sie es ausklappen und würden dann einfach keine Untermenüeinträge sehen. Durch die Prüfung `Not rcsT.EOF` wird es schon per VBA inak-

---

tiv, falls die Datensätze schon zu Beginn der *DoLoop*-Schleife am Ende (EOF = *End of File[109]*), also nicht vorhanden sind.

Jetzt bleibt nur noch die eigentliche Aktion in der Funktion Anrufen im Modul *modFunktionen* zu programmieren. Da kann ich Ihnen in diesem Rahmen leider keine Lösung anbieten, sondern muss einen Dummy programmieren:

```
Function Anrufen(strNummer As String)
    MsgBox "Gefundene Telefonnummer: " & strNummer, _
        vbInformation, p_cstrMsgTitel
End Function
```

Die Funktion beschränkt sich darauf, die Nummer[110] in einer Meldung anzuzeigen:

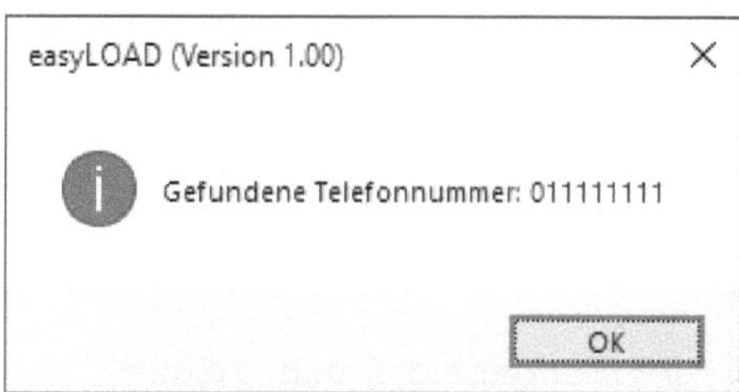

Abbildung 317: Die Meldung zeigt nur die Telefonnummer an

Um tatsächlich mit dieser Nummer von Windows aus anrufen zu können, müssen Sie erstens eine angeschlossene Telefonanlage haben und sich zweitens mit *TAPI* (*Telephony Application Programming Interface*) beschäftigen. Das würde den Rahmen dieses Buches sprengen.

Tipp 169:   Sie können aber wenigstens die Anzeige dieses Wertes noch etwas verbessern. Aus einer MsgBox können Sie schließlich nichts herauskopieren, wohl aber aus einer InputBox:

```
InputBox "Gefundene Telefonnummer:", p_cstrMsgTitel, strNummer
```

Eigentlich ist InputBox() eine Funktion, aber da uns der Rückgabewert gar nicht interessiert, reicht diese Schreibweise. Dann steht der Wert in einem editierbaren Feld und kann herauskopiert werden:

---

[109] Naja, „End of File", also Ende der Datei, ist ein Relikt aus der Programmier-Steinzeit, als jede Tabelle noch eine eigene Datei bildete. Hier ist es eher „End of Recordset", aber es heißt eben noch so.
[110] Sicherlich haben Sie bemerkt, dass es in *kntktNameKurz* eine Version ohne Sonderzeichen gibt, die an eine fiktive Telefonanlage übergeben wird, und in *kntktNameLang* die „hübsche" Version in lesbarer Schreibweise mit Trennzeichen.

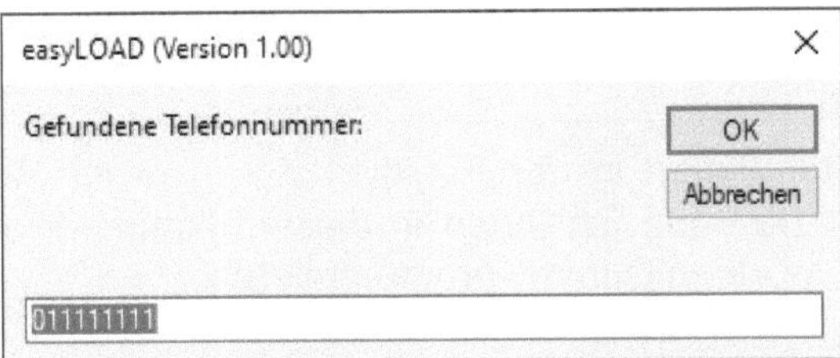

Oder Sie übergeben den Wert stattdessen gleich mit der `Clipboard`-Prozedur an die Zwischenablage …

Wenn Sie jetzt dieses PopUp-Menü mit der anfänglichen Wunschliste in der Tabelle auf Seite 306 vergleichen, sehen Sie, dass alles umgesetzt wurde.

Jetzt käme wieder ganz viel Fleißarbeit, denn das ist ja nur das PopUp-Menü, welches für den Knotentyp `kttPersonen_Name` geplant war. Alle anderen `…_Name`-Knoten und auch die meisten `..._Wort`-Knoten brauchen ebenfalls eigene PopUp-Menüeinträge. Hier haben Sie also noch einiges an ähnlichem Code vor sich.

Als diese Person anmelden

Einen speziellen Menüeintrag brauchen wir aber unbedingt noch, nämlich das Ummelden von Benutzer:innen[111]. Beim Öffnen des Treeviews werden Sie ja automatisch anhand Ihres Windows-Logins erkannt und angemeldet. Falls zu Ihrem LogIn mehrere Benutzer:innen vorhanden sind, wird der Datensatz genommen, der das Feld *benutIstFavorit* angekreuzt hatte.

So weit, so automatisch.

Ich hatte aber auf Seite 210 schon angekündigt, dass es total praktisch wäre, wenn sich Benutzer:innen unter einem anderen Namen anmelden bzw. eher ummelden könnten. Dabei ist es egal, ob es „mein:e andere:r" Benutzer:in mit dem gleichen LogIn ist oder ein:e wirklich andere:r Benutzer:in mit anderem LogIn. Im Urlaubs- oder Krankheitsfall kann ich damit für andere so arbeiten, als ob ich deren Rechte hätte.

Anmerkung: Bevor Sie so etwas einbauen, sollten Sie kurz darüber nachdenken, was das für Konsequenzen hat. Wenn hier beispielsweise eine Bestellung entgegengenommen wird, steht im Datensatz nicht nur das *bestlDatum_geliefert*, sondern in *bestlbenutIDRef_geliefert* auch „meine" ID. Nur könnte das dann auch jemand anderes unter meiner ID gewesen sein.
Ab dieser Änderung führt in „richtigen" Datenbanken mein `Type benBenutzer` und damit auch die Variable `p_benBenutzerAktuell` zwei IDs mit, nämlich `lngIDbenut_echt` und `lngIDbenut_angemeldet`. Normalerweise sind beide identisch, aber sobald ich mich ummelde, ändert sich nur die Variable

---

[111] Achtung, es geht jetzt nicht mehr um Personen, sondern explizit um Benutzer:innen!

lngIDbenut_angemeldet.

Gefilterte Abfragen beispielsweise für „meine" Bestellungen filtern dann die lngIDbenut_angemeldet, aber der Standardwert für *bestlbenutIDRef_geliefert* würde doch wieder von lngIDBenut_echt erzeugt.

Vorsichtshalber gibt es dann auch eine *tblNachrichten*, in welcher vermerkt wird, sobald sich jemand ummeldet und dann automatisch eine Nachricht an den:die Benutzer:in schickt, in deren:dessen Namen jetzt jemand arbeitet.

Sie merken schon, das ist eine größere Änderung und sollte von Anfang an überlegt und miteingeplant werden. Hier würde es den Rahmen sprengen, daher lasse ich es so ohne Nachverfolgung.

Für die Umsetzung brauchen wir ein passendes Icon in *USys_frmImageListJPGs* und einen neuen Eintrag jpgBenutzer in enmImagelistJPGs. Dann können wir den neuen Menüeintrag für den Benutzer:in-Knoten in PopUpTreeview anlegen:

```
        PopUpAlleTelefoneDieserPerson cbrBar, Val(strID)


    Case kttBenutzer_Name
        strX = DLookup("benutLogIn", "tblBenutzer", _
            "benutID=" & strID) & ""
        PopUpButtonHinzu cbrBar, "Als diese:r Benutzer:in " & _
            "ummelden", jpgBenutzer, "=Ummelden(" & strID & ")", _
            BenutzerIstAdmin() Or strX = Environ("username")


    End Select
```

Grundsätzlich möchte ich verhindern, dass sich einfach beliebige Benutzer:innen ummelden dürfen. Dieser Menüeintrag ist nur aktiv, solange ich entweder selber die Admin-Rolle habe oder wenn das neue LogIn mit meinem identisch ist.

Tipp 170: Es gibt noch einen Sonderfall: Sie sind als Benutzer:in *B1* mit LogIn *L1* angemeldet, wodurch Sie die *Admin*-Rolle haben. Sie melden sich um für Benutzer:in *B2* mit LogIn *L2* in der *Einkauf*-Rolle. Möchten Sie sich jetzt erneut ummelden (z.B. wieder auf Ihr ursprüngliches eigenes *B1*!), dürfen Sie das nicht. Sie haben inzwischen weder das Admin-Recht noch das gleiche LogIn.

Für diesen recht lästigen Fall, der vor allem während der Entwicklung und der Fehlersuche immer wieder auftritt, führe ich noch eine weitere Eigenschaft mit, die nur beim erstmaligen Anmelden gefüllt wird: booIstEigentlichAdmin. Außer dem aktuellen *Admin*-Recht kann ich damit noch abfragen, ob ich vielleicht grundsätzlich Admin sein dürfte und also diese Rechte hier trotz aktuell anderslautender Rolle gelten.

Hier fehlt ebenfalls die schon genannte Funktion Ummelden, aber wir können ja schon mal gucken, ob der Menüeintrag erscheint:

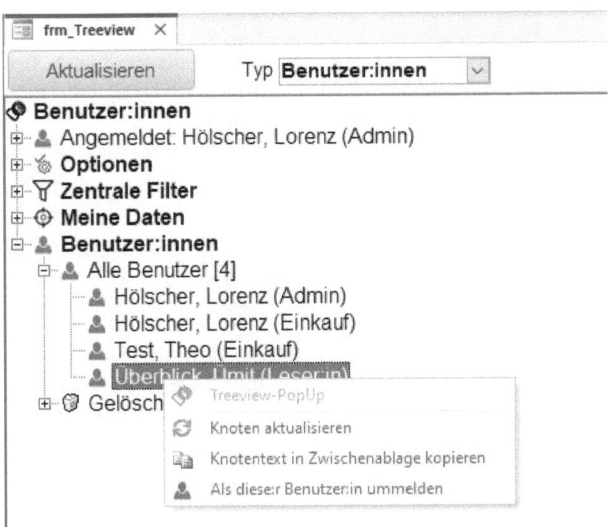

Abbildung 318: Der Menüeintrag ist vorhanden und aktiv

Derzeit bin ich selber in der *Admin*-Rolle (wie in Abbildung 318 ganz oben zu sehen ist), daher darf dieser Menüeintrag auch aktiv sein. Damit er etwas tut und überhaupt eine Ummeldung möglich ist, braucht es jetzt die Funktion dazu. Die ist erfrischend einfach:

```
Function Ummelden(lngIDbenut As Long)
    JetztAnmelden lngIDbenut
    MsgBox "Bitte den Treeview aktualisieren, " & _
        "damit die neuen Knoten geladen werden.", vbExclamation, _
        p_cstrMsgTitel
End Function
```

Die `JetztAnmelden`-Prozedur hatte bereits einen optionalen Parameter genau für diesen Anlass.

Tipp 171:   An der Stelle fragen die Benutzer:innen der Datenbank immer, warum ich lediglich eine Meldung mache, dass dies und jenes aktualisiert werden müsse. Natürlich kann ich technisch einen bestimmten Knoten oder den ganzen Treeview aktualisieren. Aber erstens ist es ein Riesenaufwand, für jeden Aufruf herauszubekommen, welcher Knoten überhaupt aktualisiert werden soll (hier beispielsweise nicht der markierte Knoten, sondern oben im Treeview der *Angemeldet*-Knoten!), und zweitens verlieren die Benutzer:innen spätestens beim Aktualisieren des Treeviews sowohl die aktuelle Knotenmarkierung als auch alle Filter. Das will dann auch niemand.

Allerdings gibt es dort noch keine sinnvolle Reaktion darauf, dass nun wirklich mal eine konkrete `lngID` übergeben wird. Dabei ist das ganz einfach:

```
Function JetztAnmelden(Optional lngID As Long = 0)
    Dim rcsX As DAO.Recordset

    If lngID = 0 Then
        Set rcsX = CurrentDb.OpenRecordset("SELECT * FROM " & _
                "qryBenutzerFuerLogin WHERE benutLogin='" & _
                Environ("username") & "'", dbOpenDynaset)
    Else
        Set rcsX = CurrentDb.OpenRecordset("SELECT * FROM " & _
                "qryBenutzerFuerLogin WHERE benutID=" & lngID, _
                dbOpenDynaset)
    End If
```

Normalerweise sucht die Funktion nach dem passenden LogIn und jetzt eben nach genau einer *benutID*. Der Rest bleibt genau so.

Sie können sich also nun ummelden (wenn Sie ausreichende Rechte haben!). Probieren wir das doch direkt mal aus. Ich bin derzeit *Lorenz Hölscher*, habe die *Admin*-Rolle und will mich jetzt für *Ümit Überblick* ummelden:

Abbildung 319: Als Admin kann ich mich für Ümit Überblick *ummelden*

Damit ich diese Änderung sehe, muss ich diesen Treeview aktualisieren.

Achtung: Klicken Sie nicht auf den *Aktualisieren*-Button, der macht im Moment noch ganz etwas anders aus der Anfangszeit! Diesen Treeview aktualisieren Sie, indem Sie in der Combobox erneut *Benutzer:innen* auswählen.

Jetzt bin ich als *Ümit Überblick* in der Datenbank unterwegs, wie wiederum oben im Treeview zu sehen ist:

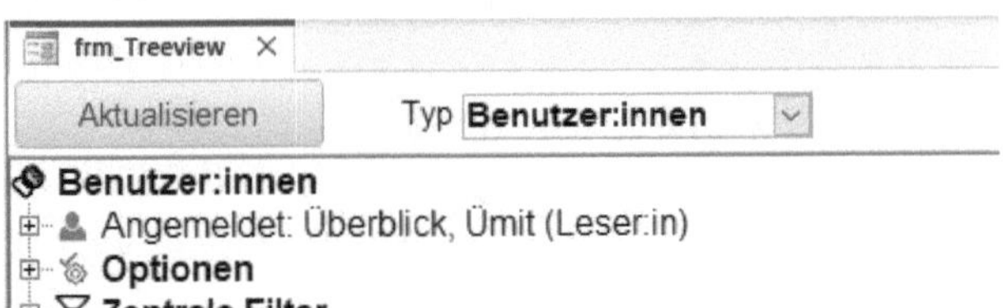

Abbildung 320: Jetzt bin ich Ümit Überblick *in der Datenbank*

Sehr schön.

> **Hinweis**: Erinnern Sie sich an die Nachschlagewerte für *Optionen* und *Zentrale Filter*, die bei jeder Anmeldung eines neuen Namens ergänzt werden? Jetzt ist die Gelegenheit zu prüfen, ob das wirklich passiert ist[112]!

Dann melden Sie sich jetzt bitte als *Theo Test* um:

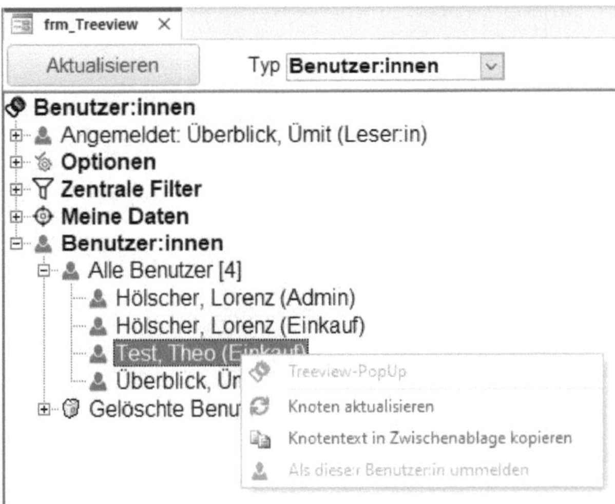

Abbildung 321: Jetzt will ich Theo Test *werden*

Wie Sie sehen, geht das nicht. Als *Ümit Überblick* haben Sie weder *Admin*-Recht noch aus Ihrem originalen Windows-LogIn das gleiche LogIn wie *Theo Test*. Also ist es korrekt, dass *Ümit Überblick* sich nicht einfach für *Theo Test* ummelden kann.

Aber Sie dürfen sich weiterhin als *Lorenz Hölscher* mit der *Admin*-Rolle ummelden, dann dort stimmt ja Ihr Windows-LogIn überein:

---

[112] Genau, die neuen Werte sollten jetzt in *tblNachschlagewerte* erschienen sein.

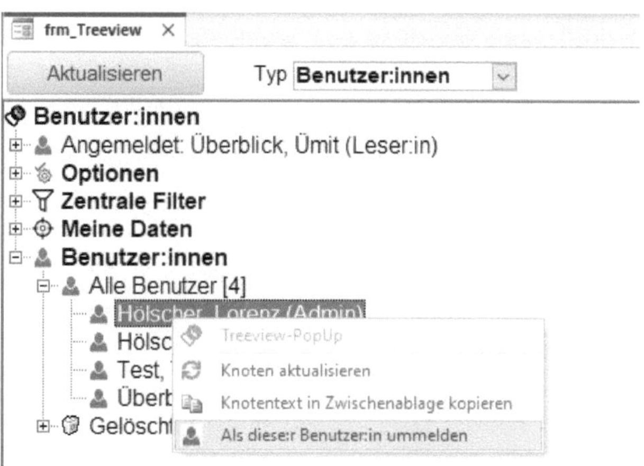

Abbildung 322: Jetzt darf ich wieder Lorenz Hölscher *werden*

Tipp 172: Diese Live-Ummeldung in der Datenbank ist enorm praktisch für die spätere Fehlersuche. Ein:e Datenbank-Benutzer:in ruft an und erklärt, irgendein Objekt sei dort inaktiv oder nicht sichtbar? Kein Problem, sie melden sich unter diesem Namen um und sehen damit exakt die gleiche Oberfläche mit exakt den gleichen Rechten. Unschlagbar!

Jetzt wird es Zeit, den *Aktualisieren*-Button endlich mal korrekt das tun zu lassen, was er verspricht. Ich mache ihn bei der Gelegenheit auch viel kleiner, gebe ihm das passende **.png*-Bild über die Bildergalerie im Formularentwurf und ergänze den *ControlTipText*: Aktualisieren:

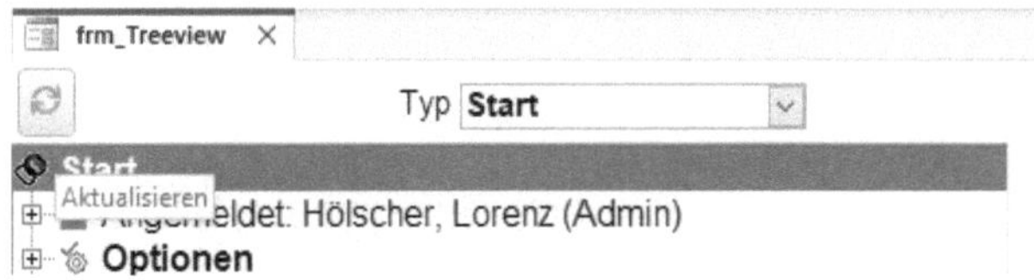

Abbildung 323: Der Aktualisieren-*Button ist deutlich kleiner*

Seine Ereignis-Prozedur wird jetzt übrigens genau das machen, was mir eben manuell auch gemacht haben: Sie ruft erneut die Combobox mit ihrem Klick auf:

```
Private Sub btnAktualisieren_Click()

    cmbTreeviewTyp_Click

End Sub
```

Damit ist diese Datenbank ummeldefähig geworden. Sie erkennt jede:n Benutzer:in automatisch beim Öffnen, ermöglicht es aber auch, sich nachträglich in gewollten Grenzen umzumelden.

Tipp 173:   Inhaltlich sinnvoll dürfte es sein, dass sich wenigstens alle jene Benutzer:innen gegenseitig ummelden können, die zur gleichen Abteilung gehören. Das benötigt dann aber einen Fremdschlüssel *benutabtlgIDRef* auf eine Abteilungstabelle, um das jeweils prüfen zu können.[113]

---

[113] Und es benötigt wiederum eine *Admin*-Sperre auch auf der zugehörigen Combobox im Benutzer:in-Formular, damit nicht jede:r einfach schnell mal die Abteilung eigenmächtig umstellt …

Formulardesign

Bisher haben wir die Formulare sozusagen nur von außen als Ganzes angesehen, jetzt geht es mal um die „inneren Werte". Formulare sind das, was Benutzer:innen am intensivsten bei der Arbeit mit der Datenbank wahrnehmen, also müssen sie nicht nur gut aussehen, sondern auch gut funktionieren.

Bedienungskonzept

Damit haben wir zwei Arten der Gestaltung, die optische und die technische. Sie werden sehen, dass diese beiden sich durchaus gegenseitig beeinflussen.

> **Anmerkung**: Natürlich werde ich auch die bestmögliche Barrierefreiheit berücksichtigen, damit Menschen mit Farbsehschwäche oder eingeschränkter bzw. fehlender Sehfähigkeit damit arbeiten können.

Bei der optischen Gestaltung geht es nicht einfach darum, welche Schriftart jemand hübscher findet oder ob die Farbe schön ist, sondern um die Verbesserung der Bedienbarkeit. In der Architektur heißt das „form follows function", dass also die Bauform sich grundsätzlich erst einmal aus der Funktion entwickelt. Und hier wie dort bedeutet das keineswegs, dass es nur eine einzige Lösung gibt oder dass damit keine „Dekoration" mehr erlaubt ist.

Aber zuallererst muss die Lösung der Aufgabe angemessen sein und deren Bearbeitung verbessern[114]. Sicherlich kennen Sie auch Datenbanken, deren Formulare voller Buttons mit nichtssagenden Bildchen oder unerklärlichen Beschriftungen (steht der Button [DEF.] jetzt für *Defaultwert setzen* oder *Definition anzeigen* oder *Defibrillator kaufen*?) sind. Wenn wenigstens das QuickInfo (also die Eigenschaft *SteuerelementTip* bzw. `ControlTipText`) benutzt worden wäre, um einen erklärenden Text hinzuzufügen!

Noch viel bedenklicher finde ich aber die Datenbanken, bei denen nicht mal ein schlechtes Bedienungskonzept zugrunde lag, sondern offensichtlich gar keines[115]. Da werden Befehle dann so aufgerufen:

- Linksklick auf einen Button, um einen Befehl aufzurufen
- Rechtsklick in ein EditField mit Daten, um diese aus einem Formular zu laden
- Rechtsklick in ein EditField mit Daten, um von hier aus einen Bericht zu öffnen
- Doppelklick in eine Combobox mit Daten, um einen Standardwert zu setzen
- Menü NEU | ADRESSE im Ribbon unabhängig vom aktuellen Formular
- Menü DATEN | FIRMA | ADRESSE ERSTELLEN, aber nur, falls das Firmen-Formular

---

[114] Suchen Sie im Internet mal nach `Baufehler lustig`, dann wissen Sie, was ich meine.

[115] Oder mehrere Bedienungskonzepte, weil nacheinander mehrere Entwickler:innen daran gearbeitet haben und voneinander offenbar nicht wussten, welches Konzept geplant war.

sichtbar ist
- Auswahl der Aktion in einer Combobox, die nach dem Klick startet
- Tastenkürzel, die nirgends dokumentiert sind

Wahrscheinlich fallen Ihnen auf Anhieb noch weitere kreative Lösungen ein, wie eine Aktion auf einem Formular gestartet werden kann. Dabei gilt mein Entsetzen nicht der einzelnen Lösung, die geeignet oder ungeeignet sein kann, sondern vielmehr der Tatsache, dass viele davon in der gleichen Datenbank vorkommen. Wie sollen Benutzer:innen dann ahnen, welche Aktionsmöglichkeiten sie haben?

Mein Anspruch an dieser Stelle entspricht dem, was die Erwartung etwa bei der Nutzung des Fernsehers in einem Hotelzimmer ist: Auf der Fernbedienung muss der Einschalter deutlich erkennbar sein und dann will ich sofort sehen, wo ich die Programme wechseln oder die Lautstärke einstellen kann.

Nehmen Sie gerne Ihre häusliche Fernbedienung (die ich oft gleichermaßen in allen Hotels wiederfinde) voller unerklärlicher Knöpfe und vergleichen sie mit dieser, die ich mal in einem Hotelzimmer entdeckt habe:

Abbildung 324: Eine übersichtliche Bedienungsoberfläche

Sehen Sie, was ich meine? Die Benutzer:innen wissen sofort, was zu tun ist. Es braucht keine laminierten Anleitungen, dass der Einschaltknopf auf der Rückseite des Bildschirms drei Mal nach links getippt werden muss und der Senderwechsel im Untermenü EINSTELLUNGEN | ONLINE | KANÄLE | SONSTIGE erfolgt.

Anmerkung: Sie können zu Recht einwenden, dass auch bei einem Fernseher noch mehr Einstellmöglichkeiten sinnvoll wären, die mit dieser Fernbedienung ja nicht möglich sind. Das stimmt. Dann gibt es entweder zusätzlich die „normale" Fernbedienung mit vielen Knöpfen, die dann nur jemand mit Admin-Rechten braucht, oder (was ich vor vielen Jahren auch schon gesehen hatte) diese Fernbedienung hat eine Klappe, unter welcher sich alle übrigen Knöpfe befinden.

So muss das Bedienungskonzept für Ihre Datenbank sein! Wenn Sie es schaffen, jemandem die Bedienung Ihrer Datenbank auf einem Bierdeckel zu erklären, ist sie einfach genug.

Auf Seite 295 hatte ich bereits ein Bedienkonzept für die ganze Datenbank formuliert, welches gefordert hatte, dass Aktionen nur von PopUp-Menüs ausgelöst werden. Da es aber noch einige Alternativen dazu gäbe, möchte ich mit Ihnen zusammen auch untersuchen, welche davon geeignet sein könnten und welche nicht.

Formularaktionen

Nehmen wir das bereits vorhandene Formular *frmBestellungenDetails* und schauen mal, welche Aktionen wo benötigt werden. Im Moment sieht es ja im Entwurf so aus:

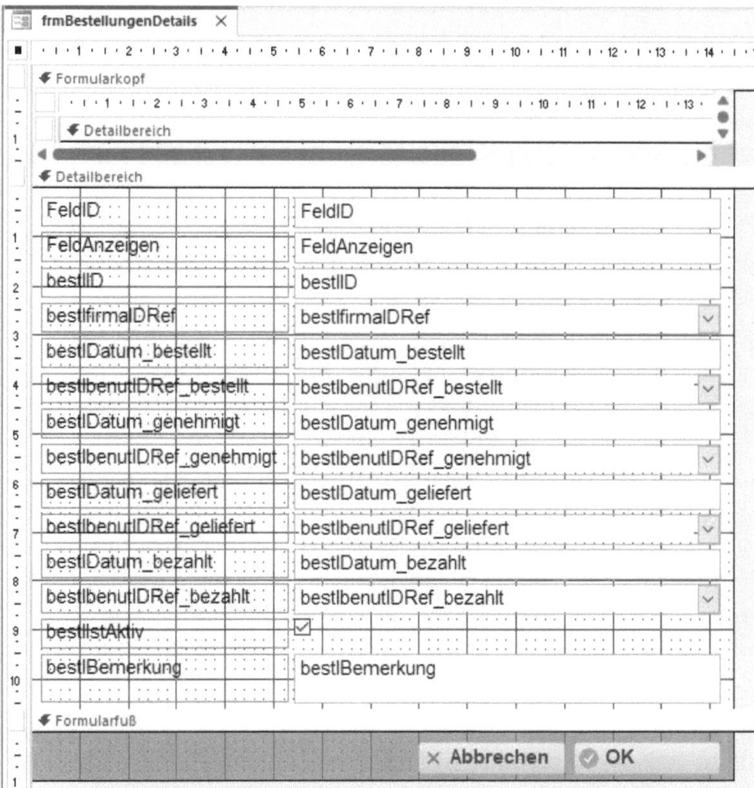

Abbildung 325: Der aktuelle Entwurf des Formular frmBestellungenDetails

Der Formularkopf und der Formularfuß sind bereits organisiert, es geht hier nur um den Detailbereich mit den eigentlichen Daten. Der Assistent schreibt alle Felder in eine Layouttabelle so untereinander, dass links das Label und rechts das eigentliche Datenfeld (EditField, Combobox, Checkbox, je nach Datentyp) stehen.

> **Anmerkung**: Ich finde diese Anordnung der jeweiligen Pärchen (Label neben Datenfeld) durchaus sinnvoll, weil dadurch ein Formular eher breit als hoch wird, wie es auch den üblichen Bildschirmproportionen entspricht. Als Alternative gäbe es eine Anordnung, die auf vielen Papierformularen zu finden ist, nämlich das Label oberhalb des Datenfelds. Dadurch gewinnen Sie zwar noch mehr Breite für die Dateneingabe, aber das Formular wird doppelt so hoch.

Damit das Formular-Design (und weitestgehend übereinstimmend auch das Berichts-Design) nicht irgendwie zufällig entsteht, werde ich jeweils Design-Regeln formulieren, wie und warum etwas gestaltet wird.

Meine erste Design-Regel ist jetzt:

- **Design-Regel 1**: Wenn es keinen inhaltlichen Grund für eine Abweichung gibt, sind alle Texte immer schwarz.

Der Assistent zum automatischen Erstellen wählt leider einen Grauton für Texte, der nur 40 % Schwarz enthält. Das mag cool aussehen, hat aber im Sinne der barrierefreien Gestaltung viel zu wenig Kontrast. Die zweite Design-Regel lautet folgerichtig:

- **Design-Regel 2**: Die Hintergrundfarbe im Detailbereich ist weiß.

Der Assistent erstellt schon einen weißen[116] Hintergrund im Detailbereich, da ist jetzt also der maximal mögliche Kontrast vorhanden.

> **Hinweis**: Früher waren Formularhintergründe mal hellgrau, weil sich dann die Datenfelder mit weißem Hintergrund gut dagegen abhoben. Inaktive Datenfelder hatten das gleiche Grau und waren so als inaktiv erkennbar. Diese Unterscheidung zwischen aktiv und inaktiv muss also heute anders erfolgen.

Kopf- und Fußbereiche nehme ich von dieser Regel aus, damit dort eine etwas farbigere Gestaltung möglich ist. Im Formularkopf muss die Schriftfarbe und -größe des Titels dann so gewählt werden, dass es barrierefrei zu lesen ist. Im Formularfuß stehen im wesentlichen Buttons, die ebenfalls deutlich erkennbar sein müssen.

Da ich die Daten am wichtigsten finde, hebe ich sie mit meiner dritten Design-Regel gegenüber den Labels hervor:

- **Design-Regel 3**: Labels haben eine magere und Datenfelder eine fette Schrift.

Das funktioniert natürlich nur für Datenfelder, die überhaupt einen Text anzeigen. Bei Checkboxen gibt es beispielsweise keine Änderung, aber die sind optisch ohnehin auffällig genug.

---

[116] Tatsächlich ist der Hintergrund nicht wirklich „weiß", sondern er benutzt die Farbe *Hintergrund 1* von der Design-Skala. Er ist nur so lange weiß, wie diese Skalenfarbe dort eingestellt ist.

Nur der Vollständigkeit halber möchte ich noch die Regel aus der anfänglichen Betrachtung des Formulars festhalten:

- **Design-Regel 4**: Labels stehen in Detailformularen im Normalfall links von ihrem zugehörigen Datenfeld, in Endlosformularen oberhalb im Formularkopf.

Nach der Anwendung dieser ersten vier Regeln und der sprachlich verbesserten Beschriftung der Labels sieht der Formularentwurf jetzt so aus:

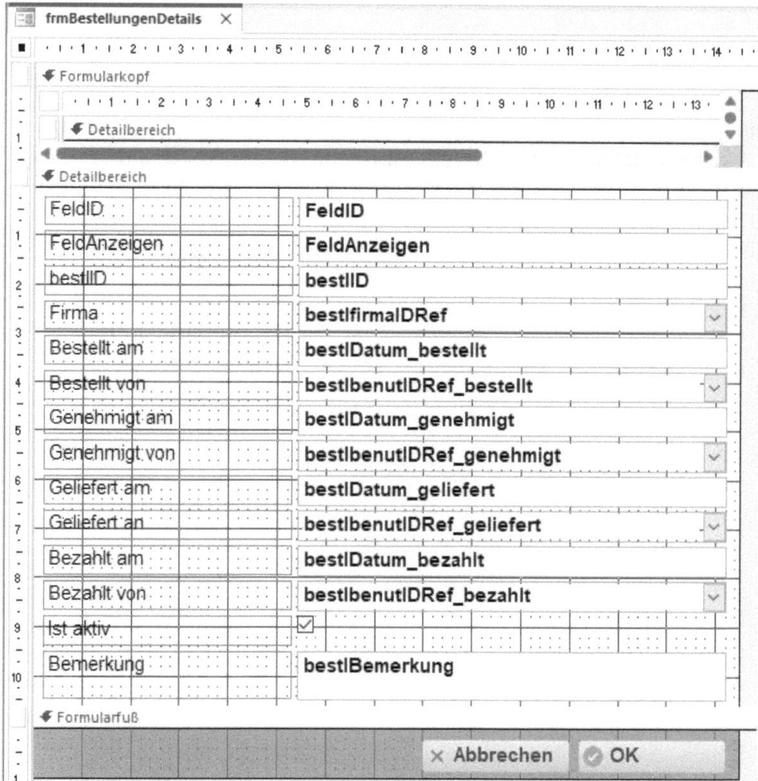

Abbildung 326: Der verbesserte Entwurf des Formular frmBestellungenDetails

Das ist aber noch weit entfernt von seiner endgültigen Gestaltung. Es gibt hier beispielsweise zwei berechnete Felder, die aus technischen Gründen in der zugrundeliegenden Abfrage vorhanden sind, aber auf dem Formular nicht erscheinen sollen. *FeldID* und *FeldAnzeigen* werden (immer inklusive ihrer Labels) also gelöscht. Die Höhe vom *Detailbereich* korrigiere ich immer so, dass ein Rasterpunkt Abstand zur untersten Layouttabellenzeile bleibt.

Da es früher oder später erheblich größere Unterschiede zwischen der kürzesten und der längsten Beschriftung in den Labels geben wird, stelle ich die nächste

Design-Regel auf:

- **Design-Regel 5**: Labels enthalten rechtsbündigen Text ohne Doppelpunkt.

Sie werden gelegentlich sehen, dass die Rechtsbündigkeit noch einen weiteren Vorteil hat, sobald mal mehrere Datenelemente in einer Zeile stehen. Dann steht die Beschriftung dichter an ihrem Datenfeld und es gibt keine Irritation, wofür sie gilt.

Vielleicht haben Sie sich schon über den Zusatz mit dem Doppelpunkt gewundert? Access könnte Labels beim Erstellen mit dem Assistenten und beim Hineinziehen aus der Feldliste automatisiert mit einem Doppelpunkt am Ende versehen.

Tipp 174: Falls bei Ihnen unfreiwillig immer Doppelpunkte an die Label-Texte angefügt werden, können Sie diese ziemlich versteckte Einstellung ändern. In einem beliebigen Formularentwurf klicken Sie im Ribbon FORMULARENTWURF | STEUERELEMENTE | TEXTFELD an, machen aber keinen weiteren Klick! Nur dann sehen Sie im *Eigenschaften*-Fenster die Default-Einstellungen für ein *EditField* und nur dann steht in diesem Fenster oben auch *Standard: Textfeld* als *Auswahltyp*:

Darin finden Sie die *Mit Doppelpunkt*-Eigenschaft, welche als Standard-einstellung für alle neuen mit EditFields eingefügten Labels(!) in Formularen und Berichten gilt. Ich habe ja versprochen, dass es gut versteckt ist.

Der Doppelpunkt kostet meiner Meinung nach nur Platz und hilft beim Lesen nicht, weil wegen der Rechtsbündigkeit sowieso der zugehörige Inhalt direkt dahinter steht. Außerdem kollidiert er mit meinem Gender-Doppelpunkt und würde dann Beschriftungen wie *Benutzer:innen:* erzeugen.

Mindestens ein Feld auf diesem Formular ist nicht änderbar, nämlich *bestlID*, weil dessen Inhalt durch einen *AutoWert* erzeugt wird. Dann sollte das für Benutzer:innen aber auch immer erkennbar sein. Der erste Hinweis auf Änderbarkeit besteht in einer Windows-Eigenschaft, dass nämlich der Maus-Cursor vom Pfeil zu einem römischen I wechselt. Mit dem Cursor kann man in ein *EditField*-Control klicken und darin markieren. Daher greift die zugehörige Design-Regel:

- **Design-Regel 6**: Nicht änderbare Felder sind optisch und technisch erkennbar.

Die „technische Erkennbarkeit", also der abweichende Cursor, wird mit der *Aktiviert*: `Nein`-Eigenschaft des *EditField*-Controls umgeschaltet. Daraufhin ändert sich im Formular nicht nur (in der Normalansicht) der Maus-Cursor, sondern auch die Optik des Control-Pärchens:

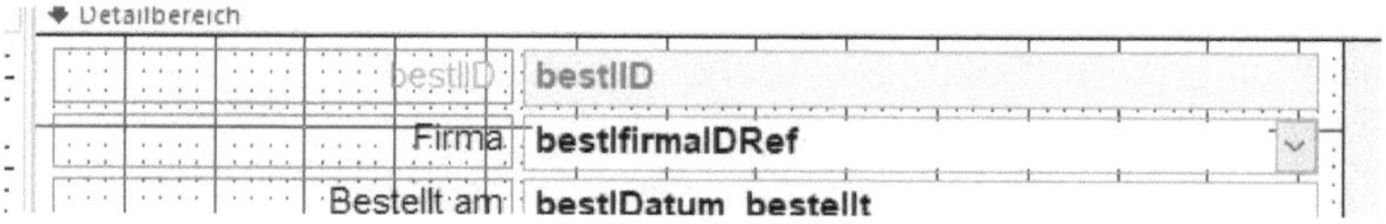

Abbildung 327: Das nunmehr inaktive bestlID-*Feld*

Das ist völlig Windows-gerecht, entspricht aber überhaupt nicht meinen Anforderungen an die Barrierefreiheit. Selbst wenn es sich hier genau um ein Feld handelt, welches ohnehin nicht editierbar ist, muss es lesbar bleiben. Diese Grautöne sind definitiv zu kontrastarm.

Tipp 175: Um wieder deren Farben beeinflussen zu können, stellen Sie das *EditField*-Control außerdem noch auf *Gesperrt*: `Ja`. Das ist zwar inhaltlich unsinnig, weil ein inaktives Feld sowieso nicht geändert werden könnte, gibt aber die Kontrolle über die Farben zurück.

Probieren Sie es aus: Der Maus-Cursor bleibt weiterhin korrekt ein Pfeil und die Benutzer:innen können auch nicht in das Feld klicken, aber es sieht jetzt wieder aus wie die übrigen Felder:

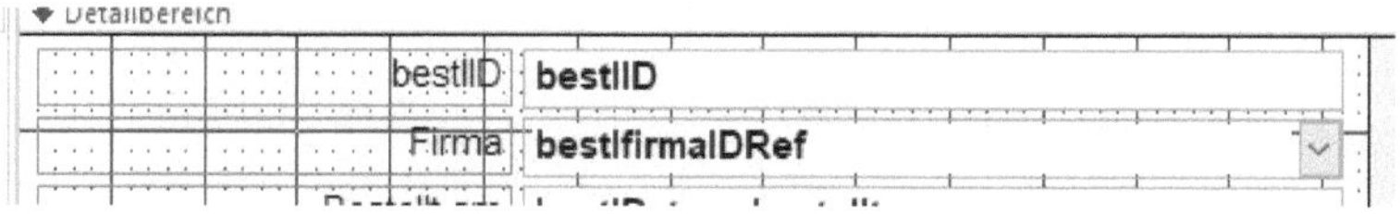

Abbildung 328: Das bestlID-*Feld ist inaktiv und gesperrt*

Ich muss also eine Lösung finden, wie sich inaktive und aktive Felder optisch unterscheiden. Meine Design-Regel an dieser Stelle schlägt vor:

- **Design-Regel 7**: Nicht änderbare Felder sind transparent und haben keinen Rahmen.

Stellen Sie dazu die beiden Eigenschaften *Hintergrundart*: `Transparent` und *Rahmenart*: `Transparent` ein. Derzeit scheint es überflüssig zu sein, ein weißes Feld auf einem weißen Hintergrund transparent zu machen, weil der Unterschied nicht zu sehen ist. Falls sich die Hintergrundfarbe aber mal ändert, ist die Transparenz wichtig, sonst erscheint dort eben ein weißes *EditField*-Control.

Anmerkung: Wir könnten diese Design-Regel natürlich noch ergänzen und inaktive Felder auch nur in magerer Schrift anzeigen. Da spricht nicht wirklich etwas dagegen, um die Unterscheidung noch deutlicher zu machen, aber Sie werden sehen, dass es eine Art Zwischenzustand geben wird: Ein inaktives Feld, welches die Daten zu einer (änderbaren) Combobox ohne eigene Datenanzeige darstellt. Wegen der dort sichtbaren Daten bleibt es fett.

Da der transparente Rahmen im Entwurf kaum zu unterscheiden ist, werfen wir mal einen Blick auf das Formular zu Laufzeit. Da immer das erste aktive Datenfeld markiert ist, sehen Sie am schwarz hinterlegten *L. Hölscher Soft-Doz*, dass die *bestllID* nicht mehr aktiv ist und der Fokus ins nächste Feld springt:

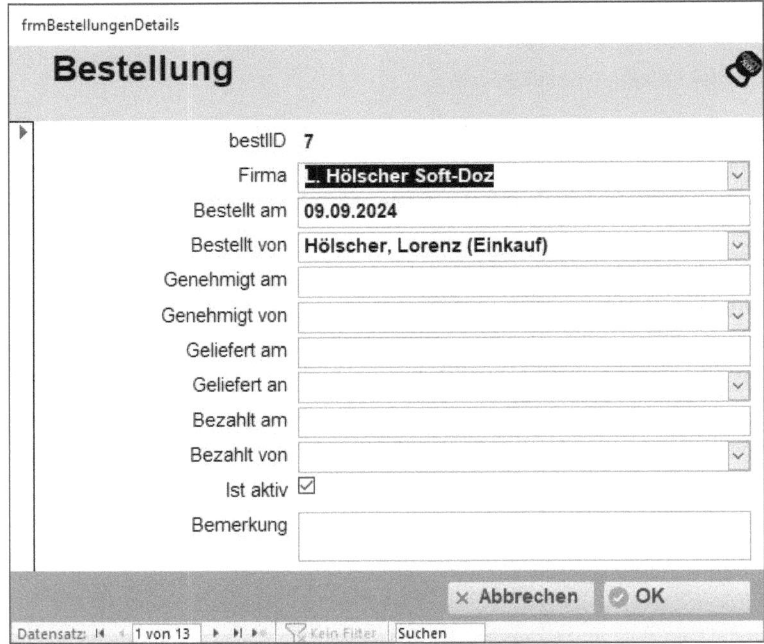

Abbildung 329: Das bestllID-*Feld ist transparent und inaktiv*

Nicht alle inaktiven Felder sind übrigens technisch bedingt, etwa durch einen *AutoWert*-Datentyp oder durch berechnete Inhalte. Es gibt hier nämlich auch welche, die ich aus anderen Gründen deaktivieren möchte.

Jeweils die Comboboxen für *Bestellt von*, *Genehmigt von*, *Geliefert an* und *Bezahlt von* sollen nicht direkt auswählbar sein. Die Benutzer:innen dürfen also nicht beliebig jemanden auswählen, sondern können nur sich selbst angeben. Das könnten Sie mit völlig unterschiedlichen Techniken umsetzen:

- Die Comboboxen bieten nur den:die aktuelle:n Benutzer:in als einzigen Eintrag an. Leider führt das dazu, dass nirgends mehr erkennbar ist, welche sonstigen Inhalte bereits gespeichert sind.
- Die Comboboxen erhalten als *Standardwert* bzw. `DefaultValue` die ID des:der aktuellen Benutzer:in. Leider klappt das nur beim Erstellen eines ganz neuen Datensatzes (und wirkt dann auch noch so, als sei alles schon eingetragen!), hier werden aber Werte garantiert nachträglich ergänzt.

Damit bleibt als Möglichkeit noch der Einsatz eines Buttons, der den:die aktuelle:n Benutzer:in zu einem beliebigen Zeitpunkt in das Feld einträgt.

> **Hinweis**: Ich werde ausdrücklich nur die *bestlbenutIDRef...*-Felder deaktivieren, nicht die zugehörigen Datumsfelder. Ansonsten könnte niemand erst heute nachtragen, dass schon gestern etwas bestellt, genehmigt, etc. worden ist

Deaktivieren Sie also die vier Comboboxen wie schon das *bestlID*-Feld und machen deren Hintergrund und Rahmen transparent:

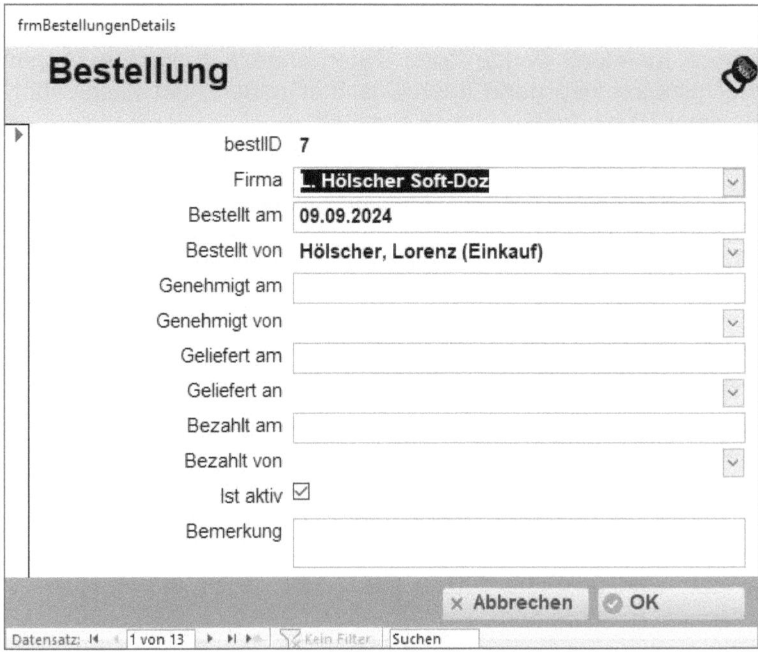

Abbildung 330: Die Comboboxen sind deaktiviert

> **Hinweis**: Leider lassen sich bei Access (im Gegensatz zu Word- oder Excel-Formularen) in Comboboxen nicht die DropDown-Buttons unsichtbar machen, wie Sie sehen. Microsoft schlägt allen Ernstes auf seiner Internet-Seite in
> https://learn.microsoft.com/de-de/office/troubleshoot/access/hide-combo-box-drop-down-arrow
> vor, diese einfach mit einem weißen Rechteck abzudecken. 😕

Die bessere Lösung für eine vernünftige Anzeige besteht darin, statt der Combobox ein *EditField*-Control mit dem gewünschten Inhalt zu nehmen. Hier muss also aus der ID des Fremdschlüssels ein Klartextname nachgesehen werden. Das werden wir noch häufiger brauchen, also hilft am besten eine neue VBA-Funktion im Modul *modFunktionen*:

```
Function NameVonIDBenutzer(varID As Variant) As String
    If IsNull(varID) Then
        NameVonIDBenutzer = ""
    Else
        NameVonIDBenutzer = Nz(DLookup("FeldAnzeigen", _
                "viwBenutzerUngefiltert", "benutID=" & varID), _
                "Benutzer:in?")
    End If
End Function
```

Diese Funktion gibt ohne übergebene ID einen Leerstring zurück, weil der Rückgabe-Datentyp ja *String* ist. Ansonsten sucht sie den Klartext in der *ungefilterten* Abfrage, weil damit auch eventuell weggefilterte Daten angezeigt werden können sollen. Hiermit wird schließlich kein dann unerwünschter neuer Wert ausgewählt, sondern lediglich aus einer ID der lesbare Inhalt ermittelt.

Tipp 176: Da diese Funktion als Parameter den Inhalt eines Datenfeldes erhält, sollten Sie in solchen Fällen immer den *Variant*-Datentyp wählen. Ansonsten gibt es bei neuen Datensätzen oder unausgefüllten Feldern sofort einen *Falscher-Datentyp*-Fehler, weil `NULL`-Werte nicht in *String*-Variablen oder *String*-Funktionen speicherbar sind.

Die `Nz()`-Funktion sorgt dafür, dass auch bei einer ungültigen ID ein Text zurückgegeben wird, in diesem Fall eine Art sehr verkürzter Fehlermeldung.

Tipp 177: Schreiben Sie in solchen Funktionen, die in Abfragen, Formularen oder Berichten einsetzbar wären, auf gar keinen Fall Fehlermeldungen mit `MsgBox`! Haben Sie ein Endlosformular mit 3 Millionen Datensätzen, müssten Sie dann nämlich schlimmstenfalls 3 Millionen Mal dieses Meldungsfenster bestätigen. Entweder integrieren Sie wie hier die Fehlermeldung in den Rückgabewert oder Sie nutzen mit `Debug.Print` die Möglichkeit, in das Direktfenster zu schreiben.

Bei Gelegenheit wird es noch einige Funktionen nach diesem Schema geben, die Sie dann am besten an der gleichen Stelle gebündelt speichern. Im Moment reicht diese eine Funktion.

Hinweis: Hier wird im Grunde eine `DLookup()`-Funktion für jeden Datensatz einzeln aufgerufen, was bei großen Datenmengen bedenklich langsam wäre. Aber zu einen gibt es hier gar keine großen Datenmengen, weil es eben kein Endlosformular ist, sondern im Detail genau einen Datensatz anzeigt. Und zum anderen sind auch Comboboxen eine manchmal durchaus merkbare Performance-Bremse, weil sie selber ja zu dem gerade sichtbaren Wert noch ganz viele weitere Zeilen laden.

Diese selbstgeschrieben VBA-Funktion rufe ich nun im Formular auf. Anstatt die Comboboxen zu löschen (was sowohl deren Label als auch ihre Layouttabellenzeile löschen würde), ändere ich das Control mit einem Rechtsklick darauf und dem angeklickten PopUp-Menüeintrag ÄNDERN ZU | TEXTFELD. Dadurch bleiben alle übrigen Eigenschaften erhalten. Eigentlich, denn die Rahmenart müssen sie wieder auf `Transparent` stellen.

Danach tausche ich den Steuerelementinhalt gegen die Funktion. Am besten, Sie löschen den vorherigen Inhalt und fangen im *Eigenschaften*-Fenster neu an.

Tipp 178:   Wenn Sie eine solche Eigenschaft wirklich im *Eigenschaften*-Fenster ändern, funktioniert sowohl das Zoom-Fenster (mit <SHIFT>+<F2>) als auch IntelliSense, was Ihnen viel Schreibarbeit und Fehlerquellen erspart. Ändern Sie hingegen direkt im Formularentwurf im dort angezeigten Control, gibt es überhaupt keine Unterstützung.

Sobald Sie `=namevo` tippen, schlägt IntelliSense Ihnen Ihre Funktion vor, die Sie durch Mausdoppelklick übernehmen können. Danach steht der Cursor hinter der öffnenden Klammer und Sie beginnen mit `bestlben`, um die verschiedenen Felder per IntelliSense zur Auswahl angeboten zu bekommen. Wählen Sie das passende Feld und bestätigen nach Eingabe der schließenden runden Klammer mit der <RETURN>-Taste.

Achtung: Sie müssen jetzt unbedingt den Namen dieses Controls ändern, damit es nicht mehr namensgleich mit einem Datenfeld ist! Ansonsten versucht Access, den Steuerelementinhalt auf sich selbst zu beziehen. In der Entwurfsansicht zeigt Access jetzt auch schon ein Warnsymbol wegen des Zirkelbezugs an:

Ich benenne solche Controls mit diesem berechneten Feld erstens mit dem Präfix *edt* und zweitens *Name* plus Beschreibung, hier also *edtNameBenutzer_bestellt*. Das muss jetzt hier also für alle vier ehemaligen Comboboxen passieren, damit das Formular so aussieht:

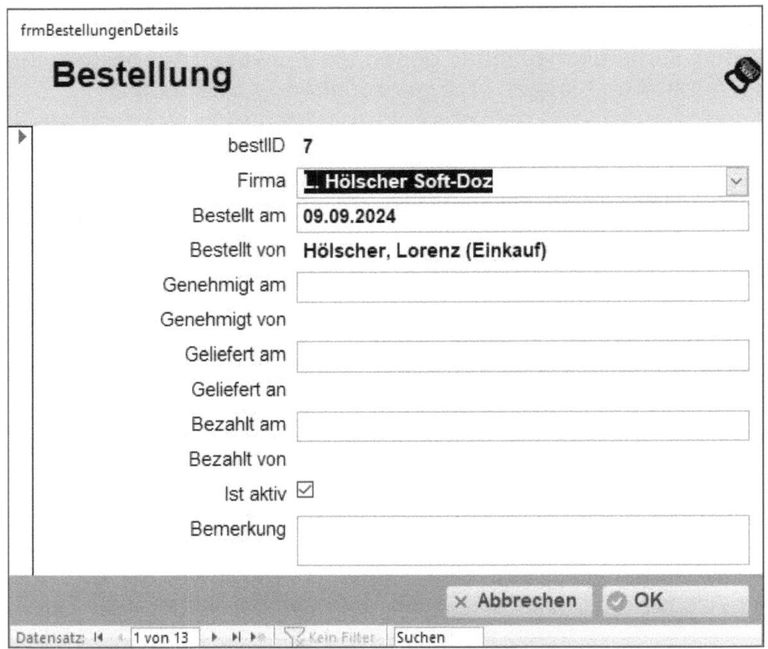

Abbildung 331: Die Comboboxen sind durch EditField-*Controls mit Funktion ersetzt*

Jetzt sind die Combobox und damit deren DropDown-Elemente zwar sauber entfernt, aber dafür lässt sich auch das damit zusammenhängende Feld nicht mehr bedienen. Jedenfalls nicht direkt, denn dafür kommt jetzt ein Button.

Wieder im Entwurf füge ich mit FORMULARENTWURF | STEUERELEMENTE | SCHALTFLÄCHE einen Button ein. Diesen benenne ich als *btnBestellen* und schiebe ihn von rechts so an das *EditField*-Control, dass daneben eine neue Layouttabellenspalte mit diesem Button erzeugt wird.

Tipp 179:   Falls Sie beim Einfügen jedes Mal vom *Befehlsschaltflächen-Assistenten* belästigt werden, können Sie diesen mit dem Menüeintrag unterhalb der Galerie deaktivieren, den Sie mit FORMULARENTWURF | STEUERELEMENTE | *(Galerie ausklappen)* | STEUERELEMENT-ASSISTENTEN VERWENDEN umschalten können.

Um Platz zu sparen, werde ich auf eine Beschriftung verzichten und stattdessen ein *Bild* und natürlich einen *ControlTipText* nutzen.

Tipp 180:   Wenn Sie Bild-Eigenschaft benutzen, finden Sie darin eine Combobox zur Auswahl der von Ihnen mit dem Ribbon-Befehl FORMULARENTWURF | STEUERELEMENTE | BILD EINFÜGEN geladenen Bilder.

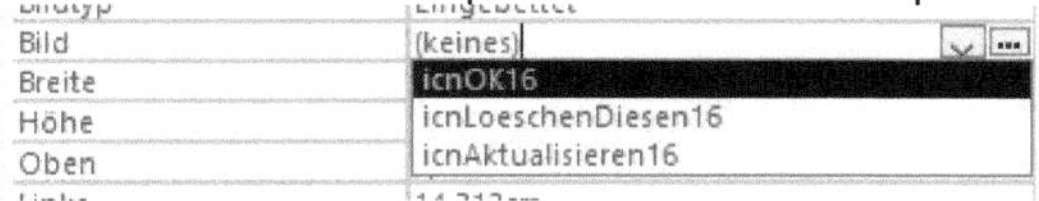

Aber die anderen, vom Assistenten sonst mitgebrachten Bilder können Sie trotzdem nachträglich nutzen. Klicken Sie dafür auf den […]-Button daneben, so öffnet sich der *Bild-Generator*-Dialog und Sie können dort die verfügbaren Bilder auswählen:

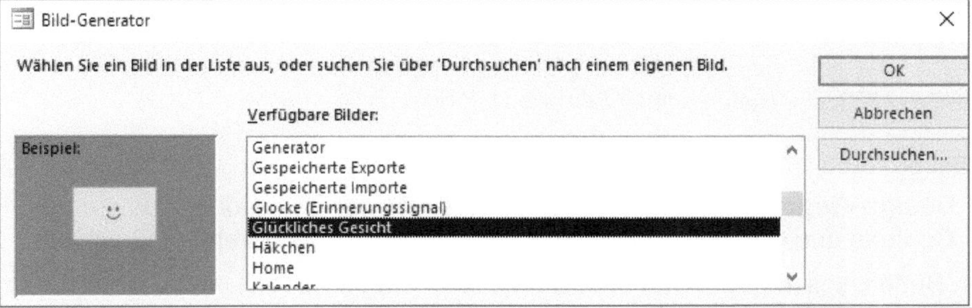

Als *Bild* wähle ich hier der Einfachheit halber aus dem Bild-Generator erst einmal *Glückliches Gesicht* aus und stelle die *SteuerelementTip*-Eigenschaft auf `Bestellung von mir eingeben`. Dann wird der Button noch schmaler, so dass er quadratisch zum Bild passt:

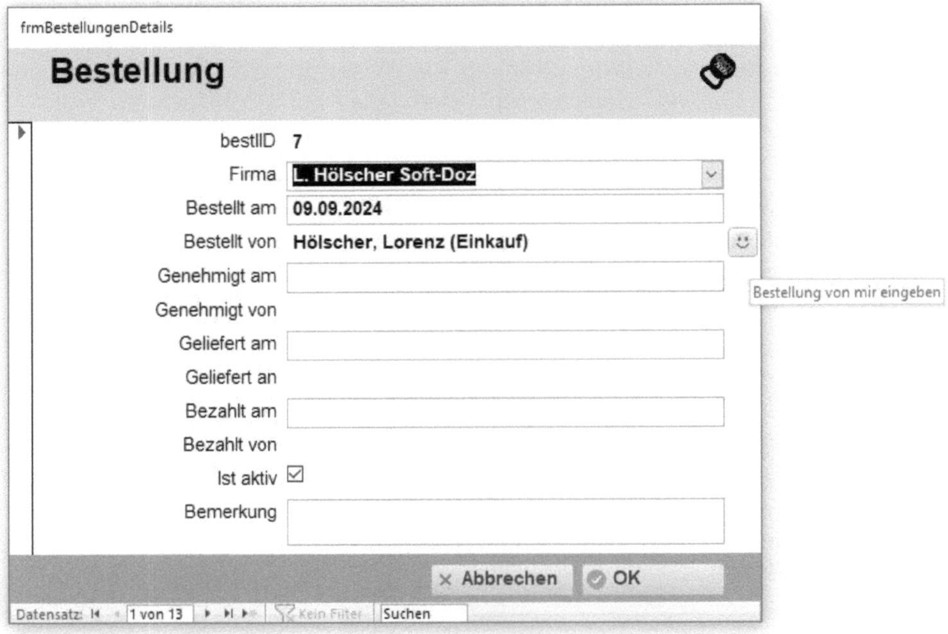

Abbildung 332: Der Button enthält Bild und QuickInfo

Damit könnten wir eine weitere Design-Regel ergänzen:

- **Design-Regel 8**: Buttons sind quadratisch in der Höhe des zugehörigen Controls und rechts daneben, sie haben immer ein erklärendes QuickInfo.

Der Button soll natürlich funktionsfähig sein, damit wir ihn auch testen können. Sein *Beim Klicken*-Ereignis erhält diesen VBA-Code, um das ehemalige Combobox-Feld und das zugehörige Datum zu überschreiben:

```
Private Sub btnBestellen_Click()
    Me.bestlbenutIDRef_bestellt.Value = BenutzerID()
    Me.bestlDatum_bestellt.Value = Date
End Sub
```

Dabei werden ohne Rückfrage einfach die beiden Werte gesetzt, das Datum ließe sich ja bei Bedarf nachträglich noch ändern. Testen Sie es ruhig, das funktioniert jetzt schon.

Allerdings gibt es einen kleinen Mangel, den Sie erst nachher beim weiteren Testen bemerken werden. Der Fremdschlüssel auf den:die Benutzer:in hat sich zwar geändert, aber das Formular rechnet die dort enthaltene Funktion deswegen nicht gleich nach. Mit einem `Requery` des Feldes lässt sich das erzwingen.

Tipp 181:   Falls Sie beim Eingeben von Code entdecken, dass ein Objekt nur noch die `Value`-Eigenschaft besitzt wie hier, könnte das ein Alarmsignal sein:

```
Private Sub btnBestellen_Click()
    me.bestlbenutIDRef_bestellt.v
End Sub
```

Das bedeutet nämlich, dass `bestlbenutzIDRef_bestellt` kein Name eines Formular-Controls ist, sondern „nur" ein Feldname. Technisch ist das in Ordnung und hier sowieso, aber typischerweise heißt ein Formular-Control so wie sein verknüpfter Feldname. Wenn Sie das hier so nicht erwarten, haben Sie sich möglicherweise beim Umbenennen eines Controls vertippt.

Wenn die übrigen Buttons nach dem gleichen Muster angelegt wurden, hat das Formular vier Buttons mit diesem Code:

```
Private Sub btnBestellen_Click()
    Me.bestlbenutIDRef_bestellt.Value = BenutzerID()
    Me.edtNameBenutzer_bestellt.Requery
    Me.bestlDatum_bestellt.Value = Date
End Sub


Private Sub btnBezahlen_Click()
    Me.bestlbenutIDRef_bezahlt.Value = BenutzerID()
    Me.edtNameBenutzer_bezahlt.Requery
    Me.bestlDatum_bezahlt.Value = Date
End Sub


Private Sub btnGenehmigen_Click()
    Me.bestlbenutIDRef_genehmigt.Value = BenutzerID()
    Me.edtNameBenutzer_genehmigt.Requery
    Me.bestlDatum_genehmigt.Value = Date
End Sub


Private Sub btnLieferungAnnehmen_Click()
    Me.bestlbenutIDRef_geliefert.Value = BenutzerID()
    Me.edtNameBenutzer_geliefert.Requery
    Me.bestlDatum_geliefert.Value = Date
End Sub
```

Jeder Klick auf einen Button fügt die passenden Werte ein und erzwingt die Aktualisierung des im Formular berechneten Feldes.

Tipp 182:   Sie haben vielleicht schon die `Me.Recalc`-Methode entdeckt, welche sogar gleich das ganze Formular nachrechnet. Allerdings wird dabei der Datensatz sofort gespeichert, deswegen nehme ich die hier nicht.

Wenn sich jemand bei diesen Buttons vertan hat und anschließend den Inhalt wie-

---

der entfernen will, gibt es allerdings ein Problem. Das Datum ließe sich manuell löschen, aber an den Benutzer:in-Namen ist so nicht heranzukommen.

Dazu braucht es einfach einen zweiten Button zum Löschen. Außerdem gibt es den Sonderfall, dass im Lager beim Liefereingang nicht immer ein PC zur Verfügung steht. Also möchte Ihr:e Lagerchef:in anrufen und den Klick von Ihnen erledigen lassen, natürlich mit deren:dessen `BenutzerID()`-Wert.

Entsprechend sollten Sie die [ABBRECHEN]- und [OK]-Buttons weiter nach rechts schieben und auch *subKopf* verlängern, damit die Optik wieder stimmt. Die jeweils benutzten Bilder seien mal beliebig und tatsächlich haben die Buttons auch keinen VBA-Code, der beim Klick wirklich ausgeführt würde. Es geht ja im Moment vorrangig um das Design:

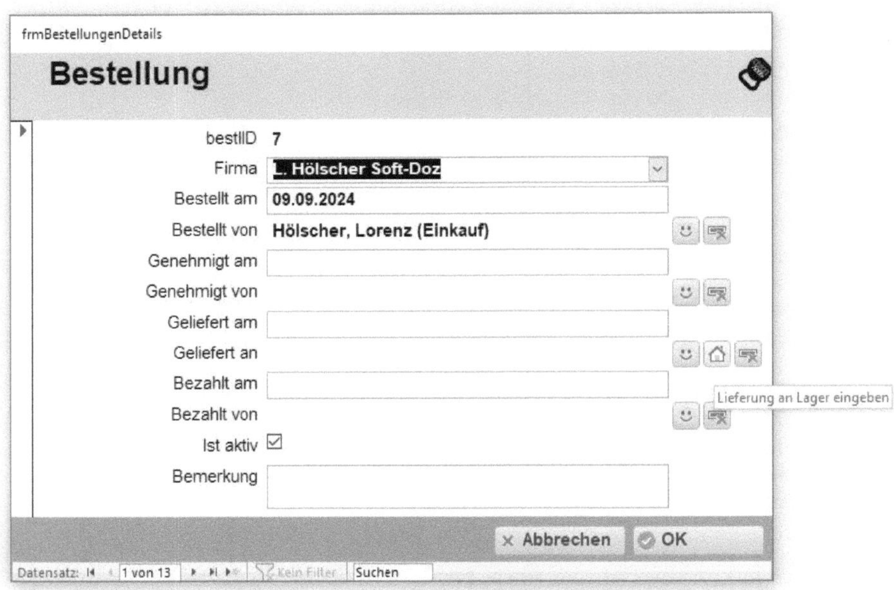

Abbildung 333: Die weiteren Buttons sind ergänzt

Daraus können Sie schon meine nächste Design-Regel ableiten:

- **Design-Regel 9**: Mehrere Buttons zum gleichen Feld stehen nebeneinander.

Aber Sie ahnen vielleicht schon, wohin das führt, denn es gibt mit Sicherheit demnächst Felder, bei denen noch viel mehr Aktionen benötigt werden. Dann wird es einfach voller. Daher schiebe ich die inzwischen zehnte Design-Regel dazwischen:

- **Design-Regel 10**: Zusammengehörige Felder dürfen auch nebeneinander stehen, wenn ausreichend Platz vorhanden ist.

Die Layouttabellen sind sehr flexibel und können sowohl Felder teilen als auch zusammenfügen. In diesem Fall müssen Sie *bestlDatum_bestellt* mit dem Ribbon-Befehl ANORDNEN | HORIZONTAL TEILEN zweimalig auftrennen. Dann können Sie das Feld *edtNameBenutzer_bestellt* in die rechte von nunmehr drei Zellen hineinziehen, so dass sein Label daneben noch Platz findet.

Tipp 183: Haben Sie das konsequente, aber dennoch überraschende Verhalten bemerkt? Das Feld *edtNameBenutzer_bestellt* belegt sofort zwei Spalten der Buttons mit und ist damit zu breit. Da es durch die gerade erfolgte horizontale Teilung intern schon dreispaltig war, übernimmt es nämlich diese Einstellung.

Weil das manchmal sehr lästig ist, empfehle ich Ihnen, so ein Feld vorher ganz mit ANORDNEN | TABELLE | LAYOUT ENTFERNEN aus dem Tabellenlayout herauszuholen. Dann „vergisst" es solche Mehrspaltigkeiten und ist beim Einfügen viel pflegeleichter.

Wenn es zu breit ist, müssen Sie das *edtNameBenutzer_bestellt*-Feld durch erneutes horizontales Teilen auf die richtige Zelle beschränken. Anschließend verschieben Sie seine beiden Buttons in die gleiche Zeile und können die dann freie Zeile darunter per Rechtsklick auf ZEILE LÖSCHEN entfernen.

Ebenso verfahren Sie mit den übrigen inhaltlichen „Doppelzeilen". Die Rechtsbündigkeit der Labels müssen Sie nach dem Verschieben wieder einstellen und deren Breiten sinnvoll verbessern. Dadurch ist das Formular erst einmal viel kompakter und übersichtlicher geworden, weil deutlicher nebeneinander steht, was inhaltlich zusammengehört:

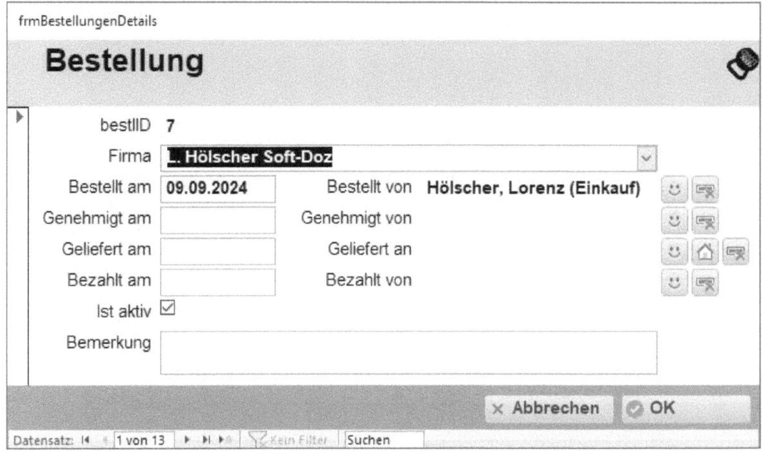

Abbildung 334: Das Formular ist kompakter und übersichtlicher

So steht der jeweilige Button hinter der Zeile, deren beide Inhalte er ja beeinflusst. Allerdings ist der Abstand zwischen dem Label und den Buttons immer noch recht groß und das Formular ist rechts durch unterschiedlich viele Buttons sozusagen

„zerfasert" oder „ausgefleddert". Ich möchte die Buttons besser integrieren.

Ich teile also *edtNameBenutzer_bestellt* zweimalig horizontal, um die Buttons zwischen Label und EditField einzufügen. Dann kann ich dieses EditField in die übernächste Zelle rechts verschieben, damit die zwei Lücken mit Buttons gefüllt werden können.

Tipp 184: Haben Sie gerade bemerkt, dass das gar nicht wie erwartet geht? Ja, Sie können das *EditField*-Control verschieben, aber sein Label kommt gnadenlos mit! Sie müssen vorher die *Bezeichnungsname*-Eigenschaft löschen, damit sich das *EditField*-Control alleine verschieben lässt.

Access verbindet in Layouttabellen recht eigenmächtig Controls, die nebeneinander stehen. Und zwar schneller, als Sie gucken können. Wenn Sie nun den *btnBestellen*-Button in die Lücke schieben, wird dieser sofort mit dem nebenstehenden Label *Bestellt von* verbunden.

Für die *Geliefert An*-Zeile müssen Sie sogar ein drittes Mal teilen. Nach dem Verschieben aller Buttons löschen Sie die drei leeren Layoutspalten rechts und verlängern die EditField-Controls wieder bis zum rechten Formular-Rand:

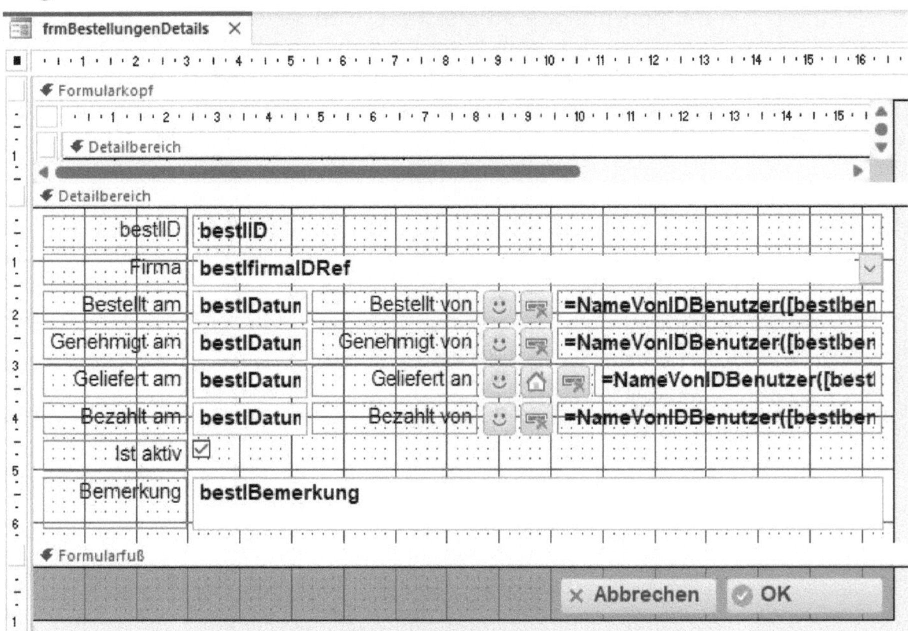

Abbildung 335: Die Buttons stehen nun dichter an den Labels

Damit hat sich übrigens Design-Regel 9 leicht verändert:

- **Design-Regel 9**: Mehrere Buttons zum gleichen Feld stehen nebeneinander

---

und am linken Rand des zugehörigen Feldes.

So sind die Buttons dichter an den Labels und damit einfacher den jeweiligen Aufgaben zugeordnet. Das Formular wirkt wieder aufgeräumter und fasert optisch nicht nach rechts aus:

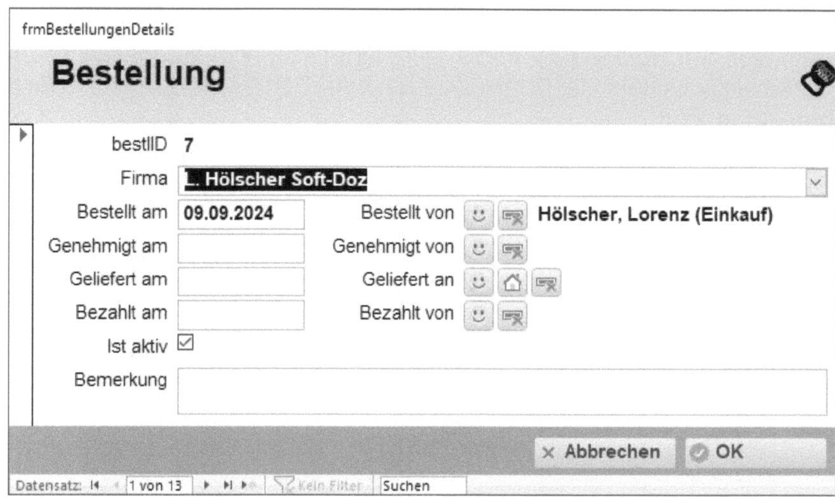

Abbildung 336: Die Buttons stehen nun dichter an den Labels

Sie können diese Buttons aber so klein machen, wie Sie wollen, sie brauchen trotzdem vergleichsweise viel Platz. Vor allem kann ich Ihnen garantieren, dass Sie bald mehr als nur drei Aktionen für ein Datenfeld benötigen werden. So kann es also nicht weitergehen.

Button-PopUp-Menüs

Bisher waren die PopUp-Menüs für die Knoten im Treeview gedacht, aber sie sind noch weitaus vielfältiger einsetzbar. Dabei ist die Überschrift „Button-PopUp-Menüs" etwas missverständlich formuliert, denn sie unterscheiden sich gar nicht wirklich. Es sind weiterhin PopUp-Menüs, sie werden nur anders aufgerufen. Daher ändert sich die neunte Design-Regel erneut:

- **Design-Regel 9**: Mehrere Buttons zum gleichen Feld sind nicht vorgesehen, stattdessen ruft ein einziger Button ein PopUp-Menü auf.

Damit sparen Sie plötzlich nicht nur enorm Platz, sondern vereinheitlichen die Bedienung, denn ebenso wie im Treeview werden Aktionen immer über PopUp-Menüs aufgerufen. Der einzige Unterschied besteht darin, dass sie im Treeview über einen Rechtsklick aufgerufen werden (das geht technisch nicht anders, denn ein Button am Knoten ließe sich nicht anzeigen) und hier über einen Linksklick.

Hinweis: Hier gibt es jetzt einen Bedienungskonflikt, denn ein Button wird Windows-üblich mit der linken Maustaste angeklickt, ein PopUp-Menü jedoch ebenso Windows-üblich durch einen Rechtsklick erzeugt. Ich entscheide mich für den Linksklick, weil zum Zeitpunkt des Klicks der Button mit seiner typischen Bedienung sichtbar ist.

Die vielen Buttons vor den *EditField*-Controls reduzieren sich also auf jeweils einen einzigen mit einem inzwischen via FORMULARENTWURF | STEUERELEMENTE | BILD EINFÜGEN vorbereiteten Icon:

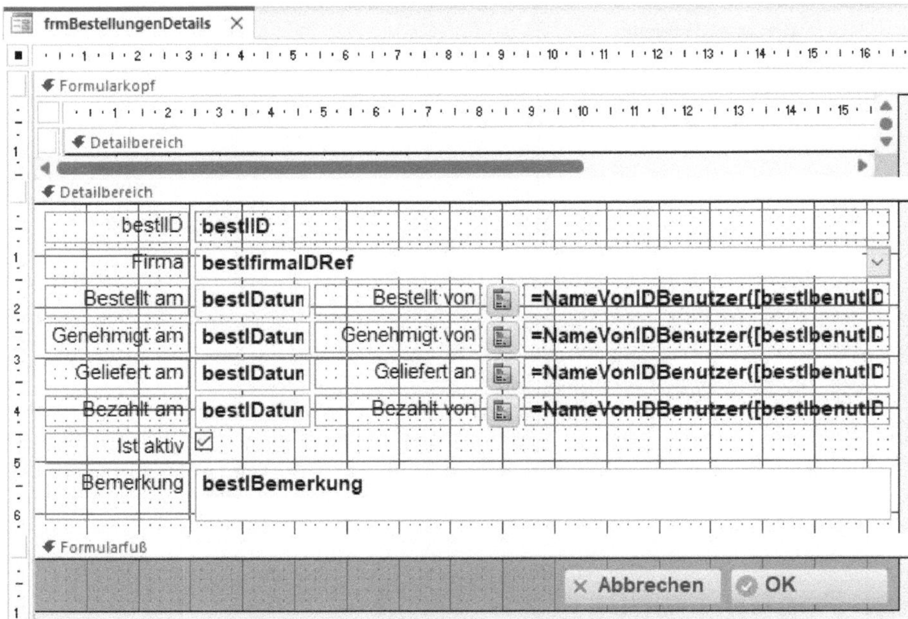

Abbildung 337: Jedes EditField-*Control hat nur noch einen einzigen Button*

Auch deren Namen werden angepasst, so dass die Buttons nun *btnMenueBestellt, btnMenueGenehmigt, btnMenueGeliefert* und *btnMenueBezahlt* heißen und in ihrer *SteuerelementTip-Text*-Eigenschaft einheitlich `PopUp-Menü aufrufen` stehen haben.

Hinweis: Durch die Namensänderung verlieren die Controls übrigens auch die Verbindung zu ihrem bisherigen Code, denn dessen Prozedurname trägt ja den Control-Namen in sich. Das macht aber nichts, denn der Code wird sich sowieso ändern.

Jetzt können wir auf das zurückgreifen, was wir ab Seite 296 schon entwickelt haben, nämlich den Aufruf eines PopUp-Menüs von einem Button. Damit es übersichtlich bleibt, beginne ich mit einem neuen Modul *modPopUpControls*.

Dort wird die wesentliche Arbeit stattfinden, in den Formularen steht jeweils nur der Aufruf. Das Konzept ist wie beim Treeview, der Code ruft immer die gleiche Prozedur auf und entscheidet anhand des als Parameter übergebenen Button-Namens, was anzuzeigen ist.

Wir brauchen also zuerst VBA-Code, der überhaupt ein PopUp-Menü anzeigt. Da ist vieles von dem enthalten, was bereits auf Seite 299 beschrieben wurde:

```
Sub ZeigeControlPopUp(frmMe As Form, ctlDieses As Control, _
        Button As Integer, ByVal Shift As Integer, _
        Optional strTitel As String = "")
    Dim cbrBar As CommandBar
    Dim cbtBefehl As CommandBarButton
    Dim cbtPopUp As CommandBarPopup
    Dim strX As String

    If Button = 2 Then 'also ein Linksklick? Dann raus!
        Exit Sub
    End If


    DoCmd.Hourglass True
    Set p_frmPopUpFormular = frmMe
    On Error Resume Next
    CommandBars(p_cstrNamePopUp).Delete
    On Error GoTo 0
    Set cbrBar = CommandBars.Add(p_cstrNamePopUp, msoBarPopup, , False)
    PopUpButtonHinzu cbrBar, strTitel & "-PopUp", jpgLogo, "", False


    ' Hier steht später das SELECT CASE


    On Error GoTo 0
    DoCmd.Hourglass False
    cbrBar.ShowPopup
End Sub
```

Der Einfachheit halber muss nicht jeder Aufruf dieser Prozedur vorher sicherstellen, dass wirklich eine bestimmte Maustaste gedrückt wurde, sondern das passiert hier zentral. Hier wird sowieso immer ein erster (inaktiver) Menüeintrag als eine Art Titel erzeugt, also können wir direkt schon testen, ob es funktioniert.

Wechseln Sie in den Entwurf von *frmBestellungenDetails* und erzeugen für den Button *btnMenueBestellt* das *MouseUp*-Ereignis. Dort ergänzen Sie diesen Code:

```
Private Sub btnMenueBestellt_MouseUp(Button As Integer, Shift As Integer, _
        X As Single, Y As Single)
    ZeigeControlPopUp Me, Me.btnMenueBestellt, Button, Shift, "Bestellt"
End Sub
```

Das war's schon. Starten Sie das Formular und klicken den entsprechenden Button an, damit dieses noch recht kurze PopUp-Menü erscheint und so beweist, dass alles erwartungsgemäß funktioniert:

Abbildung 338: Das PopUp-Menü am Button funktioniert grundsätzlich

Jetzt kommen die „echten" Menüeinträge, welche die bisherigen zusätzlichen Buttons ersetzen. Sie stehen mitten in der Prozedur, wo bereits der Hinweis *Hier steht später das SELECT CASE* stand. Für jedes eindeutig benannte Control gibt es also eine Liste von anzuzeigenden Menüeinträgen:

```
PopUpButtonHinzu cbrBar, strTitel & "-PopUp", jpgLogo, "", False


Select Case LCase(ctlDieses.Name)
Case "btnmenuebestellt"
    PopUpButtonHinzu cbrBar, _
        "Meine heutige Bestellung eintragen ...", jpgNeu, "", , True
    PopUpButtonHinzu cbrBar, _
        "Heutige Lager-Bestellung eintragen ...", jpgNeu, ""
    PopUpButtonHinzu cbrBar, "Meine Bestellt-Daten löschen ...", _
        jpgLoeschen, "", , True
End Select


On Error GoTo 0
```

Starten Sie wieder das Formular und klicken auf den Button. Diesmal ist das angezeigte PopUp-Menü erwartungsgemäß umfangreicher:

Abbildung 339: Das PopUp-Menü am Button enthält jetzt die gewünschten Menüeinträge

So schön das alles aussieht, es ist immer noch funktionslos. Jetzt müssen wir klären, wo die aufzurufenden Funktionen stehen. Die Antwort ist gar nicht so trivial, wie es zuerst erscheint. Es gibt nämlich zwei Anforderungen:

- Die Funktion muss Änderungen in den Formulardaten vornehmen, also Zugriff auf den Datensatz oder besser noch das Formular haben. Eine Funktion innerhalb eines Formular-Moduls ist aber für einen Menüeintrag gar nicht ansprechbar.

- Ein Menüeintrag kann nämlich nur eine Funktion in einem Standard-Modul aufrufen, welches jedoch keinen direkten Zugriff auf dieses Formular hat.

Normalerweise würde eine Prozedur ja das Formular als Parameter übergeben, aber das können Menüeinträge ebenfalls nicht, weil sie letzten Endes nur eine Zeichenkette mit dem Aufruf zusammensetzen.

Genau für dieses Problem hatte ich auf Seite 328 schon eine `Public`-Variable `p_frmPopUpFormular` vorbereitet. Diese Variable wird beim Aufruf des PopUp-Menüeintrags gesetzt und kann später von jeder anderen Prozedur genutzt werden. Wir können also bequem alle aufzurufenden Funktionen in *modPopUpControls* schreiben und dank dieser Variablen doch auf das offene Formular zugreifen.

Tipp 185: Es ist ein erheblicher Unterschied, ob ich wirklich auf das geöffnete Formular oder (anhand der eindeutigen Datensatz-ID) auf den zugehörigen Datensatz zugreife. Das Formular enthält auch während der Bearbeitung noch ungespeicherte Inhalte, der Datensatz jedoch nur die vorher gespeicherten Werte. Die ID würde mir daher nicht helfen, es muss wirklich der Zugriff auf das geöffnete Formular sein.

Schneiden Sie nun also den ungenutzten Code von *btnBestellen_Click* aus dem Formular *frmBestellungenDetails* und fügen ihn in *modPopUpControls* ein. Statt `Private Sub` muss es eine `Function` (ohne `Private`!) sein und der Name wird jetzt popmnBestellungBestellen[117] heißen.

Außerdem kann VBA niemals in einem Standard-Modul auf die Variable `Me` zugreifen, die ja nur innerhalb eines Formular- oder Berichtsmoduls existiert. Daher benutze ich stattdessen `p_frmPopUpFormular` mit einer `With`-Konstruktion:

```
Function popmnBestellungBestellen()
    With p_frmPopUpFormular
        .bestlbenutIDRef_bestellt.Value = BenutzerID()
        .edtNameBenutzer_bestellt.Requery
        .bestlDatum_bestellt.Value = Date
    End With
End Function
```

Im Moment würde diese Funktion noch gar nicht aufgerufen, das müssen Sie noch in `ZeigeControlPopUp` ergänzen:

```
        PopUpButtonHinzu cbrBar, _
            "Meine heutige Bestellung eintragen ...", jpgNeu, _
            "=popmnBestellungBestellen()", , True
```

---

[117] Das Präfix `popmn` erinnert mich nur daran, dass diese Funktion speziell für den Aufruf aus einem PopUp-Menü heraus funktionieren muss.

Jetzt ist alles fertig und Sie können den Button mit dem ersten PopUp-Menüeintrag mal testen:

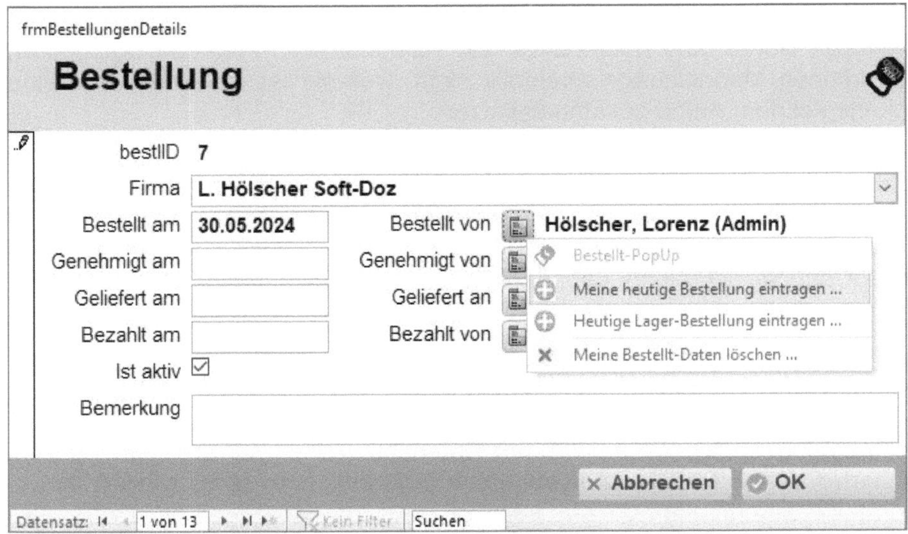

Abbildung 340: Dieser PopUp-Menüeintrag funktioniert

Der Rest ist eigentlich nur Fleißarbeit, der zweite Menüeintrag macht ja fast dasselbe, nur für eine fixe Benutzer-ID. Anstatt den Code zu kopieren, lohnt sich hier ein Parameter, so dass die Funktion sich so ändert:

```
Function popmnBestellungBestellen(lngIDbenut As Long)
    With p_frmPopUpFormular
        .bestlbenutIDRef_bestellt.Value = lngIDbenut
        .edtNameBenutzer_bestellt.Requery
        .bestlDatum_bestellt.Value = Date
    End With
End Function
```

Entsprechend muss deren Aufruf diesen *Long*-Parameter übergeben, im einen Fall als Ergebnis der `BenutzerID()`-Funktion, im anderen Fall mit der fixen Angabe, dass die Benutzer-ID beispielsweise immer die 2 ist, weil *Theo Test* in diesem Beispiel der Lager-Chef ist:

```
PopUpButtonHinzu cbrBar, "Meine heutige Bestellung " & _
        "eintragen ...", jpgNeu, _
        "=popmnBestellungBestellen(" & BenutzerID() & ")", , _
        True
PopUpButtonHinzu cbrBar, "Heutige Lager-Bestellung " & _
        "eintragen ...", jpgNeu, "=popmnBestellungBestellen(2)"
```

Auch das funktioniert auf Anhieb. Und bevor wir noch mehr Code verdoppeln, nutzen wir diese Funktion gleich ein drittes Mal. Eine echte Benutzer-ID -1 kann es niemals geben, weil sie aus einem AutoWert entstanden ist. Also soll dieser Parameter-Wert bedeuten, dass die Inhalte gelöscht werden sollen:

```
PopUpButtonHinzu cbrBar, "Meine Bestellt-Daten löschen ...", _
    jpgLoeschen, "=popmnBestellungBestellen(-1)", , True
```

Das braucht wieder eine kleine Änderung an popmnBestellungBestellen:

```
Function popmnBestellungBestellen(lngIDbenut As Long)
    With p_frmPopUpFormular
        .bestlbenutIDRef_bestellt.Value = _
            IIf(lngIDbenut = -1, Null, lngIDbenut)
        .edtNameBenutzer_bestellt.Requery
        .bestlDatum_bestellt.Value = IIf(lngIDbenut = -1, Null, Date)
    End With
End Function
```

Damit haben Sie mehrere ähnliche Aktionen im Formular bequem mit einer einzigen Funktion erledigt.

> **Tipp 186:** Eigentlich scheint eine 0 als Parameter-Wert auf den ersten Blick inhaltlich eine durchaus naheliegende Idee für das Löschen zu sein. Da aber jede *Long*-Variable nach einem Laufzeit-Fehler auf 0 steht, riskieren Sie dann versehentliches Löschen. Daher nehme ich nur Werte, die nicht zufällig entstehen können.

Nach dem gleichen Muster braucht es nur wenige Zeilen Code, um auch das zweite PopUp-Menü fertigzustellen, zuerst in ZeigeControlPopUp:

```
Case "btnmenuegenehmigt"
    PopUpButtonHinzu cbrBar, "Meine heutige Genehmigung " & _
        "eintragen ...", jpgNeu, _
        "=popmnBestellungGenehmigen(" & BenutzerID() & ")", , True
    PopUpButtonHinzu cbrBar, "Meine Genehmigt-Daten löschen ...", _
        jpgLoeschen, "=popmnBestellungGenehmigen(-1)", , True
End Select
```

Da die Genehmigung nicht für andere Benutzer:innen erteilt werden darf, gibt es hier einen Menüeintrag weniger. Dann kopieren Sie *popmnBestellungBestellen* im Modul *modPopUControls* auf den neuen Namen *popmnBestellungGenehmigen* und korrigieren die Namen der darin genannten Controls:

```
Function popmnBestellungGenehmigen(lngIDbenut As Long)
    With p_frmPopUpFormular
        .bestlbenutIDRef_genehmigt.Value = _
            IIf(lngIDbenut = -1, Null, lngIDbenut)
        .edtNameBenutzer_genehmigt.Requery
        .bestlDatum_genehmigt.Value = IIf(lngIDbenut = -1, Null, Date)
    End With
End Function
```

Anschließend fehlt nur noch der Aufruf durch den Button *btnMenueGenehmigt* im Formular *frmBestellungenDetails*:

```
Private Sub btnMenueGenehmigt_MouseUp(Button As Integer, _
      Shift As Integer, X As Single, Y As Single)
   ZeigeControlPopUp Me, Me.btnMenueGenehmigt, Button, Shift, "Genehmigt"
End Sub
```

Damit ist auch das zweite PopUp-Menü fertig:

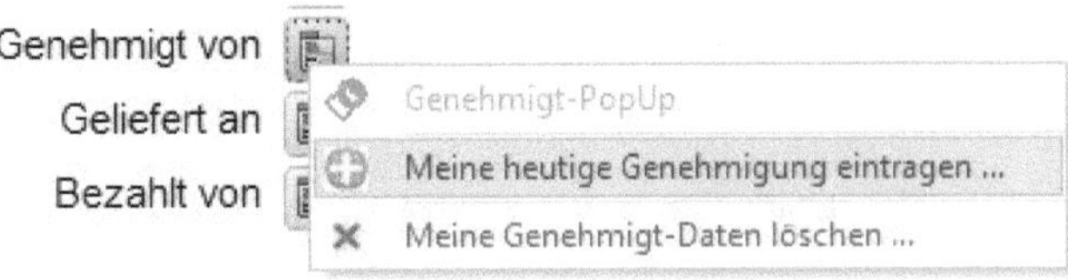

Abbildung 341: Das zweite PopUp-Menü funktioniert ebenfalls

EditField-PopUp-Menüs

An dieser Stelle könnte ich zufrieden sein und ich habe schon einige Datenbanken genau so organisiert. An den Stellen, wo es ein PopUp-Menü gibt, ist das durch diesen Button jeweils zu erkennen.

Allerdings bedeutet das auch, dass in großen Formularen mit vielen Feldern locker mal 15 bis 20 solcher Buttons enthalten sind. Das kostet trotz allem Platz für Benutzer:innen und ist für Sie als Entwickler:in recht mühsam, die vielen Buttons dazwischen zu quetschen.

Daher gehe ich noch einen Schritt weiter und verzichte sogar auf diese Buttons.

Achtung: Die Layouttabelle hat längst zugeschlagen und den Button mit dem nebenstehenden Label verbunden. Falls Sie jetzt also den Button löschen, wird das Label ungefragt mitgelöscht. Um das zu vermeiden, müssen Sie zuerst das Label und das EditField markieren und diese miteinander verbinden:

Danach können Sie den Button alleine löschen.

Entfernen Sie alle vier Buttons und führen wieder das *EditField*-Control mit der nun leeren Nachbarzelle zusammen:

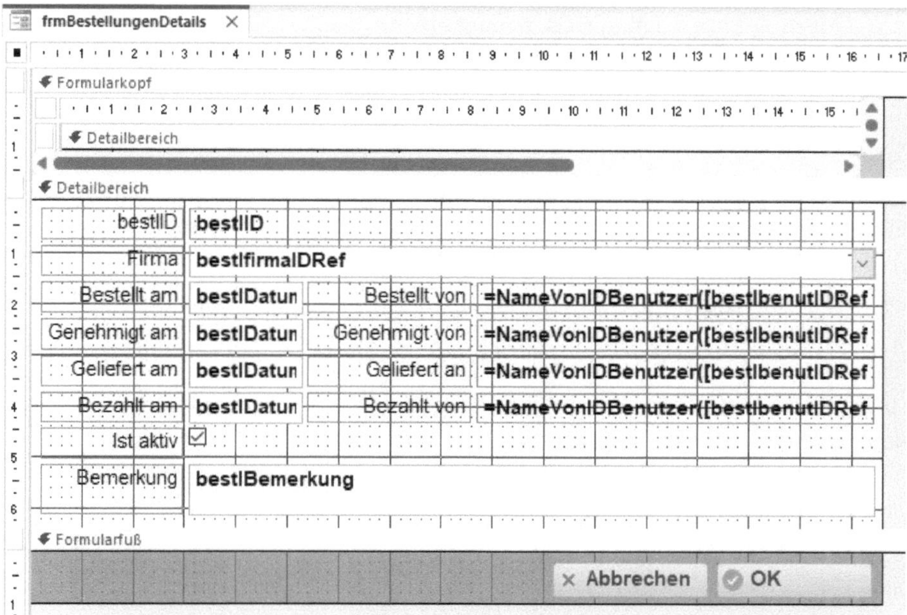

Abbildung 342: Die Buttons sind entfernt und die EditField-*Controls wieder breiter*

Jetzt bleibt natürlich die Frage, wie denn die PopUp-Menüs aufgerufen werden sollen? Im Grunde wie vorher, nämlich mit einem Maus-Rechtsklick auf das Control, nur dass es diesmal statt des Buttons ein *EditField*-Control ist. Auch das hat ja ein MouseUp-Ereignis

Allerdings dürfen es nicht mehr die bisherigen *edtName...*-Felder sein, weil die ja inaktiv sind und dann auch ein Maus-Rechtsklick nicht erkannt würde. Da die Aktion sowieso beide Felder betrifft, verlege ich das PopUp-Menü einfach in die zugehörigen Datumsfelder. Das sieht dann für die ersten beiden Datums-Eingabefelder so aus:

```
Private Sub bestlDatum_bestellt_MouseUp(Button As Integer, _
        Shift As Integer, X As Single, Y As Single)
    ZeigeControlPopUp Me, Me.bestlDatum_bestellt, Button, Shift, "Bestellt"
End Sub


Private Sub bestlDatum_genehmigt_MouseUp(Button As Integer, _
        Shift As Integer, X As Single, Y As Single)
    ZeigeControlPopUp Me, Me.bestlDatum_genehmigt, Button, Shift, _
        "Genehmigt"
End Sub
```

Da sich der Name des auslösenden Controls geändert hat und vor allem der Mausklick wieder auf die rechte Taste gewechselt ist, müssen Sie das in der Prozedur `ZeigeControlPopUp` ebenfalls anpassen:

```
If Button <> 2 Then 'also kein Rechtsklick, dann raus
    Exit Sub
End If
```

In der *SelectCase*-Struktur ändern sich nur die Namen:

```
Select Case LCase(ctlDieses.Name)
Case "bestldatum_bestellt"
    ' wie bisher

Case "bestldatum_genehmigt"
    ' wie bisher

End Select
```

Damit können Ihre Benutzer:innen dieses PopUp-Menü per Rechtsklick im Datumsfeld aufrufen:

Abbildung 343: Per Rechtsklick erscheint im Datum das eigene Menü

Hinweis: Direkt nach Ihrem eigenen PopUp-Menü erscheint das von Access. Jenes lässt sich zwar mit dem anschließenden Drücken der <ESC>-Taste beseitigen, aber auf Dauer ist das lästig und für Benutzer:innen unzumutbar. Mit der Änderung der Formular-Eigenschaft *Kontextmenü*: `Nein` verschwindet das Access-eigene PopUp-Menü in diesem Formular.

Leider betrifft das auch Ihren eigenen Umgang als Entwickler:in mit dem Formular. Das von mir so gerne genutzte Kontextmenü des Formulars auf seiner Fenstertitelleiste bietet den schnellen Wechsel von der Normalansicht zur Entwurfsansicht, aber genau das geht nun mangels Kontextmenü nicht mehr. Daher halte ich das jeweils folgende nervige Access-PopUp-Menü während der Entwicklungszeit aus und deaktiviere das erst zur Auslieferung.

Tipp 187: Anstatt die Access-eigenen PopUp-Menüs in jedem Formular einzeln zu deaktivieren, geht das auch für die gesamte Datenbank. Unter DATEI | OPTIONEN | AKTUELLE DATENBANK entfernen Sie dazu das Häkchen bei *Standardkontextmenüs zulassen*:

Access-Optionen

Allgemein
Aktuelle Datenbank
Datenblatt
Objekt-Designer
Dokumentprüfung
Sprache
Clienteinstellungen
Menüband anpassen
Symbolleiste für den Schnellzugriff
Add-Ins
Trust Center

Menüband- und Symbolleistenoptionen

Name des Menübands:
Kontextmenüleiste: (default)
☑ Vollständige Menüs zulassen
☑ Standardkontextmenüs zulassen

Optionen für Objektnamen-Autokorrektur

☑ Informationen zu Objektnamenautokorrektur nachverfolgen
☑ Objektnamenautokorrektur ausführen
☐ Änderungen für Objektnamenautokorrektur protokollieren

Optionen der Filteranwendung für easyLOAD Datenbank

Liste anzeigen von Werten in:
☑ Lokalen indizierten Feldern
☑ Lokalen nicht indizierten Feldern

OK   Abbrechen

Diese Option greift erst mit dem nächsten Öffnen der Datenbank. Dann kommen Sie aber ohne Trickserei beispielsweise nicht mal mehr in die Entwurfsansicht eines Formulars, das ist also während der Entwicklungszeit keine wirklich gute Idee.

Jetzt scheine ich allerdings eine meiner grundlegenden Design-Regeln zur Bedienungsoberfläche zu missachten. Nachdem die vielen PopUp-Menü-Buttons nämlich inzwischen entfernt sind und die PopUp-Menüs direkt im *EditField*-Control aufgerufen werden, kann niemand mehr erkennen, welche davon denn überhaupt so ein PopUp-Menü anbieten.

Da haben Sie Recht, also müssen wir das kenntlich machen. Ich werde alle betroffenen *EditField*-Controls mit einer grünen (und wegen des Schwarz-Weiß-Drucks hier gestrichelten) Umrandung kennzeichnen.

Natürlich könnte ich diese mir einzeln bekannten Felder manuell im Entwurf mit dieser optischen Anpassung versehen. Das birgt aber die Gefahr, dass ich später mal ein weiteres *EditField*-Control mit einem PopUp-Menü versehe und dabei die geänderte Optik vergesse.

Also lasse ich das automatisch erkennen, nämlich beim Laden des Formulars. Praktischerweise kann das *sfmKopf*-Formular ja bei seinem Laden eigenen VBA-Code ausführen und der kann sich auch sein Eltern-Formular ansehen. In diesem Fall ist das eben *frmBestellungenDetails*.

Damit die verwendeten Farben im VBA-Code etwas sprechender sind, werde ich sie mit einer Funktion ermitteln, die ich in *modFunktionen* vorbereite:

```
Function FarbePopUp() As Long
    FarbePopUp = vbGreen
End Function
```

Tipp 188:   Tatsächlich scheint hier eine Datei-öffentliche Konstante die bessere Wahl zu sein und es würde für diesen Fall auch klappen, weil

> `vbGreen` ebenfalls eine Konstante ist. Sobald Sie die Farbe aber mittels `RGB()` angeben, verweigert VBA dies, weil ein konstanter Ausdruck erforderlich ist. Daher nehme ich direkt eine Funktion.

Denn wechseln Sie in das Formularmodul zu *sfmKopf* und ergänzen die schon vorhandene `Form_Load`-Prozedur so:

```
Private Sub Form_Load()
    Dim ctlX As control

    On Error Resume Next
    For Each ctlX In Me.Parent.Controls
        Select Case TypeName(ctlX)
        Case "textbox", "combobox", "listbox"
            If ctlX.OnMouseUp <> "" Then
                ctlX.BorderColor = FarbePopUp()
                ctlX.BorderStyle = 2
            End If
        End Select
    Next
    On Error GoTo 0


    If IstEingebettet(Me.Parent) Then
```

Sobald *sfmKopf* geladen ist, untersucht es alle Controls seines Elternformulars auf ihren Typ, da manche Controls wie Checkboxen oder Linien gar keine Rahmenfarbe besitzen. Derzeit werden gezielt nur *EditField-* (`Textbox`), *Combobox-* oder *Listbox*-Controls untersucht, damit es schneller geht und keine Fehlermeldungen erscheinen. Falls deren *Bei Maustaste Auf*-Eigenschaft gefüllt ist, wird das Control optisch verändert:

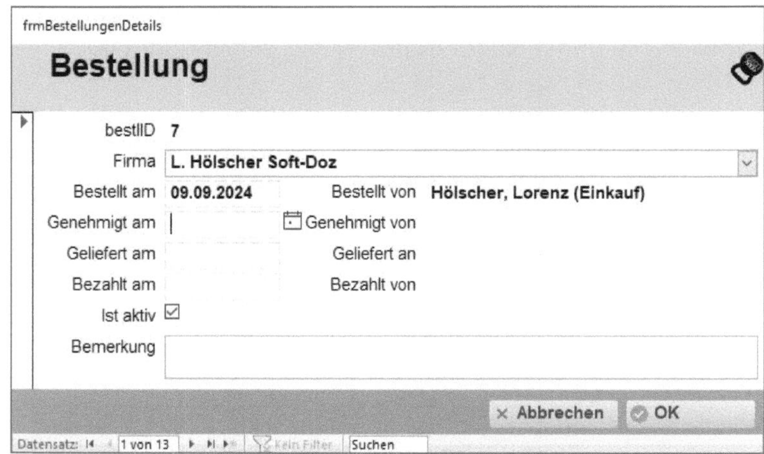

Abbildung 344: Die Controls mit PopUp-Menü sind automatisch gekennzeichnet

Auch wenn das automatisch passiert, sollte das eigentlich als Design-Regel formuliert werden, weil für Benutzer:innen ohnehin nicht erkennbar ist, ob das manuell im Entwurf oder automatisch beim Öffnen passiert:

- **Design-Regel 11**: Controls mit einem enthaltenen PopUp-Menü werden optisch unterschieden.

Wenn Sie erst einmal die Möglichkeiten dieser live-Kennzeichnung erkannt haben, kommen Ihnen bestimmt noch weitere Ideen. Dabei ist durchaus sinnvoll, die Controls nicht nur an solchen Eigenschaften zu erkennen, sondern mit eigenen Bezeichnungen in deren *Marke*-(Tag-)Eigenschaft zu markieren.

Anmerkung: Die AutoWert-ID eines Datensatzes interessiert keine:n Benutzer:in, sondern nur die Entwickler:innen. Falls es nämlich eine Fehlermeldung gibt, lässt sich der betreffende Datensatz sehr bequem sofort in der Tabelle ansehen. Deswegen haben ich immer wieder Diskussionen, dass dieses Feld doch bitte vom Formular verschwinden möge.

Mein Kompromiss besteht darin, dass dieses Feld dann wenigstens weniger auffällig ist und beispielsweise nur grauen Text enthält. Das widerspricht zwar der Barrierefreiheit, aber das Feld will ja sowieso niemand außer mir sehen.

Anstatt ID-Felder nun in jedem Formular manuell umzufärben, versehe ich sie lediglich mit der *Marke*: ID-Eigenschaft:

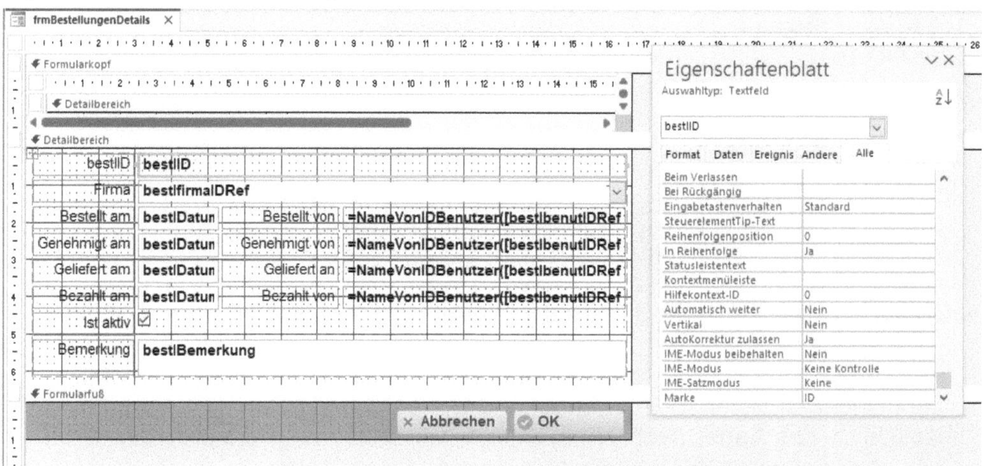

Abbildung 345: Das AutoWert-Feld bestlID *enthält* ID *als* Marke-*Eigenschaft*

Dann kann ich später vom Kopf-Formular aus alle betreffenden Felder umformatieren. Ergänzen Sie dazu die Form_Load-Prozedur in *sfmKopf*:

```
Case "textbox", "combobox", "listbox"
    If ctlX.Tag = "id" Then
        ctlX.BackColor = vbBlack
```

```
        ctlX.BackStyle = 1
        ctlX.ForeColor = vbWhite
        ctlX.Italic = True
    End If

    If ctlX.OnMouseUp <> "" Then
```

Dadurch werden alle Felder mit dieser *Marke*-Eigenschaft so wie dort beschrieben formatiert, in diesem Fall also mit weißer und kursiver Schrift auf schwarzem Hintergrund. Da die *Hintergrundart*: `Transparent` war, muss ich mit `BackStyle = 1` diese erst wieder auf opak stellen, damit die Farbe überhaupt angezeigt wird.

Hinweis: Für den `BackStyle` wurde offenbar eine passende *Enumeration* vergessen, hier sind nur *Integer*-Zahlen möglich. Sie können immer davon ausgehen, dass die ab 0 oder 1 beginnen und dann aufsteigend alles probieren.

Diese konkrete Formatierung in weiß-schwarz ist natürlich das Gegenteil von unauffällig, aber hier im Buch wenigstens gut zu erkennen:

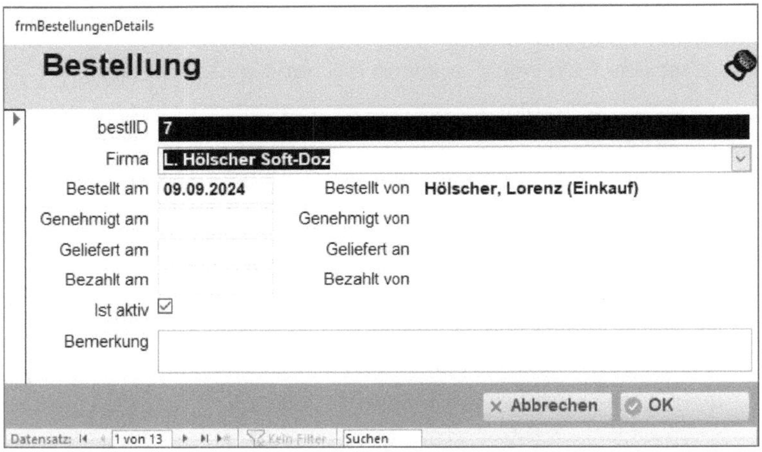

Abbildung 346: Das bestlID-*Feld wird entsprechend umformatiert*

Tipp 189:   Sie können auch das Label zu *bestlID* mit der gleichen Marke kennzeichnen. Aber solange Label und Control miteinander verbunden sind, lässt sich das Label auch ohne eigene Kennzeichnung ansprechen. Dazu gibt es die ziemlich gut versteckte `Controls(0)`-Angabe:

```
        ctlX.Italic = True
    With ctlX.Controls(0)
        .BackColor = vbBlack
        .BackStyle = 1
        .ForeColor = vbWhite
        .Italic = True
    End With
End If
```

Dann sieht das Label ohne eigene *Marke*-Kennzeichnung ebenfalls so aus:

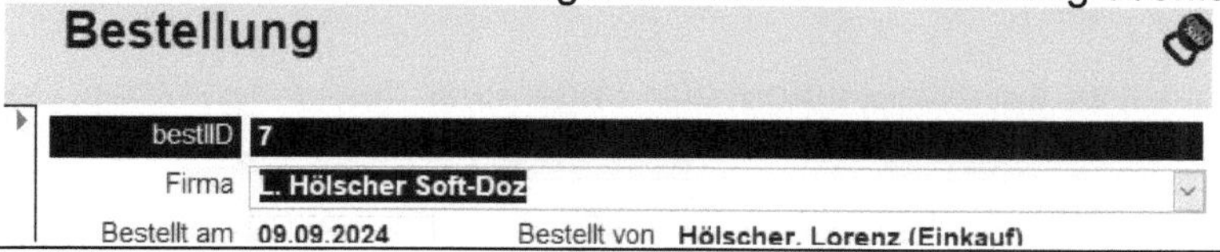

Mit dieser `Controls(0)`-Angabe für das verbundene Label haben Sie übrigens auch die Lösung, falls Controls ohne Rahmen wie eine Checkbox für ein PopUp-Menü optisch gekennzeichnet werden sollen. Formatieren Sie dann eben nicht (nur) das EditField oder die Checkbox selber, sondern bei allen betroffenen Controls immer auch das Label.

Listen bearbeiten

Bisher haben wir uns vor allem um die Organisation der Detailformulare gekümmert. Jetzt wird es Zeit, auch das bereits vorbereitete Listenformular zu verbessern, denn gegenüber einem Detail-Formular hat ein Listenformular mindestens zwei zusätzliche Anforderungen:

- **Filter**: Da hier viele Elemente aufgelistet werden, muss es irgendeine brauchbare Filter-Fähigkeit geben.
- **Bearbeitung**: Wenn die Datenbearbeitung nicht schon im Listenformular vorgesehen ist, muss das passende Detailformular schnell aufrufbar sein.

Lassen Sie uns mit der Bearbeitung des Datensatzes beginnen. Die erste Diskussion an dieser Stelle ist oft, warum ich die Daten nicht einfach hier im Listenformular bearbeitbar lasse, denn das schalte ich typischerweise direkt aus.

Tipp 190:   Es gibt eine ganz einfache Möglichkeit, alle Daten in einem Formular unbearbeitbar zu machen, indem Sie die Formular-Eigenschaft *Bearbeitungen zulassen* auf `Nein` stellen. Das funktioniert auf Anhieb und garantiert Ihnen viele, viele Anrufe verzweifelter oder eher verärgerter Benutzer:innen, die Ihnen erklären, dass die Datenbank oder der PC kaputt sei, weil die Tastatur oder Maus keine Änderung ermögliche.

Diese Deaktivierung ist nämlich nirgends zu erkennen! Die *Combobox*-Controls lassen sich ausklappen (aber nicht ändern), der Cursor darf in alle *EditField*-Controls klicken und dort markieren (aber nicht ändern) und auch *CheckBox*-Controls lassen sich anklicken (aber nicht ändern). Das ist so ziemlich der krasseste Widerspruch zu meiner Anforderung, dass die Bedienungsoberfläche immer anzeigen muss, was möglich ist. Diese Art der Deaktivierung ohne optische Begleitung ist für mich ein No-Go.

Das geringere Argument gegen eine direkte Bearbeitung im Listenformular ist die Tatsache, dass oft zu viele Felder für eine einzeilige Darstellung vorhanden sind. Dann werden zwangsläufig welche weggelassen, die dann gar nicht geändert werden könnten. Schon dafür bräuchte es also ein Detailformular mit doch wieder allen Feldern.

Aber vor allem ist dies ein zweites Formular gegenüber dem eigentlichen Detailformular. Falls also im Detailformular VBA-Code enthalten ist, der beispielsweise in `Form_BeforeUpdate` Daten überprüft oder für `bsdetartikIDRef_Click` je nach Artikel eine sinnvolle Einheit auswählt, dann müsste ich diesen Code in diesem Listen-Formular erneut schreiben. Und mit jeder Änderung in beiden Formularen immer schön parallel pflegen.

> **Hinweis**: Ja, natürlich könnte ich in einem Standard-Modul jeweils eine zentrale Prozedur von beiden Formular-Modulen aus aufrufen. Das würde das Argument mit dem doppelten Code entkräften, aber Sie hätten zu jedem Detail-/Listenformular-Pärchen sinnvollerweise ein Standard-Modul mit deren Prozeduraufrufen. Wir reden also ganz grob über 50 % mehr Module, weil zum Detailformular-Modul und zum Listenformular-Modul je ein Standard-Modul hinzukommt! Ich kann Ihnen versprechen, dass der Code explosionsartig zunimmt und das überhaupt nicht mehr übersichtlich ist.

Damit also wirklich alle Felder erreichbar sind und vor allem kein mehrfacher Code benötigt wird, kann das Listenformular die Daten eben nicht bearbeiten. Jetzt braucht es nur noch ein sofortiges Anzeigen der jeweiligen Detail-Daten, um die Benutzer:innen zufriedenzustellen.

> **Tipp 191:**   Früher habe ich einfach den typischen [...]-Button links vor den Datenfeldern eingefügt, durch dessen Klick sofort das Detailformular angezeigt wurde. Inzwischen weiß ich, dass meistens sowieso mehr als eine Aktion nötig ist und ein einzelner Klick bald nicht ausreicht.

Fügen Sie also vor der *FeldID*-Spalte in die Layouttabelle einen neuen Button namens *btnMenueDetails* ein:

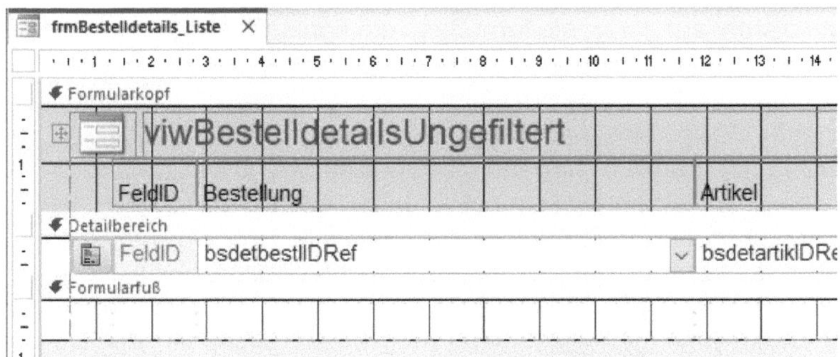

Abbildung 347: Die Liste erhält einen neuen PopUp-Menü-Button

Dieser Button soll das PopUp-Menü anzeigen, auch wenn es in vielen Fällen vielleicht nur einen Menüeintrag enthält. Daher erhält dessen *Bei Maustaste Auf-*

Eigenschaft die passende Prozedur:

```
Private Sub btnMenueDetails_MouseUp(Button As Integer, Shift As Integer, _
    X As Single, Y As Single)
  ZeigeControlPopUp Me, Me.btnMenueDetails, 2, Shift, _
    "Bestelldetails"
End Sub
```

Haben Sie bemerkt, dass ich da gemogelt habe? Ein Button wird mit Linksklick benutzt, aber da die `ZeigeControlPopUp`-Prozedur inzwischen nur noch den Rechtsklick akzeptiert, täusche ich diesen mit dem Parameter 2 einfach vor. Außer einer Überschrift ist zwar noch nichts zu sehen, aber bis dahin sollte es wenigstens funktionieren:

Abbildung 348: Das (noch leere) PopUp-Menü wird angezeigt

Jetzt müssen noch sinnvolle Menüeinträge nachgeliefert werden, nämlich wenigstens der Aufruf des zugehörigen Detailformulars. Das ist eine Ergänzung der `ZeigeControlPopUp`-Prozedur:

```
        PopUpButtonHinzu cbrBar, "Meine Genehmigt-Daten löschen ...", _
            jpgLoeschen, "=popmnBestellungGenehmigen(-1)", , True
    Case "btnmenuedetails"
        PopUpButtonHinzu cbrBar, "Bestelldetail ändern ...", _
            jpgFormular, "=BestelldetailBearbeiten(" & _
            frmMe.FeldID.Value & ")", , True
  End Select
```

Hinweis: Damit das so funktioniert, brauchen Sie eine neue *.jpg*-Grafik im passenden *ImageList*-Control und natürlich auch einen neuen Eintrag in der `enmImagelistJPGs`-Enumeration.

Die dort aufgerufene Funktion ist zwar noch nicht vorhanden, aber das PopUp-Menü sieht nun schon mal korrekt aus:

Abbildung 349: Das PopUp-Menü wird mit neuem Menüeintrag angezeigt

Die Datenbank wird ebenso wie beim Löschen oder Neuerstellen eines Objekts viele Prozeduren nach immer gleichem Muster benötigen. Daher ist es sinnvoll, jetzt ein neues Modul *modObjekteBearbeiten* anzulegen, in welchem diese Prozeduren gesammelt stehen:

```
Function BestelldetailBearbeiten(lngID As Long)
    DoCmd.OpenForm "frmBestelldetailsDetails", , , "bsdetID=" & lngID, , _
        acDialog
End Function
```

Es muss eine *Function* sein, weil der Aufruf ja aus einem PopUp-Menü heraus erfolgt. Ich entferne jedoch das Präfix `popmn`, obwohl ich so daran erinnert würde, das die Signatur auch beim Kompilieren nicht mit dem Aufruf verglichen wird und ich bei Problemen selber nachlesen muss. Aber so ist es einheitlicher zu den Schreibweisen in *modObjekteNeu* und *modObjekteLoeschen*.

Als Parameter wird eine *Long*-Zahl erwartet, welche die ID des Datensatzes darstellt. Hier ist es egal, ob ich die „echte" `bsdetID` oder die umbenannte `FeldID` benutze. Wenn Sie das testen, wird jetzt nach Klick auf BESTELLDETAIL ÄNDERN … das Detailformular mit dem richtigen Datensatz angezeigt:

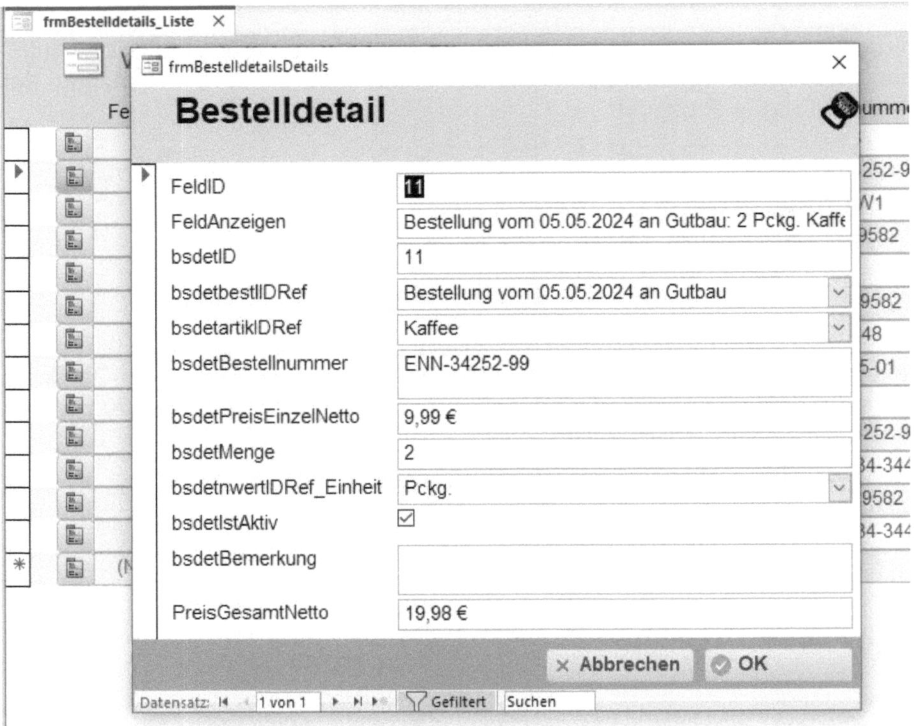

Abbildung 350: Das PopUp-Menü ruft den passenden Datensatz auf

Denken Sie jedoch immer daran, dass es in der Liste möglicherweise einen NULL-Wert für die ID gibt, nämlich beim neuen Datensatz. Im Moment passiert noch nichts, es gibt nicht einmal eine Fehlermeldung, weil PopUp-Menü-Fehler ja keine Fehlermeldung erzeugen. Aus Sicht der Benutzer:innen würde ich aber erwarten, dass dort stattdessen der Dialog für einen neuen Datensatz erscheint. Das sollte der VBA-Code also direkt berücksichtigen und bei dieser Gelegenheit gleich die Menübeschriftung und dessen Icon anpassen:

```
Case "btnmenuedetails"

    If IsNull(frmMe.FeldID.Value) Then
        PopUpButtonHinzu cbrBar, "Neues Bestelldetail ...", _
            jpgNeu, "=BestelldetailNeu()", BenutzerDarfNeu(), True
    Else

        PopUpButtonHinzu cbrBar, "Bestelldetail ändern ...", _
            jpgFormular, "=BestelldetailBearbeiten(" & _
            frmMe.FeldID.Value & ")", , True

    End If
```

Sobald Sie nun also diesen PopUp-Menü-Button in einem optionalen neuen Datensatz anklicken (und das DarfNeu-Recht besitzen), verändert sich der Menüeintrag direkt wie gewünscht:

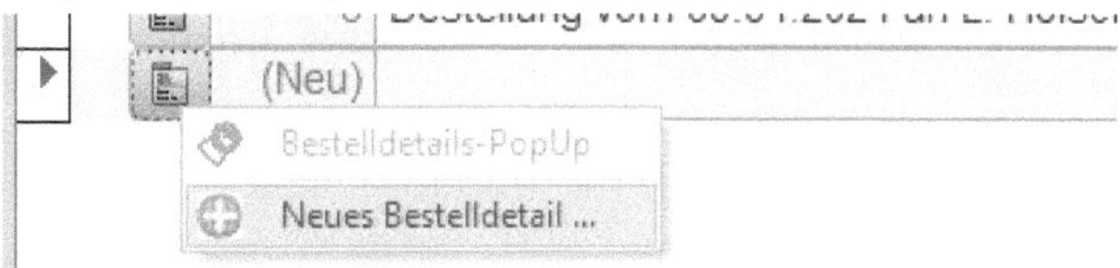

Abbildung 351: Das PopUp-Menü ändert sich für einen neuen Datensatz

Bei sehr langen Listen ist es viel praktischer, direkt von jedem Datensatz aus einen neuen Datensatz erzeugen zu dürfen, anstatt zuerst in die unterste Zeile wechseln zu müssen. Daher würde ich diesen Menüeintrag immer anzeigen und nur die Bearbeitung von einer gültigen ID abhängig machen:

```
Case "btnmenuedetails"

    PopUpButtonHinzu cbrBar, "Neues Bestelldetail ...", jpgNeu, _
        "=BestelldetailNeu()", BenutzerDarfNeu(), True
    If Not IsNull(frmMe.FeldID.Value) Then
        PopUpButtonHinzu cbrBar, "Bestelldetail ändern ...", _
            jpgFormular, "=BestelldetailBearbeiten(" & _
            frmMe.FeldID.Value & ")"
    End If

End Select
```

Dann erlauben vorhandene Datensätze dieses Menü:

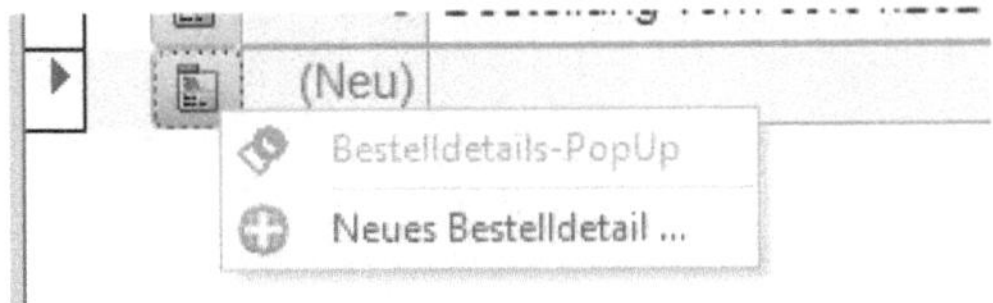

Abbildung 352: Das PopUp-Menü zeigt beide Menüeinträge

Der neue Datensatz zeigt entsprechend nur einen Menüeintrag:

Abbildung 353: Das PopUp-Menü zeigt nur einen Menüeintrag

> **Anmerkung**: Spätestens jetzt ist wohl klar, warum ein einfacher […]-Button überfordert gewesen wäre. Mit einem PopUp-Menü sind nicht nur mehrere Aktionen möglich, sondern bessere Beschriftungen und bei Bedarf inaktive oder unsichtbare Menüeinträge.

Selbst bei diesem sehr einfachen Datenmodell fallen mir übrigens schon drei weitere mögliche Menüeinträge für dieses Formular ein:

- BESTELLUNG ÄNDERN …
- FIRMA ÄNDERN …
- ARTIKEL ÄNDERN …

Diese sind schnell ergänzt:

```
If Not IsNull(frmMe.FeldID.Value) Then
    PopUpButtonHinzu cbrBar, "Bestelldetail ändern ...", _
        jpgFormular, "=BestelldetailBearbeiten(" & _
        frmMe.FeldID.Value & ")"

    PopUpButtonHinzu cbrBar, "Bestellung ändern ...", _
        jpgFormular, "=BestellungBearbeiten(" & _
        frmMe.bsdetbestlIDRef.Value & ")", , True
    PopUpButtonHinzu cbrBar, "Firma ändern ...", _
        jpgFormular, "=FirmaBearbeiten(" & _
        frmMe.bsdetbestlIDRef.Value & ")"
    PopUpButtonHinzu cbrBar, "Artikel ändern ...", _
        jpgFormular, "=ArtikelBearbeiten(" & _
        frmMe.bsdetartikIDRef.Value & ")"

    End If
End Select
```

Dann ist das PopUp-Menü direkt viel umfangreicher:

Abbildung 354: Das PopUp-Menü zeigt weitere Menüeinträge

Auch die neuen Funktionen in *modObjekteBearbeiten* sind reine Fleißarbeit:

```
Function BestellungBearbeiten(lngID As Long)
    DoCmd.OpenForm "frmBestellungDetails", , , "bestlID=" & lngID, , _
        acDialog
End Function


Function FirmaBearbeiten(lngID As Long)
    DoCmd.OpenForm "frmFirmenDetails", , , "firmaID=" & lngID, , _
        acDialog
End Function


Function ArtikelBearbeiten(lngID As Long)
    DoCmd.OpenForm "frmArtikelDetails", , , "artikID=" & lngID, , _
        acDialog
End Function
```

Damit können die Benutzer:innen jetzt direkt von einem Bestelldetail aus beispielsweise Informationen zur Firma oder wie hier zum Artikel anzeigen lassen:

Abbildung 355: Der im Bestelldetail ausgewählte Artikel lässt sich detailliert betrachten

Achtung: Technisch ist das alles fehlerfrei. Meine Erfahrung sagt mir aber, dass es nicht gut ist, allen Benutzer:innen mal eben so schreibenden Zugriff auf diese Fremdschlüssel-Datensätze zu geben. Einige ahnen nämlich nicht, was sie da anrichten. Sie lassen sich beispielsweise den aktuell ausgewählten Artikel in diesem Dialog anzeigen und überschreiben dessen Inhalt.

Dabei wird aber keineswegs für dieses Bestellung Tee statt Kaffee bestellt, sondern der Kaffee-Datensatz mit Tee-Inhalten kaputtgeschrieben. Alle anderen Kaffee-Bestellungen sind damit automatisch Tee-Bestellungen, weil bei gleicher *artikID* ja ein anderer Inhalt drin steht.

Daher ist diese schnelle Anzeige von Daten im Dialog super, aber bei mir normalerweise nur schreibgeschützt erlaubt.

Da die Bearbeitung direkt in dieser Liste nun nicht mehr notwendig (und ja auch nicht gewünscht) ist, können wir nun alle Controls außer Labels und dem Button auf *Aktiviert*: `Nein` und *Gesperrt*: `Ja` stellen.

Da die Design-Regel 7 auf Seite 359 ja forderte, dass inaktive Felder ohne Rahmen dargestellt werden, gilt das auch hier. Also stelle ich die *Rahmenart*: `Transparent` ein. Um auch die *Hintergrundart*: `Transparent` einschalten zu können, muss das *CheckBox*-Control aus der Markierung entfernt werden. Nun sind die Listeneinträge deaktiviert:

viwBestelldetailsUngefiltert

FeldID	Bestellung	Artikel	Bestellnummer	Nettopreis	Menge	Einheit	PreisGesamtNetto	Aktiv	Bemerkung
10	Bestellung vom 05.05.2024 an Gutbau	Kaffeemaschine	AGSGS	19,99 €	1	St.	19,99 €	☑	
11	Bestellung vom 05.05.2024 an Gutbau	Kaffee	ENN-34252-99	9,99 €	2	Pckg.	19,98 €	☑	
12	Bestellung vom 05.05.2024 an Gutbau	Teefilter	OIUZOW1	1,99 €	3	Pckg.	5,97 €	☑	
13	Bestellung vom 05.05.2024 an Gutbau	Tee	99XX-29582	3,75 €	5	Pckg.	18,75 €	☑	Diverse Tee-Sorten
4	Bestellung vom 09.04.2024 an L. Hölscher Soft-l	Kaffefilter		1,99 €	1	Pckg.	1,99 €	☑	
8	Bestellung vom 09.04.2024 an L. Hölscher Soft-l	Tee	99DA-29582	6,50 €	1	Pckg.	6,50 €	☑	Darjeeling
1	Bestellung vom 09.04.2024 an L. Hölscher Soft-l	Buntstift	FC99-348	0,50 €	100	St.	50,00 €	☐	

Abbildung 356: Die Listeninhalte sind deaktiviert

Auf Seite 362 finden Sie die Lösung, wie Sie die DropDown-Buttons der *ComboBox*-Controls auch noch entfernen könnten, damit diese nicht doch noch eine Bedienbarkeit vortäuschen.

Eine wesentliche Korrektur sollten wir allerdings noch vornehmen: Der Button-Name *btnMenueDetails* ist sehr neutral und könnte in jedem Formular so benutzt werden, weil er ja dessen Details betrifft. Er ist aber nicht eindeutig innerhalb der Datenbank.

Daher sollten Sie ihn in *btnMenueDetails_Bestelldetails* ändern und das im Code entsprechend anpassen, damit andere Listenformulare ebenfalls möglich sind:

```
Private Sub btnMenueDetails_Bestelldetails_MouseUp(Button As Integer, _
    Shift As Integer, X As Single, Y As Single)
  ZeigeControlPopUp Me, Me.btnMenueDetails_Bestelldetails, 2, _
    Shift, "Bestelldetails"
End Sub
```

Entsprechend muss in der `ZeigeControlPopUp`-Prozedur dessen Name korrigiert werden:

```
Case "btnmenuedetails_bestelldetails"
```

Jetzt funktioniert das PopUp-Menü wieder und in anderen Listenformularen sind analoge Buttons für Detail-PopUp-Menüs möglich.

Listen filtern

Damit sind wir beim zweiten wichtigen Punkt für Listen, nämlich dem Filtern. Im Gegensatz zu den bisherigen Menüeinträgen betrifft das Filtern die ganze Liste und nicht einen konkreten Eintrag. Daher gehören diese Aktionen nicht in das bereits vorhandene PopUp-Menü.

Tipp 192: Access hat bereits auf Rechtsklick eine eingebaute PopUp-Menü-Filter-Funktion in jeder Spalte und die ist sogar richtig hilfreich. Warum nutze ich die nicht? Weil sie aus zwei Gründen nicht funktionieren wird: Erstens werden die integrierten PopUp-Menüs langfristig sowieso ausgeschaltet und zweitens zeigt beispielsweise eine Access-Runtime diese integrierten PopUp-Menüs nicht an.

Sie können das Verhalten in einer Access-Runtime jederzeit simulieren, indem Sie die Datenbank-Datei als *.accdr* umbenennen und erneut starten. Sie werden staunen, was da alles nicht enthalten ist!

Theoretisch wären diese einzubauenden Filter dort gut aufgehoben, wo Access sie auch anbietet, nämlich per Rechtsklick im Datenfeld. Allerdings sind hier alle Daten-Controls inaktiv und damit funktioniert auch ein Rechtsklick nicht mehr. Die andere erwartungstypische Position dafür sind die Spaltentitel.

Anstatt nun dort überall diese PopUp-Menü-Buttons einzubauen, was abgesehen von der Fleißarbeit vor allem ein Platzproblem wird, nutze ich dort ebenfalls den Rechtsklick. Das funktioniert nämlich auch auf einem *Label*-Control.

Benennen Sie zuerst das Label-Control über der *bsdetBestellnummer*-Spalte als *lblBestellnummer* um. Dann weisen Sie seiner *Bei Maustaste Auf*-Eigenschaft die `[Ereignisprozedur]` zu und ergänzen den VBA-Code ähnlich wie bereits beim Button:

```
Private Sub lblBestellnummer_MouseUp(Button As Integer, Shift As Integer, _
    X As Single, Y As Single)
    ZeigeControlPopUp Me, Me.lblBestellnummer, Button, Shift, _
        "Bestellnummer"
End Sub
```

Damit auch zu sehen ist, dass dieses Label ein PopUp-Menü enthält, sollte es ebenfalls kenntlich gemacht werden. Das wird ja vom Kopf-Unterformular aus erledigt. Die bisherige, von Access automatisch erzeugte Überschrift wird daher endlich ersetzt durch das Unterformular mit *sfmKopf* darin. Sie können das am einfachsten direkt aus irgendeinem Detailformular hier hineinkopieren.

Dann passen Sie dessen Beschriftung noch mit der `Form_Open`-Prozedur an:

```
Private Sub Form_Open(Cancel As Integer)
    SetzeKopf Me, "Liste Bestelldetails"
End Sub
```

So nutzt auch das Listenformular das gleiche Kopf-Design wie die übrigen:

frmBestelldetails_Liste

Liste Bestelldetails

FeldID	Bestellung	Artikel	Bestellnummer	Nettopreis	Menge	Einheit	PreisGesamtNetto	Aktiv	Bemerkung
10	Bestellung vom 05.05.2024 an Gutbau	Kaffeemaschine	AGSGS	19,99 €	1	St.	19,99 €		
11	Bestellung vom 05.05.2024 an Gutbau	Kaffee	ENN-34252-99	9,99 €	2	Pckg.	19,98 €		
12	Bestellung vom 05.05.2024 an Gutbau	Teefilter	OIUZOW1	1,99 €	3	Pckg.	5,97 €		
13	Bestellung vom 05.05.2024 an Gutbau	Tee	99XX-29582	3,75 €	5	Pckg.	18,75 €		Diverse Tee-Sorten
4	Bestellung vom 09.04.2024 an L. Hölscher Soft-I	Kaffefilter		1,99 €	1	Pckg.	1,99 €		
8	Bestellung vom 09.04.2024 an L. Hölscher Soft-I	Tee	99DA-29582	8,50 €	1	Pckg.	8,50 €		Darjeeling

Abbildung 357: Das Listenformular zeigt den gleichen Formularkopf wie Detailformulare

Aber spätestens jetzt sollten wir uns an die Design-Regel 1 auf Seite 356 und an die Design-Regel 3 auf Seite 356 erinnern, dass nämlich alle Schriften schwarz sind und Labels eine magere und Datenfelder eine fette Schrift anzeigen. Daher korrigiere ich das hier, damit sich auch das Listenformular insgesamt jetzt an das allgemeine Design hält:

Abbildung 358: Das Listenformular zeigt das gleiche Design wie Detailformulare

Wenn Sie genau schauen, werden Sie sehen, dass es noch nicht ganz passt. Das *FeldID-EditField*-Control sollte anders (im Moment weiß auf schwarz) aussehen, dazu muss dessen *Marke*-Eigenschaft aber noch als ID gekennzeichnet werden. Nachdem Sie das eingestellt haben, ändert sich jedoch nicht wie sonst das zugehörige *Label*-Control:

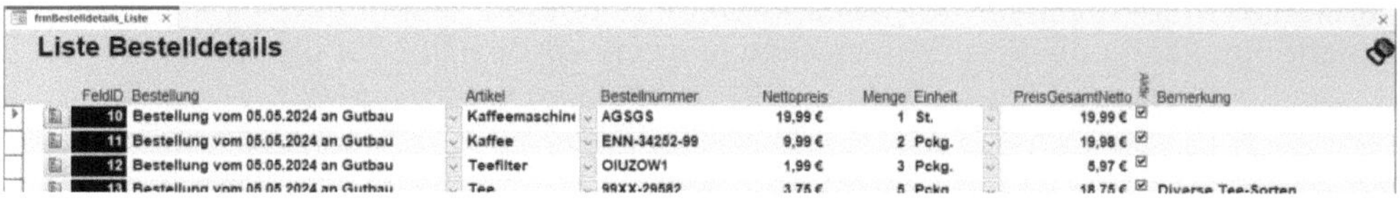

Abbildung 359: Für die FeldID ändert sich nur das EditField-Control

Anmerkung: Eigentlich müsste ein verbundenes *Label*-Control ja vom VBA-Code erkannt werden, daher mag es Sie überraschen, dass das hier nicht funktioniert. Wenn Sie es überprüfen, werden Sie feststellen, dass in Endlosformularen das *EditField*-Control gar nicht mit seinem oberhalb stehenden *Label*-Control verbunden ist. Das geht auch nicht, weil es sich im Formularkopf und nicht im gleichen Detailbereich befindet.

Sinnvollerweise stellen Sie *Marke*: ID auch für das *Label*-Control mit der Beschriftung FeldID ein. Trotzdem ändert sich dessen Aussehen nicht!

Prüfen Sie bitte mal die beim Laden des *sfmKopf*-Formulars ja automatisch aufgerufene Form_Load-Prozedur. Dort werden nämlich *Label*-Controls bisher gar nicht untersucht und angepasst. Das gilt ebenso für das *lblBestellnummer*, welches ja längst den gestrichelten Rahmen wegen seiner *Bei Maustaste Auf*-Eigenschaft mit dem PopUp-Menü hätte haben sollen. Ergänzen Sie daher den VBA-Code so, dass auch *Label*-Controls geprüft werden:

```
Select Case TypeName(ctlX)
Case "textbox", "combobox", "listbox", "label"
    If ctlX.Tag = "id" Then
```

Jetzt werden beide *Label*-Controls korrekt formatiert:

Abbildung 360: Beide Label-Controls sind korrekt formatiert

Es gibt zwar schon das rudimentäre PopUp-Menü für *lblBestellnummer*, aber keine funktionsfähigen Menüeinträge.

> **Hinweis**: Hier braucht es wieder zwei neue **.jpg*-Grafiken inklusive den passenden *Enumerations*-Werten `jpgFilterLoeschen` und `jpgFilter`.

Beispielhaft soll hier nach *mit/ohne Bestellnummer* gefiltert und der Filter selbstverständlich auch wieder aufgehoben werden können. Dabei nutze ich jeweils die gleiche Funktion und eine Enumeration in *modVarKonstDLL* für die Unterschiede:

```
Enum enmFilterBestellNummer
    fbnAlle
    fbnMit
    fbnOhne
End Enum
```

So können wir schon mal die Menüeinträge in `ZeigeControlPopUp` ergänzen:

```
    End If
    Case "lblbestellnummer"
        PopUpButtonHinzu cbrBar, "Filter anzeigen ...", jpgInfo, _
            "=BestellnummerFilterZeigen()", , True
        PopUpButtonHinzu cbrBar, "Mit Bestellnummer", jpgFilter, _
            "=BestellnummerFiltern(" & fbnMit & ")", , True
        PopUpButtonHinzu cbrBar, "Ohne Bestellnummer", jpgFilter, _
            "=BestellnummerFiltern(" & fbnOhne & ")"
        PopUpButtonHinzu cbrBar, "Filter löschen", jpgFilterLoeschen, _
            "=BestellnummerFiltern(" & fbnAlle & ")", , True
    End Select
```

Die dort angegebenen Funktionen existieren zwar noch nicht, aber das PopUp-Menü sollte jetzt schon passend aussehen:

Abbildung 361: Das erste Filter-PopUp-Menü ist vorbereitet

Jetzt kommt aber ein wahrscheinlich eher überraschendes Problem: Wie bekommen wir den gewünschten Filter in das Formular? Natürlich ist es technisch möglich, die *Filter*-Eigenschaft des Formulars von hier aus zu setzen. Aber es wird mehrere filterbare Spalten geben, die sich nicht gegenseitig überschreiben dürfen.

Also muss jedes dieser Filter-PopUp-Menüs seine Filter irgendwo hinterlegen, wo eine zentrale Formular-Prozedur sie später abholt und auswertet. Wenn Sie Glück haben, ist die *Marke*-Eigenschaft des *Label*-Controls noch ungenutzt. Genau dafür ist sie nämlich gedacht, dass Sie eigene Inhalte speichern können!

Tipp 193:   Wenn Sie weniger Glück haben und diese *Marke*-Eigenschaft schon für andere Zwecke genutzt wird, müssen Sie im Formular-Code mit

```
Public m_strFilterBestellnummer As String
```

eine öffentliche Variable vorbereiten, die dann diese Speicherfunktion übernimmt. Jede gefilterte Spalte braucht dabei eine eigene Variable.

Schreiben Sie mit der folgenden Funktion im Modul *modPopUpControls* den jeweiligen Filter in die *Marke*-(Tag-)Eigenschaft:

```
Function BestellnummerFiltern(fbnTyp As enmFilterBestellNummer)
    Dim strF As String

    Select Case fbnTyp
    Case fbnMit: strF = "bsdetBestellnummer IS NOT NULL"
    Case fbnOhne: strF = "bsdetBestellnummer IS NULL"
    Case fbnAlle: strF = ""
    End Select
    p_frmPopUpFormular.lblBestellnummer.Tag = strF

    'p_frmPopUpFormular.m_strFilterBestellnummer = strF
End Function
```

Tipp 194:   Passend zum vorherigen Tipp sehen Sie schon als Kommentar im Code, wie Sie statt der *Marke*-(Tag-)Eigenschaft die Variable nutzen.

Im PopUp-Menü gab es bereits einen Menüeintrag, mit dem Sie leicht prüfen können, ob der Inhalt dort auch angekommen ist. Die zugehörige Prozedur (ebenfalls im Modul *modPopUpControls*) zeigt lediglich diese *Marke*-Eigenschaft an:

```
Function BestellnummerFilterZeigen()
    MsgBox "Bestellnummer-Filter: " & _
        p_frmPopUpFormular.lblBestellnummer.Tag, vbInformation, _
        p_cstrMsgTitel
End Function
```

Setzen Sie einen beliebigen Filter und prüfen den Inhalt mit *Filter anzeigen ...*, dann sollte dort so etwas erscheinen wie hier:

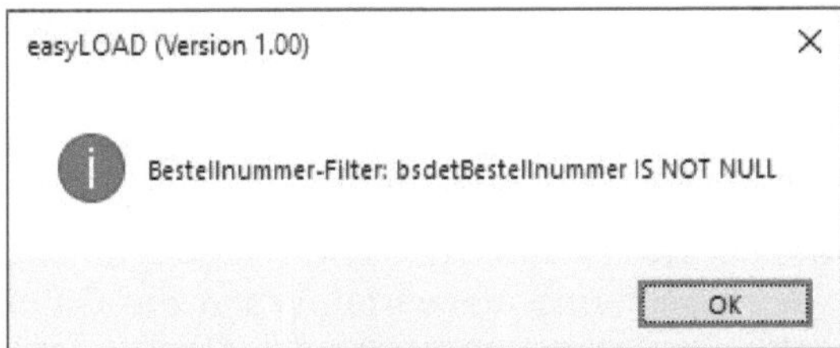

Abbildung 362: Der aktuelle Bestellnummer-Filter wird angezeigt

Das sieht ja alles hübsch aus, filtert aber noch gar nicht. Dazu braucht es eine Prozedur innerhalb des Formulars, welche vorgegebene *Label*-Controls auf ihre *Marke*-Inhalte untersucht und daraus den eigentlichen Filter erstellt.

Erstellen Sie dazu im VBA-Modul von *frmBestelldetails_Liste* diese (öffentliche!) Prozedur, welche die Aufgabe des eigentlichen Filterns übernimmt:

```
Sub Filtern()
    Dim strFilter As String

    If Me.lblBestellnummer.Tag <> "" Then
        strFilter = strFilter & " AND " & Me.lblBestellnummer.Tag
    End If

    If strFilter <> "" Then
        strFilter = Mid(strFilter, Len(" AND ") + 1)
        Me.Filter = strFilter
        Me.FilterOn = True
    Else
        Me.Filter = ""
        Me.FilterOn = False
    End If
End Sub
```

Die Prozedur darf nicht `Private` sein, weil sie demnächst von außerhalb des Formulars aus aufgerufen wird. Sie prüft derzeit nur in *lblBestellnummer*, ob dort etwas hinterlegt ist. Aber dieser *IfEndIf*-Block wiederholt sich nur für jede weitere Spalte mit Filter, so dass der Code immer sehr einfach und übersichtlich bleibt.

Tipp 195:   Falls ein Filter gefunden wird, beginnt er allerdings mit `" AND "`, was durch die `Mid()`-Funktion wieder entfernt wird.

Alternativ könnten Sie auch "1=1" davor einfügen. Das ist eine inhaltliche völlig überflüssige Bedingung, die aber syntaktisch zum folgenden `" AND "` passt und alleine oder mit weiteren Filtern stehenbleiben darf.

Der Aufruf erfolgt immer dann, wenn sich einer der Filter ändert, hier also in der `BestellnummerFiltern`-Prozedur:

```
    p_frmPopUpFormular.lblBestellnummer.Tag = strF
```

```
    p_frmPopUpFormular.Filtern
End Function
```

> **Hinweis**: Sie werden bei der Eingabe dieser neuen Zeile eventuell IntelliSense vermissen. Da `p_frmPopUpFormular` jedoch absichtlich eine sehr unspezifische *Form*-Variable ist, kann ihr Datentyp nicht ahnen, dass in einem der Formulare eine `Filtern`-Prozedur vorhanden ist. Zur Laufzeit wird diese (hoffentlich!) gefunden und alles ist gut.

Sie können jetzt diesen eigenen PopUp-Menü-Filter testen, so dass das Listenformular anhand der Auswahl gefiltert wird:

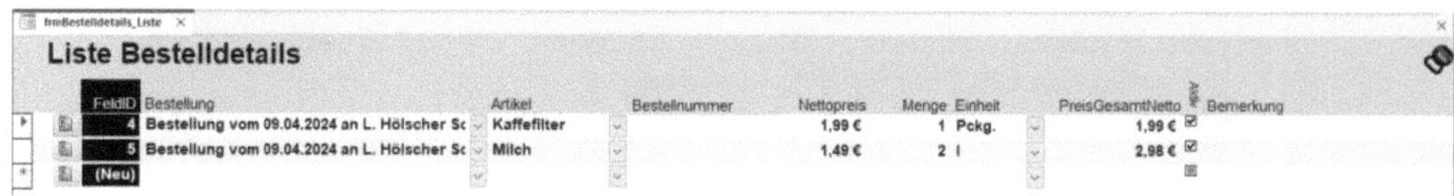

Abbildung 363: Der aktuelle Filter zeigt nur Datensätze ohne Bestellnummer

Ich hatte ja versprochen, dass damit sehr leicht auch mehrere Filterspalten vorbereitet werden können. Das soll nun geschehen. Die *Bemerkung*-Spalte wäre jedoch so identisch, dass ich Ihnen lieber eine andere Spalte zeigen möchte.

Die *Einheit*-Spalte enthält Werte, die ein paar mehr Varianten bieten und vor allem aus einer Nachschlagetabelle kommen. Diese sollen ebenfalls filterbar sein.

> **Anmerkung**: Ich werde immer alle Einheiten im Filter anbieten, nicht nur diejenigen, die gerade im Formular benutzt werden. Das ginge auch, ist aber mehr Schreibarbeit und vor allem bei größeren Datenmengen langsamer.

Es beginnt wieder mit der Umbenennung der Überschrift in *lblEinheit* und der Erzeugung seiner *Bei Maustaste Auf*-Prozedur:

```
Private Sub lblEinheit_MouseUp(Button As Integer, Shift As Integer, _
    X As Single, Y As Single)
    ZeigeControlPopUp Me, Me.lblEinheit, Button, Shift, "Einheit"
End Sub
```

Dann wechseln Sie in die `ZeigeControlPopUp`-Prozedur und erweitern diese so, dass am Anfang zwei neue Variablen deklariert werden:

```
    Dim cbtPopUp As CommandBarPopup
    Dim rcsF As DAO.Recordset
    Dim strX As String
    Dim lngX As Long
```

Am Ende folgt ein neuer Block in der *SelectCase*-Struktur:

```
    Case "lbleinheit"
        Dim rcsF As DAO.Recordset
        Dim lngX As Long
```

```
        PopUpButtonHinzu cbrBar, "Filter anzeigen ...", jpgInfo, _
            "=EinheitFilterZeigen()", , True
        Set rcsF = CurrentDb.OpenRecordset( _
            "viwNachschlagewerte_Einheiten", dbOpenDynaset)
        Do Until rcsF.EOF
            PopUpButtonHinzu cbrBar, rcsF.Fields("FeldAnzeigen").Value, _
                jpgFilter, "=EinheitFiltern(" & _
                rcsF.Fields("FeldID").Value & ")", , lngX = 0
            lngX = lngX + 1
            rcsF.MoveNext
        Loop
        PopUpButtonHinzu cbrBar, "Filter löschen", jpgFilterLoeschen, _
            "=EinheitFiltern(0)", , True
    End Select
```

Tipp 196:   Nur der erste Filter-Menüeintrag soll einen Trennstrich erhalten. Daher zählt die Schleife einfach eine *Long*-Variable hoch und setzt den `BeginGroup`-Parameter nur, falls `lngX = 0` ist.

Damit erzeugt das PopUp-Menü seine Menüeinträge automatisch anhand der vorhandenen Daten:

Abbildung 364: Das PopUp-Menü zeigt eine Auswahl möglicher Daten

Jetzt fehlen natürlich noch die Prozeduren, die in den PopUp-Menüeinträgen aufgerufen wurden:

```
Function EinheitFilterZeigen()
    MsgBox "Einheit-Filter: " & p_frmPopUpFormular.lblEinheit.Tag, _
vbInformation, p_cstrMsgTitel
End Function
```

```
Function EinheitFiltern(lngID As Long)
    Dim strF As String

    Select Case lngID
    Case 0: strF = ""
    Case Else: strF = "bsdetnwertIDRef_Einheit=" & lngID
    End Select
    p_frmPopUpFormular.lblEinheit.Tag = strF
    p_frmPopUpFormular.Filtern
End Function
```

Vor allem aber muss die `Filtern`-Prozedur in *frmBestelldetails_Liste* dieses *Label*-Control mit seiner `Tag`-Eigenschaft berücksichtigen:

```
Sub Filtern()
    Dim strFilter As String

    If Me.lblBestellnummer.Tag <> "" Then
        strFilter = strFilter & " AND " & Me.lblBestellnummer.Tag
    End If


    If Me.lblEinheit.Tag <> "" Then
        strFilter = strFilter & " AND " & Me.lblEinheit.Tag
    End If
```

Haben Sie gesehen, wie einfach die Erweiterung um eine neue filterfähige Spalte ist? Das ist mehr Kopierarbeit als wirkliches Nachdenken.

Wenn Ihre Benutzer:innen Bestelldetails *mit Bestellnummer* und der Einheit *St.* filtern, gibt es also dieses Ergebnis:

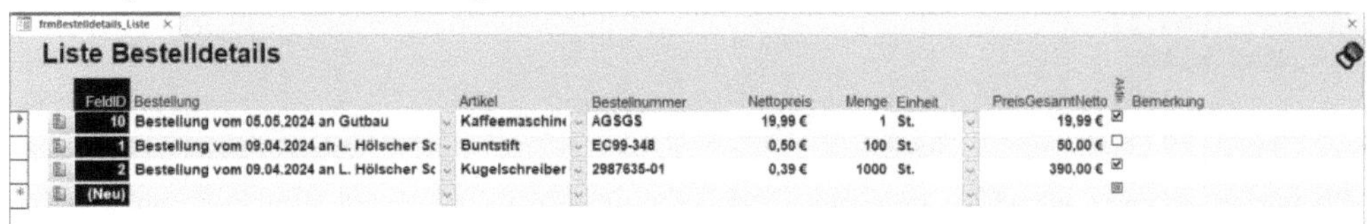

Abbildung 365: Im Formular sind zwei Spalten gefiltert

Aber erneut ist eines meiner Bedienungsoberflächen-Prinzipien verletzt worden: Woher sollen Benutzer:innen wissen, welche oder wenigstens dass überhaupt Filter gesetzt wurden?

Um den technischen Aufwand klein zu halten und nicht an jeder filterfähigen Spalte kleine Icons vorbereiten zu müssen, die dann eingeblendet würden, wähle ich eine farbige Kennzeichnung. Die ist hier jetzt nicht hübsch, aber im schwarz-weißen Buch wenigstens erkennbar. Sie können das ja nach Belieben variieren.

Sobald eine Spalte gefiltert wird, soll deren Überschrift orange hinterlegt sein, andernfalls ist das *Label*-Control wie bisher transparent. Dazu bereite ich im Modul *modFunktionen* eine Funktion für die Farbe vor:

```
Function FarbeGefiltert() As Long
    FarbeGefiltert = RGB(250, 82, 0)  'orange
End Function
```

Eigentlich würde die `Filtern`-Prozedur nun so umgeschrieben, dass die beiden schon vorhandenen *IfEndIf*-Blöcke um die Farbanpassungen erweitert würde. Damit es kompakter wird, habe ich eine *With*-Struktur drumherum geschrieben:

```
Sub Filtern()
    Dim strFilter As String

    With Me.lblBestellnummer
        If .Tag = "" Then
            .BackColor = FarbeGefiltert()
            .BackStyle = 0
        Else
            strFilter = strFilter & " AND " & .Tag
            .BackStyle = 1
        End If
    End With

    With Me.lblEinheit
        If .Tag = "" Then
            .BackColor = FarbeGefiltert()
            .BackStyle = 0
        Else
            strFilter = strFilter & " AND " & .Tag
            .BackStyle = 1
        End If
    End With

    If strFilter <> "" Then
```

Aber dabei sind so viele gleiche Code-Zeilen enthalten (und werden demnächst sicherlich noch mehr), dass ich das lieber gleich ordentlich mache. Dabei ist zu beachten, dass eine Variable `strFilter` fortlaufend gefüllt werden muss, ich werde hier also ausnahmsweise mal einen Rückgabeparameter benutzen.

Tipp 197: Rückgabeparameter brauchen eigentlich keine Ankündigung, alle „normalen" Parameter sind dafür geeignet, denn ohne explizites `ByVal` sind alle Parameter `ByRef`, sprich: referenziert. Sie funktionieren aber nur dann, wenn dort auch eine Variable übergeben wird, welche die Änderungen wieder aufnehmen kann. Daher würde ich Ihnen empfehlen, im Code wenigstens für den:die nächste Programmierer:in darauf hinzuweisen.

Schreiben Sie in einem neuen Modul *modSubs*[118] diese Prozedur:

```
Sub FilterLabelSetzen(lblDieses As Label, strFilter As String)
    'Achtung, strFilter ist Rückgabeparameter!
    With lblDieses
        If .Tag = "" Then
            .BackColor = FarbeGefiltert()
            .BackStyle = 0
        Else
            strFilter = strFilter & " AND " & .Tag
            .BackStyle = 1
        End If
    End With
End Sub
```

Sie können das fast komplett aus dem bisherigen Code herauskopieren, die Abweichungen haben ich oben fett markiert. Dann müssen Sie das nur noch in der `Filtern`-Prozedur aufrufen:

```
Sub Filtern()
    Dim strFilter As String

    FilterLabelSetzen Me.lblBestellnummer, strFilter
    FilterLabelSetzen Me.lblEinheit, strFilter


    If strFilter <> "" Then
```

Sehen Sie, wie viel kürzer und lesefreundlicher das ist? Und diese Hilfsprozedur `FilterLabelSetzen` lässt sich nebenbei bereits für alle anderen Listenformulare auch nutzen, weil sie ja öffentlich ist.

Ab jetzt sind die Label-Controls von gefilterten Spalten farbig hinterlegt und damit schnell zu erkennen:

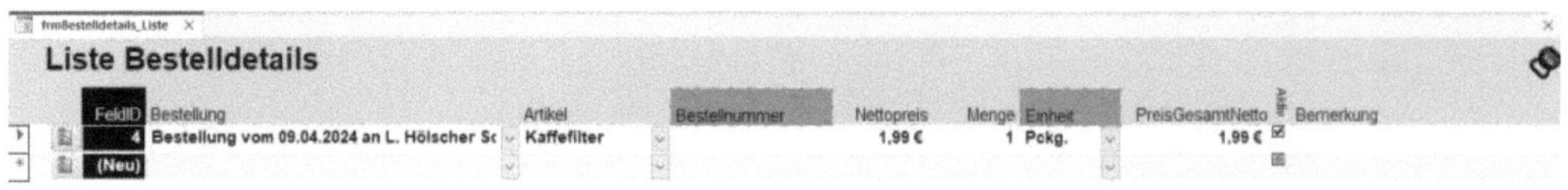

Abbildung 366: Im Formular sind zwei Spalten gefiltert und erkennbar

Damit dieses Listenformular nicht nur testweise einzeln, sondern auch im Treeview benutzt werden kann, muss dort zuerst unterhalb eines Bestellung-Knotens mit dem Knotentyp `kttBestellungen_Name` ein Bestelldetails-Knoten eingefügt werden.

Dazu braucht es zwei neue *Enumeration*-Werte `kttBestelldetails_Wort` und

---

[118] Das ist sozusagen das Gegenstück zu *modFunktionen*.

`kttBestelldetails_Name`. Ergänzen Sie in *modTreeviewExpandieren* diese zwei `Case`-Elemente:

```
Case kttBestellung_Name
    KnotenEinzeln trvDieser, nodExpandiert, "Bestelldetails", _
        kttBestelldetails_Wort, icnBestelldetail

Case kttBestelldetails_Wort
    KnotenAusQuery trvDieser, nodExpandiert, _
        "SELECT * FROM viwBestelldetails WHERE bsdetbestlIDRef=" & _
        strIDEltern & " ORDER BY FeldAnzeigen", _
        kttBestelldetails_Name, icnBestelldetail, False
```

Dabei ist nur der erste *Case*-Block im Moment für die Liste wichtig, der zweite ist vorausschauend für die eigentlichen Inhalte.

Außerdem müssen Sie überall, wo ein Knoten als `kttBestellung_Name` am Ende mit dem `booMitLeer`-Parameter explizit auf `False` gesetzt wurde, diesen entfernen oder auf seinen Standardwert `True` setzen. Ansonsten würde der neue Knoten nirgends angezeigt.

Der Treeview zeigt nun zu den Bestellungen diesen Gruppenknoten und, falls vorhanden, dessen Bestelldetails:

Abbildung 367: Der Treeview zeigt die Bestelldetails zur Bestellung

Damit die passenden und schon vorhandenen Formulare beim Anklicken der Knoten erscheinen, muss in *modTreeviewAnklicken* die *SelectCase*-Struktur erweitert werden:

```
        Case kttFilter_Name, kttOption_Name: _
            Screen.ActiveForm.subDetails.SourceObject = _
            "frmNachschlagewerteDetails"
        Case kttBestelldetails_Wort: _
            Screen.ActiveForm.subDetails.SourceObject = _
            "frmBestelldetails_Liste"
        Case kttBestelldetails_Name: _
            Screen.ActiveForm.subDetails.SourceObject = _
            "frmBestelldetailsDetails"
        Case Else: Screen.ActiveForm.subDetails.SourceObject = "frmLeer"
    End Select
```

Für die normalen Detailformulare funktioniert das auf Anhieb, aber dieses Listen-formular verhält sich anders. Es wird einen Fehler melden, weil keine sinnvolle *FeldID* filterbar ist und vor allem der Datentyp nicht passt. Daher müssen wir zuerst einmal abfangen, dass nur Zahlen als Filter erlaubt sind:

```
    With Screen.ActiveForm.subDetails.Form
        If IsNumeric(strIDDiese) Then
            .Filter = "[FeldID]=" & strIDDiese
            .FilterOn = True
        Else
            Select Case kttDieser
            Case kttBestelldetails_Wort: _
                .RecordSource = "SELECT * FROM " & _
                "viwBestelldetails WHERE bsdetbestlIDRef=" & _
                LiesTag(nodAngeklickt.Parent.Tag, eleFeldID)
            End Select
        End If
    End With
End Sub
```

Falls keine Zahl als Filter übergeben wurde, handelt es sich um eine Knotengruppe und für dieses Listenformular wird dann explizit die Datenquelle neu geschrieben.

Tipp 198:   Ich ändere hier für das eingebettete Listenformular absichtlich dessen Datenquelle und nicht wie für Detailformulare nur den Filter. Ansons-ten kämen nämlich die neuen Spaltenfilter diesem anfänglichen Filter in die Quere und würden ihn beim ersten Aufruf überschreiben. Da hier schon die Datenquelle selber gefiltert ist, „merkt" das Formular nichts davon, wenn es eigene Filter setzt.

Nun lässt sich das Formular anzeigen und zeigt genau die zur Bestellung passen-den Bestelldetails:

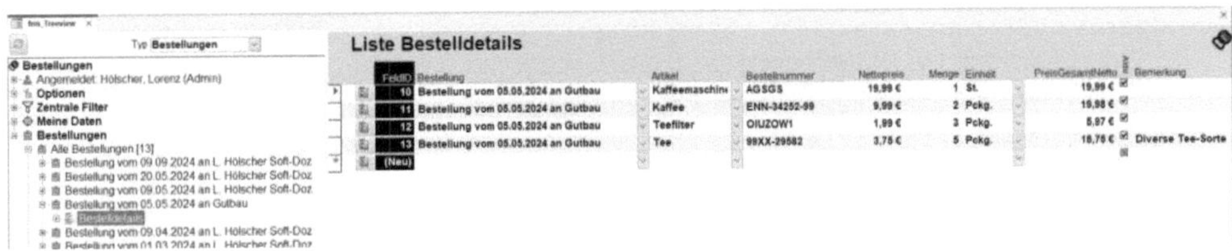

Abbildung 368: Auch das Formular zeigt die zur Bestellung passenden Bestelldetails

Es gibt auch hier noch eine Kleinigkeit zu verbessern. Während der anfänglichen Tests mit dem Endlosformular wurde noch der Formularfuß mit der Summe angezeigt. Jetzt mit dem *sfmKopf* darin wird die Fußzeile automatisch versteckt, sobald das Formular als eingebettet erkannt wird.

Da hier im Formularfuß aber keine [ABBRECHEN]- oder [OK]-Buttons enthalten sind, soll dieser sichtbar bleiben. Das ist eine kleine Korrektur im Code von *sfmKopf*:

```
    If IstEingebettet(Me.Parent) Then
        If Me.Parent.DefaultView = 0 Then    'also Einzelformular
            With Me.Parent.Formularfuß
                .Visible = False
                .Height = 0
            End With
        End If
    End If
End Sub
```

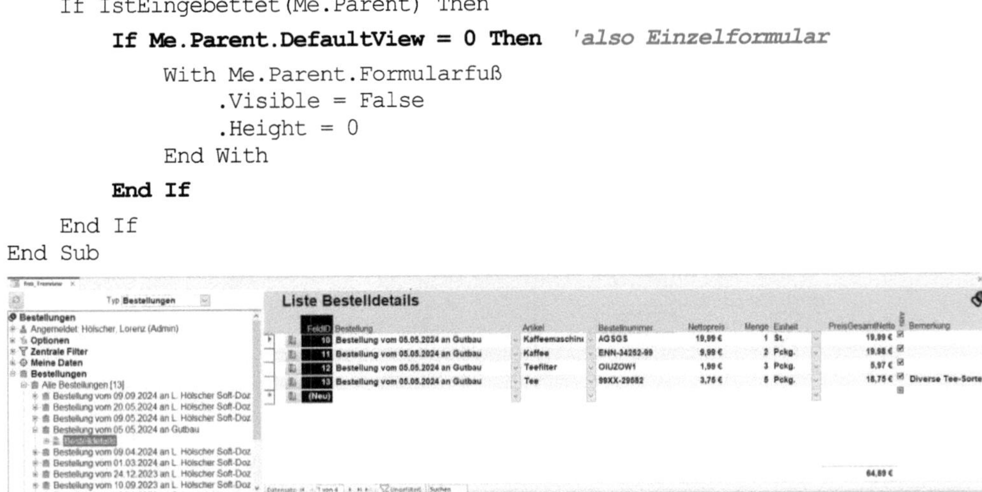

Abbildung 369: Das Listenformular zeigt nun wieder seine Fußzeile

Damit wird die Fußzeile nur bei eingebetteten Formularen mit Einzelansicht weggeblendet, Listenformulare zeigen sie weiterhin an.

Formular-Instanzen

Damit kommen wir sozusagen zur Oberklasse der Programmierung und das dürfen Sie gerne wörtlich nehmen. Es geht nämlich um Klassen.

Anmerkung: Falls Sie sich noch nicht mit Klassen beschäftigt haben, möchte ich Ihnen hier kurz das Nötigste näherbringen. Eine Klasse ist eine Art Stempel und jeder Aufruf ist der Stempelabdruck (offiziell: eine Instanz der Klasse). So wie im Stempelabdruck beispielsweise noch ein individuelles Datum ausgefüllt werden kann, sind alle Daten, Variablen oder sonstigen Inhalte jeder Instanz komplett voneinander getrennt, ohne dass Sie da irgendwas vorbereiten müssen.

Nicht, dass Sie jetzt denken, das sei ein völlig neues Konzept. Sie arbeiten nämlich schon immer mit Klassen, jeder Formular- und jeder Berichts-Entwurf beispielsweise ist eine Klasse und deren Anzeige auf dem Bildschirm eine Instanz. Bei Endlosformularen sehen Sie beispielsweise mehrere Instanzen des Detailbereichs.

In Access merken Sie relativ wenig davon, dass praktisch alles Instanzen von Klassen sind. Vor allem sorgt Access dafür, dass von den typischen Entwurfsklassen in einer Datenbank jede nur eine Instanz anzeigt. Mit `DoCmd.OpenForm` wird beim zweiten Aufruf des gleichen Formulars (genauer: des gleichen Formularentwurfs, also der Klasse) keine zweite Instanz erzeugt, sondern lediglich wieder die erste Instanz aktiviert.

Tatsächlich aber haben wir schon explizit Formularklassen mit mehreren Instanzen eingesetzt: Das eingebettete *smfKopf*-Formular ist jeweils eine Instanz. Nur deswegen kann es überhaupt in jedem Formular unterschiedliche `Caption`-Werte für sein *lblTitel*-Control anzeigen.

Wenn jetzt also das Ziel darin besteht, ein Formular mehrfach anzuzeigen, müssen wir zuerst die Hürde überwinden, dass Access normalerweise nicht automatisch mehrere Instanzen erzeugt.

Dasjenige Formular, welches mehrfach angezeigt werden soll, ist das Treeview-Formular selber. Damit ermöglichen wir nämlich auf einfachste Art und Weise, Daten parallel anzuzeigen, etwa von zwei unterschiedlichen Firmen.

Tipp 199:   Was hier so harmlos daherkommt, nämlich die parallele Anzeige eines Formulars, erspart Ihnen unglaublich viel Programmierung. Weil gerade das Treeview-Formular mehrfach angezeigt wird und alle anderen Formulare darin eingebettet sind, müssen Sie sich nur um ein einziges Formular kümmern. Normalerweise müssten Sie nämlich für jeden einzelnen Formularentwurf die Instanzen verwalten, also für Firmen, Artikel, Bestellungen, Personen, etc. einzeln. Das wäre richtig viel Aufwand!

Beginnen wir also zuerst mit der grundsätzlichen Technik, um ein Formular mehrfach anzuzeigen. Wie Sie schon gelesen haben, funktioniert `DoCmd.OpenForm` dafür nicht. Sie brauchen nicht nur eine passende Variable, in welcher die Instanz verwaltet wird, sondern vor allem einen „richtigen" Klassen-Aufruf.

Tipp 200:   Am wichtigsten ist es, dass diese Variable öffentlich ist, denn lokale Variablen werden am Ende einer Prozedur gelöscht und dadurch auch das Formular schneller wieder geschlossen, als Sie gucken können.

Das ist immer sehr frustrierend, wenn man sich erstmalig daran versucht.

Der Übersichtlichkeit halber schreibe ich das in ein neues Modul *modTreeviewKlassen*. Weil ich zum ersten Probieren zwei Instanzen des Treeview-Formulars anzeigen will, brauche ich zwei Variablen. Diese stehen am Anfang des Moduls, damit sie Modul-öffentlich sind:

```
Dim m_frmTV1 As Form_frm_Treeview
Dim m_frmTV2 As Form_frm_Treeview
```

Wie Sie vielleicht bemerkt haben, ist die eigentliche Klasse des Formulars sein VBA-Modul. Das, was Sie als grafischen Entwurf bearbeiten, ist „nur" die hübsche Oberfläche dazu. Die Variable hat daher jeweils den Datentyp des zugehörigen VBA-Moduls, der immer mit `Form_` bzw. bei Berichten mit `Report_` beginnt.

Tipp 201:   Wenn Sie ein Formular (oder immer auch einen Bericht) als Klasse aufrufen wollen, welches eigentlich gar keinen VBA-Code benötigt, können Sie die Erstellung seines VBA-Moduls erzwingen, indem Sie die Formular-Eigenschaft *Enthält Modul* auf `Ja` stellen.

Damit ist die Klasse deklariert. Deren Aufruf erfolgt innerhalb einer Prozedur in diesem Modul:

```
Sub TreeviewParallel()
    Set m_frmTV1 = New Form_frm_Treeview
    m_frmTV1.Visible = True

    Set m_frmTV2 = New Form_frm_Treeview
    m_frmTV2.Visible = True
End Sub
```

Tipp 202:   Es ist wichtig, dass Sie die so erzeugte Instanz auch explizit sichtbar machen. Sonst ist die Instanz zwar vorhanden, aber nicht auf dem Bildschirm angezeigt. Der Vorteil dieser Aufteilung in Erzeugung und Anzeige besteht darin, dass Sie dazwischen noch Einstellungen vornehmen können, deren Änderungen nicht auf dem Bildschirm flackern, weil es noch unsichtbar ist.

Wenn Sie diese Prozedur starten, erscheint das Treeview-Formular identisch in zwei Registern:

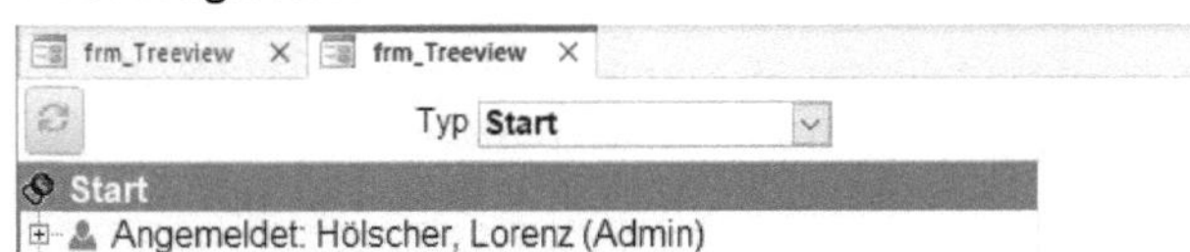

Abbildung 370: Das Treeview-Formular wird parallel zweifach angezeigt

Beide Formular-Instanzen sind völlig unabhängig voneinander, Sie können also darin anklicken, was Sie wollen, ohne dass die jeweils andere Instanz davon betroffen ist. Damit ist eigentlich alles schon fertig, allerdings gibt es natürlich noch viele Verbesserungen.

Die Nutzung durchnummerierter Variablen beispielsweise ist so unelegant, dass ich überlegt hatte, ob ich mich das überhaupt traue hinzuschreiben. Anständigerweise benutzt man dafür ein Array, also so:

```
Dim m_frmTV(1) As Form_frm_Treeview

Sub TreeviewParallel()
    Dim bytNr As Byte

    For bytNr = 0 To UBound(m_frmTV)
        Set m_frmTV(bytNr) = New Form_frm_Treeview
        m_frmTV(bytNr).Visible = True
    Next
End Sub
```

Da das Array 0-basiert ist, enthält die Deklaration von `m_frmTV(1)`[119] zwei Elemente. In der folgenden Schleife gehe ich allerdings niemals davon aus, dass hier die Anzahl der Array-Elemente 1 ist, sondern frage das immer mit der `UBound()`-Funktion (*upper bound* = obere Grenze, also Anzahl der Elemente) ab.

Dadurch reicht diese Änderung in der Deklaration, um sofort 10 parallele Treeview-Formulare erzeugen zu lassen:

```
Dim m_frmTV(9) As Form_frm_Treeview
```

Wie Sie sehen, ist das kein Problem:

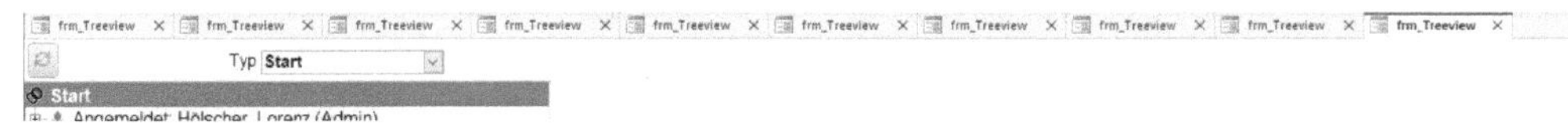

Abbildung 371: Das Treeview-Formular wird auch zehnfach angezeigt

---

Tipp 203: So schnell diese zehn Instanzen sich erzeugen lassen, so mühsam ist es, diese mit zehn einzelnen Klicks wieder zu löschen. Nutzen Sie per Maus-Rechtsklick auf eine Registerlasche dazu den Befehl ALLE SCHLIEßEN:

---

[119] Bitte beachten Sie, dass der Variablenname seine Nummer verloren hat, weil es nun ja ein Array ist und keine durchnummerierte Variable.

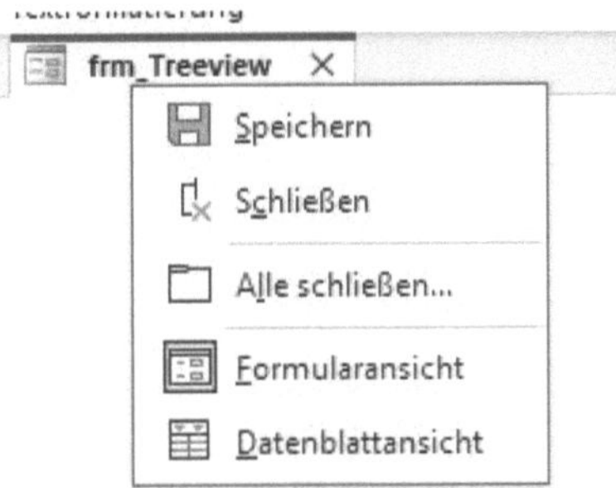

Haben Sie bemerkt, dass es den Befehl FORMULARENTWURF hier in diesem PopUp-Menü jetzt nicht gibt? Das passiert, weil es eine echte Instanz ist und Sie explizit deren Klassen-Entwurf benutzen müssen. Für „normale" Aufrufe von Formularen ist der Menübefehl weiterhin vorhanden.

Auf Dauer ist es wenig hilfreich, alle Instanzen gleichzeitig zu öffnen. Sinnvoller ist es, dass jeweils eine einzelne Instanz nach der anderen hinzugefügt werden kann. Damit die Benutzer:innen die unterscheiden können, werde ich die auf den Registerlaschen (das entspricht der `Caption` des Formulars) durchnummerieren. Nebenbei sorgt das dafür, dass ich so prüfen kann, welche die nächste freie Instanz ist, weil diese dann noch keine Beschriftung hat.

```
Sub TreeviewParallel()
    Dim bytNr As Byte

    Dim booIstDa As Boolean


    For bytNr = 0 To UBound(m_frmTV)

        On Error Resume Next
        booIstDa = False
        booIstDa = (m_frmTV(bytNr).Caption <> "")
        On Error GoTo 0

        If Not booIstDa Then
            Set m_frmTV(bytNr) = New Form_frm_Treeview
            With m_frmTV(bytNr)
                .Caption = "TV " & bytNr + 1
                .Visible = True
            End With
            Exit Sub
        End If

    Next
End Sub
```

Eine *Boolean*-Variable prüft, ob in dieser Instanz eine `Caption` enthalten ist. Genau genommen prüft sie damit, ob überhaupt eine Instanz existiert, daher muss der Code auf den ansonsten auftretenden Fehler reagieren. Die `booIstDa`-Variable wird wegen der Schleife zuerst immer wieder auf `False` gesetzt, eine gültige Instanz setzt sie anschließend auf `True` und nur beim Scheitern bleibt sie auf `False`.

Das erste Auftreten einer fehlenden Instanz bedeutet, dass hier eine neue Instanz erzeugt werden darf. Danach endet die Schleife mit `Exit Sub`, so dass immer nur genau eine neue Instanz (sprich: ein Register oder ein Fenster) entsteht.

Probieren Sie das ruhig aus, jeder manuelle Start dieser Prozedur zeigt ein neues durchnummeriertes Register:

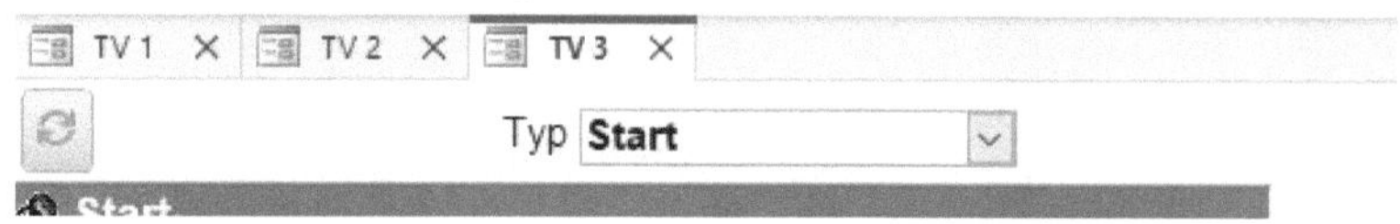

Abbildung 372: Das Treeview-Formular ist nun durchnummeriert

Sobald Sie allerdings alle erlaubten Instanzen erzeugt haben, passiert einfach nichts mehr. Da sollte eine Meldung die Benutzer:innen informieren, warum das so ist:

```
    Next

    MsgBox "Es sind maximal " & UBound(m_frmTV) + 1 & _
        " Instanzen zugelassen." & vbCrLf & _
        "Bitte schließen Sie eines der Treeview-Formulare.", _
        vbExclamation, p_cstrMsgTitel
End Sub
```

Sie können diese (durch die Deklaration des Arrays künstlich festgelegte) Grenze beliebig anpassen, aber mit deren Überschreitung erscheint diese Meldung:

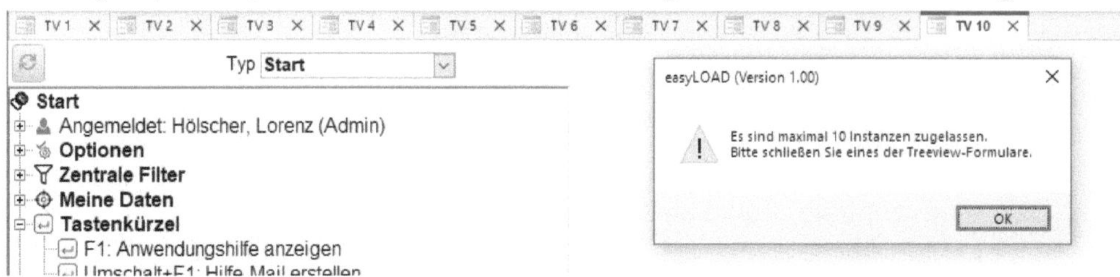

Abbildung 373: Nach allen zugelassenen Instanzen erscheint die Meldung

Hinweis: Es ist technisch egal, welche Instanz Sie schließen. Der Code erkennt die so entstandene Lücke, fügt das neue Register aber trotzdem immer hinter allen bisherigen ein.

Auf Dauer ist das manuelle Starten einer neuen Instanz lästig und für Benutzer:innen ohnehin nicht zumutbar, es muss also auf der Oberfläche passieren. Fügen Sie dazu im Entwurf von *frm_Treeview* einen neuen Button namens *btnTreeviewNeu* ein:

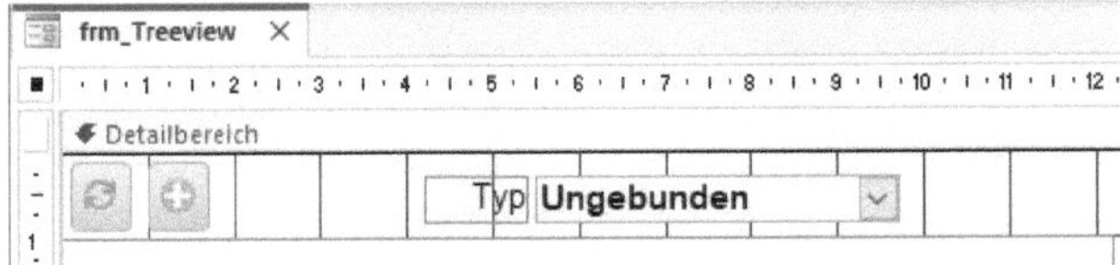

Abbildung 374: Ein neuer Button btnTreeviewNeu *dient zum Aufruf weiterer Instanzen*

Als *ControlTipText* tragen Sie beispielsweise `Neuen Treeview anzeigen ...` ein. Dessen Code ruft die vorhin erstellte Prozedur auf:

```
Private Sub btnTreeviewNeu_Click()
    TreeviewParallel
End Sub
```

So können die Benutzer:innen von einem Treeview-Formular aus ganz einfach das nächste aufrufen:

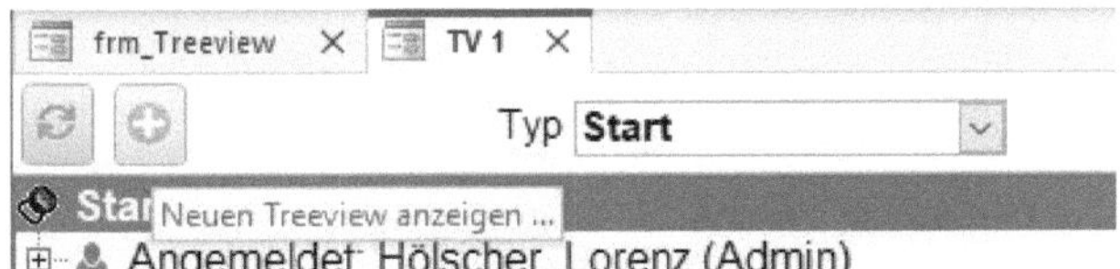

Abbildung 375: Der Button ruft weitere Instanzen auf

Das funktioniert gut so, aber das erste Register enthält noch die ursprüngliche Variante des direkten Aufrufs ohne Instanz, wie an der Registerbeschriftung zu erkennen ist. Damit das ebenfalls einheitlich ist, müssen Sie nur die `ZeigeTreeView()`-Funktion in *modKeys* suchen und dort statt der bisherigen `DoCmd.OpenForm`-Zeile den neuen Aufruf schreiben:

```
Function ZeigeTreeView()
    TreeviewParallel
End Function
```

Weil das eine zentrale Funktion war, ist damit übrigens an mehreren Stellen gleichzeitig aufgeräumt:

- Beim Öffnen der Datenbank erscheint sofort das korrekt instanziierte Formular.
- Die <F3>-Taste ruft diese Funktion ebenfalls auf, statt des neuen Buttons funktioniert also auch <F3>.

Technisch ist nun alles in Ordnung, aber ich möchte inhaltlich etwas berücksichtigen. In jeder der Treeview-Instanzen gibt es die Möglichkeit, sich anzumelden. Das ist mir zu riskant, weil die Anmeldung ja nur in einer einzigen `Public`-Variablen für die gesamte Datenbank hinterlegt ist.

Wenn Benutzer:innen sich in verschiedenen Formularen unterschiedlich anmelden würden, könnte es widersprüchliche Anzeigen geben, bevor alle Formulare aktualisiert wären. Anstatt nun eine Zwangsaktualisierung aller offenen Formulare durchzuführen, zeige ich den *Start*-Treeview mit der Anmeldung einfach nur in der ersten Instanz an.

Dazu muss diese Instanz aber wissen, welche Nummer sie hat, und erst dann den Inhalt der Combobox erzeugen. Das erfordert Änderungen an einigen Stellen, zuerst im Code von *frm_Treeview*. Am Anfang des Moduls legen Sie eine neue Variable an, die ausdrücklich als `Public`[120] deklariert sein muss:

```
Public m_bytNr As Byte
Dim m_trvGesamt As MSComctlLib.TreeView
```

Außerdem darf das Erzeugen der ComboBox-Inhalte nicht mehr automatisch durch `Form_Open` erfolgen, weil das zu früh wäre, bevor diese Variable gesetzt werden kann. Ersetzen Sie die bisherige `Form_Open`-Signatur durch den neuen Namen `ErzeugeTreeview()` ohne Parameter und ohne `Private`:

```
Sub ErzeugeTreeview()
    Set m_trvGesamt = Me.trvGesamt.Object

    With Me.cmbTreeviewTyp
        .RowSource = ""
        If m_bytNr = 1 Then
            .RowSource = .RowSource & tvtStart & ";Start;"
        End If
```

Außerdem sorgen Sie mit der `If`-Bedingung dafür, dass die *Start*-Zeile mit der Anmeldung in der ComboBox nur für die erste Instanz angezeigt wird. Damit auch in den übrigen Instanzen immer eine Zeile ausgewählt ist, muss deren `Value` allgemeiner auf den jeweils ersten Inhalt gesetzt werden:

```
        .Value = .Column(0, 0)
        cmbTreeviewTyp_Click
    End With
End Sub
```

Diesen geänderten Code rufen Sie in `TreeviewParallel` auf:

```
            With m_frmTV(bytNr)
                .m_bytNr = bytNr + 1
                .ErzeugeTreeview
                .Caption = "TV " & bytNr + 1
```

---

[120] Diese Variable ist sozusagen öffentlicher als Modul-öffentlich. Sie ist nicht nur für alle Prozeduren in diesem Modul sichtbar, wie es mit `Dim` der Fall wäre, sondern auch von außen.

Hinweis: Da sowohl die `m_bytNr`-Variable als auch die `ErzeugeTreeview`-Prozedur `Public` sind, muss die IntelliSense-Liste Ihnen diese beim Schreiben anbieten, sonst stimmt da etwas noch nicht.

Probieren Sie anschließend aus, dass nur noch die erste Instanz einen `Start`-Wert in der *Typ*-Combobox und damit die automatische Anmeldung enthält:

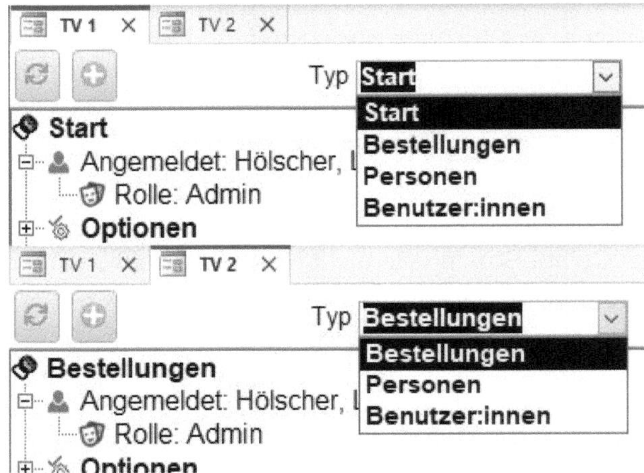

Abbildung 376: Die ComboBox zeigt unterschiedliche Inhalte

Anmerkung: Da `Form_Open` nun ungenutzt ist, funktioniert der „normale" Aufruf des Formulars per Doppelklick nicht mehr. Das ist kein Problem, denn der ist ja auch nicht gewollt. Falls Sie das doch möchten, müssten Sie in `Form_Open` die `ErzeugeTreeview`-Prozedur aufrufen. Das ist allerdings nur teilweise hilfreich, weil das keine echte Instanz erzeugt. Ich lasse das also lieber weg.

Es gibt jedoch noch eine Lücke bei dem Versuch, die An- oder Ummeldung auf die erste Instanz zu beschränken. In jedem Treeview steht oben die angemeldete Person und in dessen PopUp-Menü ist dort ebenfalls eine Ummeldung vorgesehen:

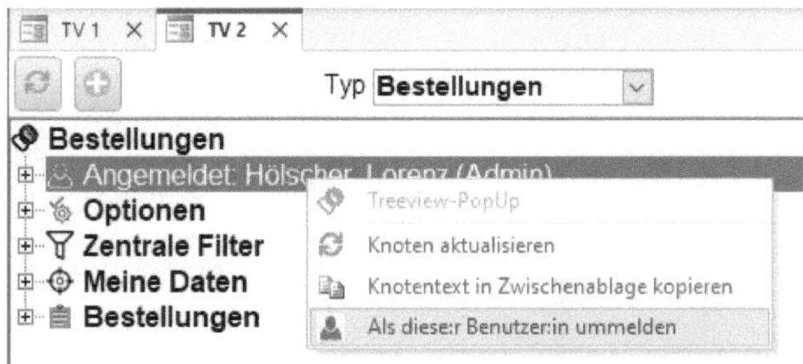

Abbildung 377: Auch hier wäre per PopUp-Menü ein Ummeldung möglich

Daher würde ich auch für diesen Menüeintrag prüfen, ob er sich in der ersten Instanz befindet. Der Code dazu befindet sich jedoch im allgemeinen Standard-Modul *modPopUpTreeview* und nicht im Formular-Modul von *frm_Treeview*. Daher ist es gar nicht so einfach, an die Nummer der Instanz heranzukommen.

Tipp 204: Die automatisch vorhandene Variable Me in einem Formular-Modul verweist immer auf die Instanz, in welcher sie ausgeführt wird. Mit Me.m_bytNr könnten Sie daher automatisch die Nummer der laufenden Instanz ermitteln, egal, ob es ein DoCmd.OpenForm-Aufruf oder eine explizit erzeugte Instanz ist.

Da ich jedoch sicher bin, dass dieses PopUp-Menü nur im *frm_Treeview*-Formular aufgerufen werden kann, nutze ich die Screen.ActiveForm-Variable, die mir das aktive Formular und damit auch die richtige Instanz liefert:

```
Case kttBenutzer_Name
    strX = DLookup("benutLogIn", "tblBenutzer", _
        "benutID=" & strID) & ""

If Screen.ActiveForm.m_bytNr = 1 Then

    PopUpButtonHinzu cbrBar, "Als diese:r Benutzer:in ummelden", _
        jpgBenutzer, "=Ummelden(" & strID & ")", _
        BenutzerIstAdmin() Or strX = Environ("username")

Else
    PopUpButtonHinzu cbrBar, "Als diese:r Benutzer:in ummelden", _
        jpgBenutzer, "", False
End If
```

Wenn Sie es kürzer haben möchten, könnten Sie diese Prüfung auch direkt in die bereits vorhandene Rechteprüfung einbauen. Dadurch sparen Sie sich die mehrzeilige *If*-Konstruktion:

```
Case kttBenutzer_Name
    strX = DLookup("benutLogIn", "tblBenutzer", _
        "benutID=" & strID) & ""
    PopUpButtonHinzu cbrBar, "Als diese:r Benutzer:in ummelden", _
        jpgBenutzer, "=Ummelden(" & strID & ")", _
        (BenutzerIstAdmin() Or strX = Environ("username")) _
        And (Screen.ActiveForm.m_bytNr = 1)
```

Ich hoffe, dass ich Ihnen mit diesem kleinen Ausflug in die Klassen-Programmierung zeigen konnte, welche enormen Vorteile mit vergleichsweise wenig Aufwand dadurch möglich sind.

Berichte

Berichte sind Formulare auf Papier, jedenfalls fast. Natürlich haben sie noch ein paar besondere Fähigkeiten, beispielsweise die Gruppierung, aber technisch sind sie Formularen sehr ähnlich. Daher gibt es in diesem Zusammenhang scheinbar gar nicht so viel Neues zu sagen. Trotzdem finde ich auch da sicherlich einiges an Optimierungspotential.

Berichtsabfragen

Um überhaupt Berichte angezeigen zu können, muss ich passende Entwürfe erstellen. Und damit dort nicht so viel doppelte Arbeit anfällt, werde ich wesentliche Daten in Abfragen vorbereiten. Das ist viel effizienter und vor allem könnte ich diese Daten dann in mehreren Berichten nutzen, was nach meiner Erfahrung häufig vorkommen wird.

Es beginnt mit einer Änderung der Abfrage *viwBestelldetailsUngefiltert*, die zwar schon die Netto-Preise berechnet, aber keine Brutto-Preise. Anstatt das immer wieder zu ermitteln, ist es viel sinnvoller, das einmalig in der frühestmöglichen Abfrage zu machen:

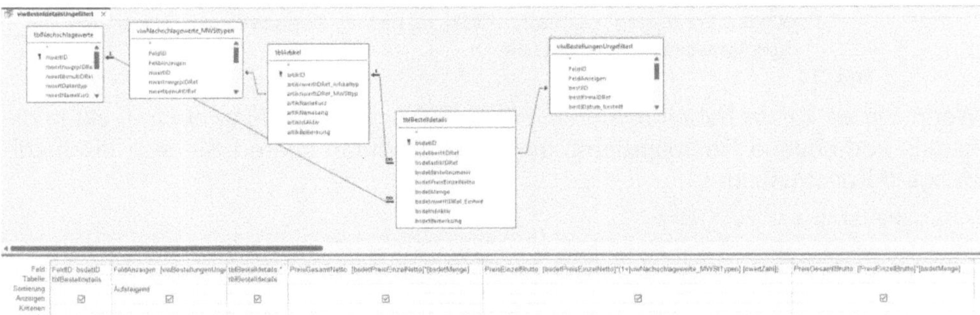

Abbildung 378: Die MWSt-Tabelle wurde aufgenommen, um Bruttopreise zu berechnen

Dabei sind diese beiden Bruttopreis-Felder und das MWSt-Feld neu:

```
PreisEinzelBrutto: [bsdetPreisEinzelNetto] * (1 +
        [viwNachschlagewerte_MWStTypen].[nwertZahl])
PreisGesamtBrutto: [PreisEinzelBrutto]*[bsdetMenge]
MWStProzent: [viwNachschlagewerte_MWSttypen].[nwertZahl]
```

Es gibt nun also am Ende der Tabelle drei berechnete Spalten für die Preise und die Angabe zu den Prozentwerten der Mehrwertsteuer (jeweils als `Euro` bzw. als `Prozentzahl` formatiert):

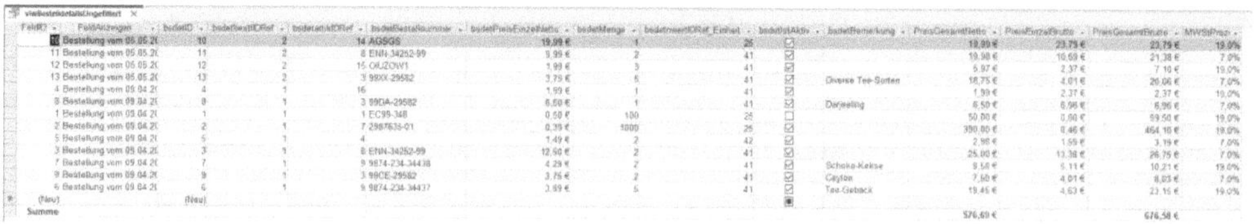

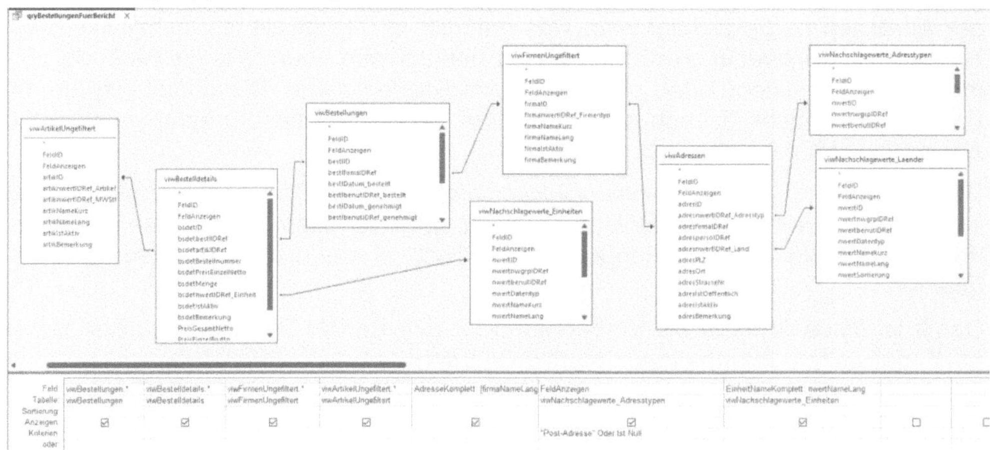

Abbildung 379: Mehrere Spalten zeigen die Preise und den Mehrwertsteuersatz

Von diesen Daten ausgehend erstelle ich eine Abfrage *qryBestellungenFuerBericht*, die alle Daten für einen oder manchmal mehrere ähnliche Berichte zur Verfügung stellt. Für Berichte müssen häufig sehr viele Werte aus vielen verschiedenen Nachschlagetabellen zusammengesammelt werden. Hier braucht es beispielsweise zu den zentralen Daten aus *viwBestellungen* und *viwBestelldetails* noch viele weitere Informationen zu Artikeln, Firmen, Adressen, Einheiten, etc.

Tipp 205: Während es ansonsten wichtig ist, nur gefilterte Daten zu sehen, wie es in der Datenbank zentral eingestellt ist, würde ich das hier anders handhaben. Bei *viwBestellungen* und *viwBestelldetails* sind nur die Daten entsprechend der zentralen Filterung gewünscht, weil sie sozusagen den Kern der Bestellung darstellen. Die Firmen hingegen kommen mit Absicht aus *viwFirmenUngefiltert*, damit ich zu einer Bestellung auch die Adresse einer derzeit vielleicht inaktiven Firma finde. Die Adressen wiederum sind in *viwAdressen* gefiltert, damit nicht unerwünschte, weil inzwischen inaktive Adressen berücksichtigt werden. Entsprechend stehen in solchen Berichts-Abfragen erheblich mehr `OUTER JOIN`-Verbindungen als in üblichen Abfragen.

Diese Abfrage *qryBestellungenFuerBericht* sieht so aus:

Abbildung 380: Diese Abfrage fasst die Daten für den Bericht zusammen

Dabei werden zuerst alle Daten der wichtigsten Tabellen mit * übernommen und dann einige weitere Felder berechnet, gefiltert oder umbenannt. Das berechnete Feld betrifft die Adresse, die aus verschiedenen Feldinhalten zusammengesetzt wird, wie hier im Zoom-Fenster (mit <SHIFT>+<F2> aufzurufen) zu sehen ist:

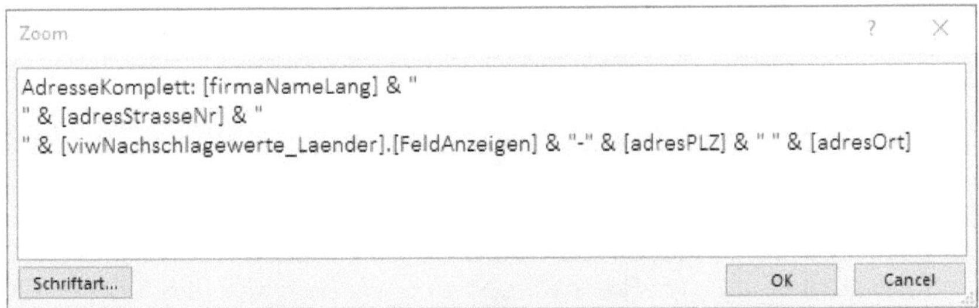

Abbildung 381: Die komplette Adresse ist ein berechnetes Feld

Hinweis: Diese Berechnung der kompletten Adresse in einem einzigen Feld bedeutet zwangsläufig, dass nur eine gemeinsame Formatierung des gesamten Feldinhalts möglich ist. Sollen beispielsweise PLZ und Ort fett und der Rest mager formatiert werden, müssen es getrennte Felder sein.

Tipp 206: Die Adresse ist ein typisches berechnetes Feld mit mehrzeiligem Ergebnis. Aber wie erzeugen Sie dort einen Zeilenumbruch? Geben Sie ein Gänsefüßchen ein, erzeugen mit <ALT>+<RETURN> den Zeilenumbruch und schließen das mit einem zweiten Gänsefüßchen ab.

Das gefilterte Feld betrifft den Adresstyp. Jede Firma kann in diesem Datenmodell mehrere Adressen (mit unterschiedlichen Adresstypen) haben, weil dort ja eine 1:n-Beziehung besteht. Dann würden hier mehrfache Daten angezeigt, damit jede der Adressen berücksichtigt wird, was natürlich nicht gewollt ist. Daher filtere ich hier so, dass entweder die Post-Adresse benutzt wird oder, falls die fehlt, der Firmenname wenigstens ohne postalische Adresse erscheint. Manchmal wird so ein Bestellungs-Bericht ja auch nur per E-Mail versendet und die echte postalische Adresse ist dann unerheblich.

Die Umbenennung des Feldes *viwNachschlagewerte_Einheiten.nwertNameLang* in den neuen Namen *EinheitNameKomplett* sorgt vor allem dafür, dass es im Bericht kürzer aufgerufen werden kann. Technisch ist das nicht notwendig, aber bequemer.

Damit ist diese Abfrage als Vorbereitung für den Bericht fertig, wenn nicht später noch mal weitere Informationen benötigt werden.

Berichtsabsender

Gerade in Berichten gibt es oft immer wiederkehrende Elemente, insbesondere bei

Briefen, Rechnungen, Lieferschein oder ähnlich gestalteten Schreiben. Der Absenderblock oben rechts ist erstens überall gleich und zweitens eher aufwändig gestaltet.

Falls Sie jetzt einen Berichtsentwurf hübsch mit allen gewünschten Feldern erstellen und diese anschließend in den nächsten Berichtsentwurf kopieren, kann ich Ihnen viel überflüssige Arbeit garantieren. Sie können sicher sein, dass in zwei Monaten das Logo ein bisschen weiter nach rechts rutschen und die Texte etwas tiefer stehen sollen.

Das ist wie beim Formularkopf der Klassiker für einen Unterbericht. Anders als Unterformulare sind jedoch Unterberichte ziemlich widerspenstig, was nachträgliche Änderungen oder wechselnde Inhalte betrifft. Entweder vermeiden wir problematische Inhalte oder wir müssen ein wenig tricksen.

Hier ist es noch einfach, ich möchte die typischen Absender-Informationen und ein fiktives Logo oben rechts im Absenderblock zeigen. Dazu erstelle ich einen Berichtsentwurf namens *srpAbsender*, der nur aus dem Detailbereich besteht und so aussieht:

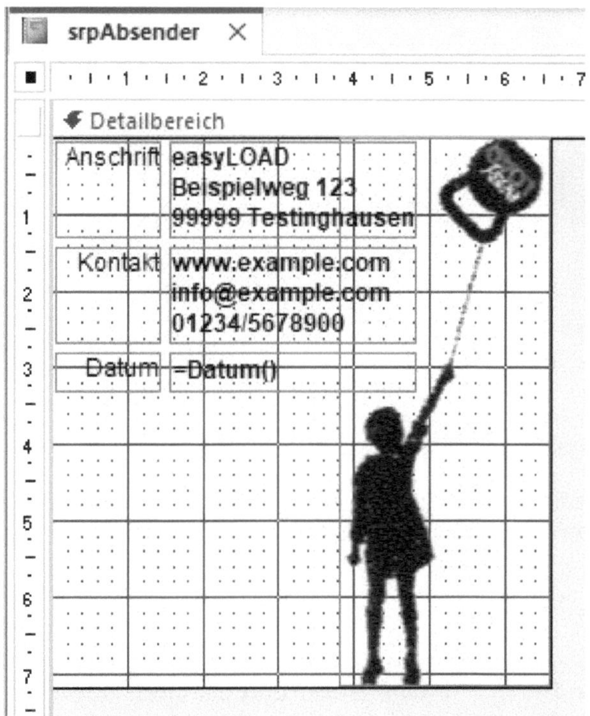

Abbildung 382: Der Entwurf für den Unterbericht enthält Logo und Daten

Wie Sie sehen, überlappen sich die Texte und das Logo. Das geht nur, weil ich in allen Elementen *Hintergrundart*: `Transparent` (und *Rahmenart*: `Transparent`) eingestellt habe.

Die Texte rechts neben *Anschrift* und *Kontakt* sind keine *EditField*-Controls, sondern ebenfalls *Label*-Controls, weil sich deren Inhalt hier nicht ändern wird. Das Tagesdatum mit `=Datum()` funktioniert hingegen nur in einem *EditField*-Control.

Wenn Sie diesen Bericht in der Berichtsansicht betrachten, sieht er so aus:

Abbildung 383: Der Unterbericht sieht einzeln so aus

Dieser Bericht wird natürlich niemals einzeln aufgerufen, sondern wird nur eingebettet in anderen „echten" Berichten genutzt. Daher hat er bei mir auch das Präfix `srp` für *SubReport*.

Detailbericht

Jetzt erstellen wir den eigentlichen Bericht für eine Bestellung mit ihren Bestelldetails. Beginnen Sie ruhig mit einem leeren Bericht, irgendein Assistent wäre ohnehin keine Hilfe. Sie können den Seitenkopf/-fuß entfernen, den braucht es derzeit nicht.

Viel wichtiger ist, dass jede Bestellung auf einer neuen Seite beginnen sollen. Je nach Filterung kann es sein, dass ohnehin nur eine einzige Bestellung enthalten ist, dann wäre es egal. Aber vielleicht wollen Sie mehrere Bestellungen des gleichen Tages ausdrucken, dann sollte das schon berücksichtigt sein.

Mit BERICHTSENTWURF | GRUPPIEREN UND SORTIEREN können Sie das entsprechende Hilfsfenster anzeigen, dort eine GRUPPE HINZUFÜGEN und GRUPPIEREN NACH BESTLID lassen:

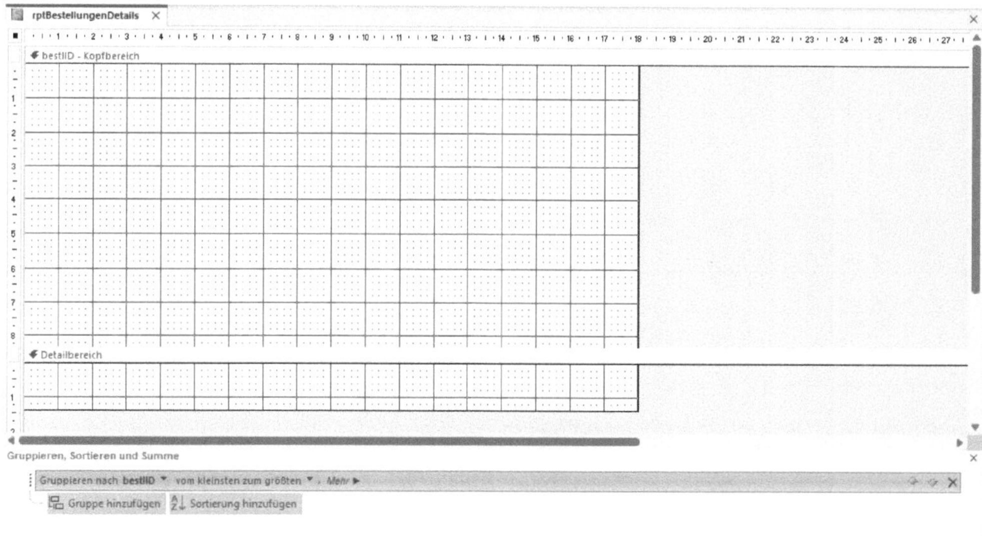

Abbildung 384: Die bestIID *hat nun einen Gruppen-Kopfbereich*

Wenn dieser Kopfbereich hoch genug ist, ziehen Sie wie bei Unterformularen den Namen *srpAbsender* aus dem Navigationsbereich hinein. Entfernen Sie das noch daran hängende Label und stellen Sie *Rahmenart*: Transparent ein. Außerdem würde ich auch hier als *Name*: subAbsender eintragen, damit das Control anders heißt als der Unterbericht, der darin angezeigt wird:

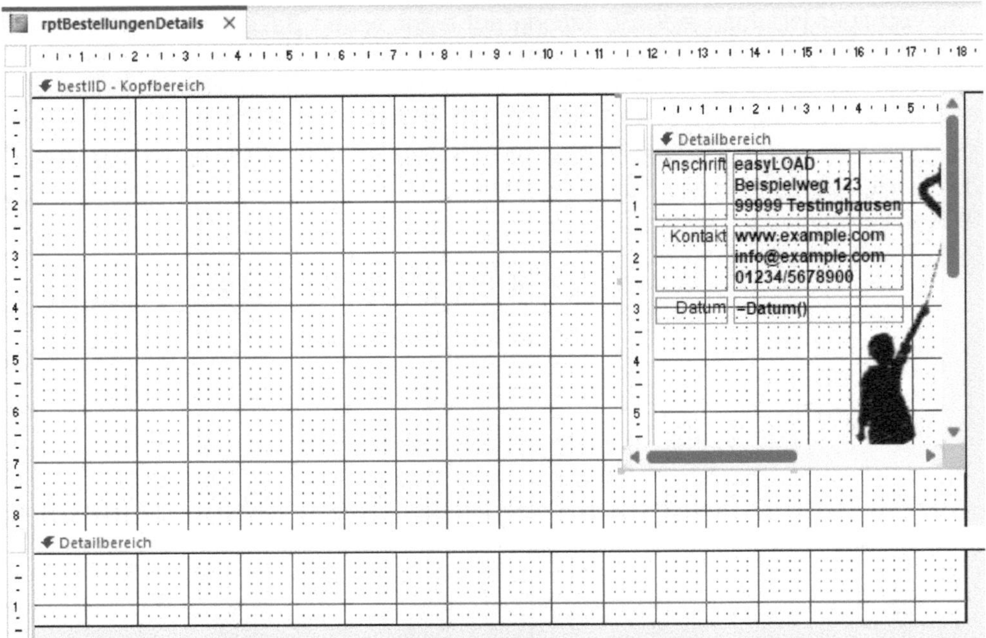

Abbildung 385: Der Unterbericht ist enthalten

Damit nicht in jeder zweiten „Zeile" bzw. hier jeder zweiten Bestellung eine andere Hintergrundfarbe erscheint, stelle ich für *bestIID – Kopfbereich* die Eigenschaft *Alternative Hintergrundfarbe*: `Keine Farbe` ein.

Je nach Menge der Details ist in der Seitenansicht aber schon zu sehen, dass die nächste Bestellung noch gar nicht auf einer neuen Seite beginnt:

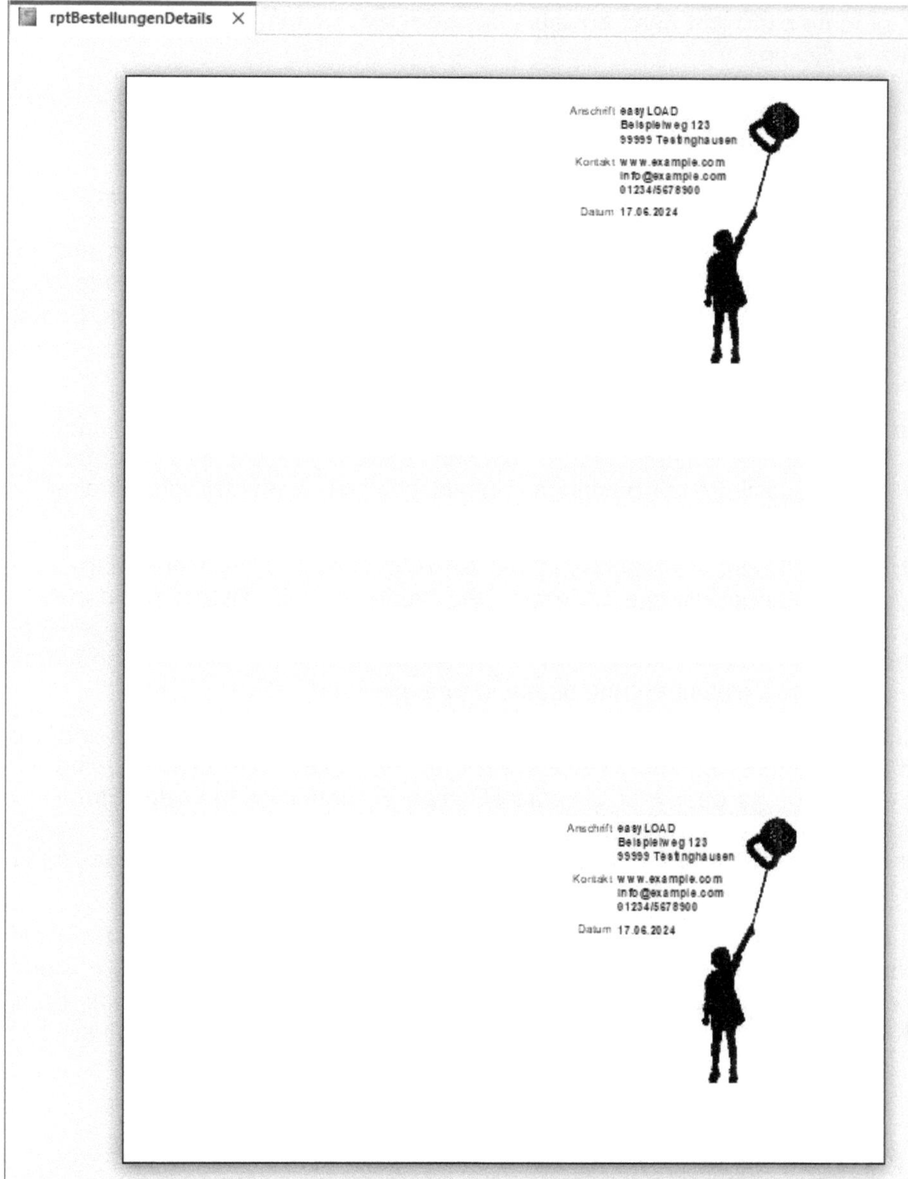

Abbildung 386: Die nächste Bestellung beginnt noch nicht auf einer neuen Seite

Dazu müssen Sie im *Gruppieren, Sortieren und Summe*-Fenster zuerst den zugehörigen Gruppenfuß sichtbar machen. Anders als etwa bei Berichtskopf/-fuß sind diese Elemente hier nicht pärchenweise, sondern einzeln einzuschalten, indem Sie auf MEHR ▶ klicken.

Abbildung 387: Der Gruppenfuß („mit Fußzeilenbereich") muss explizit angezeigt werden

Sie können die Höhe vom nun erschienenen *bestllID – Fußbereich* ruhig auf 0cm reduzieren, wichtig sind nur seine Eigenschaften. Stellen Sie *Neue Seite*: Nach Bereich ein und vergleichen nun das Verhalten in der Seitenansicht. Jede Bestellung (die derzeit nur an dem eingebettetem Absenderbereich erkennbar ist) beginnt wie gewünscht auf einer neuen Seite.

Tipp 207:   Anstatt *nach* dem Gruppen*fuß* eine neue Seite zu beginnen, scheint es keinen Unterschied zu machen, stattdessen *vor* dem Gruppen*kopf* eine neue Seite zu beginnen. Sobald aber ein Berichtskopf enthalten ist, würde die erste Bestellung dann zwingend erst auf Seite 2 beginnen.

Da sich dieser Bericht weitestgehend wie ein Brief verhält, steht hier im Gruppenkopf die Empfängeradresse. Ziehen Sie einfach mit BERICHTSENTWURF | VORHANDENE FELDER HINZUFÜGEN das Feld *AdresseKomplett* in den Gruppenkopf. Sein Label können Sie direkt mit Ihrer Absenderadresse füllen, dieses oberhalb der Empfängeradresse platzieren und passend formatieren.

Anmerkung: Auch bei Berichten berücksichtige ich grundsätzlich meine Design-Regeln, dass beispielsweise Daten fett und alle Texte schwarz sind. Da gibt es allerdings eher mal CorporateDesign-Vorgaben seitens der Firma, die diese Berichte in der Datenbank später benutzt.
Hier im Buch geht es eher darum, dass es auch im Schwarz-Weiß-Druck zu erkennen ist.

Achten Sie auch darauf, dass standardmäßig bei allen frisch eingefügten *EditField*-Controls der Rahmen sichtbar ist, den ich mit *Rahmenart*: Transparent wieder entferne. Die kleine Absender-Adresse und die Empfänger-Adresse für das Fenster im Kuvert stehen in einer Layouttabelle und sehen nun im Entwurf so aus:

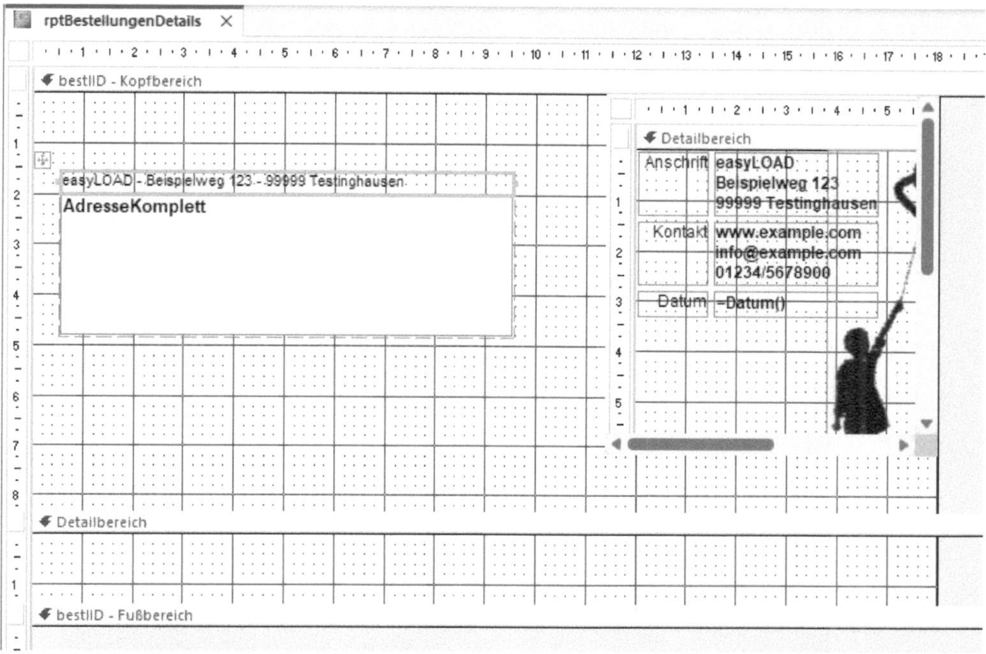

Abbildung 388: Die Anschrift ist vorbereitet

Tipp 208: Anstatt die kleine Absenderadresse mit der *Unterstrichen*: Ja-Eigenschaft zu versehen (und dabei abhängig von der Breite der Buchstaben niemals die volle Breite des Feldes zu haben) oder gar mit einer frei positionierten Linie zu arbeiten, nutze ich lieber die *Linienart für Gitternetzlinien unten*: Durchgezogen.

Ärgerlicherweise funktioniert die aber nur, wenn diese Elemente auch wirklich in einer Layouttabelle liegen. Diese Eigenschaft ist zwar immer da, ohne Layouttabelle fehlt aber die andere Eigenschaft *Gitternetzlinienfarbe* und dann bleiben die Gitternetzlinien unsichtbar.

Auch wenn im Moment nur zwei Bestellungen vorhanden sind, lässt sich in der Seitenansicht (dort mit Klick auf den Ribbonbefehl SEITENANSICHT | ZOOM | ZWEI SEITEN) erkennen, wie die Bestellungen aussehen werden:

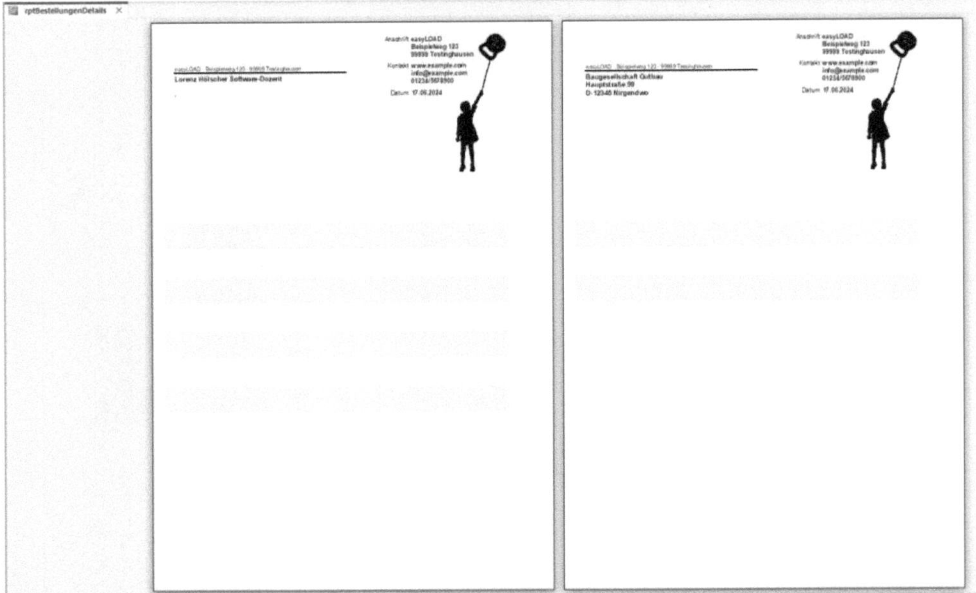

Abbildung 389: Jede Bestellung beginnt auf einer eigenen Seite mit Anschrift

> **Anmerkung**: Für einen echten Brief und vor allem die Nutzung eines Fenster-umschlags sind diese Positionen viel zu weit oben. Da das aber sehr viel Leer-raum erzeugt, korrigiere ich das hier nicht, um die Abbildungen im Buch nicht unnötig hoch zu machen.

Die Betreffzeile soll den Hinweis auf die Bestell-ID und das Bestelldatum enthalten. Ziehen Sie also mit BERICHTSENTWURF | VORHANDENE FELDER HINZUFÜGEN aus dem *Feldliste*-Fenster beispielsweise die *bsdetID* in den Gruppenkopf.

Um beide Inhalte in einem Text zusammenzufassen, ändern Sie die Steuerele-mentinhalt-Eigenschaft auf `="Ihre Bestellung " & [bestlID] & " vom " & [bestlDatum_bestellt]`. Außerdem benennen Sie es als *edtIhreBestellung*.

> **Achtung**: Wenn *Steuerelementinhalt* und *Name* komplett identisch sind, ist das für Access kein Problem. Wird jedoch im *Steuerelementinhalt* wie hier etwas berechnet und der *Name* kommt darin vor, würde das Feld versuchen, mit sich selbst zu rechnen. Sie müssen immer daran denken, dass es zwei Namen gibt, den Control-Namen und den Feldnamen. Da Sie den Feldnamen nicht ändern können, müssen Sie im Control die *Name*-Eigenschaft ändern!

Da die Beispieldaten in diesem Datenmodell nicht sehr viel mehr Inhalte zur Verfü-gung stellen, soll der Kopf dieser Bestellung so als fertig gelten:

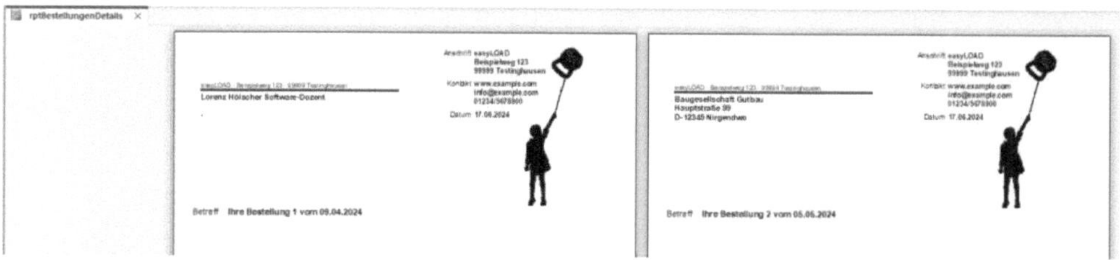

Abbildung 390: Der Kopf für die Bestellung gilt so als fertig

Zu jeder Bestellung sollten auch Bestelldetails gehören, die ich hier im Bericht anzeigen möchte. Die Daten sind schon vorhanden, also können wir testweise mal das *bsdetID*-Feld aus der *Feldliste* in den Detailbereich ziehen.

Das Problem beginnt dann, wenn diese Bestelldetail-Felder sinnvollerweise im Tabellenlayout-Stil *Tabelle* angeordnet werden sollen. Dabei liegen die Überschriften in einem oberen Bereich und nur die Dateninhalte im Detailbereich.

Markieren Sie also das gerade hereingezogene *bsdetID*-Feld und klicken auf ANORDNEN | TABELLE. Access erzeugt nun automatisch einen Seitenkopf und schiebt das Label-Control dorthin:

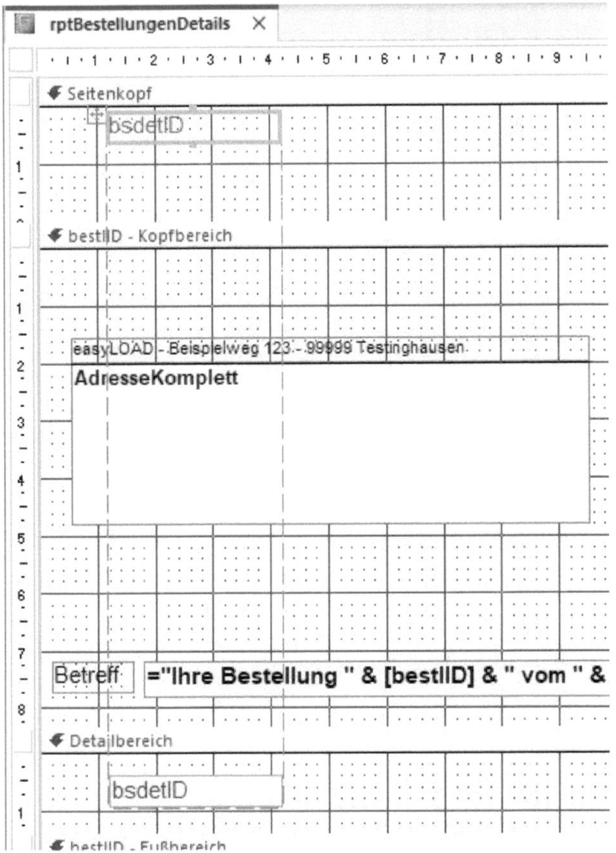

Abbildung 391: Die beiden Controls gehören zum Layouttabellen-Stil Tabelle

Das ist zwar nicht so geplant, aber mit ANORDNEN | VERSCHIEBEN | NACH UNTEN lässt sich das Label-Control ja in den *bestlID – Kopfbereich* verschieben. Leider nicht, wie zu sehen ist:

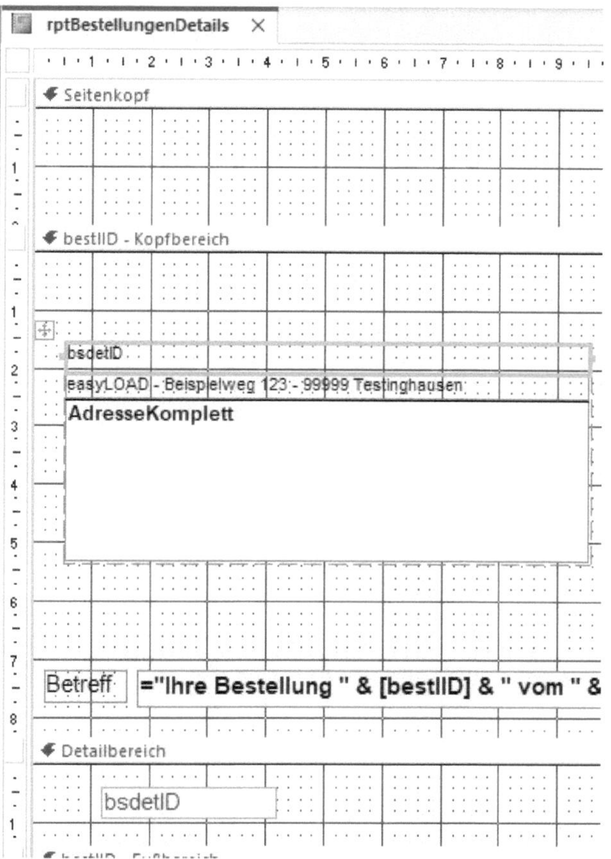

Abbildung 392: Das Label-Control ist fälschlich in der anderen Layouttabelle enthalten

Tipp 209: Mehrere Layouttabellen in einem Bericht (oder einem Formular) machen immer Ärger. Beim Verschieben von Controls landen diese häufig in der falschen Layouttabelle und sind dort oftmals auch nur schwer wieder herauszubekommen, geschweige denn der richtigen Layouttabelle zuzuordnen.

Sie müssen vor dem Verschieben für die Adresse deren LAYOUT ENTFERNEN und können erst anschließend das *Label*-Control zu *bsdetID* verschieben. Dann verhält es sich so wie gewünscht:

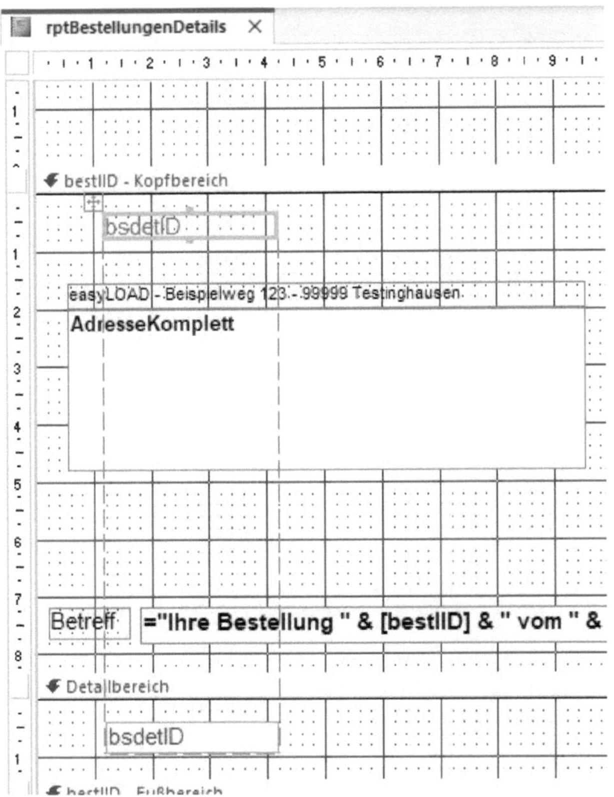

Abbildung 393: Das Label-*Control ist jetzt korrekt verschoben*

Anmerkung: Sie erinnern sich an meinen Tipp von Seite 425, dass die Gitter-netzlinien unten nur angezeigt werden, wenn die Controls in einer Layouttabelle enthalten sind? Das haben wir dadurch gerade verloren …

Jetzt endlich können Sie den Seitenkopf/-fuß wieder ausblenden und das *Label-*Control zu *bsdetID* an die gewünschte Position verschieben:

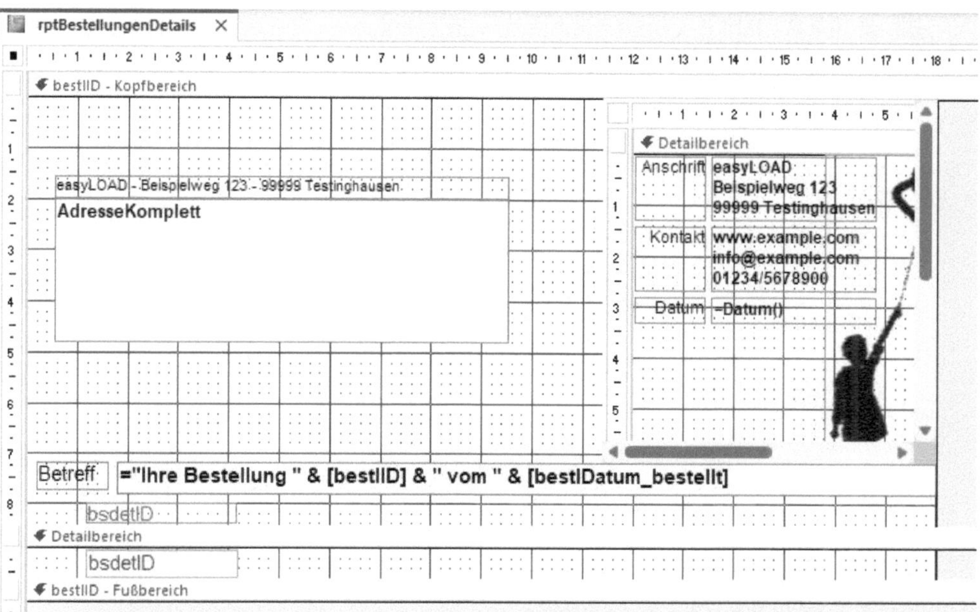

Abbildung 394: So sollten die Bestellungsdetail-Controls eigentlich angeordnet sein

Immerhin funktioniert es für die nächsten hineinzuziehenden Controls auf Anhieb, wenn Sie diese jeweils am rechten Rand dieser Layouttabelle andocken lassen. Sinnvollerweise füge ich nun die Felder *bsdetMenge*, *EinheitNameKomplett*, *viwArtikelUngefiltert.FeldAnzeigen*, *bsdetPreisEinzelnetto*, *MWStProzent* und *PreisGesamtBrutto* hinzu und formatiere sie schon in schwarzer Schrift mit fetten Daten:

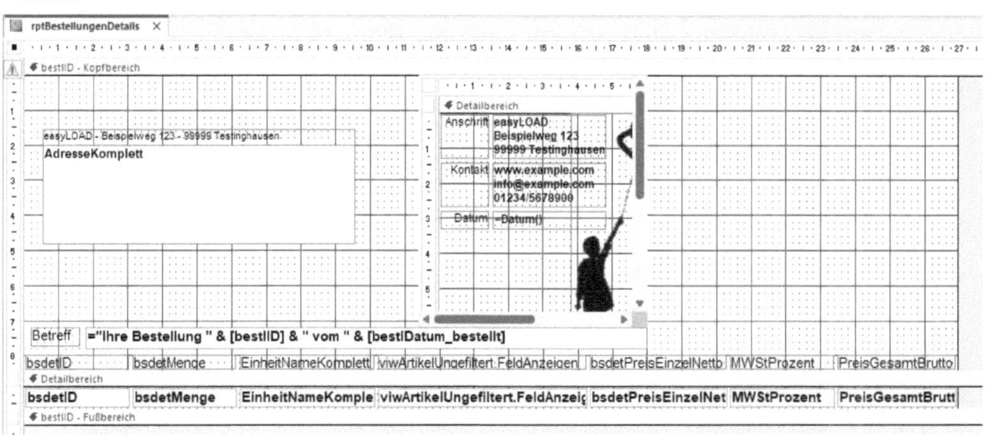

Abbildung 395: Die Feldliste für den Detailbereich ist vollständig, aber zu breit

Derzeit ist der Bericht noch zu breit und würde auf zwei Seiten ausgedruckt, daher muss ich zuerst die Breiten korrigieren. Wenn nun auch die *Label*-Controls sprachlich besser beschriftet sind, sieht der Berichtsentwurf so aus:

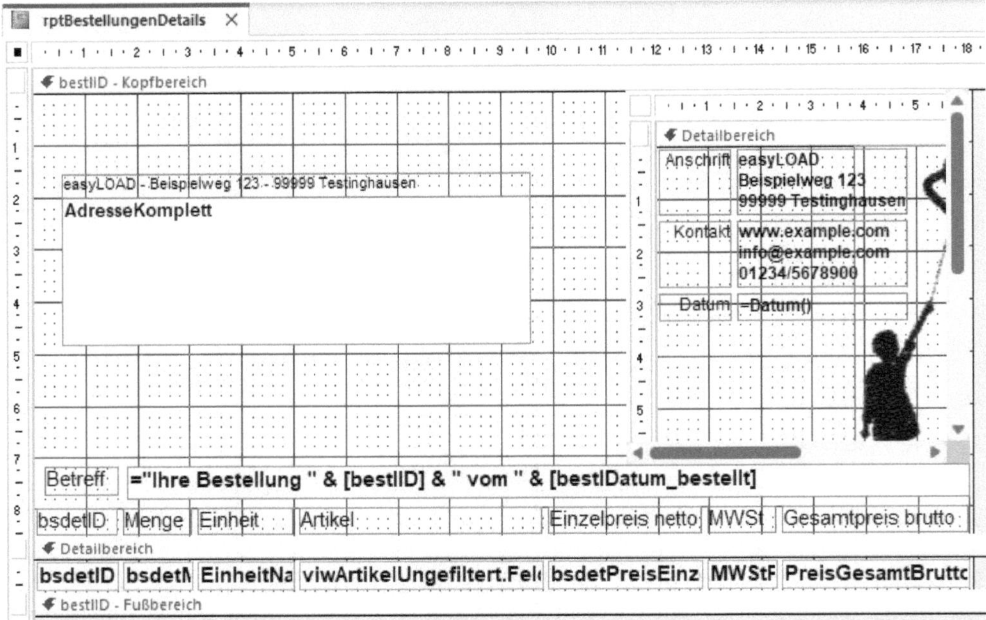

Abbildung 396: Die Feldliste für den Detailbereich ist in den Breiten korrigiert

Nachdem die *Rahmenart*: `Transparent` wieder für alle Datenfelder im Detailbereich eingestellt wurde, präsentiert sich dieser Bericht in der Seitenansicht schon ganz passabel. Nur die Zahlenformate könnten noch verbessert werden, also ein Tausenderformat ohne Nachkommastellen für die Menge, das *Euro*-Format für die Preise und ein *Prozent*-Format für die Mehrwertsteuer:

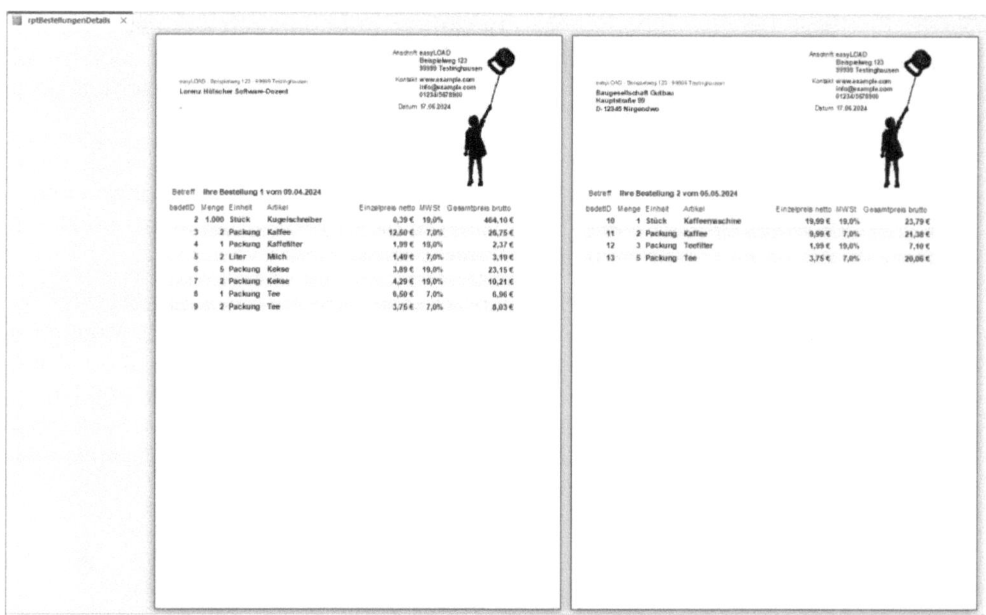

Abbildung 397: Der Bericht zeigt nun recht lesbare Bestellungen

Bei solchen Listendarstellungen wird ganz selbstverständlich eine Summe erwartet, die ich hier ergänzen möchte.

Anmerkung: Mathematisch können Sie unter jeder Zahlenspalte eine Summe bilden. Aber inhaltlich können Sie mir kaum erklären, welche Bedeutung die Summe aller Netto-Einzelpreise oder der MWSt-Sätze haben sollte. Und auch bei der Menge würden Sie Äpfel mit Birnen bzw. Milch in Litern mit Keksen in Packungen addieren.

Um die Summe der Brutto-Gesamtpreise zu bilden, ist es am einfachsten, das *PreisGesamtBrutto-EditField*-Control zu markieren und mit dem Ribbonbefehl ANORDNEN | VERSCHIEBEN | NACH UNTEN zu verschieben:

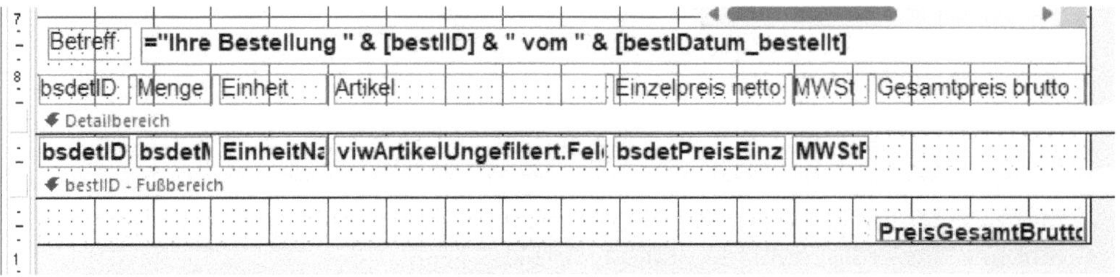

Abbildung 398: Das Feld hat die Layouttabelle erweitert

Dieses Feld soll dort zwar überhaupt nicht stehen, aber dadurch wird die Layouttabelle am schnellsten in den Gruppenfuß erweitert. Das Feld selber schiebe ich wieder an seine ursprüngliche Position zurück, kopiere es in die Zwischenablage und füge es in die gleiche Zelle im Gruppenfuß wieder ein.

Hinweis: Es scheint umständlich, nicht das verschobene Feld einfach unten stehen zu lassen und die Kopie im Detailbereich einzufügen. Aber dann passen *Steuerelementinhalt* und *Name* des Controls nicht mehr zusammen. Im Detailbereich sind beide identisch, unten bei der Summe nicht.

Das Control im Gruppenfuß benenne ich als *edtSummePreisGesamtBrutto* um. Dieser Name verdient sicherlich keinen Schönheitspreis, ist aber selbsterklärend. Außerdem muss sein *Steuerelementinhalt*: `=Summe([PreisGesamtBrutto])` lauten. Wenn die Höhe (beide Controls markieren und per Rechtsklick auf GRÖSSE ANPASSEN | AM HÖCHSTEN) noch angeglichen und die Position etwas nach oben verschoben wurde, fehlt für das Summenfeld nur noch *Linienart für Gitternetzlinien oben*: `Durchgezogen` und es sieht überzeugend aus:

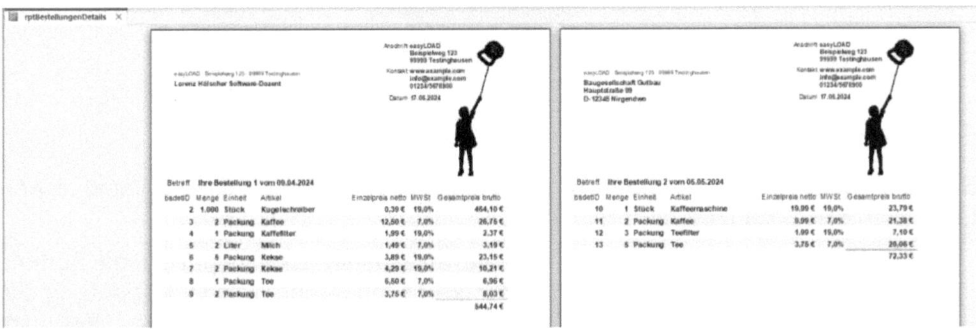

Abbildung 399: Die Summe ist korrekt positioniert und formatiert

Offensichtlich gibt es unterschiedliche Mehrwertsteuer-Sätze in den Bestelldetails. Auf jedem Bon können Sie sehen, dass dann dort die Teilsummen für die unterschiedlichen Mehrwertsteuer-Sätze angezeigt werden. Das möchte ich hier auch verwirklichen.

Tipp 210: Immer wieder gerne wird an so einer Stelle versucht, diese Daten schnell mit der `DomSumme()`-Funktion für die beiden Mehrwertsteuer-Sätze zu summieren und dort in zwei Feldern anzuzeigen.
So etwas sollten Sie gar nicht erst anfangen. Gäbe es einen dritten Mehrwertsteuer-Satz, würde dieser fehlen. Enthielte diese Bestellung nur einen Mehrwertsteuer-Satz, wäre einer überflüssig. Solcher Pfusch ist einer Datenbank unwürdig, denn es geht ja korrekt.

Zuerst brauchen wir eine Abfrage, welche diese Daten ermittelt. Am besten lassen Sie diese auf der gleichen Datengrundlage basieren wie auch der Bericht selber, also auf *qryBestellungenFuerBericht*. Diese neue Abfrage namens *qryBestellungenFuerBerichtMWStSummen* gruppiert *bestlID* und *MWStProzent* und bildet dafür die Summen aus *PreisGesamtNetto*, *PreisGesamtBrutto* und deren Differenz in `Steuer: PreisGesamtBrutto - PreisGesamtNetto`.

bestlID	MWStProzent	SummevonPreisGesamtNetto	Steuer	SummevonPreisGesamtBrutto
1	7,0%	41,98 €	2,94 €	44,92 €
1	19,0%	420,02 €	79,80 €	499,82 €
2	7,0%	38,73 €	2,71 €	41,44 €
2	19,0%	25,96 €	4,93 €	30,89 €

Abbildung 400: Die Abfrage ermittelt die Summen zu den Mehrwertsteuer-Sätzen

---

Tipp 211: Wenn Ihnen die geringen Formatierungsmöglichkeiten reichen, können Sie auch schon diese Abfrage in den Bericht einbetten. Access macht es Ihnen nicht leicht, aber es geht trotzdem. Erstellen Sie im Gruppenfuß ein leeres Unterformular-/bericht-Control und wählen als *Herkunftsobjekt*: `Abfrage.qryBestellungenFuerBerichtMWStSummen` aus. Dann müssen Sie noch als *Verknüpfen nach*: `bestlID` sowie als *Verknüpfen von*: `bestlID` einstellen und schon sind Sie fertig.

Falls dieses Control nicht erscheint, ziehen Sie das Feld *bestlID* in das Hauptformular, denn Access ist da manchmal etwas eigen. Sie können dieses Feld gerne *Sichtbar*: `Nein` einstellen, es muss nur vorhanden sein. Dann sehen die Daten so aus:

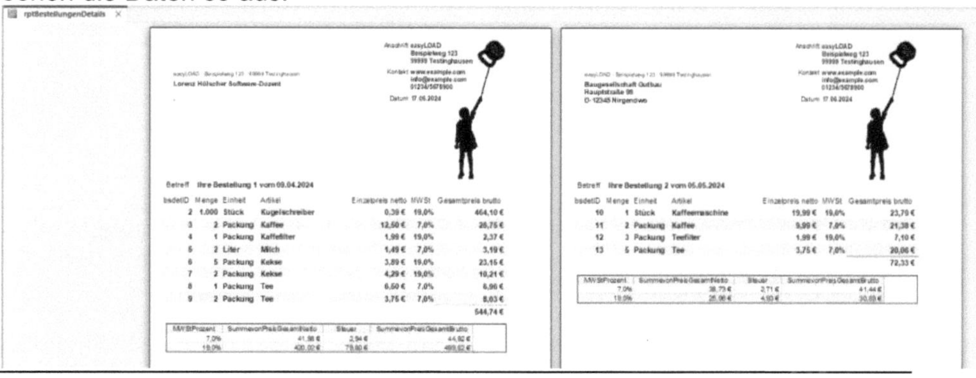

Sollen die Mehrwertsteuer-Summen etwas schöner eingebettet werden, müssen Sie aus der Abfrage einen Unterbericht machen. Auch hier besteht der Bericht nur aus dem Detailbereich und dem *bestlID - Kopfbereich*, nachdem die *bestlID*-Gruppe eingerichtet wurde. Die *bestlID*-Spalte ist zwar vorhanden, aber auf *Sichtbar*: `Nein` eingestellt:

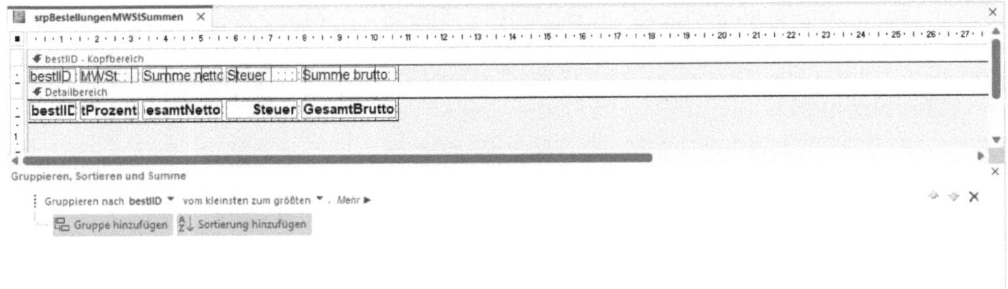

Abbildung 401: Der Unterbericht formatiert die Abfrage-Daten schöner

Wie schon im Tipp auf Seite 435 beschrieben, fügen Sie dazu ein *Unterformular/-bericht*-Control ein und geben jetzt für dessen Eigenschaft *Herkunftsobjekt*: srpBestellungenMWStSummen an. Damit es besser zu erkennen ist, habe ich hier den Rahmen darum gelassen.

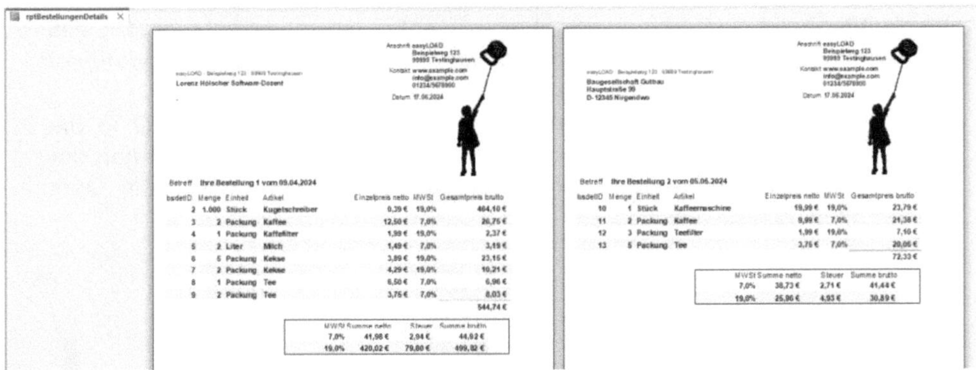

Abbildung 402: Der Bericht enthält nun einen Unterbericht

Tipp 212:   Damit mehr oder weniger Datenzeilen zu den Mehrwertsteuer-Sätzen immer passend angezeigt werden, sollten Sie noch die beiden Eigenschaften *Vergrößerbar*: Ja und *Verkleinerbar*: Ja einstellen.

Voraussichtlich werden wir in diesem Bericht keine Felder mehr in Layouttabellen bewegen, daher ist jetzt endlich übrigens der Moment gekommen, um die Adressen-Layouttabelle wiederherzustellen. Ansonsten fehlt ja die Linie unter dem kleinen Absender.

Dazu markieren Sie nur das *Label*-Control und klicken auf ANORDNEN | GESTAPELT. Erst dann dürfen Sie das *AdresseKomplett*-Control so dazu verschieben, dass es in diese Layouttabelle aufgenommen wird. Die *Linienart für Gitternetzlinien unten* müssen Sie wieder auf Durchgezogen einstellen und endlich ist die Linie wieder da!

Tipp 213: Wenn Sie Glück haben, können Sie auch diese beiden Felder gemeinsam markieren und den *Layouttabellen-Stil*: `Gestapelt` wählen. Falls die beiden aber schon (wie es für Access typisch ist) miteinander verbunden waren, stellt die Layouttabelle sie plötzlich nebeneinander. Da haben Sie dann erheblich mehr Mühe, um das wieder richtig zu verschieben.

Berichtskopf

Ich hatte auf Seite 419 schon erwähnt, dass Unterberichte bei dynamischen Daten im Vergleich zu Formularen deutlich widerspenstiger sind. Sie haben sich möglicherweise schon gefragt, wo das denn sein soll.

Dazu möchte ich im Berichts-Seitenkopf den Namen des Berichts anzeigen. Um die Formatierung zentral bestimmen zu können, wird auch das wieder ein kleiner Unterbericht namens *srpKopf* sein. Nur um deutlich sehen zu können, was passiert oder vor allem nicht passiert, ist das darin enthaltene *Label*-Control namens *lblBerichtsname* in weißer Schrift auf schwarzem Hintergrund formatiert:

Abbildung 403: Der Unterbericht enthält nur ein Label-Control

Die Ähnlichkeiten zum Unterformular *sfmKopf* sind sicherlich offensichtlich. Entsprechend wird dieser Unterbericht in *rptBestellungenDetails* in dessen Seitenkopf eingebettet:

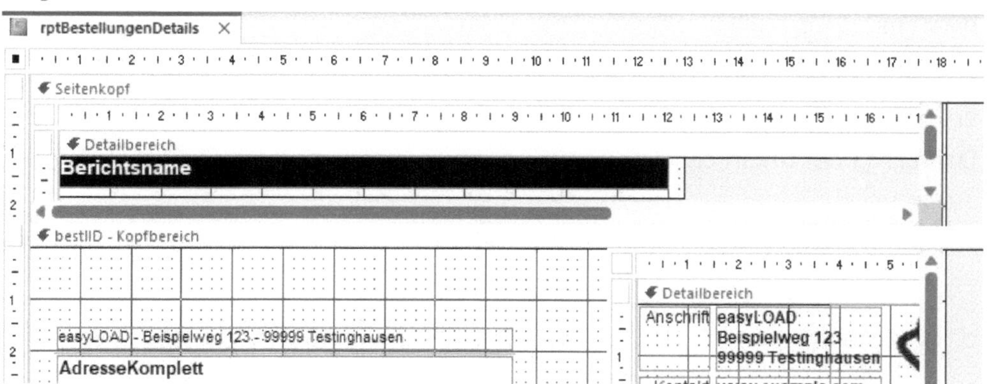

Abbildung 404: Der Unterbericht ist im Seitenkopf eingebettet

Anmerkung: Die erste Überraschung kommt schon, wenn Sie wie im Formular die Anker für diesen eingebetteten Unterbericht setzen wollen. Es gibt keine Anker in Berichten. Soll also der schwarze Hintergrund so breit wie der Bericht sein, müssen Sie das schon im Entwurf von *srpKopf* einstellen.

Beim Öffnen des Hauptberichts soll dessen Name bzw. ein vorgegebener Text in *lblBerichtsname* des Unterberichts geschrieben werden, wie es ja auch im Formular passiert. Dazu schreibe ich analog dem `Form_Open`-Ereignis den entsprechenden Code in das `Report_Open`-Ereignis:

```
Private Sub Report_Open(Cancel As Integer)
    Me.subKopf.Report.lblBerichtsname.Caption = "Bestellungen-Titel"
End Sub
```

Beim Anzeigen des Berichts gibt es aber diese Fehlermeldung:

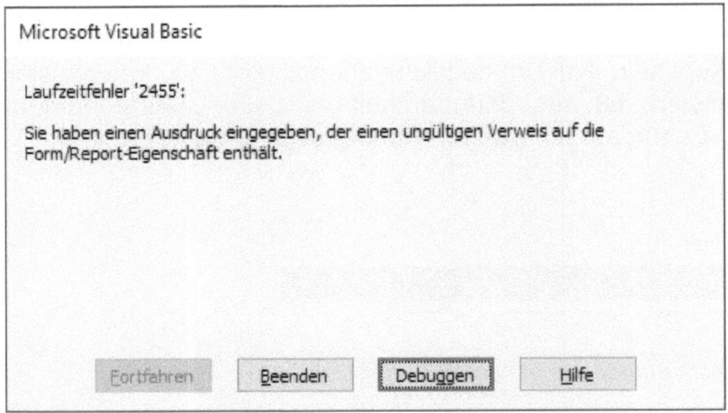

Abbildung 405: Der Unterbericht ist offenbar nicht vorhanden

Erst wenn Sie zum (später stattfindenden) `Report_Load`-Ereignis wechseln, funktioniert es:

```
Private Sub Report_Load()
    Me.subKopf.Report.lblBerichtsname.Caption = "Bestellungen-Titel"
End Sub
```

Dann zeigt der Unterbericht den gewünschten dynamischen Inhalt an:

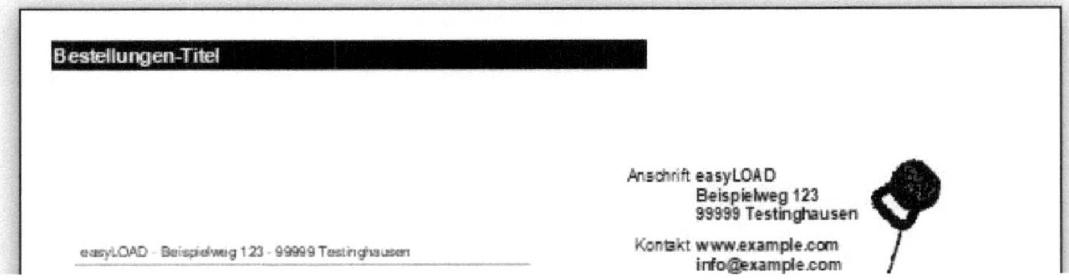

Abbildung 406: Der Unterbericht zeigt die gewünschte Beschriftung an

Um die fehlenden Anker zu ersetzen, könnten Sie jetzt versuchen, die Breite des *Label*-Controls per VBA zu setzen. Hier mache ich es testweise mal ohne genauere Berechnung einfach um 10 % breiter:

```
Private Sub Report_Load()
    With Me.subKopf.Report.lblBerichtsname
        .Caption = "Bestellungen-Titel"

        .Width = .Width * 1.1
    End With

End Sub
```

Auch das scheitert, dieses Mal mit Hinweis auf ein Control, welches breiter ist als sein Elternobjekt, nämlich der Detailbereich des Unterberichts:

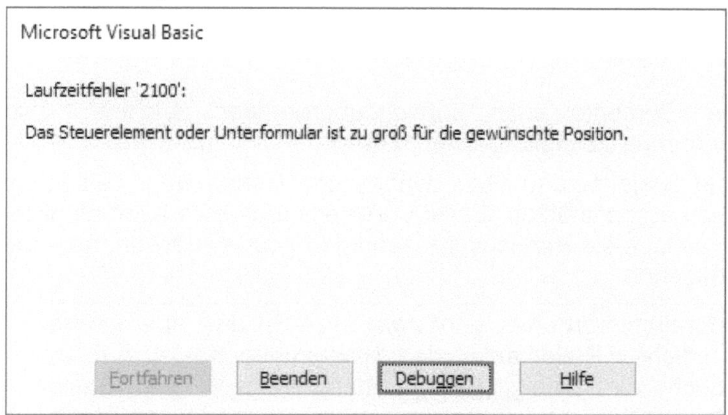

Abbildung 407: Das Label lässt sich nicht verbreitern

Der Beweis, dass diese Änderung technisch aber grundsätzlich möglich ist, erfolgt, indem Sie es kleiner machen. Mit `.Width = .Width * 0.9` funktioniert es. Bei Bedarf müssen Sie also dafür sorgen, dass Controls nur kleiner werden oder der Detailbereich wenigstens vorher schon ausreichend groß ist.

> **Anmerkung**: Spätestens jetzt weiß ich den Luxus von automatisch funktionierenden Ankern zu schätzen …

Wasserzeichen

Wer die anderen MS-Office-Programme kennt, ist mehr als überrascht (um nicht zu sagen: erschüttert), was Access nicht kann. Die schmerzlichste Lücke bilden die Formen, die in Word, Excel oder PowerPoint mit einer erfreulichen Einfachheit eingefügt und anschließend verändert werden können.

Access hingegen kennt als echte grafische Objekte nur Rechtecke, Linien und Texte. Natürlich können Sie externe Bilder einbinden, inzwischen sogar mit transparentem Hintergrund, aber die bleiben statisch. Wollen Sie beispielsweise wechselnde Inhalte oder datenabhängige Farben haben, bleiben nur *Rectangle*-, *Line*- und *EditField*-Controls. Keine Dreiecke, keine Kreise, keine Sprechblasen, nichts.

Wirklich? Nein, es gibt ein paar sehr gut versteckte VBA-Befehle in Berichten, mit denen Sie dynamische Elemente zeichnen können. Wenn Sie sich jetzt völlig zu Recht fragen, was denn daran so viel besser sei als mit den vorhandenen Controls, dann ist es dies:

- Sie können damit endlich Ellipsen zeichnen, ohne dafür statische Bilder laden zu müssen. Heureka!
- Sie können Kreise zeichnen, weil das ja nur besonders symmetrische Ellipsen sind.
- Sie können Kreise zeichnen! Ach, das habe ich schon erwähnt?
- Sie können außer den Ellipsen/Kreisen noch Texte, Linien oder Rechtecke dynamisch erzeugen.
- Sie können diese Elemente auch bereichsübergreifend zeichnen, also beispielsweise über mehrere Detailbereiche hinweg.

Gut, lassen wir mal die Begeisterung über dynamische Kreise weg. Der letzte Punkt ist nämlich nicht zu unterschätzen. Es ist in Access technisch nicht möglich, Elemente zu erzeugen, welche die Bereichsgrenzen im Entwurf verlassen, aber mit diesen „Wasserzeichen" schon.

Tipp 214: Die Programmierung hier sieht zwar wie VBA aus, aber ich frage mich ernsthaft, welche:r Praktikant:in das zusammengebastelt hat. Da fühlt man sich doch ein wenig wie in der Steinzeit der Basic-Programmierung. Haben Sie schon mal einen Parameter B gesehen? Nein, nicht "B" als String-Datentyp oder *B* als Name des Parameters, sondern schlicht B. Technisch muss das eine Konstante sein, aber warum sollte sie dann nicht mit ac... wie alle anderen Konstanten anfangen oder gar per IntelliSense angeboten werden?

Anstatt die nicht besonders hilfreiche Microsoft-Hilfe zu benutzen, empfehle ich Ihnen lieber https://www.msaccessgurus.com/VBA/ReportDraw_Reference.htm von Crystal Long (strive4peace) zum Nachsehen.

Da ich den Bericht zu Testzwecken etwas verunstalten werde und später sowieso verschiedene Berichte brauche, werde ich zuerst eine Kopie des Berichts *rptBestellungenDetails* anlegen und als *rptBestellungenDetails_Wasserzeichen* benennen.

Von diesen Elementen, die ich der Einfachheit halber ab jetzt einfach als Wasserzeichen-Elemente bezeichnen werde, um sie von Controls zu unterscheiden, sehen Sie im Berichtsentwurf nichts. Sie werden ausschließlich durch VBA-Befehle erzeugt, sozusagen im Blindflug. Dazu sind nur die Ereignisse geeignet, bei denen auch bereits etwas zum Zeichnen vorhanden ist.

Hinweis: Diese Einschränkung ist nicht zu unterschätzen. Wenn Sie beim Formatieren des Gruppenkopfs auf eine Position außerhalb seiner Größe zeichnen wollen, passiert einfach nichts. Es gibt keine Fehlermeldung, aber eben auch kein sichtbares Ergebnis.

Damit es jetzt mal konkret wird, erzeugen Sie in dem kopierten Berichtsentwurf für den *Gruppenkopf0* (das ist der *bestlID – Kopfbereich*) das *Beim Formatieren*-Ereignis und ergänzen diese Prozedur so:

```
Private Sub Gruppenkopf0_Format(Cancel As Integer, FormatCount As Integer)
    Me.Print "Neue Adresse!"
End Sub
```

Die `Print`-Methode des Berichts (`Me`!) druckt diesen keineswegs aus, wie der Name vermuten ließe, sondern „druckt" einen dort genannten Text auf den Bericht:

Abbildung 408: Das „Wasserzeichen" steht oben links

Tipp 215: Sie sehen kein Ergebnis? Sie müssen die Seitenansicht oder wenigstens die Berichtssicht anzeigen, denn in der Layoutansicht wird das *Format*-Ereignis und damit diese Befehle gar nicht ausgeführt.

Die Eigenschaften dieses Textes wie Schriftfarbe, -größe oder -position können Sie durchaus beeinflussen. Da es sich aber hier nicht um ein wirkliches Objekt handelt, schreibt sich das ziemlich VBA-untypisch, nämlich so, als ob es Eigenschaften des Berichts selber seien:

```
Private Sub Gruppenkopf0_Format(Cancel As Integer, FormatCount As Integer)
    Me.FontSize = 36
    Me.FontName = "Arial Black"
    Me.ForeColor = RGB(200, 200, 255)    ' hellblau
    Me.Print "Neue Adresse!"
End Sub
```

Achtung: Sie müssen diese Eigenschaften natürlich immer nennen, *bevor* der Text mit `Print` erzeugt wird!

So ist der besondere Text sicherlich auch besser zu erkennen:

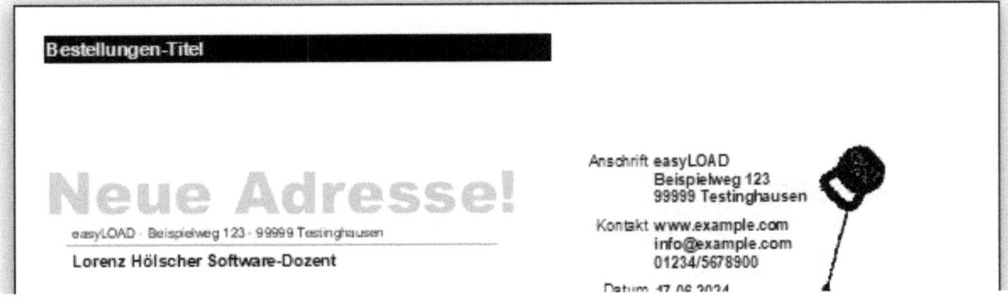

Abbildung 409: Das Wasserzeichen ist formatiert

Die Position ist derzeit noch ein bisschen zufällig, aber auch die können Sie beeinflussen, indem Sie `CurrentX` und `CurrentY` setzen. Deren Nullpunkt ist oben links und geht mit positiven Werten nach rechts unten. Die Werte werden in der speziellen Access-Einheit *Twips*[121] gerechnet, sind also eher in den Tausenderbereichen:

```
Me.ForeColor = RGB(200, 200, 255)
Me.CurrentX = 3000
Me.CurrentY = 200
Me.Print "Neue Adresse!"
```

Die im Moment hier noch zufällig gewählten Werte führen zu diesem Ergebnis:

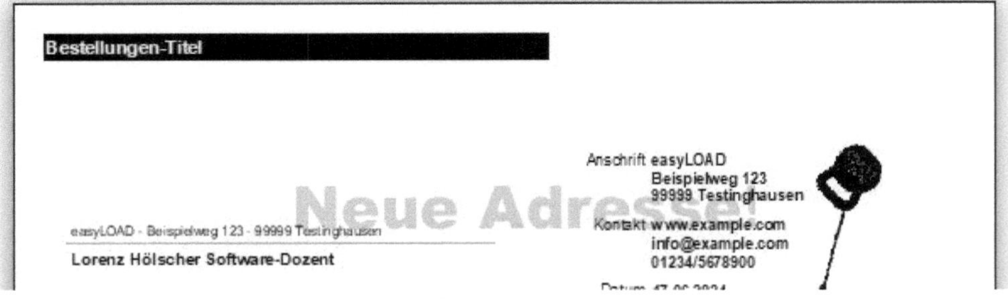

Abbildung 410: Das Wasserzeichen steht an der vorgegebenen Position

Tipp 216: Wenn Sie dem Text keine explizite Position mitgeben, erscheint er unter dem vorher erzeugten Text-Objekt. Um das zu verhindern, können Sie ein Semikolon anfügen (siehe auch Anmerkung auf Seite 514).

Meistens ist es wohl sinnvoller, die Position eines Textes nicht zu raten, sondern zu berechnen. Dazu müssen Sie ihn mit `TextWidth` und `TextHeight` zuerst sozusagen ausmessen lassen.

---

[121] Dank Crystal weiß ich endlich auch, dass Twips wohl eine Abkürzung ist für *Twenty in a point*, also ein Zwanzigstel Punkt (30 Punkt entsprechen etwa 1 cm).

> **Achtung**: Damit die `TextWidth` und `TextHeight` korrekt ermittelt werden, müssen Sie natürlich vorher `FontSize` und `FontName` gesetzt haben!

Der eigentliche Text wird dazu gleich mehrfach gebraucht, daher ist es sinnvoll, ihn entweder in einer Konstanten zu speichern oder besser gleich als Parameter einer neuen Prozedur `ZeichneText` anzugeben:

```
Private Sub Gruppenkopf0_Format(Cancel As Integer, FormatCount As Integer)
    ZeichneText "Neue Adresse!"
End Sub
```

Diese Prozedur enthält weitestgehend den bisherigen Code, berechnet aber die X- und Y-Position so, dass der Text jeweils zentriert steht:

```
Private Sub ZeichneText(strText As String)
    Me.FontSize = 36
    Me.FontName = "Arial Black"
    Me.ForeColor = RGB(200, 200, 255)
    Me.CurrentX = (Me.ScaleWidth - Me.TextWidth(strText)) / 2
    Me.CurrentY = (Me.ScaleHeight - Me.TextHeight(strText)) / 2
    Me.Print strText
End Sub
```

Das Ergebnis ist allerdings derzeit enttäuschend, denn Sie sehen nichts. Die vertikale Position (`CurrentY`) ist jetzt nämlich perfekt die Mitte des Zeichenbereichs, aber da der Gruppenkopf zuerst gezeichnet wird, gibt es dort noch keinen Bereich, in den der Code zeichnen könnte. Vorübergehend muss dort also wieder

```
    Me.CurrentY = 200
```

stehen, damit der Text oben auf der Seite sichtbar ist:

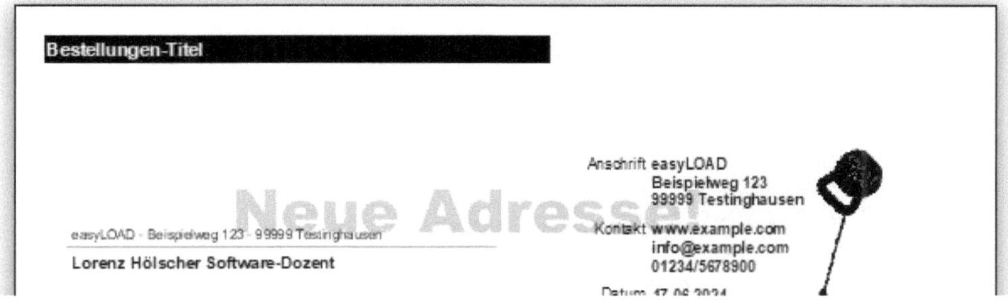

Abbildung 411: Das Wasserzeichen steht jetzt wenigstens horizontal mittig

Dies ist eine gute Gelegenheit, das Ergebnis mal stark zu vergrößern und genau zu betrachten, was hier passiert ist:

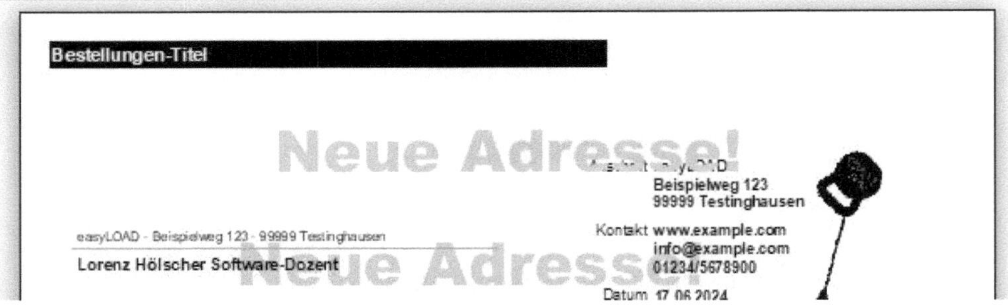

Abbildung 412: Das Wasserzeichen steht hinter dem Text

Das Wasserzeichen steht hinter dem Text. Wenn es davor stehen soll, gibt es keine vorne-/hinten-Eigenschaft, sondern einen anderen Zeitpunkt. Der spätestmögliche Zeitpunkt ist `Report_Page`, wenn die gesamte Seite fertiggestellt wird:

```
Private Sub Report_Page()
    ZeichneText "Neue Adresse!"
End Sub
```

Wenn Sie den bisherigen Aufruf nicht entfernen, erscheinen beide Wasserzeichen:

Abbildung 413: Zwei Aufrufe zeigen zwei Wasserzeichen

Hinweis: Warum eigentlich zwei Wasserzeichen, obwohl die sich doch an der gleichen Position überlagern müssten? Deren Position rechnet ab dem Nullpunkt des Eltern-Objekts, also einerseits der Seite und andererseits dem Gruppenkopf.

Damit besser zu sehen ist, welcher Text vorne oder hinten liegt, ändere ich die beiden Parameter mit dem Text in `Neue Adresse! Page` und `Neue Adresse! Kopf` und die Position in `CurrentY` auf `800`:

Abbildung 414: Je ein Wasserzeichen liegt davor und dahinter

Hinweis: Obwohl die Grafik in *srpAbsender* transparent ist, scheint es trotzdem nicht möglich zu sein, diese *Wasserzeichen*-Texte dahinter anzuzeigen.

Schließlich soll noch ein „richtiges" Wasserzeichen auf den Bericht, also ein Text in der Seitenmitte. Das ist das zentrale Argument für diese Wasserzeichen-Texte, denn es wird mehrere Detailbereiche überlappen. Damit das klappt, werde ich die Schrift in einer Kopie der Prozedur mit neuem Namen besonders groß machen:

```
Private Sub ZeichneWasserzeichen(strText As String)
    Me.FontSize = 100
    Me.FontName = "Arial Black"
    Me.ForeColor = RGB(200, 100, 100)
    Me.CurrentX = (Me.ScaleWidth - Me.TextWidth(strText)) / 2
    Me.CurrentY = (Me.ScaleHeight - Me.TextHeight(strText)) / 2
    Me.Print strText
End Sub
```

Damit in der Seitenmitte überhaupt gezeichnet werden kann, muss der Aufruf ja in `Report_Page` erfolgen:

```
Private Sub Report_Page()
    ZeichneText "Neue Adresse! Page"

    ZeichneWasserzeichen "MUSTER"
End Sub
```

Damit steht dieser Text mitten auf jeder Berichtsseite und überdeckt wegen seiner Größe erkennbar mehrere Detailbereiche:

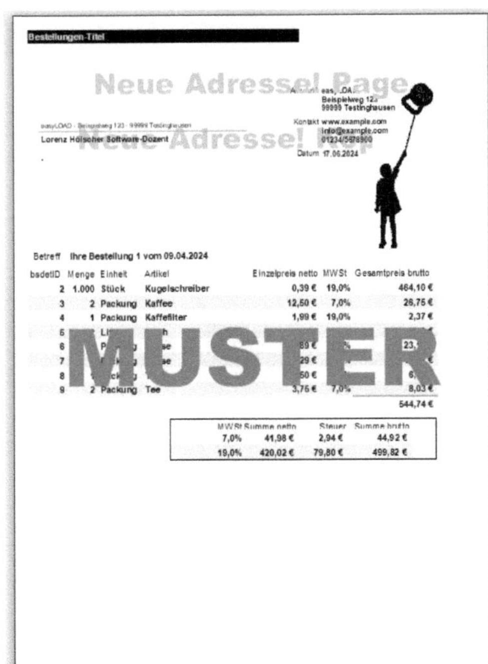
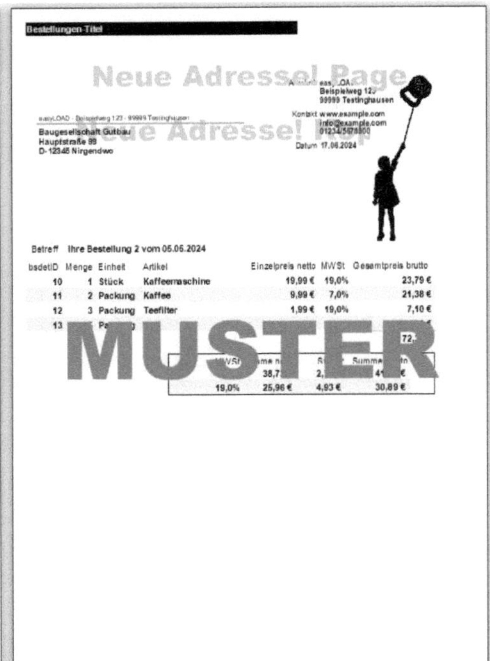

Abbildung 415: Ein Wasserzeichen liegt auf jeder Seite

> **Hinweis**: Ein perfektes Wasserzeichen wäre natürlich schräg hinter dem Text, so wie Sie das vielleicht von Word kennen. Das geht in Access leider nicht.

Der Vollständigkeit halber möchte ich aber noch die anderen zweieinhalb Elemente zeigen, die sich auf einem Bericht drucken lassen. „Zweieinhalb" deswegen, weil Linien und Rechtecke beide mit dem `Me.Line`-Befehl erzeugt werden. Schreiben Sie im Berichtsmodul diese neue Prozedur:

```
Private Sub ZeichneX()
    Me.CurrentX = 0
    Me.CurrentY = 0
    Me.DrawWidth = 100

    Me.Line (0, 0)-(Me.ScaleWidth, Me.ScaleHeight), vbGreen, B¹²²
    Me.Line (0, 0)-(Me.ScaleWidth, Me.ScaleHeight), vbRed
    Me.Line (Me.ScaleWidth, 0)-(0, Me.ScaleHeight), vbBlue
    Me.Circle (Me.ScaleWidth / 2, Me.ScaleHeight / 2), 500, vbBlack
End Sub
```

---

[122] Dies ist der bereits auf Seite 467 erwähnte Parameter, der aus einer Linie ein Rechteck macht bzw. eine Box (daher nämlich B).

Sie zeichnet ein Rechteck mit einem Kreuz darin aus zwei Linien und einem Kreis im Mittelpunkt. Damit sie aufgerufen wird, müssen Sie `Report_Page` noch entsprechend ergänzen:

```
Private Sub Report_Page()
    ZeichneText "Neue Adresse! Page"
    ZeichneWasserzeichen "MUSTER"
    ZeichneX
End Sub
```

Das Ergebnis ist nicht schön, aber wenigstens deutlich zu erkennen und dank der Farben auch leicht den jeweiligen Programmierzeilen zuzuordnen:

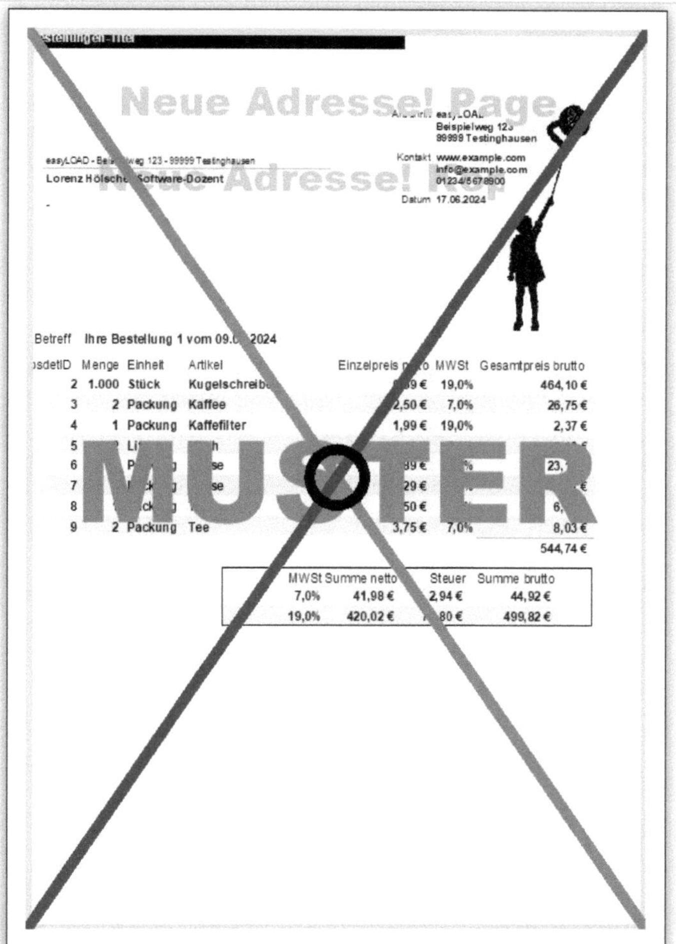

Abbildung 416: Jetzt ist der Bericht optisch endgültig im Eimer …

Damit bleiben für diese spezielle Art von Wasserzeichen-Elementen eigentlich vor allem zwei Gründe für deren Einsatz übrig:

- Berichte können veränderliche Kreise/Ellipsen enthalten.
- Diese Elemente können über mehrere Bereiche hinweg erscheinen.

Logo ein-/ausschalten

Aber wenn wir schon dabei sind, den Bericht hübsch zu machen, möchte ich noch einen Blick auf das Logo[123] werfen. In vielen Firmen gibt es spezielles Papier mit einem bereits vorgedruckten Logo darauf, welches natürlich nicht von einem Access-Bericht überdruckt werden darf. Andererseits sollen Berichte, per Fax oder E-Mail versendet werden, dieses Logo enthalten.

Anstatt jetzt zwei Varianten des Berichtsentwurfs mit und ohne Logo (ja, das habe ich tatsächlich schon gesehen!) zu erstellen, ist ein Umschalter sinnvoller. Weil Berichte deutlich widerspenstiger beim Umschalten von Objekten sind, da ja anders als bei Formularen keine nachträglichen Änderungen mehr möglich sind, empfehle ich eine andere Strategie.

Versuchen Sie nicht, im Bericht aktiv etwas an der Sichtbarkeit von Controls zu ändern. Hinterlegen Sie passiv eine geeignete Information, die vom Bericht (und in diesem Fall vom Unterbericht) dann abgefragt wird. Dazu brauchen wir zuerst eine zentrale *Boolean*-Variable, welche die Sichtbarkeit des Logos beschreibt.

Dieses Konzept gibt es in dieser Datenbank übrigens schon längst, das wird einfach eine der zentralen Optionen, wie ich sie auf Seite 243 beschrieben habe. Fangen wir also zuerst damit an, dass diese Option bei der Anmeldung in `JetztAnmelden` mit einem Standardwert eingetragen wird:

```
        Standardwert("ZeigeAnzahlAktuelle", ngrOption, ndtZahl) = 5
        Standardwert("ZeigeDatenNurOeffentliche", ngrOption, _
            ndtJaNein) = True

        Standardwert("ZeigeBerichtLogo", ngrOption, ndtJaNein) = True

    End If
  End With
End Function
```

Dann braucht es im Modul *modFunktion* noch die entsprechende Funktion, um diesen Wert abzufragen:

```
Function ZeigeBerichtLogo() As Boolean
    ZeigeBerichtLogo = Standardwert("ZeigeBerichtLogo", ngrOption, _
        ndtJaNein)
End Function
```

Diese Option ist im Treeview schon automatisch sichtbar, weil dort die Inhalte der

---

[123] Das Mädchen mit dem „Luftballon" steht hier beispielhaft für das Logo.

Abfrage *viwNachschlagewerte_Optionen* angezeigt werden:

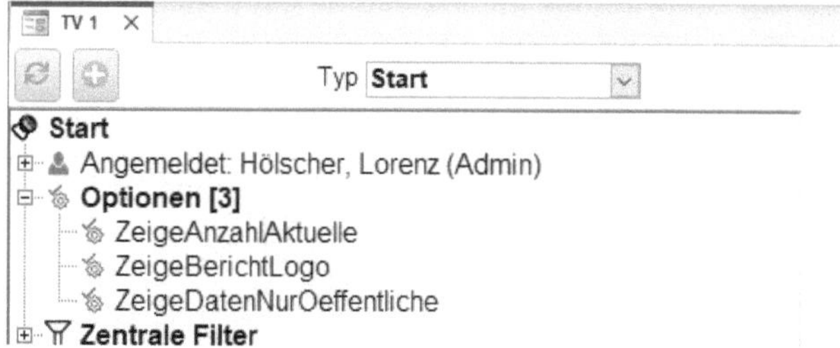

Abbildung 417: Die neue Option ZeigeBerichtLogo *wird automatisch angezeigt*

Das war's schon, jetzt können wir diese neue Option nutzen. Wechseln Sie in den Entwurf des Unterberichts *srpAbsender* und benennen das dort schon enthaltene Bild als *imgLogo*. Dann erzeugen Sie das `Report_Open`-Ereignis und ergänzen die Prozedur so:

```
Private Sub Report_Open(Cancel As Integer)
    Me.imgLogo.Visible = ZeigeBerichtLogo()
End Sub
```

Jetzt funktioniert zwar schon alles, aber das Testen ist noch etwas umständlich. Zuerst müssen Sie (z.B. mit <F3>) den Treeview aufrufen, damit eine Anmeldung stattfindet und die Option überhaupt vorhanden ist. Markieren Sie den Knoten und ändern die *nwertJaNein*-Einstellung:

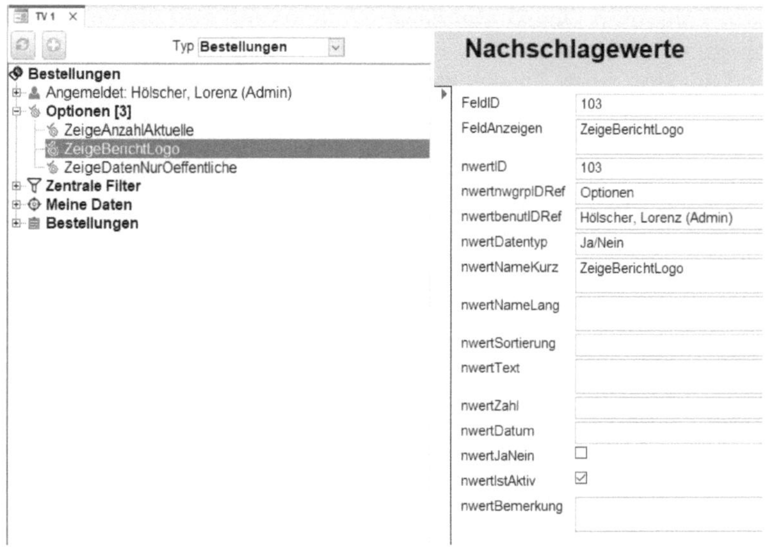

Abbildung 418: Die neue Option ZeigeBerichtLogo *ist ausgeschaltet*

Dann starten Sie *srpAbsender* aus dem Navigationsbereich per Doppelklick und sehen, dass das Logo unsichtbar ist. Wenn Sie im Treeview die Option wieder einschalten und den Unterbericht öffnen, ist das Logo wieder sichtbar.

Das funktioniert nicht nur mit dem Unterbericht *srpAbsender* alleine, sondern natürlich auch, wenn dieser in einem anderen Bericht eingebettet ist. Das war ja die Idee hinter diesem einfachen Konzept: nicht ein anderer Bericht muss das von außen organisieren, sondern das Logo fragt bei Bedarf, ob es sichtbar sein soll.

Aber der Aufruf der Berichte ist so selbst zum Testen ziemlich unschön, darum möchte ich mich also als Nächstes kümmern.

Integration im Treeview

Die wesentliche Frage mit Berichten in dieser Datenbank ist eigentlich: Wo gehören sie hin?

Früher habe ich Berichte als PopUp-Menüeinträge zum jeweiligen Objekt (also z.B. die Rechnung zu einer konkreten Bestellung im Knoten) angeboten. Das führte allerdings dazu, dass zu jedem Berichts-Menüeintrag die immer gleichen Unter-Menüeinträge (SEITENANSICHT, STANDARD-DRUCKER, ALS PDF SPEICHERN, EXCEL-EXPORT, etc.) notwendig waren. Dadurch wurde das PopUp-Menü sehr voll und unübersichtlich.

Daher binde ich Berichte inzwischen viel übersichtlicher als Knoten ein, allerdings an verschiedenen Stellen.

- Berichte zu einem konkreten Objekt stehen im Unterknoten zu diesem Objekt (z.B. Lieferschein zu einer Bestellung).
- Berichte zu allen Objekten eines Treeviews (z.B. Rechnungsübersicht) steht an dessen Ende.
- Berichte ohne konkrete Zuordnung (z.B. Quartalsbericht) stehen in einem eigenen Treeview

Je nach Größe der Datenbank und eventuell speziellen Rechten (wer darf genau diesen Bericht sehen oder drucken?) können da durchaus eine Menge Objekte zu berücksichtigen sein. Hier werde ich das insgesamt einfacher und übersichtlicher halten, also beispielsweise kein Rechtesystem für einzelne Berichte einplanen.

Abgesehen von einem neuen Icon in *USys_frmIcons* und dem zugehörigen neuen Wert `icnBericht` in `enmImagelistIcons` braucht es ein paar Knotentypen. Ich werde die Berichte ohne konkrete Zuordnung mal weglassen und daher nur allgemeine Berichte für Bestellungen und Berichte zu einer konkreten Bestellung berücksichtigen.

```
kttBerichteBestellungen_Wort
kttBerichteBestellungen_Name
kttBerichteBestellungDiese_Wort
kttBerichteBestellungDiese_Name
```

Die allgemeinen Berichte sollen jeweils am Ende des passenden Treeviews stehen, also braucht es eine Ergänzung in `Treeview_Bestellungen`:

```
Set nodX = KnotenEinzeln(trvDieser, nodStart, "Bestellungen", _
        kttBestellungen_Wort, icnBestellung)
nodX.Bold = True


Set nodX = KnotenEinzeln(trvDieser, nodStart, "Berichte", _
        kttBerichteBestellungen_Wort, icnBericht)
nodX.Bold = True


    End With
End Sub
```

Das zeigt im Treeview zwar schon den Startknoten an, dieser ist allerdings noch ohne Inhalte:

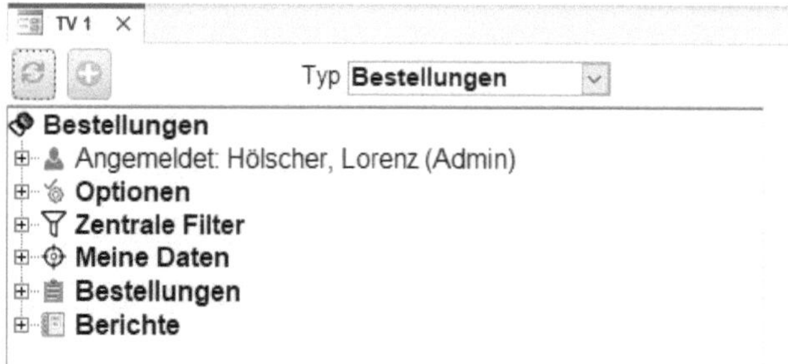

Abbildung 419: Der Knoten für allgemeine Berichte ist vorbereitet

Daher braucht es jetzt in *modTreeviewExpandieren* einen neuen `Case` für diesen Knoten:

```
Case kttBerichteBestellungen_Wort
    KnotenEinzeln trvDieser, nodExpandiert, _
        "Bestellungen im Details", kttBerichteBestellungen_Name, _
        icnBericht, False
    KnotenEinzeln trvDieser, nodExpandiert, _
        "Bestellungen als Liste", kttBerichteBestellungen_Name, _
        icnBericht, False
```

Die Unterknoten kommen also nicht aus einer Liste, sondern sind hart codiert. Das ist bei so wenigen Berichten die einfachere Lösung. Dann können wir diesen Knoten wenigstens schon mal ausklappen:

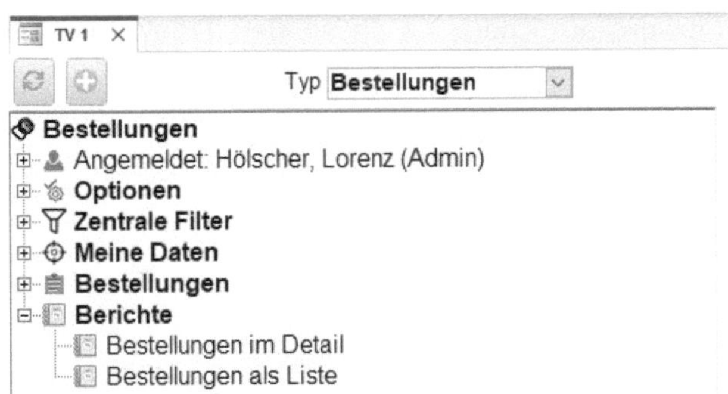

Abbildung 420: Der Knoten enthält zwei Unterknoten für Berichte

Jetzt müssen wir nur noch klären, was passiert, wenn jemand dort draufklickt. Ich würde vorschlagen: Nichts.

> **Anmerkung**: Es gibt Datenbanken, bei denen die Berichte aus einer Tabelle ermittelt werden. In dem Fall zeige ich, aber nur für jemanden mit Admin-Rechten, den zugehörigen Datensatz an.

Berichte können nicht direkt etwas anzeigen wie ein Formular den passenden Datensatz. Und sie haben nicht nur eine einzige Ansicht, sondern viele verschiedene Möglichkeiten, etwas anzuzeigen. Daher werden Berichte nur über ihr PopUp-Menü aufgerufen. Das ist in sich schlüssig, weil dabei eine Aktion (z.B. Drucken) ausgelöst wird, die ja ohnehin in ein PopUp-Menü gehören würde.

Zuerst erstelle ich daher in *modVarKonstDLL* eine neue Enumeration, damit das später sprechend programmiert werden kann.

```
Enum enmBerichtAnsicht
    banSeitenansicht
    banDruckerStandard
    banDruckerDialog
    banPDFSpeichernUnter
End Enum
```

> **Tipp 217:** Für derzeit vier verschiedene Arten, den Bericht aufzurufen, mag Ihnen eine eigene Enumeration aufwändig erscheinen. Aber in „richtigen" Datenbanken komme ich da spielend auf zehn und mehr Möglichkeiten, einen Bericht aufzurufen. Der Bericht könnte beispielsweise als PDF nicht nur mit dem *SpeichernUnter*-Dialog erstellt, sondern auch ohne nervige Rückfrage direkt in einem festgelegten PDF-Pfad gespeichert werden. Oder das PDF wird direkt an die E-Mail zur Firma oder wahlweise zum:zur Ansprechpartner:in versendet. Oder es gibt mehrere Standard-Drucker je nach Anlass, mit hoher Qualität farbig oder günstig in Schwarz/Weiß.

Dann brauche ich für das PopUp-Menü wieder ein paar JPGs im Formular:

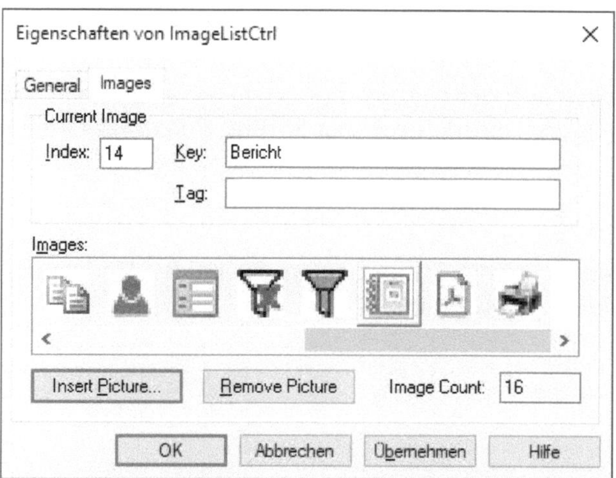

Abbildung 421: Die Imagelist für JPGs enthält die drei neuen Icons

Zu diesen ergänze ich die `enmImagelistIcons`-Enumeration mit diesen neuen Werten:

```
    jpgFilter

    jpgBericht
    jpgPDF
    jpgDrucker
End Enum
```

Dann folgt ein (derzeit noch eher leeres) PopUp-Menü, welches der Einfachheit halber in einer eigenen Prozedur in *modPopUpTreeview* erstellt wird, weil es recht umfangreich sein wird und an mehreren Stellen aufgerufen werden könnte:

```
Sub PopUpFuerBerichte(cbrBar As Object)
    PopUpCheckboxHinzu cbrBar, "Mit Logo drucken", jpgLogo, _
        "=LogoSichtbarUmschalten()", , True, IIf(ZeigeBerichtLogo(), _
        msoButtonDown, msoButtonUp)

    PopUpButtonHinzu cbrBar, "Als Seitenansicht zeigen", jpgBericht, _
        "=BerichtZeigen(" & banSeitenansicht & ")", True
    PopUpButtonHinzu cbrBar, "Auf Standard-Drucker drucken", jpgDrucker, _
        "=BerichtZeigen(" & banDruckerStandard & ")"
    PopUpButtonHinzu cbrBar, "Auf anderen Drucker drucken ...", _
        jpgDrucker, "=BerichtZeigen(" & banDruckerDialog & ")"
    PopUpButtonHinzu cbrBar, "Als PDF speichern ...", jpgPDF, _
        "=BerichtZeigen(" & banPDFSpeichernUnter & ")"
End Sub
```

Die dortigen Aufrufe der eigenen Funktionen `LogoSichtbarUmschalten()` und `BerichtZeigen()` existieren noch gar nicht. Das macht aber nichts, weil es ja nicht mal eine Fehlermeldung gäbe. Es geht mir zuerst einmal darum, das PopUp-Menü selber aufrufen zu können.

Dazu muss ich in *modPopUpTreeview* in der `PopUpTreeview()`-Funktion noch den entsprechenden `Case` mit dem Aufruf dieser Prozedur in der *Sonstiges*-Gruppe (vor dem *Löschen*) ergänzen:

```
Case kttBerichteBestellungen_Name, kttBerichteBestellungDiese_Name
    PopUpFuerBerichte cbrBar
```

Jetzt können Sie im Treeview einen Rechtsklick auf einen der beiden Berichtsnamen machen und sehen dann dieses PopUp-Menü:

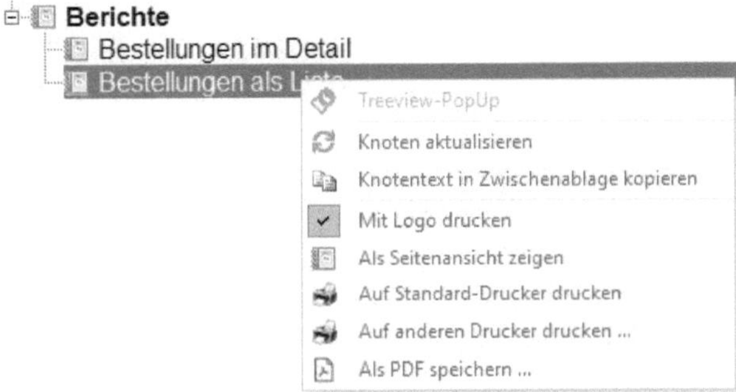

Abbildung 422: Alle Aktionen für den Bericht stehen im PopUp-Menü

Tipp 218: Die symbolische Checkbox im Menüeintrag MIT LOGO DRUCKEN ist übrigens weder eine echte Checkbox noch ein von mir geliefertes JPG-Bild. Diese Grafik entsteht nur, wenn ein (völlig beliebiges) JPG-Bild als Icon übergeben wird und dessen `State`-Wert auf `msoMixedDown` steht. Mit `msoMixedUp` bleibt die Grafik leer, obwohl ja eigentlich sogar ein JPG-Bild angegeben wurde.

Das PopUp-Menü ist jetzt hübsch, aber noch funktionsfrei. Die einfachste unter den aufzurufenden Funktion ist das Umschalten des Logos.

Anmerkung: Sie haben Recht mit Ihrem vermutlichen Einwand, dass diese Sichtbarkeit des Logos doch schon in den Optionen geändert werden kann. Ich bin keinesfalls ein Freund von „Abkürzungen", bei denen beispielsweise auf einem Formular schnell ein Wert von einem ganz anderen Formular gesetzt werden kann. Wenn der Platz zum Ändern eines Wertes logisch und nachvollziehbar ist, muss es keine weiteren Möglichkeiten geben. Das verwirrt nur.
Hier aber finde ich es nachvollziehbar, dass im Menü beim Starten einer *BerichtDrucken*-Aktion sowohl die Sichtbarkeit des Logos angezeigt wird als auch hier bei Bedarf sofort änderbar ist.

Dazu braucht es lediglich eine SQL-Anweisung, dass für diese Option (und auch diese:n Benutzer:in, weil es ja eine individuelle Option ist!) der bisherige *Boolean*-Wert in *nwertJaNein* umgekehrt werden soll:

```
Function LogoSichtbarUmschalten()
    CurrentDb.Execute "UPDATE viwNachschlagewerte_Optionen " & _
        "SET nwertJaNein = NOT nwertJaNein " & _
        "WHERE nwertbenutIDRef = " & BenutzerID() & _
        " AND nwertNameKurz = 'ZeigeBerichtLogo'", dbFailOnError
End Function
```

Tipp 219: Ohne dass Sie bereits einen Bericht wirklich starten müssen, können Sie schon durch mehrmaligen Aufruf dieses PopUp-Menüs prüfen, dass es funktioniert. Das Erscheinen oder Verschwinden der symbolischen Checkbox im Menüeintrag ist ja bereits abhängig von dieser Option.

Die Anzeige des jeweiligen Berichts wird etwas mehr Code benötigen. Daher möchte ich zuerst in *modFunktionen* wenigstens den Prozedurrumpf der schon notierten `BerichtZeigen()`-Funktion erstellen und mit einer `MsgBox` zeigen, dass der grundsätzliche Aufruf wenigstens korrekt ist:

```
Function BerichtZeigen(banDiese As enmBerichtAnsicht)
    MsgBox "Fehlt noch für: " & banDiese
End Function
```

Jetzt können Sie die übrigen PopUp-Menüeinträge für einen Bericht testen und erhalten schon mal eine Meldung mit einer wechselnden Zahl:

Abbildung 423: Im Moment liefert das PopUp-Menü nur solche Meldungen

Es fehlt noch ein wesentliches Detail für die Anzeige des Berichts: Der echte Berichtsname ist nirgends hinterlegt. Ich könnte ihn natürlich als Knotentext benutzen, aber da ich wegen der auf Seite 12 ausführlich beschriebenen Namenskonvention immer ein Präfix `rpt…` voranstehen hätte, wäre das mindestens unschön.

Hinweis: Wenn diese Berichtsnamen aus einer Tabelle kämen, wäre dort einfach in einem anderen Feld zu diesem „schönen" Namen der echte Name des Berichts hinterlegt. Das ist dann unkompliziert nachzuschlagen.

In „richtigen" Datenbanken ohne solche Tabellen habe ich mehr Inhalte in der *Marke*-Eigenschaft stehen, unter anderem nämlich auch den Echtnamen des aufzurufenden Formulars oder hier eben des Berichts.

Da der echte Berichtsname nicht aus einer Eigenschaft oder Tabelle ermittelt werden kann, nehme ich den Knotentext als Anhaltspunkt. Dann muss ich nur aufpassen, dass es keine Duplikate gibt. Vor allem aber muss diese Prozedur Zugriff auf den Knoten-`Tag` erhalten, der zwar beim Anklicken noch bekannt ist, aber danach bisher nicht durchgereicht wird.

Also erweitere ich sowohl die `PopUpFuerBerichte`-Signatur um den neuen Parameter `nodAngeklickt` als auch deren Aufruf in *PopUpTreeview*:

```
Sub PopUpFuerBerichte(cbrBar As Object, nodAngeklickt As Node)
```

Damit es keinen Kompilierfehler gibt, reicht der Aufruf dieser Funktion den Knoten weiter:

```
    Case kttBerichteBestellungen_Name, kttBerichteBestellungDiese_Name
        PopUpFuerBerichte cbrBar, nodAngeklickt
```

Hier kann ich den Berichtsnamen anhand des Knotentexts ermitteln und als *String*-Datentyp an `BerichtZeigen()` weiterreichen.

> **Hinweis**: Natürlich wäre es eine schöne Idee, direkt das ganze Knoten-Objekt `nodAngeklickt` weiterzureichen statt nur seines Textes. Wie jedoch schon auf Seite 375 erwähnt, können Parameter eines PopUp-Menüeintrags nur einfache Datentypen wie *String* oder *Long* sein, aber keine Objekte wie *Node*.

Wegen der recht umfangreichen Änderungen zeige ich Ihnen hier wieder die komplette Prozedur mit den Anpassungen:

```
Sub PopUpFuerBerichte(cbrBar As Object, nodAngeklickt As Node)
    Dim strBericht As String

    Select Case LCase(nodAngeklickt.Text)
    Case "bestellungen im detail":  strBericht = "rptBestellungenDetails"
    Case "bestellungen als liste":  strBericht = "rptBestellungenListe"
    End Select

    PopUpCheckboxHinzu cbrBar, "Mit Logo drucken", jpgLogo, _
        "=LogoSichtbarUmschalten()", , True, IIf(ZeigeBerichtLogo(), _
        msoButtonDown, msoButtonUp)
    If strBericht = "" Then
        PopUpButtonHinzu cbrBar, "Berichtsname fehlt", jpgInfo, "", _
            False, True
    Else
        PopUpButtonHinzu cbrBar, "Als Seitenansicht zeigen", jpgBericht, _
            "=BerichtZeigen(" & banSeitenansicht & ", '" & _
            strBericht & "')", True
        PopUpButtonHinzu cbrBar, "Auf Standard-Drucker drucken", _
            jpgDrucker, "=BerichtZeigen(" & banDruckerStandard & _
            ", '" & strBericht & "')"
        PopUpButtonHinzu cbrBar, "Auf anderen Drucker drucken ...", _
```

```
            jpgDrucker, "=BerichtZeigen(" & banDruckerDialog & ", '" & _
            strBericht & "')"
        PopUpButtonHinzu cbrBar, "Als PDF speichern ...", jpgPDF, _
            "=BerichtZeigen(" & banPDFSpeichernUnter & ", '" & _
            strBericht & "')"
    End If
End Sub
```

Mittels einer *SelectCase*-Struktur speichert der Code in `strBericht` den echten Namen des Berichts. Falls keiner gefunden wurde, gibt es im PopUp-Menü einen inaktiven Eintrag mit dem passenden Hinweis. Das sollte ja eigentlich nie vorkommen, ist aber wenigstens während der Entwicklungszeit sehr hilfreich:

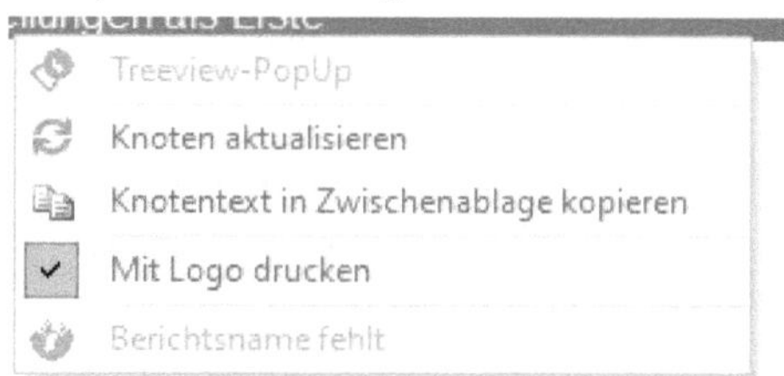

Abbildung 424: Die „Fehlermeldung" bei einem fehlenden Bericht ist ein inaktiver Menüeintrag

Damit das fehlerfrei funktioniert, müssen wir natürlich noch die Signatur der hier aufgerufenen `BerichtZeigen()`-Funktion anpassen:

```
Function BerichtZeigen(banDiese As enmBerichtAnsicht, strBericht As String)
    MsgBox "Fehlt noch für: " & banDiese & " und " & strBericht
End Function
```

Bei der Gelegenheit zeigt die `MsgBox` direkt den Inhalt des zweiten Parameters an, so dass wir sehen können, was dort ankommt:

Abbildung 425: Die Meldung zeigt die korrekte Übergabe aller Parameter

Natürlich soll diese Prozedur mehr können als nur die Parameter anzuzeigen, jetzt möchte ich also die echte Funktionalität ergänzen. Das ist erstaunlich einfach, wenn Sie die bisherige Meldung durch eine *SelectCase*-Struktur ersetzen:

```
Function BerichtZeigen(banDiese As enmBerichtAnsicht, strBericht As String)
```

```
    Select Case banDiese
    Case banSeitenansicht
        DoCmd.OpenReport strBericht, acViewPreview

    Case banDruckerStandard
        DoCmd.OpenReport strBericht, acViewNormal, , , acHidden
        DoCmd.Close acReport, strBericht, acSaveNo

    Case banDruckerDialog
        DoCmd.OpenReport strBericht, acViewPreview
        On Error Resume Next
        DoCmd.RunCommand acCmdPrint
        On Error GoTo 0
        DoCmd.Close acReport, strBericht, acSaveNo

    Case banPDFSpeichernUnter
        On Error Resume Next
        DoCmd.OpenReport strBericht, acViewPreview, , , acHidden
        DoCmd.OutputTo acOutputReport, strBericht, acFormatPDF
        DoCmd.Close acReport, strBericht, acSaveNo
        On Error GoTo 0

    Case Else
        MsgBox "Unbekannte Berichtsansicht: " & banDiese, vbCritical, _
            p_cstrMsgTitel

    End Select
End Function
```

Die Seitenansicht ruft den Bericht in der `acViewPreview`-Darstellung auf und braucht daher nur eine Zeile Code. Der Ausdruck auf dem Standard-Drucker geschieht wegen des `acHidden`-Parameters unsichtbar, der Code muss lediglich anschließend diesen trotzdem geöffneten Bericht schließen.

Für den Auswahl-Dialog eines anderen Druckers gibt es extra einen `acCmdPrint`-Parameter zur `DoCmd.RunCommand`-Prozedur. Auch der Export in eine PDF-Datei nutzt einen unsichtbar geöffneten Bericht und ruft dann mit `DoCmd.OutputTo` den integrierten PDF-Export-Dialog auf.

Damit eventuell später geänderte Werte in der `enmBerichtAnsicht`-Enumeration sofort gemeldet werden, habe ich in *SelectCase*-Strukturen wie dieser vorsichtshalber immer einen `Case Else`-Zweig für eine Fehlermeldung.

Zu diesen allgemeinen Berichten für alle Bestellungen gibt es noch welche, die nur für eine einzelne Bestellung sinnvoll sind. Genau genommen ist einer davon sogar identisch mit „Bestellungen im Detail", nur dass dieses Mal nicht alle ungefiltert angezeigt werden.

Zuerst müssen wieder die Knoten für die Berichte ergänzt werden, also unterhalb des `kttBestellung_Name`-Knotens in *modTreeviewExpandieren*:

```
Case kttBestellung_Name
    KnotenEinzeln trvDieser, nodExpandiert, "Bestelldetails", _
        kttBestelldetails_Wort, icnBestelldetail
    KnotenEinzeln trvDieser, nodExpandiert, _
        "Berichte für diese Bestellung", _
        kttBerichteBestellungDiese_Wort, icnBericht

Case kttBerichteBestellungDiese_Wort
    KnotenEinzeln trvDieser, nodExpandiert, "Bestellungen im Detail", _
        kttBerichteBestellungDiese_Name, icnBericht, False
    KnotenEinzeln trvDieser, nodExpandiert, _
        "Bestellungen im Detail mit Wasserzeichen", _
        kttBerichteBestellungDiese_Name, icnBericht, False
```

Das sieht im Treeview dann so aus, dass zu jeder einzelnen Bestellung diese Berichte angezeigt werden:

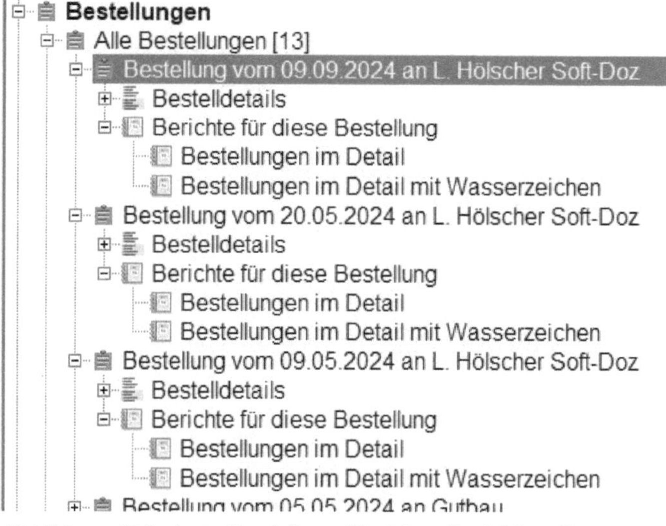

Abbildung 426: Jede Bestellung führt ihre Berichte mit

Sie können ausprobieren, dass das PopUp-Menü hier schon funktioniert, denn auf Seite 454 war der Knotentyp `kttBerichteBestellungDiese_Name` bereits berücksichtigt worden. Die Berichte lassen sich also direkt anzeigen bzw. ausdrucken, allerdings wie die anderen ungefiltert.

Das muss sich jetzt ändern. Da in der `PopUpTreeview`-Prozedur der angeklickte Knotentyp noch bekannt ist, ist es am besten, dort direkt über den Filter zu entscheiden, da dieser ja vom Knotentyp abhängig ist:

```
Case kttBerichteBestellungen_Name
```

```
          PopUpFuerBerichte cbrBar, nodAngeklickt, ""

     Case kttBerichteBestellungDiese_Name
          PopUpFuerBerichte cbrBar, nodAngeklickt, "bestlID=" & _
               LiesTag(nodAngeklickt.Parent.Parent.Tag, eleFeldID)
```

Als Filter eignet sich die im `Tag` gespeicherte ID der Bestellung, die sich zwei Knoten höher befindet, daher die `nodAngeklickt.Parent.Parent`-Angabe. Entsprechend muss nun die `PopUpFuerBerichte`-Signatur um den neuen *String*-Parameter ergänzt werden:

```
Sub PopUpFuerBerichte(cbrBar As Object, nodAngeklickt As Node, _
        strFilter As String)
```

Dieser Filter wiederum wird als neuer dritter Parameter an die `BerichtZeigen()`-Funktion weitergereicht, daher ändern sich die Aufrufe der Menüeinträge:

```
          PopUpButtonHinzu cbrBar, "Als Seitenansicht zeigen", jpgBericht, _
               "=BerichtZeigen(" & banSeitenansicht & ", '" & _
               strBericht & "', '" & strFilter & "')", True
          PopUpButtonHinzu cbrBar, "Auf Standard-Drucker drucken", _
               jpgDrucker, "=BerichtZeigen(" & banDruckerStandard & _
               ", '" & strBericht & "', '" & strFilter & "')"
          PopUpButtonHinzu cbrBar, "Auf anderen Drucker drucken ...", _
               jpgDrucker, "=BerichtZeigen(" & banDruckerDialog & _
               " ,'" & strBericht & "', '" & strFilter & "')"
          PopUpButtonHinzu cbrBar, "Als PDF speichern ...", jpgPDF, _
               "=BerichtZeigen(" & banPDFSpeichernUnter & ", '" & _
               strBericht & "', '" & strFilter & "')"
```

Außerdem muss natürlich die Signatur der `BerichtZeigen()`-Funktion korrigiert werden:

```
Function BerichtZeigen(banDiese As enmBerichtAnsicht, _
        strBericht As String, strFilter As String)
```

Jetzt ist zwar technisch alles in Ordnung, aber die Filter selber werden noch gar nicht genutzt. Da Access beim Aufruf von Berichten auch mit einem Leerstring als Filter klar kommt, können Sie den Parameter einfach in die `DoCmd.OpenReport`-Befehle als *WhereCondition*-Parameter einfügen, beispielsweise für die Seitenansicht:

```
          DoCmd.OpenReport strBericht, acViewPreview, , strFilter
```

Entsprechend verfahren Sie mit den übrigen `DoCmd.OpenReport`-Befehlen. Wenn Sie das testen wollen, prüfen Sie am besten zuerst, ob es zu der Bestellung überhaupt Bestelldetails gibt, weil diese Testdatenbank einige Bestellungen ohne Details hat, bei denen der Bericht dann leer ist:

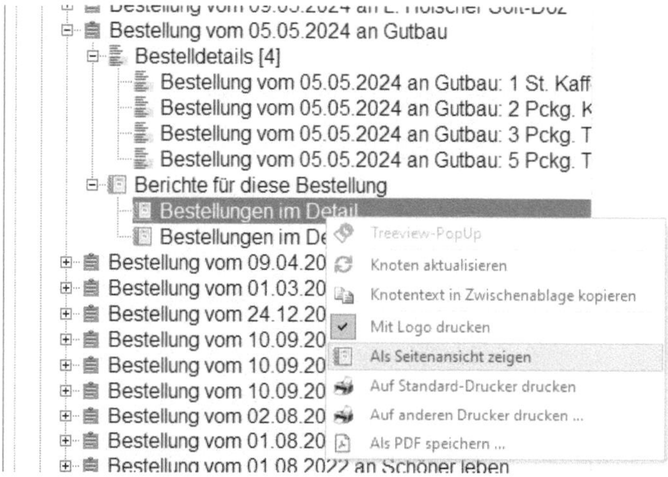

Abbildung 427: Diese Bestellung enthält brauchbare Daten

Dieser Bericht zeigt in der Seitenansicht dann genau die Daten nur für diese Bestellung an, während der gleiche Bericht im anderen Knoten weiterhin die Daten für alle Bestellungen liefert.

Tipp 220:   Falls Sie beim Testen jetzt nacheinander den gleichen Berichtsentwurf nutzen, werden Sie eine Eigenheit von Access bemerken, die sonst nicht so schnell auffällt: Bereits geöffnete Berichte werden nicht aktualisiert. Das ist Benutzer:innen nicht vermittelbar und sie werden oft vergessen, den gleichen Bericht vorher zu schließen. Daher sollte das der Code übernehmen:

```
Function BerichtZeigen(banDiese As enmBerichtAnsicht, _
        strBericht As String, strFilter As String)
    On Error Resume Next
    DoCmd.Close acReport, strBericht, acSaveNo
    On Error GoTo 0
```

Falls der Bericht offen war, wird er ohne Rückfrage geschlossen. Falls er nicht offen war, passiert wegen der Fehlerbehandlung nichts.

Beim Testen werden Sie feststellen, dass einer der Berichte die in Abbildung 424 auf Seite 457 vorbereitete „Fehlermeldung" im PopUp-Menü zeigt. Das führt Sie in die `PopUpFuerBerichte`-Prozedur, wo Sie diese Zeile ergänzen müssen:

```
    Case "bestellungen im detail":  strBericht = "rptBestellungenDetails"
    Case "bestellungen im detail mit wasserzeichen":  strBericht = _
        "rptBestellungenDetails_Wasserzeichen"
```

Damit haben Sie auch die Berichte in der Datenbank organisiert. Selbstverständlich ist das noch nicht komplett, da ist jetzt noch einiges an Fleißarbeit übrig. Sie müssen in einer echten Datenbank noch viele weitere Berichte vorbereiten und die entsprechenden Knoten einfügen. Aber das ist nur mehr vom Gleichen, weil das Konzept so flexibel ist.

Export

Exporte behandle ich inzwischen wie Berichte, das heißt, sie erhalten einen eigenen Zweig und ein Aktions-PopUp-Menü. Tatsächlich ist es für Benutzer:innen oft nur ein kleiner Gedankensprung, ob die Daten in eine PDF- oder eine Excel-Datei exportiert werden. Hauptsache, die Daten sind aus der Datenbank in einer externen Datei gespeichert.

Aus technischer Sicht ist es für mich aber durchaus ein Unterschied, ob ich „schöne" Daten in ein PDF schreibe oder „nackte" Daten in eine Excel- oder CSV-Datei. Daher nutze ich dafür einen eigenen Knoten.

Bei dieser Gelegenheit möchte ich Ihnen zeigen, wie das mit einer Tabelle lösbar ist, während die Berichte ja hart codiert waren. Die Tabelle *tblExporte* ist ziemlich unspektakulär:

Feldname	Felddatentyp
exprtID	AutoWert
exprtTyp	Kurzer Text
exprtNameKurz	Kurzer Text
exprtNameLang	Kurzer Text
exprtSQL	Kurzer Text
exprtSortierung	Kurzer Text
exprtIstAktiv	Ja/Nein
exprtBemerkung	Kurzer Text

Abbildung 428: Der Entwurf der Tabelle tblExporte

Diese Tabelle hat keine Fremdschlüssel, sondern nur einen textlichen *exprtTyp*, anhand dessen ich filtern kann, für welchen Knoten die Exporte angezeigt werden sollen.

Im *exprtSQL*-Feld steht entweder tatsächlich eine SQL-Anweisung oder direkt der Name einer Abfrage. Ich kann das leicht unterscheiden, weil nur Auswahlabfragen enthalten sein können. Falls also das erste Wort `SELECT` (oder bei Kreuztabellen-Abfragen `TRANSFORM`) ist, handelt es sich um eine echte SQL-Anweisung, ansonsten muss es der Name einer Abfrage[124] sein.

Die Länge von „nur" 255 Zeichen reicht mir aus. Selbstverständlich kann eine SQL-Anweisung deutlich länger werden, aber dann ist sie schon so kompliziert zu pflegen, dass ich das lieber in einer echten Abfrage speichere und dann ist deren Name wieder kürzer.

---

[124] Es könnte natürlich auch eine Tabelle sein, aber das würde sich technisch ohnehin gleich verhalten und in meinen Datenbanken würden niemals Tabellendaten direkt nach außen gehen.

Im *exprtSortierung*-Feld kann ich die angezeigte Reihenfolge beeinflussen und in *exprtIstAktiv* wie üblich bestimmte Exporte ausblenden, anstatt sie direkt löschen zu müssen.

Es gibt derzeit nur zwei Typen, nämlich `BestellungDiese` und `BestellungenAlle`. Die eigentlichen Namen sind egal, sie müssen nur eindeutig sein.

> **Hinweis**: Die Idee, statt der Texte mit Schreibfehlergefahr lieber die Knotentyp-Werte zu nehmen, bei denen diese Exporte ja gespeichert werden sollen, klingt auf den ersten Blick datenbankgerechter. Da diese Knotentyp-Werte aber aus einer Enumeration kommen, können die sich jederzeit durch neue Werte davor ändern. Innerhalb nur von VBA ist das unproblematisch, aber die Tabelle würde dann nicht angepasst.

In einer „richtigen" Datenbank werden für jeden weiteren Treeview wie Firmen, Rechnungen, etc. entsprechend viel mehr Typen vorkommen. Schon hier nur für die Bestellungen wären beispielsweise noch `BestelldetailsDiese` denkbar. Die Tabelle enthält hier diese Daten:

exprtID	exprtTyp	exprtNameKurz	exprtNameLang	exprtSQL	exprtBemerkung	exprtSortierung	exprtIstAktiv
1	BestellungDiese	Bestellung	Nur die Daten zur Bestellung selber	viwBestellungen		1	☑
2	BestellungenAlle	Bestellungen	Nur die Daten zur Bestellung selber	viwBestellungen		2	☑
3	BestellungDiese	Bestellung mit Bestelldetails	Daten zur Bestellung mit den Bestelldetails	SELECT viwBestellungen.*, viwBestelldetai		3	☑
4	BestellungDiese	Bestellungen mit Firmendaten	Daten zur Bestellung mit Firmendaten	SELECT viwBestellungen.*, viwFirmen.* FR		4	☑
5	BestellungDiese	Wichtigen Bestellungs-Daten	Alle wichtigen Daten zur Bestellung	qryBestellungenFuerBericht		2	☑
6	BestellungenAlle	Von mir bestellte Bestellungen	Alle Bestellungen, die ich bestellt habe	qryBestellungenMeineBestellt		3	☑
7	BestellungenAlle	Von mir bezahlte Bestellungen	Alle Bestellungen, die ich bezahlt habe	qryBestellungenMeineBezahlt		6	☑
8	BestellungenAlle	An mich gelieferte Bestellungen	Alle Bestellungen, die an mich geliefert wurden	qryBestellungenMeineGeliefert		5	☑
9	BestellungenAlle	Von mir genehmigte Bestellungen	Alle Bestellungen, die ich genehmigt habe	qryBestellungenMeineGenehmigt		4	☑
10	BestellungenAlle	Firmenweise Bestellungen-Summen	Kreuztabelle mit Firmen, Bestellungen und Summen	qryFirmenBestellungenSummen		1	☑
(Neu)							☑

Abbildung 429: Die Daten der Tabelle tblExporte

Die meisten *exprtSQL*-Inhalte werden Ihnen bekannt vorkommen, denn das sind bereits vorhandene Abfragen, die ich hier auch zum Exportieren nutze. Die beiden SQL-Anweisungen für die dritte und vierte Zeile zeigen lediglich die kompletten Inhalte von *viwBestellungen*, entweder mit *viwBestelldetails* oder mit *viwFirmen*:

```
SELECT viwBestellungen.*, viwBestelldetails.*
FROM viwBestellungen INNER JOIN viwBestelldetails ON
viwBestellungen.bestlID = viwBestelldetails.bsdetbestlIDRef;
```

Die zweite SQL-Anweisung lautet:

```
SELECT viwBestellungen.*, viwFirmen.*
FROM viwFirmen INNER JOIN viwBestellungen ON
viwFirmen.firmaID = viwBestellungen.bestlfirmaIDRef;
```

Das ist beides technisch wenig anspruchsvoll und dient nur als einfacher Test für die Unterscheidung zwischen SQL-Anweisung und Abfragename. Es gibt hier auch keine `TRANSFORM`-Anweisung, denn die Kreuztabellen-Abfrage habe ich lieber als *qryFirmenBestellungenSummen* gespeichert, weil das dort bequemer zu pflegen ist:

```
TRANSFORM Sum(qryBestellungenFuerBericht.PreisGesamtBrutto) AS
```

```
SummevonPreisGesamtBrutto
SELECT qryBestellungenFuerBericht.firmaNameKurz
FROM qryBestellungenFuerBericht
GROUP BY qryBestellungenFuerBericht.firmaNameKurz
PIVOT qryBestellungenFuerBericht.bestlfirmaIDRef;
```

Zu der Tabelle braucht es natürlich noch die übliche Pseudo-View *viwExporte*, welche die Sortierung berücksichtigt:

```
SELECT exprtID AS FeldID, exprtNameKurz AS FeldAnzeigen, tblExporte.*
FROM tblExporte
ORDER BY exprtSortierung;
```

Damit sind die Daten vorbereitet und können im Treeview eingebaut werden. Ein neues Icon mit dem Wert `icnExport` habe ich ebenfalls angelegt, so dass nur noch die Werte für die `enmKnotentypen`-Enumeration benötigt werden:

```
kttExportBestellungDiese_Wort
kttExportBestellungDiese_Name
kttExportBestellungenAlle_Wort
kttExportBestellungenAlle_Name
```

Der neue Knoten liegt jeweils bei den Berichten, also in *modTreeviewExpandieren* mit dieser Ergänzung am Bestellung-Knoten:

```
Case kttBestellung_Name
    KnotenEinzeln trvDieser, nodExpandiert, "Bestelldetails", _
            kttBestelldetails_Wort, icnBestelldetail
    KnotenEinzeln trvDieser, nodExpandiert, _
            "Berichte für diese Bestellung", _
            kttBerichteBestellungDiese_Wort, icnBericht
    KnotenEinzeln trvDieser, nodExpandiert, _
            "Exporte für diese Bestellung", _
            kttExportBestellungDiese_Wort, icnExport
```

Außerdem sollen allgemeine Bestellungen-Exporte möglich sein, die im Modul *modTreeviewTypen* ergänzt werden:

```
Set nodX = KnotenEinzeln(trvDieser, nodStart, "Berichte", _
        kttBerichteBestellungen_Wort, icnBericht)
nodX.Bold = True

Set nodX = KnotenEinzeln(trvDieser, nodStart, "Exporte", _
        kttExportBestellungenAlle_Wort, icnExport)
nodX.Bold = True


    End With
End Sub
```

Damit die Knoten ihre jeweiligen Unterknoten mit Inhalten anzeigen können, müssen in *modTreeviewExpandieren* diese Knotentypen neu berücksichtigt werden:

```
Case kttExportBestellungDiese_Wort
    KnotenAusQuery trvDieser, nodExpandiert, "SELECT * FROM " & _
        "viwExporte WHERE exprtTyp='BestellungDiese'", _
        kttExportBestellungDiese_Name, icnExport, False

Case kttExportBestellungenAlle_Wort
    KnotenAusQuery trvDieser, nodExpandiert, "SELECT * FROM " & _
        "viwExporte WHERE exprtTyp='BestellungenAlle'", _
        kttExportBestellungenAlle_Name, icnExport, False
```

Damit ist der Treeview vollständig mit den vorgesehenen Exporten bestückt. Jede Bestellung hat einen entsprechenden Unterknoten:

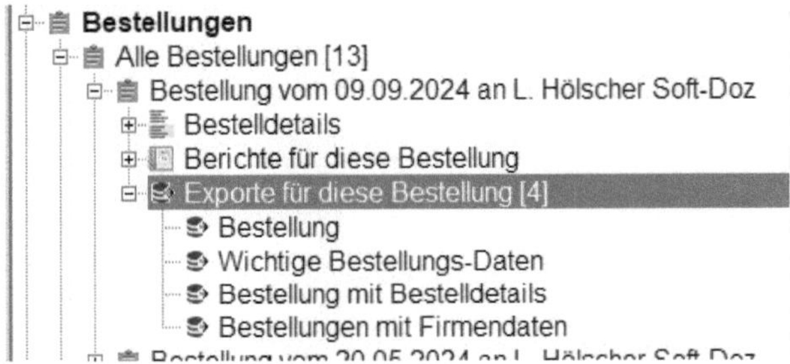

Abbildung 430: Die Exporte für eine konkrete Bestellung

Außerdem gibt es noch die allgemeinen Exporte für alle Bestellungen:

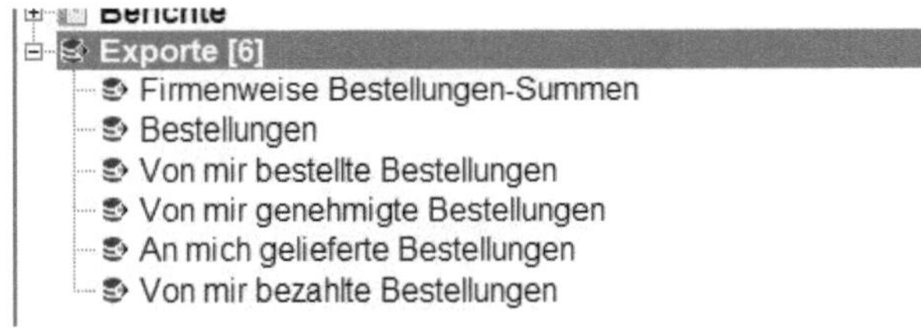

Abbildung 431: Die Exporte für alle Bestellungen

Wie bei den Berichten findet der Export über ein PopUp-Menü statt, wobei die verschiedenen Exporttypen aus einer neuen Enumeration kommen:

```
Enum enmExportTyp
    expAbfrage
    expCSV
    expXLSX
End Enum
```

Anmerkung: Eine Abfrage als einen „Export" zu bezeichnen, ist sicherlich eine gedehnte Auslegung des Export-Begriffs. Sie werden aber nachher sehen, dass das sehr praktisch ist, um die zu exportierenden Daten vorher schon mal zu prüfen.

Dazu passend habe ich schon drei neue JPG-Grafiken und `enmImagelistJPGs`-Werte vorbereitet, die ich für das PopUp-Menü gleich benötigen werde. Analog zu den Berichten gibt es eine `PopUpFuerExporte`-Prozedur, die Sie teilweise aus der `PopUpFuerBerichte`-Prozedur kopieren können:

```
Sub PopUpFuerExporte(cbrBar As Object, lngID As Long, strFilter As String)
    PopUpButtonHinzu cbrBar, "Als Abfrage anzeigen ...", jpgAbfrage, _
        "=AbfrageExportieren(" & expAbfrage & ", " & lngID & ", '" & _
        strFilter & "')", , True
    PopUpButtonHinzu cbrBar, "Als CSV-Datei exportieren ...", jpgText, _
        "=AbfrageExportieren(" & expCSV & ", " & lngID & ", '" & _
        strFilter & "')"
    PopUpButtonHinzu cbrBar, "Als Excel-Datei exportieren ...", _
        jpgExcel, "=AbfrageExportieren(" & expXLSX & ", " & lngID & _
        ", '" & strFilter & "')"
End Sub
```

Im Vergleich zu den Berichten ist hier weniger Vorbereitung nötig, weil durch die *exprtID* anhand der *tblExporte* die Daten erst später bei der eigentlichen Ausführung ermittelt werden können.

Jetzt könnten wir das PopUp-Menü schon mal ansehen, wozu es im Modul *modPopUpTreeview* ja erst einmal aufgerufen werden muss:

```
    Case kttExportBestellungenAlle_Name
        PopUpFuerExporte cbrBar, Val(strID), ""

    Case kttExportBestellungDiese_Name
        PopUpFuerExporte cbrBar, Val(strID), _
            "bestlID=" & LiesTag(nodAngeklickt.Parent.Parent.Tag, _
            eleFeldID)
```

Beachten Sie bitte, dass der `lngID`-Parameter in `PopUpFuerExporte` den *Long*-Datentyp hat, das hier vorhandene `strID` aber ein *String*-Datentyp ist. Dieser muss mit der `Val()`-Funktion zuerst umgewandelt werden.

Tipp 221: Ich bevorzuge die `Val()`-Funktion gegenüber beispielsweise der `CDbl()`-Funktion (*convert to double*), weil sie bei nicht-numerischen Inhalten wenigstens eine 0 zurückgibt, also immer eine Zahl.

Mit einem Rechtsklick auf einen Export-Knoten sehen Sie nun dieses PopUp-Menü:

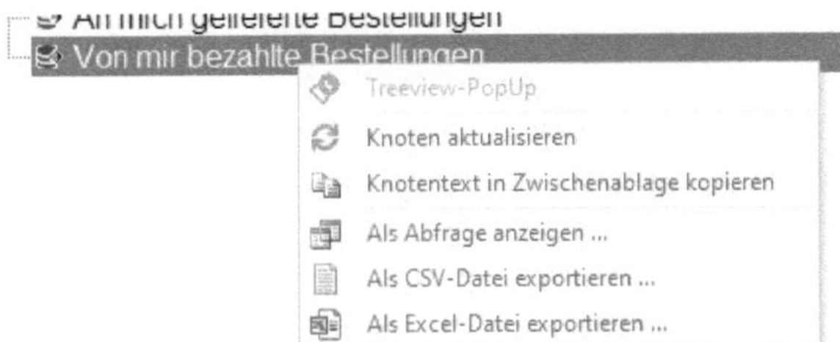

Abbildung 432: Das PopUp-Menü für den Export erscheint

Abfrage-„Export"

Jetzt müssen wir mal diskutieren, was beim Export passieren soll. Access möchte nämlich am liebsten nur gespeicherte Abfragen exportieren, hier gibt es aber nicht nur SQL-Anweisungen, sondern selbst bei den Abfragenamen im *exprtSQL*-Feld wegen des Filters doch wieder nur eine SQL-Anweisung.

Daher sorge ich dafür, dass für den Export auf jeden Fall eine gespeicherte Abfrage zur Verfügung steht. Sie hat bei mir immer den Namen *USys_qryExport* und wird inhaltlich vom VBA-Code vor jedem Export mit der richtigen SQL-Anweisung überschrieben.

Tipp 222:   Dies ist eine Abfrage, die aus technischen Gründen notwendig ist, daher verstecke ich sie wieder mit der *USys*-Benennung. Der Unterstrich ist übrigens nicht notwendig, der dient nur der besseren Lesbarkeit.

Kopieren Sie jetzt bitte eine völlig beliebige Abfrage auf diesen vorgegebenen Namen *USys_qryExport*. Es ist nur wichtig, dass eine Abfrage unter diesem Namen vorhanden ist.

Was immer der Export als SQL vorfindet, wird dann sinnvoll umgewandelt und in dieser Abfrage gespeichert. Diese sinnvolle Umwandlung findet in der noch zu schreibenden `AbfrageExportieren()`-Funktion statt:

```
Function AbfrageExportieren(expDieser As enmExportTyp, lngID As Long, _
    strFilter As String)
    Dim qdfE As QueryDef
    Dim strSQL As String

    strSQL = DLookup("exprtSQL", "tblExporte", "exprtID=" & lngID) & ""
    strSQL = Replace(strSQL, ";", "")

    If LTrim(LCase(strSQL)) Like "select *" Then
        strSQL = "SELECT qryX.* FROM (" & strSQL & ") AS qryX"
    Else
        strSQL = "SELECT qryX.* FROM [" & strSQL & "] AS qryX"
    End If
```

```
    If strFilter <> "" Then
        strSQL = strSQL & " WHERE " & strFilter
    End If

    Set qdfE = CurrentDb.QueryDefs("USys_qryExport")
    qdfE.SQL = strSQL
    DoCmd.OpenQuery "USys_qryExport"
End Function
```

Zuerst ermittelt die Funktion den Inhalt des passenden *exprtSQL*-Feldes und entfernt das dort möglicherweise enthaltene Semikolon. Das muss sein, weil dieser Inhalt auf jeden Fall in einer „äußeren" Abfrage gekapselt wird und ein Semikolon nur am Ende aller SQL-Anweisungen stehen darf.

Da ich hier in dieser Datenbank keine Kreuztabellen-Abfragen als SQL-Anweisung mit dem `TRANSFORM`-Befehl vorsehe, muss der Code nur prüfen, ob der Inhalt mit `SELECT` beginnt. In diesem Fall steht der Inhalt syntaktisch korrekt in runden Klammern. Andernfalls handelt es sich um einen Abfragenamen, der in eckigen Klammern genannt wird.

Tipp 223:   Die Schreibweise in eckigen Klammern ist nur nötig, wenn der Abfragename „gefährliche" Zeichen wie Leerzeichen, Minuszeichen oder ähnliche enthält. Dann geben die eckigen Klammern die Grenzen des Abfragenamens an. Da das bei Abfragenamen generell erlaubt ist, setze ich diese eckigen Klammern sicherheitshalber immer.

Was immer da nun entstanden ist, bildet eine neue Abfrage, deren innere Abfrage generell als *qryX* benannt wird. Auf deren Felder muss sich die SQL-Anweisung daher explizit als `qryX.*` beziehen, damit keine Unklarheiten entstehen.

Tipp 224:   Warum diese Mühe, wenn beispielsweise nur ein Abfragename genannt ist, den ich doch direkt aufrufen könnte? Mindestens bei den SQL-Anweisungen könnte dort bereits eine `WHERE`-Klausel enthalten sein. Da ich aber gleich optional einen Filter anhängen will, müsste ich detailliert prüfen, ob da schon ein Filter drin ist oder gar noch eine `ORDER BY`-Klausel dran hängt. So jedoch kann ich immer das Ergebnis, also die äußere Abfrage, mit einem Filter ergänzen.

Um die SQL-Anweisung in einer vorhandenen Abfrage zu ändern, müssen Sie diese Abfrage zuerst einer passenden *QueryDef*-Variablen zuweisen. Danach reicht es, in deren `SQL`-Eigenschaft den neuen Inhalt zu schreiben. Interessanterweise muss diese Änderung in der Abfrage weder aktualisiert noch explizit gespeichert werden.

Jetzt ist die Abfrage *USys_qryExport* für den Export vorbereitet. Noch gibt es keine Unterscheidung in die verschiedenen Exporttypen, mit der `DoCmd.OpenQuery`-Methode wird derzeit diese Abfrage nur angezeigt:

FeldID	▼	FeldAnzeigen	▼	bestlID ▼	bestlfirmalDF ▼	bestlDatum_bes
7		Bestellung vom 09.09.2024 an L. Hölscher Soft-Doz		7	4	09.0
13		Bestellung vom 20.05.2024 an L. Hölscher Soft-Doz		13	4	20.0
5		Bestellung vom 09.05.2024 an L. Hölscher Soft-Doz		5	4	09.0
2		Bestellung vom 05.05.2024 an Gutbau		2	2	05.0
1		Bestellung vom 09.04.2024 an L. Hölscher Soft-Doz		1	4	09.0

Abbildung 433: Das PopUp-Menü zeigt das Ergebnis der Abfrage

Excel-Export

Damit funktioniert der erste PopUp-Menüeintrag ALS ABFRAGE ANZEIGEN …, aber es gibt ja noch die „echten" Exporte in CSV- oder Excel-Dateien. Daher werde ich die verschiedenen Exporttypen in einer *SelectCase*-Struktur unterscheiden und als nächstes den Excel-Export berücksichtigen. Für den Dateinamen mit Pfad brauchen Sie am Anfang der `AbfrageExportieren()`-Funktion eine neue Variable:

```
Dim strPfadDatei As String
```

Dann ändert sich am Ende die eigentliche Aktion:

```
qdfE.SQL = strSQL


Select Case expDieser
Case expAbfrage

    DoCmd.OpenQuery "USys_qryExport"

Case expCSV


Case expXLSX
    strPfadDatei = PfadDBFrontEnd() & "Export.xlsx"
    DoCmd.TransferSpreadsheet acExport, acSpreadsheetTypeExcel12Xml, _
        "USys_qryExport", strPfadDatei, True
End Select
End Function
```

Der Excel-Export erfolgt mit der `DoCmd.TransferSpreadsheet`-Methode, welche sowohl den Import als auch den Export kann und daher im ersten Parameter mit `acExport` sozusagen die Richtung erfahren muss. Das aktuelle Dateiformat für Excel (also die *.xlsx*-Dateien) entspricht `acSpreadsheetTypeExcel12Xml`.

Da der Dateiname später noch flexibler werden soll, wird er in der `strPfadDatei`-Variablen gespeichert. Im Moment landet das Ergebnis im gleichen Verzeichnis wie diese Datenbank und heißt fest *Export.xlsx*. Sie können es schon testen und anschließend diese Datei in Excel öffnen, um das Ergebnis zu überprüfen.

Achtung: Selbst wenn diese Datei in Excel geöffnet ist, wird sie nicht gegen Überschreibung blockiert! Access löscht dann bisherige Inhalte und ersetzt sie durch die neuen. Wenn Sie Excel auf einem zweiten Bildschirm offen haben, können Sie dabei zusehen.

DateiSpeichernUnter-Dialog

Um den Dateinamen noch flexibler zu machen, gibt es zwei Möglichkeiten:

- Er wird mit einem Zeitstempel versehen, so dass sich die exportierten Dateien nicht immer gegenseitig überschreiben.
- Die Benutzer:innen dürfen einen eigenen Dateinamen auswählen.

Der Zeitstempel ist sehr einfach, Sie müssen nur diese Zeile ändern:

```
Case expXLSX
    strPfadDatei = PfadDBFrontEnd() & "Export" & _
        Format(Now(), "yyyymmdd_hhnnss") & ".xlsx"
```

Dann erzeugen Sie einen Dateinamen, der für die Mittagszeit an Weihnachten 2024 beispielsweise *Export20241224_120000.xlsx* heißt.

Tipp 225: Ich nutze die `Format()`[125]-Funktion gerne inklusive der Sekunden-Angabe, damit ich wenigstens beim Testen nicht immer mindestens auf die nächste neue Minute warten muss.

Damit die Benutzer:innen einen eigenen (Pfad- und) Dateinamen angeben dürfen, würde ich den in Windows bereits integrierten *DateiSpeichernUnter*-Dialog empfehlen. Dieser muss allerdings in Access erst als Verweis eingerichtet werden, damit er genutzt werden kann. Im VBA-Editor rufen Sie mit EXTRAS | VERWEISE den *Verweise*-Dialog auf und klicken dort die *Microsoft Scripting Runtime*[126] an:

---

[125] In Excel-Formaten ist M der Monat und m die Minute, also mit Groß-/Kleinschreibung unterschieden. Die gleiche Firma Microsoft liefert für die gleiche Funktion `Format()` in Access eine andere Lösung, nämlich m für Monat und n für Minuten. Oder soll ich lieber Ninuten schreiben?

[126] Im Dialog stehen zuerst die markierten Verweise und danach alle in alphabetischer Reihenfolge.

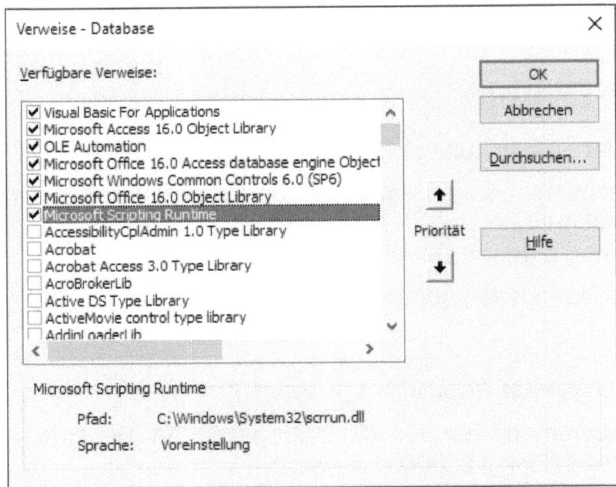

Abbildung 434: Die angeklickten Verweise stehen am Anfang im Dialog

Da diese Fähigkeit zum Angeben eines Dateinamens mit Sicherheit noch häufiger benötigt wird, lagere ich das direkt im Modul *modFunktionen* in eine neue `PfadDateiAusDialogWaehlen()`-Funktion aus:

```
Function PfadDateiAusDialogWaehlen(Optional strTitel As String = _
        "Datei auswählen", Optional strInitialFileName As String = "") _
    As String

    'braucht Verweis: Microsoft Scripting Runtime

    Dim dlgDateiNeu As FileDialog
    Dim strPfadDokumente As String

    Set dlgDateiNeu = FileDialog(msoFileDialogSaveAs)
    With dlgDateiNeu
        .Title = strTitel
        If strInitialFileName <> "" Then
            .InitialFileName = strInitialFileName
        End If
        If .Show Then
            PfadDateiAusDialogWaehlen = .SelectedItems(1)
        End If
    End With
End Function
```

Tipp 226: Der `msoFileDialogSaveAs`-Parameter sorgt dafür, dass dieser Dialog neue Dateinamen zulässt. Soll ein bereits vorhandener Dateiname ausgewählt werden, ändert sich der Parameter in `msoFileDialogOpen`, für die Auswahl nur eines Pfades statt einer Datei ist es `msoFileDialogFolderPicker`, siehe dazu auch Seite 530. Je nach Para-

> meter sind noch weitere Optionen im Dialog möglich, beispielsweise die An-
> gabe von Filtern.

Wenn diese Funktion einen `strInitialFileName`-Parameter übergeben bekommt, wird dieser im Dialog direkt als Vorschlag angezeigt, kann aber weiterhin
überschrieben werden. Die `Show`-Methode gibt `True` zurück, wenn der Dialog bestätigt wurde, und nur dann wird mit `SelectedItems(1)` das erste (und einzige)
ausgewählte Element zurückgegeben. Das ist nichts anderes als Pfad und Dateiname.

Daher muss mein aufrufender Code anschließend prüfen, ob da überhaupt ein
Inhalt enthalten war:

```
Case expXLSX

    strPfadDatei = PfadDateiAusDialogWaehlen( _
            "Excel-Exportdatei angeben", "Export" & Format(Now(), _
            "yyyymmdd_hhnnss") & ".xlsx")
    If strPfadDatei <> "" Then

        DoCmd.TransferSpreadsheet acExport, _
            acSpreadsheetTypeExcel12Xml, "USys_qryExport", _
            strPfadDatei, True

    End If
End Select
```

Wenn Sie nun per PopUp-Menü in eine Excel-Datei exportieren, dann erscheint
der Dialog in dieser Form:

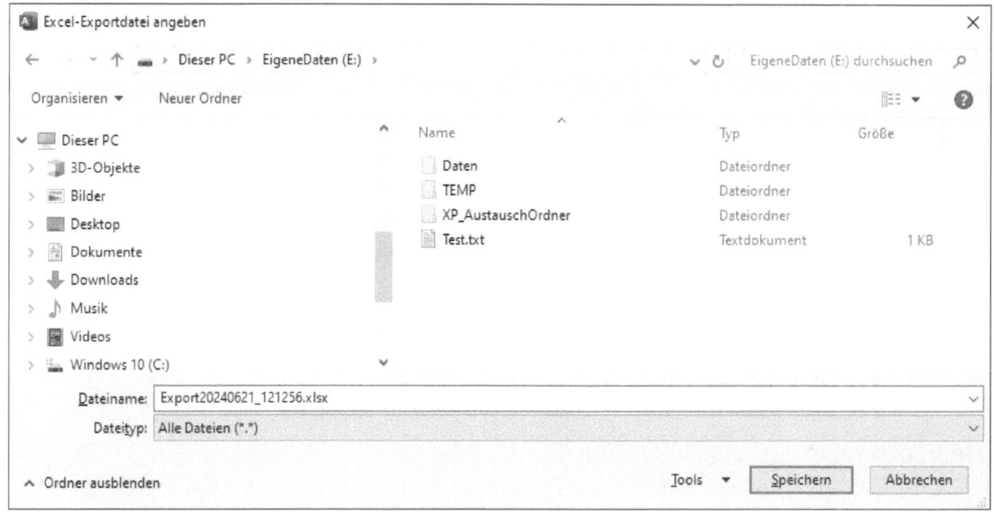

Abbildung 435: Der DateiSpeichernUnter-Dialog

Sobald die Benutzer:innen auf [SPEICHERN] klicken, findet der eigentliche Export mit dem angegebenen Pfad- und Dateinamen statt.

Tipp 227: Es gibt derzeit keine Rückmeldung, dass der Export fertig ist. Das wäre mit einer einfachen `MsgBox` zu erledigen. Ich kann Ihnen aber versprechen, dass die Benutzer:innen anschließend fragen werden, ob diese exportierte Datei nicht direkt geöffnet werden kann. Also bauen wir das ein:

```
DoCmd.TransferSpreadsheet acExport, _
        acSpreadsheetTypeExcel12Xml, "USys_qryExport",        _
        strPfadDatei, True
If MsgBox("Soll die Datei '" & strPfadDatei & _
        "' geöffnet werden?", vbQuestion + vbOKCancel, _
        p_cstrMsgTitel) = vbOK Then
    ShellExecute 0, "open", strPfadDatei, "", "", _
        SW_SHOWMAXIMIZED
End If
```

Dann wird nach Rückfrage diese Datei direkt angezeigt.

CSV-Export

Für den CSV-Export könnte das sehr ähnlich aussehen, allerdings hat dieser noch einige überraschend lästige Besonderheiten. Das *CSV*-Format (*comma separated values*, auch wenn die Werte meistens mit Semikolon separiert werden) ist eine Textdatei, deren Trennzeichen bestimmt werden können. Leider ist der amerikanische Standard so, dass er mit den deutschen Zahlen-Trennzeichen kollidiert.

Um einen CSV-Export für die `DoCmd.TransferText`-Methode zu definieren, müssen Sie ihn am Anfang ein Mal mit dem Textassistenten ausführen, damit Sie diese Definition (die sogenannte *Spezifikation*) anlegen können. Und zwar für jeden Export! Das wäre ein gigantischer Aufwand, der hier in der Beispiel-Datenbank nicht zu rechtfertigen ist.

Die Alternative dazu wäre, den integrierten *TextExport*-Dialog aufzurufen, der interessanterweise keine Spezifikation benötigt. Das ist jener, den Sie per Rechtsklick auf die Abfrage im PopUp-Menü mit EXPORTIEREN | TEXTDATEI aufrufen. Das geht auch mittels VBA, dafür muss allerdings vorher die gewünschte Abfrage markiert sein:

```
Case expCSV

    DoCmd.OpenQuery "USys_qryExport"
    DoCmd.RunCommand acCmdExportText
    DoCmd.Close acQuery, "USys_qryExport", acSaveNo
```

Dann erscheint der gleiche Dialog:

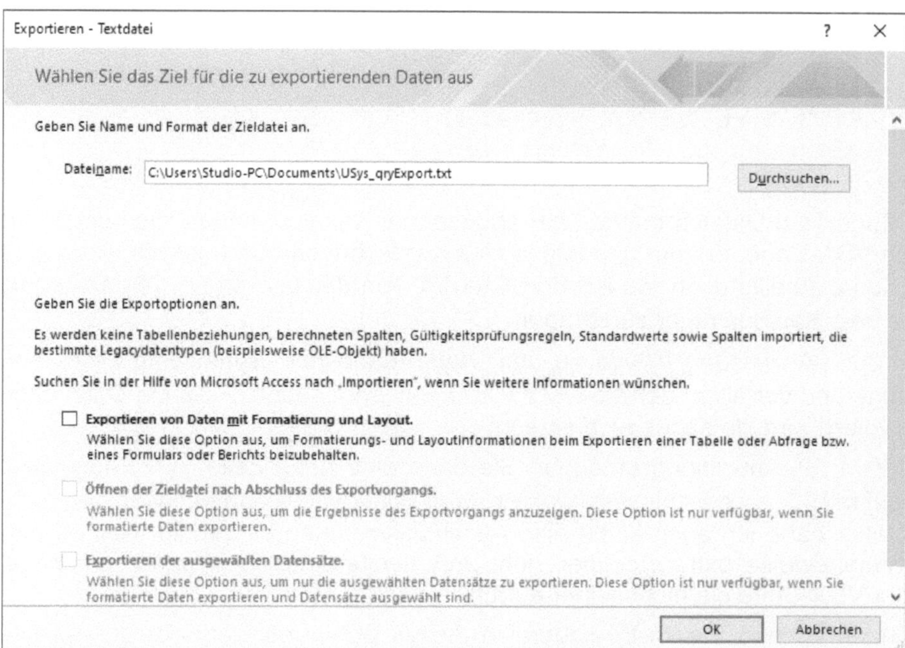

Abbildung 436: Der in Access integrierte TextExport-*Dialog*

Die im Hintergrund zwingend geöffnete Abfrage wird anschließend automatisch geschlossen, von daher ist dieser Aspekt sicherlich kein Problem. Allerdings gibt es keine Möglichkeit, per VBA im Dialog den vorgegebenen (Pfad- und) Dateinamen zu beeinflussen. Sie müssen also für jeden einzelnen Export auf den dortigen [DURCHSUCHEN…]-Button klicken.

CSV-Export per VBA

Daher würde ich tatsächlich eine dritte Variante nehmen, nämlich den Export mit einer eigenen VBA-Funktion. Da es sich um eine ganz banale Text-Datei handelt, ist das überhaupt kein Problem. Zuerst möchte ich Ihnen zeigen, wie Sie von VBA eine Textdatei schreiben und erst anschließend sollen dort Daten exportiert werden.

Die neue ExportiereCSV-Prozedur in *modSubs* sieht so aus:

```
Sub ExportiereCSV(strPfadDatei As String)
    Dim lngKanal As Long

    lngKanal = FreeFile()
    Open strPfadDatei For Output As #lngKanal
```

```
    Print #lngKanal, "Hier steht etwas drin"
    Print #lngKanal, "Das ist die nächste Zeile"
    Close #lngKanal
    MsgBox "Export in '" & strPfadDatei & "' ist fertig.", _
        vbInformation, p_cstrMsgTitel
End Sub
```

Dieser Zugriff auf Dateien erfolgt über sogenannte Kanalnummern. Weit verbreitet sehe ich VBA-Code, in dem gnadenlos eine 1 geschrieben und gehofft wird, dass dieser Kanal zufällig noch frei ist. Korrekter ist, von der `FreeFile()`-Funktion die nächste freie Kanalnummer zu erfragen.

Mit der `Open`-Anweisung[127] wird zu dem Kanal dann der gewünschte Pfad- und Dateiname und vor allem der Modus `For Output` angegeben. Falls die Datei noch nicht existiert, wird sie dabei auch erzeugt.

Mit jeder `Print`-Anweisung erzeugen Sie dann eine neue Zeile. Am Ende muss der Kanal mit `Close` geschlossen werden, weil Windows die Datei ansonsten nicht freigibt. Hier habe ich auch direkt eine Abschlussmeldung eingebaut, weil es erstens normalerweise extrem schnell geht und zweitens keine Sanduhr erscheint, wenn der VBA-Code die nicht selber aufruft.

Zum Testen können Sie im Direktbereich diesen Befehl mit der <RETURN>-Taste ausführen lassen:

```
ExportiereCSV PfadDBFrontEnd() & "Test_Export.csv"
```

Wenn Sie sich die entstandene Datei ansehen wollen, wird mit Doppelklick darauf meistens das Programm Excel gestartet, welches sich für die *.csv*-Endung zuständig fühlt. Das verschleiert leider den eigentlichen Inhalt. Mit Rechtsklick und dem PopUp-Menübefehl ÖFFNEN MIT | EDITOR sehen Sie besser, was wirklich darin enthalten ist:

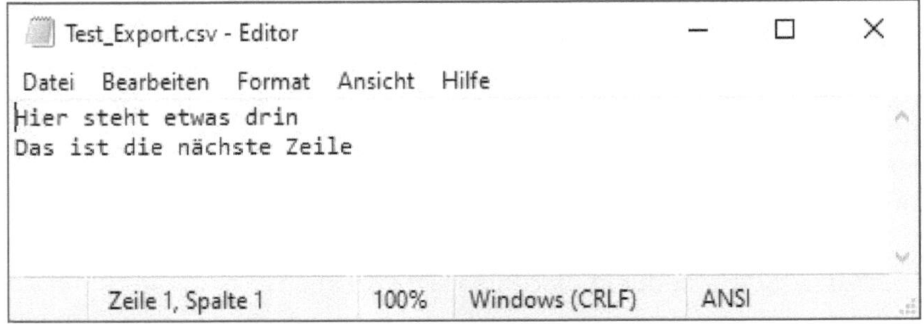

Abbildung 437: Die Datei wird im Text-Editor angezeigt

---

[127] Es gäbe noch eine modernere Alternative mit dem `TextStream`-Objekt, die etwas aufwändiger ist, aber auch mehr Möglichkeiten bietet.

Jetzt müssen wir statt der Testtexte nur noch die Inhalte der Abfrage hineinschreiben, also je Datensatzzeile einfach alle Feldinhalte hintereinander:

```
Sub ExportiereCSV(strPfadDatei As String)
    Dim rcsE As DAO.Recordset
    Dim fldE As Field
    Dim strZeile As String
    Dim lngKanal As Long

    lngKanal = FreeFile()
    Open strPfadDatei For Output As #lngKanal
    Set rcsE = CurrentDb.OpenRecordset("USys_qryExport")
    Do Until rcsE.EOF
        strZeile = ""
        For Each fldE In rcsE.Fields
            strZeile = strZeile & fldE.Value & ";"
        Next
        Print #lngKanal, strZeile
        rcsE.MoveNext
    Loop
    Close #lngKanal
End Sub
```

> **Hinweis**: Die Abschlussmeldung habe ich wieder entfernt, weil das gleich im Aufruf des PopUp-Menüs behandelt wird.

Diese Prozedur können Sie nun in der `AbfrageExportieren()`-Funktion ähnlich wie für Excel einbauen:

```
Case expCSV
    strPfadDatei = PfadDBFrontEnd() & "Export" & Format(Now(), _
            "yyyymmdd_hhnnss") & ".csv"
    strPfadDatei = PfadDateiAusDialogWaehlen( _
            "CSV-Exportdatei angeben", strPfadDatei)
    If strPfadDatei <> "" Then
        ExportiereCSV strPfadDatei
        If MsgBox("Soll die Datei '" & strPfadDatei & _
            "' geöffnet werden?", vbQuestion + vbOKCancel, _
            p_cstrMsgTitel) = vbOK Then
            ShellExecute 0, "open", strPfadDatei, "", "", _
                SW_SHOWMAXIMIZED
        End If
    End If
```

Da jetzt aber mit `ShellExecute` sozusagen der Explorer-Doppelklick aufgerufen wird, dürfen Sie sich nicht wundern, dass nun wieder Excel die Datei anzeigt:

A	B	C	D	E	F	G	H	I	J	K	L	M
7	Bestellung v<	7	4	09.09.2024	4							WAHR
13	Bestellung v<	13	4	20.05.2024	3							FALSCH
5	Bestellung v<	5	4	09.05.2024	2							WAHR
2	Bestellung v<	2	2	05.05.2024	2							WAHR
1	Bestellung v<	1	4	09.04.2024	4							WAHR
4	Bestellung v<	4	4	01.03.2024	3							WAHR
3	Bestellung v<	3	4	24.12.2023	2	29.12.2023	3	05.01.2024	2	02.02.2024	1	WAHR
8	Bestellung v<	8	4	10.09.2023	2							WAHR
10	Bestellung v<	10	3	10.09.2023	2							WAHR
9	Bestellung v<	9	3	10.09.2023	3							WAHR
6	Bestellung v<	6	4	02.08.2023	2							WAHR
12	Bestellung v<	12	2	01.08.2022	2							WAHR
11	Bestellung v<	11	3	01.08.2022	2							WAHR

*Abbildung 438: Die *.csv-Datei wird wieder in Excel angezeigt*

Tipp 228: Sie wollen auch die Feldnamen exportieren? Dann müssen Sie die Prozedur nur um eine Schleife erweitern:

```
Open strPfadDatei For Output As #lngKanal
Set rcsE = CurrentDb.OpenRecordset("USys_qryExport")
For Each fldE In rcsE.Fields
    strZeile = strZeile & fldE.Name & ";"
Next
Print #lngKanal, strZeile
Do Until rcsE.EOF
```

Auch wenn die Datei jetzt in Excel angezeigt (und von Excel auch direkt so interpretiert wird, dass ein Semikolon ein Hinweis auf eine neue Spalte ist), bleibt es weiterhin eine echte Text-Datei.

Hinweis: Diese CSV-Dateien sind deswegen so wichtig, weil sie oft als Austauschformat mit anderen Programmen genutzt werden. Hier können Sie nun mit eigener Programmierung sehr detailliert bestimmen, wie das Ergebnis jeweils aussieht.

Nur zur Vorsicht sei nochmals darauf hingewiesen, dass es immer reine Textdateien bleiben, auch wenn sie in Excel angezeigt werden. Fette oder größere Schriften oder ähnliche Formatierungen sind also prinzipiell ausgeschlossen.

Sonstiges

Es gibt weitere Ideen oder Lösungen, die nicht unbedingt genau in eines der bisherigen Kapitel passen. Diese möchte ich Ihnen hier vorstellen.

Spezielle Treeview-Knoten

Die Organisation aller Daten in themenspezifischen Treeviews bietet sehr viele praktische Möglichkeiten. Sie können beispielsweise für jede Rechtegruppe einen eigenen Treeview anbieten. Der wichtigste davon betrifft Sie selber mit Admin-Rechten, denn da müssen Sie oft Zugriff auf sehr viel mehr Objekte haben als „normale" Benutzer:innen.

Auch ohne Admin-Recht ist es hilfreich, bestimmte Informationen nachschlagen zu können, die sinnvollerweise in einem Treeview zusammengefasst sind. Dort ist dann beispielsweise sichtbar, ob alle Verweise in Ordnung oder alle Pfade vorhanden sind.

Ich möchte so einen *Info*-Treeview hier in einfacher Form erstellen, damit Sie erkennen, wie praktisch der ist. Er zeigt also nicht so sehr Daten aus Tabellen, sondern eher Meta-Informationen über die Datenbank. Es beginnt mit ein paar neuen Knotentypen:

```
kttInfo_Wort
kttInfoPfade_Wort
kttInfoPfade_Name
kttInfoVerweise_Wort
kttInfoVerweise_Name
kttInfoIcons_Wort
kttInfoIcons_Name
```

Weil damit auch ein neuer Treeview-Typ eingeführt wird, muss die Enumeration `enmTreeviewTypen` um `tvtInfo` erweitert werden. Dann können sie im Modul modTreeviewTypen eine neue Prozedur schreiben (oder kopieren):

```
Sub Treeview_Info(trvDieser As MSComctlLib.TreeView)
    Dim nodStart As Node
    Dim nodX As Node

    With trvDieser.Nodes
        Set nodStart = .Add(, , FindeKey(), "Benutzer:innen", icnLogo)
        nodStart.Tag = SchreibeTag(kttStart_Wort, "0")
        nodStart.Bold = True
        nodStart.Expanded = True

        KnotenGenerell trvDieser, nodStart
```

```
    Set nodX = KnotenEinzeln(trvDieser, nodStart, "Info", _
        kttInfo_Wort, icnInfo)
    nodX.Bold = True

  End With
End Sub
```

Dieser neue Typ kann im Modul von *frm_Treeview* in `cmbTreeviewTyp_Click` aufgerufen werden:

```
Case tvtBenutzer: Treeview_Benutzer m_trvGesamt
Case tvtInfo: Treeview_Info m_trvGesamt
Case Else: MsgBox "Treeview-Typ fehlt.", vbCritical
```

In der `ErzeugeTreeview`-Prozedur muss die Auswahl-Combobox entsprechend diesen neuen Treeview-Typ anbieten:

```
.RowSource = .RowSource & tvtBenutzer & ";Benutzer:innen;"
.RowSource = .RowSource & tvtInfo & ";Info;"
.Value = .Column(0, 0)
```

Mit ein paar neuen Icons und den entsprechenden `enmImagelistIcons`-Werten können Sie dann die erste Knoten-Ebene für das Info in *modTreeviewExpandieren* angeben:

```
Case kttInfo_Wort
    KnotenEinzeln trvDieser, nodExpandiert, "Pfade", _
        kttInfoPfade_Wort, icnPfad
    KnotenEinzeln trvDieser, nodExpandiert, "Verweise", _
        kttInfoVerweise_Wort, icnVerweis
    KnotenEinzeln trvDieser, nodExpandiert, "Icons", _
        kttInfoIcons_Wort, icnLogo
```

Damit macht der neue *Info*-Treeview schon einen guten Eindruck:

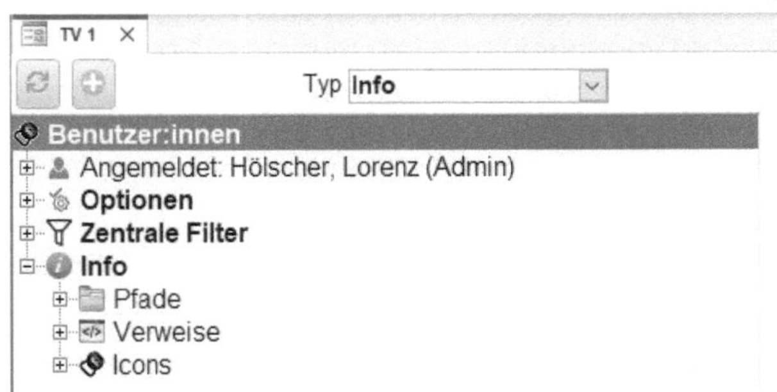

Abbildung 439: Der neue Info-*Treeview enthält erste Knoten*

Der *Pfade*-Knoten soll einfach alle Pfade anzeigen, die für die Datenbank relevant sind. Zuvörderst sind das natürlich der FrontEnd- und (falls es mal getrennt wird) der BackEnd-Pfad, aber ich bereite beispielsweise für die Speicherung der Exporte oder der Berichte immer zwei eigene Pfade vor, in die automatisch gespeichert werden kann. Bei größeren Datenbanken kommen da schnell einige Pfade zusammen, beispielsweise auch für den hier gar nicht berücksichtigten Import.

Im Moment sind FrontEnd- und BackEnd-Pfad noch identisch, daher ist das wenig spektakulär:

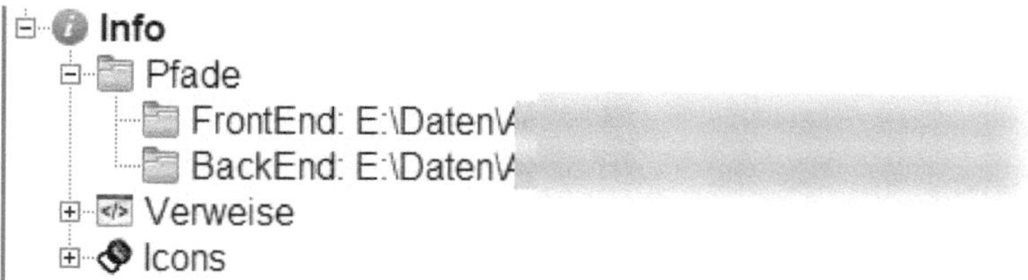

Abbildung 440: Hier sind alle Pfade sichtbar

Die Verweise erleichtern die Fehlersuche, falls irgendwas dort nicht richtig funktioniert. Ansonsten müssten die Benutzer:innen eventuell mit nur telefonischen Anweisungen im VBA-Editor die Inhalte des Verweise-Dialogs beschreiben. Das möchten Sie nicht wirklich, daher lassen Sie hier einfach die relevanten Inhalte anzeigen.

Dazu brauchen Sie zuerst eine Liste aller (nur der markierten, nicht aller möglichen) Verweise, die in der `References`-Auflistung enthalten sind. Am besten bereiten Sie dafür eine eigene `KnotenAusVerweisen`-Prozedur vor, die am Ende des Moduls *modTreeviewExpandieren* steht:

```
Sub KnotenAusVerweisen(trvDieser As MSComctlLib.TreeView, _
        nodExpandiert As Node)
    Dim refX As Reference
    Dim nodX As Node

    For Each refX In Application.References
        Set nodX = KnotenEinzeln(trvDieser, nodExpandiert, _
            refX.Name, kttInfoVerweise_Name, icnVerweis)
        nodX.Tag = SchreibeTag(kttInfoVerweise_Name, refX.Name)
    Next
End Sub
```

Hier ist übrigens der Grund, warum `strIDDiese` eine Zeichenkette und keine *Long*-Zahl ist: Der eindeutige Verweis-Name ist die „ID" und das ist eben eine Zeichenkette, wie es später übrigens auch bei Dateinamen der Fall sein wird. Innerhalb von `TreeviewExpandieren` ist dann der Aufruf entsprechend kurz:

```
Case kttInfoVerweise_Wort
    KnotenAusVerweisen trvDieser, nodExpandiert
```

Damit haben Sie allerdings nur die Namen, die eigentlichen Informationen muss der `kttInfoVerweise_Name`-Knoten ermitteln. Dazu müssen Sie anhand des Verweis-Namens erneut die jeweilige `Reference` als Objekt öffnen und können dann auf die Eigenschaften zugreifen:

```
Case kttInfoVerweise_Name
    Dim refX As Reference[128]
    Set refX = Application.References(strIDDiese)
    KnotenEinzeln trvDieser, nodExpandiert, "Defekt: " & _
        refX.IsBroken, kttNONE, icnInfo, False
    KnotenEinzeln trvDieser, nodExpandiert, "Eingebaut: " & _
        refX.BuiltIn, kttNONE, icnInfo, False
    KnotenEinzeln trvDieser, nodExpandiert, "Version: " & _
        refX.Major & "/" & refX.Minor, kttNONE, icnInfo, False
    KnotenEinzeln trvDieser, nodExpandiert, "Pfad: " & _
        refX.FullPath, kttNONE, icnInfo, False
    KnotenEinzeln trvDieser, nodExpandiert, "GUID: " & _
        refX.Guid, kttNONE, icnInfo, False
```


Abbildung 441: Die Informationen zu den Verweisen können hier angezeigt werden

Die Idee hinter dem *Icons*-Knoten ist, dass manche der Grafiken vielleicht schwierig zu erkennen sind. Da ist eine Nachschlageliste schön und wo kann die besser stehen als im gleichen Treeview, in dem die Icons benutzt werden? Das braucht vor allem ein bisschen fleißige Schreibarbeit, daher habe ich hier nur den Anfang davon in *modTreeviewExpandieren* notiert:

```
Case kttInfoIcons_Wort
```

---

[128] Technisch ist die Deklaration einer Variablen wie hier mitten im Code möglich. Ich deklariere alle Variablen lieber am Anfang einer Prozedur, das finde ich übersichtlicher. Hier steht sie nur, weil sie neu mit diesen Unterknoten benötigt wurde.

```
KnotenEinzeln trvDieser, nodExpandiert, "Adresse", _
    kttInfoIcons_Name, icnAdresse, False
KnotenEinzeln trvDieser, nodExpandiert, "Benutzer:in", _
    kttInfoIcons_Name, icnBenutzer, False
KnotenEinzeln trvDieser, nodExpandiert, "Bericht", _
    kttInfoIcons_Name, icnBericht, False
KnotenEinzeln trvDieser, nodExpandiert, "Bestelldetail", _
    kttInfoIcons_Name, icnBestelldetail, False
KnotenEinzeln trvDieser, nodExpandiert, "Bestellung", _
    kttInfoIcons_Name, icnBestellung, False
KnotenEinzeln trvDieser, nodExpandiert, "...usw", _
    kttInfoIcons_Name, icnInfo, False
```

Beim Ausklappen sieht dieser Knoten dann so aus:

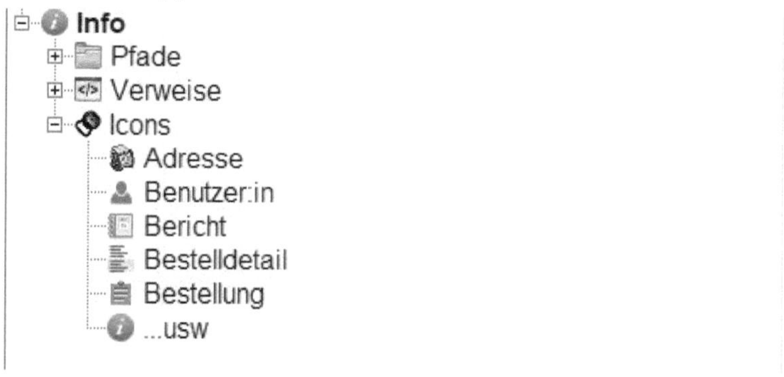

Abbildung 442: Der Knoten zeigt bereits einige der vorhandenen Icons

Es gibt bei allen diesen speziellen Knoten keine Aktion, die beim Draufklicken passieren soll, daher braucht es keine weitere Programmierung.

Dateien-Knoten

Innerhalb der Datenbank tauchen nicht nur Pfade, sondern möglicherweise auch Dateien auf.

Tipp 229: Speichern Sie keine Dateien in der Datenbank! Das *Anlage*-Feld mag verlockend sein, weil dort die Verwaltung auch mehrerer Dateien einfach möglich ist, aber bei vielen Datensätzen mit vielen Dateien explodiert die Größe Ihrer Datenbank. Zudem können Sie davon ausgehen, dass im Dateisystem das Original der Datei auch noch herumliegt, Sie also immer prüfen müssen, welche von beiden Versionen den neuesten Stand repräsentiert.

Beispielsweise gibt es zu den Bestellungen wahrscheinlich auch eingescannten Schriftverkehr, PDF-Dateien von Angeboten oder ähnliches. Ihre Benutzer:innen werden sich freuen, wenn Sie einen einfachen Zugriff direkt vom Bestellung-Datensatz in der Datenbank auf diese Dateien ermöglichen.

Meistens wird dann versucht, diese Dateien irgendwie in Datensätzen zu speichern, wenn schon nicht als Anlage im Datensatz selber, dann wenigstens als Pfad- und Dateiname. Selbst das ist nicht nötig, dann müssten Sie nämlich immer mitverwalten, ob diese Dateien zwischenzeitlich gelöscht wurden oder neue hinzugekommen sind.

Machen Sie einfach das, was im richtigen Leben auch gemacht wird: Wenn Sie wissen wollen, welche Dateien gerade vorhanden sind, schauen Sie nach. Die Datenbank hat also nichts über die Dateien gespeichert, sondern der Treeview schaut beim Ausklappen des Knotens nach.

Tipp 230: Damit es einen automatischen Zusammenhang zwischen dem Datensatz und dem Verzeichnis gibt, bleibt nur der Verzeichnisname und der einzig eindeutige Inhalt des Datensatzes, dessen *bestlID*-Feld. Das bedeutet, dass der Name des Verzeichnisses die *bestlID* enthalten muss, auch wenn es nicht hübsch ist.

Da es mehrere solcher Verzeichnisse geben könnte, unterscheide ich die Unterverzeichnisse *\Bestellungen*, *\Artikel*, *\Firmen*, etc. Sie alle liegen normalerweise unterhalb des BackEnd-Pfads, weil darauf alle Benutzer:innen sicher zugreifen können.

Dazu bereite ich eine Pfad-Funktion in *modPfadDateien* vor, die diesen speziellen Pfad für die Bestellungen liefert:

```
Function PfadDateienBestellungen(lngID As Long)
    PfadDateienBestellungen = PfadDBBackEnd() & "Bestellungen\B" & _
        Format(lngID, "00000")
End Function
```

Unter dem BackEnd-Pfad gibt es also das Verzeichnis *Bestellungen* und darin für jede Bestellung ein Verzeichnis mit dem Namensanfang B...[129] und einer fünfstelligen Zahl, die sich aus der *bestlID* ergibt. Nur: Diesen Pfad gibt es ja noch gar nicht. Anstatt nun vorbeugend für alle Bestellungen diese Pfad anzulegen, ist es viel einfacher, den Pfad erst zu erzeugen, wenn er gebraucht, also diese Funktion aufgerufen wird.

Tipp 231: Das ist meine absolute Lieblingsfunktion! Haben Sie schon mal mit der `Dir()`-Funktion und der `MkDir`-Prozedur mühsam ein Unterverzeichnis nach dem nächsten geprüft und neu erzeugt, bis endlich der Pfad erstellt war? Vergessen Sie das. Die `MakeSureDirectoryPathExists`-Prozedur macht genau das, was sie verspricht!

---

[129] Texte bzw. hier Verzeichnisnamen, die ausschließlich aus Ziffern bestehen, machen mich immer nervös, weil vielleicht irgendein Programm damit nicht klarkommt, daher stelle ich lieber einen Buchstaben voran.

Die `MakeSureDirectoryPathExists`-Prozedur steht in einer Windows-DLL (*dynamic link library*) und muss also erst hinzugebunden werden, am besten im Modul *modVarKonstDLL*:

```
Declare PtrSafe Function MakeSureDirectoryPathExists _
    Lib "imagehlp.dll" (ByVal lpPath As String) As Long
```

Mehr braucht es nicht, jetzt können Sie das überall aufrufen, wo Sie die Existenz eines Pfades sicherstellen wollen.

> **Anmerkung**: Sie müssen vorher nicht prüfen, ob es den Pfad schon gibt, auch das macht `MakeSureDirectoryPathExists`. Das scheitert allerdings, wenn das angegebene Laufwerk selber nicht existiert oder die Benutzer:innen kein Verzeichnis-Erstellen-Recht haben.

Ergänzen Sie also die `PfadDateienBestellungen()`-Funktion wie folgt:

```
Function PfadDateienBestellungen(lngID As Long)
    PfadDateienBestellungen = PfadDBBackEnd() & "Bestellungen\B" & _
        Format(lngID, "00000") & "\"

    MakeSureDirectoryPathExists PfadDateienBestellungen

End Function
```

Sobald also irgendeine Prozedur diesen Pfad braucht, ist er da! Wir können das in *modTreeviewExpandieren* direkt testen, denn dieser Pfad soll im Treeview in der Liste der Pfade angezeigt werden:

```
Case kttInfoPfade_Wort
    KnotenEinzeln trvDieser, nodExpandiert, "FrontEnd: " & _
            PfadDBFrontEnd(), kttInfoIcons_Name, icnPfad, False
    KnotenEinzeln trvDieser, nodExpandiert, "BackEnd: " & _
            PfadDBBackEnd(), kttInfoIcons_Name, icnPfad, False

    KnotenEinzeln trvDieser, nodExpandiert, "Bestellungen: " & _
            PfadDateienBestellungen(0), kttInfoIcons_Name, _
            icnPfad, False
```

Tatsächlich wird hier ein unnötiger Pfad erzeugt, denn die *bestllID* 0 kann es wegen des *AutoWert*-Datentyps nicht geben, aber das nehme ich hin Es ist sozusgen nur ein symbolischer Pfad. Aber Sie ahnen vielleicht schon, wie schnell die Liste der Pfade hier länger werden könnte, wenn es Pfade auch für Artikel, Daten-Exporte, Daten-Importe, Firmen, aus Berichten erzeugte PDF-Dateien, etc. geben wird:

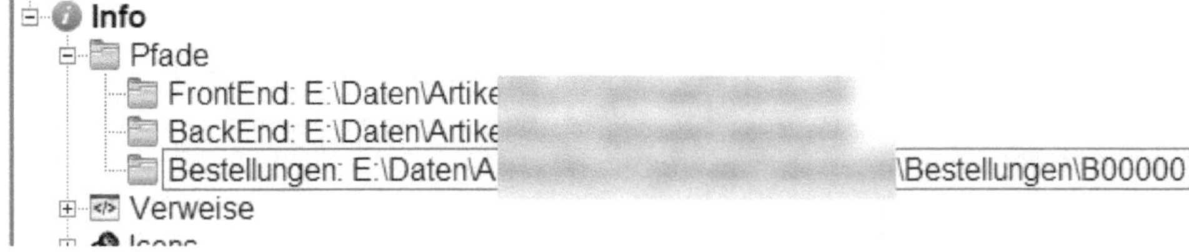

Abbildung 443: Ein weiterer Pfad ist ergänzt

Wegen dieser Anzeige ist übrigens dieser erste Pfad direkt schon erstellt worden, wie Sie im Datei-Explorer prüfen können.

> **Hinweis**: Da der Knotentext mit diesem Pfad breiter ist als der sichtbare Teil des Treeviews, wird automatisch das QuickInfo dazu angezeigt. Außerdem erscheint unten ein waagerechter Rollbalken, mit dem Sie lange Texte sichtbar machen können.

Aber eigentlich war dieser Pfad ja dazu gedacht, Dateien einer konkreten Bestellung anzuzeigen. Also ergänze ich dort in *modTreeviewExpandieren* einen Unterknoten:

```
Case kttBestellung_Name
    KnotenEinzeln trvDieser, nodExpandiert, "Bestelldetails", _
        kttBestelldetails_Wort, icnBestelldetail
    KnotenEinzeln trvDieser, nodExpandiert, _
        "Berichte für diese Bestellung", _
        kttBerichteBestellungDiese_Wort, icnBericht
    KnotenEinzeln trvDieser, nodExpandiert, _
    "Exporte für diese Bestellung", kttExportBestellungDiese_Wort, _
        icnExport

    KnotenEinzeln trvDieser, nodExpandiert, _
        "Dateien für diese Bestellung", _
        kttBestellungDateien_Wort¹³⁰, icnPfad
```

Dieser erscheint im Treeview so:

Bestellungen
Alle Bestellungen [13]
Bestellung vom 09.09.2024 an L. Hölscher Soft-Doz
Bestelldetails
Berichte für diese Bestellung
Exporte für diese Bestellung
Dateien für diese Bestellung
Bestellung vom 20.05.2024 an L. Hölscher Soft-Doz

Abbildung 444: Der Unterknoten für die Dateien wird schon angezeigt

Die eigentliche Anzeige der Dateien wird etwas mehr Code benötigen, daher möchte ich das nicht direkt in der `TreeviewExpandieren`-Prozedur schreiben.

> **Tipp 232:** Eigentlich ist schon die Frage falsch, wenn ich von Ihnen wissen möchte, wie viele Zeilen eine Prozedur maximal haben kann? Nach etwa 20 bis 50 Zeilen würde ich nämlich immer behaupten, dass so eine Prozedur offenbar schon zu lang ist und die Übersichtlichkeit verliert. Dann sollte man Unterprozeduren einsetzen.
>
> Hier aber gibt es irgendwann unvermeidlich eine sehr lange *SelectCase-*

---

¹³⁰ Diesen Knotentyp müssen Sie natürlich schon vorbereitet haben.

Struktur. Daher lautet die Antwort: 2.096 Zeilen (und wurde im Tipp auf Seite 339 schon genannt). Diese Grenze hatte ich tatsächlich schon mal überschritten und musste daraus dann drei Unterprozeduren machen.

Also füge ich in *modTreeviewExpandieren* am Ende wieder eine neue Prozedur hinzu, welche zuerst den Pfadnamen als Information anfügt und dann alle Dateien des Verzeichnisses als Knoten anzeigt. Auch hier müssen Sie die neuen Knotentypen und das Icon vorbereitet haben:

```
Sub KnotenAusDateien(trvDieser As MSComctlLib.TreeView, _
        nodExpandiert As Node, strPfad As String)
    Dim strDatei As String

    KnotenEinzeln trvDieser, nodExpandiert, strPfad, kttPfad_Name, _
        icnPfad, False

    strDatei = Dir(strPfad)
    Do Until strDatei = ""
        KnotenEinzeln trvDieser, nodExpandiert, strDatei, _
            kttDateien_Name, icnDateiText, False
        strDatei = Dir()
    Loop
End Sub
```

Wenn Sie das zum ersten Mal ausklappen, steht dort nur der Pfadname, weil das Verzeichnis selber ja vermutlich jetzt erst frisch erstellt wurde und also leer ist. Kopieren Sie ein paar beliebige Dateien hinein, um das testen zu können:

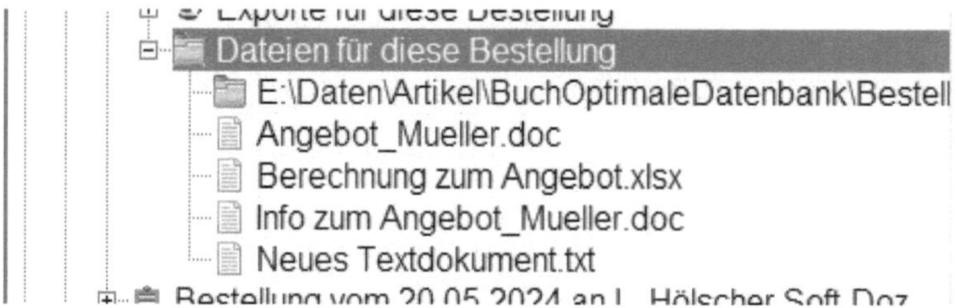

Abbildung 445: Die Dateien des Verzeichnisses erscheinen im Treeview

Das war doch erfrischend einfach, oder? Wirklich Spaß macht das aber erst, wenn die Benutzer:innen sowohl das Verzeichnis als auch die Dateien von hier aus auch benutzen können. Es braucht also in `PopUpTreeview` zwei PopUp-Menüs[131], für das Verzeichnis und für eine Datei:

```
    Case kttPfad_Name
        PopUpButtonHinzu cbrBar, "Verzeichnis öffnen ...", jpgPfad, _
            "=VerzeichnisOeffnen('" & strID & "')", , True
```

---

[131] ... und dazu wieder **.jpg*-Grafiken und manchmal auch neue Knotentypen, was ich ab jetzt nicht immer wieder erwähnen werde.

```
Case kttDateien_Name
    PopUpButtonHinzu cbrBar, "Datei öffnen ...", jpgText, _
        "=DateiOeffnen('" & strID & "')", , True
```

Der Rechtsklick auf den Pfad zeigt wie geplant dieses PopUp-Menü:

Abbildung 446: Das PopUp-Menü ermöglicht, das Verzeichnis zu öffnen

Damit es funktioniert, muss die bereits genannte VerzeichnisOeffnen()**-Funktion vorhanden sein, die in das Modul** *modFunktionen* **gehört:**

```
Function VerzeichnisOeffnen(strPfad As String)
    MakeSureDirectoryPathExists strPfad
    Shell "explorer.exe /e, """ & strPfad & """", vbNormalFocus
End Function
```

Darin finden Sie wieder die MakeSureDirectoryPathExists**-Prozedur, damit auf jeden Fall dieser Pfad vorhanden ist, der mit der** Shell[132]**-Prozedur anschließend geöffnet werden soll. Es könnte ja sein, dass diese Funktion mal aufgerufen wird, ohne dass vorher schon sichergestellt wurde, dass der Pfad existiert.**

Tipp 233: Der Parameter /e öffnet in älteren Windows-Versionen den Explorer mit Verzeichnisbaum links und Dateien rechts, in neueren Versionen ist das immer so.

Wenn Sie das PopUp-Menü für den Pfad nun testen, öffnet sich beim Menüeintrag VERZEICHNIS ÖFFNEN ... **der Datei-Explorer mit genau diesem Pfad.**

Eigentlich könnten wir es dabei belassen und darauf hinweisen, dass alle Dateien ja dort zu sehen seien und mit Doppelklick aufgerufen werden können. Aber Sie wissen ja, wie das mit dem kleinen Finger und der ganzen Hand ist ...

Die Dateien lassen sich nicht ganz so einfach öffnen, denn die Schwierigkeit kommt aus einer ganz überraschenden Richtung. Um eine Datei zu öffnen, muss ich deren Pfad angeben, aber dieser steht (noch) nicht im Knoteninhalt. Da der Pfad beim Erstellen des Knotens bekannt ist, ist es am einfachsten, diesen in der Knoten-ID zu hinterlegen. Ergänzen Sie dazu in der KnotenAusDateien**-Prozedur am Anfang eine Variable:**

---

[132] Achtung, dies ist die integrierte Shell-Prozedur und nicht ShellExecute!

```
Dim nodX As Node
```

Mit deren Hilfe können Sie in der `Tag`-Eigenschaft statt nur des Dateinamens den Pfad voranstellen:

```
Do Until strDatei = ""
    Set nodX = KnotenEinzeln(trvDieser, nodExpandiert, strDatei, _
        kttDateien_Name, icnDateiText, False)
    nodX.Tag = SchreibeTag(kttDateien_Name, _
        PfadMitBackslash(strPfad) & strDatei)
    strDatei = Dir()
```

Jetzt können Sie im PopUp-Menü die jeweilige Datei auch direkt von hier aus öffnen:

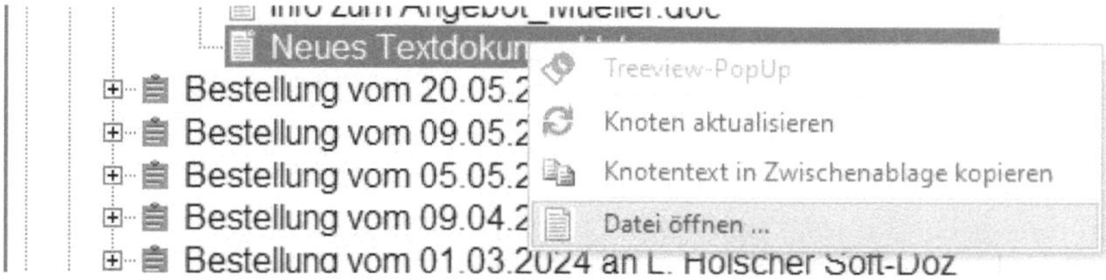

Abbildung 447: Das PopUp-Menü ermöglicht es, eine Datei zu öffnen

Hinweis: Es ist technisch kein Problem, zu einer Datei auch noch deren Speicherdatum (`FileDateTime()`-Funktion), die Dateigröße (`FileLen()`-Funktion) und ähnliches anzuzeigen. Irgendwann fängt man aber an, den besseren Datei-Explorer programmieren zu wollen. Daher finde ich es ausreichend, darauf zu verweisen, wie leicht das passende Verzeichnis nun geöffnet werden kann und den Rest im echten Datei-Explorer zu machen.

Suchen

Wenn die Datenbank größer wird, gibt es irgendwann die Diskussion um scheinbar verschwundene Daten. Das sind fast immer Datensätze, die nur inaktiv und daher ausgeblendet sind. Oder die Benutzer:innen suchen nach Daten, die im Treeview gar nicht sichtbar sind.

Meine Empfehlung an dieser Stelle ist ein spezieller *Suchen*-Knoten, der erstens immer auch inaktive Daten anzeigt und zweitens mehr Inhalte anbietet. Mit einem passenden Icon und Knotentyp ergänze ich also die `KnotenGenerell`-Prozedur:

```
    Set nodX = KnotenEinzeln(trvDieser, nodExpandiert, "Suchen", _
        kttSuchen_Wort, icnLupe)
    nodX.Bold = True
End Sub
```

Für den ersten Unterknoten füge ich in `TreeviewExpandieren` schon mal die passende Zeile hinzu:

```
Case kttSuchen_Wort
    KnotenEinzeln trvDieser, nodExpandiert, "Personen", _
        kttSuchenPersonen_Wort, icnPerson
```

Jetzt sieht der Treeview (in allen Varianten, weil es ja in `KnotenGenerell` steht) so aus:

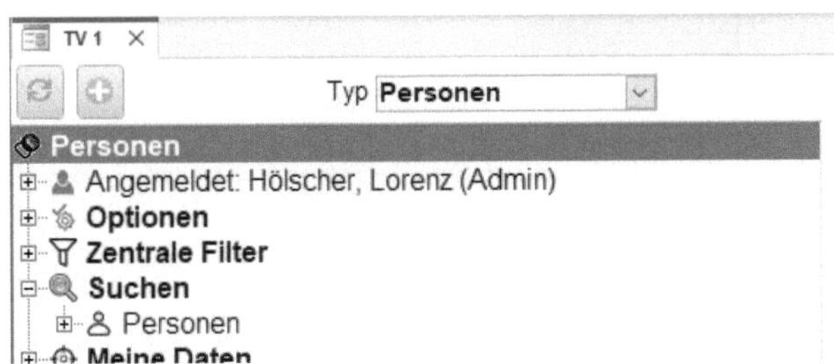

Abbildung 448: Der Suchen-Knoten zeigt einen Unterknoten

Aber was soll in dieser Suche jetzt so anders sein? Abgesehen davon, dass immer auch inaktive Daten enthalten sind, wird der Knotentext umfangreicher. Das ist notwendig, da das Filtern im Treeview ja nur Knotentexte berücksichtigt.

> **Anmerkung**: Für mich als Admin fehlt am häufigsten die ID eines Datensatzes. Wenn ich eine Fehlermeldung erhalte, frage ich als erstes nach der ID des Datensatzes, damit ich mir genau den ansehen kann. Leider lässt die sich in den „normalen" Knoten nicht filtern, weil sie nicht Teil des Knotentextes ist.

Die Beispieldatensätze enthalten nicht viel mehr Felder, daher ist es hier beim ersten Beispiel etwas mühsam, mehr Informationen anzuzeigen. Ich möchte die Personen-Suche also auf die *persoID* und auf die *persoBemerkung* erweitern. Dafür erstelle ich eine Abfrage *qryPersonenSuchen*:

```
SELECT FeldID, [viwPersonenUngefiltert].[FeldAnzeigen] &
IIf([persoIstAktiv],""," [inaktiv!]") &
"     {Auch suchen in: " & [FeldID] & " " & [persoBemerkung] & "}"
AS FeldAnzeigen
FROM viwPersonenUngefiltert;
```

Sie hält sich an das generelle Schema, dass es immer *FeldID* und *FeldAnzeigen* geben muss. Da in der Datenquelle `viwPersonenUngefiltert` aber bereits ein *FeldAnzeigen*-Feld enthalten ist, muss ich darauf explizit mit Angabe der Datenquelle Bezug nehmen, weil sonst ein Zirkelbezug entsteht.

Die geschweifte Klammer ist völlig beliebig gewählt und soll den hinteren Text nur ein wenig vom vorderen Teil abheben. Wichtig ist, dass dort alle zusätzlichen Inhalte auftauchen, damit sie gefunden werden können. Das Ergebnis sieht so aus:

qryPersonenSuchen

FeldID	FeldAnzeigen
153	Allessio, Sandra {Auch suchen in: 153 }
26	Ananthapavan, Daniel {Auch suchen in: 26 }
52	Baden, Andrea {Auch suchen in: 52 }
70	Barr, Jens {Auch suchen in: 70 }
61	Bartsch, Claudia {Auch suchen in: 61 }
74	Bastian, Heike {Auch suchen in: 74 }
68	Berchem, Birgit {Auch suchen in: 68 }
46	Berwing, Roland {Auch suchen in: 46 }
50	Beszczynski, Robert {Auch suchen in: 50 }
60	Block, Christina {Auch suchen in: 60 }
80	Blomenkemper, Andrea [inaktiv!] {Auch suchen in: 80 }
92	Bohlen, Andrea {Auch suchen in: 92 }

Abbildung 449: Die Abfrage zum Suchen ist nicht schön, aber effizient

Weil nur Texte möglich sind, kann ich auch inaktive Datensätze nur mit einer textlichen Anmerkung und nicht beispielsweise in grauer Schrift markieren, wie bei *Blomenkemper, Andrea* zu sehen ist.

Diese Abfrage wird nach Ergänzung in `TreeviewExpandieren` im Knoten aufgerufen:

```
Case kttSuchenPersonen_Wort
    KnotenAusQuery trvDieser, nodExpandiert, "qryPersonenSuchen", _
        kttPerson_Name, icnPerson
```

Da ich hier als Knotentyp `kttPerson_Name` benutze, funktioniert alles unterhalb des Knotens bereits. Es wird das passende Formular angezeigt und die Unterknoten sind auch korrekt.

Hinweis: Im Tipp auf Seite 177 habe ich bereits erwähnt, dass ich für Formulare ungefilterte Daten als Datenquelle benutze. Hier ist der Grund, warum das notwendig ist, denn obwohl die Datenbank als generellen Filter *Personen: Nur aktive* eingestellt hat, werden hier absichtlich auch inaktive aufgelistet und sollen im Formular ihre Daten zeigen können.

Wenn ich nun die ID eines Personen-Datensatzes suche, geht das genau hier. Das überzeugt jedoch sicherlich nur die Entwickler:innen, alle anderen Benutzer:innen interessieren sich normalerweise nicht für Datensatz-IDs.

Nehmen Sie stattdessen mal die Kontaktdaten, also Telefonnummern oder Adressen. Wie könnten Sie denn in dieser Datenbank nach einer Telefonnummer suchen? Gar nicht. Und das wird hier jetzt gelöst.

Vorher möchte ich aber noch die Kontaktdaten im Treeview auch für den *Alle Personen*-Zweig anzeigen. Dazu fehlt noch die Berücksichtigung des zweiten Knotentyps in `TreeviewExpandieren`:

```
Case kttPerson_Wort, kttPersonenAlle_Wort
    KnotenAusQuery trvDieser, nodExpandiert, "viwPersonen", _
        kttPerson_Name, icnPerson
```

Jetzt sind auch hier die Kontaktdaten sichtbar:

Abbildung 450: Die Kontaktdaten sind auch für Alle Personen *sichtbar*

Fangen wir mit den Adressen an, indem wir auch hier eine Abfrage namens *qryAdressenSuchen* erstellen:

```
SELECT FeldID, [viwAdressenUngefiltert].[FeldAnzeigen] &
IIf([adresIstAktiv],""," [inaktiv!]") & "        {Auch suchen in: " &
[FeldID] & " " & [adresBemerkung] & "}" AS FeldAnzeigen
FROM viwAdressenUngefiltert
WHERE adresIstOeffentlich <= ZeigeDatenNurOeffentliche();
```

Achtung: Um hier nicht hinterrücks doch wieder den Datenschutz auszuhebeln, zeige ich zwar inaktive Daten immer an, aber die privaten Daten werden trotzdem weggefiltert, solange die zentrale `ZeigeDatenNurOeffentliche()`-Option das verbietet.

Auch hier wird mangels weiterer Felder nur die ID und die Bemerkung zusätzlich durchsucht, da das ursprüngliche *FeldAnzeigen* schon praktisch alle Daten enthält:

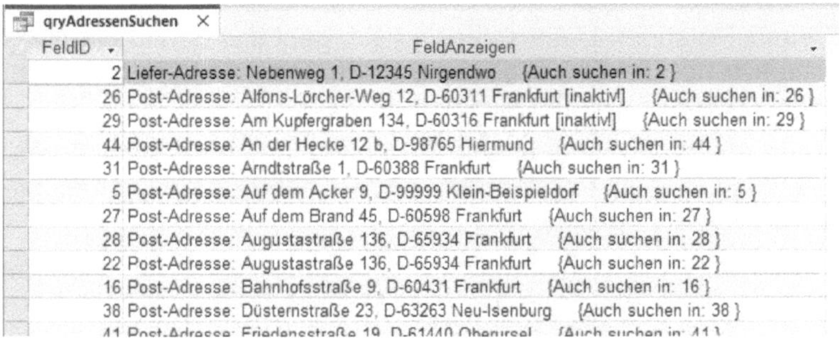

FeldID	FeldAnzeigen
2	Liefer-Adresse: Nebenweg 1, D-12345 Nirgendwo {Auch suchen in: 2 }
26	Post-Adresse: Alfons-Lörcher-Weg 12, D-60311 Frankfurt [inaktiv] {Auch suchen in: 26 }
29	Post-Adresse: Am Kupfergraben 134, D-60316 Frankfurt [inaktiv] {Auch suchen in: 29 }
44	Post-Adresse: An der Hecke 12 b, D-98765 Hiermund {Auch suchen in: 44 }
31	Post-Adresse: Arndtstraße 1, D-60388 Frankfurt {Auch suchen in: 31 }
5	Post-Adresse: Auf dem Acker 9, D-99999 Klein-Beispieldorf {Auch suchen in: 5 }
27	Post-Adresse: Auf dem Brand 45, D-60598 Frankfurt {Auch suchen in: 27 }
28	Post-Adresse: Augustastraße 136, D-65934 Frankfurt {Auch suchen in: 28 }
22	Post-Adresse: Augustastraße 136, D-65934 Frankfurt {Auch suchen in: 22 }
16	Post-Adresse: Bahnhofsstraße 9, D-60431 Frankfurt {Auch suchen in: 16 }
38	Post-Adresse: Düsternstraße 23, D-63263 Neu-Isenburg {Auch suchen in: 38 }
41	Post-Adresse: Friedensstraße 19, D-61440 Oberursel {Auch suchen in: 41 }

Abbildung 451: Die Adressen werden mit erweiterten Daten dargestellt

Diese Abfrage wird als nächste Suche angeboten:

```
Case kttSuchen_Wort
    KnotenEinzeln trvDieser, nodExpandiert, "Personen", _
        kttSuchenPersonen_Wort, icnPerson

    KnotenEinzeln trvDieser, nodExpandiert, "Adressen", _
        kttSuchenAdressen_Wort, icnAdresse


Case kttSuchenAdressen_Wort
    KnotenAusQuery trvDieser, nodExpandiert, "qryAdressenSuchen", _
        kttAdresse_Name, icnAdresse
```

Der Treeview zeigt diese Adressen als zweiten *Suchen*-Knoten an:

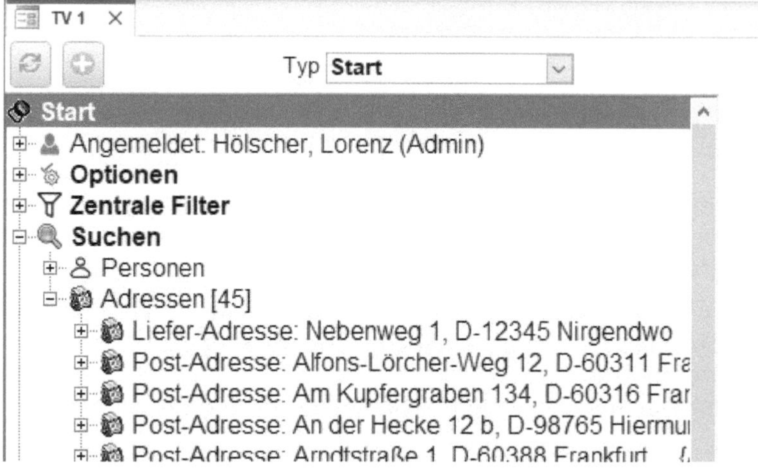

Abbildung 452: Die Adressen werden zur Suche angeboten

Allerdings sind beide Unterknoten noch nicht filterbar. Dazu müssen sie erst in der `PopUpTreeview`-Prozedur aufgenommen werden:

```
Select Case kttMarkiert
Case kttPerson_Wort, kttPersonenAktuell_Wort, _
    ' hier stehen noch ganz viele bisherige Knotentypen ...

    kttSuchenPersonen_Wort, kttSuchenAdressen_Wort

    PopUpEditHinzu cbrBar, "Knoten filtern wie:", jpgNONE, _
        "=DiesenKnotenFiltern()"
End Select
```

Jetzt ist es leicht, aus allen Adressen beispielsweise diejenigen eines (fiktiven) Ortes `Nirgendwo` herauszufiltern:

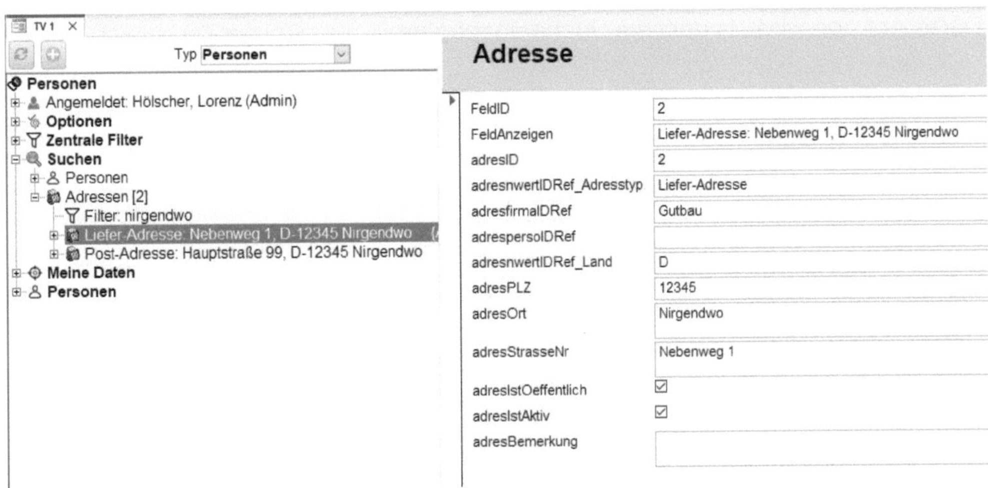

Abbildung 453: Die Adressen lassen sich auch filtern

Es ist sicherlich Jammern auf hohem Niveau, aber nachdem ich nun die passende Adresse gefunden habe, möchte ich selbstverständlich direkt auf die zugehörige Person oder Firma zugreifen können.

> **Anmerkung**: Zwar wird rechts im Formular in *adresfirmaIDRef* (oder bei Personen-Adressen in *adrespersoIDRef*) dank der Combobox ein lesbarer Name angezeigt. Besser wäre aber ein Knoten des Elternobjekts im Treeview, weil ich von da aus beispielsweise auf andere Adressen dieser Firma zugreifen könnte.

Daher wird der Treeview jetzt seine Richtung ändern. Bisher zeigt ein untergeordneter Knoten immer auch untergeordnete Daten an. Jetzt möchte ich zu einer Adresse ihren Eltern-Datensatz (Firma oder Person) im Unterknoten anzeigen. Das wird ein Unterknoten zu `kttAdresse_Name`, also muss ich das wieder in der Prozedur `TreeviewExpandieren` ergänzen.

```
Case kttAdresse_Name
    Dim lngIDx As Long133

    lngIDx = Nz(DLookup("adrespersoIDRef", "viwAdressenUngefiltert", _
        "adresID=" & strIDDiese), 0)
    If lngIDx <> 0 Then
        KnotenAusQuery trvDieser, nodExpandiert, _
        "SELECT * FROM viwPersonenUngefiltert WHERE persoID=" & _
        lngIDx, kttPerson_Name, icnPerson
    End If
```

Dabei ermittelt der Code zuerst den Fremdschlüssel für die Person, der zu der

---

[133] Auch diese Variablen-Deklaration gehört eigentlich eher an den Anfang der Prozedur.

Adresse gehört. Wenn es einen gibt (andernfalls ist es nämlich eine Firmenadresse), wir der passende Unterknoten erstellt:

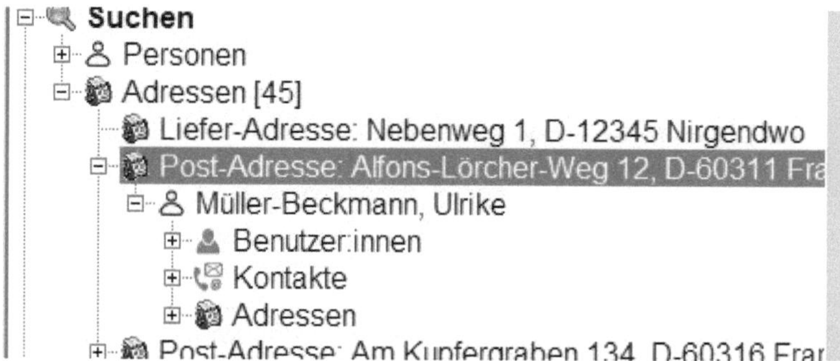

Abbildung 454: Die Adressen mit dem Unterknoten für eine Person

---

Tipp 234: Wahrscheinlich haben Sie sich schon gewundert, warum ich für die Person nicht `KnotenEinzeln` genutzt habe statt `KnotenAusQuery`? Schließlich kann ich ja sicher sein, dass es immer nur einen passenden Datensatz gibt. Aber die `KnotenEinzeln`-Prozedur erwartet einen beliebigen Text, so dass ich den Namen der Person erst aus dem *FeldAnzeigen*-Feld der Datenquelle per SQL ermitteln müsste. Bei `KnotenAusQuery` ist das alles schon fertig, wenn ich nur die Datenquelle und den Filter nenne.

Da der Unterknoten den üblichen `kttPerson_Name`-Knotentyp benutzt, zeigt er beim Draufklicken sofort das passende Formular an und liefert auch seine Unterknoten. Ohne besonderen Programmieraufwand ist also alles schon fertig!

Weil das so einfach war und sonst ja die Firmen-Adressen diese Fähigkeit nicht hätten, müssen wir jetzt analog für die Firmen verfahren. Im `Case kttAdresse_Name` wird also dies ergänzt:

```
lngIDx = Nz(DLookup("adresfirmaIDRef", "viwAdressenUngefiltert", _
        "adresID=" & strIDDiese), 0)
If lngIDx <> 0 Then
    KnotenAusQuery trvDieser, nodExpandiert, _
        "SELECT * FROM viwFirmenUngefiltert WHERE firmaID=" &
lngIDx, kttFirma_Name, icnFirma
    End If
```

Dann zeigen Adressen entweder die zugehörige Firma oder Person an:

Suchen
- Personen
- Adressen [45]
  - Liefer-Adresse: Nebenweg 1, D-12345 Nirgendwo
    - Gutbau
  - Post-Adresse: Alfons-Lörcher-Weg 12, D-60311 Fra
    - Müller-Beckmann, Ulrike
  - Post-Adresse: Am Kupfergraben 134, D-60316 Fran

Abbildung 455: Die Adressen gelten für eine Firma (oben) oder eine Person (unten)

Anmerkung: Für eine Firma sind bisher keine Unterknoten vorbereitet, daher passiert dort beim Ausklappen nichts. Aber wenigstens das passende Formular beim Anklicken können Sie einbinden. Ergänzen Sie in `TreeviewAnklicken` diese Zeile:

```
Case kttFirma_Name
    Screen.ActiveForm.subDetails.SourceObject = "frmFirmenDetails"
```

Für die Telefonnummer ist es im Prinzip das gleiche Konzept. Aber im Detail unterscheiden sie sich doch ein wenig, weil deren Schreibweise variieren kann. Wenn die Telefonnummer als `12 34 56 7` notiert ist, können Sie `3456` darin nicht finden.

Bevor ich also darin suche, werde ich zuerst dafür sorgen, dass deren Werte aus *kntktNameLang* automatisch ohne Sonderzeichen in *kntktNameKurz* gespeichert werden. Dazu wird beim Speichern des jeweiligen Datensatzes eine passende Funktion aufgerufen:

```
Function NurZiffernAusText(strText As String) As String
    Dim intI As Integer

    For intI = 1 To Len(strText)
        If InStr("0123456789", Mid(strText, intI, 1)) Then
            NurZiffernAusText = NurZiffernAusText & Mid(strText, intI, 1)
        End If
    Next
End Function
```

Die Funktion überprüft jedes Zeichen einzeln, welches ja während der Schleife in `Mid(strText, intI, 1)` enthalten ist. Anstatt das nun mühsam mit `If` oder einer *SelectCase*-Struktur mit jeder einzelnen Ziffer zu vergleichen, ist es viel effizienter, die `InStr()`-Funktion zu nutzen. Wenn dieses Zeichen in der voranstehenden Zeichenkette enthalten ist, darf es durchgereicht werden.

Diese Funktion wird im Formular *frmKontakteDetails* vor dem Speichern eines Datensatzes aufgerufen, falls dieser den Typ *Fax* (=`16`) oder *Telefon* (=`15`) hat:

```
Private Sub Form_BeforeUpdate(Cancel As Integer)
    Select Case Me.kntktnwertIDRef_Kontakttyp.Value
    Case 15, 16
```

```
        Me.kntktNameKurz.Value = NurZiffernAusText(Me.kntktNameLang.Value)
    End Select
End Sub
```

Tipp 235: Es ist wichtig, dass Sie `Form_BeforeUpdate` nehmen, denn Sie schreiben ja Werte in den Datensatz. Mit `Form_AfterUpdate` wäre der Datensatz anschließend durch den Code wieder ungespeichert und würde beim nächsten Speichern das Spielchen wiederholen. Sie kämen also niemals aus einer Fax- oder Telefonnummer-Änderung heraus.

Jetzt können wir (jedenfalls für neue Datensätze) sicher sein, dass in *knktNameKurz* für Telefon/Fax nur noch Ziffern stehen und die Suche damit möglich ist. Also schreiben Sie die passende Abfrage *qryKontakteSuchen*:

```
SELECT FeldID, [viwKontakteUngefiltert].[FeldAnzeigen] &
IIf([kntktIstAktiv],""," [inaktiv!]") & "        {Auch suchen in: " &
[FeldID] & " " & [kntktNameKurz] & " " & [kntktBemerkung] & "}"
AS FeldAnzeigen
FROM viwKontakteUngefiltert
WHERE kntktIstOeffentlich <= ZeigeDatenNurOeffentliche();
```

Im Ergebnis der Abfrage ist jetzt deutlicher zu sehen, dass die Zahlenfolge im hinteren Teil von *FeldAnzeigen* erscheint. Im Treeview wird vor allem der vordere Teil wahrgenommen, aber gesucht wird eben in der kompletten Zeichenkette:

FeldID	FeldAnzeigen
3	Fax: 0123 / 45 67-99 {Auch suchen in: 3 0123456799 }
2	Mail: info@gutbau.xyz {Auch suchen in: 2 info@gutbau.xyz }
9	Mail: s.alessio@mailtest.com {Auch suchen in: 9 s.alessio@mailtest.com }
7	Telefon: 0111 / 11 11 1 (privat) {Auch suchen in: 7 011111111 }
1	Telefon: 0123 / 45 67 89 {Auch suchen in: 1 0123456789 }
8	Telefon: 0222 / 22 22 2 {Auch suchen in: 8 022222222 }
5	Website: https://www.gutbau.xyz {Auch suchen in: 5 https://www.gutbau.xyz }
6	Website: https://www.gutbau-gmbh.xyz {Auch suchen in: 6 https://www.gutbau-gmbh.xyz }
4	Website: https://www.testinghoff.xyz {Auch suchen in: 4 https://www.testinghoff.xyz }
*	(Neu)

Abbildung 456: Die Kontakte enthalten auch die suchfähige Telefon-/Fax-Nummer

Dann müssen nur noch die Knotentypen und die neuen Knoten angelegt werden:

```
Case kttSuchen_Wort
    KnotenEinzeln trvDieser, nodExpandiert, "Personen", _
        kttSuchenPersonen_Wort, icnPerson
    KnotenEinzeln trvDieser, nodExpandiert, "Adressen", _
        kttSuchenAdressen_Wort, icnAdresse
    KnotenEinzeln trvDieser, nodExpandiert, "Kontakte", _
        kttSuchenKontakt_Wort, icnKontakt


Case kttSuchenKontakt_Wort
```

```
KnotenAusQuery trvDieser, nodExpandiert, "qryKontakteSuchen", _
    kttKontakt_Name, icnKontakt
```

Damit können die Benutzer:innen sehr bequem auch nach Telefonnummern suchen, egal, wie diese notiert wurden:

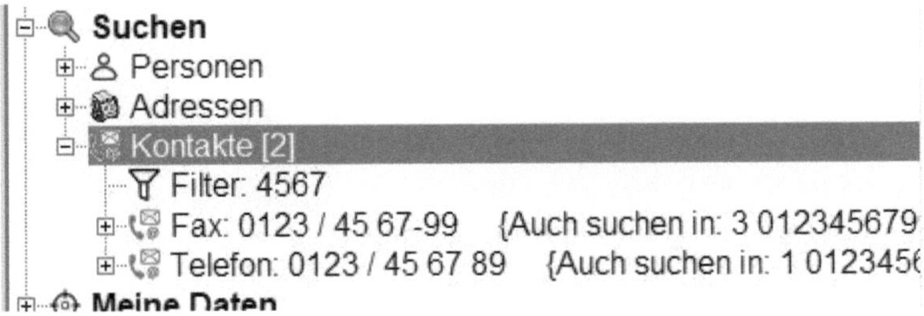

Abbildung 457: Die Suche nach Telefon- oder Fax-Nummer ist jetzt verbessert

Auch bei den Kontakten müssen natürlich die möglichen Elternobjekte in Unterknoten angezeigt werden. Das entspricht abgesehen von den abweichenden Feldnamen im Grunde dem Code für die Adressen:

```
Case kttKontakt_Name
    lngIDx = Nz(DLookup("kntktpersoIDRef", _
        "viwKontakteUngefiltert", "kntktID=" & strIDDiese), 0)
    If lngIDx <> 0 Then
        KnotenAusQuery trvDieser, nodExpandiert, _
            "SELECT * FROM viwPersonenUngefiltert WHERE persoID=" & _
            lngIDx, kttPerson_Name, icnPerson
    End If

    lngIDx = Nz(DLookup("kntktfirmaIDRef", "viwKontakteUngefiltert", _
        "kntktID=" & strIDDiese), 0)
    If lngIDx <> 0 Then
        KnotenAusQuery trvDieser, nodExpandiert, _
            "SELECT * FROM viwFirmenUngefiltert WHERE firmaID=" & _
            lngIDx, kttFirma_Name, icnFirma
    End If
```

Damit ist auch diese Suche funktionsfähig:

Abbildung 458: Die Kontakte zeigen das Elternobjekt an

Anmerkung: Durch die kontextfreie Ansammlung der Daten hinter *{Auch suchen in* lässt es sich nicht vermeiden, dass eine `99` entweder in der *kntktID* oder der Telefonnummer enthalten ist. Das hat sich in der Praxis aber noch nie als ernsthaftes Problem herausgestellt, zumal von Telefonnummern meistens längere Zahlenfolgen bekannt sind.

Dashboard

Eines der ebenfalls sehr beliebten Konzepte der Datenvisualisierung ist ein Dashboard. Dabei sind damit nicht unbedingt gleich Diagramme oder Tachos oder Ampeln gemeint, sondern oft auch nur wichtige Kennzahlen auf einen Blick.

Anmerkung: Ein *Dashboard* wird durchaus korrekt als *Armaturenbrett* übersetzt. Aber wissen Sie, was es ursprünglich wirklich war? Es ist ein Brett (*board*), welches gegen Spritzer (*dashs*) schützt. Deswegen war es vorne an der Kutsche angebracht und schützte den Kutscher vor den Spritzern, welche die Pferde mit den Hufen vom Boden hochwirbelten. Angesichts dessen, was da wirklich hochspritzte, ist das Wort *Kot-Flügel* vielleicht ehrlicher ...

Bei Datenbanken gibt es oft Datensätze, die irgendwo zwischen richtig fehlerhaft und unbefriedigend liegen. Je mehr Datenfelder vorhanden sind, desto sicherer können Sie sein, dass dort voneinander abhängige Inhalte vorkommen, deren Auftreten Sie nicht sicher verhindern können.

Die Aufgabe eines solchen Dashboards wird also sein, jederzeit solche Problem-Datensätze im Auge behalten zu können. Dabei teile ich die analog zur `MsgBox`-Prozedur in drei Gruppen auf:

- **Informationen**: Datensätze, die zwar korrekt sind, die ich aber im Auge behalten möchte (hier sind das beispielsweise Bestellungen mit einer Bemerkung oder solche, deren Bestelldatum ohne bisherige Lieferung länger als 2 Wochen zurückliegt)
- **Warnungen**: Datensätze, die ich schon als bedenklicher einschätzen würde (hier beispielsweise ungelieferte Bestellungen mit einem Bestelldatum vor mehr als 4 Wochen)
- **Fehler**: Datensätze, die als falsch oder wenigstens unfertig betrachtet werden müssen (hier beispielsweise Personen ohne Nachnamen)

Tipp 236: Sie können das Konzept beliebig erweitern. Ich hatte auch schon Datenbanken, bei denen es alleine für das Rechnungswesen ein eigenes Dashboard gab. Dort wurden dann alle Rechnungen nach Status überwacht: alle bezahlten, alle ausgelieferten und unbezahlten, alle überfälligen, etc.

Zuerst brauchen Sie wie immer ein paar hübsche Icons und passende Knotentypen mit der Ergänzung in `Treeview_Info`, weil das Dashboard sozusagen auf oberster Ebene[134] angeordnet sein soll:

```
Set nodX = KnotenEinzeln(trvDieser, nodStart, "Dashboards", _
        kttDashboard_Wort, icnDashboard)
nodX.Bold = True


Set nodX = KnotenEinzeln(trvDieser, nodStart, "Info", _
        kttInfo_Wort, icnInfo)
nodX.Bold = True
```

Dazu kommen die Eintragungen in `TreeviewExpandieren`:

```
Case kttDashboard_Wort
    KnotenEinzeln trvDieser, nodExpandiert, "Informationen", _
        kttDashboardInfo_Wort, icnInfo
    KnotenEinzeln trvDieser, nodExpandiert, "Warnungen", _
        kttDashboardWarnung_Wort, icnWarnung
    KnotenEinzeln trvDieser, nodExpandiert, "Fehler", _
        kttDashboardFehler_Wort, icnFehler
```

Damit steht das Grundgerüst schon mal:

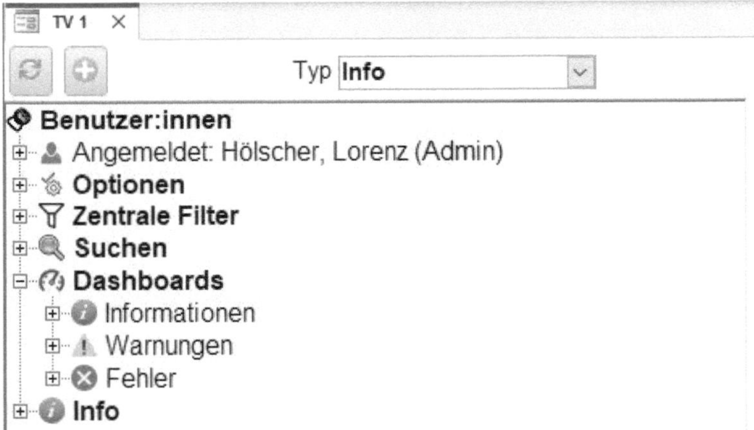

Abbildung 459: Das Grundgerüst des Dashboards

Jetzt kommen die eigentlichen Knoten für die gewünschten Inhalte. Da die Ergebnisse nur an genau einer Stelle benötigt werden, verzichte ich auf jeweils eine Abfrage und schreibe den Code direkt in VBA, falls er nicht zu lang wird.

Es braucht zuerst ein paar Knotentypen, die ich hier mal wieder explizit zeige, damit deren „Konstruktion" deutlich wird:

```
kttDashboard_Wort
```

---

[134] Hier wird das Dashboard öffentlich sein, aber möglicherweise sollten Sie über eine Bindung an ein Recht nachdenken, wenn dort unternehmensinterne Kennzahlen ermittelt werden können.

```
kttDashboardInfo_Wort
kttDashboardInfoBestellungMitBemerkung_Wort
kttDashboardInfoBestellung2Wochen_Wort
kttDashboardWarnung_Wort
kttDashboardWarnungBestellung4Wochen_Wort
kttDashboardFehler_Wort
kttDashboardFehlerPersonenOhneNachnamen_Wort
```

Für jede Liste von Ergebnissen benötigen Sie also einen Knotentyp, es sei denn, Sie würden auch dafür wie bei den Exporten eine eigene Tabelle anlegen. Diese Knotentypen werden in `TreeviewExpandieren` aufgerufen, hier erst einmal für das *Informationen*-Dashboard:

```
Case kttDashboardInfo_Wort
    KnotenEinzeln trvDieser, nodExpandiert, _
            "Bestellungen mit Bemerkungen", _
            kttDashboardInfoBestellungMitBemerkung_Wort, icnInfo
    KnotenEinzeln trvDieser, nodExpandiert, _
            "Bestellungen ausgeliefert, 2 Wochen nicht bezahlt", _
            kttDashboardInfoBestellung2Wochen_Wort, icnInfo

Case kttDashboardInfoBestellungMitBemerkung_Wort
    KnotenAusQuery trvDieser, nodExpandiert, _
            "SELECT * FROM viwBestellungen " & _
            "WHERE bestlBemerkung IS NOT NULL", kttBestellung_Name, _
            icnBestellung

Case kttDashboardInfoBestellung2Wochen_Wort
    KnotenAusQuery trvDieser, nodExpandiert, _
            "SELECT * FROM viwBestellungen " & _
            "WHERE bestlDatum_geliefert IS NOT NULL " & _
            "AND bestlDatum_bezahlt<=" & CLng(Date - 14), _
            kttBestellung_Name, icnBestellung
```

Damit zum Testen auch Ergebnisse angezeigt werden, können Sie in einigen Bestellungen ein paar Bemerkungen ergänzen, damit der Treeview so aussieht:

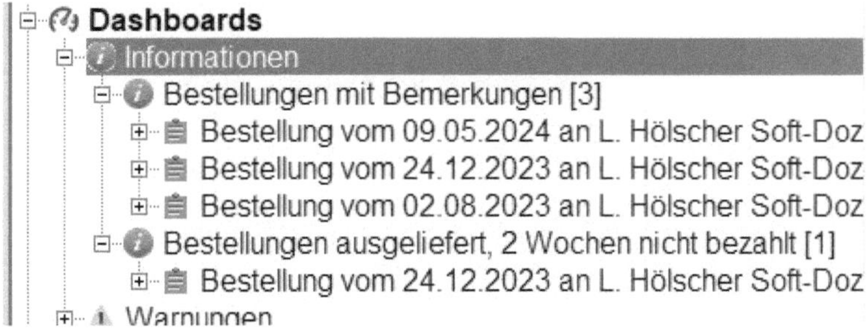

Abbildung 460: Das Informationen-Dashboard funktioniert schon

> **Hinweis**: Wie Sie sehen, kommt die Weihnachts-Bestellung in beiden Listen
> vor. Das ist kein Fehler, sondern ein besonderer Vorteil der Treeview-
> Darstellung. Die Inhalte der Listen können sich überlappen, aber trotzdem blei-
> ben alle Knoten für den Treeview eindeutig. Gleichzeitig „kennt" jeder Knoten
> seine Datenquelle und seine ID, so dass trotzdem das zugehörige Formular mit
> dem passenden Datensatz erscheint.

Die hier gewünschte Warnung zu Bestellungen, die zwar ausgeliefert, aber seit
mindestens vier Wochen nicht bezahlt wurden, ist eine Kopie der zwei-Wochen-
Information mit minimalen Änderungen:

```
Case kttDashboardWarnung_Wort
    KnotenEinzeln trvDieser, nodExpandiert, _
        "Bestellungen ausgeliefert, 4 Wochen nicht bezahlt", _
        kttDashboardWarnungBestellung4Wochen_Wort, icnInfo

Case kttDashboardWarnungBestellung4Wochen_Wort
    KnotenAusQuery trvDieser, nodExpandiert, _
        "SELECT * FROM viwBestellungen " & _
        "WHERE bestlDatum_geliefert IS NOT NULL " & _
        "AND bestlDatum_bezahlt<=" & CLng(Date - 28), _
        kttBestellung_Name, icnBestellung
```

Dann folgt noch die Fehlerliste, in diesem Fall nur aller Personen, die keinen ein-
getragenen Nachnamen haben:

```
Case kttDashboardFehler_Wort
    KnotenEinzeln trvDieser, nodExpandiert, _
        "Personen ohne Nachnamen", _
        kttDashboardFehlerPersonenOhneNachnamen_Wort, icnPerson

Case kttDashboardFehlerPersonenOhneNachnamen_Wort
    KnotenAusQuery trvDieser, nodExpandiert, _
        "SELECT * FROM viwPersonen WHERE persoNameNach IS NULL", _
        kttPerson_Name, icnPerson
```

Sie müssen eventuell noch Datensätze mit Personen ohne Nachnamen eingeben,
damit Ergebnisse angezeigt werden:

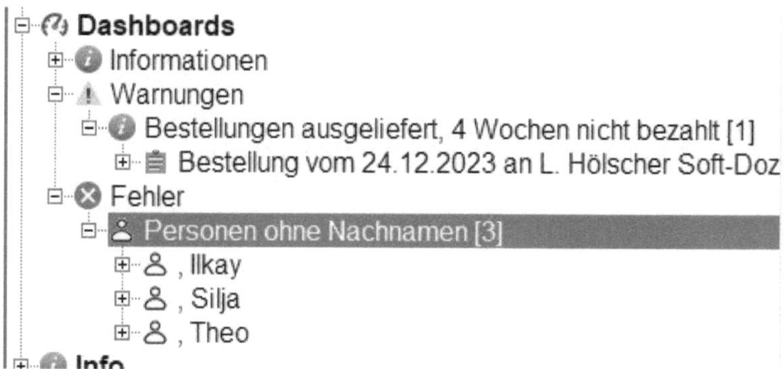

Abbildung 461: Die Warnungen- *und* Fehler-*Dashboards funktionieren ebenfalls*

Damit ist das Dashboard komplett, bis Ihnen sicherlich noch weitere Ideen kommen, was Sie alles im Überblick behalten möchten.

Filter-Comboboxen

In dieser Datenbank filtere ich via PopUp-Menü anders (und wie ich finde: viel intuitiver und einfacher), aber ich sehe in vielen Datenbanken, dass dort mit Comboboxen gefiltert wird. Das an sich ist nicht falsch, aber dabei gibt es so viele Fehlerquellen, dass ich diesen Punkt wenigstens auch ansprechen und vernünftig lösen will.

Ich nehme als Beispiel die bereits erstellte Liste der Bestelldetails, die je schon mit den PopUp-Menüs eine Filtermöglichkeit besitzt und derzeit so aussieht:

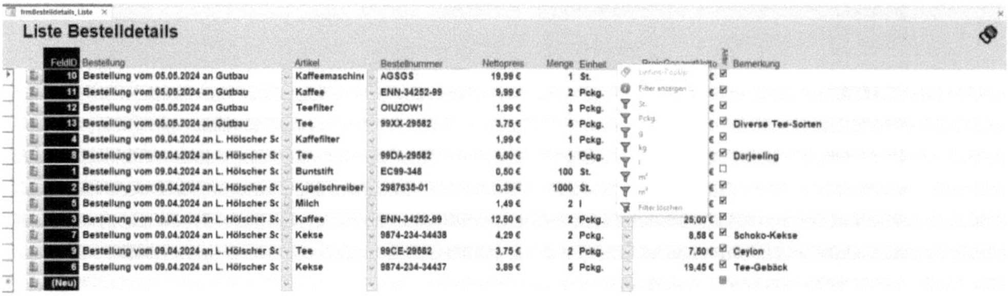

Abbildung 462: Die Liste der Bestelldetails in der bisherigen Form

Damit sich die beiden Konzepte nicht in die Quere kommen, werde ich jetzt davon eine Kopie machen und als *frmBestelldetails_ListePlusFilter* benennen. In deren Entwurf füge ich oberhalb der Artikel-Spalte ein neues *ComboBox*-Control namens *cmbFilterArtikel* ein:

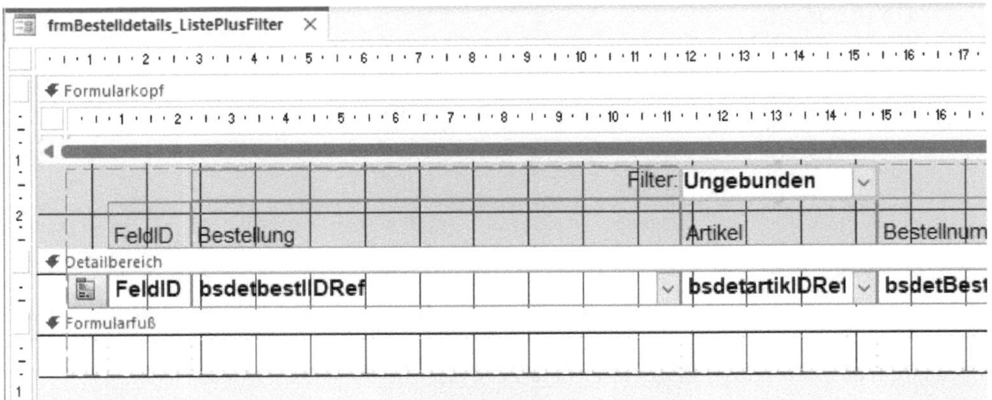

Abbildung 463: Die neu eingefügte cmbFilterArtikel-*Combobox*

Die passenden Eigenschaften sind *Spaltenanzahl*: 2, *Spaltenbreiten*: 0cm und *Datensatzherkunft*: `viwArtikel`, so dass im Formular diese Liste erscheint:

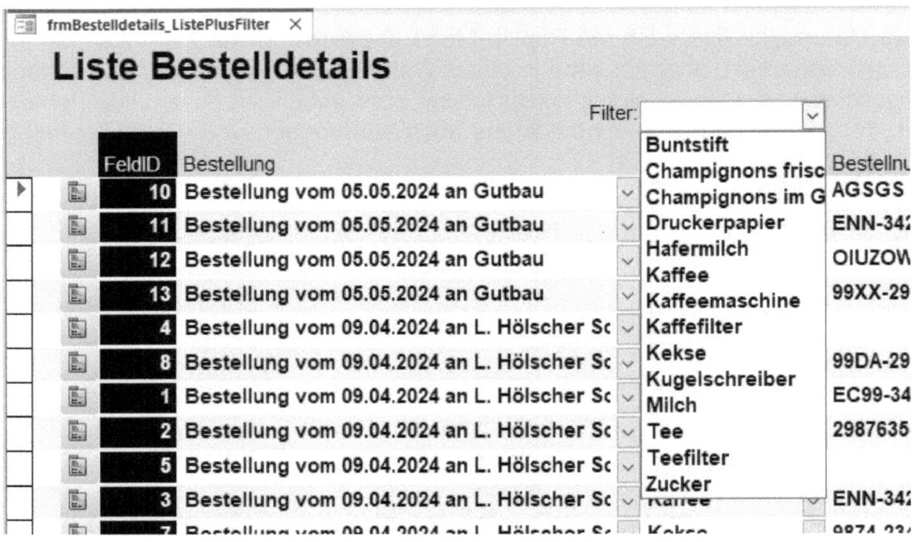

Abbildung 464: Die cmbFilterArtikel-*Combobox zeigt die Artikelliste*

Anhand der Auswahl in der Liste wird in deren *Beim Klicken*-Ereignis dann gefiltert:

```
Private Sub cmbFilterArtikel_Click()
    Filtern
End Sub
```

Damit wir die schon vorhandene `Filtern`-Prozedur nutzen können, wird die Schreibweise dort angepasst, deswegen beginnt auch dieser Filter mit " `AND` ":

```
Sub Filtern()
    Dim strFilter As String

    strFilter = strFilter & " AND bsdetartikIDRef=" & _
        Me.cmbFilterArtikel.Value
```

Sie können es direkt ausprobieren. Wählen Sie einen Artikel und die Liste wird sofort angepasst:

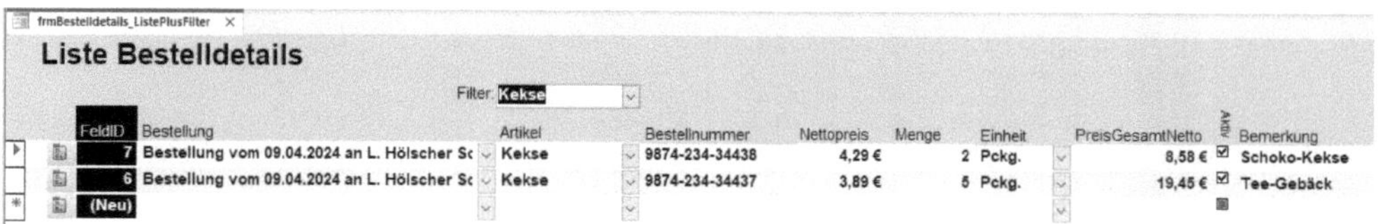

Abbildung 465: Die cmbFilterArtikel-*Combobox filtert korrekt*

Super, nicht wahr? Bevor Sie sich jetzt zufrieden zurücklehnen und ob Ihrer großartigen Leistung heimlich auf die Schulter klopfen, muss ich den Spaßverderber spielen: Wie schalten Sie diesen Filter eigentlich wieder aus?

- Den Combobox-Inhalt einfach zu löschen, geht nicht, denn das gibt einen Laufzeitfehler beim Verlassen der Combobox:

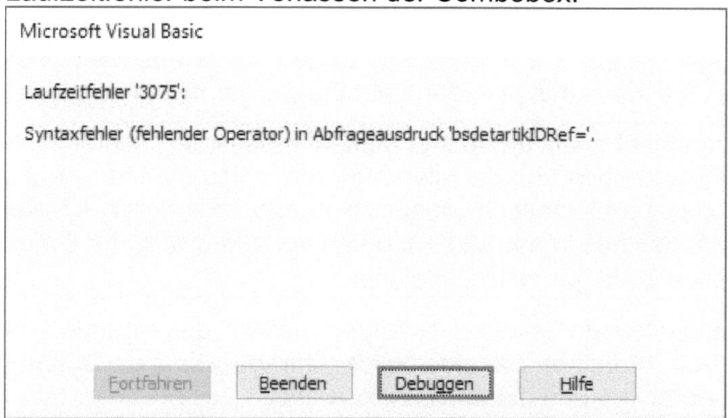

- Den Formularfilter einfach mit Access-Methoden (FILTER EIN/AUS im Ribbon) zu entfernen, ist clever und laufzeitfehlerfrei, aber leider behauptet dann die Combobox mit ihrem Inhalt optisch ja weiterhin, der Filter sei noch aktiv:

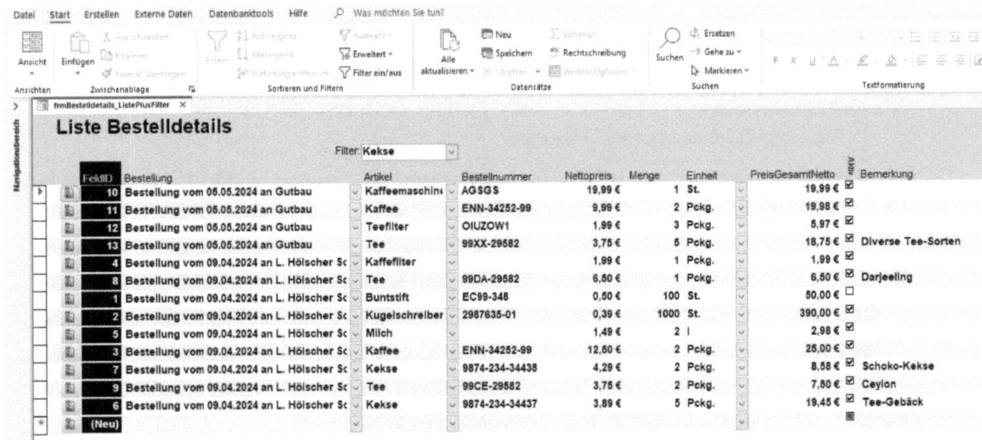

> **Anmerkung**: Sie könnten jetzt neben die Combobox eine Checkbox setzen, mit der Sie bestimmen, ob die Combobox filtern soll. Das ist nicht nur überflüssige Arbeit, sondern in höchstem Maße unelegant, weil Sie für eine Entscheidung zwei Controls brauchen.

Die Lösung besteht darin, dass Sie den Nicht-Filter zu einem Teil des Filters machen. Aus Benutzer:in-Sicht würden Sie sicherlich sowieso erwarten, dass ganz am Anfang der Liste *<alle>* oder etwas ähnliches angeboten würde. Nur aus Programmier-Sicht wissen Sie, dass das ja in der Datenquelle gar nicht drin steht.

> **Tipp 237:** Manchmal sehe ich Versuche, diesen *<alle>*-Wert schon in die Datenquelle hineinzuschreiben und bei allen anderen Gelegenheiten wegzufiltern. Das ist doppelt problematisch, denn ich müsste mir deren ID-Wert merken (oder hoffen, dass es immer die 1 ist) und vor allem wird der Datentyp in dieser speziellen Zeile gar nicht *Long* sein.

Wenn Sie zwei Datenquellen gemeinsam anzeigen wollen, die eigentlich nichts miteinander zu tun haben, brauchen Sie eine Union-Abfrage. Die eine Datenquelle wird diese Extra-Zeile enthalten und die andere die Artikel.

> **Hinweis**: Im SQL-Server dürften Sie `SELECT "<alle>" AS FeldID` ohne Angabe einer Tabelle schreiben, in Access jedoch nicht. Access verlangt immer den `FROM`-Teil der Anweisung.

Für diese Extra-Zeile benötige ich jetzt eine Datenquelle mit möglichst genau einem Datensatz. Dafür erstelle ich die Tabelle *USys_tblMini* mit diesem Feld:

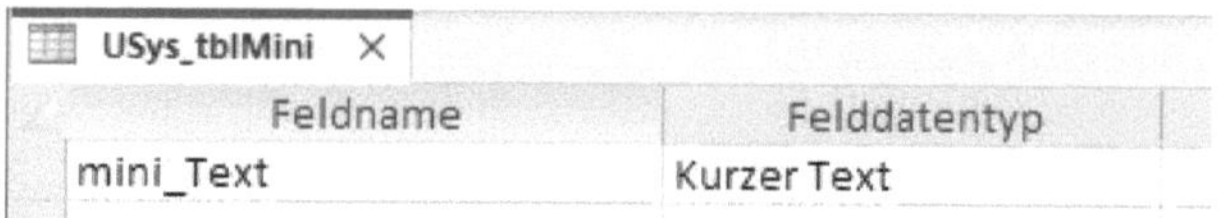

Abbildung 466: Der Entwurf der Tabelle USys_tblMini

Diese Tabelle enthält exakt einen Datensatz mit einem völlig beliebigen Inhalt:

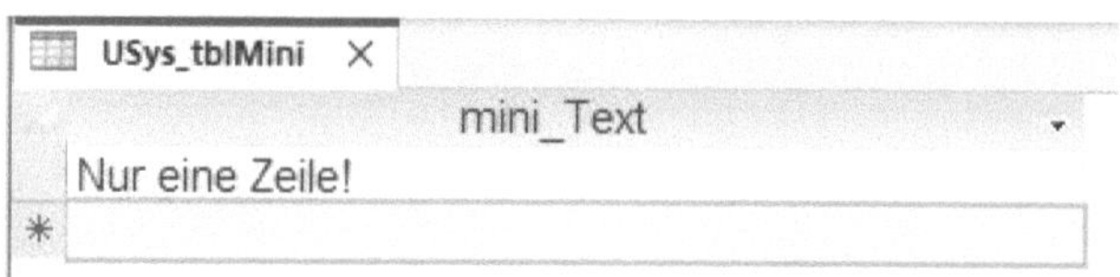

Abbildung 467: Der einzige Datensatz der Tabelle USys_tblMini

---

Tipp 238:   Wenn Sie sicherstellen wollen, dass kein weiterer Datensatz möglich ist, stellen Sie als *Gültigkeitsregel*: "Nur eine Zeile!" ein und machen dieses Feld eindeutig. Da diese Tabelle aber wegen des USys-Präfixes normalerweise ohnehin versteckt ist, scheint mir das übertrieben.

Jetzt ist alles für die Union-Abfrage vorbereitet. Erstellen Sie eine neue leere Abfrage und ziehen Sie *viwArtikel* hinein. Lassen Sie nur die Felder *FeldID* und *FeldAnzeigen* im Ergebnis anzeigen und speichern Sie dies als *qryArtikelAlsFilter*.

Achtung: Klicken Sie *niemals* auf den ⊘ Union -Button im Ribbon, wenn Sie wie jetzt einen bestehenden Abfrage-Entwurf in eine Union-Abfrage umwandeln wollen! Völlig ohne Vorwarnung und ohne Chance auf Rückgängig wird dann die komplette SQL-Anweisung dieser Abfrage gelöscht.

Dann wechseln Sie in die SQL-Ansicht der Abfrage, weil eine Union-Abfrage eigentlich nur aus zwei Abfragen hintereinander besteht und nicht besonders komplex ist. Ergänzen Sie die SQL-Anweisung so:

```
SELECT "*" AS FeldID, "<alle>" AS FeldAnzeigen
FROM USys_tblMini
UNION ALL
SELECT viwArtikel.FeldID, viwArtikel.FeldAnzeigen
FROM viwArtikel
ORDER BY FeldAnzeigen;
```

Tipp 239:   Beim UNION-Schlüsselwort werden alle Datensätze auf Eindeutigkeit geprüft und eventuell aussortiert, bei UNION ALL hingegen einfach nur nacheinander ausgegeben. Das ist natürlich bedeutend schneller.
Abfragen mit UNION ALL müssen expliziert sortiert werden, dabei gilt immer die erste Zeile mit Feldnamen (auch wenn diese hier in der anderen Zeile mit den Feldnamen ja identisch sind).

Damit erscheint das Ergebnis dieser Abfrage so:

Abbildung 468: Die erweiterte Artikel-Liste zum Filtern

> **Hinweis**: Während der SQL-Server sehr pingelig ist und gleiche Datentypen je Spalte verlangt, können Sie in Access *String* und *Long* mischen. Dann wird eben die ganze Spalte *String*, wie an der Linksbündigkeit zu erkennen ist.

Diese Abfrage wird nun mit *Datensatzherkunft*: `qryArtikelAlsFilter` die bessere Datenquelle der Combobox und damit ist der Nicht-Filter Teil der Filtermöglichkeiten. Wenn Sie das aber jetzt testen, gibt es bei dessen Auswahl einen Laufzeitfehler, weil `bsdetartikIDRef=*` für ein Zahlenfeld keine gültige Angabe ist:

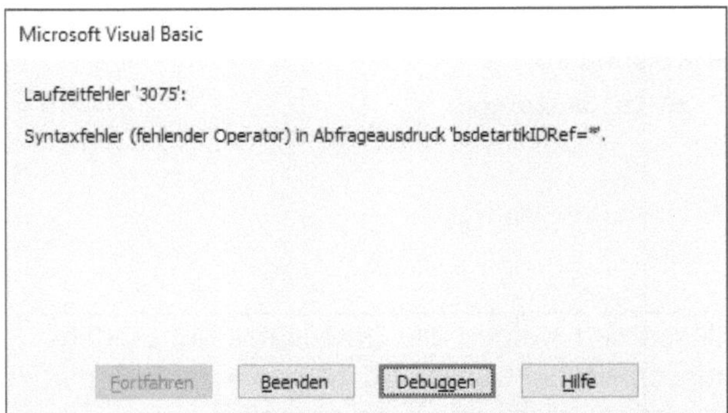

Abbildung 469: Der <Alle>-Eintrag führt noch zu einem Laufzeitfehler

Wir müssen also in der Programmierung dafür sorgen, dass das Sternchen[135] nicht als Filter berücksichtigt wird:

```
Sub Filtern()
    Dim strFilter As String

    If Me.cmbFilterArtikel.Value <> "*" Then
        strFilter = strFilter & " AND bsdetartikIDRef=" & _
            Me.cmbFilterArtikel.Value
    End If
```

Damit ist die Filter-Combobox vollständig. Sie sollten allerdings noch dafür sorgen, dass deren *Standardwert*: "*" ist, damit das Formular auch beim ersten Öffnen schon korrekt beschriftet ist.

Decompile

Sie wissen sicherlich, warum Sie eine Datenbank immer mal wieder komprimieren müssen: Scheinbar gelöschte Objekte (Daten ebenso wie Formularentwürfe) sind nicht wirklich weg, sondern nur unsichtbar. Da Access immer Mehrbenutzer:in-Zugriff erlaubt, dürfen Teile der Datei nicht einfach entfernt werden, weil dann die anderen Zugriffe ins Leere gehen.

Also rufen Sie DATEI | INFORMATIONEN | DATENBANK KOMPRIMIEREN UND REPARIEREN auf. Dann prüft Access, ob gerade wirklich keine anderen Zugriffe stattfinden, und schreibt alle gültigen Objekte in eine zweite Datenbank[136], löscht die bisherige Datenbank und benennt sie wieder in den vorherigen Namen um.

> **Hinweis**: Weil zwischendurch eine Datenbank-Kopie existiert, verlangt Access, dass im gleichen Verzeichnis mindestens der gleiche Platz nochmals existiert, bevor die Komprimierung beginnt.

Aber obwohl der Ribbon-Befehl den Zusatz UND REPARIEREN hat, gibt es noch eine zweite Leiche im Keller. Nicht nur Daten und Objekte müssen aufgeräumt werden, sondern auch Code.

Der Code in einer Access-Datenbank besteht aus drei Versionen:

- Der lesbare VBA-Code, so wie Sie ihn schreiben.
- Ein Zwischencode, der beim Kompilieren entsteht und ebenfalls gespeichert wird.
- Der Maschinencode, der unter Windows wirklich ausgeführt wird.

> **Anmerkung**: Bei *.accde*-Datenbanken fehlt der lesbare VBA-Code, diese ent-

---

[135] Offiziell heißt dieses Zeichen übrigens *Asterisk*. Nein, nicht wie der gallische Held.
[136] Diese temporäre Datenbank heißt interessanterweise immer noch *Database.mdb*, ist aber in Wirklichkeit schon im neuen *.accdb*-Format.

halten nur den Zwischencode. Da dieser bereits eine „Bittigkeit" besitzt, kann eine 32-Bit-*.accde*-Datenbank nicht mehr von einem 64-Bit-Access ausgeführt werden und umgekehrt. Sie muss mit der richtigen Bit-Anzahl neu kompiliert werden.

Es scheint so zu sein, dass der Zwischencode regelmäßig zumüllt und auch beim Komprimieren/Reparieren nicht gesäubert wird. Selbst das Kompilieren hilft nicht. Es gibt allerdings einen Kommandozeilen-Befehl, der von außen den gesamten Zwischencode entfernt, damit dieser beim nächsten Kompilieren wirklich mal komplett neu erstellt wird.

Sie können also jetzt Access schließen und eine leere Textdatei erzeugen. Dort hinein schreiben Sie in einer Zeile:

```
"C:\Program Files\Microsoft Office\Root\Office16\MSACCESS.EXE" /decompile
"E:\MeinVerzeichnis\easyLOAD.accdb"
```

Achtung: Der Pfad zur Programmdatei *MSACCESS.EXE* kann bei Ihnen anders lauten, Sie müssen ihn selber ermitteln. Auch der zweite Pfad zu Ihrer Datenbank-Datei ist nur ein Beispiel und muss durch Ihre Angaben ersetzt werden.

Diese Datei können Sie jetzt speichern, aber mit der Endung *.cmd*, also beispielsweise als *Decompile_easyLOAD.cmd*. Auch wenn es intern weiterhin eine Textdatei ist, führt Windows sie beim Doppelklick als Befehl (*cmd = command*) aus. Da dabei ein DOS-Befehlsfenster geöffnet wird, sehen Sie ein Fenster mit schwarzem Hintergrund.

Die Datenbank öffnet sich wie sonst auch, enthält aber keinen Zwischencode mehr. Sie können jetzt gleich mit DATEI | INFORMATIONEN | DATENBANK KOMPRIMIEREN UND REPARIEREN aufräumen. Je nach vorheriger Größe der Datenbank bringt das noch mal 10 bis 50 MB weniger Dateigröße!

Programmtitel

Die Titelzeile des Programms sieht nicht wirklich schön aus, daher könnten Sie das mit dem Ribbon-Befehl DATEI | OPTIONEN | AKTUELLE DATENBANK im Eingabefeld *Anwendungstitel* ändern:

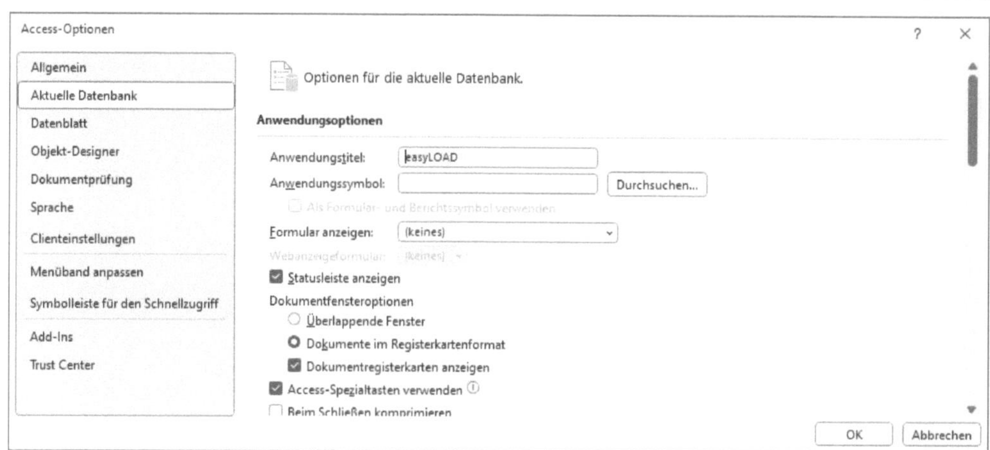

Abbildung 470: Der Anwendungstitel *erscheint später im Access-Fenster*

Dieser Text wird später als Beschriftung des Access-Programmfensters angezeigt:

Abbildung 471: Der neue Anwendungstitel steht jetzt oben im Access-Fenster

Das ist nett und unkompliziert. Ich möchte dort aber einen weniger statischen Inhalt sehen, nämlich auch die Version. Die steht zwar in einer (statischen!) Konstante `p_cstrProgVersion`, aber deren Wert wird sich doch immer mal wieder ändern. Tatsächlich gibt es sogar schon die Zeichenkette, die ich auch in der Beschriftung des Programmfensters sehen möchte, nämlich in `p_cstrMsgTitel`.

Das, was Sie dort im *AccessOptionen*-Dialog zur Eingabe sehen, ist technisch eine *Property* (nicht die VBA-`Property`-Prozedur, sondern eine Eigenschaft des Programms!). Das fühlt sich an wie jede andere Eigenschaft eines beliebigen anderen Objekts.

Anmerkung: In anderen MS-Office-Programmen wie Excel heißt es für diese banale Änderung schlicht einzeilig `Application.Caption = "Neuer Titel"`. Hier ist es der gleiche Hersteller, die gleiche Aufgabe, aber eine völlig andere Lösung. Seufz ...!

Leider ist das keine immer vorhandene Eigenschaft der Datenbank, sondern nur eine optionale Eigenschaft. Anstatt ihr direkt einen Wert zuweisen zu können, muss ich befürchten, dass sie überhaupt noch nicht vorhanden ist. Daher bereite ich zuerst eine `AccessPropertySetzen`-Prozedur in *modSubs* vor, um eine solche Eigenschaft zu setzen bzw. notfalls vorher noch schnell anzulegen:

```
Sub AccessPropertySetzen(strName As String, varType As Variant, _
        varValue As Variant)
    Dim dbsDiese As Object
    Dim prpDiese As Variant

    Set dbsDiese = CurrentDb
    On Error GoTo Mist
    dbsDiese.Properties(strName) = varValue
    Exit Sub

Mist:
    If Err = 3270 Then   'Property war nicht vorhanden
        Set prpDiese = dbsDiese.CreateProperty(strName, varType, varValue)
        dbsDiese.Properties.Append prpDiese
        Resume
    Else
        Exit Sub
    End If
End Sub
```

Der Code versucht zuerst, der Eigenschaft einen Wert zuzuweisen. Falls das gescheitert ist und die Fehlerbehandlung bemerkt, dass die Eigenschaft einfach nur fehlte, dann wird sie erzeugt und erneut der Wert zugewiesen. Andernfalls passiert nichts, eine umfangreichere Fehlerbehandlung ist hier nicht vorgesehen.

Dann folgt die Prozedur, welche endlich den gewünschten Wert in der Eigenschaft *AppTitle* zuweist:

```
Sub TitelAendern(strTitel As String)
    Const clngTypText As Long = 10

    AccessPropertySetzen "AppTitle", clngTypText, strTitel
    Application.RefreshTitleBar
End Sub
```

Da die geänderte Beschriftung des Anwendungsfensters nicht sofort automatisch aktualisiert wird (warum sollte das auch so sein? Noch ein Seufzer ...), muss der `RefreshTitleBar`-Befehl das nachholen. Diese `TitelAendern`-Prozedur wird am besten direkt beim Start aufgerufen, hier also in `StarteDB`:

```
Function StarteDB()        'wird von AutoExec aufgerufen
    ZeigeRibbonAus
    ZeigeTreeView

    TitelAendern p_cstrMsgTitel

End Function
```

Damit haben Sie in der Access-Titelzeile immer eine sinnvolle Beschriftung, die nebenbei auf allen Screenshots, die Sie zu Fehlermeldungen erhalten, immer gleich die Versionsnummer anzeigt:

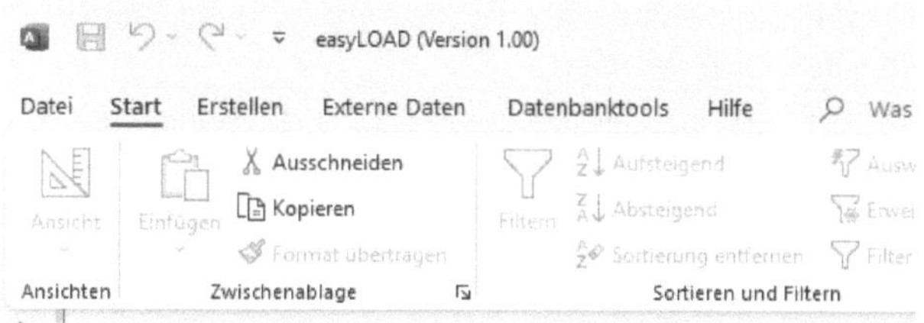

Abbildung 472: Der Anwendungstitel enthält die Versionsnummer

Einzeiliges Debug.Print

Wie schon in der Fußnote auf Seite 194 erwähnt, lege ich mir immer ein Modul namens *USys_modEntwickler* an, in dem ich Prozeduren speichere, die ich eigentlich nur während der Entwicklungszeit benötige. Dazu gehören beispielsweise nachträgliche Korrekturen an Formularen, weil ich vergessen habe, die *PopUp*- und *Modal*-Eigenschaften korrekt zu setzen.

Die `KorrigiereFormulare`-Prozedur dazu habe ich schon im Tipp auf Seite 262 gezeigt, jetzt enthält sie zwei neue `Debug.Print`-Zeilen:

```
Sub KorrigiereFormulare()
    Dim objX As Object
    Dim frmX As Form

    For Each objX In CurrentProject.AllForms
        If objX.Name Like "frm*Details" Then
            Debug.Print "Bearbeite '" & objX.Name & "' ... "
            DoCmd.OpenForm objX.Name, acDesign
            Set frmX = Screen.ActiveForm
            frmX.PopUp = True
            frmX.Modal = True
            frmX.AutoCenter = True
            DoCmd.Close acForm, frmX.Name, acSaveYes
            Debug.Print "Fertig."
        End If
    Next
End Sub
```

Da erspart Ihnen schon in dieser relativ kleinen Datenbank, 12 von 39 Formularen einzeln anzupacken. In „richtigen" Datenbanken sind von solchen Korrekturen sehr schnell erheblich mehr Objekte betroffen.

Tipp 240:   Zum Testen können Sie den `acSaveYes`-Parameter auch erst einmal auf `acSaveNo` stellen, damit sich nichts ändert. So lässt sich die eigentliche Funktionalität prüfen, bevor es Schaden anrichten könnte. Oftmals vergisst man nämlich das Wegfiltern bestimmter Formulare und so sehen Sie, welche Formulare wirklich verändert würden.

Nachdem Sie das gestartet haben, sieht das Debug-Fenster (offiziell heißt dies Fenster *Direktbereich*) so aus:

```
Direktbereich

  Bearbeite 'frmBestellungen_UnterBestelldetails' ...
  Fertig.
  Bearbeite 'frmBestellungenDetails' ...
  Fertig.
  Bearbeite 'frmKontakteDetails' ...
  Fertig.
  Bearbeite 'frmNachschlagewertgruppenDetails' ...
  Fertig.
  Bearbeite 'frmArtikelDetails' ...
  Fertig.
  Bearbeite 'frmBestelldetailsDetails' ...
  Fertig.
  Bearbeite 'frmAdressenDetails' ...
  Fertig.
  Bearbeite 'frmBenutzerDetails' ...
  Fertig.
  Bearbeite 'frmFirmenDetails' ...
  Fertig.
  Bearbeite 'frmNachschlagewerteDetails' ...
  Fertig.
  Bearbeite 'frmPersonenDetails' ...
  Fertig.
  Bearbeite 'frmRollenDetails' ...
  Fertig.
```

Abbildung 473: Die Prozedur hat viele Zeilen im Direktbereich erzeugt

Das ist eine ziemliche Platzverschwendung, denn schöner wäre es, wenn die jeweilige `Fertig`-Meldung einfach hinter der vorherigen Zeile stehen könnte. Dazu müssen Sie lediglich eine Zeile auf eine wirklich merkwürdige Art verändern, nämlich so:

```
If objX.Name Like "frm*Details" Then
    Debug.Print "Bearbeite '" & objX.Name & "' ... ";
```

Haben Sie die Änderung gefunden? Da steht ein Semikolon[137] am Ende!

Anmerkung: Es gibt noch andere Möglichkeiten für dieses Argument, die aber nicht so hilfreich sind. Aber ich kann Ihnen beim besten Willen nicht erklären, was das Semikolon technisch gesehen ist. Das ist weder Teil der Zeichenkette, noch eine Konstante oder überhaupt ein neues Argument.

Offensichtlich haben sich das die gleichen Entwickler:innen ausgedacht, die ein ebensolches Semikolon für den `Me.Print`-Befehl (siehe Seite 441) mit dem gleichen Ergebnis vorgesehen haben. Auch dort verhindert es den ansonsten stattfindenden „Zeilenumbruch" mehrerer `Me.Print`-Befehle nacheinander.

---

[137] Vielen Dank an André Minhorst, auf dessen umfangreicher und informativer Website https://access-im-unternehmen.de/Debugging_im_VBAEditor/ ich das gefunden habe.

Jetzt ist das Ergebnis im Direktbereich sehr viel kompakter:

```
Direktbereich
 Bearbeite 'frmBestellungen_UnterBestelldetails' ... Fertig.
 Bearbeite 'frmBestellungenDetails' ... Fertig.
 Bearbeite 'frmKontakteDetails' ... Fertig.
 Bearbeite 'frmNachschlagewertgruppenDetails' ... Fertig.
 Bearbeite 'frmArtikelDetails' ... Fertig.
 Bearbeite 'frmBestelldetailsDetails' ... Fertig.
 Bearbeite 'frmAdressenDetails' ... Fertig.
 Bearbeite 'frmBenutzerDetails' ... Fertig.
 Bearbeite 'frmFirmenDetails' ... Fertig.
 Bearbeite 'frmNachschlagewerteDetails' ... Fertig.
 Bearbeite 'frmPersonenDetails' ... Fertig.
 Bearbeite 'frmRollenDetails' ... Fertig.
```

Abbildung 474: Die Prozedur hat nur noch halb so viele Zeilen im Direktbereich erzeugt

Wenn Sie einen zweiten Bildschirm haben, können Sie dort parallel verfolgen, dass diese beiden Teile der Zeile wirklich nacheinander erscheinen.

Controls über Layouttabellen

Aus Seite 109 haben wir ein Endlosformular *frmBestelldetails_Liste* erstellt, bei welchem die Felder sinnvollerweise in einer Layouttabelle organisiert sind. Auf Seite 393 ist noch der Button *btnMenueDetails_Bestelldetails* am Anfang jeder Layouttabellen-Zeile hinzugekommen, um das PopUp-Menü aufzurufen.

Oft wünschen sich meine Kund:innen aber, dass das PopUp-Menü nicht vorne mit einem Button, sondern auf voller Breite des Datensatzes aufgerufen werden kann. Gerade bei sehr breiten Bildschirmen ist das bequemer, als immer mit der Maus nach links fahren zu müssen.

Die einfachste Lösung besteht darin, einen transparenten Button über die volle Fläche des Detailbereichs zu legen, der dann das PopUp-Menü wie gewohnt aufruft.

> **Hinweis**: Das ist natürlich nur sinnvoll, wenn die dahinterliegenden Controls sowieso deaktiviert sind. Diese wären ansonsten nicht mehr bedienbar.

Legen Sie also im Detailbereich einen neuen Button namens *btnVolleBreite* an, der im Moment unterhalb der bisherigen Controls liegt:

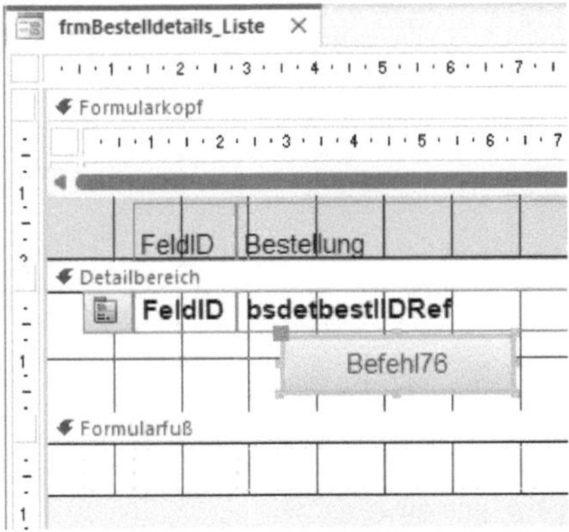

Abbildung 475: Der Button liegt noch unterhalb der Layouttabelle

Ich werde ihn noch nicht transparent machen, damit Sie deutlicher sehen, was jetzt passiert. Falls Sie nämlich versuchen, diesen Button irgendwie über (also „auf") der Layouttabelle zu platzieren, wird er gnadenlos immer in die Layouttabelle gezwungen.

> **Tipp 241:** Ein kleines bisschen tricksen können Sie immerhin, indem Sie ihn nicht mit Maus oder Tastatur verschieben, sondern in seiner *Oben-* oder *Links*-Eigenschaft einen Wert eintragen. Aber danach dürfen Sie ihn auf keinen Fall wieder mit der Maus anfassen und irgendetwas daran ändern!

Der robustere Trick besteht darin, diesen Button mit einem völlig uninteressanten zweiten Control zu gruppieren. Dieses zweite Control ist bei mir immer ein sehr kleines *Rectangle*-(Rechteck-)Control mit *Sichtbar*: `Nein`-Eigenschaft. Ich habe es hier nur deswegen rot gefärbt, damit es überhaupt ordentlich zu erkennen ist:

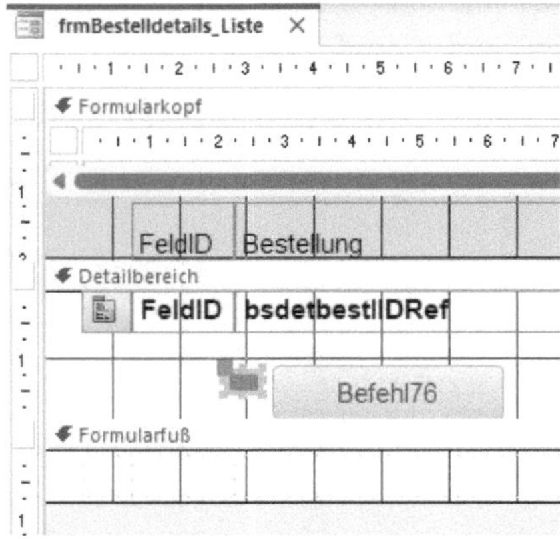

Abbildung 476: Das Rectangle-*Control liegt daneben*

Diese beiden Objekte werden gruppiert, indem Sie beide markieren und den Ribbonbefehl ANORDNEN | GRÖßE/ABSTAND | GRUPPIEREN aufrufen. Vom Ergebnis ist nichts anderes zu sehen, als dass jetzt immer beide gleichzeitig markiert werden.

> **Anmerkung**: Haben Sie diesen Befehl jemals bemerkt? Ich finde, er ist ziemlich gut versteckt. Er macht nichts anderes, als im Entwurf dafür zu sorgen, dass mit der Markierung eines der Objekte das andere automatisch immer mitmarkiert wird und beide dadurch beim Verschieben zueinander die gleiche Position behalten.
>
> Insbesondere, seit es Layouttabellen gibt, ist er eigentlich überflüssig, weil diese die Positionen sogar noch besser verwalten. Nein, halt! Er ist doch nicht überflüssig in Layouttabellen, wie Sie hier gleich sehen werden.

Probieren Sie jetzt bitte mal, den Button (mitsamt seinem Rectangle) auf die Layouttabelle zu legen. Sie können ihn ab jetzt nämlich auch mit der Maus frei verschieben, ohne dass die Layouttabelle ihn zwangsweise aufnimmt.

> **Tipp 242:** Die Gruppierung bedeutet aber nicht nur, dass die beiden Objekte jetzt immer gemeinsam ihre Position verändern, sondern dass alle Eigenschaften immer für beide geändert werden, beispielsweise auch deren Farbe. Möchten Sie trotzdem nur eines der Controls verändern, müssen Sie nicht die Gruppierung aufheben, sondern wählen es im Eigenschaftenblatt in der Combobox ganz oben namentlich aus:
>
> 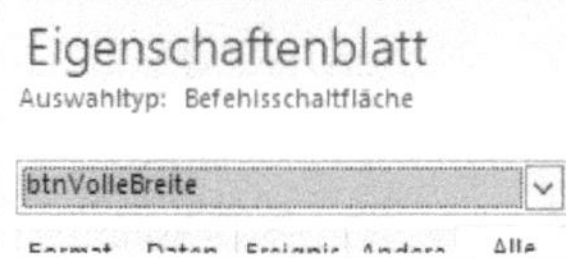
>
> Dann sind wieder alle Eigenschaften genau dieses Controls sichtbar.

Jetzt können Sie das (ohnehin unsichtbare) *Rectangle*-Control dorthin verschieben, wo es nicht stört, und vor allem den Button über alle anderen Controls legen. Damit das zu sehen ist, ist der Button immer noch nicht transparent:

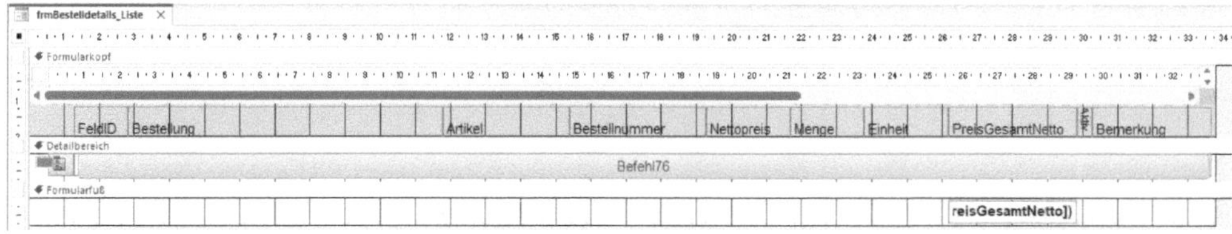

Abbildung 477: Der Button belegt (fast) die komplette Breite

Da der alte PopUp-Menü-Button ganz links weiterhin funktionieren soll, spare ich den hier aus. Normalerweise ersetzt der neue Button ja den alten.

Jetzt kommen die technischen Änderungen, damit er überhaupt das tut, was ich erwarte, nämlich per Rechtsklick ein PopUp-Menü anzuzeigen. Dazu stelle ich seine Eigenschaft *Transparent*: `Ja` ein und rufe fast das gleiche *Bei Maustaste Auf*-Ereignis auf wie beim alten Button:

```
Private Sub btnVolleBreite_MouseUp(Button As Integer, Shift As Integer, _
    X As Single, Y As Single)
  ZeigeControlPopUp Me, Me.btnMenueDetails_Bestelldetails, Button, _
    Shift, "Bestelldetails"
End Sub
```

Damit hier das PopUp-Menü wirklich nur per Rechtsklick aufgerufen wird, muss das `Button`-Argument ehrlich weitergereicht und nicht wie im alten Button einfach als 2 behauptet werden.

> **Achtung**: Nehmen Sie *Transparent*: `Ja` und nicht etwa *Sichtbar*: `Nein`! Das ist ein erheblicher Unterschied, denn unsichtbare Controls können keine Mausklicks annehmen.

Jetzt können Sie überall im Detailbereich per Rechtsklick wie gewünscht das PopUp-Menü aufrufen. Der Datensatz unter Ihrer Maus wird dabei immer automatisch auch ausgewählt, wie Sie vorne am Datensatzzeiger erkennen können:

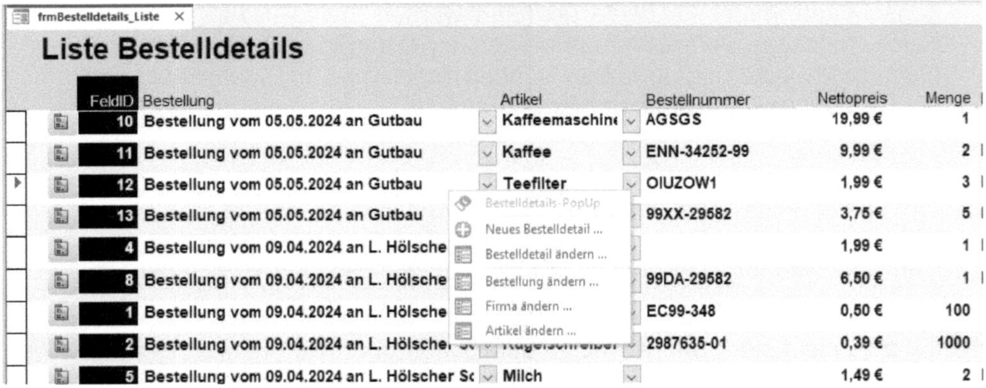

Abbildung 478: Der Detailbereich zeigt ein PopUp-Menü an

BackEnd

Wer schon länger mit Access arbeitet, ist sicherlich schon ganz unruhig, wann ich diese noch völlig monolithische Datenbank endlich aufteile. Jetzt.

> **Tipp 243:** Während der Entwicklungszeit werden Sie trotz aller vorbereitenden Konzepte garantiert immer mal wieder am Tabellenentwurf nachbessern oder, wie auf Seite 506, eine ganze Tabelle neu anlegen. Das geht natürlich auch in einem BackEnd, ist aber deutlich lästiger, zumal Sie anschließend die neue Tabelle ja auch noch verknüpfen müssen.

Die Aufteilung in ein BackEnd und ein FrontEnd bedeutet nichts anderes, als dass (fast) alle Tabellen im BackEnd landen und alle übrigen Objekt im FrontEnd verbleiben. Das FrontEnd hat zu den Tabellen im BackEnd nur noch Verknüpfungen, was Sie an dem kleinen Pfeil neben dem Tabellen-Symbol sehen können. Ansonsten verhalten sich die Tabellen immer noch, als seien sie im FrontEnd enthalten.

> **Hinweis:** Wie ich in der Anmerkung auf Seite 70 schon erwähnt hatte, können Sie ausschließlich mit Tabellen eines Access-BackEnds verknüpfen, nicht jedoch mit dort enthaltenen anderen Objekten, auch nicht mit Abfragen. Eine Verknüpfung zum SQL-Server wäre hingegen nicht nur zu dortigen Tabellen, sondern auch zu Views möglich, die einige Ähnlichkeiten mit Abfragen haben.

Die Aufteilung einer einzigen Datenbank in BackEnd und FrontEnd ist einfach, weil es den Ribbon-Befehl DATENBANKTOOLS | DATEN VERSCHIEBEN | ACCESS-DATENBANK dafür gibt. Im überflüssigen und geschwätzigen Start-Dialog klicken Sie auf den [DATENBANK AUFTEILEN]-Button:

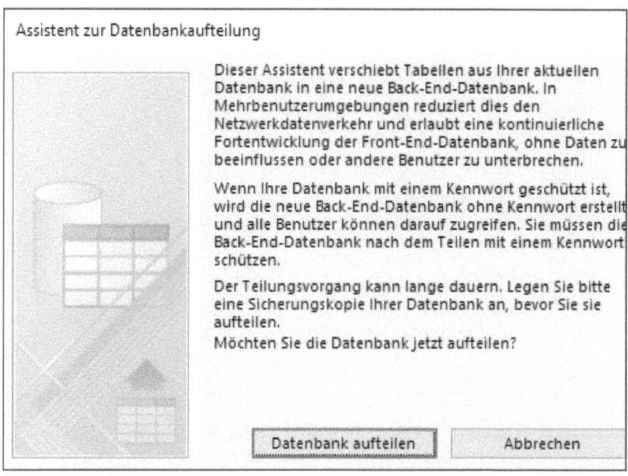

Abbildung 479: Der Start-Dialog des Assistenten zur Datenbankaufbereitung

Dann geben Sie im anschließend gezeigten *DateiSpeichernUnter*-Dialog den Pfad und Namen der BackEnd-Datei an.

> **Anmerkung**: Standardmäßig ist der vorgegebene Name der BackEnd-Datei derjenige des FrontEnds plus _be (für BackEnd). Das finde ich zu unauffällig, ich ergänze den Namen lieber um `_BackEnd`. Sie könnten es nachträglich ändern, aber jetzt ist einfach die beste Gelegenheit.

Dann sehen Sie unten rechts in der Statuszeile, wie der Assistent arbeitet und anschließend erscheint die Erfolgsmeldung:

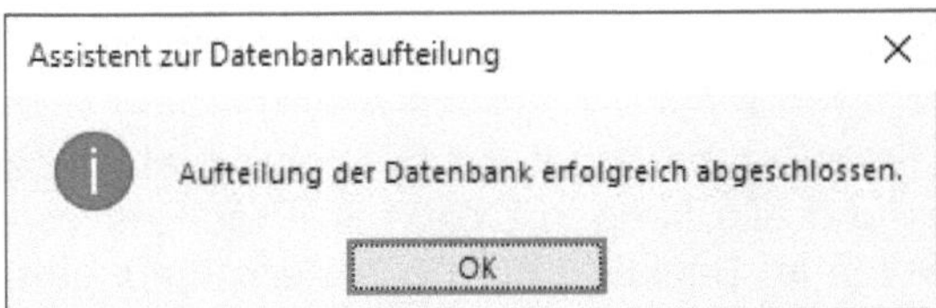

Abbildung 480: Die Ende-Meldung des Assistenten zur Datenbankaufbereitung

> **Tipp 244:** Nach dem Aufteilen hat das BackEnd noch die alte Variante mit den Fenstern statt Registern. Sie können das mit DATEI | OPTIONEN | AKTUELLE DATENBANK durch Anklicken der Option *Dokumente im Registerkartenformat* ändern.

> **Achtung**: In einigen Access-Versionen darf die Tabelle *USysRibbons* nicht im BackEnd stehen, wenn das darin genannte Ribbon (wie ja dann üblich) automatisch geladen wird. Das führt zu einem sofortigen Komplettabsturz. Immerhin können Sie das FrontEnd dann noch mit gedrückter <SHIFT>-Taste öffnen, um die Einstellungen zu ändern.

Jetzt haben alle Tabellen den kleinen Pfeil am Symbol stehen. Wenn Sie die Maus über einem Tabellennamen schweben lassen, erscheint das QuickInfo mit dem Pfad zum BackEnd für diese Tabelle.

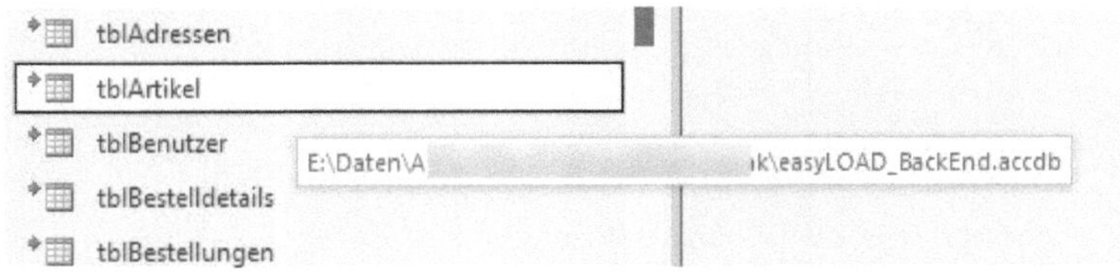

Abbildung 481: Das QuickInfo nennt den Pfad zu einer verknüpften Tabelle

> **Tipp 245:** Technisch ist es gar kein Problem, dass ein FrontEnd mehrere BackEnds benutzt. Das braucht nur mehr manuelle Eingriffe, weil der Assistent das immer in eine einzige Datei exportiert. Mit EXTERNE DATEN | IMPORTIEREN UND VERKNÜPFEN | TABELLENVERKNÜPFUNGS-MANAGER können

Sie so verknüpfte Tabellen aber gut verwalten. Bedenken Sie jedoch, dass Referentielle Integrität nur in der gleichen Datei möglich ist, also nicht zwischen Tabellen in den beiden BackEnds.

Hinweis: Im BackEnd selber funktionieren ab jetzt die Tabellen-Comboboxen mit den Fremschlüsseln nicht mehr, weil die dort genannten Abfragen ja im FrontEnd stehen. Darauf hatte ich im Tipp auf Seite 72 schon hingewiesen. Die verknüpften Tabellen im FrontEnd hingegen können in den gleichen Tabellen-Comboboxen diese Abfragen anzeigen, daher sollten Sie für Datenänderungen immer im FrontEnd arbeiten.

Theoretisch könnten Sie die benötigten Abfragen auch in das BackEnd kopieren, aber das erzeugt ganz viele Duplikate, die Sie parallel pflegen müssten. Das würde ich nicht anfangen.

Sie erinnern sich sicherlich, dass ich eine `PfadDBBackEnd()`-Funktion vorbereitet hatte, die bisher einfach den FrontEnd-Pfad angezeigt hat? Die muss jetzt so angepasst werden, dass auch wirklich der BackEnd-Pfad ermittelt wird.

```
Function PfadDBBackEnd()
    Dim dbsDiese As DAO.Database
    Dim tdfDiese As DAO.TableDef
    Dim intPos As Integer

    Set dbsDiese = CurrentDb()
    Set tdfDiese = dbsDiese.TableDefs("USys_tblMini")
    PfadDBBackEnd = tdfDiese.Connect
    intPos = InStr(PfadDBBackEnd, ";DATABASE=")
    If intPos = 0 Then  'kein BackEnd gefunden?
        PfadDBBackEnd = ""
    Else
        PfadDBBackEnd = _
            Mid(PfadDBBackEnd, intPos + Len(";DATABASE="))
        PfadDBBackEnd = Left(PfadDBBackEnd, _
            InStrRev(PfadDBBackEnd, "\"))
    End If
End Function
```

Der Code liest dabei aus der Tabelle *USys_tblMini*, die also auch im BackEnd liegen muss, den `Connect`-String aus. In diesem steht hinter `DATABASE=` der komplette Pfad und Dateiname des BackEnds. Dieser wird anschließend noch bis zum letzten Backslash gekürzt, damit nur der Pfad als Funktions-Ergebnis übrigbleibt.

Versionsvergleich

Eines der ebenfalls ewig diskutierten Themen ist weniger die Versionsnummer selber als die Überlegung, wie mit neuen Versionen umzugehen ist. Wenn ich mal unterstelle, dass eine vernünftige Datenbank mit mehreren Benutzer:innen immer in BackEnd und FrontEnd aufgeteilt ist, geht es dabei vor allem um das FrontEnd.

Das BackEnd existiert genau ein Mal und ist für Änderungen an der Datenstruktur direkt zugreifbar, jedenfalls solange kein:e Benutzer:in die Datenbank benutzt, also eher abends oder am Wochenende. Und ich drücke Ihnen die Daumen, dass niemand das FrontEnd offen gelassen hat[138], bevor der Urlaub beginnt ...

Das Hauptproblem ist das FrontEnd, denn davon sollte jede:r Benutzer:in eine eigene lokale Kopie besitzen. Wenn Sie nun eine neue Version des FrontEnds fertig haben, wie ändern Sie dann alle die Datei-Kopien im Umlauf?

> **Tipp 246:** Sie können das FrontEnd beispielsweise im gleichen zentralen Verzeichnis speichern wie das BackEnd. Dann existiert auch die FrontEnd-Datei genau ein Mal und alle starten von dort per Doppelklick. Das geht erstaunlich lange gut, auch wenn es offiziell überhaupt nicht empfohlen wird. Eine neue Version bedeutet dann, genau diese eine Datei zu ersetzen.
>
> Sobald allerdings zur Laufzeit per VBA Manipulationen am FrontEnd vorgenommen werden (und der auf Seite 468 gezeigte Export via SQL-Änderungen in *qryExport* ist eine solche!), sollten alle Benutzer:innen dringendst eine eigene Kopie der FrontEnd-Datei benutzen.

Tatsächlich gibt es zwei Probleme: Wie erfahren alle Betroffenen, dass eine neue Version vorliegt, und wie erhalten sie diese neue Version?

> **Hinweis**: Ich habe mich inzwischen von dem Traum verabschiedet, dass ein FrontEnd sich selber aktualisiert. Es müsste sich selber beenden, eine Datei auf den gleichen Namen umkopieren und diese dann wieder starten. Das wäre ungefähr so, als wollten Sie sich den Blinddarm operieren und beginnen schon mal mit der Vollnarkose. Danach geht es irgendwie nicht so richtig weiter ...

Zum Austausch des FrontEnds müsste es ein zweites Programm sein, das von außen das FrontEnd überwacht, schließt, umkopiert und wieder öffnet. Das geht sogar mit einer Access-Datenbank, hat aber einige technische Tücken und verhält sich eher wackelig. Vor allem müssten Sie sogar das dort laufende FrontEnd zwangsweise schließen, um die neue Version durchzusetzen. Da riskieren Sie Datenverluste und etwas Schlimmeres gibt es eigentlich nicht.

Damit rückt der andere Punkt in den Vordergrund: Wie erfahren die Benutzer:innen davon, dass eine neue Version vorhanden ist (und dann manuell herunterkopiert werden sollte)? Und wie erfährt das alte FrontEnd, dass es alt ist?

Die sauberste Lösung läuft über Tabellen, weil diese leicht auszulesen sind.

- Im BackEnd steht die Tabelle *USys_tblVersionZentral* mit den gewünschten Daten zur FrontEnd-Version.
- Im FrontEnd steht die Tabelle *USys_tblVersionLokal* mit den vorhandenen

---

[138] Da brauchen Sie dann jemanden mit Windows-Admin-Rechten, um aus der Ferne die Datei zwangsweise zu schließen. Das geht mit Access-Mitteln nicht.

Daten zur FrontEnd-Version.

Falls eine neue Version gewünscht wird, ändern Sie einfach manuell die Angaben in *USys_tblVersionZentral*. Beim Start prüft jedes FrontEnd immer, ob die Werte in der verknüpften Tabelle *USys_tblVersionZentral* mit denjenigen seiner eigenen *USys_tblVersionLokal* identisch sind. Falls nicht, meldet es sich und fordert auf, die neue Version zu laden.

Erstellen Sie also im BackEnd diese Tabelle:

USys_tblVersionenZentral

Feldname	Felddatentyp
versiID	AutoWert
versiDatum	Datum/Uhrzeit
versiNr	Kurzer Text
versiBemerkung	Kurzer Text

Abbildung 482: Der Entwurf der Tabelle USys_tblVersionenZentral

Wichtig ist vor allem, dass hier nur eine einzige Zeile enthalten ist (auf Seite 507 finden Sie den Tipp, wie Sie dafür sorgen, dass auch nur eine Zeile möglich ist). Der Inhalt ist im Moment egal, aber es sollte etwas drin stehen:

USys_tblVersionenZentral

versiID	versiDatum	versiNr	versiBemerkung
1	01.07.2024	0.99	Das ist ein erster Test
(Neu)			

Abbildung 483: Das BackEnd enthält hier einen einzigen Eintrag

Das BackEnd ist fertig, jetzt müssen wir diese neue Tabelle ja noch mit EXTERNE DATEN | NEUE DATENQUELLE | AUS DATENBANK | ACCESS … im FrontEnd als Verknüpfung einbinden:

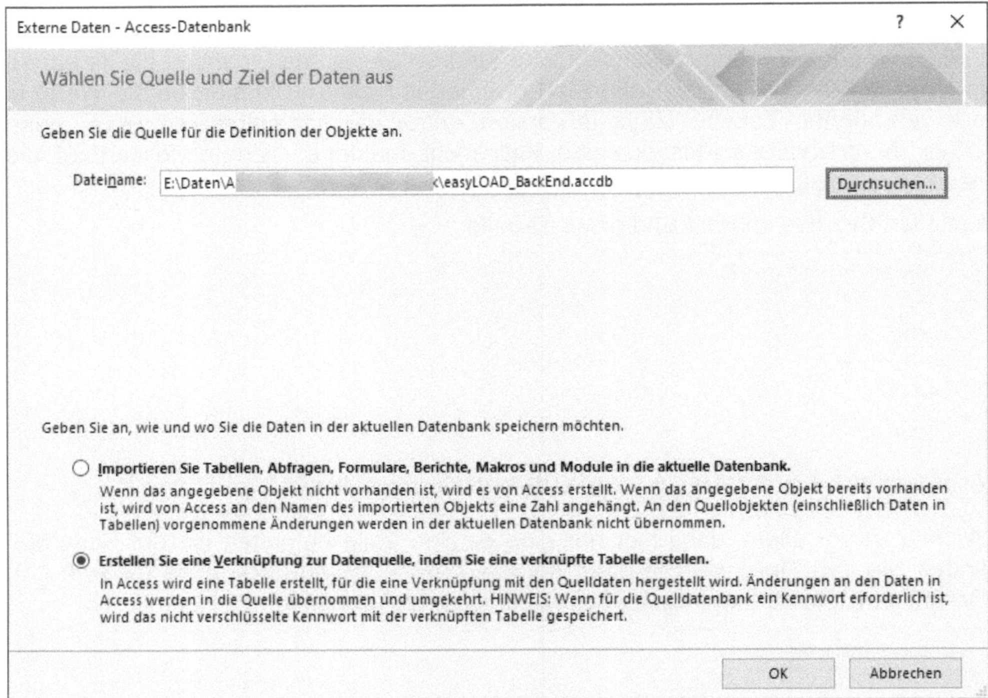

Abbildung 484: Die neue Tabelle wird mit dem BackEnd verknüpft

Nach Bestätigung mit [OK] erscheint die Liste aller Tabellen des BackEnds, weil Sie in Access ja nur mit Tabellen verknüpfen können.

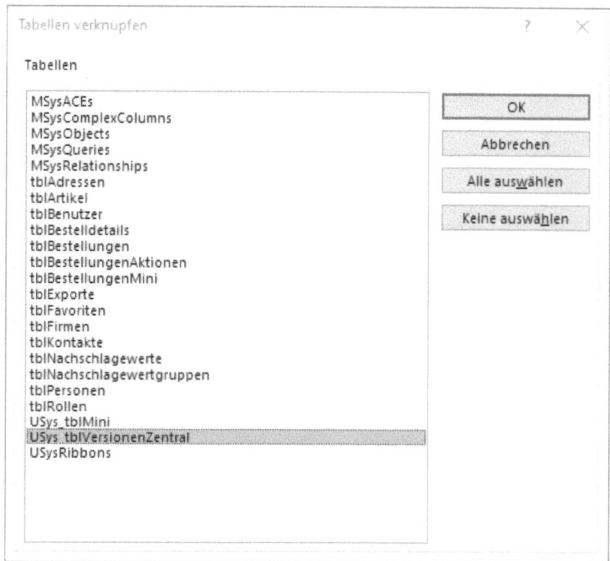

Abbildung 485: Die neue Tabelle ist zum Verknüpfen markiert

Tipp 247:   Haben Sie sich schon mal gewundert, warum manchmal die *MSys*- und *USys*-Tabellen hier angezeigt werden und manchmal nicht? Das ist nämlich von der aktuellen Einstellung *Systemobjekte anzeigen* in den Navigationsoptionen abhängig.

Bestätigen Sie mit [OK], dass Sie die markierte *USys_tblVersionenZentral* verknüpfen wollen.

Da ich eine bis auf den Namen identische lokale Version davon anlegen will, kopiere ich die im Navigationsbereich markierte Tabelle mit <STRG>+<C> und füge sie direkt wieder mit <STRG>+<V> ein. Dann fragt Access nämlich, wie diese eingefügt werden soll:

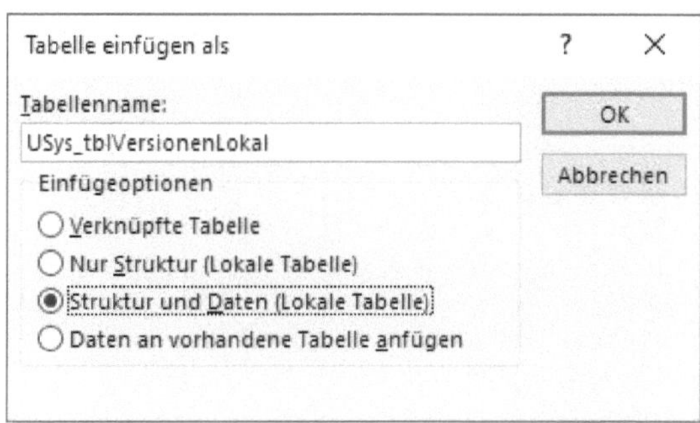

Abbildung 486: Beim Einfügen wird so die lokale Tabelle erzeugt

Damit haben Sie jetzt sowohl die verknüpfte zentrale als auch die lokale Tabelle im FrontEnd.

Damit nichts schiefgeht, würde ich dafür sorgen, dass das FrontEnd seine Versionsdaten automatisch einträgt. Diese kommen ja aus Konstanten und sollen nicht doppelt gepflegt, sondern in die Tabelle nur übernommen werden. Machen Sie das einfach in der `StarteDB()`-Funktion:

```
CurrentDb.Execute "UPDATE USys_tblVersionenLokal SET versiNr='" & _
        p_cstrProgVersion & "', versiDatum=" & _
        CLng(p_cdatProgStand), dbFailOnError

ZeigeRibbonAus
ZeigeTreeView
```

Das wird zwar (überflüssigerweise) bei jedem Start aufgerufen, aber lieber einmal zu viel als zu wenig. Das geht ohnehin so schnell, dass es keine Verzögerung gibt. Ab dem nächsten Datenbank-Start steht da zuverlässig die richtige Version drin:

versiID	versiDatum	versiNr	versiBemerkung
1	01.07.2024	1.00	Das ist ein erster Test
* (Neu)			

Abbildung 487: Per VBA-Code stehen nun die korrekten Daten drin

Hinweis: Die *versiBemerkung* wird nicht verändert, weil es dazu keine Konstante gibt. Derzeit wird dieser Wert ohnehin nicht benutzt, er ist eher für zukünftige Erweiterungen gedacht.

Jetzt braucht es nur noch je zwei Funktionen in *modFunktionen*, um die zentralen/lokalen Versionswerte auszulesen:

```
Function VersionsNrLokal() As String
    VersionsNrLokal = Nz(DLookup("versiNr", "USys_tblVersionenLokal"), "")
End Function
Function VersionsDatumLokal() As Date
    VersionsDatumLokal = Nz(DLookup("versiDatum", _
        "USys_tblVersionenLokal"), #1/1/1900#)
End Function

Function VersionsNrZentral() As String
    VersionsNrZentral = Nz(DLookup("versiNr", _
        "USys_tblVersionenZentral"), "")
End Function
Function VersionsDatumZentral() As Date
    VersionsDatumZentral = Nz(DLookup("versiDatum", _
        "USys_tblVersionenZentral"), #1/1/1900#)
End Function
```

Tipp 248:   Damit auch dann zum Datentyp passende Werte zurückgegeben werden, wenn die Tabellen doch mal unausgefüllt sind, sorgt die `Nz()`-Funktion jeweils für Standardwerte. Das erspart Ihnen später unnötige Laufzeitfehler.

Falls die Versionen identisch sind, passiert nichts. Falls es aber entweder im Datum oder in der Versionsnummer Unterschiede gibt, sollen im Treeview auffällige Knoten angezeigt werden. Daher brauchen wir noch ein schönes Icon mitsamt Eintrag in den *enmImagelistIcons*-Werten sowie einen Knotenaufruf in *modTreeviewTypen* in der `Treeview_Start`-Prozedur:

```
KnotenGenerell trvDieser, nodStart


If VersionsDatumLokal() <> VersionsDatumZentral() Or _
      VersionsNrLokal() <> VersionsNrZentral() Then
   Set nodX = KnotenEinzeln(trvDieser, nodStart, _
      "Versionsprüfung", kttVersionspruefung_Wort, icnVersion)
   nodX.Bold = True
   nodX.Expanded = True
   TreeviewExpandieren trvDieser, nodX
End If


Set nodX = KnotenEinzeln(trvDieser, nodStart, "Meine Daten", _
      kttStartMeine_Wort, icnMeine)
```

Dazu passend braucht es noch den Aufruf dieses neuen Knotentyps im Modul *modTreeviewExpandieren*. Damit es auffälliger ist, mache ich den Hintergrund der Meldung gelb:

```
Case kttVersionspruefung_Wort
    Set nodX = KnotenEinzeln(trvDieser, nodExpandiert, _
        "Neue Version: Bitte aktualisieren!", kttNONE, _
        icnFehler, False)
    nodX.BackColor = vbYellow
    KnotenEinzeln trvDieser, nodExpandiert, "Vorhanden: Version " & _
        VersionsNrLokal() & " vom " & VersionsDatumLokal(), _
        kttNONE, icnVersion, False
    KnotenEinzeln trvDieser, nodExpandiert, "Gewünscht: Version " & _
        VersionsNrZentral() & " vom " & VersionsDatumZentral(), _
        kttNONE, icnVersion, False
```

Sobald eines der Wertepaare ungleich ist, erscheint im Treeview diese Anzeige:

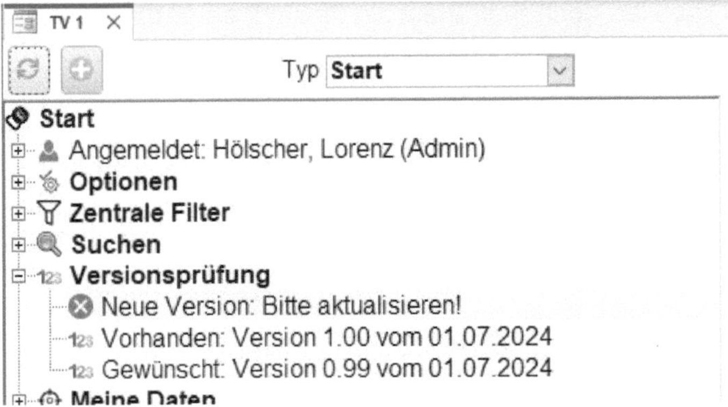

Abbildung 488: Die abweichende Version wird angezeigt

Wenn alle Wertepaare identisch sind, gibt es diesen Knoten überhaupt nicht. So werden die Benutzer:innen nicht mit unnötigen Informationen belästigt, solange alles in Ordnung ist.

BackEnd automatisch suchen

Sobald Sie eine solche Datenbank mit Trennung in FrontEnd und BackEnd haben, begegnet Ihnen das Standardproblem der Entwickler:innen. Der konkrete Pfad, mit welchem BackEnd die Tabellen verknüpft sind, steht im FrontEnd bei der jeweiligen Tabelle.

Mein eigener BackEnd-Pfad auf dem Entwicklungs-Rechner lautet beispielsweise *F:\Entwicklung\KundeXY\easyLOAD_BackEnd.accdb*, aber beim Kunden liegt es auf *M:\Allgemein\easyLOAD_BackEnd.accdb*.

Die einfachste Lösung besteht natürlich darin, dass Sie als Entwickler:in exakt den gleichen Pfad wie auf den dortigen PCs einrichten. Dann können Sie das FrontEnd jederzeit hin- und herkopieren, ohne das etwas geändert werden muss.

Tipp 249: Es ist auch kein Problem, ein gar nicht vorhandenes Laufwerk zu simulieren. Im Datei-Explorer gibt es einen Befehl ALS LAUFWERK ZUORDNEN, der je nach Windows-Version so aussieht:

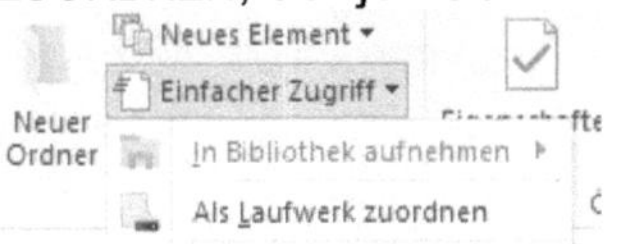

Damit können Sie ein beliebiges freigegebenes Verzeichnis als neues Laufwerk einrichten.

Die andere Lösung bestünde darin, den in Access mitgelieferten Tabellenverknüpfungs-Manager beim Start aufzurufen, damit die Benutzer:innen das bei Bedarf korrigieren können.

Achtung: Viele Access-Befehle sind in der Runtime-Version nicht vorhanden oder deaktiviert. Der Tabellenverknüpfungs-Manager gehört dazu und damit fällt diese Lösung weg, sobald jemand die Runtime benutzt und nicht vorher schon für dieses FrontEnd die korrekten Pfade eingestellt worden sind.

Damit verbleibt die dritte Lösung, nämlich eine eigene VBA-Prozedur zu erstellen, die das möglichst vollautomatisch übernimmt. Zuerst muss diese Prozedur beim Öffnen der Datenbank gestartet werden und – welch Glück! – da gibt es schon die StarteDB()-Funktion, die wir lediglich erweitern müssen.

Die Idee besteht darin, auf irgendeinen Datensatz einer Tabelle aus dem BackEnd zuzugreifen und beim Scheitern zu wissen, dass das BackEnd offenbar neu verknüpft werden muss:

```vba
Function StarteDB()          'wird von AutoExec aufgerufen

    Dim rcsM As Recordset


    On Error GoTo BackEndFehlt
    Set rcsM = CurrentDb.OpenRecordset("tblBenutzer", dbOpenDynaset)
    If rcsM.Fields("benutID").Value > 0 Then     'also alles okay
        On Error GoTo 0
        GoTo AllesOkay
    End If
    Exit Function


BackEndFehlt:
    MsgBox "Die BackEnd-Datenbank ist nicht korrekt eingebunden, " & _
        vbCrLf & "bitte wählen Sie die BackEnd-Datei neu aus.", _
        vbCritical, p_cstrMsgTitel
    TabellenNeuVerknuepfen
    Exit Function


AllesOkay:
    'jetzt kann es normal losgehen

    JetztAnmelden
    If p_benBenutzerAktuell.lngIDbenut = 0 Then
        MsgBox "Kein Zugriff auf " & p_cstrProgName & " erlaubt." & _
            vbCrLf & vbCrLf & _
            "Hinweis: Stimmt ein [benutLogin] in [tblBenutzer] " & _
            "überein mit '" & Environ("username") & "'?", _
            vbCritical, p_cstrMsgTitel
    Else
        CurrentDb.Execute "UPDATE USys_tblVersionenLokal SET versiNr='" & _
            p_cstrProgVersion & "', versiDatum=" & _
            CLng(p_cdatProgStand), dbFailOnError

        ZeigeRibbonAus
```

```
        ZeigeTreeView
        TitelAendern p_cstrMsgTitel
    End If
End Function
```

Wie Sie sehen, braucht es zwei Label (das sind nicht die *Label*-Controls, sondern die VBA-Zeilenanfänge mit Doppelpunkt dahinter) als Ansprungpunkte für den Fehlerfall (`BackEndFehlt:`) oder den Erfolgsfall (`AllesOkay:`).

Was allerdings noch fehlt, ist die `TabellenNeuVerknuepfen`-Prozedur, die im Fehlerfall die Tabellen mit dem noch anzugebenden BackEnd auf dem anderen Pfad verknüpft. Sie steht in *modSubs* und erzeugt zuerst einen *DateiAuswahl*-Dialog (siehe Seite 472), damit die Benutzer:innen sofort den Pfad zum BackEnd angeben können. Der Code schlägt dabei derzeit als Ausgangspunkt den Pfad des aktuellen BackEnds für `InitialFileName` vor:

```
Sub TabellenNeuVerknuepfen()
    Dim tdfDiese As DAO.TableDef
    Dim varBackEnd As Variant
    Dim dlgFileOpen As FileDialog

    Set dlgFileOpen = Application.FileDialog(msoFileDialogFilePicker)
    With dlgFileOpen
        .InitialFileName = PfadMitBackslash(CurrentProject.Path)
        .AllowMultiSelect = False
        With .Filters
            .Clear
            .Add "Access-Dateien", "*.accdb"
            .Add "Alle Dateien", "*.*"
        End With
        .FilterIndex = 0
        If .Show() Then
            varBackEnd = .SelectedItems(1)
        Else
            Exit Sub
        End If
    End With

    DoCmd.Hourglass True
    DoCmd.Echo True, "Tabellen neu einbinden..."
    For Each tdfDiese In CurrentDb.TableDefs
        If tdfDiese.Connect <> "" Then
            If InStr(tdfDiese.Connect, "IMEX=") = 0 Then
                'sonst ist es keine Access-Verknüpfung, sondern z.B. Excel
                DoEvents
                DoCmd.Echo True, tdfDiese.Name & " wird neu eingebunden..."
                tdfDiese.Connect = "MS Access;PWD=XXXX;DATABASE=" & _
                    varBackEnd
```

```
                tdfDiese.RefreshLink
                DoEvents
            End If
        End If
    Next
    DoCmd.Hourglass False
    MsgBox "Alle Tabellen wurden neu eingebunden. " & vbCrLf & _
        "Die Datenbank startet jetzt erneut.", vbInformation, _
        p_cstrMsgTitel
    DoCmd.RunMacro "AutoExec"
End Sub
```

Tipp 250:   Der `DoEvents`-Befehl gibt CPU-Zeit frei, damit Access in solchen ressourcenintensiven Schleifen nicht zu lange andere Programme blockiert. Letzten Endes verwaltet aber Windows solche Zugriffe in seiner Multitasking-Umgebung, Access kann also nicht wirklich das System zum Stehen bringen. Kurz gesagt: `DoEvents` schadet nicht, aber es gibt wenig Nachweise, dass es (anderen Programmen) was bringt.

Falls eine Datei ausgewählt (und nicht der Dialog abgebrochen) wurde, geht die Schleife durch alle verknüpften Tabellen. Diese sind daran zu erkennen, dass dort die `Connect`-Eigenschaft gefüllt ist.

Das ist eine Zeichenkette mit durch Semikolon getrennten Angaben, von denen eine hinter `DATABASE=` der Pfad und Dateiname der BackEnd-Datenbank ist.

Anmerkung: Da ja außer Access-Tabellen auch beispielsweise Excel-Arbeitsmappen verknüpft werden können, sollten Sie immer prüfen, dass in `Connect` auch eine `IMEX=`-Angabe enthalten ist. Daran können Sie die Verknüpfungen zu Access-Tabellen erkennen.

Falls das BackEnd mit einem Passwort verschlüsselt wurde (was ich Ihnen grundsätzlich empfehlen würde), müssen Sie statt `PWD=XXX` dort das Passwort eintragen. Bei einem unverschlüsselten BackEnd wie hier können Sie es ruhig so belassen, es wird ignoriert.

Zum Testen reicht es, wenn Sie die Datenbank schließen und die BackEnd-Datei einfach umbenennen. Starten Sie das FrontEnd erneut und erhalten sofort diese Meldung:

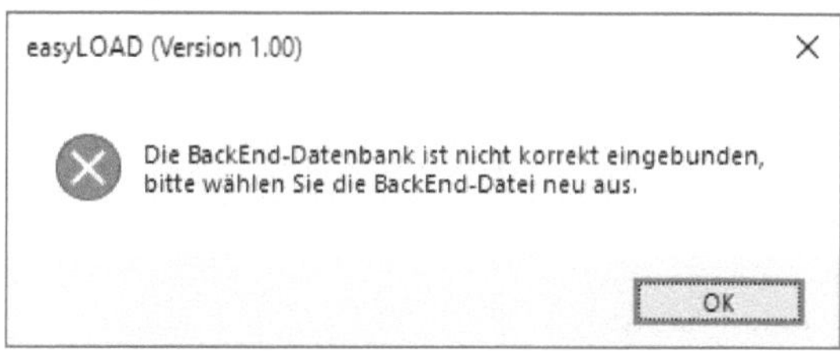

Abbildung 489: Die Meldung für den gescheiterten BackEnd-Zugriff

---

Nach derm Klick auf [OK] folgt automatisch der *DateiAuswahl*-Dialog, in dem Sie das BackEnd nun auswählen. Das korrekte Verknüpfen aller Tabellen wird in der Statusleiste angezeigt und am Ende folgt die Erfolgsmeldung:

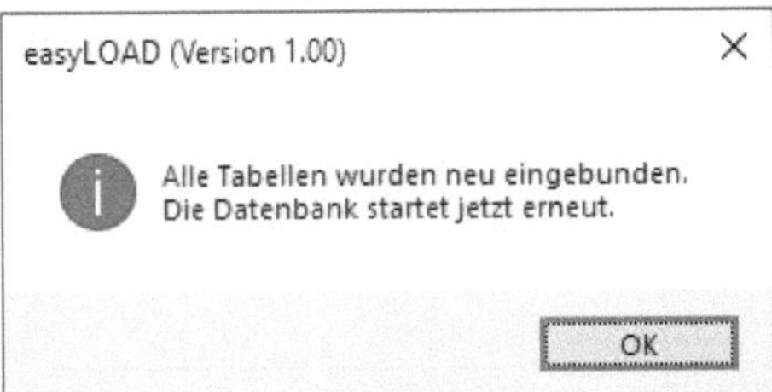

Abbildung 490: Die Tabellen wurden erfolgreich verknüpft

Damit nach dem erneuten Verknüpfen der Tabellen nicht die Benutzer:innen die Datenbank manuell starten müssen, ruft diese Prozedur am Ende einfach das *AutoExec*-Makro selber wieder auf.

Nachwort

Es hat Spaß gemacht, dieses Buch zu schreiben! Und ich hoffe, es hat Ihnen auch Spaß gemacht, es zu lesen! Mit diesem Buch wollte ich Ihnen alle Ideen, Tipps, Tricks und Highlights mitgeben, die mir im Laufe meiner über 30-jährigen Arbeit mit Access so begegnet sind.

Ganz am Anfang habe ich mit einer Art Pflichtenheft begonnen, was eine gute Datenbank-Oberfläche meiner Meinung nach leisten muss. Jetzt möchte ich prüfen, ob und vor allem wo das tatsächlich eingebaut wurde. Manche der Themen sind nämlich an sehr unterschiedlichen Stellen vorgekommen und dabei vielleicht nicht so prominent behandelt worden, dass Sie es bemerkt haben.

Anmeldung

Beim Anzeigen der ersten Treeview-Formular-Instanz erfolgt eine automatische Anmeldung anhand meines LogIns. Die `JetztAnmelden()`-Funktion auf Seite 214 sorgt dafür.

Dazu gibt es sogar einen „Mini-Favoriten", denn falls ich mehrere Benutzer:in-Datensätze für das gleiche LogIn habe, kann ich einen davon als *benutIstFavorit* kennzeichnen, der dann zuerst für die Anmeldung ausgewählt wird.

Ummeldung

Die Ummeldung ist eigentlich nur eine erneute Anmeldung, diesmal mit der Übergabe einer *benutID*, wie auf Seite 346 ausführlich beschrieben ist. Das erfolgt nicht automatisch, sondern mit einem PopUp-Menü auf dem Benutzer:in-Knoten, für den ich mich ummelden möchte.

Diese Ummeldung im laufenden Betrieb ist enorm praktisch, vor allem für die Fehlersuche oder die Prüfung der verschiedenen Rollen. Aber damit nicht jede:r sich einfach wahllos für irgendeine andere Person ummelden kann, sollten Sie sich rechtzeitig mit Rechten beschäftigen. Auf Seite 350 ist zu sehen, wie diese Ummeldung sinnvollerweise beschränkt wird.

Meine Daten

Ab Seite 187 erstelle ich die speziellen Knoten, welche dafür sorgen, dass ich schnell diejenigen Datensätze in der Datenbank finden kann, die genau mich in irgendeiner Form betreffen. Das zeigt für jede:n Benutzer:in direkt die passenden Daten, ohne dass sie vorher (wie z.B. bei Favoriten) noch etwas einstellen oder vorbereiten müssen.

Orientierung

Ich habe verschiedene Techniken, wie ich innerhalb der Datenbank für Orientierung sorgen kann. Als wesentlichstes Element sehe ich den Treeview. Er ist sozusagen eine Landkarte der Daten. An seinen Knotenzweigen sehe ich, wie ich zu einem Datensatz hingekommen bin, und damit auch, wie ich zurückkomme oder woanders hingehen kann.

Das zweite Element ist die immer identische Bedienung: Aktionen starten in einem PopUp-Menü, welches per Rechtsklick auf dem Objekt erscheint. Das Objekt ist entweder ein Treeview-Knoten oder ein (grün gestrichelt umrandetes) Control.

Favoriten

Favoriten sind eine sehr praktische Methode für Benutzer:innen, sich wichtige Daten individuell irgendwo „anzupinnen". Häufig arbeiten sie nämlich über viele Tage hinweg mit beispielsweise immer dem gleichen Projekt oder müssen sich eine Rechnung merken. Da sind die ab Seite 190 beschriebenen Favoriten unschlagbar und vor allem so flexibel, dass auch Sie als Entwickler:in Ihre Freude daran haben werden.

Außerdem gibt es noch die „Mini-Favoriten" in der Tabelle *tblBenutzer* mit einer ganz anderen Technik, die auf Seite 212 beschrieben ist, um bei mehreren LogIns eines davon als Favoriten bevorzugen.

Papierkorb

Inzwischen haben wir uns so sehr daran gewöhnt, dass „gelöschte" Dateien nicht wirklich gelöscht sind, dass ich mich wundere, warum das nicht für Datensätze gleichermaßen eingefordert wird.

Dort kommt sogar noch ein technisches Argument hinzu, weil in relationalen Datenbanken wie Access garantiert abhängige Datensätze existieren. Wenn diese gelöscht werden, müssen wegen (hoffentlich vorhandener!) Relationaler Integrität zuerst deren Kind-(und Enkel- und Urenkel- …)Datensätze gelöscht werden.

Viel einfacher ist es, diese Datensätze nicht zu löschen, sondern lediglich mit einem *…IstAktiv*-Feld wie beispielsweise auf Seite 18 jeweils als „gelöscht" zu markieren und grundsätzlich auszublenden. Dann braucht es bloß noch einen *Gelöschte …*-Knoten mit Papierkorb-Symbol wie auf Seite 206, in dem diese inaktiven Datensätze aufgelistet werden.

Datenvergleich

Ähnliche Daten wie zwei Adressen können Sie am besten vergleichen, wenn Sie beide in je einem Formular sehen können. Hier ist das technisch extrem einfach gelöst, indem das umgebende Treeview-Formular mehrfach parallel geöffnet werden kann und alle darin eingebetteten Formulare damit automatisch funktionieren. Das ist ab Seite 408 beschrieben.

Informationen

Der ein Knoten in einem Treeview keinen „Datentyp" hat, sondern lediglich eine Zeichenkette ist, habe ich freie Entscheidung, welche Bedeutung er haben soll. Es gibt also Knoten mit der Bedeutung *Gruppen-Knoten*, andere stehen für einen *Datensatz* und wieder andere enthalten lediglich die *Information* (und evtl. ein erläuterndes Icon) des Knotentextes.

Das bietet den Vorteil, dass beispielsweise Hinweise zu fehlenden Rechten direkt in den Unterknoten des betroffenen Datensatz-Knotens stehen. In anderen Datenbanken gibt es dafür mal `MsgBox`-Meldungen (die lästig bestätigt werden müssen), mal diverse Bereiche auf dem Datensatz-Formular, mal farbige Kennzeichnungen oder schlicht gar keine Hinweise.

Hier stehen Informationen beim Objekt und dürfen dank jederzeit ergänzbarer Knoten beliebig detailliert sein. Wer es nicht lesen will, kann es eben wieder einklappen.

Dateien

Damit die zu den Datensätzen gehörenden Dateien nicht in die Datensätze importiert werden müssen, werden sie einfach als Teil eines Knotens angezeigt, wie ab Seite 487 gezeigt wird.

Auf Seite 481 ist unabhängig davon auch zu sehen, wie Sie die für diese Datenbank benötigten Pfade übersichtlich darstellen. Selbstverständlich lassen sich diese Pfade und Dateien von hier aus auch direkt öffnen.

Zentrale Filter

In praktisch allen Datenbanken werden Sie zentrale Filter benötigen, am häufgsten für Datumsbereiche wie das aktuelle Jahr. Dadurch reduzieren Sie die Anzahl der Datensätze, die angezeigt oder durchsucht werden müssen.

Anstatt das immer wieder neu zu filtern, sorge ich mit diesen Pseudo-Views (siehe Seite 54) dafür, dass alle Daten grundsätzlich zentral gefiltert sind. Die Filter selber sind ebenfalls im Treeview sichtbar (als Knoten unterhalb von *Zentrale Filter*, wie die Abbildung 229 auf Seite 242 zeigt) und können dort systemkonform wie alle anderen Datensätze geändert werden.

Hier in der Beispiel-Datenbank sind die zentralen Filter individuell. Wenn ich das *nwertbenutIDRef*-Feld leer lasse, wären es sogar nicht-individuelle Filter, die beispielsweise nur von Admins gesteuert werden könnte.

Zentrale Filter und Optionen (siehe Seite 243) sind technisch gesehen eigentlich identisch. Die Unterscheidung ist eher sprachlicher Natur und sorgt bei vielen Filtern oder Optionen für eine Trennung in zwei übersichtlichere Teilgruppen.

Rechte

Rechte sind zwar ein zentrales Thema bei jedem Umgang mit Daten, aber es lässt sich nicht leugnen, dass sie eine Datenbank auch ziemlich kompliziert machen können. Ich zeige hier an verschiedenen Beispielen, wie Sie diese Objekte zu verschiedenen Gelegenheiten einschränken:

- Manche Knoten werden ohne Recht nicht sichtbar (Seite 231)
- Manche PopUp-Menüeinträge sind ohne Recht inaktiv (Seite 324)
- Manche Formulare sind ohne Recht nicht veränderbar (Seite 222)

Im Grunde hat auch die Option `ZeigeDatenNurOeffentliche` auf Seite 246 etwas mit Rechten zu tun, denn damit verliere ich das Recht, private Daten zu sehen.

Dashboard

Am liebsten hätten viele Datenbank-Admins so etwas wie eine Ampel, die auf einer Startseite einfach nur anzeigt, ob alles in Ordnung (grün) ist oder Probleme vorhanden (rot) sind. Ganz so einfach ist das Leben dann doch nicht, gerade Admins müssen sich doch ein wenig differenzierter mit den Daten beschäftigen.

Daher habe ich das Dashboard (ab Seite 499) entwickelt, das ähnlich wie `MsgBox`-Meldungen die Probleme oder Hinweise in die drei Kategorien *Information*, *Warnung* oder *Fehler* aufteilt. Das Konzept ist aber so flexibel, dass Sie es um beliebige weitere Kategorien erweitern können.

Fazit

Fertig, das Pflichtenheft ist vollständig abgearbeitet. Alles, was ich mir gewünscht habe oder Benutzer:innen gerne hätten oder Entwickler:innen das Leben leichter macht, ist jetzt eingebaut.

Ihre eigenen Datenbanken müssen gar nicht genau so aussehen, aber Sie haben jetzt eine Art Leitschnur, wie es sein könnte. Lassen Sie sich inspirieren und wenn Sie bessere Ideen haben: Nur zu!

Lorenz Hölscher

Index

Der Index listet Wörter oder Wortgruppen aus dem Text alphabetisch auf. Dabei halten diese sich an bestimmte Regeln:

- Dateiformate wie *.jpg oder *.gif beginnen mit einen Asterisk (Sternchen)
- Ribbonbefehle wie ANORDNEN | ZUSAMMENFÜHREN sind an den Pipe-Zeichen dazwischen zu erkennen.
- Funktionen wie Split() schreibe ich mit dem Klammerpaar dahinter, die von mir selbstprogrammierten Funktionen werden aber nicht im Index aufgelistet.
- Tastenkürzel wie <F1> haben spitze Klammern um die Taste herum.
- Eigenschaften sind nicht explizit zu erkennen.

Die Schriftart des Ursprungstextes wird im Index nicht beibehalten, eine Auflistung sowohl des Singulars (*Abfrage*) als auch des Plurals (*Abfragen*) ließ sich nicht immer vermeiden. Manche Wörter wie *PopUp* werden sowohl als Formular-Eigenschaft als auch in einer Benennung (*PopUp-Menü*) benutzt, das lässt sich ebenfalls nicht gut auseinanderhalten.

520